Daniela Schetar
Friedrich Köthe

Namibia

Namibia

Daniela Schetar
Friedrich Köthe

Daniela Schetar
Friedrich Köthe

Namibia

erschienen im

Reise Know-How Verlag

ISBN 978-3-89662-603-5

12. Auflage **2024**

eMail-Adresse des Verlags: verlag@rkh-reisefuehrer.de

Internet-Adresse des Verlags: www.rkh-reisefuehrer.de

Websites von Reise Know-How:
www.reise-know-how.de
www.suedafrikaperfekt.de

Gestaltung und Herstellung
Umschlagkonzept: Carsten Blind
Inhalt: Carsten Blind
Karten: Carsten Blind, Helmut Hermann
Druck: mediaprint, Paderborn
Fotos: siehe Anhang S. 502

Dieses Buch ist erhältlich in jeder Buchhandlung in Deutschland, Österreich, Schweiz, Niederlande und Belgien
Bitte informieren Sie Ihren Buchhändler über folgende Bezugsadressen:

D: PROLIT GmbH, Postfach 9, 35461 Fernwald
www.prolit.de (sowie alle Barsortimente),
CH: AVA-buch 2000, Postfach 27, 8910 Affoltern, www.ava.ch
A: Freytag-Berndt und Artaria KG, Brunner Str. 69, 1230 Wien,
www.freytagberndt.com
NL, B: Willems Adventure, www.willemsadventure.nl

Wer im Buchhandel trotzdem kein Glück hat, bekommt unsere Bücher auch über unsere Büchershops im Internet (s.o.)

Titelbild: Sossusvlei

REISE KNOW-HOW

Vorwort

Wohl kein anderes Land zeigt bei jeder neuen Reise ein anderes Gesicht. Man beginnt ja immer mit Highlights wie dem Tierparadies Etosha-Park, der sinnlichen Dünenwelt Sossusvlei oder den putzig unter afrikanischem Himmel liegenden Kolonialstädtchen Swakopmund oder Lüderitz. Doch jede weitere Reise erschließt ganz andere Facetten. Wir durchfuhren das Land nach langen Trockenzeiten als harsche Halbwüste, überzogen mit Rot-Ocker- und Rosttönen von Boden und Fels. Wir erlebten es nach guten Regenzeiten als Oase wogenden, silbrig und golden schimmernden Grases mit Giraffen und Antilopen. Wir erfuhren die dramatische Naturgewalt abkommender Trockenflüsse und den Segen der tristen, feuchten Nebelwände für Pflanzen und Tiere der Wüste. Wir begegneten Menschen verschiedenster Herkunft und höchst unterschiedlicher Haltung.

Das erste Mal bereisten wir Namibia direkt nach der Unabhängigkeit. Eine Stimmung des Aufbruchs, der Hoffnung auf eine bessere Zukunft lag über dem Land, das Joch der Apartheid war abgeschüttelt. Mehr als dreißig Jahre später, erleben wir Namibia zwar als freies, aber nach wie vor mit den Folgen von Kolonialisierung und Apartheid kämpfendes Land. Das Elend in den Vorstädten ist nach wie vor erschütternd, und angesichts der Lebensumstände eines Großteils der Bevölkerung erscheint der Luxus mancher Lodges und Camps geradezu frivol. Daher ein Ratschlag: Der (geführte) Besuch eines Township in Windhoek oder Swakopmund zeigt Reisenden einen Aspekt des namibischen Alltags, der ihnen sonst nicht begegnet. Man sollte auf diese Erfahrung nicht verzichten.

Das Buch versammelt das Wissen und die Erkenntnisse zahlreicher Namibia-Touren. Interessierte finden darin umfassende Informationen, die bei Planung und Reise helfen, angefangen bei Wissenswertem zu Landschaften, Tier- und Pflanzenwelt, Geschichte und Volksgruppen des Landes. Auch das Heute – Wirtschaft, Politik und Kultur – kommt nicht zu kurz. Ausgehend von der Hauptstadt Windhoek sind Städte und Regionen beschrieben, gibt es Routenvorschläge und Tipps für Unterkünfte und Restaurants. Es geht nach Sossusvlei, Swakopmund und nach Etosha, aber auch ins Kaokoveld an den Kunene und zu den wildreichen Nationalparks des Caprivi Strip. Abstecher erschließen die angrenzenden südafrikanischen Parks und Teile der Nachbarländer Botswana und Zimbabwe.

Abschließend eine Bitte: Dieses Paradies kann nur Paradies bleiben, wenn jede und jeder sich achtsam und nachhaltig verhält. Das empfindliche Gleichgewicht der Natur stören selbst kleinste Eingriffe. Hinterlassen Sie jeden Lagerplatz, jeden Ort für ein Picknick oder einen Fotostopp so, wie Sie ihn vorgefunden haben. Und erweisen Sie allen Menschen, die Ihnen begegnen, Respekt.

Wir wünschen eine unvergessliche Reise!

Daniela Schetar und Friedrich Köthe

Inhaltsverzeichnis

Exkurse
Service

Teil 1: Reisevorbereitung

Praktische Reisetipps von A bis Z

Teil 2: Unterwegs

Teil 3: Land und Leute

Teil 4: Reiseteil

1 Windhoek

2 Hochland rund um Windhoek

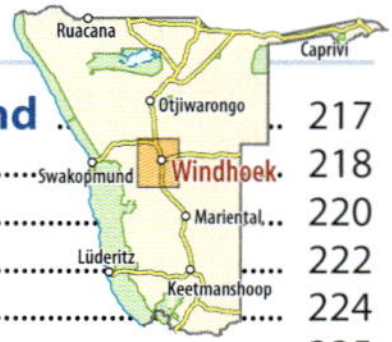

3 Omaruru und Erongo Region

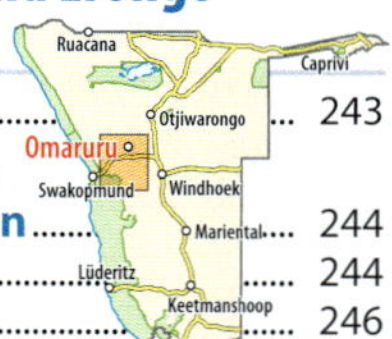

4 Swakopmund und Atlantikküste

5 Etosha und der Nordwesten

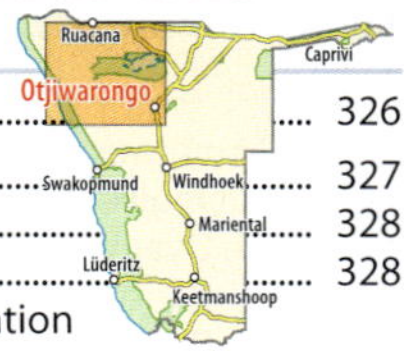

6 Nordosten und Caprivi

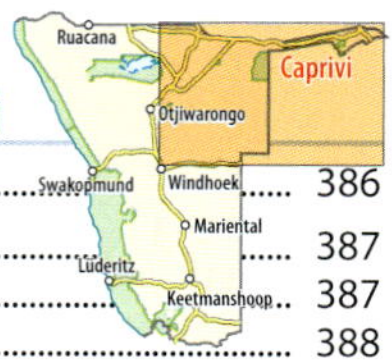

7 Der Süden

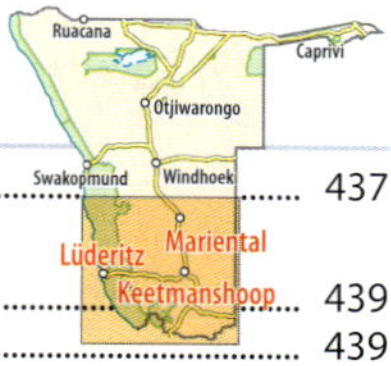
Ruacana
Caprivi
Otjiwarongo
Swakopmund
Windhoek
Lüderitz
Mariental
Keetmanshoop

Stadtpläne und Übersichtskarten von A–Z

Exkurse

Köcherbaum

Teil 1: Reisevorbereitung

Namibia pauschal oder individuell bereisen?

Beides hat Vor- und Nachteile. Die Entscheidung hängt von den jeweiligen Wünschen ab, von der Zeit, die zur Verfügung steht, vom Budget und vom Organisationsaufwand, den zu investieren man bereit ist. Nicht zuletzt auch von der eigenen Reiseerfahrung und der Fahrsicherheit – wer beispielsweise noch nie auf Schotterstraßen oder im Linksverkehr unterwegs war, sollte sich keine allzu großen Herausforderungen vornehmen.

Ausdehnung

Namibias Ausdehnung von Nord nach Süd beträgt ca. 1500 km, von West nach Ost in der Landesmitte ca. 500 km und in Höhe des Caprivi Strip ca. 1400 km. Das Land ist mit 824.292 qkm etwa **zweieinhalb Mal so groß wie Deutschland.** „Erfährt" man sich Namibia, so braucht das seine Zeit, da viele Straßen nicht asphaltiert sind (wenn auch meist sehr gut präpariert). Wer nicht unbegrenzt über Zeit verfügt, sollte sich mit einer Landeshälfte bescheiden.

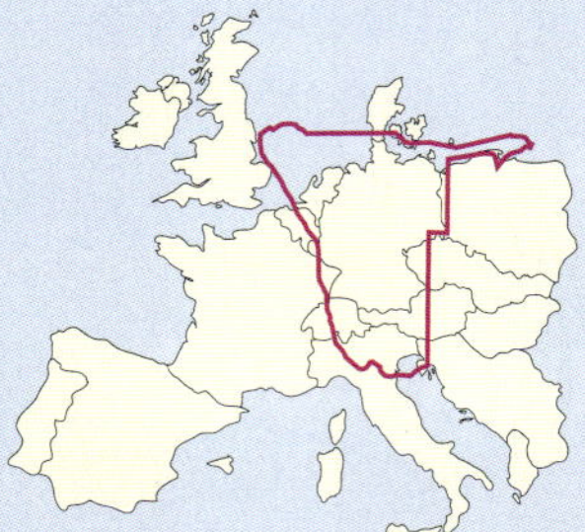

Sundowner in den Dünen

Pauschal- und Gruppenreisen

Sie haben einen strengen Reiseplan. Abfahrts- und Ankunftszeiten sind festgelegt, Verweilzeiten nicht nach den eigenen Wünschen verlänger- oder verkürzbar. Änderungen sind mit allen Teilnehmern abzustimmen. Erscheint eine Landschaft besonders pittoresk und lädt zum Fotografieren ein, haben Sie mit Ihrem Stopp-Wunsch nicht unbedingt Erfolg. Andererseits profitiert man von der Reiseorganisation. Der Vorbereitungsaufwand wird auf ein Minimum reduziert, es gibt untereinander kein Sprachproblem, in den meisten Fällen ist ein Reiseleiter dabei, der die notwendigen Hintergrundinformationen liefert, und Sie müssen sich keine Sorgen um Ihre Sicherheit machen. Häufig lassen sich **besondere Interessen** mit einer Gruppenreise verbinden: Es gibt Namibia-Rundreisen für geologisch Interessierte, mit Schwerpunkt Tier- oder Landschaftsfotografie, als kombinierte Wander- oder Radtour und viele mehr.

Gruppengröße

Ein wichtiges Kriterium für die Wahl des richtigen Veranstalters ist die Größe der Gruppe: Reisen Sie lieber in einem kleinen Verband von 10–16 Personen, oder ziehen Sie eine größere Reisegruppe vor, die selten mehr als 25 Teilnehmer umfasst. Die meisten großen **deutschen Veranstalter** wie Studiosus, TUI, Meiers Weltreisen etc. bieten Pauschalarrangements für Namibia an, in einigen Fällen durchaus auch in Kleingruppen. Meist aber handelt es sich um größere Reisegemeinschaften mit den entsprechenden Vor- und Nachteilen.

Kostenvorteil

Im Großen und Ganzen wird eine **Namibia-Pauschalreise** mit einem etablierten Veranstalter finanziell günstiger sein als eine selbstorganisierte und selbstgebuchte Reise. Gerade bei beschränkter Urlaubszeit und unter der Maßgabe, in diesem Rahmen ein Maximum sehen zu wollen, ist ein fester Reiseplan mit einem Pauschalanbieter durchaus vorteilhaft. Dieses Buch bietet Ihnen dazu alle Landesinformationen und beantwortet alle wesentlichen Fragen zu Geschichte, Flora, Fauna, Geologie oder Kultur.

Reiseorganisation

Einen Kompromiss zwischen Individual- und organisierter Reise stellen die **Reisen für Selbstfahrer** dar, die so gut wie alle Veranstalter im Programm haben: Planung. Organisation, Autovermietung, Unterkunftsbuchung übernimmt der Veranstalter, Sie brauchen nur noch zu fahren. Bei Pannen oder unvorhergesehenen Ereignissen haben Sie einen Ansprechpartner im Land, der weiterhilft. Der Service macht die Reise etwas teurer als eine selbstgebuchte, aber man erspart sich Zeit und evtl. auch Ärger. Nachstehend Veranstalter von Reisen mit kleinen Gruppen bzw. für Selbstfahrer.

Veranstalter

Abendsonne Afrika, Zur Unteren Mühle 1, 89290 Buch-Obenhausen, Tel. 07343-929980, www.abendsonneafrika.de, Gruppen- und Selbstfahrerreisen

Afrika à la Carte Reisen, Buchenwinkel 7, 31789 Hameln, Tel. 05151-9577696, www.afrikaalacarte.de, Gruppen- und Selbstfahrerreisen

Afrika & mehr, Am Taubenfelde 24, Tel. 0511-1693040, www.afrikaundmehr.de, Organisation von Selbstfahrerreisen

Bwana Tucke-Tucke, Asternweg 4, 25551 Hohenlockstedt, Tel. 04826-5208, www.bwana.de, Gruppen- und Selbstfahrerreisen, auch geführte 4x4-Expeditionen, z.B. im ehemaligen. Sperrgebiet

DSAR-Reisedienst, Sandkaule 5–7, 53111 Bonn, Tel. 0228-652929, www.dsar.de, Gruppen- und Selbstfahrerreisen

Impala Tours, 65760 Eschborn, Götzenstraße 8–10, Tel. 06196-41586, www.impala-tours.de, Gruppen- und Selbstfahrerreisen

Jacana Tours, 80689 München, Willibaldstr. 27, Tel. 089-5808041, www.jacana.de, Gruppen- und Selbstfahrerreisen

Karawane Individuelles Reisen, 71638 Ludwigsburg, Schorndorfer Str. 149, Tel. 07141-28480, www.karawane.de, Gruppen- und Selbstfahrerreisen

Private Safaris pure Africa, 8010 Zürich, Geroldstr. 20, Postfach, Tel. +41-44-3864646, www.privatesafaris.ch, Gruppen- und Selbstfahrerreisen

Ruefa Reisen, Jakov-Lind-Str. 15, 1020 Wien, Tel. +43-1-588000 www.ruefa.at, Organisation von Selbstfahrerreisen

Veranstalter von Special-Interest-Reisen

Albatros Tours, Florian-Geyer-Str. 26, 01307 Dresden, Tel. 01522-6590898, www.albatros-tours.com, Ornithologische Reisen

Diamir Erlebnisreisen, Berthold-Haupt-Str. 2, 01257 Dresden, Tel. 0351-312070, www.diamir.de, Foto- und Wanderreisen

Pferd & Reiter, Auf dem Kamp 12, 22889 Tangstedt, Tel. 040-6976690, www.pferdreiter.de, Pferdetrekking

Kambaku Safaris, Eggestr. 81, 33100 Paderborn, Tel. 05252-2692858, www.kambaku.com. Yoga, Meditation, Digital Detox, Reiten

Wikinger Reisen, Kölner Str. 20, 58135 Hagen, Tel. 02331-9046, www.wikinger.de, Wanderreisen

World Geographic Excursions, Fichtenweg 15, 79183 Waldkirch im Breisgau, Tel. 7681-4977260, www.world-geographic.de, Fotoreisen

Individualreise

Als Individualtourist sind Sie unabhängig. Sie haben sich im Vorfeld mit Hilfe dieses Buches intensiv mit Namibia auseinandergesetzt, wissen wie Sie anreisen, welche Sehenswürdigkeiten Sie anfahren möchten, wo Sie übernachten wollen, und Sie bringen ein bestimmtes Maß an Flexibilität für unerwartete Situationen mit. Sie oder Ihre Mitreisenden sprechen ein wenig Englisch, was unterwegs sehr hilfreich ist. Routenplan, Zeitrahmen und das Geldbudget sind festgelegt, Flüge gebucht, Mietwagen bestellt und die Übernachtungen bei den Hotels, Gästefarmen, Lodges und Parks reserviert. Nach der Ankunft auf dem Airport in Windhoek sind Sie auf sich allein gestellt. Viele Reisende schätzen diese Unabhängigkeit, und Namibia macht es dank der guten touristischen Infrastruktur leicht, sie zu genießen. Es ist Geschmacks- und Temperamentsache.

Individuell und „all inclusive“

Einen Rundumservice bietet der Veranstalter **Gondwana** (https://gondwana-collection.com) mit seinem über das ganze Land verteilten Netz von Lodges, Campsites und der Autovermietung **Namibia2Go**. Die Gäste werden bei der Ankunft am Flughafen abgeholt, erhalten in Windhoek ihren Wagen und alle nötigen Instruktionen und fahren der geplanten Route folgend von (Gondwana-)Unterkunft zu (Gondwana-) Unterkunft durchs Land. Da sich alles in einer Hand befindet, sind Planung und Buchung völlig unkompliziert. Auch Umbuchungen werden durch das Gondwana Travel Centre ohne Probleme gehandhabt. Reisende können

Reiserast Touristengruppe

natürlich beliebig kombinieren – hier in eine Gondwana-Lodge, am nächsten Tag ein staatliches Restcamp oder eine Gästefarm.

Camping2go

Ein weiteres Angebot der Gondwana-Gruppe (https://gondwana-collection.com) ist das günstige *Camping2go*: man nächtigt in fest installierten, **komfortablen Safarizelten** mit Küche, Grillplatz, schattiger Veranda mit Tisch, eigenem Bad und kann sich selbst versorgen, aber auch in das Restaurant der jeweiligen Lodge gehen – für Camperfeeling ohne die Mühsal. Gondwana-Camps: Kalahari Anib, Namib Desert, Palmwag, Etosha Safari, Hakusembe River und Namushasha River.

Namibia nachhaltig

Nachhaltig und sozialverträglich zu reisen bedeutet, das Ziel mit **möglichst geringem CO2-Ausstoß** anzusteuern und im Land selbst mit **Respekt vor seiner Natur und seinen Menschen** unterwegs zu sein.

Emissionen

Die erste Bedingung ist im Falle Namibias quasi nicht zu erfüllen. Bei der mindestens 10-stündigen Flugreise fallen für **Hin- und Rückflug pro Person etwa 1,4 t CO2** an. Diese Umweltbelastung lässt sich allerdings bis zu einem bestimmten Punkt kompensieren: Indem man z.B. 25 m^2 Regenwald pflanzt (was wohl die wenigsten tun können) oder aber das geldwerte Äquivalent an eine entsprechende Umweltorganisation wie etwa Wilderness International (https://wilderness-international.org) spendet.

Kompensation

Auch für eine **Rundreise** lassen sich die CO2-Emissionen so etwa berechnen (und kompensieren). Bei 2000 gefahrenen Kilometern, Übernachtungen in Gästefarmen, nicht-vegetarischer Ernährung etc. errechnet der Emissionsrechner einen ähnlichen Wert, ca. 1,5 t CO2-Ausstoß und eine Kompensation von 25 €. Wer die CO2-Emissionen einer geplanten Reise prüfen möchte, kann dies z.B. auf www.thankyounature.org tun. Nachhaltig und sozialverträglich zu reisen bedeutet aber nicht nur, den **ökologischen Fußabdruck** durch Kompensation „ungeschehen" zu machen.

Kontakt zu Einheimischen

Vor allem geht es darum, was man am Reiseziel unternimmt und wie man das gestaltet. Hier wird es schwierig, denn sowohl Gruppen- wie individuell durchgeführte Reisen folgen im Prinzip einem festgelegten Muster: Besuch der großen Naturhighlights wie Fish River Canyon, Sossusvlei, Etosha-Nationalpark; Zwischenstopps in schmucken Kolonialstädtchen wie Lüderitz und Swakopmund; lange Fahrten durch menschenleere, grandiose Natur. Der **Kontakt zu Namibias Menschen** findet meist nur auf Lodges, Gästefarmen und in Camps statt, wo viele als Putz- und Servicekräfte, Guides oder Jagdführer beschäftigt sind. Ein Austausch auf Augenhöhe ist unter diesen Bedingungen schwierig.

Community-based Tourism

Wie kommt man den Menschen näher, wie kann man etwas lernen und verstehen über ihre Traditionen, ihren Alltag, ihre Probleme? Einen guten Ansatz lieferten Projekte, die unter dem Oberbegriff **NACOBTA** (*Namibia Community Based Tourism Assistance Trust)* seit Mitte der 1990er Jahre überall im Land gegründet wurden: Ein Dorf- oder eine Volksgruppe stellte mit Unterstützung von Experten ein touristisches Projekt auf die Beine, an dem die Gemeinschaft direkt verdiente und das von ihr selbstverwaltet wurde. So entstanden z.B. einfache, von Damara geführte Zeltplätze an der Spitzkoppe, am Brandberg organisierten sich Damara als Guides zu den Felsbildern, an der finnischen Mission in Nakambale eröffneten Ovambo Camp und Museum usw. Von den rund 60 Projekten Mitte der 2010er Jahre existieren heute leider nur noch wenige. Sei es, dass zu wenig Einkommen generiert wurde oder sich das Konzept nicht bewährte – NACOBTA löste sich auf. Einige der Projekte wie das Spitzkoppe-Camp und die Nakambale-Mission gibt es aber heute noch, und das sehr professionell geführt. Die Gelegenheit, eines dieser *community based*-Angebote wahrzunehmen und dabei in engen Kontakt zu den Einheimischen zu kommen, sollten Sie sich nicht entgehen lassen. Bei der Beschreibung der einzelnen Orte und Regionen weisen wir auf diese Projekte hin.

Aktive Museen/Living Museums

Einen anderen Ansatz verfolgt das deutlich erfolgreichere Konzept der **„Living Museums“:** Unterstützt von der *Living Culture Foundation Namibia*, einer deutsch-namibischen Stiftung, errichten indigene Gemeinschaften eine Art Musterdorf in der Nähe ihrer eigentlichen Siedlung, in dem sie traditionell gekleidet Besuchern zeigen, wie ihr

Die Feuerstelle ist immer Mittelpunkt

Leben früher einmal aussah – eine Form der **Living History.** Traditionelles Handwerk, überlieferte Lieder und Tänze, eine Jagd, besondere Riten werden vorgeführt; ein Dolmetscher übersetzt. Der Besuch eines solchen Living Museums muss vorab angekündigt werden, bezahlt wird ein festgelegter Betrag, und natürlich erwarten die Menschen auch, dass die Fremden angebotenes Kunsthandwerk kaufen. Für die Gemeinschaften bedeutet das einen kleinen Zusatzverdienst, Besucher erleben eine (meist längst untergegangene) Welt, die allerdings kaum mit dem Alltag der Protagonisten zu tun hat. Die Organisatoren sehen in ihrem Projekt u.a. auch die Chance der **Wiederbelebung überlieferter Traditionen,** die sonst vergessen würden. Stand 2024 gab es 7 Living Museums, wir weisen bei den jeweiligen Orten darauf hin. Informationen finden sich auf www.lcfn.info.

Township Tours

Wie aber lebt die Mehrheit der indigenen und der in vorkolonialer Zeit aus nördlichen Gebieten zugewanderten Menschen heute? Das können lebende Museen nicht vermitteln, dazu sollte man sich in die Vorstädte aufmachen, die **Townships und Squatter-Siedlungen.** Keinesfalls alleine – nicht nur wegen der hohen Kriminalitätsraten, sondern weil man ohne Guide und Erläuterung kaum etwas findet oder versteht. Township-Tours sind im Nachbarland Südafrika ein blühender Geschäftszweig; in Namibia stecken sie noch in den Kinderschuhen, wohl auch, weil das Echo auf das Angebot so mager ist. Fahrradtouren durch die Vorstädte gibt es in **Windhoek** (nach Katutura mit u.a. *safari2go,* https://namibian.org, und *Katutours,* ww.facebook.com/KatuturaTours), mit dem Auto ist man in **Walvis Bay** (nach Kuisebmond, *Walvis Bay Tour Guides,* www.walvisbay-ecotourism.com) und **Swakopmund** (nach Mondesa mit *Mondesa Township Touren,* http://mondesatownship.com) unterwegs. Besonders empfehlenswert ist auch *Mwiya Tours* (www.mwiyatours.com) für seine unterschiedlichen Katutura-Touren und den besonders originellen wie aufschlussreichen *Shebeen Crawl* (Besuch in verschiedenen typischen *shebeens,* improvisierten Bars).

Artenschutz

Eine Reihe privater oder halbstaatlicher Initiativen widmet sich dem Artenschutz; Geparde, Nashörner und Wüstenelefanten stehen im Fokus. Meist arbeiten diese Organisationen nichtöffentlich, so dass Touristen keinen Zugang haben. Einige wenige ermöglichen aber touristische Aufenthalte verbunden mit dem Einblick in die Tätigkeit der NGO. Dazu gehört beispielsweise **EHRA** Namibia (www.ehra-namibia.org) mit einem einfachen „Eco-Camp" im Ugab-Tal. Hier erfahren die Gäste, mit welchen Maßnahmen EHRA das Zusammenleben der Himba und Damara mit Wüstenelefanten konfliktfreier zu gestalten sucht. Luxuriös ist das „Desert Rhino Camp", das in Zusammenarbeit mit dem **Save the Rhino Trust** geführt wird. Die Gäste spüren auf Game Drives den vom Trust überwachten und geschützten Spitzmaulnashörnern nach. Im **Cheetah Conservation Fund** (https://cheetah.org), der sich unweit von Otjiwarongo dem Schutz der Geparden-Population Namibias verschrieben hat, erfahren Besucher bei geführten Besichtigungen, wie die Arbeit der Organisation aussieht. Alle diese Initiativen freuen sich über **Spenden** – auch das eine Möglichkeit, den ökologischen Fußabdruck der Reise ein bisschen kleiner zu gestalten.

Gepard mit Tracking-Halsband

Nachhaltige Rundreisen

Einige im **Forum Anders Reisen** (https://forumandersreisen.de) zusammengeschlossene Reiseveranstalter haben nachhaltige Rundreisen durch Namibia im Programm, darunter SKR Reisen (www.skr.de) oder Travel to Life (www.traveltolife.de). Kriterien wie kleine Gruppen, Eco-zertifizierte Lodges, Unterstützung von Tierschutz-Projekten werden als nachhaltige Elemente der jeweiligen Reise promotet. Zumindest in Hinsicht auf Sozialverträglichkeit unterscheiden sich die meisten Angebote kaum von jeder „normalen" Tour.

Save the Rhino Trust

Namibia ist das einzige afrikanische Land, in dem die Nashornpopulation ohne spezielle Schutzmaßnahmen auf kommunalem Boden überlebte. Dennoch haben Wilderer in den 1980ern die Zahl der Schwarzen (Spitzmaul-)Nashörner in Damaraland und Kaokoveld so dezimiert, dass Tierschützer Alarm schlugen – der „Save the Rhino Trust" entstand und sensibilisierte die lokale Bevölkerung für Tier- und besonders den Nashorn-Schutz. Der Trust arbeitet mit Reiseveranstaltern und Lodges zusammen (darunter *Palmwag* und *Desert Rhino Camp*). Ein Teil der Einnahmen kommt dem Nashorn-Schutz zugute. Die Wilderei wurde so fast vollständig eingedämmt und der Tierbestand stabilisiert.

Save the Rhino Trust
Tel. 064-403829,
www.savetherhino.org

Reise- und Jahreszeiten

Der Südsommer

„Verkehrte" Jahreszeit

Während Mitteleuropa im Winter friert, ist es auf der Südhalbkugel wohlig warm; allerdings kann es auch heftig regnen, da die im Januar beginnende Hauptregenzeit erst im März langsam abklingt. Die ariden Steppenlandschaften und Halbwüsten überzieht dann frisch sprießendes Gras mit silbrigem Grün und schafft ein fantastisches Landschaftsbild. Mit einem Nachteil: Die **Wildbeobachtung** wird schwierig. Die Tiere sind nicht auf künstlich angelegte Wasserstellen angewiesen, um ihren Durst zu löschen. Und in freier Wildbahn sind sie wegen des hohen Grases schlechter zu sichten.

Regen

Auch **Autofahrer** können im Sommer Probleme bekommen: Die Wasserfluten abkommender Riviere können einige Pads (Wege), nicht nur für normale Pkw, sondern auch für Allradfahrzeuge (Four-Wheel-Drives/FWD) unpassierbar machen. Da heißt es dann, einige Stunden, vielleicht auch einmal einen Tag abwarten, bis die Strecke wieder offen ist.

Hitze

Passionierten **Wanderern** ist der Südsommer nicht zu empfehlen. Wegen der großen Hitze sind einige der schönsten und beliebtesten Touren, wie z.B. durch den Fish River Canyon, gesperrt.

Der Südwinter

Trockenzeit

Für die **Wildbeobachtung** und für **Touren in abgelegene Regionen** wie

Maltahöhe – Lilien nach langem Regen

das Kaokoveld ist der Winter auf der Südhalbkugel (entspricht unseren Sommermonaten) die beste Jahreszeit: Das Wild ist durch die Trockenzeit gezwungen die wenigen Wasserstellen aufzusuchen, wo man es gut beobachten kann. Mit versperrten Straßen wegen abkommender Flüsse ist kaum zu rechnen. **Wanderer** können in dieser Jahreszeit alle gewünschten Trails in Angriff nehmen. Aber: Es wird spät hell und früh dunkel, und die Nächte können eisig kalt sein. Der Abend am Braai-Feuer fällt deutlich kürzer aus als im Südsommer, oft kann man gar nicht draußen sitzen, und wer zeltet, verkriecht sich früh im Schlafsack.

Ferientermine

Auch die Ferien – bei uns wie im südlichen Afrika – sollten bei der Wahl der Reisezeit eine Rolle spielen: Die europäischen Weihnachtsferien fallen mit den Sommerferien der Bewohner des südlichen Afrikas zusammen, und umgekehrt treffen Mitteleuropas Sommerferien auf die Winterferien im südlichen Afrika. Im Dezember/Januar sowie Juli und August touren viele Südafrikaner mit Sack und Pack durch Namibia. Dann kann es an den großen Attraktionen wie Sossusvlei oder Etosha ziemlich eng werden, und Unterkunft ist kurzfristig kaum zu finden.

Ideale Reisezeit

Herbst und Frühling

Am schönsten ist Namibia im Herbst von März/April bis Juni/Juli. Es ist tagsüber nicht zu heiß, nachts nicht zu kalt, das Baden in den Swimmingpools ein Vergnügen, es sind nicht zu viele Menschen unterwegs, die Luft ist klar, der Himmel strahlend blau, und wenn die Regenzeit nicht zu stark war, beginnen die Tiere, zu den Wasserstellen zu kommen.

Reisebudget

Für Besucher aus dem Euro-Raum ist Namibia trotz mancher Teuerung der letzten Jahre immer noch ein relativ günstiges Fernreiseziel. Dennoch ist es **kein Billigreiseland.** Der Großteil der touristischen Infrastruktur und das

Leistungsangebot sind ausgerichtet auf Reisende, von denen angenommen wird, dass sie über relativ viel Geld verfügen. Oft ist es auch nicht ganz einfach, die Angebote zu vergleichen: Übernachtet man sehr günstig im Restcamp, muss man Abendessen, Frühstück und evtl. Wildbeobachtungsfahrt zusätzlich kalkulieren. Bei dem auf den ersten Blick deutlich höheren Preis einer Gästefarm ist dies alles womöglich eingeschlossen.

Namibia basic

Die **günstigste Art zu reisen** ist die Anmietung eines Pkw und Zeltübernachtung auf einem **Campingplatz** oder in einem staatlichen **Restcamp der Namibia Wildlife Resorts mit Selbstversorgung.** Anzusetzen sind pro Übernachtung für 2 Erwachsene und Stellplatz für das Fahrzeug 40–60 €. Einen Pkw (Kompaktklasse) gibt es bereits für ca. 50 €/Tag.

Namibia komfortabel

Die **Übernachtung in einem Bungalow** oder einem **Appartement der staatlichen Restcamps** kostet für 2 Personen mit Fahrzeug zwischen 180 € und – sehr luxuriös – 250 €. Auf **Gästefarmen** muss für die Übernachtung pro Person mit 75–125 € gerechnet werden (mit Abendessen und Frühstück, unter Umständen auch inklusive einer Farmbesichtigung und einer Pirschfahrt zur Tierbeobachtung). **Hotels** in den Städten bewegen sich auf etwa dem gleichen Preisniveau. Auch einfachere **Lodges** verlangen 100 bis 150 € pro Person. Enthalten sind meist alle Mahlzeiten und abendliche und morgendliche Tierbeobachtung. Für einen **Mittelklasse SUV** (Toyota Hilux) sind etwa 100 €/Tag zu veranschlagen.

Namibia luxuriös

Private Luxuslodges mit exklusivem Service schlagen mit Raten ab 500 € pro Kopf zu Buche (in Botswana kann der Preis sogar bis weit über 2000 € ansteigen). Auch die Namibia Wildlife Resorts sind auf diesen Zug aufgesprungen und offerieren exklusive Anlagen mit allem Komfort. So kostet ein **Chalet für Zwei** in Onkoshi (Etosha-Nationalpark) rund 350 €. Ein **voll ausgerüsteter, robuster Geländewagen,** der für einige Touren auch unabdinglich ist, kann das Budget mit bis zu 150 € am Tag belasten.

Alles dabei – inklusive Fahrräder

Als Backpacker durch Nambibia

Der größte Teil Namibias ist kein ideales Reiseziel für **Low-budget-Reisende:** Billigunterkünfte, Campingplätze und preiswerten Transport gab es lange überhaupt nicht, und auch wenn sich inzwischen eine Infrastruktur für Backpacker entwickelt hat (Hostels, B&B-Unterkünfte sowie Campingplätze in den größeren Orten, günstige Camping-Safaris), bleibt das Problem mit den öffentlichen Verkehrsmitteln: Es gibt nur eine einzige Zugverbindungen (die aber 2024 noch eingestellt war) und die allgegenwärtigen Minibusse („Vambo-Taxi", „Jesus-Liner") verkehren nur zwischen den Orten (meist Haltestellen in den Townships), aber nicht zu den Nationalparks. Um beispielsweise nach Etosha zu gelangen, sind Reisende ohne eigenes Fahrzeug gezwungen, sich einer organisierten Safari anzuschließen. Etwas besser sieht es aus in den dicht besiedelten Regionen des ehemaligen Ovambolands, in Kavango und Caprivi. Einen Minibus, der in Richtung des gewünschten Ziels fährt, findet man, und die Tickets sind günstig.

Nebenkosten

Dinge des täglichen Bedarfes liegen, je nach Wechselkurs, etwa 15–30 % unter deutschem Preisniveau. Für ein **Essen in einem guten Restaurant** (Vor- u. Hauptspeise, Getränke) muss mit ca. 20–25 € pro Person kalkuliert werden. Mit 6 € wird man aber auch in einem der kleinen Fastfood-Läden satt, die sich an vielen Tankstellen finden. Rund 12 € kostet ein **Taxi quer durch Windhoek,** für 7 € kommen sie mit dem günstigsten **Bus von Windhoek nach Walvis Bay.** Der **Liter Diesel oder Benzin** kostete Mitte 2024 um 1,10 €, abhängig vom Wechselkurs und Rohölpreis.

Übernachtung

Das Angebot reicht vom einfachen Zeltplatz in der Namib bis zur Luxuslodge mit eigenem Wildbestand und Wasserloch – letztendlich bestimmen Budget und Reiseroute die Wahl der Unterkunft. Sind Sie zu südafrikanisch/namibischen Ferienzeiten unterwegs, empfiehlt es sich dringend, die Übernachtungen rechtzeitig zu buchen – über Festtage wie Weihnachten können das durchaus auch 6 Monate oder gar mehr sein.

Preiskategorien

Die im Buch angegebenen Preiskategorien mit ein bis vier Sternen sollen einen **ungefähren Anhaltspunkt** geben; die Sterne sind den Unterkunftsnamen direkt nachgestellt. Campingplätze wurden nicht ausgezeichnet, sie gehören praktisch alle in die Kategorie mit einem Stern.

★	bis 75 €
★★	über 75 bis 125 €
★★★	über 125 bis 175 €
★★★★	über 175 €

Unterkunftstypen

Prinzipiell unterscheidet man **private Beherbergungsbetriebe** (Hotels, Pensionen, Guesthouses, Gästefarmen, Bed & Breakfasts, Jagdfarmen, Lodges, Caravan-Parks, Zeltplätze) und **staatliche** (Namibia Wildlife Resorts) bzw. **städtische Einrichtungen** (Resorts bzw. Restcamps/Rastlager mit Bungalows, Appartements, Zimmern und Zeltplätzen). Jeder Betrieb muss lizenziert sein und wird staatlicherseits nach einem (mit Südafrika konsolidiertem) Sternesystem kategorisiert. Unterkünfte können 5 Sterne erhalten. Wenn eine Gästefarm oder eine Lodge keinen Stern besitzt, kann das jedoch auch bedeuten, dass dort an einer Klassifizierung kein Interesse besteht. Es gibt Lodges ohne Sterne, die jedes Luxushotel in den Schatten stellen.

Stadt, Land, Park

Das Unterkunftsangebot hängt von den lokalen Gegebenheiten ab: In den **Städten** finden Besucher fast überall B&B-Betriebe, Pensionen und Hotels, manchmal auch ein Hostel oder einen privaten oder städtischen Campingplatz. In den **Nationalparks** besitzen die staatlichen Namibia Wildlife Resorts weitgehend das Monopol mit Unterkünften verschiedener Kategorien, vom Stellplatz fürs Zelt bis hin zum luxuriösen Bungalow am Wasserloch. **Überland,** also außerhalb der Siedlungsgebiete und Nationalparks, finden sich – meist in großem Abstand zueinander – Gästefarmen und Lodges.

Gästefarmen

Sie sind eine Spezialität **des südlichen Afrikas.** Mit nur wenig Zimmern empfangen sie Gäste neben dem täglichen Farmbetrieb; andere haben die Viehzucht eingestellt und führen den Hof ausschließlich als Gästefarm, oft mit dem Schwerpunkt Wild- oder Jagdfarm. Neben der Übernachtung gibt es auf Gästefarmen normalerweise Frühstück und Abendbrot. Gegessen wird häufig gemeinsam mit der die Farm bewirtschaftenden Familie, was intensive Einblicke in den Alltag und die Probleme Namibias ermöglicht. Auf einer Farmrundfahrt, die viele Gästefarmen anbieten, erfährt man Wissenswertes über die besondere Form der Viehhaltung oder Spannendes über Flora und Fauna.

Lodges

Auf ihnen ist – ohne Farmwirtschaft – Wild fest angesiedelt, Gamedrives zur Tierbeobachtung am frühen Morgen und späten Nachmittag gehören zum

Die Namib Desert Lodge westlich vom Naukluft Mountain Zebra Park/C19

Standardprogramm ebenso wie Halbpension. Die Atmosphäre entspricht eher der eines exquisiten **Hotels in der Wildnis.** An den Mahlzeiten nehmen häufig auch die Wildhüter und die Manager der Lodge teil, die gerne Fragen beantworten.

Sossusvlei Lodge

Jagdfarmen

Sie entsprechen in etwa den Gästefarmen oder auch den Lodges, haben eine spezielle Konzession und nehmen vornehmlich Jäger auf. Die Unterbringung reicht von einfachst bis hochluxuriös. Die hohen Preise erklären sich aus dem Komplettangebot mit Jagdführung und teilweise mit Abschusskosten. In den wenigsten Fällen wird der normale Tourist mit Jägern zusammentreffen, da Lodges aus gutem Grund auf eine **strikte Trennung** der beiden Klientengruppen achten.

Luxus auf Kiripotib/Dordabis

Reservierungspflicht

Sowohl Gästefarmen als auch Lodges sollten Sie nicht ohne Reservierung ansteuern – die **Anfahrtswege auf den Stichstraßen zum Haupthaus** sind teilweise sehr lang und das Risiko, mangels Platz zurückgeschickt zu werden, hoch. Viele weisen mit Schildern an ihren privaten Zufahrtsstraßen darauf hin, dass eine Anfahrt nur mit bestätigter Buchung erlaubt ist. **Kurzfristige Buchungen** – auch nur Stunden vorher (telefonisch oder über Buchungsportale) – sind aber meist möglich.

Schattenplatz im Ai Ais Restcamp

Zelten

Es gibt zahlreiche private, reine Zeltplätze und auch Gästefarmen und Lodges bieten häufig Stellplätze abseits der festen Unterkünfte an. Toiletten (teils zur exklusiven Nutzung), Wasserversorgung und der unvermeidliche **Grillplatz** mit Holzvorrat (Braai-Platz) sind selbstverständlich. Auch Stellplätze sollten vorausgebucht werden. Da zahlreiche Autovermieter ihre Fahrzeuge auf Wunsch mit einem **Dachzelt** ausrüsten, hat sich Camping als Reiseform in den letzten Jahren immer mehr etabliert.

Resorts/Restcamps

Rastlager auf dem staatlichen Grund der National- und Wildparks verwaltet Namibia Wildlife Resorts Ltd. Die Camps finden sich an landschaftlich besonders **reizvollen Stellen** in den Nationalparks, einige auch bei Thermalquellen oder einem Ausflugsziel wie dem Von Bach-Dam. **Stellplätze** für Zelte und Campmobile, Zimmer und **Bungalows** (Chalets/Rondavels/Huts) verschiedener Preiskategorien und ein kleiner **Laden** mit Holz und Nahrungsmitteln für den Grillabend, in größeren Camps auch ein **Restaurant** und ein **Pool** bilden die Ausstattung.

Buchung

Private Unterkünfte

Buchungen privater Unterkünfte sind meist unproblematisch **online** direkt über die Website der Betriebe oder über ein **Buchungsportal** wie www.booking.com zu erledigen. Bei **Direktbuchung** bitten Sie um schriftliche Bestätigung; teilweise muss eine Anzahlung geleistet werden (bei Ihrer Bank per SWIFT, hohe Gebühren, vorab abfragen, besser Kreditkartendaten übermitteln oder Paypal nutzen). **Generell ist angeraten, direkte Angebote der Unterkünfte auf Buchungsportalen gegenzuprüfen – häufig sind letztere günstiger.**

Namibia Widllife Resorts (NWR)

Bei NWR bucht man am bequemsten online zentral über https://nwr.cimsoweb.com oder man wird von deren Website www.nwr.com.na zu dieser Buchungsplattform weitergeleitet (wenn man den Menüpunkt „Book now" klickt). Unterwegs ist die **Buchung per NRW-App** besonders komfortabel. Es gibt sie kostenlos für iOS und Android im App-Store. **Achtung:** Online-Buchung funktioniert nur per **Kreditkartenzahlung,** und genau diese Kreditkarte muss dann auch vor Ort vorgelegt werden! **Direktbuchung** ist ebenfalls möglich, aber sehr umständlich. Gefordert sind Kreditkartendaten und Unterschrift, die per Fax übermittelt werden müssen. Die Details finden sich auf der Website unter Punkt „Reservation Terms and Conditions". Auch **vor Ort in Windhoek** kann man bei **Namibia Wildlife Resorts** buchen: Head Office, Independence Ave 181, Gathemann Building, Tel. 061-2857200, Zahlungen ausschließlich per Kreditkarte, Öffnungszeiten Kasse Mo–Fr 8–15 Uhr, Reservierungen und Informationen 8–17 Uhr.

Namib-Zeltplätze

Eine Sonderregelung gilt für die **Buchung der Zeltplätze im Namib-Teil** des **Namib Naukluft National Park** mit Welwitschia-Drive und Plätzen bei Homeb, Mirabib, Kuiseb-Brücke, Kriess se Rus, Ganab, Groot/Middle/Klein Tinkas, Archer's Rock, Blutkuppe, Vogelfederberg, Welwitschia und Swakopfluss. Diese nimmt *Ministry of Environment, Forestry and Tourism (MET)* in Windhoek (Ecke Dr. Kenneth David Kaunda St/Robert Mugabe Ave, Tel. 061-2842111, Mo–Fr 8–17 Uhr) oder das Ministry of Environment & Tourism in Swakopmund (Ritterburg, Sam Nujoma Avenue/Ecke Bismarck Street, Tel. 064-404576, Mo–Fr 8–13 u. 14–17 Uhr, Sa/So 8–13 Uhr) entgegen.

Praktische Reisetipps von A bis Z

Anreise

Land-/Seeweg

Transafrika

Auf dem Landweg wären ab Frankfurt bis Windhoek rund **11.500 km** auf schlecht unterhaltenen Pisten und durch wegen **bewaffneter Konflikte** unsichere Länder zurückzulegen. Abenteurer können zwischen zwei Routen wählen: Durch die Länder entlang der Ostküste, oder über die Westküstenroute.

Per Schiff

Wer sein **Auto im Container** von Hamburg oder Antwerpen nach Walvis Bay oder Kapstadt verschiffen möchte, muss mit hohen Kosten rechnen (Preisauskunft z.B. unter www.icontainers.com). Ohne Fahrzeug und per Frachtschiff mit **Passagierdienst** dauert die Anreise von Hamburg nach Walvis Bay etwa 3 Wochen (ca. 100 €/Tag, www.langsamreisen.de). Die einfachste, preiswerteste und schnellste Anreise ist der Flug.

Flugverbindungen

Die Corona-Pandemie hat die Flugpläne nach Südafrika und Namibia ausgedünnt; die staatliche Fluggesellschaft Air Namibia, die regelmäßig ab Frankfurt/Main nach Windhoek flog, gibt es nicht mehr. Ebenso hat die South African Airways ihre Europa-Flüge eingestellt (baut aber langsam wieder Interkontinentalstrecken auf). Die Lücke füllen Lufthansa bzw. deren Tochter Discover Airlines und Qatar Airways. Airlink verbindet Kapstadt und Johannesburg mit Windhoek und Walvis Bay.

Lufthansa

Die Kranichtochter **Discover Airlines** (www.discover-airlines.com) fliegt fast täglich von Frankfurt nach Windhoek; im Sommerhalbjahr sogar 10 Flüge/Woche. Bei einigen Terminen ist ein Zwischenstopp am Kruger National Park (Südafrika) möglich. Bei Flügen mit Zwischenstopp in Johannesburg kooperiert Lufthansa mit der südafrikanischen Regionalfluglinie Airlink (www.flyairlink.com), teils auch mit South African Airways. Direktflüge dauern zwischen 10 und 11 Stunden, die Anschlüsse über Südafrika sind etwa 3–5 Stunden länger; Kontakttelefon in Südafrika: +27-21-4153747.

Quatar Airways

Die arabische Fluglinie (www.qatarairways.com) verbindet Abflüge in Deutschland, Österreich und der Schweiz (Zwischenstopp am Drehkreuz Doha) mit Windhoek. Hinflüge dauern um 16, Rückflüge bis zu 24 Stunden; Kontakttelefon in Namibia: 061-445200.

Ausrüstung

Gepäcklimit

Bei Fluganreise schränken die Freigepäckmengen (Economy 20 kg plus Handgepäck mit etwa 6-8 kg; Business bis zu 2x32 kg) das Reisegepäck deutlich ein. Eine **Campingausrüstung** fällt da schwer ins Gewicht (vieles ist aber auch in Windhoek zu vernünftigen Preisen erhältlich, wie z.B. leichte Tropenkleidung, stabile Schuhe oder Campingbedarf, s. dort). Autovermieter bieten meist auch Zelt/Dachzelt, Kocher oder Campingtisch und -Stühle gegen relativ geringe Zusatzgebühren an.

Kleidung

Tagsüber ist es heiß, nachts kann es (im Südwinter) sehr kalt werden, also **leichte Baumwollkleidung** und einen **warmen Pullover mit Windjacke** mitnehmen, dazu warme Unterwäsche (spezielle Expeditionsunterwäsche hat sich bewährt) und eine Wollmütze (am Atlantik bläst bisweilen ein ausgesprochen strammer Südwester). Im Meer baden werden wohl nur besonders abgehärtete Naturen, doch auf Lodges, Gästefarmen und in den Wildlife Resorts versprechen Pools Abkühlung und Entspannung nach einer anstrengenden Tagestour – also **Badesachen** nicht vergessen! Und auch wer nicht gerne im Safari-Outfit herumläuft, wird bald davon überzeugt sein, wie praktisch die bewährten Farben **Grau, Khaki und Beige** sind. Schwarze oder weiße Hemden und Hosen sind einfach zu schmutzanfällig. Alles Formelle kann ruhig zuhause bleiben: in High Heels oder Abendanzug stieße man bei kurzbehosten Einheimischen auf Unverständnis.

Die Auswahl an Safarikleidung ist groß

Wenn Schuhe, dann aus Kuduleder

Schuhe

Die Frage der richtigen (vernünftigen) Schuhe kann zum Streitthema werden, besonders, wenn Kinder mit von der Partie sind: Die meisten Einheimischen (Kinder wie Erwachsene) laufen barfuß – in Flipflops oder Sandalen. Touristen sind hingegen immer und überall angehalten, feste, knöchelhohe Schuhe anzuziehen. Die Namibier wissen eben, worauf sie achten und wohin sie treten können, ohne Schaden zu nehmen. Wer nicht mit fingerlangen Dornen, Schlangen und Skorpionen aufgewachsen ist, sollte seine Füße **stabilem Schuhwerk** anvertrauen.

Nützliche Utensilien

Ein **kleiner, faltbarer Rucksack** ist nützlich für Wanderungen und Wege zu Orten, die mit dem Fahrzeug nicht erreichbar sind. Eigener **Schlafsack** und ein kleines **Kopfkissen** machen die Nacht im Expeditionszelt gemütlicher. **Sonnenbrille, stabile Taschenlampe, gutes Fernglas** und kleines **Klappmesser** gehören ebenfalls eingepackt. Ein **Brustbeutel** verwahrt die wichtigen Papiere, Brillenträger dürfen ihre **Ersatzbrille** nicht vergessen. Hilfreich ist auch ein **Moskitonetz** mit einer kleinen Sammlung von Schraubhaken und Schnur zur Befestigung. Allerdings zählt das in den meisten gehobenen Unterkünften zum Standard.

Staubschutz

Stehen Strecken auf unbefestigten Straßen auf dem Reiseplan, empfiehlt sich die Mitnahme von **Schutzhüllen für das Reisegepäck,** das sonst unweigerlich einstaubt, egal wie dicht der Wagen erscheint. Nicht ganz so schick aber ebenso hilfreich sind große Müllbeutel.

Fotoausrüstung

Equipment

Für Tieraufnahmen ist ein leistungsstarkes Teleobjektiv nötig. Da deren Lichtstärke (besonders in Dämmerungsstunden) für **verwacklungsfreie und hochauflösende** Bilder nicht reicht, bringt ein Stativ Vorteile. Für Landschaften ist ein Weitwinkelobjektiv empfehlenswert. Erschwingliche Zoomobjektive – die beide Bereiche vollständig und in guter Qualität abdecken – gibt es nicht. Eine Kombination aus zwei Kameragehäuse und **zwei Zoomobjektive** (eins im Bereich Weitwinkel/Normal, eins für den Bereich Tele/Supertele) ist die beste Lösung.

Kameratasche

Da der **feine Staub** der Pisten auch in gut verschlossene Fahrzeuge eindringt, ist ein staubdichtes Behältnis wichtig, die Kameras sind sonst binnen kürzester Zeit mit einer weißen Schicht überzogen. Eine Tragetasche oder ein Day-Pack für Wanderungen sind zweckmäßig, desgleichen ein Tuch zum Abdecken der Kamera bzw. der Fototasche vor direkter **Sonnenbestrahlung** im Wagen. Ein Tipp für Staubstraßen: Fenster zu und Lüftung auf volle Leistung (so dass ein Überdruck im Fahrzeug entsteht) und bei vorausfahrenden Fahrzeugen auf „Umluft" stellen!

Pisten = Staubfahnen

Kartenmaterial

Übersichtskarten

Empfehlenswert ist die reißfeste **Namibia-Karte im Maßstab 1:1.200.000** aus dem Verlag **Reise Know-How.** Höhenschichtenrelief, exakten Höhenlinien und GPS-taugliches WGS 84-Format zeichnen sie als ideales Material auch für Fahrten abseits der Hauptrouten aus (aktuelle Auflage 2020, zu beziehen im Buchhandel oder online). Die im Folgenden aufgeführten Karten bekommen Sie in Buch- und/oder Souvenirshops in Windhoek, in den Curio-Shops großer Lodges oder an Tankstellen. Wer sie bereits zuhause studieren möchte, bekommt sie online im Namibiana Buchdepot (www.namibiana.de). Im Maßstab 1:2.000.000 erscheint die **Namibia Road Map** von Projects & Promotions, die auch das westliche Botswana abbildet (aktuelle Auflage 2020). Die **Adventure Road Map Namibia** im Maßstab 1:1.650.000 (aktuelle Auflage 2017) verspricht mit ihrem farbenfrohen Design mehr Abenteuer (und Genauigkeit) als sie halten kann. **Übersichtskarten des südlichen Afrikas** gibt es von Reise Know-How (Südliches Afrika 1:2 Mio.) und Michelin (Blatt 955 1:4 Mio.) im Buchhandel.

Detailkarten

InfoMap vertreibt eine Karte des **Kaokoveld** im Maßstab 1:600.000. Von **Shell** kommen sehr gute Regionalkarten zu botswanischen Nationalparks, so etwa Kgalagadi, Okavango Delta/Linyanti sowie Moremi, jeweils mit Tier- und Reiseführer. Auch die beste **Gesamtkarte von Botswana** stammt von Shell: „The Shell Tourist and Travel Field Guide" (unterschiedliche Maßstäbe). Relativ teuer sind **topographische Karten** (Surveyor General) im Maßstab 1:500.000 (14 Blätter) und im Maßstab 1:250.000 (44 Blätter). Beide Kartensätze kann man komplett oder in Einzelblättern über das Namibiana Buchdepot (s.o.) beziehen (Preis 19,95 €/Blatt). Die wenigsten Reisenden werden dieses Kartenwerk benötigen; es macht nur Sinn bei wissenschaftlichen Expeditionen oder Fachexkursionen von z.B. geologisch Interessierten.

Autoausrüstung

Überlandfahrten

Abhängig von der Route, der Jahreszeit und der Dauer der Reise muss das Fahrzeug mehr oder weniger vollständig ausgerüstet sein. Auch wer auf den Hauptrouten unterwegs ist, sollte einen **Wasserkanister** und ein oder zwei **Ersatzkanister** mit Benzin/Diesel à 20 Liter dabeihaben. Ein **zweiter Ersatzreifen** gibt zusätzliche Sicherheit.

Nicht so selten: Platten im Kaokoveld

Wildnisfahrten

Fahrten mit **Expeditionscharakter** während der Regenzeit in unwegsamem und einsamem Gelände erfordern mehr Vorbereitung. Mindestens zwei Ersatzreifen, Flickzeug, Wagenheber und Luftpumpe sind wichtig, ebenso wie **Bergungsmaterial** (entweder Winde oder Seilzug, ein Wagenheber mit großem Hub, Seil oder Bergungsgurt), ausreichend Kanister für Treibstoff und Wasser, Verpflegung und die übliche **Campingausrüstung,** je nachdem, wie komfortabel man seine Abende verbringen will. Wichtig sind gutes Kartenmaterial und ein Navigationssystem, das mittlerweile in den meisten Fahrzeugen Standard ist. Mietwagen der höheren Klassen sind mit dem Notwendigsten ausgestattet; sind aber Fahrten in sehr abgelegenen Regionen geplant, ist es sinnvoll, das mit dem Vermieter durchzusprechen und die dafür notwendige Ausrüstung zu ergänzen.

Orientierung

Online-Karten

Die **Netzabdeckung** für Daten tendiert abseits der Hauptrouten häufig gegen Null. Herunterladen der Online-Karten für Wildnisfahrten (speziell im Kaokoveld, in der Omaheke und in Botswana südlich des Okavango mit Chobe und Moremi) ist keine Alternative. Deren Pfade entsprechen **nicht der Wirklichkeit** und man fährt auf Pisten, die von ihnen meilenweit entfernt liegen.

Pause in Aus nach einem hartem Ritt

Kompass

Auch ein Kompass genügt in unwegsamen Regionen (wie dem Kaokoveld oder im Messum Krater) nur, wenn man **genauestes Kartenmaterial** besitzt und mit einem Kompass umgehen kann.

GPS

In der Handhabung einfacher sind stand-alone GPS-Systeme (Global Positioning System) oder Smartphones mit GPS-Apps, die über Satelliten Daten empfangen und aus deren Laufzeit die Position bis auf wenige Meter genau berechnen. Man kennt also immer seinen **exakten Wegpunkt** und kann – falls man die Koordinaten seines Zielpunktes weiß – die Richtung bestimmen. Sie plotten auch die gefahrene Wegstrecke, so dass es sehr einfach ist, den eingeschlagenen Weg zurückzuverfolgen.

Koordinatensysteme

GPS-Geräte/Apps können auf unterschiedliche Koordinatensysteme und unterschiedliche Darstellungen eingestellt werden. In diesem Buch wird das gängige **WGS 84** (World Geodetic System 1984) benutzt.

Motorradausrüstung

Begleitfahrzeug

Kein einziger Nationalpark darf mit Motorrädern befahren werden. Wer dennoch nicht darauf verzichten möchte, bucht am besten eine **organisierte Motorradtour** mit Begleitfahrzeug, das auch die Durchfahrt der Nationalparks ermöglicht. Außerdem bleiben die Maschinen leicht, da lediglich das Tagesgepäck mitzuführen ist.

Veranstalter

Veranstalter für Motorradreisen sind unter anderem

Gravel Travel (www.gravel-travel.de in Hanstedt/Deutschland, Tel. 05822-1717 und in der Windhoek Mountain Lodge, Tel. 061-257053)

Namibia Enduro Tours (Tel. 081-1288620, www.namibiamotorcycletours.com).

Diplomatische Vertretungen

In Deutschland

Botschaft der Republik Namibia: Reichsstr. 17, 14052 Berlin, Tel. 030-2540950, www.namibia-botschaft.de; in Bremerhaven, Erfurt, Hamburg, Hannover, Herten und Stuttgart gibt es Honorarkonsulate

Botschaft der Republik Zimbabwe: Dannenwalder Weg 91, 13439 Berlin, Tel. 030-98318740, www.zimembassyberlin.com

Botschaft von Botswana: Lennestr. 5, 10785 Berlin, Tel. 030-887195010, http://embassyofbotswana.de, Honorarkonsulate in Hamburg und Köln

In Österreich

Botschaft der Republik Namibia: Zuckerkandlgasse 2, 1190 Wien, Tel. 01-4029371, www.embnamibia.at; in Linz und Salzburg gibt es Honorarkonsulate

Botschaft von Zimbabwe: derzeit geschlossen, für alle konsularische Angelegenheiten ist die Botschaft in Berlin zu kontaktieren

Honorarkonsulat von Botswana: Linke Wienzeile 4, 1060 Wien, Tel. 01-5879616

In Namibia

Botschaft Deutschland: Sanlam Center, 145 Independence Avenue, P.O. Box 231, Windhoek, Tel. 061-273100, www.windhuk.diplo.de

Honorargeneralkonsulat der Republik Österreich: Hella Kuppe Street 27, Windhoek, Tel. 061-1450095, hgk.windhoek@gmail.com

Generalkonsulat der Schweizerischen Eidgenossenschaft: Craft Café, Namibia Craft Centre, 40 Tal Street, Tel. 816-507075, https://www.eda.admin.ch/southernafrica

High Commission of the Republic of Botswana: P.O. Box 20359, 101 Nelson Mandela Avenue, Windhoek, Tel. 061-221942, botnam@gov.bw

High Commission of the Republic of South Africa: 48 Jan Jonker Road, P.O. Box 23100, Windhoek, Tel. 061-2057111, www.dirco.gov.za/windhoek

High Commission of the Republic of Zimbabwe: Independence Avenue/Grimm Street, P.O. Box 23056, Windhoek, Tel. 061-227738, www.zimwhk.com

In Zimbabwe

Botschaft Deutschland: 30 Ceres Road, Avondale, Harare, Tel. 04-308656, www.harare.diplo.de, Notfalltelefon **0772-568343**

Honorarkonsulat Österreich: Dunkirk Drive 11, Alexandra Park, Harare, Tel. 04-745387

Botschaft Schweiz: 9 Lanark Road, Belgravia, Harare, Tel. 04-703997, harare@eda.admin.ch

In Botswana

Botschaft Deutschland: Queens Road, Plot 1079-1084, Main Mall, P.O. Box 315, Gaborone, Tel. 3953143, www.gaborone.diplo.de, Notfalltelefon 71300139

Honorarkonsulat Österreich: Plot 15619, Extension 44, Broadhurst, Gaborone, Tel. 3167389

Konsulat Schweiz, Bryte Risk Services Botswana, P.O. Box 1221, 7th Floor Building 2 (Fairscape Tower), Fairscape Precinct, Plot 70667, Gaborone, Tel. 771-54 3491, gaborone@honrep.ch

In Südafrika

Botschaft Deutschland: 201 Florence Ribeiro Avenue, Groenkloof, Pretoria, Tel. 012-4278900, www.pretoria.diplo.de, Notfalltelefon 0**78 6080950**

Botschaft Österreich: 454a Fehrsen Street, Brooklyn, Pretoria, Tel. 012-4529155, www.aussenministerium.at/pretoria

Botschaft Schweiz: 225 Veale St, Parc Nouveau, New Muckleneuk, Tel. 012-4520660, www.eda.admin.ch/pretoria

Dokumente

Persönliche Papiere

Deutsche, österreichische und Schweizer Staatsbürger benötigen für einen **touristischen Aufenthalt bis zu 90 Tagen** einen sechs Monate über das Abreisedatum hinaus gültigen **Reisepass** mit mindestens zwei freien Seiten und den Nachweis ausreichender Geldmittel bzw. ein Rückflugticket. Da sich Einreisebestimmungen plötzlich ändern können, sollten Sie sich unbedingt auch auf der Seite der zuständigen Botschaft über die aktuell geltenden Regeln informieren. Die Vorlage eines **Impfpasses** ist nicht notwendig, sofern man nicht aus einem Infektionsgebiet einreist. Allerdings ist die Mitnahme unbedingt zu empfehlen.

Kinder

Kinder unter 18 Jahren benötigen einen eigenen **Kinderausweis.** Der Eintrag in den Pass der Eltern wird nicht mehr akzeptiert. Zusätzlich verlangt Namibia bei der Einreise von Kindern unter 18 Jahren in Begleitung der Eltern die Vorlage einer **internationalen Geburtsurkunde.** Diese sollte man vor Antritt der Reise übersetzen und beglaubigen lassen (s. dazu auch die Ausführungen auf der Homepage der Deutschen Botschaft in Windhoek, www.windhuk.diplo.de).

Sonstige

Neben dem Pass wird für Fahrten im Land mit dem eigenen oder gemieteten Fahrzeug der **Internationale Führerschein** benötigt. Kopieren Sie noch zu Hause alle Dokumente und Kreditkarten und bewahren Sie die Kopien gesondert auf. Bei Verlust der Originale leisten sie gute Dienste!

Gesundheitsvorsorge

Wer in der Trockenzeit unterwegs ist und nur Zentral- und Südnamibia bereist, wird kaum mit **Tropenkrankheiten** wie etwa Malaria in Berührung kommen. Die erforderlichen gesundheitlichen Vorkehrungen unterscheiden sich dann kaum von einer Reise durch Südeuropa. Die durchschnittliche Meereshöhe macht aber vielen zu schaffen: Windhoek liegt auf 1650 m. Nicht jeder **Kreislauf** verträgt das ohne Anpassungsschwierigkeiten. **Folgende Ratschläge sind nur allgemeiner Natur und können keine medizinische Beratung ersetzen.**

Prinzessin Rupprecht Heim: Einstmals Hospital, heute Hotel

Historisches Schild in Swakopmund

Vorbereitung

Vor der Reise sollte der **Hausarzt** aufgesucht werden, u.U. ist eine Tropentauglichkeitsuntersuchung sinnvoll. Der Arzt hilft bei der Zusammenstellung einer Reiseapotheke mit persönlichen Medikamenten. Er prüft auch den aktuellen Impfschutz (z.B. Tetanus, Kinderlähmung, Hepatitis A und B) und empfiehlt gegebenenfalls eine Auffrischung. Wer **mehrtägige Wanderungen** in den Nationalparks unternehmen will, muss eine **ärztliche Unbedenklichkeitsbescheinigung** vorlegen, sonst wird er zur Wanderung nicht zugelassen.

Malaria

Übertragen wird die Malaria durch einen Stich der Anopheles-Mücke, die bevorzugt in feuchten Regionen aktiv ist. Namibia, zumindest die nördliche Landeshälfte, gilt als **Malaria-Risikogebiet.** Wo die Grenze zu malariafreien Zonen verläuft, hängt von Jahreszeit und Witterung ab. Generell gilt in der **Region nördlich von Otjiwarongo,** also auch im Etosha-Nationalpark, besonders während der Regenzeit mittleres bis hohes Malariarisiko. Die nördliche Erongo-Region mit Kaokoveld, Kavango, Caprivi sowie Botswana und Zimbabwe sind immer Hochrisikogebiete, während die Regionen südlich Windhoeks als weitestgehend malariafrei gelten. Fällt die Regenzeit stark aus und wandern die Regenfälle weit nach Süden, kann man auch in Windhoek oder Gobabis gefährdet sein.

Medikamentöse Prophylaxe

Die medikamentöse Prophylaxe ist **umstritten.** Einige raten ab, vorbeugend Medikamente zu nehmen, da die teils heftigen Nebenwirkungen zumindest ein geringes Malaria-Risiko nicht rechtfertigten. Die **Tropeninstitute** im jeweiligen Heimatland informieren am zuverlässigsten über aktuelle Risikogebiete und die dort jeweils empfohlene Prophylaxe. Ein Kriterium bei der Entscheidung für oder gegen medikamentöse Prophylaxe ist die **Verweildauer:** Bei Aufenthalt in der Trockenzeit bei nur drei Nächte im Risikogebiet (wie etwa in Etosha) und ansonsten in weitgehend malariafreien Landesteilen ist abzuwägen, ob die Gefahr durch einen Mückenstich infiziert zu werden, die mehrwöchige Einnahme eines Medikaments rechtfertigt (auch in dieser Frage liegt die Entscheidung bei einem kompetenten Arzt).

Expositionsprophylaxe

Mindestens ebenso wichtig wie Medikamente ist die **Vermeidung von Moskitostichen.** Einreibemittel (Repellents) – flüssig, als Stift oder in Pumpsprayflaschen – schützen recht zuverlässig. Welches der Mittel verwendet wird, hängt vom Hauttyp ab und wie sensibel man ist; Kinder empfinden zum Beispiel Zedan angenehmer als Autan, das aber wiederum länger wirken soll. Als besonders effektiv bei der Mückenabwehr gilt auch Nobite. Auf alle Fälle sollte man sich ausgiebig und wiederholt einreiben. Zusätzlich sollte man vor Beginn der Dämmerung lange Hosen und Hemden aus festem Stoff anziehen, die Knöchel und Handgelenke bedecken. Sehr effektiv ist ein **Moskitonetz** (auch mit Repellent-Imprägnierung im Handel). Die Mücken stechen in der Morgen- und Abenddämmerung und nachts.

Im Notfall

Auch größte Vorsicht kann einen Moskitostich mit Infektion nicht verhindern, deshalb sollte man bei **Fieber**, egal wie hoch, den nächsten Arzt aufsuchen und abklären lassen, um welche Erkrankung es sich handelt. Die Ärzte haben große Erfahrung mit Malaria und können effektiv und schnell handeln. Auch nach der **Rückkehr aus Namibia** sollte bei Fieber der behandelnde Arzt stets informiert werden, dass man aus einem Risikogebiet zurückgekehrt ist. Die Inkubationszeit von Malaria kann mehrere Wochen betragen (in sehr seltenen Fällen auch Monate und Jahre).

Weitere Krankheiten

Durch **Mückenstiche** können auch andere Tropenkrankheiten übertragen werden, darunter – im Norden Namibias – das **Dengue-Fieber.** Auch Tsetse-Fliegen, Träger der **Schlafkrankheit,** kommen dort vor. Bei beiden gilt: wirksamster Schutz sind Repellent, Kleidung, die möglichst viel Haut bedeckt, und Moskitonetze.

HIV/Aids

Auch wenn Namibia sicherlich kein Ziel für Sextouristen ist, sei darauf hingewiesen: Rund 12 % der 15–49-Jährigen sind mit Aids infiziert, ebenso viele in Zimbabwe und knapp 19 % in Botswana.

LGBT+

Die Akzeptanz von schwulen oder lesbischen Paaren ist in der traditionell eher konservativ und patriarchalisch orientierten Gesellschaft Namibias nicht besonders hoch. Groß sind dabei auch die Unterschiede zwischen Stadt und Land – während Windhoeks 2010 gegründete LGBT+-Organisation OutRight Namibia seit 2013 Pride Parades veranstaltet, verzichten homosexuelle Paare außerhalb der größeren Städte auf öffentliche Zurschaustellung ihrer Beziehung. Dies gilt, obwohl in mehreren traditionell lebenden Gruppen, u.a. bei Ovambo, Nama, Herero und Himba, eine rituell begründete Homo- oder Transsexualität gelebt und akzeptiert wird. Juristisch steht Homosexualität bzw. „Sodomie" (sexuelle Beziehungen zwischen Männern) noch unter Strafe; weder Ehen noch eingetragene Partnerschaften sind erlaubt.

Reisende sollten sich bei sexuellen Kontakten schützen. Die HIV-Rate in Namibia ist nach wie vor hoch. Anlaufstelle der LGBT+-Szene in Windhoek ist:

OutRight Namibia
30 Lister Street, Tel. 237329,
https://outrightnam.com

SARS-CoV-2

Auch Namibia war stark von der COVID-Pandemie betroffen. Erst im August 2022 endeten die Einreisebeschränkungen (wie z.B. ein aktueller PCR-Test). Ähnliche Maßnahmen können aber jederzeit wieder verhängt werden. Man sollte sich tagesaktuell auf den Seiten der zuständigen Botschaft in Namibia oder auf https://visitnamibia.com.na darüber informieren.

Allgemeine Gesundheitsvorsorge

Durchfälle oder Übelkeit aufgrund verunreinigten Wassers oder Nahrung sind sehr selten. Das Wasser in den großen Städten ist trinkbar, und vor Eiswürfeln muss nicht explizit gewarnt werden. Bei Reisen abseits der „Zivilisation", also abseits zuverlässiger Wasserversorgung, ist ein Mittel zur **Wasserdesinfektion** (z.B. Micropur) durchaus zu empfehlen. Salate in Restaurants oder auf den Gästefarmen/Lodges kann man unbesorgt essen und auch in den vielen kleinen Take-aways werden Hygienevorschriften normalerweise eingehalten. Obst sollte man wegen möglicher Pestizide schälen.

Bilharziose

Die **Parasiten** kommen zunehmend häufiger vor, besonders im Norden des Landes während der Regenzeit. Beste Vorsorge: Nicht in stehende oder langsam fließende Gewässer steigen oder gar darin baden!

Giftige Tiere

Obwohl man wahrscheinlich keine **Schlangen** zu Gesicht bekommt, sondern sie nur wegrascheln hört, kann evtl. ein kleines Vakuumpumpenset (=Schlangenbissset) beruhigend wirken (erhältlich in Apotheken). Sollte es tatsächlich zu einem Biss oder einem **Skorpionstich** kommen gilt: möglichst schnell zum Arzt.

Reiseapotheke

Namibia ist mit Kliniken, Ärzten und Apotheken gut versorgt, aber **regelmäßig einzunehmende Medikamente** (Blutdruck, Diabetes etc.) gehören in ausreichender Menge ins Gepäck. Ein **kühlendes Gel** hilft bei Insektenstichen oder Sonnenbrand, Schmerz- und fiebersenkende Mittel, Wundcreme und evtl. **befeuchtende Augentropfen** sollten dabei sein. Wer empfindlich auf **trockene Luft** reagiert (z.B. mit Nasenbluten) nimmt **Nasenöl,** das die Schleimhäute vor Austrocknung schützt. Hilfreich bei schweren Durchfallerkrankungen sind in Portionen abgepackte **Elektrolyte,** die als Pulver in Wasser gelöst den Flüssigkeits- und Mineralienverlust ausgleichen. **Pflaster und Verband** sind ebenfalls hilfreich.

Informationsstellen / Internet

Sowohl touristische Info-Stellen als auch politische oder kulturelle Organisationen, die sich mit Namibia beschäftigen, stellen ihre Inhalte heute weitgehend online zur Verfügung. Die Anzahl der touristischen Anbieter ist dabei immens; Websites mit Hintergrundinfos sind hingegen nur schwer zu finden.

Namibisches Tourismusbüro

Als staatliche Tourismusinformation informiert **Namibia Tourism** über Land und Leute, praktische Reisefragen und aktuelle Entwicklungen wie etwa Änderungen bei den Einreisebestimmungen.

Das Deutschlandbüro hat seinen Sitz in Frankfurt, ist aber weder auf Kundenbesuche noch auf schriftliche oder telefonische Anfragen eingerichtet. Alles Wissenswerte findet sich auch der Homepage **https://visitnamibia.com.na.**

Weitere Info-Stellen

ISSA

Die **Informationsstelle Südliches Afrika** (ISSA, Königswintererstraße 116, 53227 Bonn, Tel. 0228-464369, www.issa-bonn.org, Di–Do 9–17, Fr 10–14 Uhr) verlegt Sachbücher und die zweimonatlich erscheinende Zeitschrift **„afrika süd“**, die Leser online einsehen können (www.afrika-sued.org, Spende erbeten). Sie behandelt eine große Bandbreite von Themen, die das südliche Afrika betreffen. Das umfangreiche **Archiv** der Informationsstelle steht auch für themenbezogene Recherchen zur Verfügung. Interessierte teilen online Thema, Zeitraum und den Betrag mit, der ausgegeben werden kann.

Deutsch-Namibische Gesellschaft

Der **Verein** (Sudetenlandstraße 18, 37085 Göttingen, Tel. 0551-7076781, www.dngev.de) gibt mit dem **Namibia Magazin** eine eigene Vierteljahreszeitschrift heraus, die Wissenswertes zur aktuellen politischen Entwicklung, zu kulturellen Strömungen und den unterstützten Projekten berichtet. Ein kostenloses Probeheft kann beim Verlag Klaus Hess, www.k-hess-verlag.de angefordert werden.

Namibische Tageszeitung

Eine interessante Informationsquelle aus dem Blickwinkel deutschsprachiger Namibier ist die **„Allgemeinen Zeitung“** (www.az.com.na) in Windhoek. Das Online-Abonnement kostet 105 €/Jahr, alternativ lassen sich ausgewählte Artikel kostenlos auf der Homepage lesen.

Sachbücher

Sachbücher zum Thema Namibia, Landkarten des südlichen Afrikas und Literatur aus und über Namibia stellt die Buchhandlung **Namibiana Buchdepot** (Bismarckplatz 2, 27749 Delmenhorst, Tel. 04221-1230240, www.namibiana.de) vor. Die Publikationen sind auch online bestellbar.

GIZ

Die **Gesellschaft für Internationale Zusammenarbeit** (www.giz.de/de/weltweit/323.html) ist die Nachfolgeorganisation der deutschen Entwicklungshilfegesellschaften GTZ und DED) und stellt auf ihrer Länderseite zu Namibia (sowie auch zu Botswana und Zimbabwe) interessante Beiträge zusammen, die sich aus der **Entwicklungszusammenarbeit** ergeben.

Internationale Institutionen

Aktuelles und zuverlässiges, teils interaktiv aufbereitetes statistisches Material über Namibia (sowie auch zu Botswana und Zimbabwe) stellt die englischsprachige Website der **Weltbank** ins Netz (https://data.worldbank.org/country/NA).

UNESCO

Über die **Welterbestätten** im Land (und Botswana/Zimbabwe) informiert https://whc.unesco.org/en/statesparties/na. Hintergrundberichte beleuchten Bedrohungen des Welterbes und die Stätten, die (noch) auf der „Tentative List“ stehen, also auf eine Ernennung warten.

Fahrzeuge mit hoher Bodenfreiheit sind angeraten

Mietwagen

Welches Fahrzeug

Vor der Entscheidung für einen Wagen muss die **Routenplanung** klar sein. Davon ist abhängig, ob ein geländegängiges Fahrzeug nötig ist, ein normaler Pkw ausreicht und wie das Fahrzeug ausgerüstet sein muss.

Vermieter

Die zweite Entscheidung ist dann die für einen bestimmten Vermieter. Wie immer ist das Gute nicht das Billigste. Vorteil einer größeren oder bekannteren Firma ist deren Service: Das Unternehmen besitzt **landesweit Filialen** und kann bei einem liegengebliebenen Fahrzeug für schnellen Ersatz sorgen. Meist sind diese Fahrzeuge auch besser gewartet und nicht allzu betagt. Bei Anmietung im Heimatland gilt das jeweilige Landesrecht – das erspart u.U. im Konfliktfall Kosten und Ärger.

Fahrzeugkategorien

Bei den Pkw sind die üblichen **Kategorien vom Kleinwagen bis zur Luxusklasse** im Angebot. Diese Wagen enthalten keine Zusatzausrüstung und sind nicht für schwere Pisten geeignet, einige Firmen verbieten die Benutzung im Offroad-Bereich. Auf guten Pads, außerhalb der Regenzeit und wenn man auf den Hauptrouten bleibt, mögen sie durchaus ihren Dienst erfüllen. Aber für Reisen durch Namibia sind sie nicht wirklich ideal.

4x4-Fahrzeuge

Geländegängige Fahrzeuge mit zwei angetriebenen Achsen sind für Fahrten in unwegsamerem Gelände, auf holprigen Pisten, für Rivier-Querungen etc. unabdingbar. Im Angebot sind leichte Ausführungen (wie Toyota Hilux) oder schwerere (Land Rover, Isuzu). Jede nur erdenkliche Ausrüstung kann man hinzumieten. Beliebt ist das **Dachzelt,** in dem bequem zwei Personen nächtigen können, bei vier Reisenden sind auf dem Dach zwei Zelte montiert.

Camper

Reine **Campmobile** sind wegen ihres Gewichts, ihres Überhangs und ihres Schwerpunkts unpraktisch und selten. Wer ein solches Gefährt wünscht, sollte eines auf der Basis eines kleineren Fahrzeuges wählen.

Anbieter

Es gibt es eine Unzahl an Mietwagenfirmen. Im Folgenden Anbieter von gut gewarteten und ausgerüsteten Fahrzeugen.

Namibia2go

Bassingthwaighte St 2, Klein Windhoek, Tel. 081-1458202, https://namibia2go.com, gut gewartete Fahrzeuge in vielen verschiedenen Kombinationen (auch mit Dachzelt und Campingausrüstung) und die Möglichkeit, die Mietwagenbuchung mit der Reservierung von Unterkünften der Gondwana Collection (https://gondwana-collection.com) unkompliziert zu kombinieren. Im Mietpreis eingeschlossen sind hier u.a. unbegrenzte Kilometer, zusätzlicher Fahrer, Reifen- und Glasschäden, Flughafentransfers sowie zwei Ersatzreifen. Auch die Stornobedingungen sind sehr entgegenkommend. Da Gondwana im ganzen Land vertreten ist, kommen im Schadensfall sehr schnelle Hilfe und Ersatz.

Caprivi Car Hire

Bessemer Street, Southern Industry, Windhoek, Tel. 061-256323, www.caprivicarhire.com

Asco Car Hire

Mandume Ndemufayo Ave 195, Windhoek, Tel. 061-377200, www.ascocarhire.com

Africamper

Cobalt St 48, Windhoek, auch Depots in Kapstadt, Durban und Johannesburg; Kontakt in Südafrika Tel. +27-21-1610154, in Deutschland Tel. 0172-271220, www.africamper.com.

Buchung im Heimatland

Auf dem Internet-Portal **www.billiger-mietwagen.de** erhält man eine klar strukturierte Vergleichsliste der Angebote vieler Vermieter, kann sie herunterladen und sich in Ruhe für einen entscheiden – attraktiv sind insbesondere die „Rundum-Sorglos-Pakete" mit Haftungsausschlüssen.

Konditionen und Preise

Schäden

Im Normalfall beinhalten die Preise die **Kosten** für **Wartung, Öl** und **Versicherung. Reifen-/Glas/Unterbodenschäden** gehen teilweise **zu Lasten des Mieters,** ebenfalls Schäden auf Strecken, für die der Wagen nicht freigegeben war. Dies betrifft auch Fahrten ins benachbarte Ausland, wenn der Wagen für das jeweilige Land nicht freigeschrieben wurde: Wer nach Botswana, Zambia, Zimbabwe oder Südafrika will, stimmt dies mit dem Vermieter ab – das Fahrzeug benötigt eine Genehmigung für den Grenzübertritt.

4x4 mit Dachzelt

Versicherung

Bei Schäden oder Diebstahl gibt es Selbstbeteiligungen, sofern keine Zusatzversicherung abgeschlossen wurde. Einige Vermieter wie Namibia2go fassen alle Eventualitäten in einem **„Premium Cover"-Versicherungsschutz** zusammen, der unwesentlich teurer ist als die Basisversicherung und auch eine Selbstbeteiligung ausschließt (es sei denn, „fahrlässiges Fahren" hat zu Schäden geführt und kann nachgewiesen werden).

Höchstgeschwindigkeit

Die meisten Fahrzeuge haben im Motorraum einen (nicht demontierbare) **Fahrtenschreiber,** der die Geschwindigkeit protokolliert. Bei einem Unfall durch/bei Übertretung der Höchstgeschwindigkeit (Asphalt 120 km/h, Piste 80 km/h) erlischt jeder Ausschluss der Selbstbeteiligung und es sind mehrere Zehntausend N$ fällig.

Fahrzeugübernahme

Reifenzustand

Der Zustand der montierten Reifen, des/der Ersatzreifen(s) (und deren Lösung unter dem Fahrzeug) und die Vollständigkeit des **Bordwerkzeugs,** insbesondere des Wagenhebers, sollten geprüft werden. Ist ein **Verbandskasten** im Wagen? Die meisten Vermieter geben eine **Einweisung**.

Versicherungen

Bevor Sie Zusatzversicherungen für Ihre Reise abschließen, sollten Sie prüfen, welche Versicherungen Sie bereits automatisch besitzen, z.B. mit dem Vertrag der Kreditkarte, mit der Mitgliedschaft in einem Automobilclub oder durch eine private Zusatz-Krankenversicherung.

Im Krankheitsfall

Weder die europäische Gesundheitskarte noch ein Auslandskrankenschein werden von den medizinischen Stellen in Namibia anerkannt. Die Kosten der Behandlung muss der Patient selbst bezahlen. Deshalb empfiehlt sich der Abschluss einer **Auslandskrankenversicherung.** Sie übernimmt die Kosten (bis zu einem bestimmten Betrag) für die Behandlung von Krankheiten, an denen man noch nicht bei Abfahrt gelitten hat, die also auf der Reise entstanden sind. Es gibt bestimmte Ausschlussklauseln, die genau studiert werden wollen (Zahnersatz, der über eine Notfallbehandlung hinausgeht, ist z.B. nicht abgedeckt). Die Kosten müssen vorgeschossen werden, bei Rückkehr zahlt die Versicherung gegen Vorlage der Rechnungen. Auslandskrankenversicherungen bieten sowohl die jeweiligen Krankenkassen als auch unabhängige Versicherungsgesellschaften an.

Bei schweren Krankheiten die im Reiseland nicht ausreichend behandelt werden können, findet ein sehr teurer **Rücktransport** statt. Naturgemäß versuchen die Versicherungen, sich im Schadensfall davor zu drücken, zum Teil lässt sich dies vermeiden, wenn man eine Versicherung wählt, die eine Rückholung finanziert, wenn sie „medizinisch sinnvoll und vertretbar" ist (genaue Formulierung beachten!). Steht darin, dass die Kosten der Rückholung nur übernommen werden, wenn sie „medizinisch notwendig" ist, haben Sie schlechte Karten.

Gepäck – Diebstahl und Verlust

Sie können Ihr Gepäck in jeder gewünschten Höhe versichern. Die Prämie richtet sich danach. Weil mit dieser Versicherung sehr viel Missbrauch getrieben wurde, sahen sich die Versicherungsgesellschaften gezwungen, immer mehr Ausschlüsse in die Verträge aufzunehmen. Die Ausschlüsse betreffen bestimmte Gegenstände wie Fotoapparate, die nur teilweise oder überhaupt nicht versichert sind, Diebstahl zu bestimmten Tageszeiten, Schadensverläufe und Orte, an denen die Versicherung ganz wegfällt. Deshalb ist es wichtig, die Unterlagen genau durchzuarbeiten und sich entsprechend zu verhalten.

Kostspielige Kamera-Ausrüstung kann bei speziellen Versicherungen gegen fast alle Gefahren versichert werden. Die Prämie ist zwar relativ hoch (ca. 7 % vom Neuwert), die Abwicklung aber reell. Bei Interesse wende man sich z.B. an eine Filiale des Gerling-Konzernes.

Reiserücktritt

Versichert werden die fälligen Konventionalstrafen bzw. die gesamten Reisekosten, wenn die **Reise aus zwingenden Gründen nicht angetreten werden kann.** Zwingende Gründe sind Todesfälle und schwere Krankheiten nächster Verwandter oder von Personen aus der Reisegruppe. Bei Pauschalreisen ist die Prämie häufig im Preis inbegriffen, bei individuell zusammengestellten Reisen obliegt es immer dem Reisenden, sich um die Versicherung zu kümmern.

Medizinische Notfälle

Im Notfall überführt die Firma **EMed24 Rescue** (Notfall-Tel. 083-924, www.emedrescue.com; Alarmierung per Anruf oder heruntergeladener Panic Button App) Kranke oder Verletzte zur nächstgelegenen Stelle innerhalb Namibias, an der eine medizinische Versorgung möglich ist. Der Transport findet per Flugzeug, Hubschrauber oder Kfz statt. Allerdings sollte man eine Versicherung für die Bergung besitzen. Die nicht unerheblichen Kosten muss der Patient vorschießen und die Rechnung mit Nachweisen über die medizinische Notwendigkeit des Transportes bei der Versicherung einreichen.

Zoll

Einführen darf man **Gegenstände des persönlichen Bedarfs:** An **Genussmitteln und Luxusgütern** 400 Zigaretten oder 50 Zigarren oder 250 g Tabak, 2 Liter Wein, 1 Liter Spirituosen und 50 ml Parfum oder 250 ml Eau de Toilette.

Waffen

Besitz und Einfuhr von **Faustfeuerwaffen** sind verboten, **Jagdwaffen** kann man mit offizieller Anmeldung und einer gültigen Waffenbesitzkarte nach Namibia mitnehmen, letztere ist rechtzeitig zu beantragen. Nach Botswana dürfen auch keine Jagdwaffen eingeführt, im Transit müssen sie versiegelt transportiert werden.

Mehrwertsteuer

Ab einem Bruttowarenwert von 250 N$ kann bei Ausfuhr die **Mehrwertsteuer** (VAT/Value Added Tax von derzeit 15 %) geltend gemacht werden. Dazu ist eine Rechnung vorzulegen, die bestimmte Angaben enthalten muss: Das Wort *tax invoice*, Name, Adresse, VAT-Registrierungsnummer des Verkäufers, Name, Adresse des Käufers, Rechnungsnummer, -datum, Beschreibung, Quantität oder Volumen der Ware, Warenwert, VAT- und Bruttobetrag). Sie wird zusammen mit dem ausgefüllten Formular VAT16 am Flughafen dem Zoll präsentiert, der sie nach Präsentation der Ware abstempelt und einen Scheck ausstellt, den man vor Ort in der Bank einlöst (das Prozedere dauert einige Zeit!).

Reisen mit Kindern

Alter

Namibia ist ideal für Reisen mit **älteren Kindern.** Babys und Kleinkinder bis etwa vier Jahre werden keine ungetrübte Freude haben – dazu sind die täglichen Fahrstrecken zu lang und das **Interesse an Tieren** zu wenig ausgeprägt. Sobald die Kleinen aber anfangen, die Wunder der Natur für sich zu entdecken und sie zugleich alt genug sind, Vorsichtsmaßnahmen zu begreifen (und auch einzuhalten) sind sie bestens aufgehoben.

Begegnung mit zahmen und wilden Tieren

Tierbeobachtung ist sicherlich das wichtigste und eindrucksvollste Erlebnis: Doch während die Erwachsenen auf die Begegnung mit Großwild warten, können sich Kinder an wesentlich unspektakuläreren, dafür aber sensibleren Begegnungen erfreuen. Auf jeder Lodge und Farm, die man zur Übernachtung anfährt, wartet zumindest ein (meist riesenhafter) Hund darauf, beachtet und gestreichelt zu werden. Zu den **exotischeren Haustieren** zählen die putzigen Erdmännchen, die so zahm werden wie Hauskatzen und dem Sprössling nach dem Kennenlernen nicht mehr von der Seite weichen. Manche Farmer halten auch gefährlicheres, halbwegs gezähmtes Wild, das im Gehege untergebracht wird, wenn Gäste kommen. Dann bietet sich die Gelegenheit, Geparde, Warzenschweine oder Strauße hinter dem Zaun aus nächster Nähe zu beobachten.

Heia Safari

Weg von Haustieren in die freie Natur. Manche Strecken sind recht langweilig und dauern ewig, aber sobald das erste Wild den Weg kreuzt, was überall passieren kann, gibt es kein Halten mehr: Antilopen, Zebras, Warane und Paviane … Kinder lernen **Namibias Fauna** oft besser kennen als ihre Eltern. Höhepunkte sind die Nationalparks und Game Drives auf privaten Farmen. Auch der gelangweilteste Sprössling wird bei Elefantenherden oder Spitzmaulnashörnern hellwach.

Wildniscampen

Spannend sind auch Zeltübernachtungen in Namib, Kalahari und Kaokoveld: Weit und breit kein Mensch, nur **geheimnisvolle Geräusche** unsichtbarer Tiere und über dem Braai-Feuer wölbt sich ein fantastischer Sternenhimmel. Kein europäischer Campingplatz hält ähnliche Erlebnisse parat.

Gifttiere

Giftschlangen und Skorpione meiden zwar den Menschen, doch kleine Erdenbürger neigen dazu, in Sandhügeln zu graben, Steine zu sammeln und umzuschichten. Feste, lange Hosen und knöchelhohe Schuhe schützen einigermaßen und wenn unbedingt mit Steinen gespielt werden muss, sollte man diese vorher mit dem Schuh umkicken und sich vergewissern, dass darunter nichts lauert.

Nicht unter 12 Jahren

Einige Lodges mit **Raubtieren** erlauben Kindern unter 12 Jahren keinen Zutritt. Ähnliches gilt auch für viele Lodges in Botswana und Zimbabwe. Sie sind meist nicht eingezäunt und das Wild bewegt sich auf dem Gelände vor allem nachts frei – Kinder sind klein, nicht größer als die üblichen Beutetiere.

Waterberg-Wilderness-Lodge: Spaziergang mit Rhino-Familie

Mit Kindern unterwegs – worauf zu achten wäre

Gesundheit: Wasser und Essen sind fast überall (abgesehen von abgelegenen Regionen) einwandfrei und können unbedenklich genossen werden. Wichtig ist eine vernünftige Malaria-Prophylaxe, wenn man in den kritischen Monaten den Norden Namibias oder auch den Osten besucht. Informationen dazu erteilen die Gesundheitsämter und Tropeninstitute.

Sonnenschutz: Für Kinder noch wichtiger als für Erwachsene. Schutzcreme mit hohem Faktor, ein Sonnenhut und evtl. auch eine Sonnenbrille gehören ins Gepäck.

Kleidung: Wegen der Schlangengefahr unbedingt feste, knöchelhohe Stiefel und lange Hosen aus Baumwolldrill mitnehmen. Wer in den warmen Monaten reist, sollte Badesachen einpacken. Auch wenn die Pools auf den Lodges und Farmen meist nicht geheizt sind, bieten sie Kindern eine willkommene Erfrischung nach der Autofahrt.

Langeweile: Sie stellt sich bei den langen Autofahrten mit absoluter Sicherheit ein. Auf den MP3-Player oder das Mobiltelefon aufgespielte Kinderhörbücher, Gameboy, Reisespiele etc. sollten in ausreichender Zahl eingepackt werden. Für kleine Pfadfinder haben sich eigenes Taschenmesser, Kompass, Sternenkarte und ein Tierbestimmungsbuch als Unterhaltungsprogramm bestens bewährt.

Babyausstattung: Wer mit Wickelkindern reist, braucht sich um Nachschub an Windeln und Kleinkindnahrung keine Sorgen zu machen. In allen größeren Orten gibt es gutsortierte Supermärkte mit allem, was des Babys Herz begehrt.

TEIL 2: Unterwegs

Ankunft und Einreise

Der einzige **internationale Flughafen mit Interkontinentalverbindungen,** Windhoek International/Hosea Kutako, liegt ca. 40 km östlich von Windhoek. Bis auf den Reisepass benötigen Erwachsene kein weiteres Dokument (u.U. sind Rückflugticket und ausreichende Geldmittel nachzuweisen). Zu den speziellen Einreisebestimmungen für Kinder unter 18 Jahren s. Praktische Reisetipps/A–Z. Die Einreise verläuft schnell und unproblematisch – ein kleiner Laufzettel ist auszufüllen, der Pass wird abgestempelt und die genehmigte Aufenthaltsdauer eingetragen.

Von/nach Zambia

Die Brücke bei **Katima Mulilo** überspannt den Zambezi nach Sesheke/Zambia, von wo die Straße nach Osten und Kazungula führt. Von dort gelangt man weiter nach Livingstone und Victoria Falls/Zimbabwe und Kasane/Botswana.

Von/nach Botswana

Größter und bestausgebauter Grenzpunkt ist **Buitepos/Namibia – Mamuno/Botswana,** 320 km östlich von Windhoek. Der Grenzübergang **Mohemba/Namibia – Shakawe/Botswana** befindet sich in Höhe des Mahango-Nationalparks im West-Caprivi. Über die **Ngoma Bridge** erreicht man 56 km westlich von Kasane/Botswana den namibischen „Grenzort" Ngoma (über den kleinen Grenzposten läuft der touristische Hauptverkehr von Namibia nach Zimbabwe/Zambia). Der Grenzübergang **Dobe** knapp 60 km östlich von Tsumkwe ist nicht immer geöffnet. Von der Grenzstation zur Asphaltstraße in Botswana sind es 140 km tiefer Sand (nur 4x4-Fahrzeuge), die nächste Tankstelle in Botswana liegt bei Gumare, 30 km nördlich Nokaneng.

Von/nach Südafrika

Hauptübergangsorte sind, auch aufgrund der guten Straßenverhältnisse, **Ariamsvlei** und **Noordoewer** im Süden Namibias. Die Grenzübergänge bei Rietfontein und Mata Mata (Durchfahrt nur mit bestätigter Buchung von mindesten zwei Tagen im Nationalpark) ermöglichen die Zufahrt zum Kalahari Gemsbok bzw. Kgalagadi Transfrontier Park.

Öffnungszeiten der Grenzen

Die meisten Grenzposten sind **nur tagsüber,** meist zwischen 7/8 und 17/18 Uhr geöffnet (Mata Mata schließt um 16.30 Uhr). **24-Stunden-Service** bieten nur

Grenzbrücke nach Südafrika bei Oranjemund

Nach Richtersveld: Sendelingsdrif-Fähre

Ariamsvlei/Nakop und **Noordoewer/Vioolsdrif;** Buitepos/Mamuno ist 7–24 Uhr offen. Liste mit Zeiten und Telefonnummern auf https://visitnamibia.com.na/border-posts-point-of-entry.

Geldangelegenheiten

Währung

Der **Namibia Dollar (N$) zu 100 Cents** ist an den südafrikanischen Rand im Verhältnis 1:1 gebunden.

> Der **Wechselkurs** liegt um 20 N$ für 1 Euro mit Schwankungen von bis zu 20 % (Stand Drucklegung)

Banknoten gibt es zu 10, 30, 50 und 100 und 200 N$, Münzen zu 10 und 50 Cents und zu 1 und 5 Dollar. Die Note mit Nennwert 30 kam zum Jubiläum

Einzigartiger Nennwert

der Unabhängigkeit in Umlauf (und ist – derzeit – weltweit einzigartig). Die Münzen und Scheine des südafrikanischen Rand sind im ganzen Land als Zahlungsmittel akzeptiert. Die Einfuhr fremder Währungen unterliegt keiner Restriktion. Da ein Rücktausch von N$ in Devisen unter Umständen Schwierigkeiten bereiten kann, sollte man seine Heimatwährung direkt in Namibia wechseln und sich die Quittungen aufheben. Damit kann man Nachweis über die gewechselten Summen führen; ein Rücktausch ist dann unproblematischer. Die Inflationsrate betrug 2022 ca. 6,5 %.

Geldabhebung

Geldwechsel ist bei Banken und häufig auch in Hotels, Restcamps und Lodges möglich (mit etwas ungünstigerem Kurs). Geldwechsel in Banken ist unkompliziert, ebenso das Abheben von Bargeld mit der Kreditkarte. Am besten hebt man Geld am **Geld- bzw. Bankautomaten (ATM)** ab. Sie finden sich in Einkaufszentren, Hotels, an den Banken und bei Tankstellen. Viele, aber nicht alle Automaten sind bewacht. **Achten Sie beim Abheben bzw. Eintippen der Geheimzahl unbedingt darauf, dass niemand in Ihrer Nähe steht, und verstauen Sie Geld und Karte sofort.** Karten- und/oder Gelddiebstahl sind am Automaten nicht selten.

Bargeld

Den Bestand sollte man – angesichts der Gefahr von Diebstählen– **möglichst gering** halten. Fast überall kann man mit Karte zahlen. Falls in einer Lodge die Internetverbindung ausfällt, hilft es, den Rechnungsbetrag (meist ja nur für Extras und Getränke, da die Übernachtung vorausbezahlt wurde) bar zur Hand zu haben.

Kartenzahlung

Kreditkarten werden fast flächendeckend akzeptiert (bis auf einige abgelegene Gästefarmen und kleinere Tankstellen). Am verbreitetsten: Visa und Mastercard. Durch spätere Abbuchung vom Konto und Briefwechselkurs ist es im Allgemeinen günstiger, mit Kreditkarte zu zahlen.

Mobile Payment

Die verschiedenen Möglichkeiten **mobilen bzw. kontaktlosen Bezahlens** (Mobiltelefon, Smartwatch) sind auf dem Vormarsch. Noch haben nicht alle Läden, Restaurants oder Unterkünfte die entsprechenden Terminals und in abgelegenen Landesteilen ist der Service mangels stabiler Internetverbindungen nicht immer verfügbar. Eine „handfeste" Alternative (Kreditkarte, Bargeld) in Reserve zu haben ist deshalb empfohlen.

Kartensperrung

Gestohlene oder verlorene Karten sind sofort zu sperren, die entsprechenden Telefonnummern hat man dabei oder sucht sie im Internet unter

www.mastercard.com oder
www.visa.de.

Die **deutsche Telefonnummer des zentralen Sperr-Annahmedienstes** für nahezu alle Karten, auch Bankkarten, rund um die Uhr und aus dem Ausland ist +49-30-40504050 (minimal gebührenpflichtig, Abwicklung per Sprachcomputer, Kontonummer und die Bankleitzahl sind anzugeben). Eine weitere zentrale Sperrnummer für deutsche Karten ist +49-116116. Bei **österreichischen und Schweizer Kreditkarten** existiert keine zentrale Sperrnummer; die jeweilige Nummer sollte man sicherheitshalber parat haben. Unter www.kartensicherheit.de sind viele nützliche Tipps zur Prävention, zu Schadensfällen und zur richtigen Kartensperrung zusammengefasst.

- **Visa,** Notruf zur Kartensperrung Tel. 001-303-967-1096
- **Mastercard,** Notruf zur Kartensperrung Tel. 001-636-7227111
- **Diners**, Notruf zur Kartensperrung Tel. +49-69-900150135

Geld überweisen

Die Banken sind an das **internationale Überweisungssystem SWIFT** angeschlossen. Damit kann schnell und unproblematisch Geld in das Land transferiert werden (allerdings relativ hohe Gebühren). Weitere Überweisungsmöglichkeiten bietet die Western Union-Bank (über die Reisebank AG oder online) oder der Paypal-Dienst.

Trinkgeld

Mit **5 bis 10 % des Rechnungsbetrages** (je nach Höhe) liegen man nicht falsch. Viele Gästefarmen haben eine Trinkgeldbox **(Tipbox);** unter dem Personal aufgeteilt profitieren auch Mitarbeiter ohne direkten Kundenkontakt. Manche Gästefarmbesitzer schütten das Trinkgeld auch nur teilweise aus und schaffen für den Rest nützliche Dinge für die Mitarbeitergemeinschaft und deren Familien an.

Gesundheit

Nach Interkontinentalflügen, auch ohne Zeitverschiebung, wird der Körper einer klimatisch und jahreszeitlich völlig anderen Umwelt ausgesetzt. Windhoek ist in der genau entgegengesetzten Jahreszeit und liegt auf 1650 m Höhe. In den ersten ein oder zwei Tagen ist Ruhe zur Akklimatisierung angeraten. Siehe auch bei „Gesundheitsvorsorge" insbesondere das Malariarisiko.

Ausreichend trinken

In der heißen – und bei körperlicher Anstrengung auch in der kalten Jahreszeit (insbesondere bei Wanderungen) – benötigt der Körper **ausreichend Flüssigkeit.** Durch die trockene Luft verdunstet Schweiß sehr schnell und der Flüssigkeitsverlust fällt nicht auf. Im Normalfall benötigt ein Erwachsener 2–5 Liter am Tag. Bei Durchfallerkrankung kann man dem Flüssigkeits- und Mineralienverlust notfalls mit Cola und Salzstangen entgegenwirken, besser ist eine Elektrolytlösung.

Sonnenschutz

Die **Sonneneinstrahlung** ist heftig! Es helfen nur hochwirksame Schutzcrèmes (am besten Sun-Blocker). Bei Wanderungen sind Hut oder Kappe zu tragen und die Augen mit einer Sonnenbrille zu schützen. Selbst im Nebel wie etwa am Atlantik bekommt man Sonnenbrand.

Öltonnen im Damaraland: Abfalleimer, Feuerstelle, Sitzplatz – alles ist wertvoll

Über dem Wendekreis des Steinbocks steht die Sonne am 21. oder 22. Dezember genau im Lot

Kleidung

Im Busch ist **festes Schuhwerk,** das auch den Knöchel schützt und stützt, angeraten. Strapazierfähige und Kleidung (Hemden/Blusen mit langen Ärmeln, lange Hosen) bewahrt die Haut vor Dornrissen und Strümpfe vor Grasspelzen – und schützt vor Schlangen-/Skorpionattacken.

Giftiges Getier

Auf den Zeltplätzen steht fast immer Feuerholz zum Verkauf, **Holzsammeln** ist verboten. Sollte sich doch einmal die Notwendigkeit ergeben, dann Vorsicht vor Schlangen und Skorpionen. Auch beim Sammeln von Mineralien und Aufheben von Steinen ist aufzupassen.

Medikamente

Sollten persönliche Medikamente zu Ende gegangen oder abhandengekommen sein, kann u.U. die Luisen-Apotheke in Windhoek (Independence Avenue 181, Gathemann House, Tel. 061-236302, www.luisen-pharmacy.com) helfen. Die Betreiber haben eine deutsche Apothekerzulassung und Zugriff auf Datenbanken in Deutschland. Sie bestellen Ihnen aus dem Heimatland die Medikamente bzw. können vergleichbare Arzneimittel im Land besorgen.

Von Schlangen und anderen Gifttieren

Besonders beim Wandern und Campen sind Begegnungen mit Schlangen oder Skorpionen nicht ausgeschlossen. Umsichtiges Verhalten ist der beste Schutz vor einem giftigen Biss oder Stich. Wenn es dennoch passiert, suche man möglichst schnell medizinische Hilfe.

Spinnen

Die **Six-eyed Crabspider** gilt als eine der giftigsten Spinnen weltweit. Ihr cytotoxisches (Gewebe-)Gift führt zu Zersetzungen des Gewebes nicht nur an der Bissstelle, der ganze Körper kann betroffen sein und innere Blutungen entstehen, wenn keine Gegenmaßnahmen erfolgen. In jedem Fall muss ein Arzt aufgesucht werden. Nicht so giftig sind die Arten der bis zu 35 mm großen, haarigen **Baboon Spider.** Von Licht und Wärme angezogen kommen sie des Nachts gerne zum Lagerfeuer. Der Stich ist schmerzhaft und kann zu lokalen, nur langsam heilenden Wunden führen. Eine Vakuumpumpe leistet erste Hilfe. Zur Vermeidung von Sekundärinfektionen (Blutvergiftung), sollte unbedingt ein Arzt aufgesucht werden.

Skorpione

Schwarz = giftig – diese Klassifikation von Skorpionen ist falsch; eher weist die Größe der Zangen auf seine Gefährlichkeit hin: Große Zangen = schwaches Gift und umgekehrt. Festes Schuhwerk ist der beste Schutz, gerade nachts, wenn Skorpione aktiv sind. Vorsicht beim Heben von Steinen, sie verbergen sich gerne darunter, ebenso wie sie, Wärme suchend, auch mal in draußen abgestellte Schuhe krabbeln. Wer gestochen wird, sollte sofort das Gift abpumpen, im Zweifelsfall ist umgehend ein Arzt aufzusuchen.

Schlangen

Schlangen sind in der Lage, die Vibrationen des Bodens zu spüren und die Größe des „Beutetieres" abzuschätzen. Der Mensch wird durch die Stärke der Vibration als Bedrohung empfunden, das Tier versucht zu fliehen. Einige Arten haben auch ein ausgezeichnetes Nahsehvermögen (z.B. **Schwarze Mamba**/*Dendroaspis polylepis).* Im Grunde gibt es nur zwei Situationen, die zu einem Schlangenbiss führen: Eine Schlangenart, die eigentlich flüchten würde, fühlt sich in die Enge getrieben und greift an; oder man stößt auf eine der wenigen Arten (wie die **Puffotter**/*Bitis arietans),* die zu träge zur Flucht sind. Doch auch die Puffotter wird versuchen, durch lautes Fauchen zu warnen. Wer zu Fuß in den Busch geht, sollte **lange, weite Hosen und hohe Stiefel tragen,** nicht über Baumstämme steigen, wenn er nicht sieht, was dahinter ist, und nicht in Felsspalten, hohle Bäume, Termitenhügel und dergleichen greifen. Ein fester Schritt ist ebenfalls angeraten, notfalls klopft man vor sich mit einem langen Stecken den Boden ab. Gerät eine Schlange in Sicht, bleibt man stehen und zieht sich langsam – ohne hektische Bewegungen – zurück.

Bissbehandlungen

Wird man gebissen, ist auf alle Fälle eine **ärztliche Behandlung mit Serum** notwendig. Wegen der unterschiedlichen Giftarten sollte man die Schlange genau beschreiben können (wie verhielt sich das Tier beim Biss, wich es sofort zurück, hing es noch am Körper, hat es vor dem Biss gewarnt, Kopfform, Größe, Farbe, Zeichnung). Ideal ist es, wenn man ein Foto machen konnte. Die beste Notfallbehandlung ist das sofortige Absaugen des Giftes mit einer Vakuumpumpe.

Text nach einem Beitrag von Günther zur Strassen/Windhoek †

Himba-Schmuck ist der Renner

Einkaufen und Souvenirs

Bunte Märkte voller Düfte und Farben – diesem afrikanischen Klischee werden nur die Städte des Nordens, im ehemaligen Ovamboland, in Kavango und Caprivi gerecht. Im restlichen Land hat das Marktwesen seine Ordnung mit akkurat aufgebauten Ständen und Hütten oder verschwindet gar ganz im sterilen Shopping-Ambiente von Malls und Supermärkten. Immer zahlreicher aber sind *Curio Shops,* Läden, die anspruchsvolles Kunsthandwerk verkaufen, ob traditionell oder modern.

Supermärkte

Die **Supermärkte der größeren Städte** sind ausgezeichnet sortiert: Von Grundnahrungsmitteln und frischem Gemüse und Obst über Leckereien (wie Gummibärchen) bis zu Toiletten- und Hygieneartikel sind die Regale mit allem gefüllt, was des Reisenden Herz begehrt.

Auf dem Land

Die für ein afrikanisches Land überwältigende Auswahl in den Städten sollte allerdings nicht darüber hinwegtäuschen, dass die **Versorgungssituation auf dem Land** gänzlich anders aussieht. Zwar gibt es in fast jeder Siedlung eine Art **Kramladen,** dessen Sortiment ist allerdings hauptsächlich auf den Bedarf der Farmer ausgerichtet: landwirtschaftliches Gerät, Saatgut, Konserven, Süßigkeiten, Softdrinks usw. Frisches Brot, Obst und Gemüse wird man dort vergebens suchen. Selbstversorger sollten also vor jeder Tour die Essensvorräte aufstocken und sich mit Brot, Obst und Gemüse eindecken.

Straßenmarkt für den täglichen Bedarf

Läden in Rastlagern

Eine ähnlich magere Auswahl von Frischem gibt es in den Läden der **Namibia Wildlife Resorts,** den staatlichen Camps in den **Wild- und Nationalparks:** Getränke, tiefgefrorenes Fleisch und Feuerholz in Hülle und Fülle, selten Kartoffeln und Zwiebeln, und nur mit großem Glück ist Obst oder Salat zu ergattern. Möglichst noch am Vormittag einzukaufen empfiehlt sich unbedingt. Wer nachmittags ankommt, wird die Regale häufig leer vorfinden.

Märkte

Den überquellenden „afrikanischen" Markt sucht man in Zentral- und Südnamibia vergeblich, aber vielerorts wird den Bedürfnissen der Touristen mit Ständen und festen Verkaufsstellen Rechnung getragen. Ein lebhafter Bazar spielt sich täglich in der **Windhoeker Post Street Mall** ab; hier lässt sich zwischen Herero-Püppchen und Ethno-Kitsch auch manch interessantes und originelles Stück entdecken. In Swakopmund breiten die Verkäufer von Holztieren, eingefärbten Mineralien, bestickten Tischdecken, Webteppichen oder Herero-Püppchen ihre Waren auf dem **Craft Market** an der Strand Street aus. Ähnliche Märkte sind auch in anderen Orten zu finden. Die berühmtesten und größten **Holzschnitzermärkte** des Landes haben sich an Stadtein- und -ausfahrt von Okahandja angesiedelt. Die meisten Schnitzer kommen aus Kavango und Caprivi oder als Flüchtlinge aus Angola und Zimbabwe, wo Holzbearbeitung eine lange Tradition hat. Besonders hübsch sind die zum Teil stark stilisierten Tierfiguren. Eine riesige Auswahl origineller Skulpturen aus bizarr verdrehtem Wurzelholz verkauft auch *Tikoloshe Africa* in Omaruru (s. dort).

Traditionelles aus Namibia

Die meisten Völker Zentral- und Südnamibias führten ein Nomadenleben, das der Produktion besonderer Handwerkserzeugnisse entgegensteht. So gibt es z.B. keine originär-namibische Tradition der Holzschnitzkunst. Dafür

Holzschnitzereien jeglicher Größe in Omaruru

wird viel aus Leder verarbeitet (Herero und Himba, Damara, San), geschnitzt wird aus Elfenbein, aus Schnecken- und Straußeneierschalen (Ovambo, Himba, San) oder aus Holz und Rohr geflochten (San, Caprivianer). Eine sehr gute Auswahl traditionell-namibischen Kunsthandwerks bieten die Antiquitäten- und Souvenirläden in Windhoek und Swakopmund an, unbedingt empfehlenswert ist ein Besuch in der hervorragend sortierten **Bushman Art Gallery** (Gathemann House, www.bushmanart-gallery.com) in der Windhoeker Independence Avenue.

Kunsthandwerk in modernem Gewand

Kunsthandwerk in alter Handwerkstradition, aber in modernem, dem europäischen Geschmack angepasstem Stil, findet man immer häufiger in einschlägigen Läden, auf den Märkten und auch an Verkaufsständen an den Überlandstraßen.

Begonnen hat dieser Trend mit einigen Selbsthilfeinitiativen, die besonders den vielen arbeitslosen Frauen und Mädchen in den ehemaligen Townships etwas Zubrot bringen. So finden sich für Nama typische Stickereien auf geschmackvoll gestalteten Servietten und Tischdecken, ja sogar auf Quilts wieder, und der Perlen- und Straußeneierschmuck der San wird zu europäisierten, dem Touristengeschmack angepassten Kettchen und Ohrringen umgearbeitet. Diese Souvenirs sind zwar nicht „typisch afrikanisch", dafür aber wesentlich tragbarer als die traditionellen Vorbilder, auf denen sie beruhen. Soziale Initiativen wie **Penduka** in Windhoek-Katutura organisieren und bündeln diese Arbeiten und verkaufen sie an Curio-Läden oder direkt an Reisende

Batikstoffe als Tischläufer

weiter. Viele Kreative verkaufen ihre Produkte im **Namibia Craft Center** (http://namibiacraftcentre.com) in der Windhoeker Tal Street.

Elfenbein und Konsorten

Vorsicht ist beim Kauf von Souvenirs geboten, die aus Tierprodukten hergestellt sind. Elfenbein darf zwar in verarbeiteter Form frei verkauft werden, nach Europa importieren können Sie es aber nicht, da das **Washingtoner Artenschutzabkommen** jeden Handel mit Elfenbein verbietet (s.u.). Ähnliches gilt für Schlangen- und Krokodilleder.

Glitzernde Steine

Mineraliensammler können sich so gut wie überall betätigen: Ganze Hänge sind mit Rosenquarz gespickt, Strände mit Achaten gesprenkelt, Schluchten mit den verschiedensten **Halbedelsteinen** und Quarzen übersät. In den meisten Curio Shops gibt es Mineralien und Halbedelsteine abgepackt zu kaufen; oft kann man sich die Glitzersteine auch aus großen Wühltischen heraussuchen oder sie gleich nach Gewicht kiloweise erwerben. Häufig werden aus Halbedelsteinen kunsthandwerkliche

Erzeugnisse gefertigt: Edelsteinbäumchen, Schlüsselanhänger oder Aschenbecher. Sammel- und **Verkaufsbeschränkungen** gelten nur für die seltenen **Sandrosen.**

Afrikanischer Schmuck

Von afrikanischen Vorbildern inspiriert, haben sich mehrere Goldschmiede auf Schmuckarbeiten spezialisiert, die traditionelle Formen mit kostbaren Materialien und Steinen zu sehr eigenwilligen und ebenso teuren Kreationen vereinen. Diesen meist sehr wuchtigen und ungemein **dekorativen Schmuck** können Sie in den Juwelierläden in Windhoek und Swakopmund bewundern; wer ihn kaufen will, muss sehr tief in die Brieftasche greifen. **Diamanten** sind in ihrem Herkunftsland Namibia übrigens nur minimal günstiger als in Europa. Mehr als einen Blick wert sind auch die feinen Arbeiten von Claudia von Hase auf der Farm **Kiripotip** (s. bei Dordabis) und im gleichnamigen Laden in Swakopmund (s. dort).

Das Namibia Craft Centre in Windhoek

Persianer

Ein ebenfalls kostspieliges Vergnügen ist der Kauf von Kleidung aus Namibias Nationalpelz **Swakara** (South-West-Afrika-Karakulschafe, 1907 von Mittelasien über Leipzig nach Südwestafrika eingeführt). Die Locke des Karakul-Lammes ist zart gewellt, die Farben changieren in verschiedenen goldenen Brauntönen sowie in Grau und Schwarz. Oft wird es, nach innen gekehrt, als elegante, modische Lederkleidung verarbeitet. Wer ein solches Stück tragen will, sollte aber vorher wissen, dass es aus Fellchen neugeborener Lämmer genäht wird, denn schon drei Tage nach der Geburt weicht diese ganz besondere Struktur dem üblichen Schafspelz.

Teppiche

Aus der **Wolle der Karakul-Mutterschafe** entstehen in verschiedenen Webereien farbenfrohe Teppiche. Das Rohmaterial wird zunächst nach Farben sortiert, ausgespült, kardiert (gekämmt), gereinigt und gefärbt. Normalerweise werden Anilinfarben benutzt, und zwar nur drei: Rot, Blau und Gelb. In mühevoller Handarbeit vergeht viel Zeit, bis die Wolle zu kunstvollen, gestalterisch und farblich beeindruckenden **Boden- und Wandteppichen,** häufig mit Tier- und Landschaftsmotiven, verarbeitet ist. Damit erklären sich auch die relativ hohen Preise (etwa 200–250 € für den Quadratmeter fertigen Teppichs). Teppiche gibt es in vielen Curio-Shops, in Swakopmund bei Karakulia (s. dort) oder auf Kiripotip (s. bei Dordabis) zu kaufen.

Kolonialnostalgie

Das knapp zwanzigjährige deutsche Intermezzo an der Südwestküste Afrikas hat den Antiquitätenläden eine Fülle historischer Erinnerungsstücke beschert – immer wieder durch Replikate und Neuproduktionen ergänzt. **Peter's Antiques** in Swakopmund hat eine Auswahl an Literatur, Orden, historischen Postkarten, Waffen und allerlei Krimskrams aus der Kolonialzeit (www.peters-antiques.com).

BBQ-Dinner in der Wildnis

Essen und Trinken

Vegetarier oder Veganerinnen haben es im Land des unbegrenzten Fleischgenusses schwer – nicht nur wegen der Vorliebe der Einheimischen für das auf dem Grill brutzelnde Steak; in der kargen Landschaft hat sich lange keine rechte Gemüseküche entwickelt. Das hat sich etwas geändert, es ist dennoch nicht einfach, eine Lodge oder Gästefarm zu finden, in der das Angebot für Nicht-Fleisch-Esser aus mehr als nur der Gemüsebeilage besteht. Übrigens, wer afrikanische oder namibische Rezepte nachkochen möchten, sollte den **Food-Blog von Ester** (www.esterkocht.com) anschauen. Die Namibierin lebt in Franken und postet regelmäßig Rezepte aus aller Herren Länder, darunter auch viele aus Namibia.

Lob der Savanne

Fleischesser können viel Neues kennenlernen: **Springbok, Kudu, Oryx, Gnu** oder **Strauß** schmecken – über Holz gegrillt – besonders intensiv; das harte Wüstenholz aromatisiert das ohnehin von den Gräsern und Kräutern der Savanne geprägte Fleisch zusätzlich. Zwar halten die meisten Farmer **Rinder**, einige auch Schafe oder Ziegen, aber die Tiere sind Kapital und finden selten den Weg auf den Tisch. Wenn doch, gilt auch für das Nutzvieh: Das besondere Aroma der Weidegräser verleiht dem Fleisch einen unverwechselbar-feinen Geschmack. Beliebteste Zubereitungsform ist das Steak, aber auch Gulasch, Rouladen, Geschnetzeltes, Curry oder Braten stehen auf den Speisekarten.

Lob des Atlantiks

Frischer geht's nicht: Aus dem Atlantischen Ozean holen Fischer **Sardinen, Meeräschen, Makrelen**, selbst **Hai-** und **Tintenfisch.** Speziell in Lüderitz werden **Hummer** und **Langusten** gefangen, dort und in Walvis Bay auch **Austern** gezüchtet. Beliebter Speisefisch ist die Hechtmakrele, **Snoek** genannt. In den Restaurants von Lüderitz, Walvis Bay, Swakopmund und natürlich auch in Windhoek kommen die Gaben des Meeres auf die Tische – immer öfter auch verarbeitet zu Sushi und Konsorten.

Aus Flüssen und Seen

Süßwasserfische gibt es im hohen Norden, wo große Populationen von **Tigerfischen** und **Raubwelsen** in den Flüssen leben. Damit auch Zentralnamibier zu ihrem Fisch kommen, wurden in den Stauseen u.a. **Forellenbarsche** *(Micropterus salmoides)* ausgesetzt. Sie finden sich gelegentlich auf dem Menü benachbarter Lodges oder Farmen. Aus Kunene und Kavango (und von der Zuchtfarm in Otjiwarongo) kommt eine weitere Spezialität (die ein bisschen an Hühnchen erinnert): **Krokodil.**

Exotisches vom Baum

Ursprünglich ein Nahrungsmittel indigener Bevölkerungsgruppen ist der *undomangungu,* der **„Mopane-Wurm"**. Die Raupe des Pfauenspinners ernährt sich von den Blättern des Mopane-Baums. Frittiert oder gekocht (in letztere Form weniger für Touristenzungen geeignet) erfreuen sie sich im ganzen Land großer Beliebtheit. Dieser Siegeszug steht gegrillten Heuschrecken noch bevor. Sie fungieren als wichtige Eiweißlieferanten und sind von den Märkten des Nordens nicht wegzudenken.

Street Food im Township

Nicht wegzudenken aus dem Marktbild der Townships und traditioneller Dörfer ist die namibische Variante von Finger- oder Street Food. Auf riesigen Rosten hantieren die Grillmeister mit in Streifen geschnittenem Fleisch (Rind, Schaf, Ziege) oder Innereien, die sie scharf anbraten und dabei mit lauten Rufen um Kunden werben. Die **Kapana-Stände** sind so beliebt, dass die Menschen oft in langen Schlangen anstehen. Jeder würzt sein Kapana nach Geschmack mit bereitgestelltem Chilipulver, Salz oder auch von den Verkäufern zubereiteten Chili-Saucen. Als Beilage eignen sich **Fat Cakes** oder *vetkoek*, fettgebackene Hefebrötchen, die Frauen frisch zubereitet auf dem Markt verkaufen. Wer eine Township-Tour unternimmt, sollte sich diesen Genuss nicht entgehen lassen.

Street Food für die Reise

Vielleicht das typischste Gericht des südlichen Afrikas ist **Biltong** – getrocknetes Fleisch vom Kudu, Springbok, Oryx oder auch Rind. Streifen rohen Fleisches werden einige Tage in Kräutermarinade eingelegt und dann getrocknet, teilweise nur an der Luft, teilweise über Feuer und im Rauch. Unterwegs stellt es einen ebenso köstlichen wie nahrhaften Snack dar. Verkauft wird es in Supermärkten oder an Tankstellen in verschiedenen Varianten, in Streifen, geraspelt, scharf oder mild gewürzt.

Die Kunst des Grillens

Wenn Namibia einen Nationalsport kennt, dann das **Braai** – das Grillen. Kein Zeltplatz, kein Farmhaus, kein Wochenendausflug ohne Braaiplats. Und wer sein Haus oder seine Wohnung für einen Ausflug verlässt, hat mindestens zwei Dinge dabei – die Kühltasche mit Fleisch und Getränken und einen Rost. Gegrillt wird alles, was die Natur an Fleisch hergibt, und die *Boerwors,* die zur Spirale geformte, würzige Bratwurst unterschiedlicher Länge und Ingredienzien.

Deutsches Erbe

Wer Experimente scheut, kann sich in einigen Restaurants auch **Schlachtplatte** bestellen: Kassler, Blut- und Leberwurst und Sauerkraut unter Palmen, damit wenigstens etwas exotisch ist. Selbst Eisbein, Schweinebraten und Kohlrouladen stehen teilweise auf den Speisekarten. Das Erbe der Kolonialzeit findet seinen süßen Ausdruck auch in Form von Marmorkuchen, Apfelstrudel oder Schwarzwälder-Kirschtorte auf Kaffeetischen.

Küchengrüße der Nachbarn

Portugiesische und indisch-pakistanische Gerichte wanderten mit Immigranten aus dem benachbarten Angola und Südafrika ein. Angolaner brachten von ihrer Kolonialmacht Portugal inspirierte Küche mit, darunter das höllisch-scharfe Hühnchengericht **Chicken peri-peri**. Südafrikaner bereicherten den Speisezettel mit Rezepten ihrer südasiatischen Mitbürger, darunter vielen **Currys.**

Köstliches vom Grillrost

Bäckerei in Solitaire

Gemüse im Trendhaus/Swakopmund

Endlich Gemüse

Grünzeug spielt nicht die Hauptrolle in der weißen Küche, aber es ist auf dem Vormarsch. Beliebt ist **Kürbis** in allen Varianten, aber auch anderes Gemüse, wie Karotten, grüne Bohnen, Spinat, Kohl und auch Mais finden ihren Weg auf den Beilagenteller. Das ist natürlich meilenweit entfernt von eigens zubereiteter vegetarischer oder veganer Kost. Am ehesten findet man vollwertige Gemüsegerichte noch in asiatischen Restaurants in den Städten. Auf dem Land, in Lodges oder auf Gästefarmen, sind fleischfreie Angebote kaum zu erwarten. Kartoffeln vom Grill oder als Püree begleiten die meisten Fleischspeisen. Anfangs als Armenessen verachtet, steht **Milli Pap** – ein aus Maismehl bzw. Hirse, Salz und Wasser zubereiteter Brei – inzwischen als Beilage auch auf den Speisekarten feiner Restaurants.

Freche Früchtchen

Auch **Obst** ist rar im ariden Namibia. Natürlich nicht im Norden und Nordosten (Kavango, Caprivi), wo Bananen, Orangen, Pampelmusen, Mango, Papaya etc. die Märkte in einen Duft- und Farbenrausch verwandeln. Im restlichen Land ist Obst nicht im Überfluss vorhanden und meist auch teuer, denn Vieles kommt aus Südafrika. Große Supermärkte haben eine tolle Auswahl; in kleinen Läden stehen eher Trockenfrüchte, Datteln und Nüsse zum Verkauf.

Softdrinks

Namibias beliebtestes **Mineralwasser** kommt aus einer Quelle in 200 m Tiefe unweit von Omaruru und steht still oder spritzig als **„Oasis"** in den Regalen. Von dieser Marke stammen auch der Energy-

Frühstücksbuffet vor anregendem Wandgemälde

Drink **Wuma** – den der namibische Rapper EES promotet – und **Nam-Cola. Appletizer"** und **Grapetizer,** beliebte Erfrischungsgetränke auf Apfel- bzw. Traubensaft-Basis, kommen aus Südafrika.

Bier

Bier der Marken **Windhoek Lager, Windhoek Draught** und **Tafel Lager** (etwas herber) wird von Namibia Breweries nach dem deutschen Reinheitsgebot gebraut. Die traditionsreiche, fast 100 Jahre alte Swakopmunder Hansa Brauerei wurde durch Namibia Breweries unter dem Namen **Swakopmund Brewing Company** wiederbelebt. Das **Camelthorne Beer** (ebenfalls Namibia Breweries) ist ein erfrischendes Weizenbier (auch mit Fruchtbeimischung). In den letzten Jahren wurden, dem allgemeinen Trend folgend, weitere Micro-Brauereien gegründet (darunter Namib Dunes Brewery in Swakopmund (siehe dort).

Wein

Nederburg, Stellenbosch, KWV (auch Brandys gleichen Namens) und **Boschendal** sind nur einige der vielen südafrikanischen Kellereien, die seit Jahrhunderten – auf europäischen Rebsorten aufbauend – vorzügliche **Weine** keltern. Doch auch Namibia hat Winzer: Bei Omaruru haben sich **Kristall Kellerei** und **Erongo Mountain Winery** der Traubenpflege angenommen, bei Maltahöhe die **Neuras Winery,** in den Otavi-Bergen Bertus Boshoff mit der Weinkellerei **Thonningii** und die **Tsumeb Winery.**

Alkoholläden

Alkoholhaltige Getränke sind nur in Verkaufsstellen mit Lizenz, den **Bottle Stores,** erhältlich. Sie bilden in Supermärkten eine eigene Abteilung oder sind als eigene Läden in den Malls zu finden. Im Umfeld der Läden (und natürlich auch drinnen) sollte man besonders auf Geld und Wertsachen achten. Der Verkauf von Alkohol ist **Samstag ab 13 Uhr und den ganzen Sonntag verboten** (dies betrifft nicht Restaurants).

Sundowner

Er ist Getränk und Zeitangabe und die heilige Stunde des Tages. Die Arbeit ist getan, nach langer Fahrt der Wagen abgestellt oder der Game Drive beendet – ganz gleich, was man unternommen hat: die Sonne geht, der Sundowner kommt. Man spaziert zu einem landschaftlich besonders schönen Fleck oder bleibt ganz bequem am Braai-Grill der Farm. Ein Windhoek Lager, ein Appletizer wird geöffnet oder ein Drink gemixt, dann kann man sich in den tausend Farben verlieren, die das untergehende Gestirn in den afrikanischen Himmel malt. Selbst Einheimische empfinden diesen Moment immer wieder als magisch.

Cheers!

Ferien, Feste und Feiertage

Feiertage

01. Januar	Neujahr / New Year's Day
21. März	Unabhängigkeitstag / Independence Day
Karfreitag	Good Friday,
Ostermontag	Estern Monday
01. Mai	Tag der Arbeit / Worker's Day
04. Mai	Cassinga-Tag / Cassinga Day
Christi Himmelfahrt	Ascension Day
25. Mai	Afrika-Tag / Africa Day
26. August	Heldentag / Heroes' Day
10. Dezember	Tag der Menschenrechte / Human Rights Day
25. Dezember	1. Weihnachtstag / Christmas Day
26. Dezember	2. Weihnachtstag / Day of Goodwill

Unter den zwölf nationalen Feiertagen haben einige besondere Bedeutung. Der **Unabhängigkeitstag 1990** erinnert an die Gründung Namibias als souveräner Staat und der **Cassinga-Nationalfeiertag** an ein Bombardement südafrikanischer Streitkräfte 1978 bei Cassinga/Angola auf ein Lager der SWAPO (fast tausend Zivilisten – auch Frauen und Kinder – kamen zu Tode, einige Hundert wurden nach Südwestafrika entführt). Der **Afrika-Tag** feiert die Gründung der Organisation der afrikanischen Einheit (OAU) 1963 in Addis Abeba, der **Heldentag** die Formation der SWAPO zum bewaffneten Kampf gegen die Mandatsmacht Südafrika. Der **Tag der Menschenrechte** erinnert an die Auflösung der Old Location – Windhoeks von Schwarzen bewohnten Stadtteil – und die Zwangsumsiedlung der Bewohner nach Katutura; bei den Demonstrationen dagegen erschoss die Polizei ein Dutzend Menschen, viele weitere wurden verletzt.

Feste

Für die ältere Generation der deutschsprachigen Namibier sind die wichtigsten Feste der **Karneval in Windhoek** (http://karneval-in-windhoek.com) und in **Swakopmund** sowie das **Oktoberfest** (letztes Oktoberwochenende, www.oktoberfestnamibia.com). Im September zeigt das von der Bank Windhoek unterstützte **Windhoek Arts Festival** Theater, Musik und Ausstellungen aus allen Bereichen der Bildenden Künste. Das **Windhoek Jazz Festival** lädt **Oktober/November** Jazzgrößen aus dem südlichen Afrika ein (www.facebook.com/cityofwindhoekjazzfestival.com.na). Ebenfalls in Windhoek feiert man im **Juni** das **The /Ae //Gams Arts and Cultural Festival**, bei dem indigene Gruppen ihre traditionellen Tänze aufführen; diese Veranstaltung wurde nach Corona noch nicht reanimiert (www.facebook.com/AeGamsArtsandCulturalFestival). **Januar/Februar** erblühen bei Maltahöhe nach guten Regenfällen Lilien (Crinum Paludosum) im sonst staubtrockenen Sandhof Vlei – Anlass für das **Lilienfest**. Am letzten Wochenende im **August** treffen sich die Herero zu ihrem **Ahnengedenktag** (Herero Day) in Okahandja (s. dort). Eine ähnliche Zusammenkunft zu Ehren der Ahnen und im Gedenken an die bei der Schlacht am Waterberg umgekommenen Herero findet auch in Omaruru (Anfang Oktober) – allerdings unter Ausschluss der Öffentlichkeit – statt.

Schulferien

Im südlichen Afrika gibt es drei Schulferientermine:

1. Etwa 4 Wochen von Ende April bis Ende Mai
2. Etwa 2 Wochen von Ende August bis Anfang September
3. Etwa 6 Wochen von Anfang Dezember bis Mitte Januar

Kommunikation

Mobilfunk

Das **Funktelefonnetz** funktioniert wie in Deutschland nach dem GSM-Standard, d.h., dass man sich mit deutschen Karten einklinken kann – vorausgesetzt, der Provider hat eine Roaming-Vereinbarung mit einer der namibischen Gesellschaften getroffen. Das Funknetz ist sehr gut ausgebaut und umfasst weite Teile des Landes, nur die Küstenbereiche abseits der Städte und Kaokoveld/Buschmannland sind schlecht versorgt. Eine Netzabdeckungskarte findet man auf www.mtc.com.na. Wer innerhalb Namibias mit seiner **europäischen Karte** telefoniert, zahlt die namibischen Gebühren plus die Gebühren des deutschen Providers und kommt schnell auf **mehrere Euro für die Gesprächsminute.**

Namibische SIM-Karte

In allen Fällen ist es günstiger sich bei einem namibischen Provider eine **Prepaid-Karte** mit aktiver namibischer Nummer zu kaufen. Sie kostet unter 10 €. Das Gesprächsguthaben kann durch Kartenkauf erweitert werden (in diverser Stückelung, getrennt nach Sprechminuten und Datenmenge). Auf der Erweiterungskarte wird durch Rubbeln ein Code freigelegt, den man nach Anwählen einer vorgegebenen Nummer eingibt.

Vorwahlen

Deutschland ist 0049,
Österreich 0043
Schweiz 0041.

Die internationale Vorwahl von Europa nach Namibia ist die 00264.

Briefe und Postkarten

Im Land existiert keine Postzustellung. Jede Adresse hat aus diesem Grund ein Postfach (Post Office Box/P.O. Box, auch Private Bag/Postbus). Luftpostbriefe und -Postkarten nach Übersee (Deutschland, Österreich, Schweiz) können bis zu sechs Wochen Laufzeit haben.

Ehemaliges Postamt in Keetmanshoop

Zeitungen und Zeitschriften

In den **Buchhandlungen** sind in den meisten größeren Städten internationale

Zeitungen und Zeitschriften erhältlich. Die wichtigsten nationalen Zeitungen sind der englischsprachige „Namibian“, die englischsprachige „Namibian Sun“ und die **deutschsprachige „Allgemeine Zeitung“.** Alle drei und das offizielle Regierungsblatt „New Era“ werden in Windhoek über den **Straßenverkauf** vertrieben.

Rundfunk und Fernsehen

Die **NBC** strahlt drei Fernseh- und elf Hörfunkprogramme in Englisch und teilweise in den Sprachen der einzelnen Ethnien aus. Der Hörfunk ist teils per Internet zugänglich; im Fernsehen ist *nbc2* für Reisende interessant, er sendet internationale Nachrichten. Mit Satellitenempfangsanlage und Decoder (in vielen Lodges vorhanden) können deutschsprachige Sender wie ARD, ZDF, SAT 1, RTL, Pro 7, Deutsche Welle u.a. empfangen werden. Zwei **deutschsprachige Hörfunkprogramme** senden bunt gemischte Musik, Features und Nachrichten: NBC Funkhaus Namibia (Windhoek UKW 95,8 MHz, Swakopmund/Walvis Bay/Lüderitz UKW 96,0 MHz, außerdem auch über Digitalfernsehen) und der private Sender Hitradio Namibia (Windhoek UKW 99,5 MHz, auch in Swakopmund und anderen Landesteilen zu empfangen sowie weltweit im Live-Stream).

Öffnungszeiten

Geschäfte

Geschäfte öffnen werktags zwischen 8 und 9 Uhr und schließen zwischen 17 und 18 Uhr. Ladenschluss am Samstag ist um 12 Uhr. Einige große **Supermärkte** haben auch am Sonntagvormittag geöffnet. Alkoholika dürfen von Samstagmittag bis Montagfrüh in den **Bottle Stores** nicht verkauft werden.

Banken

Banken sind werktags geöffnet zwischen 9 und 15.30 Uhr, samstags zwischen 9 und 11 Uhr. Auf dem Land machen einige Banken um 13 Uhr **eine Stunde Mittagspause.** Postämter öffnen um 8.30 Uhr und schließen um 16.30 Uhr. Vereinzelt wird auf dem Land zwischen 13 und 14 Mittagspause gehalten. Behörden haben zwischen 8 und 13 Uhr und zwischen 14 und 16.30 Uhr geöffnet.

Unterkünfte

In die Camps vieler **Nationalparks** kann man zu jeder Tages- und Nachtzeit anreisen, wenn man im Besitz einer Buchung ist. Unter Umständen werden die Schlüssel der Unterkunft am Eingang hinterlegt. Für **Tagesbesucher** bestehen unterschiedliche Zugangs-

Etoshas King Nehale Gate

zeiten. Genaue Angaben sind bei der jeweiligen Attraktion festgehalten. Im **Etosha National Park** müssen die Rastlager vor Sonnenuntergang erreicht werden (wegen der Anfahrt innerhalb des Parks schließen die Eingänge deshalb ca. 1 Stunde vorher!). Man darf die Camps nicht vor Sonnenaufgang verlassen. Wer auf **Gästefarmen** anreist, sollte die heilige Mittagsruhe der Farmer gebührend würdigen und keinesfalls zwischen 13 und 15 Uhr eine herzliche und freudige Begrüßung erwarten.

Museen

Museen haben sehr **unterschiedliche Öffnungszeiten.** Teilweise liegt es daran, dass sie ehrenamtlich geführt werden. Wo Besuche außerhalb der offiziellen Zeiten möglich sind, ist eine Telefonnummer angegeben. Dort kann der Zugang dann erbeten werden.

Sicherheit/Kriminalität

Brennpunkte

Namibia zählt im afrikanischen Vergleich zu den sichereren Ländern. Die häufig angestimmten Klagen weißer Namibier über die **hohe Gewaltkriminalität** resultieren teils daher, dass während der Apartheid praktisch keine Kriminalität in den Weißen vorbehaltenen Gegenden verzeichnet wurde – der Vorteil, wenn auch der einzige, eines Polizeistaates. Zudem wurden Diebstahl, Gewalt oder gar Mord in den viel zu dicht besiedelten und dadurch konfliktgefährdeten **Townships** einfach nicht wahrgenommen – man war ja nicht betroffen. Die seit der Unabhängigkeit zunehmende Gelegenheitskriminalität ist von der sozialen Situation der Namibier abhängig. Die Zukunft wird zeigen, wie dieses Problem in den Griff zu bringen ist.

Vorsichtsmaßnahmen

Folgende Vorsichtsmaßnahmen sollten befolgt werden (s. dazu auch die Reise- und Sicherheitshinweise des Auswärtigen Amtes unter www.auswaertiges-amt.de/de/aussenpolitik/laender/namibia-ode/namibiasicherheit/208314).

Fahrzeug

Wagen mit Gepäck sollten nicht unbeaufsichtigt gelassen werden, das Fahrzeug **prinzipiell abgeschlossen** sein. Nehmen Sie in Orten den **Service der Parkwächter** in Anspruch, die versichern, auf Ihren Wagen ein Auge zu haben (zahlen Sie aber erst nach Rückkehr und lassen Sie dennoch nichts im Wagen). Überland sollte man an den **Rastplätzen** nicht halten, wenn dort bereits ein anderer Wagen steht. An den Rastplätzen nahe den Städten, die unübersichtlich sind (Buschwerk!), sollte man ebenfalls nicht stoppen. Verschiedentlich ist es an solchen Stellen zu Überfällen gekommen. Betroffen sind auch Strecken, die vornehmlich von Touristen benutzt

Rastplatz bei Keetmanshoop

werden (z.B. die Überlandzufahrt von Süden nach Etosha). Zu **Betrügereien** kommt es gelegentlich beim **Tanken!** Der Fahrer wird abgelenkt und die Tanksäule nicht auf Null gestellt – so zahlt man den vorherigen Tankvorgang mit.

Geld und Wertsachen

Geldbörse, Kamera oder Mobiltelefon sollten **am Körper getragen** werden (nicht in Handtaschen, die leicht entrissen werden können). Befindet sich die Geldbörse in der hinteren Hosentasche, gehört lediglich der Tagesbedarf hinein, sicherer verstaut ist sie in den vorderen Taschen. Achten Sie bei Stadtspaziergängen auf **Gruppen Jugendlicher,** die beispielsweise zur Tarnung Zeitungen verkaufen. Man kann sie recht gut von den regulären Straßenverkäufern unterscheiden, da die ersteren meist nur eine einzelne Zeitung in Händen halten.

Geldabhebung

Eine kritische Situation ist immer das **Abheben von Geld am Automaten.** Zwar sind viele bewacht, aber nicht immer ist der Wächter aufmerksam. Die PIN-Eingabe wird beobachtet, die Karte entrissen und wenige Minuten später eine erhebliche Summe abgehoben – manchmal so erheblich, dass die Zusammenarbeit des Diebs mit einem Bankangestellten vermutet werden kann. Gehen Sie deshalb immer zu zweit an den Automaten und fordern sie den Wachmann auf, aufzupassen.

Aufbewahrung

Vorsichtige Reisende bewahren nie ihr gesamtes Geld nur **an einem einzigen Platz** auf. Besser sind verschiedene Stellen und die Verteilung auf mehrere Personen. Viele Lodges und Hotels bieten für Wertsachen Safe-Aufbewahrung an (Depositbox).

Taxifahrten

Am sichersten ist es, sich von einer vertrauenswürdigen Person (Hotel, Restaurant, Geschäft) ein zuverlässiges Taxi rufen zu lassen. Doch selbst dann: Steigen Sie nicht ein, wenn sich bereits ein Fahrgast darin befindet. Auch wenn der Fahrer unterwegs einen weiteren Gast aufnehmen möchte, sollte man das unbedingt verweigern.

Windhoeker Township am westlichen Stadtrand

Townships

Unter der Kriminalität leidet die farbige und schwarze Bevölkerung am meisten. Sie hat kein Geld für die Sicherheitsvorkehrungen, die sich der weiße Mittelstand leisten kann. So passiert nach wie vor der Löwenanteil der Delikte in den ehemaligen Townships, wo auch noch das allerletzte des wenigen Besitztums der Menschen geklaut wird und es häufig zu Vergewaltigungen und Morden kommt. Fremde sollten die Vorstädte nur in Begleitung eines kundigen Guides betreten.

Sprache

Amtssprache

Englisch ist Amtssprache, Afrikaans und Deutsch gelten als Verkehrssprachen. Die Mehrheit der schwarzen Bevölkerung verständigt sich untereinander neben Englisch in **Afrikaans** und **Oshivambo.** Im Norden des Landes wird – wegen der gemeinsamen Grenze mit Angola – teilweise auch ein wenig Portugiesisch gesprochen.

Unternehmungen

Das **Freizeitangebot** ist reichhaltig. Vom Reiten, Wandern, Trekking, Fallschirmspringen über Angeln, Kanu- und Ballonfahren bis zum Sandsurfen und zur Höhlenforschung gibt es zahllose Möglichkeiten. Das einzige, was Namibia nicht oder nur sehr selten bietet, ist Animation.

Angeln und Fischen

Die gesamte **Skeleton Coast** ist ein Eldorado für Angler. In Terrace Bay existiert sogar eine **Gefrieranlage,** um den Fang auch für die Heimfahrt transportabel zu machen. Wer dort angeln will, muss beizeiten buchen, da nur in den Nationalpark darf, wer eine Reservierung vorweisen kann. Inzwischen ist an der ganzen Küste eine Angelgenehmigung notwendig. Der **Langustenfang** ist auf eine bestimmte Anzahl von Tieren pro Kopf und Tag beschränkt. In Swakopmund und Walvis Bay gibt es auch Agenturen, die sich auf Hochseeangeln spezialisiert haben (s. dort).

Astronomie

Die große Höhe Zentralnamibias, die fast das ganze Jahr über super-saubere Luft und das Fehlen von Streulicht machen die Sternbeobachtung nicht nur für Amateure zu einem Erlebnis. Teleskope besitzen die Gästefarmen **Rooisand Desert Ranch** (430 mm PlaneWave Astrograph, Astro-Touren, https://rooisand.com), **Hakos Gästefarm** (drei Sternwarten: 1 x C8, 1 x Meade ED/APO und 1 x C11 auf Losmandy G11-Montierung, weitere Säulen zur Montage mitgebrachter Geräte, www.hakos-astrofarm.com) und **Kiripotib** (www.astronamibia.com). Am professionellsten ist aber sicherlich die **Tivoli Southern Sky Guestfarm:** Instrumente mit Öffnungen zwischen 80 und 500 mm stehen zur Verfügung: Apo-Refraktor, SCT, Newton, Hypergraph, Dobson, Go-To-Montierungen, Betonsäulen und Adapter werden vermietet – aber auch ganze Sternwarten, im Top-Zustand, und laufend gewartet. Wer nach Tivoli kommt, will nichts und nichts und nichts anderes als Sterne beobachten, 14 Tage lang. Deshalb steht die Farm (die sich außerdem noch der Karakulzucht widmet) nur blutersten Amateuren und Profis offen, „normale" Gäste werden abgewiesen, so können die Astronomen unter sich sein (Tivioli Southern Sky Guest Farm,

Ballonfahrt in den Sonnenaufgang – Namibia aus einer besonderen Perspektive erleben

P.O. Box 11854/Windhoek, Tel. 062-581 405, www.tivoli-astrofarm.de).

Ballonfahren

Namib Sky Balloon Safaris,
Tel. 063-683188, https://balloon-safaris.com. Nahe Sesriem Fahrten über der Wüste, frühzeitige Reservierung ist empfehlenswert (ca. 8000 N$/Person).

Hot Air Ballooning,
Tel. 081-8086743/081-8350827, www.ballooning-namibia.com. Ballonfahren über der Namib bei Swakopmund (um 5000 N$/Person).

Bootsausflüge

Bootsausflüge mit und ohne Angeln gibt es in Lüderitz, Swakopmund und Walvis Bay (s. jeweils dort).

Felix Unite River Adventures,
Tennant Road 48A, Kenilworth, Kapstadt, Tel. +27-87-3540578, www.felixunite.com. Südafrikanischer Veranstalter mit Kanuvermietung und Touren am Oranje im Süden.

Caving

Die meisten Höhlen sind nicht öffentlich zugänglich. Nur die **Arnhem Caves,** das längste Höhlensystem des Landes im Khomas-Bergland, wurden für Besichtigungen aufbereitet. Wer an geführten Touren teilnehmen möchte, lese dazu die Beschreibung im Reiseteil (s. bei Dordabis).

Jagen

Für die meisten Farmer gehört die Jagd zum Alltag. Sie dient der **Nahrungsbeschaffung** (die Farmküche zieht Wild dem Rindfleisch vor), der **Bestandshege** (wenn eine Art auf dem Farmgebiet überhandnimmt) und dem **Schutz der Weidetiere** vor Raubtieren. Die Jagd aus diesen Gründen kann man – dem Tierwohl zuliebe – natürlich auch verurteilen. Die **Trophäenjagd** hingegen ist nicht begründbar und zurecht hochgradig umstritten. Sie wird in diesem Buch nicht weiter behandelt oder befördert. Wie Gast-Jäger auf den über 200 Jagdfarmen zum Abschuss kommen – und welche Bedingungen und Regeln gelten – erfahren Interessierte bei der Namibia Professional Hunting Association (NAPHA, Sam Nujoma Ave 318, Windhoek, Tel. 061-234455, www.napha-namibia.com).

Klettern

Der **Namibia Mountain Club,** die namibische Sektion des Südafrikanischen Bergsteigerklubs, präsentiert auf seiner Website Klettergebiete wie Spitzkoppe oder Erongo mit Hinweisen auf Schwierigkeit und Routen sowie auf ergänzendes Buchmaterial (www.mcnam.org).

Quadbikes

Beliebt – aber für die Ökologie der Wüstenlandschaften äußerst negativ – ist Quadbiking, wenn es nicht reglementiert ist (abgesehen vom Schadstoffausstoß der hochgezüchteten Motoren). Deshalb wird in kleinen Gruppen mit einem Guide auf Routen gefahren, die Böden und Pflanzen nicht schädigen. Quadbike-Touren dauern von einer halben Stunde bis zu einem ganzen Tag. Veranstalter sind in Swakopmund und Walvis Bay:

- **Dare Devil Adventures** (www.daredeviladventures.com)
- **Desert Explorers** (www.namibiadesertexplorers.com)
- **Dune 7 Adventures** (www.dune7adventures.com)

Rafting

Die **Kunene River Lodge** veranstaltet Rafting-Touren am Kunene (Ruacana Area, Tel. 065-685016, https://kuneneriverlodge.com).

In Zimbabwe ist **Shearwater** (Victoria Falls, Zimbabwe, Tel. 00263-8328-44471, www.shearwatervictoriafalls.com) zuständig für Rafting auf dem Zambezi und vielen weiteren Outdoor-Aktivitäten.

Reiten

Man bedenke: Auf Pferden den Busch zu entdecken stellt an Reiter höhere Anforderungen, als man dies von heimischen Reitausflügen gewöhnt ist.

Namibia Horse Safari Company (Aus, Tel. 081-4703384, www.namibiahorsesafari.com) ist auf mehrtägige Reitsafaris spezialisiert und hat englischsprachig geführte Touren unterschiedlichen Schwierigkeitsgrads im Angebot – von der Schnuppertour für Anfänger über die große Tour in neun Tagen durch die Namib-Wüste bis zum Damara-Elephant-Skeleton Coast-Trail.

Die **Lodge Etusis** (Tel. 064-550826, www.etusis.com) züchtet Basotho-Pferde und organisiert Tagesausflüge.

Von einem Ranger geführte Quadbike-Touren in die Dünen der Namibwüste

Reitsafaris mit Wildbeobachtung bieten u.a.

- **Immenhof** (https://immenhofnamibia.com)
- **Düsternbrook** (www. duesternbrook.net)
- **Kambaku** (www.kambaku.com)

Spezialisiert auf kleinere Reitausflüge hat sich in Swakopmund **Okakambe Trails** (keine Unterkunft, Tel. 064-402799, www.okakambe.iway.na).

Segelfliegen

Kiripotib (https://kiripotib.com, s. bei Dordabis) und **Bitterwasser** (www. bitterwasser.com) verfügen über Segelflugzeuge und optimale thermische Bedingungen, sogar Weltrekorde werden hier geflogen. In den gleichnamigen Lodges kann man sich einmieten.

Trekking

In einigen Nationalparks sind **längere Trekkingtouren** möglich (bis zu einer Woche Dauer). Man ist ohne Führer und als Selbstversorger unterwegs. Da die Gruppengröße und die maximale Anzahl der Gruppen auf einer Strecke genau vorgeschrieben und eine Genehmigung notwendig ist, muss die Tour **telefonisch rechtzeitig angemeldet** und eine Anzahlung geleistet werden (bei Namibia Wildlife Resorts Ltd., Tel. 061-2857333, www.nwr.com.na). Neben den Kosten für den Nationalparkeintritt ist eine Gebühr für die Wanderung zu entrichten (Fish River Canyon z.B. 535 N$/Person). Die Haupttrekkingtouren liegen im Naukluft-Teil des Namib-Naukluft Parks, im Fish River Canyon und auf dem Waterberg Plateau. Wanderungen am Brandberg sind nur geführt möglich (s. bei Khorixas).

Wanderungen mit und ohne Support

Wandern ist – abgesehen von Nationalparks mit großer Raubtierpopulation – überall möglich. Viele **Gästefarmen** und **Lodges** haben eigene Wanderwege angelegt und beschildert; auch in den meisten staatlichen Parks sind Wanderwege, Rundtouren oder Stichstrecken zu Sehenswürdigkeiten ausgewiesen.

Tok Tokkie Trails (Tel. 061-264521, www.toktokkietrails.com) unternimmt mehrtägige, geführte Wanderungen auf dem Gebiet des NamibRand Nature Reserve.

Yoga und Safari

Yoga-Studios gibt es in Windhoek und Swakopmund. Yoga an landschaftlich schönen Orten bietet **Namaste Yoga Safaris** (Swakopmund, Anton Lubowski Ave 63, Tel. 081-7617882, www.namaste yogasafari.com) auf 10-tägigen Rundreisen mit Meditations- und Yoga-Elementen an (interessant und nachhaltig ist auch deren 5-tägige Tour ins Damaraland mit täglichem Yoga und Besuchen eines Wüstenelefanten-Projekts und von Himba-Siedlungen). Auch die Gästefarm **Kambaku** hat Yoga-Retreats im Programm (www.kambaku.com).

Verhaltensweisen

Do's und Dont's

Namibia konfrontiert seine Besucher mit einer **eigenwilligen Mischung aus Fremdem und Vertrauten und mit heftigen gesellschaftlichen Widersprüchen.** Gepflegte Asphaltstraßen erschließen archaisch-wilde Landschaften und suggerieren Sicherheit, wo der kleinste Fahrfehler schwere Folgen haben kann. Man reist durch wasserlose Wüsten und übernachtet danach, das kostbare Nass verschwendend, in Luxuslodges mit Pool. Man fährt den gemieteten SUV auf Sanddünen ordentlich aus, ohne sich der damit verbundenen Zerstörungen bewusst zu sein. Und man ist erstaunt, wenn man in diesem scheinbaren Paradies auf so mancher Gästefarm oder Lodge auf problematische politische Ansichten oder herablassendes Verhalten gegenüber den Angestellten stößt. Namibia ist vielschichtig und hochsensibel, sowohl was die Ökologie als auch soziale und politische Verhältnisse angeht. Ein paar Hinweise:

Off-Road

So reizvoll es ist: **Off-road-Fahren zählt zu den großen Tabus.** In den Wüstenregionen bleiben Fahrspuren 30 Jahre und länger sichtbar und weit schlimmer: Der empfindliche Algen- und Pilzbewuchs der Steine wird vollständig zerstört und regeneriert sich nicht mehr.

Abfall etc.

Da der Verrottungsvorgang durch die geringe Luftfeuchtigkeit in den Wüsten merklich verlangsamt abläuft, werden alle Abfälle – sei es vom Picknick oder beim Campen – wieder mitgenommen bzw. in die dafür bereitgestellten Abfalltonnen entsorgt. Toilettenpapier wird verbrannt und Exkremente vergraben. **Verlassen Sie die Natur so, wie Sie sie vorgefunden haben!**

Wasser sparen

Wasser ist kostbar. Namibia leidet häufig an Dürren und **starkem Wassermangel.** Mensch und Natur hilft es, wenn man in der Unterkunft Handtücher mehrfach verwendet, eine kurze Dusche anstelle eines Vollbades nimmt und man bei der täglichen Körperpflege auf den Wasserverbrauch achtet. Jeder Tropfen zählt – auch beim Auto waschen oder Pflanzen bewässern. Und wer nicht auf den abkühlenden Sprung in den Pool verzichten will, sollte zumindest im Kopf behalten, dass er einen – für viele unerreichbaren – Luxus genießt.

Bunte Tonnen für die Mülltrennung

Luxus im Kaokoveld: Lodge in Opuwo

Frauen füllen Wasserkanister an einem Brunnen in der Nähe von Kapako

Protzen unnötig

Namibia ist ein armes Land, der Großteil der Bevölkerung lebt unter einfachsten Bedingungen. Die Jahre der Apartheid haben das Land geteilt, nur langsam gelingt es, breiteren Schichten einen relativen Wohlstand zu ermöglichen. Deshalb sollten **Besitztümer nicht zur Schau gestellt werden.** Wer seinen Reichtum zeigt, weckt Begehrlichkeiten, und Begehrlichkeiten werden befriedigt.

Kleidung

Unnötig sind Smoking und Abendkleid. Namibier lieben es **leger.** Herren in kurzen Hosen werden nirgendwo des Restaurants verwiesen – ebenso nicht Damen im ärmellosen Top.

Höflichkeit

Begegnen Sie allen Mitgliedern der Gesellschaft, unabhängig von ihrer sozialen Herkunft und **unabhängig ob schwarz, weiß oder farbig,** mit Höflichkeit. Man wird es Ihnen danken, und vielleicht gewinnen Sie so auch Freunde bei jenen, die es von manchen Weißen nicht gewöhnt sind, nach den Regeln menschlichen Miteinanders behandelt zu werden.

Last der Vergangenheit

2022 erweckte eine NDR-Talkshow Aufsehen unter den Deutsch-Namibiern: Die prominente Moderatorin Sandra Maischberger gestand darin ihre Liebe zu Namibia und zugleich ihr Unverständnis über „eine deutsche Community, die erstaunlich komische politische Ansichten hat". Gemeint waren die „Ewiggestrigen", die es natürlich ebenso gibt wie in anderen Ländern. Die Schrecken der Nazi-Zeit und des 2. Weltkriegs in Europa haben einige in ihrer **Isolierung in „Deutsch-Südwest"** tatsächlich nie begriffen, ebenso wie sie die Ungerechtigkeiten und den Massenmord an Herero und Nama in der deutschen Kolonialära negieren. Und da die besonderen Umstände, das Reisen von Gästefarm zu Gästefarm, intensive Kontakte zu den Gastgebern begünstigen, sind Besucher ab und an auch mit **politischen Ansichten** konfrontiert, die sie als erschreckend oder, um mit Maischberger zu sprechen, „erstaunlich komisch" empfinden. Ruhiges Argumentieren und Darstellung des eigenen Standpunktes, ist wohl der beste Weg, auf eine Einschätzung deutscher Geschichte zu reagieren, die zum großen Teil darauf basiert, dass eine kritische Aufarbeitung nie stattgefunden hat.

Was ist politisch korrekt?

Vor dem Hintergrund der Diskussionen um die **richtige Wortwahl** gegenüber farbigen und schwarzen Bevölkerungsgruppen, stehen auch Reisende vor der Frage, wie sie über und mit der autochthonen Bevölkerung kommunizieren sollten. Jeder weiß, dass das **N-Wort tabu ist,** auch wenn Einheimische jeder Herkunft es durchaus verwenden.

Ist die Gesamtheit der nicht-weißen Bevölkerung gemeint, tendieren viele zu „Einheimischen“ oder „Indigenen“. Da gilt es aber zu bedenken, dass auch viele Weiße schon seit mehreren Generationen im Land leben, was sie nach Meinung vieler zu Einheimischen macht. Die korrekte Sprache befindet sich ebenso in einem **Entwicklungsprozess** wie die Angleichung der Lebensverhältnisse und letztendlich das Zusammenwachsen in einer multikulturellen Gesellschaft. Auf dem Weg dahin werden auch Fehler gemacht, nicht zuletzt sprachlicher Natur. Wichtiger, als sich in **„Wortverrenkungen“** zu verlieren, ist wohl die gleichberechtigte Akzeptanz anderer Bevölkerungsgruppen im Alltag zu leben.

Verkehr

Reisemöglichkeiten mit öffentlichen Verkehrsmitteln beschränken sich auf die Hauptrouten zwischen den größeren Städten, die von Lininenbussen, teils auch von der Bahn befahren werden. Alternativ nutzt man Flugverbindungen, sieht dadurch aber wenig vom Land.

Vambo-Taxi

Minibusse

Mit den „Vambo-Taxi“ oder „Jesus-Liner“ genannten **Sammeltaxis** sind in erster Linie schwarze und farbige Namibier zwischen ihren Heimatorten und den oft weit entfernten Arbeitsstellen unterwegs. Die Haltepunkte befinden sich an den Ausfallstraßen und stets nahe den Townships; los geht’s, wenn alle Plätze besetzt sind. Unter touristischen Gesichtspunkten sind die meisten Verbindungen uninteressant, da sie weder Innenstädte noch touristische Highlights ansteuern. Zudem sind sie recht unbequem (da sehr eng besetzt) und nicht unbedingt sicher – es kommt häufig zu Unfällen.

Maltahöhe: Der Eselskarren ist auf dem Land nicht das schlechteste Verkehrsmittel

Intercape Mainlainer in Windhoek

Busse

Südafrika – Namibia

Der Sleepliner-Bus von **Intercape Mainliner** aus Kapstadt fährt über Keetmanshoop nach Windhoek (22,5 Std., dreimal die Woche, ca. 1100 N$) und weiter über Okahandja und Tsumeb entweder nach Ondangwa/Oshakati oder nach Katima Mulilo. Alternativ geht's ebenfalls über Nacht von Pretoria über Johannesburg, Upington und Keetmanshoop nach Windhoek (Umstieg in Upington, ca. 30 Std., tgl., ca. 1100 N$). Preisbeispiel: Windhoek – Katima Mulilo (16 Std., dreimal die Woche) ab 450 N$. Büros/Haltestellen:

Windhoek, Tel. 061-227847, www.intercape.co.za, Haltestelle Bahnhof Street;

Keetmanshoop, Haltestelle Lafenis Engen Tankstelle;

Tsumeb, Haltestelle Engen/Wimpy Gateway, Omeg Allee;

Kapstadt, Tel. +27-21-3804400, Office, Unit 2, Old Marine Drive, Kapstadt Bahnhof.

Inland

Town Hoppers verbinden Windhoek zweimal täglich mit Swakopmund und Walvis Bay mit modernen und sicheren Kleinbussen: **Town Hoppers,** Marconi Rd 23, Walvis Bay, Tel. 064-221713, 081-2103062, www.namibiashuttle.com, einfache Fahrt 270 N$.

Transfers

Go2 Traveller Transfers (Tel. 081-1434473, https://go2.na) ist ein Shuttle-Service der Lodges und Camps der Gondwana Collection, kann aber auch von Nicht-Gästen genutzt werden. Er fährt auch zu Highlights wie Etosha, Sossusvlei oder Fish River Canyon bzw. zu Gondwana-Lodges an deren Zufahrten. Die Busse starten von Windhoek tgl. in Richtung Kalahari, Swakopmund, Etosha und Sossusvlei sowie dreimal die Woche von der Kalahari (Karibib, Gondwana Farmhouse oder Anib Lodge) zum Fish River Canyon. Die Strecke Windhoek – Etosha kostet um 700 N$. Start in Windhoek ist am Truckport (Olympia), Stopp bei Sossusvlei z.B. Sesriem, bei Etosha der Etosha Trading Post, 6,5 km vom Andersson Gate.

Güterzug von Aus nach Lüderitz

„Oranjemund International" gehört den Diamantenschürfern der Namdeb

Bahn

Linienverkehr

TransNamib Limited (www.transnamib.com.na) befuhr mit dem StarLine Passenger Service bis Anfang 2021 die Strecken Windhoek – Walvis Bay, Windhoek – Gobabis, Windhoek – Keetmanshoop – Lüderitz, Windhoek – Keetmanshoop – Ariamsvlei (Südafrika/Upington) und Tsumeb – Ondangwa – Oshikango. Dann wurde der Service wegen Corona und aus finanziellen Gründen eingestellt und bislang (Mitte 2024) nicht wieder aufgenommen

Zugreisen

Eine Tochtergesellschaft der TransNamib – der **„Desert Express"** – betrieb bis 2019 den gleichnamigen Luxusreisezug zwischen Windhoek und Swakopmund (www.desert.express). Von mehreren Stopps auf der Strecke wurden Ausflüge unternommen (Löwenfütterung, Dünenwanderung etc.). Jedes Abteil hatte ein eigenes Bad, Restaurant- und Aussichtswagen waren ebenfalls angehängt. Bis Mitte 2024 wurde der Betrieb nicht wieder aufgenommen.

Der südafrikanische Luxuszug **Rovos Rail** (Adderly St 1, Kapstadt, Tel. +27-21-4214020, https://rovos.com) fährt unregelmäßig ab Pretoria nach Namibia; Preisbeispiel: 15-tägige Fahrt „African Trilogy" von Pretoria über Lüderitz, Swakopmund nach Etosha und abschließend nach Walvis Bay mit allen Extras ab 225.000 N$/Person (Single plus 50 %).

Der bis 2024 eigenständig betriebene Zug **Shongololo Express** wird nun ebenfalls von Rovos Rail gemanagt und unternimmt eine 11-tägige Namibiasafari: Von Pretoria durch Namibia über Lüderitz, Swakopmund und Etosha nach Walvis Bay mit Besichtigungen ab 180.000 N$ (Single plus 50 %).

Flugzeug

Die staatliche Fluggesellschaft **Air Namibia** ist insolvent, mehrere Rettungsversuche sind gescheitert. **Fly Namibia** (https://flynamibia.com.na) verbindet folgende Städte mit Windhoek/Eros Flughafen: Lüderitz, Oranjemund, Rundu, Ondangwa, Katima Mulilo und Walvis Bay. Geplant ist ein „Safari-Circuit"

Windhoek – Sossusvlei – Swakopmund – Etosha mit kleinen Maschinen. Außerdem gibt es Verbindungen nach Kapstadt und Victoria Falls.

Taxi

Die großen Städte haben einen funktionierenden **Taxiservice.** Nicht alle Wagen besitzen einen Taxameter, so dass Fahrpreisverhandlungen notwendig sein können. Meist werden die Wagen per Funktelefon bestellt. Die Hotelrezeption und Restaurantpersonal geben Auskunft über die Nummern verlässlicher Unternehmer oder bestellen das Fahrzeug für den Gast. Sie kennen auch den reellen Fahrpreis.

Selbstfahrer

Namibia besitzt ein in weiten Teilen sehr **gut unterhaltenes,** rund 50.000 km umfassendes **Straßennetz.** Alle größeren Städte und viele wichtige Sehenswürdigkeiten sind auf Asphaltstraßen zu erreichen. Schotter- bzw. Sand- oder Erdpisten (je nach Region) erschließen abgelegenere Orte oder Gegenden und werden regelmäßig gewartet. Dennoch stehen Selbstfahrer vor einigen Herausforderungen: Es herrscht **Linksverkehr,** die Entfernungen zwischen Orten bzw. Sehenswürdigkeiten sind ziemlich groß, und die Gefahr eines **Wildunfalls** ist nicht auszuschließen. Immerhin besitzt Namibia trotz seiner hervorragenden Straßen eine erstaunlich hohe **Unfallquote,** häufig mit Todesfolge. Auch die Zahl Verunglückter unter den Touristen ist hoch.

Wegenetz

Straße und Pisten tragen Nummern, die die Schilder ausweisen. Nur manchmal ist Überland die Richtung mit Städtenamen neben der Nummer angegeben. Zusätzlich sind Straßentyp bzw. Straßenbeschaffenheit durch vorangestellte Buchstaben klassifiziert: **Asphaltstraßen** gehören meist der Kategorie B an (als B-Straßen sind sie Nationalstraßen/National Roads); mit A-Präfix sind es Autobahnen (vierspurige Freeways, derzeit zwei: A1 Windhoek – Okahandja und die 2024 fertiggestellte A2 Swakopmund – Walvis Bay). Zur Kategorie C zählen die nur teilweise asphaltierten **Überlandstraßen** (Main Roads), die Straßen der

Der teilgepflasterte Spreetshoogte Pass

Kategorie D (für District Road, oder MR für für Main Roads auf Bezirksebene) sind generell **Pisten,** die unbefestigten Wege der Kategorie P (früher) bzw. F (heute) verlaufen auf Privatgrund.

Straßenzustand

Asphaltstraßen sind immer zweispurig (und selten vierspurig), bei einigen wenigen gibt es durch gebirgige Gegenden kurze dritte Überholspuren. Sie sind relativ schmal, aber meist in ausgezeichnetem Zustand, Schlaglöcher sind (bis im Caprivi) selten. Die weißen Mittellinien sind durchbrochen (oder durchgezogen, wenn man nicht überholen darf). Nach der Regenzeit können die Bankette etwas bröckeln. **Hauptpisten** sind durchweg gute bis sehr gute Pisten mit Sand- oder Geröllbelag. Die Wartung in kurzen Abständen übernehmen wahre Ungetüme von Maschinen (Scraper); sie hobeln die Oberfläche glatt, Warntafeln weisen rechtzeitig darauf hin. **Nebenpisten** und weniger befahrenen Strecken werden nicht so häufig gehobelt. Aus diesem Grund bilden sich auf ihnen mehr oder weniger starkes Wellblech und Spurrillen. Bei starken Regenfällen kommt es auf allen Pisten zu Unter- und Wegspülungen und der Straßendienst kommt nicht mehr nach. Die Wartung der Farmwege obliegt deren Besitzer.

Betonrampe in einem Kunene-Tributär

Wellblech

Auf weichem, lockerem Untergrund drehen Reifen ein wenig durch bevor sie greifen. Beim Greifen federn sie hoch und schlagen zurück. Dadurch bildet sich eine kleine Vertiefung. Nach und nach entsteht eine **Wellenform des Bodens.** Abhängig von der Größe der Reifen (Lkw oder Pkw), können Wellenabstand und Tiefe unterschiedlich sein. Auf einer solchen Wellblechpiste gibt es im Grunde zwei Möglichkeiten: Sicher und langsam mit etwa 10 km/h fahren oder mit ca. 50 bis 80 km/h (abhängig von Fahrzeuggröße und Beladung) über die Wellenkämme zu „fliegen" – die Reifen erwischen dann nur die Wellenkämme. Der Wagen läuft

Das weite Tal bei Purros am Hoarusib

relativ ruhig, hat aber nur noch **minimalen Bodenkontakt** und kann deshalb deutlich schlechter gelenkt oder gebremst werden – ein Risiko besonders in Kurven.

Riviere

Trockenflusstäler können nach starken Regenfällen zu reißenden Strömen anschwellen, die alles mit sich nehmen. Die Hauptverkehrsstraßen überqueren mit Brücken solche Hindernisse (wobei auch deren Rampen unterspült sein können), viele kleinere Nebenstrecken führen aber direkt durch die Riviere. Zwar sind es meist nur kurze **Strecken in Sand und Geröll** bzw. im Wasser, wer mit einem Pkw unterwegs ist, sollte sich den Abschnitt zuerst zu Fuß anschauen. Viele Riviere sind sehr schmal (1–2 m), nicht sonderlich tief und nicht immer rechtzeitig zu erkennen. Umsichtiges Fahren und Voraussicht bewahren vor unliebsamen Überraschungen.

Fahrtraining

Einige Autovermieter bieten **Einführungskurse** für Offroad-Fahren an. Wer eine Tour im Outback plant (Kaokoveld, Khaudum oder Okavango-Delta o. Ä.) kann durch ein solches Training Sicherheit gewinnen. Auch auf einigen Gästefarmen wie etwa Ababis (www.ababis-gaestefarm.de) lässt sich ein Fahrsicherheitstraining buchen.

Verkehrsverhalten

Links und rechts

Es herrscht – wie in den Nachbarländern – **Linksverkehr,** die Autos sind **rechts gesteuert.** Wer das erste Mal mit Linksverkehr konfrontiert ist, sollte die ersten Tage äußerste Vorsicht walten lassen. Im Gegensatz zur landläufigen Meinung bestehen Probleme nicht im Großstadtverkehr, sondern eher auf der Fahrt auf einsamen Landstraßen. Im Großstadtverkehr helfen die Verkehrsströme, auf den Pisten im weiten Land verliert man leicht die Orientierung. Aufpassen muss man auch beim Abbiegen und an Straßeneinmündungen. Zu oft wendet man den Kopf zur Beachtung der Vorfahrt in die falsche Richtung.

Höchstgeschwindigkeit

In den Städten besteht eine Geschwindigkeitsbeschränkung von 60 km/h, auf **asphaltierten Überlandstraßen** von 120 km/h. Auf nicht asphaltierten Überlandstraßen – den **Pisten** – darf nicht schneller als 80 km/h gefahren werden. Das ist allerdings das absolute Maximum. Wenn das Fahrzeug auf kurviger Piste seitlich wegrutscht, weiß man warum. Mietwagenversicherungen übernehmen keine Schäden bei überhöhter Geschwindigkeit und die Fahrzeuge sind mit Fahrtenschreibern ausgerüstet.

Weitere Regeln

An **Kreuzungen mit Stoppschildern** an jeder Einmündung (4-way-Stop), darf jenes Fahrzeug zuerst fahren, das zuerst die Kreuzung erreicht hat. Es herrscht **Anschnallpflicht**. Bei **Wildunfällen in Nationalparks** ist die zuständige Behörde (in der Person des Wildhüters/Rangers) zu informieren. Auf Sandpisten wirbelt das Fahrzeug sehr viel Staub auf, der bei Windstille über der Pad hängen bleibt. Wer auch tagsüber das **Abblendlicht** einschaltet, wird von entgegenkommenden Fahrzeugen schneller erkannt. **Telefonieren** ist nur mit Freisprecheinrichtung erlaubt.

Vorsicht walten lassen

Die **Geschwindigkeit niedrig** halten, langsamer fahren als erlaubt und **keines-**

falls in den Dämmerungsstunden oder nachts unterwegs sein! Nach Pistenfahrten **Reifen und Reifendruck** kontrollieren, ab und an die **Stoßdämpfer** prüfen! Auf **hohes Gras** und den Busch am Straßenrand achten, jederzeit kann ein Tier daraus hervorbrechen! Bei **Regen** werden Pisten **schlüpfrig wie Eisbahnen,** und nach langer Trockenzeit sind auch Asphaltstraßen bei einem richtigen Wolkenbruch rutschig und die Sicht geht gegen Null. **Zu guter Letzt:** So perfekt die notärztliche Versorgung auch sein mag – um sie in Anspruch zu nehmen, muss man den Notarzt alarmieren können. Häufig sind aber das nächste Farmtelefon und die Landepiste für das Rettungsflugzeug zu weit weg und das Funktelefon hat keinen Netzkontakt.

Treibstoff

Die Treibstoffversorgung ist im Allgemeinen sehr gut, besonders in der Landesmitte und im Süden. **Ersatzkanister** sind notwendig bei Fahrten ins Kaokoveld und in den Khaudum National Park. Man sollte immer genug Treibstoff haben, um die übernächste Versorgungsstelle zu erreichen.

Notrufnummern

Flugrettung: EMed24 Rescue, Notfall-Tel. 083-924, www.emedrescue.com

Polizei: Notruf landeseinheitlich 10111; weitere Nummern s.a. unter „Diplomatische Vertretungen“ in „Praktische Reisetipps von A–Z“.

Autoklub: Automobile Association of Namibia/AA Namibia, Notruf Tel. 081-2184552 oder 085-2555500, www.aa-namibia.com, Schwesterklub des ADAC.

24-Stunden-Abschleppdienst: In einigen Städten offerieren Kfz-Betriebe (Garages) kostenpflichtiges Abschleppen; bei Mietwagen sollte man sich vorab informieren, ob der Vermieter eigenen Abschleppdienste stellt oder einen Ersatzwagen schickt.

Motorrad

All das, was bezüglich der Fahrsicherheit auf das Autofahren zutrifft, gilt in **verstärktem Maße** auch für Motorradfahrer. Hinzu kommt die leichte Verletzlichkeit bei Begegnungen mit Wild. In allen Natur- und Nationalparks ist die Zufahrt für Motorräder verboten.

Zeitzone

Namibische Zeit ist generell der Weltzeit UTC (Universal Time Coordinated, vormals GTM) um zwei Stunden voraus (UTC +2). Es änderte 2017 seine Zeit letztmalig zur Sommerzeit um. Deutschland stellt am letzten Sonntag im März bis zum letzten Sonntag im Oktober weiterhin auf Sommerzeit um (von UTC +1 auf UTC +2), so dass im Sommer der Nordhalbkugel keine Zeitverschiebung zwischen Deutschland und Nambia, in ihrem Winter eine Zeitverschiebung von einer Stunde herrscht.

März (letzter Sonntag) **bis Oktober** (letzter Sonntag) gleiche Zeit:

- Deutschland 12 Uhr (UTC +2)
- Namibia 12 Uhr (UTC+2)

Oktober (letzter Sonntag) **bis März** (letzter Sonntag) Namibia +1 Stunde:

- Deutschland 12 Uhr (UTC+1)
- Namibia 13 Uhr (UTC+2)

Teil 3: Land und Leute

Wilde, unberührte Natur

Namibia grenzt im Süden und Südosten an die Republik Südafrika, im Osten an Botswana, im Norden an Angola, im Nordosten an die Republik Zambia und an Zimbabwe (das einzige Vierländereck der Welt). Mit 824.292 qkm ist es etwa doppelt so groß wie Deutschland, und mit 3 Einwohnern pro qkm eines der **am dünnsten besiedelten Länder** der Erde. Etwa 1500 km sind es von Namibias südlichem Grenzfluss, dem Oranje, bis zu seinem nördlichsten Punkt am Kunene. Knapp 600 km liegen zwischen dem Atlantik und dem Grenzzaun zur Nachbarrepublik Botswana, weitere 350 km ragt der Caprivi Strip nach Osten in das zentrale Afrika hinein.

Unendliche Weite

Man kann es in trockenen Zahlen ausdrücken oder mit überschwänglichem Enthusiasmus: Die unendliche Weite und Einsamkeit seiner Landschaften, die bizarre Schönheit seiner **unberührten Natur** sind Namibias größter Reiz. Sie sind sein wichtigstes touristisches Potential, dessen Schutz und Erhaltung sowohl in den Jahrzehnten der südafrikanischen Oberhoheit als auch seit der Unabhängigkeit höchste Priorität eingeräumt wurde und wird.

Gebirge, Wüsten und Riviere

Namibias Herzstück ist das **zentrale Hochland** mit einer durchschnittlichen Höhe von 1700 Metern, die von mehreren Gebirgen begrenzt bzw. akzentuiert wird. Im Südosten steht das Massiv der Karasberge (2202 m) zwischen Keetmanshoop und Karasburg, bei Windhoek erheben sich im Süden die Auas-Berge (2483 m) und im nördlichen Landesteil Namibias erreicht der Waterberg 1857 Meter, das Otavi-Hochland 2148 Meter.

Im Damaraland brennt die Sonne die „Flüsse" schnell trocken

Escarpment

Namibias höchste Gipfel liegen an der Großen Randstufe (Escarpment), die im Westen vom Hochland hinunter in die Ebene der Namib-Wüste überleitet. An den Rooirand- und Schwarzrandbergen in Südnamibia und im Kaokoveld im Norden bildet sie einen **schroffen Felsabfall,** der von steilen Tälern und Pässen durchschnitten wird. Im mittleren Teil bricht die Randstufe ab, das Hochplateau senkt sich sanft zur Namib hinunter. Entlang der Randstufe erheben sich der Gamsberg (2351 m), das Erongo-Massiv (2350 m) und das Massiv des Brandbergs, dessen höchster Gipfel, der Königstein (2574 m), zugleich auch Namibias höchster Berg ist.

Namib im Westen

An die Randstufe schließt sich **nach Westen** die Wüste an: Namib, „die **Barriere**", nennen die Nama die unwirtliche Region mit nur wenigen Wasserstellen und temporär wasserführenden Flussläufen. Der zwischen 80 und 120 km breite Wüstenstreifen senkt sich langsam von etwa 600 m Höhe am Fuße der Randstufe auf Meeresniveau und endet am Atlantik. Die Sanddünen hier erreichen imposante Höhen von bis zu 350 Meter und grenzen an mehreren Stellen ans Meer. Wie ein **Schutzschild** bewahrte die Namib jahrhundertelang die Völker Zentralnamibias vor dem Eindringen seefahrender Nationen. Die Portugiesen, die vor dieser Küste ankerten, sahen keinen Weg durch die Sanddünen ins Landesinnere.

Kalahari im Osten

Nach Osten und Nordosten zu flacht das Hochland allmählich ab und geht in das **Becken** der Kalahari über – eine **Sandwüste** auch dies, allerdings durch häufigere Regenfälle und wasserspeichernde Pfannen nicht so lebensfeindlich wie die westliche Namib.

Etosha im Norden

Im Norden schließt an das Hochland eine **Salz-Ton-Pfanne** an, die den Mittelpunkt des Etosha National Parks bildet. Nördlich davon verzweigt sich der Kuvelai-Fluss, von Angola kommend, zu einem weitgefächerten **Binnendelta,** er versickert in den Sandmassen

Wasserstelle im Kgalagadi Park

der Kalahari. Diese Region, das ehemalige Ovamboland, ist eine der wenigen mit intensivem Ackerbau.

Flüsse und Riviere

Ganzjährig wasserführende Flüsse besitzt Namibia nur mit dem Oranje im Süden (Grenzverlauf Südafrika) und dem Kunene, Kavango, Chobe, Linyanti und Zambezi im Norden (Grenzverlauf Angola/Zambia/Zimbabwe, Botswana). Alle anderen Flussläufe, **Riviere** genannt, die das Hochland nach Osten bzw. Westen entwässern, sind den größten Teil des Jahres trocken und führen nur nach Regenfällen für kurze Zeit Wasser. Die wichtigsten Riviere sind im Westen (von Norden nach Süden): der Hoarusib (aus dem Kaokoveld), Hoanib, Huab und Ugab (aus dem ehemaligen Damaraland, der Gegend Kunene-Süd) sowie Omaruru, Swakop und Kuiseb aus dem zentralen Hochland. Sie alle münden in den Atlantik, doch nicht immer haben sie genug Wasser, um das Meer zu erreichen. Im Osten führen Schwarzer und Weißer Nossob, Elefantenfluss und Auob das Wasser vom Hochland hinunter in das Kalahari-Becken. Der Great Fish River oder Großer Fischfluss entwässert das Hochland nach Süden in den Oranje.

Arides Land

Steppen und Halbwüsten prägen den größten Teil Namibias. Die feinen Unterschiede in der Vegetation erscheinen dem nicht botanisch vorgebildeten Besucher meist marginal: Im Süden herrscht Dornbuschsavanne vor, in Zentralnamibia weichen die Büsche dem Baumbewuchs mit vornehmlich Akazienarten. Erst nördlich von Okahandja sorgt dichtere Baumsavanne mit Mopanebäumen für eine deutliche Veränderung des Landschaftsbildes, das nach Osten hin in die zum Teil urwaldähnlichen Sumpflandschaften des Ost-Caprivi übergeht.

Klima

Klimawelt der Südhalbkugel

Namibia auf der südlichen Hälfte der Erdkugel besitzt einen Europa **gegenläufigen Jahreszeitenrhythmus:** Während unserer Wintermonate herrscht

Mondlandschaft bei Goanikontes in der Namib

Das Ovamboland kann über Wassermangel nicht klagen

dort der (Süd)-Sommer, und der europäische Sommer entspricht dem (Süd)-Winter.

Trocken- und Regenzeiten

Regen fällt nur im **Südsommer** zwischen Oktober und April. Intensität und Häufigkeit der Regenfälle nehmen von Nordosten (Caprivi) nach Südwesten (Südnamib) ab. Eine Ausnahme von dieser Regel bildet in guten Jahren der äußerste Süden Namibias, der manchmal vom subtropischen **Winterregen** des Kaplands profitiert. Somit gehört der größte Teil Namibia zur **semi-ariden Klimazone** des südlichen Afrikas.

Klimabereiche

Innerhalb Namibias lassen sich drei Klimabereiche unterscheiden: Im Nordosten herrscht **wechselfeuchtes Tropenklima** vor, das den Ackerbauern in den Regenmonaten (Oktober bis April) im Jahresmaximum 700 mm Niederschlag beschert. Südlich und westlich anschließend empfängt das zentrale Hochland bis etwa Windhoek zwischen 300 und 500 mm Regen (meist zwischen November und März), der südliche Teil des Hochlandes nur noch 100 bis 200 mm. Diese Region ist nur und recht und schlecht für die Viehzucht nutzbar. Der gesamte Westen (Namib) und der Süden zwischen Karasburg und Oranje werden schließlich vom **tropischen Halbwüstenklima** bestimmt. Niederschläge fallen, wenn überhaupt, bis 100 mm. Eine besondere klimatische Zone bildet der westliche Rand der Namib, dessen Flora und Fauna durch **Nebelfeuchtigkeit** gespeist wird (s.S. 98 Exkurs „Nebel als Lebensspender").

Warme Tage, kalte Nächte

Wie für Wüstenlandschaften typisch, gibt es große **Temperaturschwankungen** zwischen Tag und Nacht. In Windhoek werden beispielsweise in den Süd-Wintermonaten von Juni bis August mittlere Maxima von 20 °C und mittlere Minima von 7 °C gemessen; im Süd-Sommer sind es 30 und 12 °C. Swakopmund am Atlantik besitzt mit Wintertemperaturen von 18 und 9 °C und Sommerwerten von 20 und 12 °C keine ausgeprägten Temperaturschwankungen, während Keetmanshoop im ariden Süden mit 22 und 6 °C im Winter und

35 und 18 °C im Sommer wieder größere Temperaturunterschiede zwischen Tag und Nacht verzeichnet. Dies sind aber nur mittlere Werte: Im Winter können die Extreme in Senken weit unter den Gefrierpunkt fallen, während das Thermometer im Sommer in den Bereich der Vierziger steigt.

Klimawandel

Im Zuge des Klimawandels prognostizieren die Meteorologen für Namibia einen **Anstieg der Durchschnittstemperaturen** um 4–8 °C sowie einen Rückgang der Niederschläge um 5–20 % bis zum Jahr 2080.

Wasserwirtschaft

Die mageren Regenfälle und zumeist trockenen Flüsse erschweren die landwirtschaftliche Nutzung. Extensiver Ackerbau ist nur im Nordosten und im **Otavi-Bergland** („Mais-Dreieck") möglich, einer wasserreichen Karstlandschaft, in der u.a. Weizen und Mais gedeihen.

Wasser für die Farmen

Doch auch für die im größten Teil Namibias praktizierte Viehzucht (Rinder in Zentralnamibia, im Süden hauptsächlich Schafe und Ziegen) benötigt man Wasserstellen. Die Farmer lösen dieses Problem durch das Bohren von **Brunnen** und den Bau von **Dämmen** („Dam" bedeutet auch Stausee) in den Rivier-Betten. Mehrere **große Wasserreservoires** wurden angelegt, um damit die Städte und Agrargebiete versorgen zu können

Staudämme

Der Größte ist der 2021 erstmals vollgelaufene Neckartal Dam bei Seeheim mit einem Fassungsvermögen von 857 Mio. Kubikmeter, gefolgt vom Hardap Dam bei Mariental mit über 300 Mio. Kubikmeter. In beiden wird der Fish River aufgestaut. Windhoek wird durch den Goreangab Dam (ca 4,7 Mio. Kubikmeter) versorgt. Etwa 300 Mio. Kubikmeter Wasser werden jährlich verbraucht, allein zwei Drittel in der Landwirtschaft (Bewässerungsprojekte 130 Mio. Kubikmeter, Viehzucht 67 Mio. Kubikmeter), 65 Mio. Kubikmeter von den städtischen Gemeinden und 34 Mio. Kubikmeter in ländlichen Gebieten, 10 Mio. Kubikmeter benötigt die Industrie. Schätzungen rechnen mit einer Verdoppelung des Wasserverbrauchs bis 2025 und den Anstieg auf rund 770 Mio. Kubikmeter bis 2030.

Verdunstung

Bedenkt man, dass etwa **83 % des Regenwassers** durch Verdunstung verlorengehen, bleibt von den ohnehin spärlichen Regenfällen nur ein Siebtel der Landwirtschaft erhalten, und davon nimmt wiederum ein Großteil die Vegetation auf. Nur 1 % des Regenwassers gelangt in die grundwasserführenden Erdschichten, etwa 2 % tragen zur Auffüllung der Reservoirs bei.

Namibias Energieknappheit

Da die Wasserprobleme mit den bestehenden Stauseen langfristig nicht in den Griff zu bekommen sind, wurden und werden Pipelines und Kanäle gebaut, um die dichter besiedelten Gebiete wie Zentralnamibia und das ehemalige Ovamboland mit Wasser zu versorgen. Um das Wasser über große Entfernungen zu pumpen, benötigt man allerdings auch **Energie,** an der es fast ebenso sehr mangelt wie an Wasser. Dieses Defizit wollte man bereits unter südafrikanischem Mandat durch den Bau eines Staudamms mit Kraftwerk am Kunene

Trockenflüsse als Wasseradern

Man mag es kaum glauben, wenn man die staubtrockenen Flussbette sieht, die als *riviere, oshana* oder *omiramba* bezeichnet werden – dies sollen die wichtigsten Wasseradern des Landes sein …? Die meisten Riviere führen **nur wenige Wochen** im Jahr an der Oberfläche Wasser, manche sogar nur alle paar Jahre einmal und fast alle nur auf bestimmten Teilabschnitten, selten auf der gesamten Länge. So kann der Swakop durchaus die Farmen in seinem Oberlauf mit Wasser beglücken, die Fluten des Atlantiks erreicht der nasse Segen nur selten. Je nachdem, wie stark das Wasser fließt, sprechen die Farmer von einem *gut* oder *schlecht abgekommenen* Rivier. So schnell das Wasser gekommen ist, so schnell versickert es auch wieder in den zumeist sandigen Flussbetten. Wie ein **Schwamm** saugen sich die Flusssande mit der Feuchtigkeit voll und leiten sie an darunterliegende Hohlräume weiter. Dort, wo Felsstufen ein weiteres Absinken des Wassers verhindern, staut sich die Feuchtigkeit im Sand und bildet einen **natürlichen Sand-Damm,** dessen Speicherfähigkeit sich das Wild zunutze macht, das nur tief genug graben muss, um an stehendes Wasser zu gelangen. Um die Wasserversorgung der Farm zu sichern, werden **Bohrlöcher** eingebracht, mit denen man an die tiefen, wasserführenden Schichten gelangt und das Wasser dann meist mittels Windkraft nach oben pumpt. Eine längerfristige Wasserspeicherung macht sich aber aktiv das Abkommen der Riviere zunutze, indem die anströmenden Wasserfluten mit einer **Staumauer** aufgefangen und gestaut werden. Solche Dämme verlieren allerdings sehr viel Wasser durch die hohe Verdunstung. Manchmal greifen die Farmer deshalb auch auf die natürliche Wasserspeicherfähigkeit des Sandes zurück. Dort, wo die geologischen Gegebenheiten es zulassen, wird Wasser in einem „Sand-Damm" aufgefangen. Dieser wird an Stellen angelegt, wo sich im Flussbett Sandablagerungen aufgehäuft haben. Deren Speicherfähigkeit wird durch den Bau einer Staumauer und Aufschütten von zusätzlichem Sand erhöht. Wenn das Rivier fließt, versickert das Wasser im Sand-Damm, bis es die tieferen, wasserundurchlässigen Gesteinsschichten erreicht. Aus dem Reservoir kann das Wasser dann mit Hilfe von **Pumpen** an die Oberfläche geholt werden.

Der Hardap-Damm bei Mariental ermöglicht Gemüseanbau

ausgleichen. Der laute und internationale Protest der Naturschützer kippte das Projekt schließlich.

Neue Wege

Als Vorreiter gilt Namibia bezogen auf die **Entsalzung von Meerwasser** und die **Aufbereitung von Abwässern,** mit denen u.a. der Trinkwasserbedarf in Swakopmund und Windhoek bestritten wird. Noch nahezu ungenutzt sind **erneuerbare Energiequellen** wie Solar- und mit Windkraft erzeugter Strom. In diesem Bereich unternimmt Namibia, unterstützt von Partnerländern, große Anstrengungen, um die Defizite aufzuholen. Ebenfalls kaum genutzt sind unterirdische **Grundwasserleiter** wie der erst vor einigen Jahren entdeckte *Ohangwena II* entlang der namibisch-angolanischen Grenze. Insgesamt schätzen Wissenschaftler den in solchen unterirdischen „Flüssen" gespeicherten Wasservorrat auf 7700 Kubikkilometer. **Detaillierte Zahlen und Fakten** zu diesem Thema finden sich in der Broschüre „Wasser und Abwasser" der Gesellschaft für internationale Zusammenarbeit GIZ (www.giz.de/en/downloads/giz2022-de-namibia-abwasser.pdf). In Zukunft sollen **Wind- und Sonnenkraftwerke** mit Elektrolyseuren in Kooperation mit Deutschland **Wasserstoff** produzieren.

Geologie

Die Landschaften sind ein Leckerbissen für jeden, der sich für Geologie interessiert. Während die ältesten **Gesteinsschichten aus der Frühzeit der Erde** in Europa durch Sedimente (Sand, Kies) überdeckt sind, hat die geologische Entwicklung eben diese Gesteine an vielen Stellen wieder freigelegt. Die untersten Schichten des Fish River Canyon sind **bis zu einer Milliarde Jahre** alt! Offenliegende Gesteine findet man aus jeder Epoche der Erdgeschichte, vielerorts sind sie so deutlich erkennbar, dass sich ihre Bedeutung auch geologischen Laien erschließt.

Landschaftsräume

Drei große Landschaftsräume lassen sich unterscheiden: die beiden Wüstenebenen im Westen (Namib) und Osten (Kalahari) und dazwischen das zentrale Hochland mit der Großen Randstufe, die in die Namib überleitet.

Die Namib

Der Wüstenstreifen zwischen Atlantik und Hochland zieht sich entlang der gesamten Westküste Namibias (und weiter nach Südafrika bzw. Angola). Er wird häufig als die **geologisch „älteste" Wüste der Welt** bezeichnet, das heißt, er ist früher entstanden als andere Wüstengebiete, wie die nordafrikanische Sahara oder die Wüste Gobi in

Über den Us-Hoogte Pass erreicht man die Namib

China. Den Beweis haben Wissenschaftler aus Oxford und Zürich 2011 angetreten, als sie Sandkörner aus der Namib untersuchten und feststellten, dass diese mehr als eine Million Jahre alt sind (als Zeitmesser dienten im Quarz eingeschlossene radioaktive Isotope).

Entstehung

Die Namib wurde in **Trockenperioden** ausgeformt, die vor ungefähr drei bis vier Mio. Jahren, abwechselnd mit feuchteren Epochen, das Klima des südlichen Afrikas bestimmten. Zugleich wurden durch die **Erosion** Gesteine zu Sand geschliffen und durch den **Wind** als Dünenriegel an der Küste aufgeweht, oder durch Flüsse ins Meer gespült und durch Meeresströmung und Winde an der Küste verteilt. In der namibisch-geologischen Geschichte gehören die Sedimentablagerungen der Namib, ebenso wie die der Kalahari, zu den jüngsten geologischen Erscheinungen. Während in der Sahara Felsbilder von feuchteren Perioden und vom Hirtenleben der Menschen noch vor etwa 10.000 Jahren berichten, ist die Namib schon weitaus länger unfruchtbares, nicht oder nur temporär bewohnbares Gebiet. Doch **Funde** runder Steinsetzungen und Abfallhaufen vornehmlich entlang der Küste belegen, dass auch hier Menschen gelebt haben.

Dünenwelten

Die **spektakulärsten Wüstenformationen** bilden die Dünen, die sich entlang der Küste und am südwestlichen Rand der Großen Randstufe zu wahren **Sandgebirgen** (um Sossusvlei) türmen. Die dort vorherrschende Form der Sterndünen entsteht durch wechselnde Winde, die Sand aus verschiedenen Richtungen anlagern. Die Dünen besitzen mehrere Kämme, die von der Spitze aus sternförmig auslaufen. Westlich dieser Sterndünen-Region schließt ein Streifen nord-südlich verlaufender Längsdünen mit bis zu 50 km Länge und bis zu 100 Meter Höhe. Entlang der Küste gehen sie in **Barchanen** – sichelförmige Dünen – über, die der Südwind formt und die stetig nach Norden wandern.

Ebenen und Inselberge

Im zentralen Teil der Namib, den man auf dem Weg von Windhoek nach Swakopmund und Walvis Bay durchquert, präsentiert sich die Wüste als **monotone Kiesebene,** in die die Riviere Swakop und Kuiseb Canyons geschnitten haben. Entlang dieser Flussläufe sind an manchen Stellen wahre Oasen der Vegetation entstanden: Büsche, Bäume und Wild nähren sich vom oberflächlichen Wasser der Trockenflüsse. Dazwischen erheben sich Inselberge und vom Sand abgeschliffene **Granitkuppen.**

Die Blutkuppe besteht aus Granit

Küstenwüste

Nördlich des zentralen Teils wechseln sich Dünen- und Kieswüste mit den **breiten Flussbetten der Riviere** im Nationalpark „Skelettküste" ab, der nach Süden in den Dorob National Park übergeht und im nördlichen Bereich mit spektakulären Lehmformationen, die prähistorischen Burgen ähneln, imponiert. Hier kann man auch das Phänomen der *roaring dunes* erleben: wenn Wind oder Besucher beim Abrutschen die feinen Sandkörner der Dünen in Bewegung setzen, beginnen sie zu „brüllen".

Wüstenläufer in der Kgalagadi

Die Kalahari

Sie umschließt das Hochland wie ein **Halbmond von Osten und Norden**. Der Ursprung dieser Wüstenlandschaft liegt 500 Mio. Jahre zurück, als sich aufgrund von Hebungen der umliegenden Länder eine große Senke bildete, die im Verlauf von Jahrmillionen mit Sedimenten aufgefüllt wurde.

Kalahari-Dünen

Die für die Kalahari typischen, **von Norden nach Süden verlaufenden** Längsdünen wurden schließlich vor etwa drei Mio. Jahren durch die vorherrschenden Winde aufgeworfen; sie verlaufen parallel zueinander und können eine Länge bis zu 50 km erreichen. Ihr Sand besitzt durch den hohen Eisenoxidgehalt des Bodens eine **rötliche Färbung.** Die Senken (Pfannen, Vleis) der Kalahari sind ebenfalls eine Folge der Winderosion. Ihr Boden ist nicht so wasserdurchlässig wie der lockere Kalahari-Sand, so dass hier Wasser über längere Zeit stehen kann.

Kalahari-Buschland

Im Gegensatz zur Namib liegt die Kalahari in einer Klimazone, die für gelegentlichen Regen und damit auch für Pflanzenwachstum sorgt. So ist das typische

Schnurgerade Piste durch die Omaheke nach Tsumkwe

Kalahari-Erscheinungsbild nicht ein vegetationsloses Dünenmeer, sondern eine von Büschen und Bäumen bewachsene Landschaft, die beispielsweise im Khaudum-Nationalpark oder in den Tierreservaten Botswanas erstaunlich dichte, urwaldähnliche Form annehmen kann. Sie wird von **Trockenbetten** durchzogen, die hier *Omiramba* heißen. Sie alle verlaufen parallel zur Dünenrichtung und scheinen auf das Delta des Okavango/Kavango in Botswana zuzustreben. Tatsächlich funktionieren die Omiramba wie **Wasseradern,** die in der Regenzeit das kostbare Nass zum Okavango hinleiten.

Omaheke

Je nach Vegetation werden verschiedene Kalahari-Formen unterschieden, so beispielsweise die Salz-Ton-Pfannen, deren größte Etosha ist, und das **Sandveld,** eine mit Dornbüschen bewachsene Wüste, in die die Herero nach den Gefechten am Waterberg flohen und in der sie den Tod fanden (Omaheke-Wüste).

Das zentrale Hochland

Wie eine von Riesen erbaute Festung überragt es die Wüsten, die es einschließen. Das Hochland ist die Region, in der seit Menschengedenken Völker als Viehzüchter und Jäger eine Lebensgrundlage fanden, und auch heute noch ist es der wirtschaftliche, politische und administrative Mittelpunkt des Landes, obgleich mehr als die Hälfte der Bevölkerung nicht hier, sondern in dem fruchtbaren Gürtel nördlich von Etosha, in Ovambo, Kavango und Caprivi lebt.

Zwischen Randstufe und Kalahari

Das zentrale Hochland oder **Hardveld** endet gen Westen abrupt an der Großen Randstufe (Escarpment) und dacht sich nach Osten hin langsam zum Kalahari-Becken hin ab. Es ist durch **tektonische Hebungen** entstanden, die vor etwa 500 Mio. Jahren den gesamten südafrikanischen Raum aufgeworfen haben. Später wurden durch vulkanische Tätigkeit und Ablagerung von Sedimenten neue Gesteinsschichten aufgebaut und schließlich von der Erosion wieder abgetragen. So formten sich die Gebirgslandschaften und Inselberge des nördlichen Hochlands aus. Das **südliche Plateau** bildet dagegen eine weitgehend ebene Landschaft, von tiefen Schluchten durchschnitten. Diese Canyons sind ebenfalls durch Erdbewegungen entstanden, die Kraft des Wassers hat sie immer tiefer ausgewaschen.

Blick vom Bosua Pass auf das Khomas Hochland

Die wichtigsten geographischen Begriffe

Dam: Staumauer und Stausee

Koppje: Hügel

Oshana: Temporär wasserführende Rinne im Ovamboland, die nicht so tief eingeschnitten ist wie ein Rivier und sich auch nicht deutlich von der Umgebung absetzt

Pad: Weg, „Teerpad" steht für asphaltierte Straße

Rivier: Fluss; alle Riviere (bis auf die Grenzflüsse) führen nur temporär Wasser (sie „kommen ab"), die meiste Zeit des Jahres sind es Trockenflussbetten, in denen wegen des häufig oberflächennahen Wassers Brunnen gebohrt und Wasserstellen angelegt werden. Im Nordosten Namibias heißen die Riviere *omiramba* (Sing. omuramba).

Veld: Weites, offenes Land; spezifiziert als *sandveld* = Sandwüste; *hardveld* = Felsland (Hochland)

Vlei: Senke, in der sich nach Regenfällen oder bei gut abkommendem Fluss (wie ab und an im Sossusvlei) Wasser sammelt. Durch die schnelle Verdunstung steht auch in den Vleis die meiste Zeit des Jahres kein Wasser. Oft lösen die Regenfälle im Boden gebundene Salze, so dass nach der Verdunstung eine Salzschicht auf dem Boden des Vlei verbleibt, vom Wild als Salzlecke geschätzt. Ein großes Vlei heißt Pfanne (Etosha-Pfanne).

Gesteine

Gesteine sind aufgebaut aus Mineralien, Bruchstücken von Gesteinen, Mineralien oder organischen Resten. Nach ihrer Entstehung unterscheidet man magmatische, sedimentäre und metamorphe Gesteine.

Gesteinsarten

Magmatite

Die meisten **Erstarrungsgesteine** stammen aus der Frühzeit der Erdgeschichte, als tektonische Bewegungen den halbflüssigen Gesteinsmassen aus dem Erdinneren immer neue Wege an oder bis unter die Erdoberfläche eröffneten. Im Erdinneren entstanden heißen sie Plutonite (Granit), an der Erdoberfläche Vulkanite (Basalt).

Sedimentite

Sedimentgesteine gehören zu den späteren Phasen, in denen Meeresablagerungen die älteren Schichten überdeckten. Sie entstanden durch mechanische oder chemische Verwitterung von Gesteinen aller Art und unter Mitwirkung von Organismen, typisch ist ihre vielfach geschichtete Struktur.

Metamorphite

Durch den Druck von Auffaltungen, durch chemische Prozesse im Erdinneren oder durch das Gewicht auflagernder Sedimente wurden die ältesten Schichten der Sedimentite zu **metamorphen Gesteinen** (den Zustand wandelnd) gepresst: aus Tonschiefer entstand Schiefer, aus Sandstein Quarzit und aus Graniten Gneise. Diese Gesteinsschichten sind besonders hart und erosionsresistent und enthalten wertvolle Mineralien.

Gesteinsformation am Fish River

Gesteinsbildung

Präkambrium

Fünf große Perioden lassen sich unterscheiden. Die in der **Erdfrühzeit,** dem älteren Präkambrium (bis etwa 900 Mio. Jahren vor unserer Zeit) gebildeten Gesteine wurden durch den Druck darauffolgender Schichten in metamorphes Gestein gewandelt. Es enthält Quarzite, Gneis, Lava- und Graniteinschlüsse. Im **jüngeren Präkambrium** (bis etwa 570 Mio. Jahren) bildeten sich die sogenannten Damara-Schichten. In ihnen lagern Erze, wie Kupfer, Eisen, Zinn, Uran etc. Die **Damara-Schichten** bestehen aus Meeresablagerungen (Schlamm, Sand) und vulkanischem Gestein, das wiederum einer Metamorphose unterlag. Neben Dolomiten entstand so auch Marmor und Gneis. Erdhebungen brachten diese Schicht vor etwa 450 Mio. Jahren an die Oberfläche. Alle wichtigen Erzlagerstätten finden sich in den Damara-Schichten.

Kambrium

Im Kambrium (vor 470 Mio. Jahren), in Namibia als **Nama-Periode** bezeichnet, waren große Teile des Landes wieder von Meer bedeckt. Aufs Neue lagerten sich Sandstein und Schiefer ab. Sie heißen **Post-Damara-Schichten.**

Paläozoikum

Eine Lücke von fast 300 Mio. Jahren liegt zwischen ihnen und der darauffolgenden **Karoo-Formation,** die vor etwa 180 Mio. Jahren (Mitte des Paläozoikums) durch erneute vulkanische Tätigkeit viele Teile des südlichen Afrikas mit Lava bedeckte. Sie überlagerte als Basaltschild die älteren Gesteine und schützte sie dadurch vor weiterer Erosion. So wurden beispielsweise auch die Sandstein-„Hügel" der Nama-Zeit konserviert, der spätere „Unterbau" der Sanddünen. Über das geologische Geschehen zwischen Post-Damara und Karoo-Schichten ist nichts bekannt, die Erosion hat die Gesteine wahrscheinlich wieder zerstört. In dieser Zeit haben auch die **Dinosaurier** ihre Fußspuren im Schlamm, der später zu Sandstein verbuk, hinterlassen.

Kreidezeit

In der Kreidezeit begann ein Prozess, der für die wirtschaftliche Entwicklung des Landes von größter Bedeutung war: Der Oranje schwemmte, aus Südafrika kommend, **Diamanten** an die namibische Küste. Sie lagerten sich in seinem Bett und im Sand entlang der Küstenlinie ab.

Erdneuzeit

Tertiär und Quartär ist der jüngste geologische Zeitraum, die Phase, in der die aufgebauten Gesteinsformationen von den Kräften der Erosion wieder abgetragen wurden: ausgewaschen durch Flüsse und Regen, abgeschliffen durch Sand und Wind, gespalten oder mit „Wüstenlack" überzogen durch Hitze (und Kälte). So entstanden auf der Grundlage der Urdünen aus der Karoo-Zeit (s.o.) die Wüsten Namib und Kalahari: Auf die Erhebungen wurde erodiertes Gestein, also Sand und Kiesel, geweht. Es bildete im Laufe der Zeit die aus der Namib bekannten Dünenformationen.

Gesteinsarten

Sandstein

Aus Ablagerungen von Sand und Bindemitteln (Ton, Kalk, Eisen) entstandenes Gestein, häufig mit pflanzlichen Spuren. Typisch: die horizontale Schichtung. Beispiel: Sandstein-Escarpment am Waterberg.

Schiefer

Metamorphit. Die darin enthaltenen Mineralien richten sich durch hohen Druck einseitig aus und lassen das Gestein in dünnen, übereinanderliegenden Platten brechen.

Granit

Körniges Tiefengestein, das sich aus Quarz, Feldspat und Glimmer zusammensetzt. In der Damara-Periode ist der Granit durch Druck, chemische Prozesse oder Hitze (eindringendes Magma) metamorph überprägt worden. Je nach Einfluss der Erosion (Temperatur, Sandstrahlgebläse) verwittert Granit zu unterschiedlichen Formen; häufig zu beobachten: die runden **Wollsack-Granite,** z.B. an der Spitzkoppe und Granitkuppen mit zwiebelschalenförmig abblätternder Oberfläche, wie an der Blutkuppe.

Basalt

Lava, die an der Luft zu einem sehr harten und widerstandsfähigen, fast schwarzen Gestein erstarrt ist (Karoo-Periode).

Basalt bei Twyfelfontein

Dolomit

Gegenüber Kalkstein sehr widerstandsfähiges Gestein von gelblich-brauner Farbe, das im Kambrium entstand; Hauptbestandteil ist Calcium-Magnesium-Carbonat.

Dolerit

Grobkörnige Basaltform; häufig als Gänge in anderem Gestein.

Kimberlit

Diamantenführender Schlot, auch „pipe" genannt. Häufig in Südnamibia, allerdings nicht diamantenhaltig; vor der Küste gibt es auch submarine Kimberlite.

Marmor

Metamorph überprägter Kalkstein mit mineralischen Beimengungen und entsprechend unterschiedlicher Färbung und Struktur. Fundort: Karibib.

Gesteinsformationen

Damara-Formation

Mit die ältesten geologische Schichten aus metamorphem Gestein, besonders mineralienhaltig. Sie wurden durch Meeresablagerungen gebildet und durch Faltung und Erosion vielerorts freigelegt; Beispiel: Kaokoveld.

Nama-Formation

In der Post-Damara-Epoche (auch Kambrium) angelagerte Sandstein- und Schieferschichten, Basis der Karoo-Formation. Durch die klare Schichtung sind sie deutlich zu erkennen. Beispiele: Fish River Canyon und Schichtstufenlandschaft entlang des südlichen Escarpments.

Karoo-Formation

Durch die vulkanischen Aktivitäten in dieser Periode mit erstarrter Lava überdeckte Gesteine u. Lava-Formationen; Gesteinsarten sind Basalte und Dolorite.

Weitere geologische Begriffe

Urdüne: Hügelähnliche Gesteinsformationen der Nama-Epoche, die durch vulkanische Tätigkeit in der Karoo-Zeit von Basalt überdeckt und dadurch nicht weiter erodiert wurden. Wird darüber Sand angeweht, entstehen die für die Namib und Kalahari typischen Sanddünen.

Karst: Landschaftsform aufgebaut aus Kalkgestein, das durch chemische und mechanische Erosion unterhöhlt wurde. In den unterirdischen „Speichern" sammelt sich Regen und durch Riviere herangeführtes Wasser. Stürzt die Decke einer solchen Karsthöhle ein, bilden sich muldenförmige Vertiefungen (Dolinen) oder Seen. Beispiel: Otjikoto Lake bei Grootfontein.

Intrusion: Vulkanisches Tiefengestein dringt in Spalten und Klüfte von darüber liegenden Gesteinsschichten ein und erstarrt. Erosion trägt die weicheren Schichten ab und legt schließlich das harte magmatische Gestein frei. Beispiel für ringförmige Intrusion: Brukkaros.

Otjikoto Lake: nicht groß, aber tief

Natürliche Ressourcen

Die geologische Entwicklung hat dem Land **großen Mineralienreichtum** beschert, die Entstehungsorte oder ursprünglichen Ablagerungsstätten sind aber im Lauf der Erdgeschichte durch die immer neuen Erdbewegungen teils schwer zu erreichen, teils so verstreut, dass die Förderung der Bodenschätze sehr aufwendig ist. Die bedeutendsten **Fundstätten liegen entlang der Randstufe** und hier besonders in der Lücke zwischen nördlichem und südlichem Escarpment-Verlauf sowie im **Karstgebiet um Otavi/Tsumeb/Grootfontein** und in der Südnamib. Gefördert werden Diamanten (bei Oranjemund), Uran (Rössing-Mine, Langer Heinrich und das neue Erschließungsprojekt „Valencia", alle nahe bei Swakopmund in der Namib-Wüste) und Kupfer, Zink, Blei (bedeutendste Minen bei Tsumeb und Grootfontein, für Zink bei Rosh Pinah). Gold wurde in der Navachab-Mine bei Karibib gefunden, wo auch Marmor abgebaut wird. Der Goldgehalt des Gesteins ist zwar nicht hoch, bringt aber doch beständig Erträge. Salz wird dem Meer entzogen. Bei Walvis Bay gibt es eine große **Salzgewinnungsanlage,** in der man das Mineral mittels Verdunstung dem Meerwasser extrahiert; bei Lüderitz soll eine ähnliche Anlage entstehen.

Diamanten im Meeressand

Diamanten

Sie wurden wahrscheinlich durch den Oranje in die Südnamib geschwemmt. Zwar gibt es auch Kimberlite, das heißt Schlote vulkanischen Ursprungs, in denen diamantenführendes Gestein aus dem Erdinneren nach oben gedrückt wurde, doch wurden darin bislang keine Diamanten gefunden. So beschränkt sich die Förderung auf die Südnamib, wo der **Tagebau** sich bis zu 20 Meter tief in die Sandmassen grub, und heute **Baggerschiffe** submarin in den Lagerstätten vor der Bergbaustadt Oranjemund nach Edelsteinen graben. Die Sortierung der Steine erfolgt im NAMDEB-Center in Windhoek.

Uran

Mit **Uran** angereicherter Granit wurde zuerst am **Rössing-Berg,** 65 km nordöstlich von Swakopmund, mitten in der Namib-Wüste, entdeckt. Inzwischen sind weitere, ergiebige Fundstellen in der Namib dazugekommen. Bei allen, auch bei **Rössing,** wird im Tagebau gearbeitet. Neben der Mine sind eine Aufbereitungsanlage und eine Bergbaustadt für die Arbeiter (Arandis) entstanden. Die beim Abbau und der Verarbeitung freigesetzte Radioaktivität und die Abfallprodukte bilden trotz der ergriffenen Vorsorgemaßnahmen eine große Belastung für die Umwelt und für die Gesundheit der Minenarbeiter. Deshalb waren die Genehmigungen zur weiteren Uran-Exploration in der Namib nicht unumstritten. Am Bergzug **Langer Heinrich** hat ein australisches Unternehmen den Zuschlag für den Uranabbau erhalten. Nicht weit entfernt steht **Husab** unter chinesischer Leitung. China besitzt inzwischen auch die Mehrheit an der Rössing-Mine.

Kupfer, Zinn, Silber

Im Gegensatz zur Rössing-Mine und den NAMDEB-Grabungsstätten, die weitab der Zivilisation mitten in der Wüste liegen, befinden sich die Erzlagerstätten des **Kupferdreiecks** mitten in Farmgebiet zwischen Tsumeb und Grootfontein. Die Erzlagerstätten am „Kupferberg" waren den Völkern seit Jahrhunderten bekannt und wurden von den San ausgebeutet, die die Erze gegen Waren der Ovambo-Händler tauschten. Die Tsumeb-Mine galt wegen ihres Mineralienreichtums als vielseitigste der Welt. Etwa 54 km entfernt liegt die ähnlich bedeutende Kombat-Mine, ebenfalls mit Kupfer, Zinn, Silber und zahlreichen Nebenprodukten. In der Nähe von Grootfontein, an der dritten Spitze des Dreiecks, wurden neue Erzlagerstätten entdeckt, die den ursprünglichen Gehalt der heute fast ausgebeuteten Minen angeblich noch in den Schatten stellen! Nahe **Karibib** werden seltene Erden (Pegmatit mit u.a. angereichertem Lithium) abgebaut und auch die Zink-/Bleiminen von Rosh Pinah im Süden sind ergiebig.

Erdgas und Erdöl

Zur Prospektion der ergiebigen **Erdgas- und Ölvorkommen** hat die staatliche Gesellschaft National Petroleum Corporation of Namibia (NAMCOR) Konzessionsgebiete an mehrere internationale Ölmultis vergeben, so in der Region Kavango, wo der kanadische Konzern Recon Africa im Naturschutzgebiet beidseits der namibisch-botswanischen Grenze entlang des Okavango nach Öl bohrt.

Tsumeb: Zentrum des Erzabbaus

Glitzernde Steine

Wirtschaftlich unbedeutend, für den Sammler aber geradezu fantastisch, ist der **Reichtum an Mineralien,** über den man sozusagen auf Schritt und Tritt stolpert. Bekannte Fundstätten sind beispielsweise der „Achatstrand" bei Lüderitz und der „Rosenquarzberg" in der Nähe von |Ai-|Ais. Daneben können auch Amethyste, Pyrite, Turmaline, Malachite, Jaspis und Tigeraugen gefunden werden. Sandrosen sind allerdings nicht so zahlreich wie in der Sahara, sie stehen unter Naturschutz und dürfen nicht entfernt werden.

Ruhekissen Rücken

Tier- und Pflanzenwelt

Spezialisierung

Klima und Landschaftsformen erfordern von Pflanzen und Tieren einen hohen Grad an **Anpassung an extreme Temperaturunterschiede und Aridität.** So herrschen in der südlichen Hälfte Namibias und im westlichen Teil vor allem wüstenangepasste Pflanzen vor, deren herausragende Fähigkeit darin besteht, das seltene Wasser zu speichern oder dank tiefer Wurzeln wasserführende Schichten anzuzapfen. Fast alle Büsche und Bäume schützen sich gegen Wildfraß durch Dornen oder Gift. Ihre Samen können lange Trockenperioden überdauern und treiben bei ausreichender Feuchtigkeit aus. Ähnlich spezialisiert ist auch die Fauna: die Tiere sind in der Lage, längere Trockenperioden zu überstehen und ihren Wasserbedarf durch bestimmte Futterpflanzen und -tiere zu ergänzen. Außerdem besitzen sie einen sicheren Instinkt beim Auffinden von oberflächennahem Wasser, beispielsweise in Rivieren.

Vielfältigkeit

Ein deutlicher **Vegetationswechsel** wird sichtbar, je weiter man von Windhoek nach Norden kommt. Die Buschsavanne weicht immer dichterem Baumbestand, und schon bald begrenzen Baumsavannen und Galeriewälder entlang der Riviere die Straße. Hier kann auch Wild überleben, für das reichlich Grünfutter die Basis der Ernährung bildet und das auf regelmäßige Wasserversorgung angewiesen ist. Früher war diese Region der **Lebensraum der „Big Five"**: Löwen, Elefanten, Nashörner, Büffel und Leoparden. Heute sind sie vornehmlich auf Naturschutzgebiete und private Wildparks beschränkt. Dichte Trockenwälder bedecken den schmalen Landstreifen des Caprivi Strip im Nordosten. Entlang der wasserführenden Flüsse Kavango und Linyanti bilden sich Sümpfe mit ihrer typischen Artenvielfalt der Flora und Fauna.

Lebensraum Wüste

Pflanzenwelt

Sträucher

In den Wüstengebieten beschränkt sich die Vegetation, abgesehen von den Rivierbetten, auf **bodennahe Büsche und Gräser,** die nach den seltenen Regen aus dem Boden sprießen. Ein typischer Wüstenvertreter ist beispielsweise der **Talerbusch** *(Zygophyllum stapffii),* ein niedriger, bis zu einem Meter hoher Busch, der seinen Wasserhaushalt aus bodennahen Schichten und aus der Nebelfeuchte bestreitet. Charakteristisch sind seine talerförmigen, fleischigen Blätter, in denen er das Wasser speichert. Hier ist, auf felsigem Untergrund, häufig auch der **Balsamstrauch** *(Commiphora saxicola)* zu finden, der in begünstigteren Regionen zu einem stattlichen Baum auswachsen kann. In der Namib erreicht dieser Verwandte der arabischen Myrrhe allerdings nur geringe Höhen und gleicht mit seinem gedrungenen Stamm, den wurzelähnlich ausgebreiteten und mit gelber Rinde überzogenen Ästen eher einem mythischen Gnom. Ein besonders schönes, aber für jeden Wanderer zugleich unangenehmes Geschöpf ist der **Morgenstern** *(Tribulus terrestris)* mit seinen leuchtend gelben Blüten. Die niedrigwachsende Pflanze überzieht mit Vorliebe Land, das durch Erosion oder Verbiss bereits seiner ursprünglichen Pflanzendecke beraubt ist. Ihr afrikaanser Name „Piekers" sagt aus, was die hübschen Blüten und die tiefgrünen, fedrigen Blätter verbergen: heimtückische Dornen, die an Kleidung und vor allem an Schuhen hängenbleiben und sich mit der Zeit immer tiefer bohren.

Sukkulenten

Leicht zu identifizieren ist auch die **Buschmannkerze** *(Sarcocaulon marlothii),* die zu den sukkulenten – den wasserspeichernden – Gewächsen gehört. Sie ist oft genauso hoch wie breit (bis zu 1,20 m), ihre Äste tragen Dornen, manchmal nierenförmige Blätter und lila Blüten. Das herausragende Merkmal der Buschmannkerze ist ihre wachshaltige Rinde, die das im Gewebe abgelagerte Wasser vor Verdunstung schützt und wie eine Kerze brennt.

Talerbusch im Richtersveld Park

Lange Stacheln: Kameldornstrauch

Kameldorn

Dort, wo Bodenfeuchtigkeit es zulässt, also meist entlang der Riviere, recken **Akazien** ihre dornigen Zweige in den Wüstenhimmel. Ihr bekanntester Vertreter ist der im „Südwester-Lied“ verewigte **Kameldorn** *(Acacia erioloba)*, erkennbar an den bis zu 10 cm langen, an Erbsenschoten erinnernde Samenhüllen, die eine leicht samtige, graue Oberfläche haben. In ariden Regionen – der Kameldorn wächst auch in feuchteren Gebieten Zentralnamibias – bleibt der Baum niedrig und geduckt und verzweigt sich oft in mehrere, umeinander verschlungene Stämme mit einer weiten, schattenspendenden Krone, unter der sich gerne auch Wild aufhält. Gefürchtet sind seine paarweise angeordneten Dornen. Sein Holz ist sehr hart und widerstandsfähig, weswegen die frühen Siedler den Kameldorn als Baumaterial schätzten.

Bäume

Sein großer Bruder ist der **Anabaum** *(Acacia albida)*, wegen seines weißlichen Holzes auch „Weißholz“ genannt. Der Anabaum ist mit bis zu 30 Metern Höhe die größte Akazienart des südlichen Afrikas. Seine Zweige fallen von der weiten Krone bis dicht an den Boden hinunter und bilden so wahre Schattenoasen. Er besitzt eine grünlich-graue Rinde, filigranes, hellgrünes Blattwerk, das er in der Regenzeit abwirft, und bis zu 4 cm lange Dornenpaare. Sandige, salzhaltige Böden, wie sie viele Rivierbetten besitzen, liebt die besonders zart erscheinende, aber durchaus widerstandsfähige **Tamariske** *(Tamarix usneoides)* mit fedrigen Blättern und nach unten gebogenen Zweigen. Ebenfalls in Rivierbetten sieht man häufig den **Ebenholzbaum** *(Euclea pseudebenus)* mit weit herunterhängenden Ästen, dessen schwarzes Holz an seinen Namensgeber erinnert.

Kameldornbaum mit Webervögelnestern

Endemische Nara

Die **kürbisartige Frucht** *(Acanthosicycos horridus)* ist besonders in den Dünengebieten um Walvis Bay beheimatet und bevorzugt die Rivierbetten, von deren Grundwasser sie sich ernährt. Als dichtes, dornenbewehrtes Strauchwerk überzieht sie den sandigen Boden. **Nahrhaft** sind ihre großen, runden Früchte mit gelblicher Schale, deren orangefarbenes Fruchtfleisch sehr **wasserhaltig** ist und deren Kerne wegen ihres Fettgehaltes geschätzt sind (daher auch der afrikaanse Name *butternut)*. Sie war eines der Hauptnahrungsmittel der Topnaar-Nama, die das Fruchtfleisch zu Streifen schnitten, es trockneten und das aus den Kernen gewonnene Fett auch zur **Gesichts- und Körperpflege** nutzten. Noch heute gibt es einige Topnaar-Familien, die Nara-Felder bewirtschaften.

Endemische Welwitschia

Das **Blätterbündel** *(Welwitschia mirabilis)* ist wohl eine der seltsamsten Pflanzen Namibias. 1860 wurde sie gleichzeitig von dem österreichischen Botaniker Friedrich Welwitsch in Südangola und dem Briten Thomas Baines im Swakoprivier entdeckt. Sie gehört zu den ältesten Pflanzengattungen der Erde. Die auf dem Welwitschia-Trail bei Swakopmund mit Gittern geschützte Riesen-Welwitschia soll stolze **1500 Jahre** alt sein. Die niedrige Pflanze wächst kaum in die Höhe und besitzt zwei breite Blätter, die sich unter dem Einfluss des Windes spalten und reißen. Durch das stetige Nachwachsen entsteht ein wahres Blattknäuel, das weit im Umkreis des eigentlichen Stammes den Boden bedeckt. Dieses Wirrwarr dient einem wichtigen Zweck: der Wassergewinnung. Die Welwitschia wächst

Die älteste Welwitschia auf der Welt

nämlich nur dort, wo die **Küstennebel** die Namib befeuchten. Die Feuchtigkeit setzt sich an den Blättern ab und tropft auf den Boden. Auf diesem Weg erhalten die knapp unter dem Boden verlaufenden Wurzeln der Pflanze das wertvolle Nass.

Endemischer Köcherbaum

Der dekorative Baum *(Aloe dichotoma)*. Er liebt **felsige, hügelige Regionen,** wie er sie in Südnamibia und in der südlichen Kunene-Region vorfindet. Sein gerader Stamm öffnet sich zu einer erstaunlich **symmetrischen, kreisrunden Krone** von Ästen, an deren Enden spitze, harte Blätter stehen. Stamm und Äste enthalten ein schwammartiges Gewebe, in dem die Aloe Wasser speichert. Die San höhlten sie aus und benutzten sie angeblich als Pfeilköcher. Bei Sonnenuntergang erstrahlt die gelbliche, rissige Rinde des Köcherbaums wie flüssiges Gold, und seine filigrane Krone zeichnet bizarre Schattenmuster auf den Felsboden. Eigentlich ist der Köcherbaum ein Einzelgänger, doch in der Nähe von Keetmanshoop haben sich richtige Wälder gebildet, die teils unter Naturschutz gestellt wurden.

Nebel als Lebensspender

Morgens in Swakopmund: Ein grauer Nebel hüllt Fachwerk und Jugendstil ein, überzieht mit tausenden glitzernder Wassertröpfchen die Straßen und legt sich schwer auf die Brandung des Atlantiks. Wenn sich die **Nebeldecke** bis 11 oder 12 Uhr mittags nicht lichtet, bleibt sie den ganzen Tag. Wer vor der nassen Kälte in die Namib flüchtet, hat die Sonne spätestens 15 km landeinwärts wieder – im Rückspiegel steht die Nebelbank wie eine graue Wand über dem Wüstensand. Der Küstennebel ist ein meteorologisches Phänomen, das in erster Linie dem **Benguela-Strom** zu verdanken ist, der auf den gesamten 1500 km namibischer Küstenlänge fast parallel zu ihr verläuft. Von der Antarktis kommend führt er nicht nur eiskaltes Wasser mit, sondern ist auch reich an Plankton, weshalb in seinem Gefolge riesige Fischschwärme den Südatlantik durchziehen. Das Küstenklima ist durch diesen antarktischen Strom merklich kühler als das des Landesinneren. Seine Wasser kühlen die Luftschichten über dem Meer ab und schaffen eine stabile, kalte Luftzone über der See. Gleichzeitig wird tagsüber die Festlandsluft erwärmt. Sie steigt nach oben und zieht die **kalte Meeresluft** an Land. Hier wird auch diese erwärmt, verliert dabei die enthaltene Feuchtigkeit und steigt ebenfalls auf. Dieser Kreislauf sorgt für einen regelmäßigen Austausch der Luftmassen zwischen Meer und Festland, verhindert zugleich aber auch, dass die Meeresluft zu Wolkenbildung (und Regen) führt, da ihr die Feuchtigkeit bei der Erwärmung entzogen wird. Nachts ist der Temperaturunterschied zwischen dem Festland und dem Meer allerdings geringer. Der ungeschützte Boden kühlt stark aus, er kann die Meeresluft nicht mehr erwärmen, ihr die Feuchtigkeit nicht mehr entziehen. Wie eine schwere, nasse Decke **kondensiert die feuchte kalte Luft zu Nebel,** die Wassertropfen setzen sich auf dem Wüstenboden ab und bescheren Pflanzen- wie Tierwelt das wertvolle und überlebensnotwendige Nass. Mehrere Stunden dauert es, bis die Sonnenstrahlen die dicke Nebelschicht durchdringen und den Boden wieder erwärmen können. Der Luftaustausch kommt wieder in Gang, der Nebel lichtet sich.

Köcherbäume bei Keetmanshoop

Flechten

Ein besonderes Kennzeichen der küstennahen Namib-Region sind die vielen Flechten, denen in der Stabilisierung des nackten Bodens eine besonders wichtige ökologische Rolle zukommt, denn durch den Bewuchs wird er vor weiterer Erosion geschützt. Flechten sind eine **Mischpflanze aus Pilz und Alge,** deren Symbiose das gemeinsame Überleben sichert. Sie können, je nach beteiligter Algen- und Pilzart, die unterschiedlichsten Formen annehmen. Da sie kühle, feuchte und eher dunkle Standorte lieben, finden sie entlang der Atlantikküste ideale Lebensbedingungen vor. Die Feuchtigkeit ziehen sie aus dem Nebel, der sie zugleich für einige Stunden des Tages vor übermäßigem Licht schützt. Sie können längere Trockenzeiten überstehen, um bei erneuter **Wasserzufuhr in schönsten Farben** aufzublühen. Flechten findet man vielerorts, den schönsten Bewuchs aber in der Namib entlang der Küste. Wer mit dem Fahrzeug von den trassierten Pads abweicht, zerstört damit den Flechtenbewuchs und gibt den Wüstenboden der Erosion preis.

Tierwelt Wüste

Die Wüste ist der Lebensraum unzähliger Käfer, Spinnen, Schlangen und Skorpione, die die unterschiedlichsten Formen der Anpassung an ihren ariden Lebensraum vollzogen haben. Vielen Käfer- und Spinnenarten genügt es, in den Stunden der größten Hitze an schattige oder kühlere Orte – unter einen Stein oder in unterirdische Höhlen und Gänge – zu flüchten. Andere halten einen „Sommerschlaf", der sie über die heiße Jahreszeit bringt, wiederum andere leben nur in den kurzen Perioden größerer Feuchtigkeit und legen Eier ab, die einen längeren Trockenzeitraum überstehen können, bevor die Jungen unter günstigen klimatischen Bedingungen ausschlüpfen.

Käfer

Der **Tenebrionid-Käfer** (afrikaans: Tok-Tokkies, *Lepidochora kahani)* buddelt Gräben quer zur vorherrschenden Windrichtung. Am Rande dieser Nebelkanäle kondensiert die Feuchtigkeit und sättigt den aufgeworfenen Sand. Der Käfer braucht sie dann nur noch herauszusaugen. Der spektakulärste Vertreter der Käferpopulation ist eine Unterart der Tenebrionid-Käfer, der **Nebeltrinker-Käfer** (*Onymacris unguicularis):* Sobald der Nebel in den frühen Morgenstunden landeinwärts zieht, klettert er auf den Dünenkamm und stellt sich mit hochgerecktem „Hinterteil" und gesenktem Kopf dem Nebel entgegen. Der Nebel kondensiert an seinem Körper, und die so gebildeten Wassertropfen rutschen seinen Rücken entlang direkt in den Mund. Fast alle Käferarten ernähren sich von den winzig kleinen Abfallteilchen, tierischem Kot, Aas und Pflanzenpartikeln, die die Wüstenwinde an Hindernisse wehen – an den Fuß einer Düne, an einen Stein oder an Grasbüschel. Käfer sind Opfer und Nahrung für größere Insekten (Spinnen beispielsweise), von Schlangen, Vögeln oder kleinen Säugetieren wie des Goldmaulwurfs (s.u.), die so indirekt von der aufgenommenen Nebelfeuchtigkeit profitieren.

Spinnen

Von den über 160 Spinnenarten der Namib seien zwei besonders spektakuläre Exemplare erwähnt: Die *Carparachne aureoflava* oder **Wheelspider** lebt in

Erdhörnchen

Schabrakenschakal

einem Gangsystem in den Dünenkämmen, das sie mittels einer „Falltür" vor Eindringlingen sichert. Bei Gefahr legt das Tier seine Beine um den Körper, bildet so eine Kugel und rollt in wilder Flucht die Dünenhänge hinunter. Als **„Weiße Dame"** bezeichnet man die *Leucorchestris arenicola,* eine weiße Raubspinne, die sich „tanzend" über den heißen Sand bewegt.

Kleintiere

Erdhörnchen gehören zu den putzigsten Vertretern der ariden Landschaften. Zum Schutz vor der Sonne tragen sie ihren buschigen Schwanz steil nach oben gerichtet wie einen Sonnenschirm, in dessen Schatten sie ihrer Jagd nachgehen. Der **Goldmaulwurf** bewegt sich dank seiner flossenähnlichen Tatzen wie ein Schwimmer direkt unter der Sandoberfläche durch den lockeren und kühleren Untergrund.

Wildhunde

Zu den größeren Räubern der Namib gehören der **Löffelhund** mit seinen kreisrunden Ohren, der **Schabrackenschakal** mit grauschwarzem Rücken und Rute, und die **Schabrackenhyänen** (auch Braune Hyänen oder Strandwolf), die im Rudel auch auf größere Tiere wie Spießböcke (s.u.) Jagd machen.

Zebras

Ein Wüstenbewohner der felsigen und gebirgigen Regionen ist das **Hartmannsche Bergzebra,** ein geschickter Kletterer, den man an der **Zeichnung über dem Schwanzansatz** (wo schmale Querstreifen verlaufen) und den etwa gleichbreiten Streifen von seinem Steppen-Artgenossen unterscheiden kann. Nachdem es fast ausgerottet war, haben sich die Bergzebra-Bestände in den Nationalparks wieder gut erholt. Auch das Bergzebra ist in der Lage, **längere Trockenperioden** zu überstehen, und wie die Oryx-Antilope gräbt es auf der Suche nach Wasser tiefe Löcher in die Riviere.

Antilopen

Die schönste und eindrucksvollste Antilopenart des ariden Namibia ist die **Oryx-Antilope,** auch Spießbock (afrikaans Gemsbok, *Oryx gazella*), deren Wüstenanpassung in vielem den körperlichen Schutzmechanismen ähnelt, die Kamele und Dromedare zum Über-

Oryx-Antilope

Strauß

leben entwickelt haben. Die bis zu 140 cm hohe und bis zu 225 kg schwere Antilope trägt graubraunes Fell, das entlang des Rückenrists und am Unterbauch von schwarzen Streifen unterbrochen wird. Ihre schwarzweiße Gesichtszeichnung ähnelt einer Theatermaske. Das charakteristischste Merkmal sind die pfeilgeraden, **bis zu 120 cm langen Spieße,** die vom Kopf schräg nach hinten anstehen und eine tödliche Waffe im Kampf mit angreifenden Raubtieren sind. Oryx-Antilopen besitzen die Fähigkeit, ihre Körpertemperatur über einen längeren Zeitraum den Außentemperaturen anzugleichen und somit Wasserverlust durch Transpiration zu verhindern. Eine Körpertemperatur von 42 Grad, für andere Spezies tödlich, überstehen die Tiere dank eines besonders dicht verzweigten Netzes von Blutadern, das ihr **Gehirn kühlt,** mehrere Stunden lang. Sie grasen nachts, wenn die Wüstenpflanzen Feuchtigkeit aufgenommen haben, und sind tagsüber oft im Schatten der Kameldornbäume oder hoch oben auf dem Dünenkamm zu finden, wo sie den geringsten Windhauch zur Kühlung nutzen. In den Rivierbetten graben die Tiere bis zu einem Meter tief nach Wasser. Erfahrene Wildhüter können anhand dieser Grabmulden Wasserstellen orten.

Strauß

Ein ähnlich imposanter Vertreter der Wüstenfauna ist der Vogel Strauß, der vor jedem näherkommenden Fahrzeug in wilder, doch überaus eleganter Flucht Reißaus nimmt. Dieser **weltweit größte Vogel** benützt sein schwarzweiß geflecktes (bei Weibchen graues) Federkleid zur Temperaturregulierung. Bei Hitze hält er seine Flügel wie eine Krinoline weitab vom Körper und fächert sich Luft zu. Bei Kälte dient das dichte Federkleid als wärmender Schutz. Strauße werden inzwischen auch von vielen Farmern als Fleisch- und Federlieferanten gehalten. Gefürchtet sind ihre spornbewehrten Klauen, die auch größere Angreifer töten können.

Großtiere

Wüstenlöwen und **Wüstenelefanten,** gelegentlich im nördlichen Teil der Namib anzutreffen sowie die berühmten **Namib-Pferde** sind keine besonderen endemischen Arten, vielmehr haben sie ihr Verhalten nur der ariden Umgebung angepasst und sind dadurch in der Lage, einige Zeit in der Wüste zu überleben. Am meist etwas kleineren Körperbau lassen sie sich von ihren (besser ernährten) Artgenossen unterscheiden.

Vorsicht Gift!

Besondere Vorsicht ist vor den giftigen **Schlangen und Skorpionen** geboten, die sich bevorzugt unter Steinen oder unter Dünensand vergraben vor der Tageshitze schützen. Die charakteristischen, wellenförmigen Spuren der **Zwergpuffotter** lassen sich häufig auf den Dünenhängen erkennen, ebenso die Schleifspuren anderer Schlangen wie der harmlosen **Hornviper** und der winzigen **Sandviper,** deren Biss tödlich sein kann. Ungiftig ist dagegen das endemische **Namaqua-Chamäleon,** das mit seiner langen, klebrigen Zunge vor allem Insekten jagt.

Lebensraum Küste

Meeressäuger

Dort, wo die Namib-Dünen den Atlantik erreichen, leben **Robben** (Südafrikanische Seebären, *Arctocephalus pusillus*) in mehreren Kolonien. Die mit bis zu 240.000 Mitgliedern größte Robbengemeinschaft bei Cape Cross (124 km nördlich von Swakopmund, s. dort) kann man besichtigen – Nasenklammern wären empfehlenswert, es stinkt bestialisch, und der Geruch bleibt noch stundenlang in Haaren und Kleidung hängen! Culling, das gezielte Töten der Tiere, soll dazu beitragen, den Bestand auf einem ökologisch verträglichen Niveau zu halten.

Vogelwelt

Entlang der Küste nisten zahlreiche Vogelarten, die wie die Robben in den fischreichen Gewässern des Benguela-Stroms ihre Nahrung finden. Zu ihnen gehören **Kormorane, Pelikane, Flamingos** und, auf mehreren vorgelagerten Inseln, auch **Pinguine.** Den Vogelreichtum der Küste nutzten findige Kaufleute bereits vor der deutschen Kolonialzeit. Der vielerorts in dicken Schichten abgelagerte Vogelkot, der **Guano,** der **beste natürliche Dünger der Welt** (er enthält wegen der Fischnahrung der Vögel und dem damit aufgenommenen Meerwasser die zur Düngung wichtigen Phosphorverbindungen), wurde abgebaut und nach Europa verschifft. Inzwischen hat man die Guano-Gewinnung vereinfacht: große Plattformen, aufgestellt entlang der Küste, locken die Wasservögel zum Brüten an, die dabei ihren Kot hinterlassen.

Robbenkolonie in Walvis Bay

Lebensraum Savanne

Savannen-Typen

Savannenland ist ebenso wie Wüste keine uniforme Einheit, sondern je nach Lage und Vegetation sehr unterschiedlich: Der **Kameldorn-Savanne** im Osten steht **Mopanebaum-Savanne** im Nordwesten und Hochland-Savanne in Zentralnamibia gegenüber. Die Region erhält in der Regenzeit normalerweise Regenfälle zwischen 200 und 450 mm. Neben den oben beschriebenen Dornbüschen und -bäumen, die dank der besseren Wasserverhältnisse hier größer und imposanter heranwachsen können, kommt den Gräsern eine wichtige Bedeutung für die Viehzucht und als Nahrungsgrundlage für das Wild zu. Entsprechend vielfältig ist auch die Fauna der Savanne.

Pflanzenwelt

Felsiges Habitat

Im Übergangsgebiet zwischen Wüste und Savanne, im Süden und Westen Zentralnamibias, kann man noch einige besonders dekorative Pflanzen entdecken: beispielsweise die elegante **Kandelaber-Euphorbie** *(Euphorbia virosa)*, die felsigen Untergrund liebt und ihre vielen Arme, zu einem überdimensionalen Becher gewölbt, der Sonne entgegenstreckt. Sie gilt als giftigstes aller Wolfsmilchgewächse; ihren weißlichen Saft verwenden Himba und San als Pfeilgift. Ein Verwandter unserer Weinreben wächst ebenfalls auf felsigem Boden, z.B. an der Spitzkoppe: *Cyphostemma currorii* oder **Botterboom.** Ein gedrungener Stamm mit rissiger, gelblich-grauer Rinde läuft in mehrere dicke Äste aus, die in guten

Euphorbie

Regenjahren große Blattbüschel tragen. Sein Mark gilt als Heilmittel gegen Schädlingsbefall und Hautkrankheiten. Auch der **Moringabaum** *(Moringa ovalifolia)* verankert seine Wurzeln am liebsten im felsigen Boden und an Hängen. Auf den ersten Blick ähnelt er mit seinen kahlen, verkrüppelten Ästen und der weißgrauen Rinde dem Baobab (s.u.). Nach Regen treibt er filigrane Blätter und goldgelbe Blüten aus. In der Nähe von Okaukuejo wachsen Moringabäume so dicht beieinander, dass diese gespenstisch wirkende Formation den Namen „Märchenwald" erhielt. Noch wenig genutzt ist das eigentliche Potential der Moringabäume: sie besitzen die Fähigkeit, verschmutztes Wasser zu reinigen.

Ahnenbaum

Dem mächtigen Stamm des Ahnenbaums *(Combretum imberbe)* sollen die Urahnen der Herero entstiegen sein. Sie nennen ihn **Omumborongbonga** und verehren ihn als **heiligen Baum.** Er kann ganz unterschiedliche Wuchsformen annehmen – je nach Untergrund und Regenmenge. Als Busch gehört er zu jedem Herero-Dorf, wo er den

Schirmakazie in Etosha

Ahnenbaum symbolisiert. Die Blätter hängen an langen Rispen von den knorrigen Ästen herab. Sein Holz ist so hart, dass es als Rohmaterial für Holzkohle verwendet wird. Nützlich sind auch seine Blätter (gegen Erkältung) und die Wurzeln (gegen Magenschmerzen).

Mopanebaum

Nach Nordwesten zu drängt sich ein anderer eigenwilliger Baum in den Vordergrund: der Mopanebaum oder *Colophospermum mopane,* leicht erkennbar an seinen **schmetterlingsähnlichen Blättern.** Er kann bis zu 20 m hoch werden und richtige „Wälder" bilden. In der Mittagshitze falten sich seine Blätter zusammen, um der Sonne wenig Verdunstungsfläche zu bieten. Auch er findet vielfach Verwendung, und die Ovambo schüren ihr heiliges Feuer mit seinem Holz.

Blutfruchtbaum

Rote Kontrastpunkte setzt der Blutfruchtbaum *(Terminalia prunioides)* mit seinen Früchten. In ariden Gebieten wächst er als Busch, in besseren Lagen als bis zu 15 m hoher Baum, dessen Holz zum Bau ebenso geschätzt wird wie Wurzeln und Rinde als **Heilmittel gegen Husten.**

Makalani-Palme

Nur im Nordwesten und im ehemaligen Ovamboland sind auch Palmen zu finden. Die dort verbreitete **Makalani-Palme** *(Hyphaene petersiana)* mit ihren apfelähnlichen Früchten wird auf unterschiedliche Arten genutzt. Am Stamm kann man Palmwein zapfen und die Keimlinge ergeben ein wohlschmeckendes Gemüse. Ihren größten Nutzen hat die Palme aber als Grundmaterial für Flechtkörbe und Windschirme, die aus den trockenen Palmwedeln gearbeitet werden, und mit ihren Samen als Rohmaterial für Schnitzereien.

Gräser

Rinde und Blattwerk der beschriebenen und vieler anderer Savannen-Bäume sind Nahrung für das Wild. Bedeutender für die Viehwirtschaft ist allerdings das **Savannengras,** von dem es unzählige Arten gibt. Nach den Regenfällen überzieht es das Land mit silbrig glänzenden Büscheln; die weiten Ebenen gleichen dann einer unwirklichen, glitzernden Feenlandschaft.

Tierwelt Savanne

Fast das gesamte Savannengebiet ist heute Farmland. Dadurch (und durch unkontrollierte Jagd) wurden die einstmals hier lebenden Tiere abgedrängt, teils fast ausgerottet. Traditionell ist die Savanne der Lebensraum von Elefanten, Nashörnern und Giraffen, von verschiedenen Raubtieren und mehreren Antilopenarten.

Antilopen groß und klein

Das **Kudu,** eine der größten Antilopen, benützt seine schraubenförmig gedrehten Hörner zum Herabziehen der Zweige und kommt so in den Genuss des zarten Blattgrüns. Dank seiner dunkelgrauen Fellfarbe und der tief herunterhängenden Wamme sind die Bullen leicht von anderen Antilopen zu unterscheiden. Der größte Vertreter der Gattung ist das **Eland,** ein mächtiges Tier mit gelblichgrauem Fell, bis zu 1,50 m Schulterhöhe und einem Gewicht zwischen 500 und 1000 kg. Die relativ kurzen, geraden Hörner wirken im Verhältnis zur Größe unterdimensioniert, sind aber pfeilspitz. Nur auf dem Waterberg-Plateau (oder im Caprivi) begegnet man den rostfarbenen (Weibchen) bzw. schwarzweißen (Männchen) **Rappenantilopen** (Sable) mit über 1,5 m langem, geradem Gehörn. Sie benötigen ständiges Wasser, was sie nur hier vorfinden. Mit ihnen verwandt sind die an der Gesichtsform gut erkennbaren **Pferdeantilopen** (Roan), die etwas kleiner sind. **Gnus** sehen mit der Zottelmähne am Kopf und den gebogenen Hörnern aus wie ein prähistorisches Fabelwesen. Sie sind kurzsichtig und fast ebenso schwerhörig und halten sich deshalb am liebsten in der Nähe der Steppenzebras auf, deren geschärften Sinne sie sich zunutze machen. Fliehen die Zebras beim Anzeichen einer Gefahr, galoppieren ihnen die Gnus blind hinterher. Sowohl Weißschwanz- (Black Wildebeest) wie Streifengnus (Blue Wildebeeest) sind vertreten. Deutlich kleiner und sehr zahlreich sind die nervösen **Springböcke** mit hellbraunem Rücken, weißer Bauchzeichnung und leierförmig gebogenen Hörnern. Sie leben in größeren Herden in der Savanne und in der Salzwüste der Etosha-Pfanne. Wittern sie etwas Ungewöhnliches, setzen sie zu den charakteristischen Sprüngen an (die den Angreifer verwirren sollen), die sich

Gnus gehören zu den „Ugly Five"

Springbock

Männlicher und weiblicher Kudu

Dikdik

Giraffe

Warzenschwein

in der Herde fortpflanzen, bis die Böckchen wie Jo-Jos hüpfend davonstieben. In der Brunftzeit ist ihr röchelndes Röhren zu hören. Impalas (hier tragen nur die Männchen Gehörn) sind ähnlich zahlreich, aber weiter im Norden und Osten zu finden und an dem schwarzen Haarbüschel gut zu erkennen. Zu den kleinsten Antilopenarten zählen **Dikdiks,** die oft zutraulich im Camp des Waterberg Plateaus grasen. Die Zwergantilopen werden kaum größer als ein Hase.

Zebras und Giraffen

Gras und Laubfresser sind auch die zur Gattung der Pferde zählenden **Steppenzebras.** In großen Herden aber auch als Einzelgänger sind sie vor allem in den weiten Savannen Etoshas unterwegs, meist begleitet von Gnus. Giraffen, **die größten Landsäugetiere Afrikas,** sind erstaunlicherweise gar nicht so leicht zu sichten – dank ihrer Zeichnung verschwinden sie nahezu hinter Bäumen und Büschen.

Warzenschweine

Vor der Begegnung mit Warzenschweinen sollten sich vor allem Autofahrer hüten, denn eine Kollision mit den im **Rudel wandernden Tieren** kann nicht nur bei ihnen, sondern auch dem unachtsamen Fahrer (oder seinem Fahrzeug) Schaden anrichten. Unvermittelt bricht ein Keiler aus dem hohen Gras, gefolgt von den Jungen und den Sauen, die für die Rückendeckung sorgen. Das senkrecht aufgestellte **Schweineschwänzchen dient als Signalflagge,** an der sich die Jungen orientieren. Warzenschweine können mit ihren messerscharfen, nach oben gebogenen Hauern angreifende Raubtiere und auch Menschen verletzen.

Affen

Paviane sind allgegenwärtig – besonders schätzen sie felsige Landschaften, noch mehr allerdings die Nähe von Menschen, deren Abfälle sie nach Essbarem durchwühlen. Man begegne ihnen mit gehöriger Vorsicht – sie können sehr aggressiv sein und schmerzhaft zubeißen. Auch **Grünen Meerkatzen**, die ebenfalls in großen Familienverbänden auftreten, geht man besser aus dem Weg.

Raubkatzen

Die weiten Grasflächen bieten **Geparden** einen idealen Jagdraum. Als eine der wenigen Großkatzen kann dieser flinke Jäger seine Krallen nicht einziehen. Er besitzt ein goldgelbes, mit dunklen Tupfen gezeichnetes Fell und einen im Verhältnis zum Körper relativ kleinen Kopf. Geparde können Spitzengeschwindigkeiten bis zu 100 km/h entwickeln, halten dieses Tempo aber nur auf kurzen Strecken durch. Anderen Großkatzen gehen sie lieber aus dem Weg. Namibia besitzt übrigens mit etwa 3000 Tieren die weltweit größte Geparden-Population, die zu 90 % wild auf Farmland lebt. Ihre größeren Artverwandten, die **Leoparden,** sind zwar keine so guten Läufer, können dafür aber umso besser klettern und bevorzugen deshalb gebirgiges oder baumbestandenes Gelände. Die nachtaktiven Tiere ziehen sich tagsüber in Höhlen oder auf Bäume zurück. Man wird einen

Löwin

Leoparden deshalb in freier Wildbahn kaum zu Gesicht bekommen. Da sie zu den gefährlichsten Raubtieren der Savanne gehören, werden sie auch von erfahrenen Jägern gefürchtet. **Löwen** sind sehr träge, faule Räuber, die den Tag am liebsten dösend verbringen. Nur die Weibchen jagen und ernähren damit ihre Jungen und die männlichen Tiere des Rudels. Löwenrudel lassen sich am besten in den frühen Morgenstunden beobachten, wenn sie sich auf die Jagd vorbereiten. Oft lagern Löwen in der Nähe von Wasserstellen, träge das Wild beobachtend oder angespannt und sprungbereit. **Hyänen** gehören zu den Katzen und ihnen wird wenig Sympathie entgegengebracht. Sie sehen ja auch nicht gerade hübsch aus, ihr Ruf klingt wie Gemecker und zu allem Überfluss gelten sie als feige Aasfresser.

Geparden

Das wenigste trifft zu – Hyänen jagen Beute ebenso wie ihre räuberischen Verwandten und sie können sogar Löwen in die Flucht schlagen. Im Land leben Tüpfel- und die etwas kleineren Braunen Hyänen. Letztere tragen den afrikaansen Namen *Strandwolf,* weil sie sich häufig auch entlang der Atlantikküste aufhalten, wo sie Robbenjunge und alte oder kranke Tiere reißen.

Wildhunde

Als Aasfresser gelten auch **Schakale** (Schabracken- und Streifenschakal), die meist am Riss eines größeren Raubtiers abwarten, was für sie übrigbleibt. **Löffelhunde,** kenntlich an ihren auffällig großen Ohren, sind wie Hyänen nachtaktiv und ernähren sich von Insekten und kleinen Nagetieren.

Elefanten

Man sieht sie alleine oder in Gruppen in der Etosha-Pfanne, mit etwas Glück aber auch in den Rivieren des **Skelettküstenparks,** im ehemaligen Damaraland abseits der Hauptwege und in größeren Herden im Caprivi. Elefanten auf Schritt und Tritt begegnen dem Besucher in den Nationalparks Chobe und Moremi (Botswana). Etwa 2500 Elefanten leben im **Etosha National Park,** von dem aus sie nach Westen ins Kaokoveld und manchmal bis an die Skelettküste wandern. Sie gelten als die größten Elefanten Afrikas und haben einen täglichen **Futterbedarf von über 200 kg** Pflanzennahrung. Weibchen und Junge ziehen in kleinen Verbänden umher, die von einer Leitkuh angeführt werden. Männliche Tiere werden im Alter von etwa 12 Jahren aus dem Rudel ausgeschlossen und leben dann als Einzelgänger oder in Bullenherden. Bei Begegnungen mit Elefanten sollte man sich besonnen verhalten und bei Drohgehabe – ausgeklappten Ohren – lieber den Rückzug antreten. Vorsicht ist vor allem beim Zusammentreffen mit älteren Einzelgängern oder mit Herden, die Junge dabeihaben, geraten.

Nashörner

Sie sind, im Gegensatz zu ihrem martialischen Aussehen, eher friedliebende Tiere, zumindest das **„Weiße" oder Breitmaulnashorn,** das wegen seiner Sanftheit fast ausgerottet wurde („weiß" hat mit der Farbe des Tieres nichts zu tun, *weidmond* heißt auf Afrikaans „Breitmaul"). Sein Artgenosse, das **Spitzmaulnashorn,** gilt dagegen als aggressiv,

Elefantenherde im Caprivi

Einzelgängernashorn in Etosha

greift gelegentlich auch Fahrzeuge an und konnte sich dank dieser Eigenschaft etwas besser gegen Wilderer verteidigen, so dass heute etwa 700 Exemplare dieser Art in Etosha leben, während Breitmaulnashörner vor allem auf Wildfarmen wieder gezüchtet und gehegt werden. Das **Verhängnis der Tiere** ist ihr Horn, das in Asien als potenzförderndes Mittel, in den Ländern der Arabischen Halbinsel als Dolchgriff begehrt ist.

Bunte Vogelwelt

Auch unzählige Vögel bevölkern die Savanne: Unübersehbar die **Webervögel,** die mit ihren Nestern die Bäume überziehen und sie häufig richtiggehend ersticken. **Trappen** fliegen in Schwärmen auf oder flüchten schutzsuchend ins hohe Gras, **Frankoline** sonnen sich auf Felsen oder Hügelkuppen, und in den Baumkronen sorgen die vielfarbigen **Tokos** für bunte Tupfer im Gezweig.

Lebensraum Trockenwald

Wo ausreichend (um 500 mm) Regen fällt, sind die sandigen Böden des Kalahari-Beckens mit dichtem Wald bestanden. Die meisten hier beschriebenen Baumarten wird man auch im ehemaligen Buschmannland und nordöstlich angrenzend im Caprivi finden,

Alles im Blick am Kavango: Gabelracke

Schnell nervös: Perlhühner

Baobabs: Ohne Blätter …

… und in voller Pracht (Tsumkwe)

allerdings häufig größer und imposanter gewachsen. **Galeriewälder** säumen die wasserführenden Flüsse. Es sind vornehmlich Akazienarten, die den lehmhaltigen Boden entlang der Rivieren dem lockeren Sand der Kalahari-Dünen vorziehen. Im **Überschwemmungsgebiet des Linyanti** verwandeln sich die Sandböden nach Regen in schweren Morast. Flüsse und Sümpfe bilden Biotope, in denen sich Sumpfantilopen, Flusspferde und vor allem zahlreiche Vogelarten wohlfühlen.

Pflanzenwelt

Baobabs

Je näher man dem „Buschmannland" (heute Otjozondjupa) kommt, desto häufiger werden die **Affenbrotbäume** *(Adansonia digitata),* deren meist unbelaubte, krakenartige Äste wie die Arme urzeitlicher Riesen das Buschveld überragen. Um Tsumkwe herum stehen einige besonders mächtige Exemplare dieser Spezies; auch nördlich von Grootfontein kommen Baobabs vor.

Weitere Baumarten

Unweit von Tsumkwe liegt der Khaudum National Park – ein fast völlig unberührtes Naturschutzgebiet mit der für die Savannen typischen Fauna und einem sehr hohen Baumwuchs. **Ahnenbäume, Dolfholz-** und **Blutfruchtbäume** wurzeln tief im sandigen Boden und können imposante Höhen, bis zu 20 m, erreichen. Entlang der beiden Trockenflüsse des Khaudum stehen Akazien, darunter auch die **Schirmakazie** *(Akazia tortilis)* mit ihrer schönen flachen Krone, die eine malerische Silhouette vor dem Sonnenuntergangshimmel abgibt, und der **„Wart-ein-bisschen"**-Baum, (Wag'n bietjie, *Ziziphus mucronata*), der seinen freundlichen Namen seinen gar nicht so freundlichen, hakenförmigen Dornen verdankt. Man bleibt leicht an ihnen hängen und kann sich nur mit Mühe befreien.

Flora der Sümpfe

Richtung Nordosten gedeihen im Sumpfsystem des Linyanti **Riedgras** und **Papyrus.** Im südöstlichen Abschnitt der Trockenbaumsavanne wächst ein beliebtes Allheilmittel gegen Erkrankungen verschiedener innerer Organe und gegen Schmerzen: die **Teufelskralle** *(Harpagophytum procumbens).* Die flachwachsende Pflanze besitzt tiefe Wurzeln, an denen kartoffelförmige Früchte heranreifen. Diese werden getrocknet, gemahlen und zu einem Tee aufgebrüht.

Tierwelt Trockenwald

Die Tierwelt ähnelt der Savannenfauna, doch je feuchter das Habitat wird, desto häufiger findet sich auch anderes Wild ein.

In/am Wasser

Flusspferde bevölkern die Wasserläufe und -tümpel; tagsüber ruhen sie für den Besucher fast unsichtbar unter der Wasseroberfläche, nur nachts verlassen sie ihre feuchte Heimstatt, um zu grasen. Dann sind die scheinbar so trägen Tiere gefährlich, denn sie greifen alles an, was sich zwischen ihnen und ihrem Wasserloch befindet, und mit messerscharfen Hauern können die Pflanzenfresser mühelos auch Menschen töten. Ein anderer gefährlicher Bewohner der Flusswelt ist das **Krokodil;** die meisten Echsen leben im Kavango, doch auch in den anderen Gewässern sind sie zu Hause. Vom Baden in den Flüssen ist deshalb dringend abzuraten – außer Einheimische geben Tipps für Badestellen. Scheue und selten gesehene Tiere sind die **Sitatungas,** mittelgroße Antilopen mit graubraunem, zottigem Fell, das weiße Streifen aufweist. Sie sind hervorragend an ihren Lebensraum angepasst, können beispielsweise die Hufe spreizen, um ein Einsinken zu verhindern, und sehr gut schwimmen. Im Caprivi (sonst nur noch geschützt auf dem Waterberg Plateau) leben auch die letzten **afrikanischen Büffel** Namibias, die ebenfalls mit Vorsicht zu genießen sind: die intelligenten Tiere umgehen ihre Feinde und starten ihren Angriff in dessen Rücken.

Vogelparadies

Die baumbestandene, feuchte Landschaft lockt zahlreiche Vogelarten an: Die schönsten Stelzvögel wie der **Klunkerkranich** und der **Rotbauchreiher** sind hier beheimatet, dazwischen stolzieren **Sekretäre** mit ernster Miene auf der Suche nach Futter durchs Gras. Aus den Baumkronen dringen die heiseren Rufe der **Lärmgrauvögel, Tokos, Adler, Falken** und **Geier** zeichnen elegante Kreise und Schleifen in den blauen Himmel.

Gefährliche Tiere: Krokodil …

… und Flusspferd

Geschichte und Geschichten

Geschichtstabelle

Etwa 13 Millionen Jahre

alt sind die Kieferfragmente eines Hominiden, die in der Nähe der stillgelegten Aukas-Mine in den Otavi-Bergen gefunden wurden.

25.000–5000 v. Chr.

haben die Urbewohner (wahrscheinlich Vorfahren der heutigen San) Steinplättchen mit Darstellungen von Giraffen bemalt. Diese ältesten auf afrikanischem Boden entdeckten Kunstwerke wurden in einer Höhle in den Huns-Bergen gefunden. Im Gegensatz zu den Felsgravuren, die sich nur schwer datieren lassen, konnte man das Alter der Malereien mit der C14-Methode ziemlich genau bestimmen.

2000 v. Chr.

sollen Herodot zufolge phönizische Seefahrer den afrikanischen Kontinent umrundet haben.

Steinsäule am Kreuzkap, wo heute zudem die größte Robbenkolonie des Landes lebt

Bis ins 15. Jh.

fehlen jegliche historische Quellen; es gibt keine Funde, und die oralen Traditionen der Völker erfassen diese Periode bestenfalls in Form von mythologischen Erzählungen. 1486 ist das erste historisch verbriefte Ereignis namibischer Geschichte zu verzeichnen. In diesem Jahr gelang dem Portugiesen Diogo Cão die Landung am Kreuzkap, wo er eine Steinsäule mit aufgesetztem Kreuz *(padrão)* errichtete und damit die unwirtliche Küste für Portugal markierte. Ein Jahr später fuhr sein Landsmann Bartolomeu Diaz die namibische Küste ab und stellte 1488 einen weiteren Padrão in Angra Pequena, dem heutigen Lüderitz, auf.

Ab 1700

drängten burische Siedler vom Kap die Nama-Viehzüchter von ihren angestammten Plätzen nach Norden über den Oranje. Auf heutigem namibischem Territorium trafen die Nama auf die ebenfalls viehzüchtenden Herero und Ovambo, die von Norden den Kunene überquerten und allmählich gen Süden zogen.

Im 18. Jh.

begann die Erforschung Namibias durch Jäger, Reisende und fahrende Kaufleute aus der britischen Kap-Kolonie. Gerüchte über große Viehherden und Wild in Überfluss lockten die Abenteuerlustigen über den Oranje nach Norden. Erste Handelskontakte mit Herero und Nama entstanden. Zugleich nützten Walfänger die geschützte Bucht von Walvis Bay als sicheren Hafen. Ein Handelsweg durch die Namib verband die Niederlassungen an der Küste mit dem

Warmbad: Einst Missionsstation und Handelsposten

Binnenland, wo die Weißen mit den Nama und Herero einen Tauschhandel etablierten.

Um 1800

zogen die ersten Gruppen der Orlaam-Nama aus der Kap-Kolonie über den Oranje nach Norden. Durch den Kontakt mit Weißen besser ausgerüstet und bewaffnet, waren sie ihren Nama-Volksbrüdern überlegen. Schon bald kontrollierten die verschiedenen Clans der Orlaam-Nama – die Witboois, Swartboois und Afrikaaner – das südliche und das zentrale Namibia. Immer wieder kam es zu Fehden zwischen ihnen und den Herero, bis die Nama die waffentechnisch unterlegenen Herero weit nach Norden abdrängten.

1806

gründeten Missionare der London Missionary Society die erste christliche Niederlassung in Warmbad. Acht Jahre später brach der deutsche Missionar Heinrich Schmelen nach Bethanien auf und baute dort eine Missionsstation. Vierzig Jahre später gelang es auch der Rheinischen Mission, sich im Namaland zu etablieren. 1842 erreichte Carl Hugo Hahn die Afrikaaner-Nama in der Nähe des heutigen Windhoek, 1844 legte er den Grundstein für die Mission Gross Barmen.

Um 1840

ließen sich Orlaam-Nama unter ihrem Führer Jonker Afrikaaner nahe der heutigen Hauptstadt Windhoek nieder. In einem beispiellosen Einsatz von Arbeitskräften bauten die Nama unter Jonker Afrikaaner eine Straße von seinem Stützpunkt an die Küste nach Walvis Bay. Der „Alte Baaiweg" wurde zur bedeutenden Handelsstraße.

1854

erhielt ein britisches Unternehmen die Schürfrechte für die Kupfermine Matchless südwestlich von Windhoek. Das Erz wurde auf dem Baaiweg nach Walvis Bay transportiert. Fehden zwischen Herero und Nama sowie sich häufende Überfälle auf die Warentransporte von und zur Küste schufen zunehmende Unsicherheit für die Kaufleute und Siedler. Der Ruf nach einer Schutzmacht wurde lauter.

1876

erklärte die Kap-Kolonie das Gebiet der Nama und Herero zum Protektorat, zwei Jahre später annektierte Großbritannien

Walvis Bay. Damit begann der deutsch-britische Wettlauf um Südwestafrika.

1883

Heinrich Vogelsang schloss am 12. Mai im Namen des deutschen Kaufmanns Adolf Lüderitz die ersten Verträge über Landverkäufe mit den Orlaam-Nama. Sofort erbat Lüderitz bei Reichskanzler Bismarck den Schutz seines Eigentums. Die Kap-Administration erkannte eventuelle Schutzrechte des Deutschen Reiches nicht an.

1884

erklärte Bismarck Lüderitzland daraufhin zum **deutschen Protektorat.** Weitere Landkäufe und Verträge mit Nama und Herero vergrößerten das Gebiet. 1886 legte ein Vertrag mit Portugal die Nordgrenze des Landes fest.

Curt von François war der erste Gouverneur in Deutsch-Südwest

1889

traf der künftige Gouverneur **Curt von François** mit seiner 21 Mann zählenden Schutztruppe in Walvis Bay ein und gründete Fort Wilhelmsfeste in Tsaobis. 1891 wählte er Jonker Afrikaaners aufgegebene Niederlassung Windhoek als Stützpunkt.

1890

Im **Helgoland-Sansibar-Vertrag** erhielt das Deutsche Reich im Austausch gegen Wituland im heutigen Kenia und den Verzicht auf eine mögliche Kolonisierung Sansibars, das zu dieser Zeit noch unabhängig war, Helgoland sowie den „Caprivi-Zipfel", benannt nach Reichskanzler Leo von Caprivi (1890–94) und damit Zugang zum Zambezi und zu den Märkten Ostafrikas. 1891 übersiedelte die Verwaltung des Protektorats von Otjimbingwe nach Windhoek. Nama und Herero schlossen sich zur Abwehr der Deutschen zusammen, die die ersten Aufstände niederkämpften.

Zwischen 1904–1907

schlug die deutsche Schutztruppe Aufstände der Nama und Herero in blutigen Kriegszügen nieder. Am 11. August 1904 fand die **Schlacht am Waterberg** statt. Bei der darauffolgenden Flucht der Herero in die Omaheke-Wüste starben Abertausende. Weitere Tausende von Opfern forderten die Vergeltungsmaßnahmen der Schutztruppe. Gefangene wurden auf der **Haifischinsel** vor Lüderitzbucht und anderen KZ-ähnlichen Einrichtungen interniert und dort durch Hunger, Kälte und Krankheiten dem sicheren Tod überantwortet. Schätzungen gehen von bis zu 60.000 Toten aus.

1914/1915

Der **Ausbruch des 1. Weltkriegs** warf seinen Schatten auch auf die deutschen

Kolonien in Afrika. Südafrikanische Truppen marschierten gegen Deutsch-Südwestafrika. Ein Jahr später **kapitulierte die Schutztruppe.** Im Versailler Vertrag wurde das Gebiet dem Völkerbund unterstellt und Südafrika zur Verwaltung überlassen.

1939

Auch der **Beginn des 2. Weltkriegs** hatte im ehemaligen Südwest Konsequenzen: Um dem in Nazideutschland wieder erstarkten Kolonialgedanken entgegenzutreten, internierte die Administration Teile der deutschen Bevölkerung Namibias in südafrikanischen Lagern oder stellten sie auf ihren Farmen unter Arrest.

1945

übernahm die **UNO** als Nachfolgeorganisation des Völkerbundes das **Mandat für Namibia,** was Südafrika nicht anerkannte und das Territorium trotz internationaler Proteste weiter als Provinz verwaltete. Dazu gehörte: Ausweisung von Reservaten für die schwarze Bevölkerung, Einführung der Apartheidgesetze und die Einrichtung von schwarzen „Homelands" ab 1964 nach Gebietsvorschlägen der Odendaal-Kommission.

1966

entdeckten südafrikanische Truppen ein Ausbildungslager der **PLAN** (People's Liberation Army of Namibia) im Ovamboland und bombardierten es. Dies war der Auftakt des bewaffneten Widerstandes unter Ägide der **SWAPO** (South West African People's Organization). Die Operationsbasen der PLAN lagen im benachbarten Angola, Zambia und im Caprivi.

1973–1983

erkannten die UN die SWAPO als einzigen rechtmäßigen Vertreter des namibischen Volkes an. Fünf Jahre später hielt man, aufgrund des internationalen Druckes, **Wahlen** ab, die die SWAPO allerdings boykottierte. Ein Zusammenschluss verschiedener politischen Gruppierungen, nach seinem Tagungsort in Windhoek **„Turnhallen-Allianz"** (DTA) genannt, ging als Sieger hervor und durfte das Land mit eingeschränkter Autonomie „regieren". Unter der DTA-Regierung wurden **1978 die Apartheidgesetze abgeschafft.** 1983 trat die DTA wegen der immer schärferen Kontrolle durch den südafrikanischen Generaladministrator zurück.

1989

Der entschärfte Ost-West-Konflikt setzte endlich auch in Namibia einen **Friedensprozess** in Gang. Unter UN-Aufsicht fanden die ersten demokratischen Wahlen statt: Die SWAPO erhielt 41 Sitze, DTA 21, UDF (United Democratic Front) 4 und ACN (Action Christian National) 3.

Am 21. März 1990

erklärte Namibia seine **Unabhängigkeit**, Staatspräsident wurde der SWAPO-Führer **Sam Nujoma.** Vier Jahre später erreichte er mit seiner SWAPO bei den zweiten demokratischen Parlamentswahlen die Zweidrittel-Mehrheit, die der Regierung nun theoretisch absolute Handlungsfreiheit ohne Rücksicht auf Interessen oppositioneller Gruppen eröffnete.

1994

nahm Namibia die südafrikanische Enklave Walvis Bay in sein Staatsgebiet auf.

2004

Zum 100. Mal jährte sich die **Schlacht am Waterberg.** Vertreter der Herero brandmarkten die Politik der deutschen

Koloniales und heutiges Machtzentrum – der Tintenpalast in Windhoek

Kolonialregierung als geplanten Genozid an ihrem Volk und reichten in den USA Zivilklagen auf Schadensersatz/Wiedergutmachung gegen Deutschland ein.

2005

Hifikepunye Pohamba wurde zum neuen Staatspräsidenten gewählt und setzte die moderate Politik seines Vorgängers, insbesondere in der Landfrage, fort. Auch die Wahlen 2009 sahen Hifikepunye Pohamba und die SWAPO mit jeweils einer Zweidrittelmehrheit als Sieger.

2011

Die Regierungschefs von Namibia, Zambia, Botswana, Angola und Zimbabwe unterzeichneten den Vertrag für die Schaffung des **KAZA-Nationalparks** (Kavango-Zambezi-Park), der mit 300.000 km² eines der größten Schutzgebiete der Erde ist und als Transfrontier-Park unter gemeinsamer Verwaltung der fünf Länder steht.

2015

Nach den für die SWAPO erneut siegreiche Wahlen von 2014 übernahm im März **Hage Geingob** mit einem überwältigenden Wahlergebnis von 86,7 % anstelle des (nach zwei Amtsperioden) nicht mehr angetretenen Pohamba die Position des Präsidenten. Die Wahlen wurden von Beobachtern als „transparent, friedlich, frei und fair" eingestuft. Im selben Jahr begannen Verhandlungen zwischen der namibischen und der deutschen Regierung über eine Wiedergutmachung für die in der Kolonialzeit vom Deutschen Reich begangenen Verbrechen.

2016

Mit der im Oktober 2016 eröffneten Husab-Mine (wenige Kilometer südlich der Rössing-Mine) und weiterer Lagerstätten fördert Namibia 10 % des weltweit abgebauten Urans und steigt damit zum **weltweit drittgrößten Uranproduzenten** auf.

2017

Zum 27. Jahrestag der Unabhängigkeit Namibias verkündete Präsident Hage Geingob, dass das bislang bei der **Landumverteilung** gepflegte Prinzip „willing seller – willing buyer" aufgekündigt ist und zukünftig auch gegen den Willen des Besitzers und gegen eine „faire Entschädigung" enteignet werden kann.

2019

Internationale Medien unter Führung von Al Jazeera deckten mit Hilfe eines Whistleblowers den **„Fishrot-Skandal"** auf. Das isländische Fischfangunternehmen „Samherji" hat hohe Politiker und Wirtschaftsbosse bestochen, um sich Fangrechte vor der Küste zu sichern.

2020–2022

Die **Corona-Pandemie** forderte auch in Namibia zahlreiche Opfer, besonders in den Städten und den dicht besiedelten Regionen im Norden. Die Wirtschaft erlebte einen drastischen Einbruch durch Exporteinschränkungen der Bodenschätze und durch das Ausbleiben der Touristen.

2021

Namibia und Deutschlands einigten sich darauf, dass Deutschland als **„Geste der Anerkennung des unendlichen Leids"** 1,1 Milliarden Euro für ein Wiederaufbauprogramm zur Verfügung stellt. Zudem erkennt es die in der Kolonialzeit begangenen Verbrechen als **„Völkermord aus heutiger Sicht"** an. Die Vereinbarung wurde 2022 auf Druck von Nama und Herero seitens Namibia wieder in Frage gestellt.

2022

Bundeswirtschaftsminister Robert Habeck schloss Verträge über Produktion und Lieferung von Grünem Wasserstoff.

2024

Hage Geingob stirbt und sein Stellvertreter **Nangolo Mbumba** wird bis zu den angesetzten Neuwahlen im November Interimspräsident.

Geschichtsquellen

Mythen und Tradition

Die südwestafrikanischen Völker, die nach und nach in ihr heutiges Territorium einwanderten, haben ihre Geschichte in Mythen überliefert. Es sind Erzählungen, die zwar tatsächliche Begebenheiten reflektieren, sie zugleich aber so verfremden, dass sie in das religiöse Weltbild passen und als Begründung für das heutige Dasein dienen können – z.B. für die Sozialstruktur, die Wirtschaftsform oder für den Herrschaftsanspruch einer bestimmten Familie. Deshalb kann die Geschichtsforschung aus der Mythologie nur in groben Grundzügen rekonstruieren, welche Wanderungen, Kriege, Auseinandersetzungen stattgefunden haben, bevor die ersten Weißen namibischen Boden betraten. Als Hilfsmittel dienen dabei andere Forschungszweige wie beispielsweise die Linguistik oder die Untersuchung von Sozialstruktur und Wirtschaftsform.

Was die Felsbilder erzählen: Vor- und Frühgeschichte

Felsbilder

Das Felsrund von Twyfelfontein und der **Brandberg** sind Namibias bedeutendste Fundstellen von Felsbildern, **Twyfelfontein** gilt sogar als größte Afrikas. Felsbilder finden sich aber auch fast überall entlang der Randstufe und in den anderen Gebirgen, dem **Erongo,** dem Khomas-Hochland und in der Naukluft. Geschützt unter Überhängen oder in Höhlen haben sie Tausende von Jahren überdauert und Alltag und magische Symbolik eines prähistorischen Lebens für die Nachwelt übermittelt.

Deutung

Die Deutung der Felsbilder stellt Wissenschaftler seit Generationen vor ein schier **unlösbares Rätsel.** Die Motive sind fast immer eindeutig zu identifizieren: Wild, das es auch heute gibt, wie Nashörner, Giraffen, Strauße, Gazellen und Löwen; Menschen mit Pfeil und Bogen bewaffnet auf der Jagd, beim Tanz, an der Kochstelle. Unklar ist aber, in welchem Kontext diese Darstellungen stehen. Haben die Künstler an den Wänden ihrer Höhlen und entlang ihrer Schweifpfade „nur" ihren Alltag abgebildet oder kommt den Tieren und Menschengestalten **magische Bedeutung** zu und sind so auch Rückschlüsse auf die religiösen Vorstellungen der prähistorischen Völker möglich? Der zweite Interpretationsansatz wird vor allem durch jene Felsmalereien gestützt, die **schwer zu deuten** sind, wie beispielsweise die „Weiße Dame vom Brandberg" oder die Gravierung des Löwen mit dem eigenartig abgeknickten Schwanz (s. bei Twyfelfontein). Ganz im Gegensatz zu der sonst sehr naturalistischen Darstellung von Tieren und Menschen scheinen diese „verfremdeten" Bilder einen magischen Gehalt zu besitzen. Aufschluss über die Religion und die ethnische Identität der Felsbildner haben aber beide Interpretationsansätze bislang nicht liefern können. Sicher ist wohl nur, dass die Felsbilder von einem (oder mehreren) nomadisierenden Jägervolk stammen.

Gravierungen und Malereien

Dass nicht nur eine Volksgruppe als „Ureinwohner" durch die Steppen und Wüsten wanderte, legt eine Beobachtung nahe, die der südafrikanische Felsbildspezialist David Lewis-Williams machte. Er hat in den namibischen Felsbildern eine Besonderheit entdeckt: Während im benachbarten Südafrika **Felsmalereien und Felsgravierungen** nie gleichzeitig auftreten und räumlich

Gravierungen bei Twyfelfontein

sehr isoliert voneinander vorkommen, gibt es Fundstellen, an denen man **beide Stilrichtungen** nebeneinander findet. Lewis-Williams deutet dies als Hinweis auf enge Verflechtungen zwischen „Graveuren" und „Malern". Aber wie so vieles im Umfeld der Felsbilder steht auch diese Theorie auf wackligen Füßen, denn Gravuren und Malereien müssen nicht unbedingt aus der gleichen Epoche stammen. Ihr Alter zu bestimmen ist aber nahezu unmöglich, denn um Materialproben von Gestein oder Farbe zu gewinnen, müssten die Bilder beschädigt werden. Werkzeuge, Überreste von Feuerstellen oder andere Relikte der „Felsbild"-Kultur, die die Datierung erleichtern würden, wurden bislang aber nur bei den wenigsten Felsbildern entdeckt. Auch ist es schwierig, die einzelnen Grabungsschichten den jeweiligen Felsbildern zuzuordnen.

Apollo-11-Höhle

Namibias sensationellstes Felsbild-Kunstwerk sind **kleine Steinplättchen,** die man Ende der sechziger Jahre in einer Höhle in den südnamibischen Huns-Bergen fand. Sie wurden vor etwa 26.000 Jahren mit Tieren und Menschen bemalt und gelten als ältester bislang entdeckter Ausdruck des **Kunstschaffens** in Afrika (ihren Name verdankt die Höhle im Übrigen der zur selben Zeit auf dem Mond erfolgreichen Apollo-11-Mission). Dass weite Teile der Namib noch bis 2000 Jahre vor unserer Zeit bewohnbar waren, beweisen **Skelett- und Kochstellenfunde** im Umkreis von Quellen und Rivieren. Lange Zeit meinte man, die Felsbilder seien alle von San/Buschleuten erschaffen worden, denn die weißen Forscher und Abenteurer, die ab dem 18. Jh. von Süden nach Namibia eindrangen, berichteten

Höhlenmalerei auf Farm Ameib

übereinstimmend, dass die San ihre temporären Wohnstätten auch mit Felsbildern schmückten. Damit galten die kleinwüchsigen Jäger und Sammler als Urbevölkerung Namibias. Dass vermutlich viele der jüngeren Felsbilder von San angefertigt wurden, legen Ähnlichkeiten in der Symbolik und in der Art der Menschendarstellungen nahe. Lewis-Williams interpretiert die vielen **anthropomorphen Bilder** – Löwen mit Menschenfüßen, Tänzer mit dem Kopf eines Gemsboks etc. – als Darstellungen der Trance-Tänze, mit denen San-Heiler Krankheiten kurieren. Dass aber auch die älteren, vermutlich bis zu 5000 Jahre zurückreichenden Bilder von San stammen, gilt heute als unwahrscheinlich.

Volksgruppen

San, Nama und Damara

Zwischen den prähistorischen Völkern Namibias und dem Auftreten der ältesten, Europäern bekannten Bewohnern klafft eine **Zeitlücke von etwa 3000 Jahren,** die sich vorläufig nicht schließen lässt. Um das 10. Jh. lebten San im südlichen Afrika. Möglicherweise zogen

Das Hunter's Living Museum bei Tsumkwe

damals auch bereits Nama-Gruppen viehzüchtend durch die Steppe. Man weiß, dass sie um das Jahr 1000 begannen, Rinder zu halten. Mit Sicherheit lebten auch Damara in der Region.

Der erste Europäer

1486 landete der portugiesische **Seefahrer Diogo Cão** an der südwestafrikanischen Küste und errichtete ein Steinkreuz. Er sollte eigentlich (im Auftrag Königs Philipp II.) die Südspitze Afrikas umrunden, scheiterte aber an den ungünstigen Windverhältnissen und besonders am Mangel an Frischwasser, das er an der unwirtlichen Küste Südwestafrikas nicht fand. 1488 versuchte es sein Landsmann **Bartolomeu Diaz;** er landete in der Bucht vor dem späteren Lüderitz, die er *Angra Pequena* („Kleine Bucht") nannte und ebenfalls durch ein Steinkreuz für Portugal markierte. Indigene bekamen beide Portugiesen jedoch nicht zu Gesicht.

Einwanderung der Ovambo und Herero

Etwa zu dieser Zeit befanden sich San, Nama und Damara auf dem Rückzug vor mehreren bantusprachigen Völkern, die aus ihren **Siedlungsgebieten im zentralen und östlichen Afrika** allmählich nach Süden drängten. Zu ihnen gehörten die Ovambo, die sich schließlich im relativ **fruchtbaren Norden** niederließen, um hier Ackerbau und Viehzucht zu betreiben, und die Herero, die, von Nordosten kommend, mit ihren Rinderherden tief nach **Zentralnamibia** vorstießen. Die alten Völker Südwest-Afrikas wurden von den Eindringlingen in die ariden Regionen des Südens und Westens abgedrängt.

Händler und Jäger

Ende des 18. Jahrhunderts überschritten immer häufiger Abenteurer und Händler den Oranje auf der Suche nach Wild und den sagenhaften Rinderherden der Herero. Was sie vorfanden, war unattraktives, unfruchtbares Land, in dem „Hottentotten" (Nama) und „Buschleute" (San) ein ärmliches Leben führten. Von Anbeginn an galt das **Interesse eventuellen Bodenschätzen,** und immer wieder sorgten Gerüchte über Goldfunde jenseits des Oranje für Aufregung unter den Abenteuerlustigen am Kap. Lukrativ wurden die Handelsbeziehungen aber erst, als es gelang, Kontakt zu den reichen Herero aufzunehmen. Von Zentralnamibia führte in der ersten Hälfte des 19. Jahrhunderts ein erster Handelsweg an die Küste zur Walfischbucht.

Orlaam vom Kap

Ungefähr zur selben Zeit setzte eine neue Wanderbewegung von Viehzüchtern ein, diesmal von Süden, vom Kap. Dort lebten ebenfalls Nama, die durch den **Kontakt mit weißen Siedlern** ihre traditionelle Lebensweise weitgehend aufgegeben hatten, teils zum **Christentum** übergetreten waren und vor allem über **Feuerwaffen** verfügten. Sie selbst nannten sich die „Orlaam", ein Name, der möglicherweise malaiischen Ursprungs ist und „weiser Mensch" bedeutet. Wahrscheinlich wurden sie durch die weiße Landnahme am Kap abgedrängt. Sie **überquerten den Oranje,** den nördlichen Grenzfluss der Kapprovinz, und drangen in das unbekannte und unfruchtbare Land ein, in dem Nama und San vor den Herero Schutz gesucht hatten. Nama und San waren den technisch besser ausgerüsteten und in **paramilitärischen Verbänden** operierenden Orlaam hoffnungslos unterlegen. Der Orlaam-Führer *Jager Afrikaaner* beherrschte binnen kurzer Zeit den südlichen Teil Namibias, sein Sohn und Nachfolger Jan *Jonker Afrikaaner* drang tief ins Herero-Gebiet vor. Konkurrenz erwuchs dem Clan der Afrikaaner durch den Nachzug weiterer Orlaam-Gruppen wie den „Swartboois" und den „Witboois".

Rivalitäten

1830 kam es in der Nähe des heutigen Mariental zum **ersten größeren Kampf** zwischen Herero und den Orlaam-Nama. Dies prägte, abgesehen von einer kurzen durch Missionare vermittelten Friedensperiode, die Rivalität zwischen den beiden mächtigen Volksgruppen und das historische Geschehen in Südwestafrika bis zur Flucht der Herero nach der Schlacht am Waterberg im Jahre 1904.

Mission und Handel

Dass die Herero nach anfänglichen Niederlagen den Orlaam Gegenwehr bieten konnten, lag an ihren mittlerweile **intensiven Handelskontakten.** Sie tauschten Straußenfedern, Elfenbein und Vieh gegen Waffen. So ermöglichte der Handel, an dem auch die Missionare regen Anteil hatten, den Nama und Herero die **Hochrüstung.** Die Auseinandersetzungen zwischen den Völkern, die früher im traditionellen Viehraub gipfelten, gerieten durch das **europäische Waffenarsenal** zunehmend blutiger.

Missionarsfriedhof im Ovamboland

Rückzug der Damara und San

Während sich die Unterschiede zwischen den alteingesessenen Nama-Verbänden und ihren neu zugewanderten Orlaam-Brüdern verwischten, zogen sich San und Damara immer weiter in **unwirtlichere Gebiete** zurück: die San in die **Kalahari,** die Damara in die **Gebirgsstöcke des Nordens,** weshalb sie die ersten Weißen, die mit ihnen Kontakt hatten, als „Berg-Damara" oder „Klipp-Kaffer" beschrieben.

Träume eines Kaufmanns

Der **Bremer Adolf Lüderitz** war nicht der erste, der in Südwestafrika Fuß fassen und es seinem Heimatland als Kolonie andienen wollte. Im Gegensatz zu seinen Vorgängern war er allerdings erfolgreich, wenngleich erst nach zähem Ringen. In seinem Namen erwarb der Kaufmannsgehilfe Heinrich Vogelsang am 1. Mai 1883 die Bucht von Angra Pequena von Chief Joseph Fredericks, dessen Nama-Fraktion das südwestliche Namibia als Weidegrund nutzte. Dieser und der folgende **Kaufvertrag** vom 25. August 1883, der Lüderitz den gesamten Küstenabschnitt zwischen Oranje und dem 26. Breitengrad in knapp 150 km Breite sicherte, provozierte die Briten. Mit Hinweis auf die Bedrohung seines „Eigentums" durch englische Kolonialgelüste erreichte Lüderitz am 24. April 1884 eine **Schutzerklärung** für sein Land durch Reichskanzler Bismarck.

Vom Handelsstützpunkt zur Kolonie

Lüderitz' Handelsposten erhob zwischenzeitlich Zoll auf Waren, die die Station passierten. Den Nama, die den Kaufvertrag anzuerkennen gar nicht in der Lage waren, weil sie **Privatbesitz an Land nicht kannten,** verwehrte Lüderitz sein Land als Weide. Doch so energisch er zunächst agiert hatte, so erfolglos blieb sein weiteres Engagement. Die **Bodenschätze,** auf die er spekulierte, wurden nicht gefunden. Auf der Suche nach potenten Kapitalgebern gründete er die **Deutsche Kolonialgesellschaft,** die sein Land und seine Handelsstützpunkte übernahm. Der Kaufmann mit den hochfliegenden Plänen kam 1886 auf See in der Nähe der Oranje-Mündung ums Leben – dort, wo heute Diamanten geschürft werden.

21 Mann Schutztruppe

1889 ging der ersehnte „Schutz" des Deutschen Reiches in Gestalt von Leutnant Curt von François und einer 21 Mann starken Truppe in Walvis Bay an Land. Dass mit diesem Aufgebot weder eine Befriedung der sich ständig bekämpfenden Völker (Herero und Nama) geschweige denn der Schutz für Händler, Siedler und der gegründeten **Minengesellschaften** möglich sein konnte, erkannte der Leutnant sehr schnell. Die ersten Jahre seiner Anwesenheit in Deutsch-Südwest verbrachte er mit Taktieren und Abwarten. Seinen Truppensitz schlug er im Tal von Klein Windhoek auf, wo vor ihm der Orlaam-Führer Jonker Afrikaaner eine Zeitlang Quartier hatte.

Schutzverträge

Bis 1894 schloss man Schutzverträge mit den verschiedenen, in der neuen Kolonie lebenden Fraktionen, womit immer größere Teile des Landes als **Konzessionen an Entwicklungsgesellschaften** verpachtbar wurden. François entwickelte die ersten Reservats-Pläne,

Die Christliche Mission

Schmelenhaus in Bethanie

Die christliche Bekehrungsarbeit begann Anfang des 19. Jahrhunderts unter den Nama im südlichen Teil des Landes. Die **ersten Missionare** der Wesleyanischen Kirche zogen mit den Viehzüchtern nomadisierend durch das Land. 1814 errichtete der **deutsche Missionar Heinrich Schmelen** schließlich in Bethanien die erste, fest installierte Missionsstation Namibias. Diesem Beispiel folgten Carl Hugo Hahn und Franz-Heinrich Kleinschmidt 1844 im Auftrag der **Rheinischen Mission** mit einer Niederlassung im zentralnamibischen Herrschaftsbereich von Jonker Afrikaaner, dem heutigen Groß Barmen. Von hier aus konnten die Missionare ihren christlichen Einfluss erstmals auch auf die Herero ausdehnen, die sich, im Gegensatz zu den Nama, allerdings lange Zeit dagegen sperrten.

1870 begann die Bekehrungsarbeit unter den nordnamibischen Völkern mit Gründung der **Finnischen Mission** in Ovamboland. Erst 1896 gelang es auch katholischen Missionaren, im protestantischen Namibia Fuß zu fassen. Als Nebenprodukte der Missionstätigkeit entstanden **Wörterbücher** der wichtigen Sprachen, Aufzeichnungen über die Lebensgewohnheiten und das Brauchtum der Völker sowie Tagebücher mit peniblen Eintragungen über die **historischen Ereignisse.** Die Kenntnis der traditionellen Kulturen Namibias ist in Vielem diesen Arbeiten zu danken. Wirtschaftlich waren die Missionare Selbstversorger. Ihre Stationen waren schon bald nicht nur spiritueller, sondern auch **ökonomischer Mittelpunkt** der jeweiligen Region. Zu den meisten Niederlassungen gehörte ein Laden, in dem im Namen der Mission mit allem gehandelt wurde, was die Indigenen von der weißen Zivilisation zu brauchen glaubten, und dies waren vorrangig Waffen. Mit strengem **Verkaufsverbot war nur der Alkohol belegt.** Durch den Zuzug weißer Siedler, zunächst aus Deutschland und später aus Südafrika, kamen weitere Kirchengemeinden ins Land, so dass Namibia heute eine unübersichtliche Vielfalt verschiedenster **protestantischer Gemeinden** besitzt. Hinzu kommen die synkretistischen Bewegungen (Vermischung verschiedener Religionen), die zu eigenen Kirchengründungen geführt haben, in denen nun auch wieder die **traditionellen Glaubenselemente** wie das „Heilige Feuer" und die Ahnenverehrung eine wichtige Rolle spielen. Mit 82 % der Bevölkerung besitzt Namibia den höchsten christlichen Anteil in Afrika. 62 % gehören den verschiedenen protestantischen Kirchen an, etwa 20 % sind Katholiken.

die den Völkern Siedlungsbereiche zuwiesen. Das übrige Land galt als „herrenlos" und war zur Ansiedlung von Farmern vorgesehen. In Deutschland kostete nun ein Morgen namibisches Land eine Mark. Nur der Orlaam-Führer Hendrik Witbooi widersetzte sich dem „Schutzangebot" des Deutschen Reiches. Er verwickelte die Schutztruppe in mehrere **Scharmützel,** bis ihn Major Leutwein 1894 in der Naukluft besiegte.

Schutztruppe kontra Orlaam und Herero

Unter dem Eindruck der immer massiveren deutschen Präsenz in ihrem Land und in der Gefahr, gänzlich an den Rand gedrängt zu werden, hatten Herero und Orlaam 1892 **Frieden geschlossen.** Der gemeinsame Widerstand gegen die Kolonialmacht gipfelte in mehreren regional begrenzten Aufständen, kam aber gegen das Vordringen der deutschen Siedler und Industrie-Interessen kaum an. Nach der Niederwerfung Witboois sorgte sein zeitweiliger Verbündeter *Jakob Morenga* mit einer Nama-Fraktion weiter für Unruhe im Süden Namibias. Chief Samuel Maharero führte seine Herero 1904 in einen **Aufstand gegen die Schutztruppe,** der am 11. August zur Katastrophe führte.

Historie am Waterberg

Die Schlacht am Waterberg

Die zunächst zahlenmäßig wie militärisch überlegenen Herero, die in Familienverbänden mit Frauen und Kindern angerückt waren, wurden durch die deutschen Truppen und **General Lothar von Trotha** weitgehend eingekesselt und sahen ihre einzige Chance in der Flucht nach Osten durch die Omaheke, einen wasserlosen Teil der Kalahari.

Flucht in die Omaheke/Todeslager

Von Trotha ließ die Wasserstellen bewachen und Rückzugswege abriegeln, doch die Herero kämpften sich den Weg frei und flohen in die Wüste, wo **zahllose Herero vor Durst und Hunger starben.** Wer zurückkehrte, kam in Internierungslager, in denen nochmals zahlreiche Herero wegen der **menschenunwürdigen Bedingungen** verhungerten bzw. an Seuchen starben. Wie viele Herero bei Flucht und Internierung umkamen liegt im Dunklen, sicherlich ging die Zahl in die Zehntausende, Schätzungen sprechen von 40.000 bis 100.000 Männern, Frauen und Kindern. 1904 wagte der Nama-Kapitän Hendrik Witbooi mit Jakob Morenga einen neuen Versuch, die deutsche Landnahme zu beenden. Dieser Aufstand scheiterte schließlich mit dem **Tod Morengas** 1908, doch wirkliche Ruhe sollte in der deutschen Kolonie auch danach nicht einkehren.

Diamantenfunde

Im Sommer 1908 brachte Zacharias Lewala, der indigene Gehilfe des Bahnbeamten August Stauch, seinem Chef einen **glitzernden Stein.** Lewala hatte als Streckenarbeiter die Aufgabe, Gleisabschnitte der Bahn nach Lüderitzbucht von Wanderdünen freizuhalten. Dabei entdeckte er den **ersten Diamanten.**

Das Diamantensperrgebiet war ursprünglich 26.000 qkm groß

Der Fund markierte den Beginn einer atemlosen und kurzen Prosperität der deutschen Kolonie, und zwar genau dort, wo ihr Begründer, Adolf Lüderitz, an Land gegangen war. Sofort wies man unzählige Claims aus, Abenteurer aus aller Herren Länder suchten ihr Glück in der **Wüste.** 1910 befanden sich die ausgedehnten **Diamantenfelder** zwischen Lüderitzbucht und Oranje-Mündung im Besitz mehrerer Gesellschaften. Die jährliche Produktion allein auf den Feldern bei Lüderitzbucht betrug mehr als 800.000 Karat (ca. 160 kg). Die Technik der Gewinnung war im ersten Stadium höchst einfach: Die Diamanten wurden einfach **aus dem Sand gelesen** oder mit Schüttelsieben zutage gefördert. Später kamen auch Waschmaschinen zum Einsatz.

1. Weltkrieg

1914 brach in Europa der 1. Weltkrieg aus, und die Kriegsgegner trugen ihre **Kämpfe auch ins südliche Afrika.** Südafrikanische Truppen marschierten nach Norden in das deutsche Kolonialgebiet, ein knappes Jahr später **kapitulierte die Schutztruppe** unter ihrem Kommandanten Franke am 9. Juli 1915 vor der großen Übermacht. Offiziere und Polizeibeamte kamen bis zum Ende des Krieges in ein **Internierungslager** bei Aus, die befürchtete Vertreibung oder Enteignung der deutschen Siedler blieb den Verlierern aber vorläufig erspart. Nur hochrangige Militär- und Polizeirepräsentanten wurden ausgewiesen, viele von ihnen kehrten bereits wenige Jahre später wieder nach Südwest zurück. 1919 wurde das ehemalige Deutsch-Südwest dem **Völkerbund unterstellt** und **Südafrika zur Verwaltung** überlassen.

Der Weg zur Unabhängigkeit

Als der 2. Weltkrieg ausbrach, standen sich Deutsche einerseits und Buren und Engländer andererseits plötzlich als „Kriegsgegner" im gleichen Land gegenüber. Um faschistischer Agitation im ehemaligen Südwest vorzubeugen, wies man einige Deutschstämmige aus der Südafrikanischen Union; viele Männer verbrachten die Kriegsjahre in einem **südafrikanischen Internierungslager.**

Segregation

Die südafrikanische **Politik der Segregation** schloss an die Reservatpolitik des Deutschen Reiches an. Für die schwarze Bevölkerung von Südwest galten die gleichen Einschränkungen wie für die Schwarzen Südafrikas: **strenge Passgesetze** verhinderten, dass Arbeiter sich ohne Genehmigung ihres Arbeitgebers im Lande bewegten; der Schulbesuch gemeinsam mit weißen Kindern war verboten. Ab 1945 übernahm die UNO die Rolle des Völkerbundes. Sie forderte von der Südafrikanischen Union die Wahrung der Menschenrechte im eigenen Land und im Mandatsgebiet. Ab 1946 wurde Südafrika mehrmals aufgefordert, **Namibia wieder der UNO-Verwaltung zu übergeben.** Stattdessen führte Südafrika ab 1948 auch in seiner „fünften" Provinz die **Apartheidgesetze** ein und begann Anfang der 1960er Jahre nach den Vorschlägen der „Odendaal-Kommission", pseudo-autonome „Heimatländer" *(homelands)* für die verschiedenen Bevölkerungsgruppen auszuweisen, die zudem wesentlich kleiner waren, als die noch von der deutschen Kolonialverwaltung angelegten Reservate.

Widerstand: Von der OPO zur SWAPO

1957 gründeten einige politisch engagierten Ovambo, die als Arbeiter im benachbarten Südafrika lebten, unter Toivo ya Toivo den Ovamboland People's Congress – OPO. Ziel der Bewegung war die Befreiung der Schwarzen Südafrikas und Namibias vom Joch der Apartheid. Zwei Jahre später spaltete sich der OPO von seiner südafrikanischen Bruderorganisation und schrieb den Unabhängigkeitskampf auf seine Fahnen. Gründer dieser neuen Organisation, der SWAPO (South West Africa People's Organisation) war der Ovambo Sam Nujoma.

Townships

Im Gegensatz zu den immer lauter erhobenen Ermahnungen und Forderungen der UNO, wurde die Apartheid systematisch in allen Lebensbereichen durchgesetzt. 1959 hatte die südafrikanische Administration Windhoeks **traditionelles Schwarzenviertel,** die „Old Location", räumen und abreißen lassen. Ihre Bewohner wurden in die Retortenstadt Katutura umgesiedelt. In den Auseinandersetzungen um die Old Location erschoss die Polizei 13 Menschen. Mitte bis Ende der sechziger Jahre setzte man die Vorschläge der **Odendaal-Kommission** um: Das erste **Homeland,** Ovamboland, erhielt noch eine Teilautonomie in lokalen Belangen. In den 1970er Jahren folgten Homelands für die Herero, Damara, Nama und San.

Bewaffneter Kampf

1966 entzog die UNO Südafrika das Mandat über Namibia, doch gelang es ihr nicht, diese Entscheidung auch durchzusetzen. Währenddessen hatte der bewaffnete „Arm" der SWAPO, die **PLAN (People's Liberation Army of Namibia),** mit militärischen Vorstößen von südangolanischen Basen den Südafrikanern Nadelstiche an empfindlichen Stellen versetzt. Am 26. August 1966 bombardierten im Gegenzug südafrikanische Piloten ein Lager der SWAPO bei Omgulambashe in Ovamboland, der bewaffnete Kampf um die Unabhängigkeit war eröffnet. Der Norden – Kaokoveld, Ovamboland und Caprivi – erhielt den Status einer Polizeizone und diente fortan als **Aufmarschgebiet** gegen die Kämpfer der PLAN.

Die dort lebenden Menschen zwangsverpflichtete das südafrikanische Militär oder sie fanden, wie viele Himba und San, als **Scouts** der Truppen ein gutes Auskommen. 1973 erkannte die UNO die SWAPO als alleinigen und rechtmäßigen Vertreter an.

Wer hält zu wem

Der (bewaffnete) Kampf um die Unabhängigkeit und gegen die Apartheid **spaltete die Bevölkerung** in Befürworter und Gegner. Naturgemäß waren unter den Gegnern vor allem die weißen Namibier zu finden, wenngleich die Resolutionen der UNO und die offensichtlichen Ungerechtigkeiten der Apartheidgesetze auch unter ihnen kontrovers diskutiert wurden. Zu groß war die **Angst vor Vergeltung** und der von der SWAPO angekündigten Enteignung der Weißen, zu drastisch auch die Schreckensmeldungen, die nach dem Rückzug Portugals aus Angola 1974 über Mord und Totschlag im Nachbarland kursierten. Vom Krieg der SWAPO gegen die Truppen der RSA war ansonsten im übrigen Namibia bis dahin nur wenig zu spüren. Doch am 30. Dezember 1978 erschütterte ein **Bombenanschlag** auf das beliebte Swakopmunder (Weißen)-Café „Treff" die Gemüter und machte den nahen Kriegsschauplatz deutlich.

Unabhängigkeit in kleinen Schritten

Unter den weißen Befürwortern von Veränderungen und der Abschaffung der Apartheidgesetze waren auch einige Mitglieder der SWAPO. Der Großteil der **Reformkräfte,** in der alle Hautfarben vertreten waren, vereinte sich unter dem Kürzel **DTA (Democratic Turnhalle Alliance),** benannt nach der 1975 abgehaltenen „Turnhallenkonferenz", die unter südafrikanischer Ägide einen Verfassungsentwurf für ein **unabhängiges Namibia** ausgearbeitet hatte, der ab 1978 eine teilweise „Unabhängigkeit" vorsah. Die bei dieser Konferenz anwesenden politischen Gruppen – die SWAPO hatte die Veranstaltung boykottiert – gewannen als DTA die im Dezember 1978 abgehaltenen ersten namibischen Wahlen, deren Ergebnis von der UNO allerdings nicht anerkannt wurde, da die SWAPO nicht teilgenommen hatte. Der weiße

Der Heroe's Acre südlich Windhoek

Ververrlichung à la Nordkorea

Farmer und DTA-Vorsitzende Dirk Mudge übernahm das Präsidentenamt, seine Entscheidungen kontrollierte aber weiterhin ein **südafrikanischer Generaladministrator.** Der DTA-Regierung gelang als herausragende Leistung die Abschaffung der Apartheid. 1983 gab Mudge schließlich wegen seiner eingeschränkten Befugnisse resigniert auf, Namibia wurde wieder vom Generaladministrator geführt.

Gespaltene Nation

Eine zweite, vielleicht noch tiefere Kluft spaltete die schwarze und farbige Bevölkerungsmehrheit. Zum einen wurde die SWAPO als ehemalige Ovambo-Organisation nicht von allen Angehörigen der anderen Volksgruppen als **rechtmäßige Vertretung** ihrer Interessen anerkannt (die Herero schlossen sich in ihrer eigenen Parteiorganisation zusammen und die Rehobother Baster unterstützten sogar offen Südafrika). Zum anderen kämpften viele Himba, San oder Caprivianer mehr oder minder freiwillig auf Seiten der RSA-Armee und hatten im Falle eines SWAPO-Sieges Vergeltung zu befürchten. So erwarteten die Weißen wie auch viele Farbige und Schwarze einen **Sieg der SWAPO** mit gemischten Gefühlen.

Unabhängig!

Erst als die Ost-West-Entspannungsbemühungen auf internationaler Ebene erste Erfolge zeigten, kam auch wieder Bewegung in den **Unabhängigkeitsprozess.** Südafrika verknüpfte eine Entlassung in die Unabhängigkeit mit dem Abzug kubanischer Truppen aus Angola, und am 3. August 1988 unterzeichneten in Genf Südafrika, Kuba und Angola die erste Vereinbarung, die den Friedensprozess einleiten sollte. Dass zur selben Zeit das berühmte Wahrzeichen „Mukorob" – eine Felsnadel im Südosten des Landes – in einem Sturm umstürzte, haben viele Nama und Herero als übles Vorzeichen für die Zukunft unter der SWAPO-(Ovambo)-Regierung gewertet. 1989 konnte schließlich die UN die **ersten freien Wahlen** beaufsichtigen. Die SWAPO gewann und am 21. März 1990 wurde das Land unter seinem neuen **Präsidenten Dr. Sam Nujoma** unabhängig.

Politik heute

Was viele befürchteten, blieb aus: Das Motto der SWAPO-Regierung hieß nicht Vergeltung, sondern **Reconciliation.** Ihre Wirtschafts- und Sozialpolitik bestand nicht aus Enteignung und Umverteilung, sondern setzte in den ersten Jahren auf Alphabetisierung (Rate 1991: 76 %, 2021: 92 %) und den Ausbau medizinischer Infrastruktur. Mitglieder anderer Volksgruppen wurden in die Ministerien berufen, und auch auf die Hilfe der weißen, erfahrenen Beamten griff Nujoma zurück. 1994 wurde zum zweiten Mal gewählt, diesmal erhielt die **SWAPO die Zweidrittel-Mehrheit,** mit der die Regierung nun auch die Verfassung ändern konnte. Erneut gab es Spekulationen über Enteignungen, und als Reaktion auf die „Übermacht" der Ovambo Gerede über **Günstlingswirtschaft und Korruption.** Die besonnene Politik Sam Nujomas in den ersten Jahren der Unabhängigkeit steht aber über seine Regierungszeit hinaus bis heute für den **Versöhnungsprozess,** der die Völker nach einem Jahrhundert einseitiger Unterdrückung und Ausbeutung einander näherbringt.

Von Nujoma zu Geingob

Als **Garant für die Verständigungspolitik** sah sich auch Sam Nujoma selbst. Aus diesem Grund hatte er am Ende seiner zweiten Amtszeit erklärt, dass die in der Verfassung maximalen zwei Amtsperioden für jeden Präsidenten noch nicht ausgeschöpft seien – schließlich war die erste Amtsperiode nicht das Ergebnis einer regulären Wahl, sondern auf der Basis der Unabhängigwerdung zustande gekommen. Ergo würde die zweite Wahlperiode erst mit den Wahlen 1999 beginnen. Gesagt, getan, gewählt. 2004 aber stand er schließlich nicht mehr zur Verfügung – auch wenn dies viele innerhalb der SWAPO gerne gesehen hätten. Als sein Nachfolger übernahm **Hifikepunye Pohamba** 2005 (und 2010) die Präsidentschaft. Auch seine Regierung war von Verständigung geprägt. Ab 2015 war **Dr. Hage Geingob** Staatspräsident. Als er im Februar 2024 verstarb übernahm sein Stellvertreter **Nangolo Mbumba**. Als Premierministerin amtiert die von Geingob ernannte Saara Kuugongelwa-Amadhila – **die erste Frau an der Spitze der Regierung.** Vorgezogenen Wahlen finden im Herbst 2024 statt; Mbumba wird nicht kandidieren.

Der junge Staat

Die **Fahne** zeigt diagonal gestreift die Farben der SWAPO Blau, Rot, Grün mit einer zwölfstrahligen Sonne, die für die Ethnien des Landes steht. Im Wappen sind die verschiedenen Facetten des Landes symbolisch vertreten: Die Flagge in Form eines Schildes wird von zwei **Spießböcken** gestützt; ein **Fischadler** hat sich auf ihm niedergelassen, und unter dem Schild breitet die Welwitschia im gelben **Wüstensand** ihre Blattranken aus. Den unteren Abschluss bilden die Worte Unity, Liberty, Justice.

Verwaltungsreform

Nach der Unabhängigkeit wurde eine Verwaltungsreform vorgenommen, die das Land zunächst in 13, seit 2013 in 14 **Regionen** aufteilt: Das ehemalige Ovamboland, die bevölkerungsstärkste Verwaltungseinheit, wurde in vier Regionen unterteilt: Omusati, Oshana,

Ohangwena und Otjikoto. Östlich schließen sich Kavango-West, Kavango Ost und Caprivi an, im Westen Kunene. Südlich davon liegen Erongo, Otjozondjupa, Khomas und Omaheke. Der Süden besteht aus zwei großen Verwaltungsbezirken, Hardap und ǁKaras (ehemals Karas).

Politisches System und Verwaltung

Durch die 1990 verabschiedete **Verfassung** ist Namibia ein säkularer, demokratischer Staat mit Mehrparteiensystem. Den Namibiern verspricht die Verfassung alle bürgerlichen Freiheiten und die Einhaltung der Menschenrechte. Der **Präsident der Republik Namibia** wird in direkter Wahl bestimmt. Seine Amtszeit ist auf zweimal fünf Jahre beschränkt. Dem Präsidenten beigeordnet ist ein Kabinett von zwanzig Ministern. Eine **Nationalversammlung** mit 96 gewählten und acht vom Präsidenten ernannten Abgeordneten ist Beschlussorgan der Legislative. Parallel dazu vertritt ein **Nationalrat** aus 42 von den *regional councils* bestimmten Mitgliedern die Interessen der 14 geographischen Regionen und prüft die Beschlüsse der Nationalversammlung.

Politische Vertretung

Jede der 14 geographischen Regionen ist in sechs bis höchstens 12 ***constituencies***, Wahlkreise, unterteilt; insgesamt sind es 121. Die Einwohner dieser kleinsten Verwaltungseinheiten wählen einen Delegierten, der ihre Interessen im ***regional council*** vertritt. Dieser Regionalrat wiederum entsendet drei Delegierte nach Windhoek, wo sie als **Mitglieder des Nationalrats** die Arbeit von Staatspräsident und Nationalversammlung überwachen. Auch hier beträgt die Amtszeit fünf Jahre. Die parteipolitische Zusammensetzung des Nationalrats spiegelt nicht immer die Mehrheitsverhältnisse in der Nationalversammlung (bis auf die Dominanz der SWAPO, die sich auch hier abbildet); es kommen gelegentlich auch regional bzw. ethnisch verwurzelte Parteien zum Zuge, die bei den Wahlen zur Nationalversammlung wegen zu geringem Stimmenanteil keine Chance hätten.

Traditionelle Vertretung

Die Verfassung erkennt auch **traditionelle Führer** als politische Autoritäten an, seien sie durch Wahlen oder qua Erblinie legitimiert. Etwa 50 traditionelle Chiefs (die Zahl schwankt) besitzen Befugnisse, in Fragen, die ihre jeweilige Volksgruppe betreffen, alleine oder mit einem **Ältestenrat** zu entscheiden. Meist handelt es sich um strittige Landansprüche, um Auseinandersetzungen im Bereich des traditionellen Rechts wie etwa Erbschaft oder um Kompensationszahlungen bei Verbrechen, die dem Delinquenten zusätzlich zur staatlichen Strafe auferlegt werden. So hat z.B. ein Mörder im ehemaligen Ovamboland der Familie seines Opfers zehn Rinder zu zahlen. Die traditionellen Oberhäupter fungieren im **Council of Traditional Leaders,** als Beratergremium der Regierung.

Parlament und Parteien

Bei den **Wahlen im November 2019** (820.227 Stimmen) erlitt die SWAPO mit 65 % der Stimmen herbe Verluste (-15%), der amtierende Präsident erhielt nur 56 % der Stimmen (Verlust zu 2014 mehr als 30 %). Die stärkste Oppositionskraft im neuen Parlament ist das **Popular Democratic Movement** (PDM) mit 16,6 %, gefolgt vom **Landless People's Movement** mit 4,75 %. Die Ergebnisse der übrigen Parteien bewegten sich um Werte von ein bis zwei Prozent. Elf

Parteien sind im Parlament vertreten; mit nur 63 Sitzen besitzt die SWAPO nicht mehr die Zweidrittelmehrheit.

Politisches Spektrum

Die Veränderungen, die sich in diesen Wahlen spiegelten, sind durchaus bemerkenswert. Das konservative **Popular Democratic Movement PDM** gründete sich als Nachfolgeorganisation der gemäßigten sowie von weißen Namibiern präferierten DTA. Lange galt die Partei als Anti-Ovambo-Bündnis, da sie sich als Protestplattform gegen die alles beherrschende (und von Ovambo getragene) SWAPO positionierte. Der große Wahlerfolg mit nahezu Verdreifachung der Stimmen 2019 mag ein Anzeichen sein, dass die Bevölkerung über ethnische Grenzen hinweg der SWAPO-Politik überdrüssig ist. Mit dem **Landless People's Movement** zog eine neu gegründete, linke Partei ins Parlament ein, die insbesondere die Anliegen der marginalisierten Volksgruppen im Süden und die Forderung nach einer **umfassenden Landreform** zum Thema macht. Daneben ist sie Namibias einzige Partei, die sich **Klimaschutz** sowie die **Anerkennung der LGBTQ+-Gemeinde** auf die Fahnen geschrieben hat. Gegründet 2016, erst 2019 von der Wahlkommission zugelassen, errang sie auf Anhieb knapp 5 % der Stimmen. Parteichef Bernadus Swartbooi fungierte vor der Parteigründung als Vize-Minister für Landreform in der Regierung Geingob. Neben dem Erfolg bei den Parlamentswahlen konnte sich die LPM auch in den *regional councils* der beiden südlichen Regionen Hardap und ǁKaras (ehemals Karas) politisch durchsetzen. Das Spektrum politischer Interessen ist – wie in den meisten anderen afrikanischen Ländern – nicht immer von den einzelnen Volksgruppen zu trennen. So vertritt die **NUDO** (National Unity Democratic Organisation of Namibia) vorrangig die Interessen der Herero, während die **UDF** (United Democratic Front) als Vertretung der Damara gilt. Beide zogen 2019 mit jeweils etwa 2 % der Wählerstimmen ins Parlament ein. Die **SWAPO** sieht sich zwar als überethnische Partei, wird in der Mehrzahl aber von Ovambo gewählt, die die Partei entsprechend auch dominieren. Das Programm der SWAPO wandelte sich im Lauf der Jahre von seinem revolutionären Ansatz zu einem sozialistischen, auf den Ausgleich der Besitzverhältnisse gerichteten Konzept, dessen Ziel letztendlich die Umverteilung des (weißen) Besitzes ist.

Reconciliation: Gegen die innere Apartheid

Eine anfangs stark umstrittene, im Rückblick aber weise Entscheidung der jungen Republik Namibia war es, **Englisch zur offiziellen Landessprache** zu bestimmen, die Verkehrssprache des südlichen Afrikas. Englisch wurde bis dahin jedoch relativ wenig gesprochen. Doch die Entscheidung steht für den Weg der **inneren Versöhnung,** wenn man bedenkt, mit welcher ideologischen Fracht die anderen Sprachen belastet sind: Deutsch als Sprache der Kolonisatoren und einer seitdem wirtschaftlich sehr erfolgreichen Minderheit; Afrikaans als Sprache der Apartheid und Oshivambo als Sprache der Partei- und Regierungsmehrheit, die doch nur eine Volksgruppe repräsentiert.

Amnestie

Noch wichtiger aber war der Verzicht auf „Rache" der SWAPO. Für die während des Krieges begangenen Verbrechen erließ die Regierung eine allgemeine **Amnestie**. Vergangenes sollte vergessen und der Blick auf eine gemeinsame Zukunft gerichtet werden.

Korruption

Beispiele für die angebliche **Bevorzugung** von Ovambo bei der Vergabe von Posten oder bei Ausschreibungen, für die Zurücksetzung (weißen) Fachpersonals gegenüber schlechter ausgebildeten (schwarzen) Bewerbern (juristisch mit dem „Affimative Act" legalisiert) und für Bestechlichkeit innerhalb der Regierung moniert die Presse immer wieder als Belege für die latente Ungleichbehandlung anderer Bevölkerungsgruppen. Trotz aller Kritik ist es der SWAPO-Regierung bislang erstaunlich gut gelungen, die Politik der nationalen Versöhnung in die Tat umzusetzen.

Gegen die äußere Apartheid

Bereits 1978 waren von der durch die UNO nicht anerkannte DTA-Regierung die **Apartheidgesetze** außer Kraft gesetzt worden. Ausdrücklich war damit der gemeinsame Schulbesuch farbiger und weißer Kinder, die gemeinsame medizinische Behandlung, die Möglichkeit gemeinsamer Freizeitaktivitäten und nicht zuletzt auch gemischtrassiger Ehen erlaubt. Dass sich die innere Struktur der aparten Entwicklung der Volksgruppen allerdings nicht per Dekret ändern konnte, lag auf der Hand.

Landfrage

Das **Erbe der deutschen Kolonialzeit,** deren Prinzipien unter südafrikanischer Herrschaft fortgeführt wurden, bildet die Grundlage, aus der die meisten anderen Probleme „erwachsen". So auch die **Verwaltungsstruktur der Mandatszeit**, die die soziale Kluft zwischen Weißen und Nicht-Weißen zementiert: Südafrika hatte Sorge und Kosten sozialer Institutionen und des Erziehungswesens den jeweiligen **Lokalverwaltungen überlassen.** Diese mussten die Finanzierung von Schulen und Lehrern aus den Steuereinnahmen ihrer Region bestreiten. Zwar stockte die Zentralverwaltung die Einnahmen der unterschiedlich begüterten Gemeinden durch Zuschüsse auf, dies aber wiederum proportional zu deren Steueraufkommen, was die **Gräben zwischen Arm und Reich** weiter vertiefte. Außerdem konnten wohlhabende Gemeinden die zur Verfügung stehenden Mittel zum Großteil in den Ausbau ihrer Infrastruktur stecken, während das Geld ärmerer Kommunen zumeist in den Töpfen der noch dringender benötigten Sozialhilfe versickerte. Die **Bevölkerung der damaligen Homelands** (heute kommunales Farmland) hatte durch diese Regelung **kaum Möglichkeiten,** eine auch nur einigermaßen ausreichende soziale Infrastruktur aufzubauen. Zur Unabhängigkeit waren 76 % der Menschen Analphabeten, und ein Großteil der medizinischen Einrichtungen befand sich im weißen Farmland.

Wirtschafts- und Sozialpolitik

Die vorrangige Aufgabe der SWAPO-Regierung war und ist es, **Bedingungen zu schaffen,** die diese Strukturen überwinden helfen. Dazu gehört der Bau von mehr Schulen, Aus- und Fortbildung von Lehrern und Einführung und **Durchsetzung der Schulpflicht** für schwarze Schüler, ein Novum im unabhängigen Namibia. Besonders in den dünn besiedelten Farmgebieten Zentral- und Südnamibias konnte diese Aufgabe nur mit der Unterstützung durch die zumeist weißen Farmer realisiert werden. Wegen der großen Entfernungen zu den nächsten städtischen

Schüler in Swakopmund

Zentren müssen die Kinder in Internatsschulen lernen und leben. Einige Landwirte haben in **Eigeninitiative auch Farmschulen** für die Kinder der eigenen und der Nachbarfarmen aufgebaut. In ihnen wird häufig auch Unterricht für ältere Analphabeten angeboten.

Deutsche Schule

Auch nach Abschaffung der getrennten Schulbildung blieben einige Institutionen der schwarzen Bevölkerungsmehrheit verwehrt: So nahm die Deutsche Höhere Privatschule in Windhoek, eine der renommiertesten Ausbildungsanstalten Namibias, noch **bis 1992 keine „fremdsprachigen" Schüler** auf, also auch keine Engländer und Buren. Erst zwei Jahre nach der Unabhängigkeit wurde ein eigener Zweig für Kinder eingerichtet, deren Muttersprache nicht Deutsch ist. Inzwischen haben auch **zahlreiche schwarze und farbige Kinder hier das deutsche Abitur abgelegt.** Die Deutsch-Namibische Gesellschaft vermittelt immer wieder **Stipendien** für die zumeist bedürftigen „Fremdsprachigen" an der DHPS.

Alphabetisierung

Bis 2019 konnte die Zahl der Lese- und **Schreibunkundigen** auf geschätzte 8 % der erwachsenen Bevölkerung **reduziert werden.** Bei der Jugend (15–24 Jahre) beträgt der Anteil etwa 6 % (männlich) und 9 % (weiblich).

Universität

Die staatliche Universität befindet sich in Windhoek. Zu den **Fakultäten** gehören u.a. Rechtswissenschaft, Erziehungswissenschaft, Medizin und Landwirtschaft. In Arandis führt eine **Bergbau-Akademie** zum höheren Abschluss; die private **International School of Management** unterhält Bildungsinstitute in Windhoek, Swakopmund, Walvis Bay und Ongwediva.

Gesundheitswesen

In einem Land mit **riesigen Entfernungen,** in dem nur Privilegierte ein eigenes Fahrzeug besitzen und öffentliche Verkehrsmittel fast gänzlich fehlen, können Kranke nur schwer einen Arzt, ein Krankenhaus oder die nächste Ambulanz erreichen. An der Situation, wie sie in den vielen Farmerbiografien immer wieder beschrieben wird, hat sich bis heute wenig geändert: der Baas (Boss/Herr) ist nicht nur Arbeitgeber, sondern so gut es geht auch **Notfall-Doktor.** Häufig suchen die Menschen auch Hilfe bei traditionellen Heilern. Ein

Jahr nach Erlangung der Unabhängigkeit zählte man 70 Krankenhäuser und 300 zugelassene Ärzte, auf einen Arzt kamen 4500 Einwohner – eine durchaus positive Zahl, vergleicht man sie mit anderen afrikanischen Ländern. Inzwischen hat sich der Wert verbessert – **mit knapp 1000 zugelassenen Medizinern kommt ein Arzt auf 2700 Einwohner.** Allerdings befinden sich die meisten medizinischen Einrichtungen immer noch in den städtischen Zentren und im weißen Farmland. Durch vermehrten Einsatz fahrbarer Ambulatorien und Aufbau von **Erste-Hilfe-Stationen** konnte man die medizinische Versorgung in den ehemaligen Homelands und in kleinen Orten verbessern. Dass vieles, aber noch nicht alles erreicht wurde, zeigen die immer noch hohen Zahlen der **Säuglings- und Kindersterblichkeit** (30 von 1000 Kindern). Sie belegen aber nicht nur Defizite medizinischer Versorgung, sondern auch deren einseitige Ausrichtung auf Behandlung bereits bestehender Erkrankungen. Die größte Herausforderung für das Gesundheitssystem stellt nach wie vor **Aids** dar. Rund 12 % der Namibier sind mit HIV infiziert; die **Lebenserwartung** liegt bei 65 (Männer) und 69 (Frauen) Jahren.

Keetmanshoop: Denkmal für das Karakulschaf

Wirtschaftliches Potential

Trotz außerordentlichen **Reichtums** an **Bodenschätzen und Naturressourcen** (Fisch, Vieh, Wild) sowie großer **touristischer Attraktivität** ist die Wirtschaft noch stark von den Strukturen der Mandatszeit belastet. Da es als „fünfte Provinz" in den Wirtschaftskreislauf Südafrikas integriert war, **fehlt es an Betrieben der verarbeitenden Industrie.** Die Rohstoffe – Diamanten, Erze, Uran, Vieh – wurden nach Südafrika zur Veredelung gebracht. Namibia ist dadurch auch heute noch wirtschaftlich fast ganz auf Südafrika angewiesen. Etwa die Hälfte der Exporteinnahmen werden durch die Ausfuhr von Bodenschätzen, rund ein Viertel durch Fisch und landwirtschaftliche Produkte, vorrangig Rinder, erzielt. Für die Zukunft verspricht sich der Staat vom weiteren **Ausbau der touristischen Infrastruktur** eine Steigerung der Deviseneinnahmen.

Arbeitswelt

Arbeitsstellen

Das **Gros der arbeitsfähigen Bevölkerung** lebt in den **nördlichen und nordöstlichen Landesteilen,** Industrie und der **Hauptarbeitgeber** Landwirtschaft (mit etwa 50 % der Beschäftigten) sind aber **in Zentral- und Südnamibia** angesiedelt. So bedeutet „arbeiten" für die schwarzen Beschäftigten zugleich „die Familie verlassen": Jeden Freitag transportieren Karawanen von Sammeltaxen und Pickups die Arbeiter nach Hause in den Norden und am Sonntag wieder zurück zu ihrem Arbeitsplatz.

Arbeitslosigkeit

Anfang der neunziger Jahre lag die **Rate** um 30 %, und daran hat sich nicht viel geändert, wenn auch die offizielle Zahl sich um 22 % bewegt. Schätzungen gehen von einer tatsächlichen Arbeitslosenrate von 30–40 % aus. Namibia ist wirtschaftlich fast gänzlich von den Rohstoffpreisen der **internationalen Märkte und von den Launen der Natur abhängig.** Ganz gleich, ob in London, Amsterdam oder Brüssel die Diamantenpreise fallen, in Japan ein Atomkraftwerk havariert (Uranpreis!) oder in der Republik Südafrika der Regen wegbleibt – es gefährdet Arbeitsplätze.

Kontraktarbeiter

Das System beherrscht – bedingt durch die große Entfernung zwischen Siedlungsraum und Arbeitsplatz – auch heute noch das Leben der meisten Beschäftigten. Sie leben in **Retortenstädten** bei den Uranminen in der Namib und den Bergbaustädten Tsumeb, Otavi und Grootfontein, oder sie suchen in den städtischen Zentren nach einem Job. Die **Familie im heimatlichen Dorf** im ehemaligen Ovamboland oder im Caprivi sehen sie oft monatelang nicht.

Verarbeitende Industrie

Seit der Unabhängigkeit wird verstärkt der **Aufbau der verarbeitenden Industrie** vorangetrieben und nach neuen Märkten gesucht. Weitere Hoffnungen macht man sich auch auf den Ausbau des Tourismus, wo Hotelpersonal, Fahrer, Reiseleiter etc. benötigt werden. Die Heerscharen der Arbeitslosen und Landflüchtigen können diese ersten Schritte allerdings nicht auffangen. Verstärkt wird das **Arbeitslosenproblem** durch die vielen Flüchtlinge, die dem Hunger in Angola und Zambia und der Situation in Zimbabwe zu entkommen suchen.

Landwirtschaft

Schwerpunkt Viehzucht

Der Landwirtschaftssektor trägt mit etwa **6,7 % zum Bruttoinlandsprodukt** bei, etwa **36 % aller Beschäftigten** haben hier ihren Arbeitsplatz (1990 waren es noch 50 %). Der Schwerpunkt liegt auf der Viehzucht – in Zentralnamibia Rinder, im Süden Schafe (Karakul- und Fleischschafe). 95 % der landwirtschaftlich nutzbaren Fläche dienen als Weideland. Getreideanbau spielt nur im Nordosten und im sogenannten „Kupfer-Dreieck" Tsumeb-Otavi-Grootfontein eine Rolle.

Pachtgrund

Dass die Viehzucht das wichtigste Standbein der Farmer ist, liegt sowohl am Klima als auch an der schwierigen Wasserversorgung. Die ohnehin meist spärlichen Regenfälle nehmen von Nordosten nach Südwesten ab. Sie kommen unregelmäßig, und ihr Ausbleiben verursacht Dürren, die sich für die stationäre Viehwirtschaft zur Katastrophe auswachsen können. So kommt es, dass auch heute noch (oder wieder) viele **Farmer „trekken"** und ihr Vieh auf **Pachtgrund** treiben, der in der Regenzeit besser abgeschnitten hat.

Farmgröße

Dass der **Halb- oder Ganznomadismus** der Herero und Nama die richtige Antwort auf die schwierigen Weidebedingungen war, liegt auf der Hand.

Landreform – Pläne, Ziele, Möglichkeiten

Dreiviertel der landwirtschaftlichen Nutzfläche nutzen Großfarmer, das restliche Viertel fällt auf Kommunalland (ehemalige Homelands) und kleinbäuerliche Betriebe. Die **Großfarmen** liegen fast alle in Süd- und Zentralnamibia und gehören zum großen Teil Weißen. Die SWAPO hatte ihren Unabhängigkeitskampf unter anderem auch mit dem Versprechen geführt, diese ungerechten Besitzverhältnisse zu ändern. 1991 wurden schließlich bei einer nationalen Landkonferenz, zu der von traditionellen Oberhäuptern über Agrar- und Wirtschaftsexperten und Politikern bis hin zu Vertretern der weißen Farmerschaft über 500 Teilnehmer kamen, folgende Beschlüsse gefasst: Farmland, auf dem oder in dessen Nähe der Besitzer nicht lebt, sollte **gegen Entschädigung enteignet** werden. Auch wer mehrere Farmen besitzt, müsste davon abgeben. Die Entscheidung über die „erlaubte" Größe sollte in die Hände einer Landkommission gelegt werden, bei Eigentümerwechsel der Staat ein **automatisches Vorkaufsrecht** zu Marktpreisen erhalten. Die staatliche Förderung der Farmbetriebe sollte eingeschränkt, die finanzielle Hilfe für Bauern in den Kommunalländern aufgestockt werden. 1994 wurden diese Beschlüsse im „Landreformgesetz" dann verbindlich formuliert. Dennoch stecken Namibias Politiker mit den **Plänen zur Landreform in einem Dilemma.** Die Mehrheit der Wähler erwartete von ihrer Regierung, dass sie den versprochenen Besitzausgleich auch baldmöglichst realisieren würde. Dies scheiterte aber alleine schon an den **ökologischen Gegebenheiten:** Bei der niedrigen Bestockung muss eine Farm eine bestimmte **Mindestgröße** haben, um überhaupt wirtschaftlich arbeiten zu können. Der Farmer braucht eine fundierte Kenntnis der Böden, um auf lange Sicht erfolgreich Vieh zu züchten. Durch den Ausschluss der schwarzen Bevölkerung vom Arbeits- und Ausbildungsprozess unter südafrikanischem Mandat fehlt es (noch heute) vielen am dafür **nötigen Know-how.** Und die Tradition der Viehzüchter wie der Herero und Nama (für die die Größe der Herde ein wichtiges Statussymbol war), ist ein weiterer Hemmschuh bei der ökologisch angepassten Nutzung der Böden: Denn wer seinem Farmgrund zu viele Tiere zumutet, zerstört ihn langfristig. So ist die versprochene Landreform bisher eine **Politik der kleinen Schritte** geblieben. Farmland, das an die Kommunalländer grenzte, hat der Staat aufgekauft und an die Kommunen günstig abgegeben. Das Land wurde in kleinere Parzellen aufgeteilt und die **Kleinbauern** in den Grundzügen der ökologisch angepassten Landnutzung unterrichtet. Von den rund 4000 kommerziellen Farmen wechselten so rund 1000 den Besitzer. Sie gingen allerdings nicht immer an unterprivilegierte schwarze Landarbeiter, sondern nicht selten an **Wohlhabende mit guten SWAPO-Beziehungen.** Bis 2017 galt das Prinzip „willing seller, willing buyer". Dann wurden neue Leitlinien formuliert, die zu einer **verschärften Enteignung** führen sollen, um das Land in Zukunft gerechter zu verteilen. Signifikante Ergebnisse stehen noch aus.

Heute begegnen die Farmer ihrer kargen Umwelt mit einer sehr **niedrigen Bestockungsrate** (bis zu 30 ha pro Rind im Süden und 15 ha in Zentralnamibia) und dem häufigen Umstellen des Viehs. Die Farmen haben Ausmaße, von denen deutsche Bauern nur albträumen können: die **durchschnittliche Farm** im Süden ist **8000 bis 10.000 ha** groß!

Rind und Wild

Natürlich sind auch die Preise für den **„Rohstoff Vieh"** Schwankungen unterworfen. Manche Farmersfamilie kann nur durch die Einnahmen überleben, die ihr der Gästefarm-Tourismus einbringt. Zahlreiche Farmer setzen auch wieder auf die **Bestockung mit Wild:** Es hält das Land von den Dornengewächsen frei, die Rinder nicht fressen, und erfreut sich als Fleischlieferant großer Beliebtheit. Den **kommerziellen Viehfarmen** im Süden und im Zentrum, die größtenteils von Weißen, besonders von Deutschstämmigen geführt werden, stehen die auf die **Subsistenz** ausgerichteten kleinen **Bauernhöfe** der schwarzen und farbigen Bevölkerung in den kommunalen Gebieten (ehemalige Homelands) gegenüber.

Fischerei

Der **Benguela-Strom** vor der Küste sorgt nicht nur für das typisch nebelige Atlantikklima, er führt auch von Fischen geschätzte Nährstoffe mit. Die Gewässer sind daher besonders **fischreich** (Kap-Seehecht, Bastardmakrele und Seeteufel sowie Muscheln und Austern). Die Fischerei leistet einen wichtigen Anteil zur Wirtschaft, ihre tatsächlichen Kapazitäten hinken aber wegen der Überfischung des Meeres vor Namibia durch internationale Fangflotten weit hinter dem möglichen Ertrag her. Wie umkämpft dieser Sektor ist, belegte 2019 der Fishrot-Skandal. **Zentren der Fischereiwirtschaft** sind Walvis Bay und Lüderitz, wo man versucht, mit dem Aufbau fischverarbeitender Industrie dem kränkelnden Ort eine Zukunftsperspektive zu verpassen.

Lüderitz ist auch Fischereihafen

The Fishrot Files

Auch Namibia hat seine Skandale um in Korruption verwickelte Politiker: 2019 deckte ein Investigativteam von Al Jazeera auf, dass das isländische Fischfangunternehmen Samherji **namibische Politiker mit Millionen US-Dollar bestochen** hatte. Sie sollten namibischen Tarn- und Tochterfirmen von Samherji **Fischfangrechte vor der Küste** zuschustern (und taten dies auch). Wikileaks veröffentlichte die belastenden Dokumente. Der öffentliche Druck durch die internationalen Verwicklungen dieses Skandals – bald waren auch Geschäftsleute und hochrangige Politiker aus u.a. Angola, Norwegen und der Niederlande involviert – zwang Namibias Fischerei- und den Justizminister zum **Rücktritt.** Kurze Zeit später wurden beide sowie acht weitere Verdächtige verhaftet. Als „Fishrot Ten" standen und stehen sie 2022/23 **in Windhoek vor Gericht.** Die Opposition sieht in den beiden Ministern Bauernopfer und auch den Regierungschef in der Verantwortung.

Bergbau und Industrie

Als 1908 beim damaligen Lüderitzbucht die ersten Diamanten gefunden wurden, hatte sich endlich erfüllt, was Mutterland, Kolonisten und Händler gehofft hatten: **wertvolle Bodenschätze** in Südwestafrika, die den Kampf um das aride Land lohnten. Auch heute noch sind es die Mineralien und Erze, die Namibias Exportwirtschaft am Laufen halten, wenngleich mit großen Krisen und Schwankungen: über die **Hälfte der Ausfuhren sind Erze und Steine;** etwa 26 % des Bruttoinlandsproduktes werden in den Minen erwirtschaftet. 20–30.000 Menschen, **16 % der arbeitsfähigen Bevölkerung,** finden hier Arbeit. Nachdem die nach dem Uranpreisverfall teilweise heruntergefahrenen Minen des Urantagebaus wieder in voller Auslastung betrieben werden, ist Namibia der **drittgrößte Uranproduzenten** der Welt (und wohl bald an 2. Stelle gerückt).

Minen

Die wichtigsten Minen sind **Rössing** (Eigentümer: 68 % China National Nuclear Corporation, 15 % Iran, 10 % Südafrika, 3,4 % Namibia), **Langer Heinrich** (Paladin Energy Australien, 25% China), **Trekkopje** (Orano Group, Frankreich) und **Husab** (Swakopmuns Uranium, 10% Namibia, 90 % China) in der Namib (alle Urantagebau), **NAMDEB** in den Diamantensperrgebieten bzw. im Küstenvorland bei Oranjemund und die Skorpion Zinkmine im Sperrgebiet von **Vedanta Resources** bei Rosh Pinah. Beim Uranabbau hat China den Markt weitgehend übernommen, aber auch die anderen Bergbauunternehmen gehören multinationalen Firmen.

Diamanten

Die größten Anteile an NAMDEB bzw. deren Vorläufer CDM hielt bis 1994 der **südafrikanische Diamantenkonzern De Beers.** Dann wurde der Staat mit 50 % daran beteiligt und CDM in NAMDEB Diamond Corporation umbenannt. Die Scorpio Zinc Mine gehört dem indischen Bergbauunternehmen Vedanta Resources. Der namibische Staat profitiert durch Abgaben, Steuergelder und Arbeitsplätze von seinem Reichtum.

Erze

Wie alle Rohstoffe sind auch die geförderten Erze stark von den Schwankungen auf dem Weltmarkt abhängig. Der Preisverfall für Diamanten in der zweiten Hälfte der 1980er Jahre und bei Weltwirtschaftskrise 2009 wirkte sich direkt auf die Wirtschaft und vor allem die Arbeitsplätze aus; ebenso der sinkende Uranpreis, der Rössing ab Mitte der 1980er Jahre immer wieder zwang, die Förderung zu drosseln und Arbeiter zu entlassen. Im **Kupferdreieck Tsumeb/Otavi/Grootfontein** wurde die einst so reichhaltige Mine von Tsumeb über die Jahre schrittweise geschlossen (neue Erzfunde der Ongopolo Mines und der Einstieg chinesischer, halbstaatlicher Investoren sorgen auch hier in der zweiten Dekade des 21. Jahrhunderts für Erleichterung). Sogar das abgelegene Lüderitz ist durch die Zinklagerstätten bei Rosh Pinah, deren hochwertiges Erz über den Hafen von Lüderitz ausgeführt wird, ein bisschen zur Boomtown geworden.

Erdgas

Ungeachtet großer **Funde** (Kudu-Feld) vor der Küste herrscht Energiemangel. Die Energiewirtschaft des Landes ist trotz Stromerzeugung mit Wasserkraftanlagen (Ruacana, Projekt Popa-Falls-Kraftwerk) und Windrädern (im ganzen Land dezentral zur Selbstversorgung) immer noch auf Energie-Importe aus Südafrika angewiesen. Galt dessen **Stromkapazität** lange Jahre aber als ausreichend auch für das Nachbarland, hat sich im neuen Jahrtausend herausgestellt, dass es immer wieder zu Engpässen kommt und die Stromlieferungen kontingentiert werden müssen. **Kraftwerke unter Ausnutzung des Erdgases** (und in Südafrika auch der Kernkraft) sollen zukünftig Abhilfe schaffen.

Erneuerbare Energien

Dass ein Land mit 3000 Sonnenstunden im Jahr und insuffizienter Stromversorgung bislang kaum auf Solarstrom gesetzt hat und ebenso wenig auf Windkraft, trotz meist stürmischem Klima entlang der Atlantikküste, ist erstaunlich. Absichtserklärungen sahen Mitte der 2010er Jahre einen Ausbau erneuerbarer Energien bei **Solarthermie, Fotovoltaik, Windenergie** und **Biomasse** auf rund 700 MW bis 2035 vor. Klimawandel, Energieverteuerung und Wasserstoffprojekte beschleunigen die Entwicklung.

Richtersveld: Nationalpark und Erzabbau

Biomasse

Wie sie ökologisch und ökonomisch interessant sein kann, wird erst allmählich ergründet: Gewonnen wird Biomasse aus **Buschabfällen,** also jenem Holz, das bei der Entbuschung von Agrarflächen anfällt. 45 Millionen Hektar Weideland sind von Verbuschung betroffen. Seit Namibia mit Unterstützung der GIZ (Deutsche Gesellschaft für Internationale Zusammenarbeit) **Entbuschungsprojekte** vorantreibt, stieg die Zahl der dabei Beschäftigten innerhalb von 5 Jahren von 6000 auf 11.000. Das bei der Entbuschung gewonnene Holz wird zu Holzkohle oder auch zu Tierfutter verarbeitet und teils in Namibia, teils auch an die Nachbarländer verkauft.

Neuer Energieträger

Große Hoffnung setzt man auf **Grünen Wasserstoff,** dessen Produktionsanlagen im Tsau ǁKhaeb National Park, im ehemaligen Diamanten-Sperrgebiet, entstehen sollen. Die dafür nötigen Vereinbarungen wurden bei einem **Besuch des deutschen Wirtschaftsministers** Robert Habeck Ende 2022 unterzeichnet. Unweit der Hafenstadt Lüderitz sollen Wind- und Sonnenkraftwerke mit einer Gesamtleistung von 5 GW, eine Meerwasser-Entsalzungsanlage sowie Elektrolyseure mit einer Leistung von 3 GW errichtet werden, um jährlich 300.000 t Wasserstoff zu produzieren. Zu dessen Ausfuhr (und Transport nach Deutschland) wird der Hafen Lüderitz ausgebaut. Das Projekt wird von einem Joint Venture der Hyphen Hydrogen Energy (Windhoek) und Enertrag (Brandenburg) vorangetrieben.

Tourismus

Das Land hat sich zum **Senkrechtstarter unter den afrikanischen Reisezielen** entwickelt; der Tourismus trägt mit rund 10 % zum Bruttoinlandsprodukt bei, ist aber wie der Rohstoffmarkt, extrem krisenabhängig. So haben die Reisebeschränkungen der Corona-Pandemie auch Namibia massiv getroffen. Zahlreiche Tourismusbetriebe – Restaurants,

Aussicht vom Turm in Okaukuejo (Etosha National Park)

Gästefarmen, Autovermieter – mussten aufgeben. Dennoch ist die Tourismusindustrie der **am stärksten wachsende Zweig** der Wirtschaft und für die Beschäftigungssituation im Land eminent wichtig (etwa 20 % der Beschäftigten arbeiten im Tourismus). Bei den Reisenden aus Europa steht Deutschland mit rund 100.000 Besuchern an erster Stelle, gefolgt von Frankreich und Großbritannien (jeweils rund 30.000).

Presse, Rundfunk, Internet

Namibia ist eines der wenigen afrikanischen Länder mit **weitgehender Freiheit der Presse.** Es gibt eine relativ breitgefächerte Zeitungslandschaft mit (2024) fünf überregionalen Tageszeitungen, doch kämpfen alle regierungsunabhängigen Publikationen um ihre Existenz, denn bei der geringen Bevölkerung sind hohe Auflagen nicht zu verkaufen.

Zeitungslandschaft

New Era (www.newera.com.na) ist eine englischsprachige Zeitung, die der Regierung nahesteht (mit Berichten auch in Afrikaans u. Oshivambo). Regierungsfreundlich, aber durchaus kritisch, ist **Namibian** (www.namibian.com.na), der ebenfalls mehrsprachig erscheint. Einzige deutschsprachige Tageszeitung ist die als distanziert-konservativ bis neutral zu bezeichnende **Allgemeine Zeitung** (www.az.com.na), die zu dem von dem Turnhallen-Allianz-Politiker Dirk Mudge gegründeten Presse-Imperium Namibia Media Holdings gehört. Einmal im Monat erscheint sie mit einer umfangreichen Tourismus-Beilage, die so manche interessante Neuigkeit enthält. Der 2020 verstorbene Dirk Mudge gab außerdem die afrikaanse Zeitung **Die Republikein** (www.republikein.com.na) und die beliebte Boulevardzeitung **Namibian Sun** (www.namibiansun.com) heraus und prägt so mit einer Gesamtauflage von bis zu 45.000 Exemplaren durchaus die öffentliche Meinung. Alle Zeitungen sind, teils gegen geringe Gebühr, auch online einsehbar.

Rundfunk / Fernsehen

Der **Rundfunk** sendet in allen wichtigen Landessprachen. Es gibt einen staatlichen Sender, NBC, sowie eine Vielzahl private Sender mit unterschiedlichen regionalen, ethnischen oder weltanschaulichen Schwerpunkten. Für die deutschsprachigen Namibier senden das staatliche **NBC Funkhaus Namibia** sowie das private **Hitradio Namibia**. Das Fernsehen, vorrangig in englischer Sprache, gibt es erst seit 1991. NBC sendet auf drei Kanälen, **nbc1** bringt u.a. Nachrichten auch in den anderen Landessprachen, **nbc2** bedient sich bei internationalen Nachrichtensendungen und **nbc3** ist für die Spielfilmunterhaltung zuständig.; viele Lodges und Farmen besitzen Satellitenschüsseln, manche auch Internet-TV und können damit internationale Sender empfangen.

Internet

Die **Internet-Präsenz** ist sehr gut; verschiedenste Medien, die Regierung, die Tourismusbehörde und natürlich auch alle privaten Anbieter sind online mit Websites und Accounts in den sozialen Medien vertreten. Die Internetabdeckung im Land gehört zu den besten Afrikas; 4G in den Städten (in einigen bald 5G) sowie 3G in den meisten ländlichen Regionen sind selbstverständlich.

Menschen und ihre Kulturen

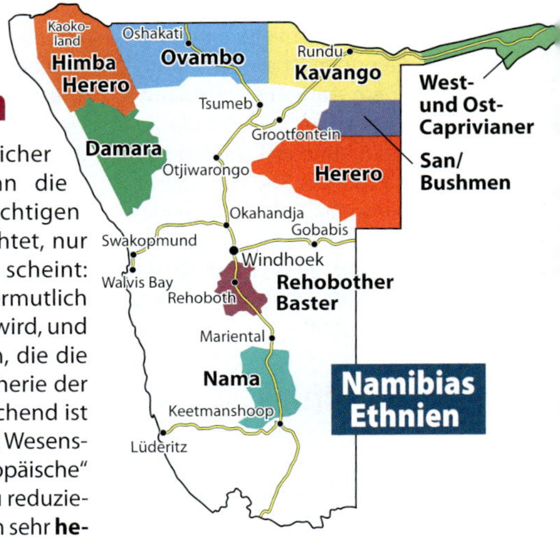

„Schwarz-Weiß-Malerei" ist sicher fehl am Platze, auch wenn die Bevölkerung, mit den flüchtigen Augen des Besuchers betrachtet, nur aus zwei Polen zu bestehen scheint: den Weißen, mit denen er vermutlich häufiger in Kontakt kommen wird, und den Schwarzen und Farbigen, die die Apartheidpolitik an die Peripherie der Städte gedrängt hat. Entsprechend ist man leicht geneigt, Kultur und Wesensmerkmale des Landes auf „europäische" und „afrikanische" Einflüsse zu reduzieren. Dabei sind die Namibier ein sehr **heterogenes, ethnisches Konglomerat** mit sehr **unterschiedlichen Traditionen,** Sprachen und Lebensformen. Die wichtigsten Völker werden im Folgenden näher vorgestellt. Traditionelle Siedlungsformen, Sozial- und Wirtschaftsstruktur lassen sich zwar beschreiben, doch in unverfälschter Form sind die Wesensmerkmale der jeweiligen Völker heute meist nicht mehr präsent. Missionierung, Kolonialzeit, Apartheidpolitik und der Einfluss der Moderne haben die **traditionellen Strukturen weitgehend verwischt.** Spuren ihres herkömmlichen Lebens sind aber noch vorhanden und prägen Leben und Verhaltensmuster bis heute.

Die San (Buschmänner)

Einer der ersten Weißen der mit ihnen in Kontakt kam, war der Forschungsreisende Peter Kolb, der sie *buschjes mannes* nannte, ein Name, der schon bald als Synonym für „Strauchdiebe" Verwendung fand, denn die San machten nicht nur Jagd auf das Wild, sie holten sich auch fremdes Vieh von den Weiden. Ihre **Nama-Nachbarn**, mit denen die San auch **sprachlich verwandt** sind, gaben ihnen ihren heute gebräuchlichen Namen: San. Sie selbst benützen keinen gemeinsamen Namen, der über den einzelnen Volksverband hinausginge. Da es europäischen Zungen kaum möglich ist, die **Eigenbezeichnungen** wie Hai-llom, Jul'hoansi, !Xu, Kwe, llKhau-leisi, Naro, !Xo, lAuni und lNu-llen auszusprechen – die diakritischen Zeichen stehen für Klick- und Schnalzlaute – bleiben wir hier bei „San".

Herkunft

Als die ersten Europäer in der zweiten Hälfte des 18. Jahrhunderts vom Oranje kommend nach Namibia vordrangen, lebten die San sowohl **im Hochland als auch in den Randgebieten der Kalahari.** Sie gelten zwar nicht als „Urbevölkerung" Südwestafrikas, also als Schöpfer der älteren Felsbilder, die auf bis zu 25.000 Jahre vor unserer Zeitrechnung datiert werden, doch woher und wann sie hierher kamen, liegt im Dunkeln.

San auf der Jagd im Hunter's Living Museum bei Tsumkwe

Ethnologen unterteilen die San nach ihrem traditionellen Schweifgebiet in **drei große Gruppen,** die !Kung in Nordnamibia (ehem. Ovamboland, West- und Ost-Kavango bis hinein ins westliche Botswana und Südangola), die Nama-San, die südlich davon zwischen Etosha und Kalahari lebten, und die Kap-San in Südwest-Namibia und im Norden der Republik Südafrika. Jede Gruppe besteht wiederum aus mehreren Linien, von denen beispielsweise die Haillom zu den bekannteren zählen. Ihr angestammtes Siedlungsgebiet wurde zum Etosha National Park erklärt.

Traditionen

Sprachlich sind die San mit den Nama verwandt. Beide benützen **Dialekte des Khoisan,** einer Sprachgruppe, die wahrscheinlich zu den ältesten Afrikas zählt und durch verschiedene **Klick- und Schnalzlaute** charakterisiert ist. Ob man aus den gemeinsamen Sprachwurzeln von San und Nama auf einen gemeinsamen Ursprung schließen kann, ist immer noch umstritten. Die meisten Wissenschaftler sind sich aber inzwischen darin einig, dass Nama und San früher **ein Volk waren** und dass sich die Nama später durch Annahme einer anderen Wirtschaftsform (s.u.) zu einer eigenständigen Ethnie entwickelt hätten.

Phänotyp

Dank ihrem charakteristischen Äußeren fällt es leicht, die San zu erkennen. Die meisten besitzen einen sehr **feingliedrigen Körperbau,** sie sind kleiner als die anderen Völker und von sehr heller, **leicht gelblicher Hautfarbe.** Bei älteren San überzieht sich das Gesicht mit tausenden Runzeln, und die hohen Wangenknochen geben ihnen ein asiatisches Aussehen. Ihre Haare werden oft als „Pfefferkorn" bezeichnet, weil sie nicht gleichmäßig, sondern **in kleinen Büscheln** wachsen.

Nomaden

Traditionell führten die San ein Leben als nomadische **Wildbeuter.** In kleinen Familienverbänden ziehen sie durch das Veld, ernähren sich von gesammelten Früchten und Wurzeln oder von

Eine San-Familie begibt sich auf die Suche nach Veldkos – „Feldfrüchten"

erlegtem Wild. Die Gruppen unterstehen der Autorität eines erfahrenen Jägers. Ehen sind zumeist **monogam.** Entsprechend ihrer nomadischen Lebensweise besitzen San nur wenig Hausrat. Den Schlafplatz schützt ein geflochtener Windschutz.

Kleidung/Schmuck

Der Schmuck besteht aus **Leder- und Perlenketten** aus der Schale eines Straußeneis: Sie wird zu sehr kleinen, runden Scheibchen geschnitten, die dann mit einem Loch versehen auf Lederschnüre aufgezogen werden. Perlstickereien – heutzutage meist aus Plastikperlen – dienen auch als dekorative Zierde von Leder-beuteln und anderen Behältern. Die Kleidung bestand früher aus einem **Lendenschurz,** bei Männern ergänzt durch ein Penisfutteral.

Jagd und Sammeln

Sowohl im Alltag als auch im rituellen Bereich dreht sich ein Großteil des Lebens um die Jagd. Angefangen bei verschiedenen magischen Handlungen, die das Jagdglück heraufbeschwören sollen, über **Schmucknarben,** die an Schultern und zwischen den Augen angebracht, die jägerischen Fähigkeiten der jungen Männer erhöhen, bis hin zu bestimmten **Tänzen, die Tiere bannen,** ist die Jagd der Männer in einen umfassenden magischen Komplex eingebunden. Nicht minder differenziert ist auch die praktische Seite der Jagd entwickelt: Die San kennen allerlei Methoden, Wild in **Fallen** zu fangen oder an Stellen zu locken, wo sie es erlegen können. Dabei werden vornehmlich Bogen und mit **Schlangen- oder Pflanzengift** präparierte Pfeile benützt. Aufgabe der Frauen ist das **Sammeln essbarer Pflanzen,** Wurzeln und Insekten. Dazu benützen sie einen einfachen Grabstock. Je stärker die Jagdmöglichkeiten eingeschränkt werden – sei es durch klimatische Veränderungen, sei es durch die Einrichtung von Tierreservaten – desto wichtiger wird die Veldkos, die Nahrung pflanzlichen Ursprungs.

Glauben

Rätsel gibt auch heute noch die Religion der Wildbeuter auf. Die meisten

Gruppen scheinen ein **höchstes Wesen** zu verehren, allerdings kaum zu ihm zu beten. Bei den südlichen San-Verbänden genießt Mantis, die Gottesanbeterin, einen gottähnlichen Status. Andere Gruppen wiederum sollen den Mond oder die Sonne als höchste Gottheit verehren. Gefürchtet sind die **Geister der Toten,** die den Lebenden übel mitspielen können, weshalb man einen Verstorbenen möglichst schnell bestattet und an diesen Platz nie wieder zurückkehrt. Zahlreiche Naturphänomene werden dem Wirken von Geistern zugeschrieben, die gut oder böse sein können und den Menschen auch gerne Streiche spielen. Eine besondere Rolle kommt den **Medizinmännern** zu, die als Heiler eine wichtige therapeutische Funktion in der Gruppe wahrnehmen: In **tranceartigen Tänzen** treten sie in Kontakt mit den Geistern, die vom Kranken Besitz ergriffen haben, und versuchen sie zu vertreiben. Nutzten die Heiler früher die **halluzinogene Kraft** bestimmter Pflanzen, ist heute meist Alkohol das Mittel der Wahl. Häufig schlüpfen die Tänzer in die Gestalt wilder Tiere, und so wurden diese **magischen Zeremonien** in vielen Felsbildern verewigt: Die Tänzer sind halb Mensch, halb Tier. Auch schwarze Magie ist bekannt. Man fürchtet beispielsweise Hexen, die in Tiergestalt, oft als Hyänen, Menschen Übles tun.

Weiße Landnahme

Die agrare Expansion der Weißen, vor allem aber der Einfluss der südafrikanischen Militärpräsenz im angestammten Territorium, konfrontierte die San mit den „Segnungen" der Zivilisation, mit Konsumgütern und allen voran Alkohol. Die südafrikanische Armee bediente sich der San auch als **Späher und Spurensucher** im Krieg gegen die SWAPO-Guerilla. Traditionelle Jagdgebiete wurden zu kommerziellem Farmland oder zum Nationalpark erklärt.

Ein Volk verschwindet

Die Zahl der San wird auf 36.000 geschätzt (1,5 % der Gesamtbevölkerung), von denen nur noch ungefähr 10% als Jäger und Sammler leben. Deren **Zahl verringert sich** zusehends, denn ihr Lebensraum, das „Buschmannland" (heute Region Otjozondjupa) im Kalahari-Sandveld, wird immer weiter eingeschränkt. Durch den **Verlust ihres Schweifraums** und der Jagd als Lebensform verlieren die San auch ihre Kultur. Viele führen nun ein orientierungsloses Leben, oft an der Peripherie größerer Städte. **Alkoholismus** stellt ein großes Problem in den Siedlungen des ehemaligen Buschmannlandes und in den Townships dar. Die meisten San leben als Arbeiter auf Farmen. Wegen ihrer hervorragenden Angepasstheit an die Natur und ihren phänomenal geschärften Sinnen werden sie gerne zum Aufspüren von Wild eingesetzt.

An den Rand gedrängt

Politisch engagierte San und Unterstützerorganisationen werfen der Regierung vor, die Volksgruppe zu marginalisieren. Weder in Landfragen noch im Schul- oder Gesundheitswesen hat die SWAPO bislang viel für die San getan. **Mehr als die Hälfte kann weder lesen noch schreiben.** Krankheiten wie HIV, Tuberkulose und Malaria sind weit verbreitet, die Kliniken und Gesundheitszentren weit von den Lebensräumen der San entfernt. Enteignetes Land, wie etwa das riesige Gebiet des Etosha-Nationalparks, erhielten die San nicht zurück.

Nama-Siedlung – historische Abbildung aus dem 19. Jahrhundert

Die Nama

Über den Unterschied zwischen „Buschje Mannes" und „Hottentotten" waren sich die ersten Forscher und Abenteurer einig: Die einen waren Strauchdiebe, die anderen besaßen große Viehherden und eine Sprache, die an Stottern (Holländisch: „hüttentüt") erinnerte. Bis Mitte des 20. Jahrhunderts wurden die Nama als „Hottentotten" bezeichnet, und auch heute rutscht so manchem Farmer noch dieser inzwischen verpönte Begriff heraus. Die Nama selbst nennen sich **Khoikhoin,** „die wahren Menschen" (in Abgrenzung vor allem zu den San). Ihre traditionell mächtigen Clans besitzen nach wie vor großen Einfluss.

Woher kommen die Nama?

Wie die mit ihnen verwandten San lebten die Nama bei Ankunft der Europäer im gesamten südlichen und südwestlichen Afrika. Die Nama-Sprache **Khoikhoi** besitzt die selben Wurzeln wie die Sprachen der San, deshalb werden die beiden zu einer großen Sprachgruppe, dem Khoisan, zusammengefasst. Neben den südlichen Bantu-Sprachen, zu denen beispielsweise Herero und das Kwanyama der Ovambo gehört, ist **Khoisan die zweite bedeutende Sprachgruppe** des südlichen Afrikas. Nicht nur sprachlich, auch äußerlich gibt es starke Ähnlichkeiten zu den San. Die Nama sind zwar im Durchschnitt etwas größer, besitzen aber ebenfalls eine sehr helle Haut, hohe Wangenknochen und Pfefferkornhaar.

Nama-Gruppen

Die Nama gliedern sich in zwei große Volksgruppen: die **Klein-Nama,** die südlich des Oranje in der Kapprovinz beheimatet waren und heute weitestgehend in anderen Völkerschaften aufgegangen sind, und die **Groß-Nama,** deren fünf Untergruppen fast alle jenseits des Oranje, im heutigen Namibia, nomadisierten. Zu ihnen gehören beispielsweise die **Bondelswarts** in der Region Warmbad und die **Topnaar** bei Walvis Bay. Namibias dominante Nama-Ethnie, die **Orlaam,** die erst in der zweiten Hälfte des 19. Jahrhunderts als letzte den Oranje überquerten und nach Namibia eindrangen, sind eine Restgruppe der Klein-Nama.

Legende

Die fünf Linien, die gemeinsam die Groß-Nama bilden, stammen von fünf mythischen Brüdern ab. Der älteste Bruder war der Urahn der „Roten Nation“, einer Nama-Gruppe, die als „älteste“ und vornehmste angesehen wird. Fast alle Nama-Gruppen tragen heute holländische Namen; es sind zumeist wortgetreue Übersetzungen der ursprünglichen Khoikhoi-Bezeichnung: So hießen die Swartboois (Region Rehoboth) ursprünglich Gami Nun, was soviel wie „schwarzes Bündel“ bedeutet.

Clans

Jede Nama-Gruppe besteht aus mehreren patrilinearen Clans, die sich alle auf den gemeinsamen (mythischen) Gründervater des Volkes berufen. Die Clans selbst werden nach ihrem Oberhaupt benannt: Die bekanntesten Nama-Clans sind die **Afrikaaner** und die **Witboois**, deren Anführer Jager und Jonker Afrikaaner sowie Hendrik Witbooi in den Auseinandersetzungen mit der deutschen Kolonialmacht zu kriegerischem und politischem Ruhm kamen.

Vererbung

Rang und Besitz vererben sich vom Vater auf den ältesten Sohn. Theoretisch war bei den Nama Polygamie möglich, praktisch führten die meisten eine monogame Ehe; möglicherweise kam hier der starke Einfluss der christlichen Missionierung zum Tragen.

Vieh und Weiden

Die gemeinsame Herkunft von einem Urahn hinderte die Nama nicht daran, sich heftig gegenseitig zu bekriegen. Direkte Loyalität schuldete man dem eigenen Clan (Afrikaaner), bestenfalls noch dem Volk (Orlaam), keinesfalls aber dem Verband (Klein-Nama). Meist eskalierten die Konflikte wegen **Viehdiebstahls.** Die Nama hatten zwar durchaus kommunale territoriale Ansprüche – bestimmte Regionen standen bestimmten Clans als **traditionelles Weidegebiet** zu – sie verwehrten anderen Viehzüchtern aber nicht den Zutritt zu ihrem Land, höchstens wurden Abgaben für die Benützung der Wasserstellen verlangt. Dies erklärt auch, warum die Nama „ihr“ Land so bereitwillig an Händler und Farmer abtraten – für sie bedeuteten die Land-„Verkäufe“, dass sie den Europäern bedingte **Nutzungsrechte** in ihrem Territorium überließen, die sie beliebig wieder rückgängig machen konnten. Von den Weißen wurden sie deshalb als wankelmütig und vertragsbrüchig beschimpft.

Dorfaufbau

In einer traditionellen Nama-Siedlung standen die **bienenkorbförmigen Hütten** im Kreis um ein besonders abgegrenztes Gehege der Kälber. Das übrige Vieh konnte sich frei im Dorf bewegen. Ein **Zaun aus Dornbüschen** schützte die Siedlung vor Raubtieren. Hütten und Hausrat waren leicht auf- und abzubauen bzw. zu transportieren und wurden bei den Nama-Wanderungen auf Tragochsen geladen. Die gezüchteten Fettschwanzschafe und Rinder waren für die Nama eher Prestigeobjekte, die man nur selten schlachtete. Basis der Ernährung war Wild, gesammelte Veldkos, die Milch der Kühe und bei einigen Gruppen an der Atlantikküste der Fischfang.

Traditioneller Glaube und Mission

Die Nama wurden bereits **früh christianisiert,** die ersten Missionare ließen sich bei Warmbad und Bethanien im Nama-Gebiet nieder. Daher ist über die traditionelle Religion der Nama nur wenig bekannt. Sie schienen eine intensive

Vorstellung von einem **höchsten Wesen** besessen zu haben, diese Gottheit war wohl auch mit dem Mond gleichgesetzt, den die Nama verehrten. Ausgeprägt ist die **Angst vor den Geistern der Toten.** Wie die San verließen die Nama nach einem Todesfall die Siedlung und zogen an einen anderen Ort. Die Hütte des Toten blieb stehen. Ein gefürchteter, in vielen Gestalten auftretender Gott war Gaunab, der heute in die Rolle des christlichen Teufels geschlüpft ist.

Nama heute

Auch heute ist Südnamibia das traditionelle Siedlungsgebiet der Nama. Man schätzt ihre Zahl auf 100.000, ca. 4 % der Bevölkerung. Die meisten Nama leben und arbeiten auf den Farmen als **Viehhirten.** Die *Nama Traditional Leaders Association* vertritt ihre Belange gegenüber der Regierung. Als politische Vertretung des Volkes zog die relativ junge Partei Landless People's Movement (LPM) 2019 auf Anhieb ins Parlament ein und übernahm auch die **politische Verantwortung** in der Regionalverwaltung der Regionen Hardap und ǁKaras (ehemals Karas).

Die Damara

Die Damara oder Berg-Damara ist eine der rätselhaftesten Volksgruppen Namibias. Vom Erscheinungsbild her eindeutig eher den dunkelhäutigen Bantu zuzurechnen, besitzt ihre Sprache und Kultur so viele Wesensmerkmale der Khoisan-Völker, dass man sie dieser Gruppe zuordnet.

Nu-khoin

„Dama" ist ein Fremdname, den die Damara den Nama verdanken. Sie selbst bezeichnen sich als **Nu-khoin,** schwarze

Im Living Museum bei der Spitzkoppe lernt man Damara kennen

Menschen, und das mit Stolz, wie der namibische Ethnologe K. F. R. Budack feststellt. In Abgrenzung zu den hellhäutigen Nama und San gilt bei den Damara die dunkle Hautfarbe als Schönheitsideal. Die Damara gehören, wie die San, mit Sicherheit zu den ältesten Völkern Namibias. Sie sprechen einen Dialekt der zentralen Khoisan-Sprachen und haben linguistisch viel von den Nama übernommen. Als die ersten Europäer nach Südwestafrika kamen, lebten die Damara im gesamten Territorium, viele auch als Abhängige der Nama.

Bauern und Schmiede

Im Gegensatz zu San und Nama sind die Damara ein sesshaftes Volk, das überall, wo es die Wasserverhältnisse möglich machen, auch Gartenbau betreibt. Sie haben wohl schon immer Kleinvieh (Ziegen) gezüchtet, später kamen auch Rinder und Schafe dazu. Begehrt waren die Produkte der Damara-Schmiede, wie Waffen oder Töpfe. Zwar kannten auch die San die Kunst der

Metallverarbeitung, mit der Meisterschaft der Damara konnten sie aber nicht konkurrieren.

Großfamilie

Die größte soziale wie politisch prägende Einheit ist die Großfamilie. Den Mittelpunkt des Dorfes bilden das **heilige Feuer und der heilige Baum** – beides ist auch aus der Herero-Kultur bekannt (s.u.). Männliche wie die weibliche Erblinie stehen gleichberechtigt nebeneinander. Frauen vererben an ihre Töchter, Männer an ihre Söhne. Wer es sich leisten konnte, besaß **mehrere Frauen.** Oberhaupt des Familienverbandes war der Älteste, seine Erstfrau übernahm die wichtige Funktion des Feuerhütens.

Glaube und Intitiation

Totenfurcht, bis hin zur Aufgabe einer Siedlung, wenn es mehrere Todesfälle gegeben hat, kennzeichnet die Religion der Damara. Daneben spielt die zentrale Gottheit *Gamab* eine ähnliche Rolle wie der christliche Schöpfergott. Bei **Initiationsfeiern** werden die jungen Männer in einem Buschlager auf ihr Leben als Jäger vorbereitet. Erst dann dürfen sie an der Jagd teilnehmen und mit den Alten des Dorfes am **heiligen Feuer s**itzen. Ähnlich wie bei den San kommt dem Heiler große Bedeutung zu. Er wird von Gamab besessen und kann im tranceähnlichen Zustand Krankheiten kurieren.

Damara heute

Mit 140.000 Menschen, knapp 6 % der Namibier, bilden sie eine etwa gleichgroße Bevölkerungsgruppe wie die Herero (s.u.). 1973 wurde das knapp 5000 Hektar große Reservat Damaraland im Gebirgsland zwischen Erongo im Süden und Kaokoveld im Norden mit dem Hauptort Khorixas eingerichtet. Hier lebt ein Teil der Damara unter zumeist ärmlichen Verhältnissen von Gartenbau und Viehzucht. Viele Damara haben eine Stelle als Minenarbeiter in der Namib oder im Kupferdreieck gefunden. Ihre politische Vertretung ist traditionell die UDF.

Die Herero

Mit 140.000 Menschen stellen die Herero mit den Damara heute die beiden **drittgrößten Bevölkerungsgruppen** Namibias (6 %). 1951, ein knappes halbes Jahrhundert nach der für die Herero so vernichtenden Schlacht am Waterberg 1904, zählte der deutsche Ethnologe Hermann Baumann nur knapp 25.000 Herero in Südwestafrika. Auch die Herero erhielten in den 1970er Jahren ein Reservat zugewiesen, das **Hereroland** mit dem Hauptort **Okakarara.** Eingezwängt zwischen weißem Farmland und dem Homeland der San bot es keineswegs ausreichend Platz für die saisonalen Wanderungen der Viehzüchter.

Kämpfe und Kriege

Im 19. Jh. prägte die Konkurrenz zwischen Herero und Nama die Ereignisse in Südwestafrika. Die Herero, traditionell im nördlichen Landesteil angesiedelt, drängten immer wieder tief in den von Nama bewohnten Süden. Viehdiebstahl und Kämpfe um Weidegrund und Quellen waren die Folge, und erst die **waffentechnische Überlegenheit der Orlaam** unter ihrem Oberhaupt Jonker Afrikaaner setzte diesen Auseinandersetzungen ein vorläufiges Ende. Bis zur **Schlacht am Waterberg 1904** schafften es Herero und Nama immer wieder nur kurzzeitig, ihre Differenzen beizulegen und zu einer gemeinsamen Verteidigungslinie gegen-

Der Holzschnitzermarkt von Okahandka bietet für jeden Geldbeutel etwas

über der Schutztruppe zu finden. Heute zeigen die Herero stolz die Symbole ihrer Tradition und ihrer kriegerischen Vergangenheit bei den **Ahnengedenktagen** an den Gräbern der Oberhäupter, u.a. in Okahandja.

Herkunft

Die Herero gehören zu den **bantusprachigen Völkern.** Ihr ursprünglicher Lebensraum lag, glaubt man den Mythen, im Osten Afrikas. Zwischen dem 15. und dem 18. Jahrhundert wanderten die Herero durch das zentrale Afrika nach Südwesten; überschritten den Kunene und fanden Weideland für ihre Rinder.

Traditionen

Die Herero haben früher als Viehzüchter mit ihren Herden im nördlichen und zentralen Teil Namibias ein Nomadenleben geführt, ähnlich wie es die mit ihnen verwandten Himba noch heute tun. Die **Tiere** sind nicht nur wirtschaftlich, sondern auch **sakral von Bedeutung,** der Besitz möglichst vieler Rinder verschafft ein hohes gesellschaftliches Ansehen. Einige Rinder gelten als heilig („Ahnenbulle") und dürfen nicht geschlachtet oder verkauft werden.

Dorfanlage

Titel, Ämter und alles Sakrale werden in männlicher Linie vererbt, der Besitz – also auch die Herden – in der mütterlichen. Meist leben die Mitglieder der väterlichen Sippe und deren eingeheiratete Frauen in einem Dorf, das aus den für die Herero typischen *pontoks* besteht. Es sind **bienenkorbförmige Hütten** aus mit Lehm und Dung verputztem Rohrgeflecht. Sie stehen im Kreis um den Kälberkraal. Religiöser Mittelpunkt der Siedlung ist ein Busch, der den heiligen *Omumborongbong*a (Ahnenbaum) symbolisiert, dem die Urahnen der Herero entstiegen sein sollen, und das heilige Feuer, das von einer unverheirateten Tochter des Clanchefs bewacht wird.

Ahnenkult

Die Herero pflegen einen ausgeprägten Ahnenkult. Heilige Rinder symbolisieren die Urahnen der Sippe. Im heiligen Feuer lebt die Kraft und Einheit der Gemeinschaft weiter – deshalb darf es keinesfalls verlöschen. Obwohl durch die Arbeit der Missionare der Rheinischen Mission schon früh zum **Christentum bekehrt,** haben die Herero ihre Verbundenheit mit den Ahnen, allen kulturellen Brüchen zum Trotz, in ihr modernes Leben hinübergerettet. In den 1950er Jahren gründeten sie eine **eigene Herero-Kirche,** in der der

Ahnenkult einen festen Platz in der christlichen Liturgie gefunden hat. Bei den Ahnengedenktagen in Okahandja und Omaruru kommt diese gelungene Verbindung traditioneller und christlicher Religionselemente ebenfalls zum Ausdruck.

Kolonialzeit

Früher gab es zwischen den Herero-Sippen nur einen **lockeren politischen Zusammenhalt.** Dies änderte sich in der deutschen Kolonialzeit, da man einen Verhandlungsführer bei den Gesprächen über Landkäufe, Handelsverträge etc. benötigte. Erster Herero-Chief war bis 1890 Maharero; sein Sohn Samuel führte die Herero 1904 in den Aufstand, der mit der Schlacht am Waterberg und der **Flucht in die Omakehe-Wüste** endete. Er selbst konnte die Wüste unbeschadet durchqueren, erreichte Botswana und starb dort 1923 im Exil. Mit dieser Katastrophe verlosch auch das heilige Feuer. Es wurde erst wieder entfacht, als der Leichnam Mahareros nach Okahandja überführt und dort bestattet wurde.

Kleidung

Auch in der Kleidung haben Mission und Kolonialzeit deutliche Spuren hinterlassen: Die meisten Herero-Frauen tragen eine von den Missionarsfrauen inspirierte **viktorianische Tracht,** bestehend aus mehreren Lagen übereinander gezogener Röcke und einem zu einer dreieckigen Haube gebundenen Kopftuch – eines der wenigen an den Rinderkult erinnernden Merkmale moderner Herero-Kultur: Die beiden abstehenden Spitzen des Tuchs **symbolisieren Hörner.** Die traditionelle Lebensweise und Kleidung der Herero ist heute noch an den Himba, ihren „armen" Verwandten im abgeschiedenen Kaokoveld, gut zu beobachten.

Herero heute

Heute leben und arbeiten die meisten Herero in den städtischen Zentren oder auf bewirtschaften Farmen, darunter auch einige kommerzielle Großfarmen. Abgesehen von den Himba im Kaokoveld unterscheidet man drei große Herero-Gruppen: die **West- oder Zeraoua-Herero** mit Verwaltungszentrum Omaruru, die **Maharero-Leute** aus Okahandja und die Ost-Herero oder **Mbanderu** um Gobabis. Ihre politische Vertretung sind der traditionelle Rat *Ovaherero Traditional Authority* und die im Parteienspektrum repräsentierte Partei NUDO.

Hererofrauen in traditioneller Kleidung am Ugab Rivier

Wiedergutmachung und Versöhnung

Seit der Unabhängigkeit wird um die Wiedergutmachung der in der Kolonialzeit begangenen **Verbrechen an Herero und Nama** (in kleinerem Umfang auch an Damara und San) gerungen. Die deutsche Bundesregierung weigerte sich dabei bis zuletzt, die Vernichtung eines nicht unwesentlichen Teils der namibischen Bevölkerung durch Beschuss, Folter, Hunger und Vertreibung als Völkermord **im völkerrechtlichen Sinn** anzuerkennen. Denn dies würde massive Reparationszahlungen nach sich ziehen. Seit 2015 laufen **Gespräche** zwischen Vertretern der namibischen und der deutschen Regierung über eine Wiedergutmachung für die Verluste an Leib und Leben, Eigentum und Land, für die die deutsche Kolonialverwaltung und als Ausführender die Schutztruppe verantwortlich zeichnete. 2021 dann der Durchbruch: Deutschland erkannte an, dass „Gräueltaten, die aus heutiger Sicht als Völkermord bezeichnet werden" begangen wurden und sagte zu, in den nächsten 30 Jahren **ländlichen Infrastrukturprojekten** in den betroffenen Regionen der Nama und Herero **1,1 Milliarden Euro** zukommen zu lassen. Der Bundespräsident sollte sich im Namen Deutschlands bei einer Rede vor dem namibischen Parlament für das Geschehene entschuldigen. Obwohl an dieser Vereinbarung auch Verhandler der Herero und Nama beteiligt waren, **verweigerten Ovaherero Traditional Authority und Nama Traditional Leaders Association** als traditionelle Vertretungen der beiden Völker die Zustimmung. Der politische Druck wurde so stark, dass schließlich 2022 auch die namibische Regierung **Nachverhandlungen** einforderte. Den Streit befeuert nicht nur die, wie Kritiker finden, „lächerliche" Summe von 1,1 Milliarden Euro Entschädigungszahlungen. Es geht auch darum, wer verhandelt hat (Regierungsvertreter und nicht die Betroffenen) und wohin das Geld fließen soll (an die Regierung zur Finanzierung von Infrastrukturprojekten und – wie Kritiker meinen – in die Taschen korrupter SWAPO-Politiker). Die Bundesrepublik steckt hierbei in einer Zwickmühle, kann sie doch auch nur auf **Regierungsebene verhandeln** und auf dieser auch bezahlen. Es wird spannend, wie das nächste Kapitel dieser – bereits 120 Jahre andauernden – Tragödie ausgeht.

Die Ovambo

Mit rund 1,3 Millionen stellen die Ovambo die **Hälfte der Bevölkerung.** Dass sie heute außerhalb ihres traditionellen Siedlungsgebietes zwischen Etosha-Pfanne und Kunene fast überall anzutreffen sind, liegt unter anderem daran, dass sie das größte Kontingent an Kontraktarbeitern in den Minen und der Industrie Namibias bilden. Die unbefriedigende Arbeits- und Lebenssituation als **Pendler zwischen Heimat und Arbeitsstelle** mündete schon in den 1950er Jahren in der Gründung einer politischen Interessensvertretung, dem *Ovamboland People's Congress,* der später in der SWAPO aufging.

Sieben Gruppen

Ovambo ist ein Begriff aus dem Otjiherero, der unterschiedlich interpretiert

Getreidemühle bei Ondangwa im Land der Ovambo

wird: Es soll entweder „die Sesshaften“ bedeuten oder „die Reichen“. Sie selbst nennen sich nach ihren sieben Gruppen, deren bedeutendsten die OvaKwanyama (Kwanyama) und die AaNdonga (Ndonga) sind. Die weiteren Linien sind Kwambi, Mbalanty, Kolonkhadi, Kwalundi und Ngandjela. Auch die Ovambo sind im 16./17. Jahrhundert vom östlichen durch das zentrale Afrika in ihr heutiges Siedlungsgebiet **eingewandert,** und wie die Herero sprechen auch sie eine **Bantusprache.**

Sesshafte Kultur

Die Ovambo sind eine der wenigen traditionell sesshaften Bevölkerungsgruppen Namibias. Sie siedeln in einem relativ kleinen Gebiet (s.o., Bevölkerungsdichte dort 13 Menschen pro qkm, in Südnamibia 1 Mensch pro qkm), das der aus Angola kommende Kuvelai-Fluss saisonal überschwemmt und so fruchtbar macht. **Ackerbau und Viehzucht** sind die wichtigen Wirtschaftszweige der Ovambo, Hirse und Sorghum die bedeutendsten Anbaugüter. Wenn nach der Überschwemmung in den sonst trockenen Flussbetten, die hier *oshana* genannt werden, Wasser steht, bereichern die darin gefangenen Fische die Speisekarte.

Dorfanlage

Die Siedlungen aus Rundhütten liegen auf **Anhöhen** und damit geschützt vor den Fluten des Kuvelai. Sie sind von den Feldern der Familie umgeben, auf denen die Frauen arbeiten, während sich die Männer um das Vieh kümmern. Ähnlich wie bei den Herero und Nama sind auch bei den Ovambo **Rinder ein Prestigeobjekt,** sie werden selten geschlachtet.

König und Königsmutter

Die Ovambo leben in einer traditionell mutterrechtlichen Gesellschaft mit **institutionalisiertem Königtum.** Der König hatte eine wichtige sakrale Funktion als Regenmacher, seine Mutter war nach ihm der wichtigste Würdenträger am Hofe. Da es auch bei den Ovambo keinen Grundbesitz gab und das Land nominell dem König gehörte, wurde es den Bauern auf Lebenszeit zur Pacht überlassen. In der Kolonialzeit lag Ovamboland zwar innerhalb der deutschen Grenzen, aber **jenseits der sogenannten Polizeizone,** dem befriedeten Gebiet mit Militärpräsenz. Die Ovambo blieben weitgehend unbehelligt von den Entwicklungen im Kernland, und nur dank der intensiven Missionstätigkeit der Finnischen Mission hatten sie Anschluss an einige „Segnungen" der Zivilisation. Die meisten sind heute Christen, darunter auch zahlreiche, von Missionaren aus Südangola bekehrte Katholiken. Auch unter südafrikanischer Verwaltung erhielt die Region als Homeland 1968 eine relativ große Autonomie mit einer in inneren Angelegenheiten weitgehend unabhängigen Regierung durch teils gewählte, teils von Südafrika bestimmte Ratsmitglieder und Minister.

Geheimnisvolle Medizin in einem Kraal bei Ongula

Missionierung

Das Christentum fiel im Ovamboland auf fruchtbaren Boden, und dennoch sind **Relikte traditioneller Religion** erhalten und werden zum Teil neu belebt. Zentrales Thema ist auch hier der Ahnenkult, fest verknüpft mit dem Kult um sakrale Rinder. Eine herausragende Bedeutung hatte der König, der zugleich auch spirituelles Oberhaupt der Gemeinschaft war und in dessen Gehöft ein heiliges Feuer das Wohlergehen des Volkes symbolisierte. Als Regenmacher war er für die Fruchtbarkeit der Felder verantwortlich. Eine **komplexe Welt der Geister** und Lebend-Toten umgab die Lebenden. Sie bedrohten die Menschen mit Krankheit oder gar Tod, konnten von den Menschen Besitz ergreifen und durch sie sprechen. Der Gott *Kalunga* wurde als höchstes Wesen, ähnlich dem christlichen Schöpfergott, verehrt.

„Echtes" Afrika?

Das ehemalige Ovamboland ist heute in **vier Provinzen** unterteilt. Mit seinen traditionellen Dörfern und lebhaften Märkten ist es eine der wenigen Regionen, wo das Land dem Klischee eines bunten, schwarzen Afrikas entspricht. Dass es eine krisengeplagte Region ist, sieht man erst auf den zweiten Blick an den Wellblechsiedlungen und Elendslagern im Umkreis der beiden wichtigsten **Städte Oshakati** und **Ondangwa**. Die SWAPO-Regierung tut viel, um der Region wirtschaftlich auf die Beine zu helfen, weshalb ihr von anderen Volksgruppen häufig Günstlingswirtschaft vorgeworfen wird. Durch starkes **Bevölkerungswachstum** und den Zuzug von Flüchtlingen aus dem benachbarten Angola, die ebenfalls zur größten Ovambo-Gruppe, den Kwanyama, gehören, reichen die Erträge des Landes schon lange nicht mehr aus, um alle Menschen zu ernähren. Kontraktarbeit, Armut und Landflucht sind die Folgen.

Die Himba

Die **letzten Nomaden Namibias** haben in den vergangenen Jahrzehnten so viele Katastrophen und Einflussnahmen von außen erlebt, dass es fast einem Wunder gleicht, wie verbunden sie trotz allem ihrer **Tradition** geblieben sind. Bei einer Dürrekatastrophe zu Beginn der 1980er Jahre haben sie beinahe ihren gesamten Viehbesitz verloren, und der Krieg der SWAPO gegen Südafrika verwandelte ihr karges Weideland in ein militärisches Aufmarschgebiet.

Veränderte Lebenswelt

Viele Himba-Familien sind damals aus dem **Kaokoveld** geflohen, weil sie Angst hatten, zum Kampf für eine der beiden Kriegsparteien gezwungen zu werden. Der heutige Verwaltungsort **Opuwo** wurde zur Militärbasis der südafrikanischen Verbände ausgebaut, und die großzügig im Veld verteilten Waffen der Südafrikaner haben die althergebrachten Jagdmethoden verändert. Schließlich wurde das nach den Kämpfen noch verbliebene Wild – die seltenen Wüstenlöwen und Wüstenelefanten, Nashörner und Leoparden – unter strengen Schutz gestellt, was wiederum die langsam erstarkenden Viehherden der Himba bedrohte. Die **Einflüsse der modernen Zivilisation** haben auch vor dem Kaokoveld nicht haltgemacht, doch viele Traditionen prägen das Leben der Nomaden heute noch ähnlich stark wie im letzten Jahrhundert. Dazu gehören die bei den Herero bereits beschriebenen rituellen Aspekte, wie die doppelte Abstammungslinie, das heilige Feuer und die heiligen Rinder.

Himbafrauen in traditioneller Kleidung nördlich von Opuwo

Lebendige Traditionen

Die auffälligsten Merkmale der Himba sind ihre **Kleidung und der reiche Schmuck,** die nicht nur ästhetischen Zwecken genügen, sondern auch den gesellschaftlichen Status des Trägers bezeichnen. Das Schönheitsideal imitiert die heiligen Tiere der Himba, die Rinder. Die beiden vom Hinterkopf nach vorne über die Stirn geflochtenen Zöpfe junger Mädchen **symbolisieren Rinderhörner,** ebenso wie später die zwei abstehenden Zipfel der Fellhaube einer verheirateten Frau. Der Körper soll glatt und glänzend sein wie das Fell eines Kalbes. Deshalb wird er mit einer Paste aus Rotholzpulver und Butter eingerieben.

Rindsleder ist im Kaokoveld überall: Kleidung, Decken und Regenplane

Himba-Dorf

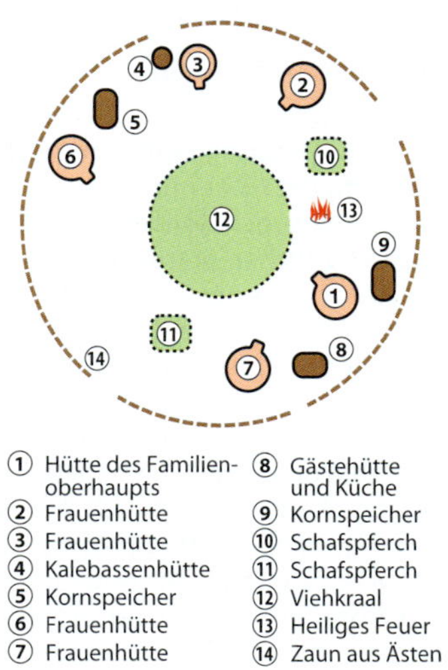

Die **Kleidung** besteht aus Leder und Fell. Männer und Frauen tragen einen **Lendenschutz** aus Kalbfell, die **Lederumhänge** von früher werden heute häufig durch Wolldecken oder ausgediente Armeemäntel ersetzt. Die **Haare** frisiert man je nach Status: zu einem einzelnen dicken Zopf geflochten (junge Männer); in langen, mit Perlenschnüren verzierten Fransen, die ins Gesicht hängen (Mädchen vor der Pubertät); zu zwei Zöpfen geflochten und unter einem Lederkopftuch verborgen (verheiratete Männer); in überschulterlangen, gedrehten und mit Ocker eingeriebenen Flechten aus dem Gesicht gekämmt und mit **Fellhaube** geschmückt (verheiratete Frauen); offen und ungekämmt (Trauernde).

Schmuck

Der Körper wird mit **dekorativen Messingringen** geschmückt. Dreieckige Lederanhänger, mit einem Muster aus Drahtperlen oder mit Knöpfen und Eisenperlen verzierte Lederstreifen hängen über Rücken und Brust. Ein auffallendes Schmuckstück ist die *ohumba,* das Gehäuse der **Ngoma-Schnecke** (Tritonshorn), die als Anhänger die Lederhalskette vieler Frauen ziert. Als Schönheitsideal werden Jungen und Mädchen im Alter von etwa neun Jahren die unteren Schneidezähne ausgeschlagen.

Begehrte Souvenirs

Schmuck und Kleidung der Himba sind begehrte Souvenirs. Bereits viele traditionelle Stücke, die seit Generationen innerhalb der Familie weitergegeben wurden, haben die Himba aus wirtschaftlicher Not an durchreisende Touristen verkauft. Heute bemühen sich kunstgewerbliche Initiativen, die

Vermarktung des traditionellen Besitzes zu stoppen. Man hält die Himba dazu an, Schmuck nicht nur für den Eigenbedarf, sondern auch für den Verkauf herzustellen.

Abwanderung

Ähnlich problematisch ist die **Verlagerung des Lebensmittelpunkts:** Da das Kaokoveld nur von wenigen Reisenden besucht wird, ziehen viele Himba nach Süden, wo sie sich beispielsweise im nördlichen Damaraland und seinen Touristenattraktionen (Brandberg, Twyfelfontein) mehr Einkommen vom **Souvenirverkauf** versprechen. Manche landen auch im weit entfernten Swakopmund oder Windhoek und werden dort oft von den fremden Lebensumständen aus der Bahn geworfen. Alkoholismus ist nur eine von vielen negativen Folgen.

Kavango- und Caprivi-Volksgruppen

Wie ihre Ovambo-Nachbarn gehören auch die Menschen, die entlang des Kavango und im Caprivi Strip leben, zur großen **Bantu-Familie.** In ihrem Lebensraum abseits der Hauptrouten und städtischen Zentren haben sie sich **bäuerliche Lebensweise** und **prächristlichen Traditionen** bewahrt. Kleine, im Busch versteckte Rundhüttendörfer und Ochsenschlitten prägen die Landschaft. Trockene Flussbette, *omiramba* genannt, durchziehen die Region, die der vorherrschende weiche Sand für normale Fahrzeuge unpassierbar macht.

Sprache

Sprachlich haben die **Kavango** engere Bindungen zu den **Ovambo,** während die östlichen **Caprivianer** eher zu den Volksgruppen des benachbarten **Zambia** tendieren und sich des Lozi als Umgangssprache bedienen. Englisch benutzen beide Gruppen schon länger als Umgangssprache als das übrige Namibia. Ethnisch sind die Caprivianer nicht so homogen wie die Kavango. So führen Differenzen zwischen Mafwe und Basubya, den beiden Hauptgruppen, häufig zu Auseinandersetzungen.

Lebensweise

Kavango wie Caprivianer sind **Ackerbauern** und betreiben daneben **Viehzucht** (Rinder, Ziegen). **Fische** aus den zahlreichen Wasserarmen ergänzen die Nahrung. Das Sozialsystem weist viele Ähnlichkeiten mit der bei den anderen Bantu-Gruppen beschriebenen Struktur auf. Vorherrschend ist die mutterrechtliche Linie, und die **Chiefs** sind zugleich auch **sakrale Oberhäupter** ihrer Gemeinde und vergeben das Gemeinschaftsland zur Pacht. Ihnen zur Seite steht meist ein **Rat der Ältesten,** ohne dessen Zustimmung der König kaum

Der Caprivi Strip ist für seine geflochteten Lagergefäße und Fischreusen bekannt

Handlungsvollmacht hat. Könige, Ratsvertreter und gewählte Abgeordnete bilden auch die Regionalregierung in Kavango und Ost-Caprivi, die in den 1970er Jahren für die Selbstverwaltung der beiden Homelands eingerichtet wurde. Viele Kavango sind als Wanderarbeiter in die städtischen und industriellen Zentren des Landes gezogen. Einige versuchen als Holzschnitzer mit Touristenandenken ihr Glück.

Die Rehobother Baster

Allein die Tatsache, dass sich diese Bevölkerungsgruppe selbst als „Basters" – „Bastard" – bezeichnet, zeigt ihren großen Stolz auf die Abstammung. Die Baster führen ihre **Herkunft auf Verbindungen zwischen Weißen und Nama-Frauen** zurück und tragen die Familiennamen ihrer Väter. Diejenigen, die einer legalen Ehe entstammen, gelten als die angesehensten Baster-Familien. Man spricht von 37 Stammvätern, teils burischer, teils deutscher Nationalität; es gibt sogar mehrere Basterfamilien malaiischer Herkunft. Gemeinsame **Sprache der Baster ist das Afrikaans.** Sie sind – sozusagen seit ihrer Genese – protestantische Christen. Missionare begleiteten sie auch bei ihrer Auswanderung aus Südafrika.

Einwanderung

In der zweiten Hälfte des 19. Jahrhunderts wanderten die Baster **aus der Kapprovinz** ein. Wahrscheinlich hat sie – ähnlich wie die Orlaam – die Expansion der weißen Farmer abgedrängt und gezwungen, ihre Heimat zu verlassen. Diesem Fortzug einer ganzen Gemeinschaft waren **Sondierungen nach Land** vorausgegangen, das die Baster-Abgesandten schließlich von den Swartbooi-Nama pachten konnten. 1870 gründeten die Baster an der Stelle einer verlassenen Missionsstation der Rheinischen Gesellschaft den Ort **Rehoboth.**

Wirtschaft und Gesellschaft

Die meisten Baster leben als Farmer von der **Viehzucht** (hauptsächlich Schafe und Rinder). Ihre Region um Rehoboth gilt als besonders **gutes Weideland,** doch behindert kompliziertes Erbrecht und die daraus folgende Zersplitterung der Farmen eine extensive Nutzung des Bodens. Bemerkenswert ist die streng patriarchale Sozialordnung der Baster, die wohl dem frühen christlichen Einfluss entstammt. Traditionell stellte die angesehenste Familie van Wyk den **Captain/Kaptein der Gemeinde.** Seit 1976 wird der Kapitän gewählt. Ein Ministerrat und ein Parlament aus Volksvertretern beraten ihn.

Autonomie über alles

Wichtigstes Gut der Baster war und ist ihre politische Autonomie. Diese erhielten sie sich bereits 1885 durch einen **Schutzvertrag mit dem Deutschen Reich,** unter dessen Fahne sie auch die Aufstände der Nama und Herero mitbekämpften. 1915, kurz vor dem Aus für die deutsche Kolonie, zettelten die Baster schließlich selbst eine Erhebung an, die misslang. Die südafrikanische **Mandatsmacht** ersetzte ihren traditionellen Rat durch ein **weißes Verwaltungsgremium.** Erst Mitte der 1970er Jahre, mit der Einrichtung des Homelands, durfte der Rat wieder agieren. Die Unabhängigkeit Namibias bereitete den Baster einiges Unbehagen, weil sie erneut fürchten mussten, ihre Autonomie zu verlieren. Bis heute wehren sie sich gegen Versuche, ihre politische Unabhängigkeit zu beschneiden, was immer wieder zu Streit mit der SWAPO-Regierung führt.

Bürger

Untereinander nennen sich die Baster *Burger.* **Bastergemeinden** gibt es in verschiedenen Gegenden Namibias, ihre prominenteste und größte Gruppe lebt aber in und um das Städtchen Rehoboth, etwa 80 km südlich von Windhoek. Mit 25.000 Menschen stellen sie 1 % der Namibier.

Die Buren

Anfang des 17. Jahrhunderts kamen die ersten Holländer an die Südspitze Afrikas, wo sie eine Versorgungsstation für den Schiffsverkehr nach Indien einrichteten. Schon bald entdeckte man das Kap auch als ideales Siedlungsgebiet, und Ende des 18. Jahrhunderts bestand bereits eine ansehnliche holländische Kolonie.

Rückzug nach Norden

Doch auch **Großbritannien** wollte sein Einflussgebiet in Afrika ausdehnen und **annektierte** schließlich 1814 die **Kapkolonie.** Vor dem wachsenden englischen Einfluss zogen sich viele Buren („Bauern"), wie die in Afrika lebenden Holländer sich nannten, immer weiter ins Landesinnere zurück. So gelangten die ersten **Siedlerfamilien** auch in das **Territorium nördlich des Oranje,** das heutige Namibia. Die meisten zogen nomadisierend (trekkend) mit ihrem Vieh durch den Süden, einige Familien trekkten sogar bis nach Angola.

Süd-West

Als Ende des 19. Jahrhunderts Deutschland seinen Einfluss in Südwestafrika geltend machte, mussten sich die Buren erneut mit einer neuen **Kolonialmacht arrangieren.** Curt von François, der erste Gouverneur, bezeichnete die Buren als „gutes Siedlermaterial". Im Gegensatz zu manchem deutschen Aussiedler seien sie zäh und galten als geschickte Farmer und **gottesfürchtige Menschen.** Ihre unnachgiebige Haltung gegenüber den Eingeborenen erschien ihm allerdings als unproduktiv für die weitere Entwicklung der Kolonie.

Viele Sprachen, ein Idiom

Die Sprache der Buren, das **Afrikaans,** entwickelte sich aus dem Niederländischen zu einer eigenständigen Sprache mit zahlreichen Lehnwörtern aus allen anderen Sprachen, die am Kap verbreitet waren: von Englisch über die Sprachen der schwarzen Bevölkerung bis hin zu Portugiesisch, Deutsch und Malaiisch. Es gibt verschiedene regionale Afrikaans-Ausprägungen, wobei

das **Afrikaans der Namibier** auch von den Herero und Nama beeinflusst wurde. Bis zur Unabhängigkeit 1990 war Afrikaans nicht nur die Umgangs- sondern auch die Amtssprache Namibias. Wegen ihrer Verbindung mit der Apartheid wurde sie in dieser Funktion von der SWAPO-Regierung, auch im Einvernehmen mit der DTA, durch das Englische ersetzt.

Einwanderung

Die meisten Buren der älteren Generation kamen um 1915, nach der deutschen Kapitulation, **als Viehzüchter ins Land.** Viele nomadisierten, einige ließen sich auf Farmen nieder. Die meisten Burenfamilien waren arm und besaßen keinerlei schulische Bildung – ein Schulbesuch war bei ihrem Nomadenleben nicht möglich. Lange Zeit standen sie auf der untersten Stufe der weißen Hierarchie und die wohlhabenden, zumeist deutschen Farmer, verachteten sie entsprechend. Eine zweite Einwanderungswelle in den 1950er und 1960er Jahren brachte im britischen Schulsystem geschulte **Beamte, Lehrer und Regierungspersonal** ins Land. Damit hat sich auch das Bild vom „armen, dummen Buren" gewandelt, wenngleich Burenwitze, ähnlich unseren Ostfriesenwitzen, immer noch gerne die Runde machen.

Tiefe Religiosität

Die Buren leben traditionell in patriarchal strukturierten **Großfamilien.** Entsprechend ihrer **calvinistischen Auslegung** des protestantischen Glaubens sind das Schicksal und die Position eines Jeden in der Gesellschaft gottgewollt und nicht beeinflussbar. So legitimieren sie auch ihre Haltung gegenüber den andersfarbigen Volksgruppen. Von ihnen getrennt, apart, zu leben, galt als religiöse Pflicht. Die Afrikaans-Sprachigen stellen knapp zwei Drittel der etwa 150.000 (6 %) Weißen Namibias. Wenn heute noch zwischen Buren, Deutschen oder anderen europäischen Bevölkerungsgruppen unterschieden wird, dann hat dies nichts Herabsetzendes mehr. Ihre politische Heimat haben viele Buren bei der **rechtsnationalen MAG** gefunden, die seit 2010 nicht mehr im Parlament vertreten ist.

Die Deutschen

Die ersten Deutschen in Südwestafrika waren Missionare: 1805 ließ sich Schmelen in Warmbad nieder, ihm folgten ab der Mitte des 19. Jahrhunderts Hahn und Kleinschmidt mit **Missionsgründungen** in Zentralnamibia (u.a. Gross Barmen). Die Einwanderung deutscher Siedler begann aber erst 1885, als Südwestafrika deutsches Schutzgebiet war.

Einwanderung

Die meisten der heute etwa 45.000 Menschen mit deutschen Wurzeln leben seit mehreren Generationen im Land. Nach Namibias Unabhängigkeit erfolgte eine kleine **Einwanderungswelle** von Deutschen vorrangig **aus der ehemaligen DDR,** die sich hier neue berufliche Perspektiven erhofften. Insgesamt halten sich seit Beginn der 1990er Jahre Zu- und Auswanderung von Deutschen die Waage. Die Alteingesessenen sind die **Nachkommen der ersten Siedlerfamilien,** die in Südwestafrika auf extreme Lebensbedingungen stießen und hier nur durch ihre außerordentliche Zähigkeit überleben konnten. Die **Bindung an ihre neue, unwirtliche Heimat** kommt im beliebten „Südwester"-Lied zum Ausdruck: „Hart wie Kameldorn ist unser Land", heißt es da. An diesem harten Land, das man sich mit viel Blut und Mühe und gegen den verzweifelten Widerstand der indigenen Volksgruppen erkämpft hatte, hielten die meisten dann trotz Ausweisungen und Internierung unbeirrbar fest.

Deutsche Kultur und Sprache

Vielleicht gerade wegen ihrer relativen Isolierung war die deutsche Gemeinde stets bemüht, ihre **kulturellen Wurzeln zu pflegen und zu bewahren.** In Vereinen widmet man sich der Brauchtumspflege und organisiert Feste wie den Karneval, traditionsgemäß mit Prinzenpaar und Garde, und das Oktoberfest. Dies führte zugleich zu einem erstaunlich guten Erhalt der **deutschen Hochsprache.** Während sich die Sprache der Kapholländer mit allen anderen Dialekten der Region zum übergreifenden Afrikaans entwickelte, blieb das Deutsche als unverfälschte Schriftsprache erhalten. Im Alltag entwickelten die Deutsch-Namibier allerdings ein **Namdeutsch** genanntes Idiom, das einige Elemente wie Wörter aber auch grammatikalische Konstruktionen der anderen Sprachen übernimmt.

Schulen

Deutsch-Namibier haben in mehreren Orten deutsche Schulen, oft mit angeschlossenem Internat, eingerichtet, und in Windhoek führt die Deutsche Höhere Privatschule DHPS mit einem gesonderten Zweig für Nicht-Muttersprachler bis zum Abitur. Sie gilt als **beste Lehranstalt Namibias,** wird von über 1000 Schülern besucht und von Deutschland finanziell, personell und ideell unterstützt.

Wirtschaft und politische Teilhabe

Viele Deutschstämmige betreiben **Farmen,** daneben haben sie sich auch in allen anderen Wirtschaftsbereichen und besonders **im Tourismus etabliert.** So erfolgreich und dominant die Deutsch-Namibier auf diesem Sektor sind und so intensiv sie sich um den Erhalt der deutschen Kultur bemühen – im Politischen sind sie eher unterrepräsentiert. Mehrere eigenständige

Deutsche Architektur in Swakopmund

politische Initiativen, zuletzt der deutsche Kulturrat, liefen ins Leere und lösten sich auf. Eine liberale, zukunftsorientierte und politisch konstruktive Haltung nimmt seit seiner Gründung 2021 das **Forum deutschsprachiger Namibier, FDN,** mit Niederlassungen in Windhoek und Swakopmund ein (www.forum-deutsch-namibier.org). So bezieht es differenziert Stellung zum schwierigen Umgang mit der Kolonialgeschichte, der sich z.B. im Abbau von Symbolen der Kolonialära wie des Curt-von-François-Denkmals in Windhoek manifestiert.

Christuskirche in Windhoek: Der sonntägliche Kirchgang ist Protestantenpflicht

Die DDR-Namibier – Wanderer zwischen den Welten

Während des Befreiungskampfes wurden **mehrere hundert namibische Kinder,** zumeist aus Ovamboland, auf Schulen in der DDR geschickt. Die DDR hatte die Unabhängigkeitsbestrebungen der SWAPO ideell wie materiell unterstützt und wollte mit der Ausbildung der Kinder einen Beitrag zu deren aufrechter Gesinnung leisten. Sie wurden auf mehrere Internate aufgeteilt, wo sie, begleitet von einem namibischen Kontaktmann, deutsche Erziehung und Unterricht genossen. Im Zuge der deutschen Einheit **schickte man die Schüler in ihre Heimat zurück.** Die Bundesregierung stellte finanzielle Hilfe zur Wiedereingliederung der Kinder zur Verfügung. Da standen sie nun, nach teils über zehn Jahren DDR wieder in ihren heimatlichen Dörfern und sollten, verwöhnt durch die Zivilisation, das **einfache Leben** ihrer Verwandten teilen, die sie gar nicht mehr kannten und deren Sprache viele auch nicht mehr verstanden. Aus den Flüchtlingskindern waren deutsche Jugendliche geworden, deren schwarze Haut das einzige Merkmal ihrer Herkunft war. So manches Kind landete bei einer **völlig fremden Familie,** die es nur wegen der finanziellen Zuwendungen aufnahm und entsprechend schlecht behandelte. Umgekehrt waren viele „DDR-Namibier" schockiert von den primitiven Lebensumständen, in denen ihre Familien lebten, und konnten ein gewisses Überlegenheitsgefühl nicht verhehlen. Die Kluft zwischen den Ex-DDRlern und den Daheimgebliebenen sorgte für immer neue, **brisante Konflikte.** Die Kirche und einige engagierte Deutsch-Namibier nahmen sich schließlich der ungeliebten Rückkehrer an und besorgten **Gastfamilien,** organisierten die Unterbringung in Schülerheimen und kümmerten sich darum, dass sie ihren Schulabschluss machen konnten.

Kunsthandwerk und Traditionen

Welten liegen zwischen den Jugendstilvillen in Swakopmund und einer Himba-Siedlung im Kaokoveld, zwischen den Swakara-Kreationen junger Pelzdesigner und dem Perlenschmuck der San. Namibia vereint **sehr unterschiedliche kulturelle Traditionen,** die der deutschen Kolonialisten, der christlichen Missionare, der burischen Trekker, der viehzüchtenden Nomaden und der Hirsebauern. Dass diese Kulturen nicht isoliert nebeneinanderstehen, sondern sich kreativ durchdringen, sieht man sowohl im weißen Kunsthandwerk, wie beispielsweise der Teppichweberei und den Juwelierarbeiten – beides inspiriert von schwarzafrikanischer Ornamentik – und umgekehrt natürlich auch an den kreativen Arbeiten der autochthonen Bevölkerung, die europäische Elemente integrieren.

Was Nomaden brauchen

Die Bandbreite des **traditionellen Kunsthandwerks** der meisten Völker war eingeschränkt durch ihren nomadischen Lebensstil. So bilden persönlicher Schmuck und Kleidung, Transportgefäße, gewebte Matten und anderer Hausrat die handwerklichen Erzeugnisse dieser Völker. Wichtigste Werkstoffe waren Leder und Fell von erlegtem Wild oder geschlachtetem Vieh. Die Himba besitzen reichen Arm- und Beinschmuck aus Eisen und Kupfer. Zur Dekoration verwendete man Elfenbein, Horn, Leder, Muscheln, Schnecken und die Schale des Straußeneis. Aus dem Ei werden auch Wassergefäße gefertigt und mit zarten Gravuren geschmückt.

Schnitzer und Flechterinnen

Bei den sesshaften Bewohnern von Ovambo und Caprivi haben **Schnitz- und Flechtarbeiten** größere Bedeutung. Aus den verschiedensten Hölzern werden Vorratsgefäße und Schemel hergestellt, das Material für Wandschirme, Körbe und Matten liefern biegsame Zweige und Gräser, aus Lehm formt man Götter-, Tier- und Menschenstatuen, und

Untersetzer gibt es in dezenter Farbgebung, aber auch knallbunt

African Kirikara: Figurenkunst bei Dordabis, nicht unbedingt originär namibisch, aber berührend

auch die **Töpferei** besitzt eine lange Tradition. Ein charakteristischer und sehr teuer verkaufter Schmuck der Ovambo sind sorgfältig polierte **Elfenbeinknöpfe**. Figürliche Holzarbeiten sind in der Region unter dem Einfluss benachbarter Völker aus Angola oder Zimbabwe entstanden. Heute werden fast ausschließlich einfache Kopien gängiger Massenware, die als „typisch afrikanisch" gilt, produziert. Solche **Holzschnitzereien** stellen den Löwenanteil im Angebot der Souvenirshops und Straßenmärkte – vom Schachspiel bis zur Marienstatue. Natürlich gibt es auch schöne oder originelle Stücke darunter, die zu finden erfordert aber ein scharfes Auge und viel Geduld.

Sticken mit Perlen

Traditionellen Vorbildern abgeguckt ist der vielerorts angebotene, moderne **Perlenschmuck,** teils im eleganten schwarz-weiß-Dekor aus Straußeneierschalen, teils fröhlich bunt aus Glas- oder Plastikperlen. Beliebte Motive der Nama schmücken als **Stickereien** farbenfrohe Quilts, Kissenbezüge, Servietten und Tischdecken. Viele dieser kunstgewerblichen Arbeiten entstehen unter Federführung engagierter Initiativen, die sich um die arbeitslosen Frauen in den städtischen Zentren kümmern und ihnen mit Näh-, Flecht- oder Stickarbeiten zu einem wirtschaftlichen Auskommen verhelfen wollen.

Kostbarer Schmuck

Goldschmiedearbeiten sind aufs deutlichste von afrikanischen Ornamenten und Formen geprägt. Neben Gold und Edelsteinen werden auch Materialien wie Vogelfedern, Elefantenhaar oder Elfenbein verarbeitet, das legal verkauft, aber nicht in Deutschland eingeführt werden darf. Die fantasievollen und außerordentlich dekorativen Stücke sind teuer, denn obwohl Gold und Diamanten hier zu Hause sind, weicht ihr Preis kaum von den in Mitteleuropa üblichen Preislagen ab.

Mode mit Pfiff

Fantasievolle, bunte **Mode,** die afrikanische und amerikanische Trends verbindet, wird von jungen farbigen Mode-

Die Goldschmiedin Claudia von Hase stellt auf Kiripotib herrlichen Schmuck her

machern kreiert und in Läden in Katutura, aber auch in der Post Street Mall und im Namibia Craft Center (s. Windhoek) verkauft. Die Entwicklung geht hin zu Modellen, die sich eher an zentral- und westafrikanischen Vorbildern orientieren: knallenge Kostüme werden aus den überall in Afrika beliebten buntbedruckten Stoffen geschneidert und mit überdimensionalen Schößchen versehen, bunte, folkloristische Borten säumen strenggeschnittene Mao-Anzüge.

Karakul

Eine außerhalb des südlichen Afrikas stark umstrittene Branche ist die **Kürschnerei,** denn ihr Rohmaterial, die Felle von Karakullämmern, ist nur dann von wirklich hoher Qualität, wenn das Lamm unmittelbar nach der Geburt getötet wurde. Die Fellstruktur ist nicht so dichtgelockt wie beim verwandten Persianer, sondern fällt flach in großen Wirbeln. Es besitzt einen wunderschönen Glanz und wird von Pelzdesignern zu **hochmodischen Jacken und Mänteln** verarbeitet, die auf internationalen Messen immer wieder Preise gewinnen. Pelz zu tragen ist Geschmacks- und Gesinnungssache, nicht zuletzt aber eine Frage des prall gefüllten Geldbeutels, auch im Land des Karakuls.

Architektur – von der Kolonialzeit zur Postmoderne

Zu den faszinierendsten Zeugnissen der Kolonialzeit gehört ihre Architektur. Man wollte etwas vom Glanz der Heimat hinüber in die unwirtliche Kolonie retten. Dieses Bedürfnis manifestierte sich vor allem in den **Repräsentativbauten im Stil des wilhelminischen Deutschland,** deren Zinnen, Erker und Fachwerkgiebel die Stürme der Zeit überstanden haben und den Städten ein sehr eigenwilliges Gesicht geben.

Bauen in der Wüste

Neben allen dekorativen Erwägungen waren bei den Bauten aber auch landesspezifische und klimatische Gegebenheiten zu berücksichtigen. Die **Holzhäuser der ersten Siedlergeneration** – Fertighäuser gab es im Versand aus dem heimatlichen Kolonialwaren-Katalog – erwiesen sich als untauglich, denn sie isolierten schlecht und hielten den Angriffen der gefräßigen Termiten nicht lange stand. Besondere **Fundamente aus Bruchsteinen** sorgten schließlich dafür, dass die Bauten nicht Opfer der Insekten wurden.

Duwisib – Ritterburg in der Wüste

Offiziershaus in der Hauptstadt: Heute das Windhoek City Museum

Sonnenschutz

Als wirksamster Schutz vor der Sonneneinstrahlung entstanden **verandaähnliche Vorbauten,** deren Schatten die Mauern und der daran vorbeistreichende Wind auch die Räume kühlten. An älteren Farmhäusern, wie beispielsweise der Gästefarm Ababis, kann man diese Veranda auch heute noch sehen und ihren Kühle genießen.

Militärische Bauten

Zinnen und Wehrtürme waren das charakteristische Merkmal der Festungsanlagen, die zur Unterbringung der Soldaten und im Angriffsfall zum Schutz von Zivilpersonen dienen sollten. Typische Beispiele sind die **Alte Feste** in Windhoek und **Fort Namutoni** am Ostrand der Etosha-Pfanne. Viele Siedlungen erhielten Wach- und Wehrtürme (u.a. Omaruru, Otjimbingwe), in denen Munition lagerte und die Zuflucht bei Angriffen bieten sollten.

Südwester Architekten

Südwestafrikas prägender Architekt war der im Land geborene **Gottlieb Redecker,** der den „südwestafrikanischen Verandenstil" zur Vollkommenheit entwickelte. Sein prachtvollster Bau ist der Windhoeker **Tintenpalast** von 1913, an dem man diese besondere afrikanische Variante des deutschen Baustils anschaulich studieren kann. Eine umlaufende Veranda schützt die dahinterliegenden Räume der Beamten vor der Tageshitze.

Der wirtschaftliche Aufschwung der Kolonie brachte einige bauliche Besonderheiten hervor: Der vielbeschäftigte Windhoeker Architekt **Wilhelm Sander** errichtete mittelalterliche **Ritterburgen** (Windhoek, Swakopmund) und **Fachwerkhäuschen** (Gathemann-Ensemble), sein Kollege Otto Busch konzipierte in Windhoeks Stubel Street eine Villenkolonie „in Cottage-Architektur im Sinne kleiner englischer Landhäuser" mit Fachwerkgiebeln. In Swakopmund entstand 1905 ein originalgetreues Abbild eines **Berliner Mietshauses** im neobarocken Stil, das von Atlas mit der Weltkugel gekrönt wird. Wie ein Fremdkörper aus einer anderen Welt überragt dieses stuckverzierte, zweistöckige „Hohenzollernhaus" auf zeitgenössischen Fotografien die angrenzenden Flachbauten in der Wüstenlandschaft der Namib.

Die Heimat lässt grüßen

Auch die Sakralarchitektur orientierte sich am deutschen Vorbild. Herausragendes Beispiel ist die von Gottlieb Redecker entworfene **Christuskirche,** das Wahrzeichen Windhoeks. Neogotische und -romanische Bauelemente prägen den Bau aus rötlichem Sandstein, weiß setzen sich seine gotischen Fensterbögen dagegen ab (Fertigstellung 1910). Ein ähnlicher Kirchenbau entstand in Karibib, während sich die Swakopmunder Gemeinde für die Evangelisch-Lutherische Kirche zum neobarocken Entwurf des Architekten Otto Ertl entschloss (1910).

Die Neuzeit überragt die Kolonialbauten im Zentrum von Windhoek

Die Entstehung der Townships

Die Jahre zwischen dem Ende der deutschen Oberhoheit 1915 und dem Beginn einer zukunftsweisenden städtebaulichen Planung in den 1960er und 1970er Jahren verliefen ungeordnet und ohne erkennbares städtebauliches Konzept. Gezielte Eingriffe in die städtebaulichen Strukturen fanden ab Mitte der 1960er Jahre statt, als man mit der Errichtung von **Satellitenstädten** begann, die Schwarzen und Farbigen vorbehalten sein sollten. Dafür wurden ganze Wohnviertel (in Windhoek beispielsweise „Alte Werft" bzw. Old Location, heute „Hochlandpark") planiert, die Einwohner an den Stadtrand umgesiedelt. **Katutura** (Schwarze) und **Khomasdal** (Farbige) entstanden an der Peripherie Windhoeks, und eine ähnliche Entwicklung vollzog sich in den meisten anderen Städten Namibias.

Tote Zentren

Wer durch die gepflegten Straßen Windhoeks flaniert, sollte sich bewusst machen, dass viele Straßen in Katutura bis heute nicht alle asphaltiert sind. Obwohl die Pflicht in den Satellitenstädten zu wohnen aufgehoben ist, können es sich die wenigsten leisten, in die teuren weißen Wohngebiete umzuziehen. Und noch eine gravierende Folge hat dieses Produkt der Apartheid: Die Stadtzentren wirken außerhalb der Büro- und Öffnungszeiten der Geschäfte meist wie ausgestorben. Das eigentliche Leben spielt sich in den Vororten ab.

Architektur seit der Unabhängigkeit

Schon bald nach der Unabhängigkeit setzte sich die neue Regierung ein erstes städtebauliches Denkmal in Windhoek, ein postmodernes Einkaufszentrum mit Fußgängerzone, das mit fröhlichen Pastellfarben gegen die Tristesse der umliegenden Büro-Hochbauten aus den 1970ern anstrahlt. Die **Post Street Mall** kann wohl als gelungenes architektonisches Ensemble bezeichnet werden, das sich mit Flohmarkt, Kneipen und Cafés zu einem lebhaften Mittelpunkt Windhoeks gemausert hat. Ein gänzlich anderes Gesicht der Hauptstadt prägen die monumentalen **Bauten nordkoreanischer Provenienz** wie etwa die Gedenkstätte für die Opfer des Unabhängigkeitskampfes **Heroe's Acre,** das **Unabhängigkeitsmuseum** mit der überdimensionalen Statue Sam Nujomas oder der **Präsidentenpalast,** vor dem ein gigantischer Messingadler seine Flügel entfaltet. Sozialistische Heroen-Architektur vom Feinsten!

Malerei und Skulptur

Das ästhetisierend reflektierte Naturerlebnis und die sozialkritische Auseinandersetzung mit Geschichte und Kultur sind zwei große Themen der Bildenden Kunst. In die erste Sparte fallen mehrere talentierte **Landschaftsmaler,** die Namibias Wildnis, die vielen Farben des Himmels und der Wüste, die Begegnung mit Wild und das Erlebnis der völligen Einsamkeit in zarten Aquarelltönen wiedergeben. In der Swakopmunder „Muschel" sieht man eine beispielhafte Auswahl solcher Werke, die hauptsächlich von weißen Künstlern stammen; man kann dort auch Drucke erwerben.

Sozialkritische Kunst

Die andere Seite repräsentiert beispielhaft der auch international bekannt gewordene Ovambo-Künstler **John Ndevasia Muafangejo,** dessen expressionistische Linolschnitte sich mit dem Einfluss von Mission und der weißen Oberhoheit auf die traditionelle Kultur seines Volkes auseinandersetzen. Seine künstlerische Ausbildung erhielt er bei der Lutherischen Mission in Durban (Rorke's Drift Arts and Craft Centre) von schwedischen Lehrern. Später arbeitete er als Kunstlehrer in Oshikango. Der Künstler starb 1987 überraschend früh im Alter von 44 Jahren. Er hat inzwischen zahlreiche Nachahmer gefunden, die mit ähnlichen Techniken arbeiten, darunter **Joe Madisia** (*1954), der 2005–13 die angesehene Windhoeker Nationalgalerie leitete.

Stars der zeitgenössischen Szene

Naive Malerei, gepaart mit einer fast unheimlichen fotografischen Genauigkeit, zeichnet die Bilder von **Paul Kiddo** (1949–2021) aus. Der in Bethanie geborene hat nie eine künstlerische Ausbildung genossen und bildete zumeist Szenen im traditionellen Kontext ab, etwa den Alltag in einem Herero-Dorf. Geradezu bedrängend sind aber auch seine Gemälde von Kolonialzeugnissen wie etwa der im Sand versinkenden Diamantenstadt Kolmanskoop. Gruppenausstellungen, u.a. in der National Art Gallery, machten den Autodidakten bekannt, seine Bilder werden teuer gehandelt. Aus Swakopmund stammt **Petrus**

„Lonley Man" von John N. Muafangejo

Die Bildhauerin Dörte Berner in ihrem Atelier

Amuthenu (*1981), dessen Linolschnitte und Gemälde sich zwischen traditionellen Motiven und Popart bewegen. Werke sind u.a. in der National Art Gallery zu sehen. **Nicky Marais** (*1962) erforscht in ihren abstrakten Bildern mit kraftvollen Farben das Zusammenspiel der realen und der magischen Welt und ist darin stark afrikanisch inspiriert.

Stein

Eine Sonderrolle kommt einer deutschstämmigen Bildhauerin zu, die mit eigenwilligen Tier- und Menschenplastiken einen ganz besonderen künstlerischen Stil entwickelt hat, der europäische wie afrikanische Einflüsse erkennen lässt: **Dörte Berner** (*1942). Ihr wohl bekanntestes Werk ist der Bronzebrunnen in der Hepworth Arcade, den die so beliebten Perlhühnern (Guinea Fowls) krönen. Berner arbeitet auf der Farm Peperkorell.

Metall

Zu den großen Bildhauer-Talenten zählt **Ismael Shivute** (*1988), der seine Skulpturen zunächst aus Recycling-Material fertigte und nun auch großformatige Objekte aus Metall und Stein bearbeitet, die zum Teil an Shona-Kunst aus dem benachbarten Zimbabwe erinnern. Traditionelle Elemente finden sich auch in **Laimi Mbangulas** (*1988) **Flechtarbeiten** wieder. Das Korbflechten lernte sie von ihrer Großmutter; diese Technik in einem zeitgenössischen Kontext einzusetzen, gelingt ihr wie wenig anderen.

Namibia auf der Biennale

Wie dominant nach wie vor die weißen Einflüsse auf das Kulturgeschehen sind, machte der Beitrag Namibias bei der in Venedig stattfindenden Kunstbiennale 2022 deutlich – übrigens Namibias erste Teilnahme bei diesem Kunstevent. Bespielt wurde der namibische Pavillon auf der Klosterinsel Certosa mit Unterstützung des Windhoeker Bildungsministeriums von einem anonymen Künstler, dessen Menschenskulpturen aus Felsbrocken und Eisen seit einigen Jahren in den unberührten Landschaften von Namibias Nordwesten auftauchen. Als sich herausstellte, dass sich hinter dessen Pseudonym RENN ein „alter weißer Mann" verbarg, der mit der namibischen Kunstszene nichts zu tun hatte, veröffentlichten Namibias Kunstschaffende eine Petition gegen dessen Einladung nach Venedig und lösten damit einen Streit um RENNs Beitrag aus.

Wie die Biennale-Einladung ausgerechnet an RENN tatsächlich zustande kam, wird wohl nie endgültig geklärt werden. Die **Skulpturen** des in Johannesburg geborenen und in Namibia lebenden weißen Tourismusmanagers (soviel ist inzwischen bekannt) sind aus Steinbrocken und Eisenschrott zusammengeschweißte Figuren – „The Lone Stone Men oft the Desert" (Die einsamen Steinmenschen der Wüste). Im nördlichen Damaraland und im Kaokoveld sieht man sie mal in sitzender, nachdenklicher Pose, mal von einem Felsüberhang hängend, mal in kriegerischer Geste. Für Touristen, die in dieser ebenso harschen wie faszinierenden Landschaft unterwegs sind, ein tolles und instagramtaugliches Fotomotiv. Aber ist das Biennale-taugliche Kunst? Und repräsentiert RENN tatsächlich Namibias aktuelles Kunstschaffen?

Staatsgalerie

Einen guten Überblick über das **aktuelle Kunstschaffen** gibt die Start Art Gallery in Windhoek (www.startartgallery.com), deren Einzel- und Gruppenausstellungen in Zusammenarbeit mit u.a. der National Art Gallery und dem Goethe-Institut an verschiedenen Orten stattfinden, aber auch online präsentiert werden. Eine provisorisch-feste Bleibe hat die Galerie im The Village Opera House (Liliencron Street).

Musik – zwischen Bach und KwAITO

„Der weiche Ton der Rohrflöten in einer mondhellen Nacht wird jedem Zuhörer unvergesslich bleiben", berichtet der namibische Ethnologe K. F. R. Budack über die **Musikalität der Nama** (Budack, 1989), das für ihn künstlerisch begabteste Volk Namibias. Seine musikalischen und lyrischen Talente werden von Forschern wie auch von Siedlern besonders hervorgehoben. Über die Grenzen Namibias bekannte Namen gibt es in der Musikszene nicht, dafür aber viele im Land beliebte Künstler, die in ihrem musikalischen Schaffen traditionelles Liedgut der einheimischen Völker und die klassischen Musiktraditionen Europas und Amerikas verschmelzen.

Von Folk bis Rap

Namibias „Bob Dylan" hieß **Jackson Kaujeua** (1953–2010). Angefangen hatte er mit Protestsongs gegen die Apartheid, bis 1989 lebte er im Exil. In seinen Songs verband er die im südafrikanischen Raum beliebten Pop-Rhythmen des Kwela-Beat mit traditionellen Liedern der Herero und Nama. Zu den aktuell angesagten Musikstilen im südlichen Afrika zählt **Kwaito** mit den in Namibia prominentesten Vertretern **Gazza** und **The Dogg.** Nicht immer ist es leicht, Kwaito vom verwandten **Hip-Hop** abzugrenzen. Unter den Hip-Hoppern wird **Jericho Gawanab** als Superstar gefeiert. Aufgehender Sterne am Musikhimmel ist der deutschstämmige **EES,** er avancierte mit seinem Soundmix aus Kwaito, Afro-Pop, House, Reggae und Hip-Hop in ganz Afrika zum Star. Neben diesen bekanntesten Vertretern der modernen Musikszene gibt es auch die vielfältigsten Aktivitäten auf dem Gebiet klassischer Musik. Windhoek besitzt ein Musikkonservatorium und ein Philharmonisches Orchester. Mitglieder mehrerer Volksgruppen musizieren gemeinsam in dem **Chor Cantare Audire,** der neben klassischem Repertoire auch Gospelsongs zum Vortrag bringt.

Gitarre aus Recyclingmaterialien im Museum von Omuthya

Unterwegs in Namibia

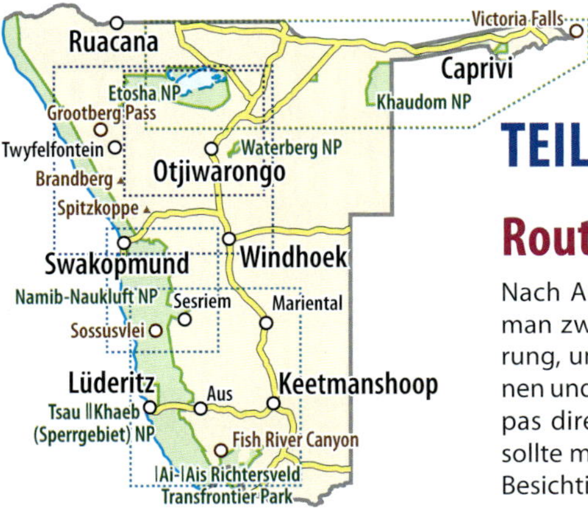

TEIL 4: Reiseteil

Routenvorschläge

Nach Ankunft in Windhoek benötigt man zwei, drei Tage zur Akklimatisierung, um sich an die Höhe zu gewöhnen und an die Jahreszeit, die der Europas direkt entgegensteht. Diese Zeit sollte man einplanen und kann sie zur Besichtigung von **Windhoek** nutzen.

Eine Woche im Norden

Von Windhoek geht es direkt nach Norden über Okahandja und Otjiwarongo in den **Etosha National Park.** Drei Übernachtungen sollte man schon kalkulieren, um zwei volle Tage für die Entdeckung der Tierwelt in einem der berühmtesten Schutzgebiete zu haben. Zwei Nächte stehen dann am **Waterberg** auf dem Programm – nochmal Wild und vielleicht ein Spaziergang mit Rhinos.

▸ **Strecke:** Ab Windhoek 1500 km

Zwei Wochen im Norden

Auf der Hochfahrt schaut man beim **Waterberg** vorbei und besucht anschließend **Etosha.** Statt der schnellen und direkten Rückfahrt wählt man aber die westliche Route zu den Felsbildern bei **Twyfelfontein** (Weltkulturerbe) und am **Brandberg.** Weiterer Vorteil: der Jugendstil der Küstenstadt **Swakopmund** ist nicht weit.

▸ **Strecke:** Ab Windhoek 2000 km

Eine Woche im Westen

Wer noch eine weitere Woche Zeit hat, schließt ab Swakopmund die Fahrt durch die Namib in die Dünenlandschaft von Sossusvlei an, wer nur *dort* hinwill, fährt von Windhoek über einen der grandiosen Pässe wie den **Grootberg Pass** in die **Namib** ab, besucht **Swakopmund** (drei Nächte), fährt anschließend zum **Naukluft-Teil** des Nationalparks für einen Blick auf Gebirgswüste, Bergzebras und eine Wanderung zwischen Klippen (mit weiteren zwei Übernachtungen) und abschließend über Solitaire nach **Sesriem** am **Sossusvlei** in die Namib-Sektion des **Namib-Naukluft National Park** zu Sand, Antilopen und Käfern (zwei Nächte).

▸ **Strecke:** Ab Windhoek 1200 km

Giraffe am Wasserloch

Eine Woche im Süden

Wer sich aber einen richtig langen Urlaub genommen hat, schließt an den Westen das südliche Namibia an und fährt von Sesriem/Sossusvlei entlang der Namib nach Aus (alternativ von Windhoek über **Keetmanshoop** nach **Aus** und weiter durch das Diamantensperrgebiet bzw. den **Tsau ǁKhaeb (Sperrgebiet) National Park** nach **Lüderitz** an den Atlantik – wo die Kolonialgschichte Namibias ihren Anfang nahm. Für die Rückfahrt wählt man dann dem Umweg über den **ǀAi-ǀAis Richtersveld Transfrontier Park,** besucht mit dem **Fish River Canyon** die zweitgrößte Schlucht der Welt und wirft sich in ihr ins Thermalwasser.

▸ **Strecke:** Ab Windhoek 2000 km

Zwei Wochen in den Nordosten

Die Strecke ist lang und wer viel Zeit hat, kann sie auch auf drei Wochen ausdehnen, schließlich gibt es unendlich viele Tiere zu sehen – im Busch, auf Salzebenen, an breiten Flüssen und in Sümpfen. Über **Etosha** geht es nach Rundu am Beginn des **Caprivi Strip** und in ihm entlang nach Osten und **Katima Mulilo** bzw. **Kasane** in Botswana. Ein Abstecher nach **Victoria Falls** zu den gigantischen Wasserfällen von Zimbabwe ist Pflicht. Anschließend fährt man von Kasane im Kriechgang durch die Wildnis Botswanas auf unwegsamen Pfaden am **Okavango Delta** entlang nach **Maun** und durch die **Kalahari** nach Windhoek zurück. Ein breites Programm also!

▸ **Strecke:** 3000 km

1 Windhoek

Moderne Metropole

Die **Hauptstadt** des Landes liegt 1650 m hoch, hat um die 500.000 Einwohner, ist Zentrum der Verwaltung einer Landesbevölkerung von etwa 2,6 Mio., An- und Abreiseort der Touristen aus Übersee, Einkaufsstadt mit internationalem Angebot, Sehnsuchtsort und erhofftes Karrieresprungbrett für die Landbevölkerung, Nachrichtenbörse und eine schnell wachsende, moderne Metropole.

Hütten und Paläste

Im Zentrum und in den Garten- und Villenvierteln ist die Stadt überaus attraktiv, doch drumherum verlieren sich die ärmlichen Hüttensiedlungen am Horizont. Auch wenn der soziale Wohnungsbau das Gesicht einiger Townships mit adretten Reihenhäusern verändert hat, in der Mehrzahl der *high density areas* hausen die Bewohner immer noch unter definitiv menschenunwürdigen Bedingungen. Und so schnell wie Windhoek durch **Zuwanderung** der armen Landbevölkerung wächst, wird sich daran auch so schnell nichts ändern – in 10 Jahren sollen in der Stadt 750.000 Menschen leben.

Geschichte

Windhoeks Gründung

Windhoek geht auf den Nama-Kapitän Jonker Afrikaaner zurück, der sich Ende 1840 mit seinem Afrikaaner-Orlaam-Clan bei der heißen Quelle Ai-Gams („Feuerwasser", in Herero auch „Otjomuise – Rauchplatz") auf dem Gebiet des heutigen Stadtteils Klein Windhoek niederließ und den Platz **Winterhoek** nannte – angeblich nach den Winterbergen, seiner Heimat in der Kapkolonie. Laut der Legende hätten dort weiße Farmer den Clan erst von seinem angestammten Platz verdrängt, dann in ihre Dienste genommen, aber schlecht bezahlt. Irgendwann sei es schließlich zu Streit gekommen, ein Onkel

Windhoek-Panorama mit Christuskirche und Tintenpalast

Die Hütten stehen unfern der Paläste

1

von Jonker Afrikaaner habe einen Weißen erschossen und die Afrikaaner wären schließlich geflohen.

Verwaltungszentrum

1890 wurde Winterhoek von Curt von François zu Windhuk eingedeutscht. Er holte ein Jahr später die Behörden aus dem 100 km nordöstlich liegenden ersten deutschen Verwaltungsort Otjimbingwe nach Windhuk, machte es zur Hauptstadt von Südwest und stieß eine **Gründerzeit** an: Hendrik Witbooi war besiegt, die Reichsregierung förderte die Ansiedelung, stockte die Verwaltung auf und an allen Ecken und Enden entstanden neue Gebäude.

Boomtown

Während der Herero- und Nama-Aufstände ab 1904 litt zwar die Landwirtschaft, der militärische Nachschub aber brachte der Stadt Wohlstand: die Nachschubwege liefen über Windhuk, der Handel prosperierte und häufte die Gelder an, die nach Ende des Krieges 1907 die **Investitionen** und die eigentliche Blütezeit von Deutsch-Südwest ermöglichten.

Diamanten

Die Rahmenbedingungen für die **Landwirtschaft** wurden verbessert, die Karakul-Zucht eingeführt und – Diamanten gefunden! Mag auch der Gewinn aus den **Diamantengebieten** nur peripher gewesen sein, die deutsche Öffentlichkeit war damit für die Kolonie gewonnen. Windhoek entwickelte sich nun zu einer richtigen Stadt.

Weltkriege

Mit Beginn des 1. Weltkrieges und der **südafrikanischen Mandatsübernahme** war der Bau-Boom vorbei. Die Jahre des Krieges und der Depression veränderten Windhoek nicht allzu sehr. Das Ende des 2. Weltkrieges und die folgenden Jahre der **Apartheid** legten dann die Basis für die heutige Stadtstruktur.

Neubeginn

Ende der 1980er Jahre erlebte Windhoek seine bislang letzte städtebauliche Metamorphose. Viele der alten Gebäude verschwanden, darunter auch nicht wenige aus der kolonialen Vergangenheit. Man benötigte Platz für die **Hochhäuser,** die nun das Stadtbild im Zentrum bestimmen.

Orientierung

Independence Avenue

Die Stadt ist entlang einer **Nord-Süd-Achse** angelegt – der Independence Avenue –, die mitten durch das Zentrum mit seinen Verwaltungs- und Geschäftsgebäuden führt. Quer von West nach Ost verläuft der **Sam Nujoma Drive** – in Sichtweite vorbei am historischen Herz der Stadt, der erhöht liegenden Alten Feste und der Christus -Kirche, zwischen denen das Unabhängigkeitsmuseum seit 2014 einen eigenwilligen Akzent setzt.

Südlich des Zentrums

Im Süden schließen die Industriegebiete an: *Southern Industrial Area* und *Prosperita Industrial Area,* zwischen ihnen liegt der **Eros Airport** für den (intensiven) Privatflugverkehr. Im Südwesten sind *Pionierspark* und *Academia* typische Wohnviertel mit Gärten und großzügigen

Blick auf die Hochhäuser an der Independence Avenue

1 Bahnhof und Eisenbahnmuseum
2 Turnhalle
3 Kudu-Denkmal
4 National Art Gallery und Theater
5 Bücherei
6 Owela Museum
7 Levison Arcade
8 Synagoge
9 Nam. Wildlife Resorts
10 Gathemann-Haus
11 Sanlam Centre / Dt. Botschaft
12 High Court
13 Gustav-Voigt-Centre
14 Namdeb Building
15 Outstryder Memorial
16 Windhoek City Museum
17 Supreme Court
18 Goethe-Institut / Estorff-Haus
19 Namibia Craft Centre
20 Kaiserl. Landesvermessung
21 Stadtverwaltung
22 Heinitzburg
23 Sanderburg
24 Alter Friedhof
Essen & Trinken
Abend
Kultur & Unterhaltung
Information
Einkaufen
Post
Bank
Polizei
Hotels / Unterkünfte
1 Hotel Thüringer Hof
2 Haus Schwerinsburg B&B
3 Hotel Fürstenhof
4 Avani Hotel
5 Hilton Hotel
6 Hotel Steiner
7 Chameleon Backpackers
8 Uhland Hotel
9 Puccini B&V
10 Vondelhof Guesthouse
11 Heinitzburg
Windhoek Zentrum
0
200 m
© RKH Verlag Hermann
Pepata Traditional
Windhoek North
Garden of Remembrance/ Ovambo Campaign Memorial
Namibia Police Tourist Unit
Mburumba Kerina (Bahnhof)
Fashion Bar
Katakombe
British Council
Kino FNCC
Namibia Wissenschaftl. Ges.
Röm.-Kath.-Krankenhaus
Marienkathedrale
Grand Canyon
Spur
Café Schneider
Uhrenturm
Fußgängerbrücke
Post Street Mall
»Tintenpalast«
Parliament Building
Christus-Kirche
NICE
Wernhil Park
The Biltong Shop
Bushman Art
Luisen Apotheke
Herrle & Herrle
La Marmite/ Vinyl's
Zoo Park
Book Den
Cymot
Dunes/ Stratos
Adrian & Meyer
Nimms
Independence Museum
Alte Feste u. Reiterdenkmal
Goethe Café
Safariland Holtz
Nakara
Katharina Karl
Sky Bar
The Loft
Craft Bistro
Warehouse Theatre
Namibia Tourism Board
Raiths Deli
Uncle Spike's Book Exchange
10-Mann-Haus
The Wine Bar
Schwerinsburg
Leo's at the Castle
National Botanic Gardens
Dr. António Agostinho Neto Square (Ausspannplatz)
The Wolfshack
Van Schaik Bookstore
zur B1
zur B1 u. C 28 / Dan Viljoen Park
C 26 / zur B 1
S. Nujoma Gobabis / Int. Airport
n. Auasblick / zur B1
Hosea Kutako Drive
Mandume Ndemufayo Ave
Independence Ave
Robert Mugabe
Sam Nujoma Drive
Fidel Castro
Hochland Road
K. Kaunda (Uhland)

Häusern. Auch im Südosten sind die Viertel *Auasblick* und *Olympia* bessere Wohngegenden.

Im Osten

Die besten Wohngegenden liegen im Osten: **Klein Windhoek,** *Ludwigsdorf* und *Eros.* Die Stadt endet am Avis Staudamm, wo die kargbraune Landschaft des Hochlands beginnt.

Westen und Norden

Die zentrumsnahen Wohnviertel *Windkoek-West, Hochland* und *Dorado* sind ebenfalls noch bessere Wohngegend (und heute in Anfängen die Viertel, in denen weiß, farbig und schwarz schon Nachbarn sind). Doch nur äußerst langsam löst sich die einst strikte Trennung auf – nicht ein Problem der Apartheid, sondern ein Problem der ungleichen Einkommensverteilung. Dann beginnen die traditionellen Viertel der in der Apartheid ausgegrenzten Bevölkerungsgruppen. Die Farbigen hatten in **Khomasdal** zu leben, die Schwarzen in **Katutura**. Hinzugekommen sind weiter nordwestlich die Slums der Landflüchtigen und der Flüchtlinge aus Angola, Zambia und Zimbabwe.

Besichtigung

Was macht man als Tourist am Wochenende in Windhoek? Freizeiteinrichtungen gibt es kaum. Hinaus in die freie Natur? Dort war man gerade drei Wochen oder man hat am nächsten Tag vor, hinauszufahren. Zeit für einen Spaziergang durch Windhoek und eine Reise in seine koloniale Vergangenheit – soweit sie noch erhalten ist.

Stadtrundgang

Das Gros der Sehenswürdigkeiten befindet sich in gehbarer Entfernung rund um das Straßenkreuz Independence Avenue und Sam Nujoma Drive. Will man alles anschauen, sollte man **einen vollen Tag einplanen** – wenn man auch einmal an einem Fleck verweilen, oder ein Mittagessen bzw. Kaffee und Kuchen zu sich nehmen will. Hut, Sonnenbrille und -creme gehören wegen der großen Höhe bei blauem Himmel zu den Pflicht-Accessoires.

Nördliches Zentrum

Am Bahnhof

Wo ab 1902 die Reisenden ihre erste Begegnung mit Windhoek hatten, startet der Spaziergang. 1912 erbaut, ist der Bahnhof heute **attraktives Baudenkmal,** Museum und natürlich auch Bahnhof. Straßenseitig erinnern Lokomotive, Dienstfahrzeuge, Waggons und ein zum minensicheren Triebwagen umgebauter Spähpanzer aus der Apartheid an die Vergangenheit. Die Lok unter dem Pavillon ist nur die Hälfte des eigentlichen Gespanns: auf den Strecken in Deutsch-Südwest kam immer ein Paar, Rücken an Rücken verkuppelt, zum Einsatz.

Im Bahnhof ist das Eisenbahnmuseum untergebracht

Ochsen und Dampfross

1897 war die Rinderpest über Deutsch-Südwestafrika hereingebrochen und hatte einen Großteil der Ochsen dahingerafft, die – jeweils zu zehnt vor einen Wagen gespannt – den Warenverkehr zwischen Swakopmund und Windhoek zu bewältigen hatten. Die Gespanne der Post waren zwölf Tage unterwegs und das Gewicht pro Ladung auf 350 kg beschränkt. Eine Transportverbesserung musste her und auch militärstrategisch war eine Schienenverbindung unausweichlich geworden (die schließlich die Brieflaufzeit auf zwei Tage drückte).

Fahrgerät

Wegen des langen und kostenintensiven Schiffsweg von der Heimat hielt man das Fahrmaterial für die Kolonie möglichst klein und handlich; die **Schmalspur** mit 600 mm war das Mittel der Wahl und so gerieten Waggons und Zugfahrzeuge recht putzig. Wer fotografieren will, sollte dies in den Morgenstunden tun, sonst knallt die Sonne in den Sucher.

Transportwesen

Das ehrenamtlich aufgebaute und geführte **Trans Namib Museum** (Tel. 061-2982624, Öffnungszeiten Mo–Fr 8–13 und 14–17 Uhr, Eintritt 10 N$) in der ersten Etage des Bahnhofs bietet einen kleinen Überblick über die Entwicklung des Transportwesens im Laufe der namibischen Geschichte. Nimmt man die fachkundige Führung in Anspruch, erfährt man zu jedem Ausstellungsstück interessante Details.

Garten der Erinnnerung

Der Platz vor dem Bahnhof ist als kleine Gartenanlage konzipiert, als *Garden of Remembrance*. Unter den schlanken Palmen wacht das **Ovambo Campaign Memorial,** ein kleiner Obelisk mit Gedenktafel

– Erinnerung an den britisch-südafrikanischen Ovamboland-Feldzug. Der Ovambo-Führer Mandume Ndemufayo hatte in Angola 1914 einen Aufstand gegen die Portugiesen angestrengt, musste aber 1916 nach Nordnamibia fliehen und geriet ins Fadenkreuz der britisch-südafrikanische Armee. Das 1919 aufgestellte Denkmal erinnert an die neun Südafrikaner, die bei der Schlacht von Oihole am 6. Februar 1917 fielen. Am selben Tag kam nach offizieller Lesart Mandume im Maschinengewehrfeuer um, nach mündlicher Überlieferung wählte er aber – verwundet und ohne Munition – den Freitod. Das Denkmal war sofort auch ein Erinnerungsort der Ovambo, die glaubten, dass unter ihm der Kopf ihres Führers bestattet sei. 1937 Schließlich verbot die Stadtverwaltung allen Nicht-Weißen den Besuch des Gartens. Heute ist die nach Süden abgehende Straße nach Mandume benannt.

An der Independence Avenue

Die kurze Mburumba Kerina Street (ehemals Bahnhofstraße) stößt im Osten auf die Independence Avenue (die bis 1893 Ladenstraße, bis 1918 Kaiser-Wilhelm-Straße und bis 1990 Kaiserstraße hieß). An der nächsten Kreuzung (John Meinert Street) Richtung Süden – am Hotel Thüringer Hof vorbei – duckt sich unterhalb eines modernen Bürogebäudes die Verandafassade der ehemaligen **Kaiserlichen Landesvermessung** von 1902 – die Inschrift kündet noch von der einstigen Funktion.

Kudu Monument

Schräg gegenüber steht in Lebensgröße ein bronzener Kudu vor dem **High Court** (der zweithöchsten Gerichtsinstanz Namibias). Das 1960 von Prof. Behn aus München geschaffene Standbild erinnert an die **Rinderpestepedemie** 1897, die auch viel Wild dahingerafft hat. Es ist eines der wenigen politisch unbelasteten Denkmäler aus der Apartheidszeit.

Allianz für die Unabhängigkeit

Die nach Nordosten abgehende Moltke Street führt wieder zur Mburumba Kerina Street und zur 1913 gebauten Turnhalle Ecke Robert Mugabe Avenue. Am 1. September 1975 fand hier die Konferenz statt, der das Gebäude auch den Namen lieh. Die **Turnhallen-Konferenz** legte den Grundstein für die Verfassung des unabhängigen Namibia. Tatsächlich gehörte das Gebäude dem Turnverein Windhoek; heute ist es einer der Sitze des SADC, der wichtigsten Wirtschaftsorganisation des südlichen Afrikas.

Robert Mugabe Avenue

Kulturmeile An der Robert Mugabe Avenue (benannt nach dem 2019 verstorbenen hochkorrupten Premierminister Zimbabwes) reihen sich **die wichtigsten Kultureinrichtungen** auf: Nationalgalerie, Nationaltheater, Bibliothek der Stadt Windhoek, Nationalarchiv und Owelamuseum.

Kunstmuseum Die 1947 gegründete **National Gallery** (Tel. 061-231160, www.facebook.com/NationalArtGalleryOfNamibia, Mo 14–17, Di–Fr 8–17, Sa 9–14 Uhr, Dauerausstellung frei) widmet sich in mehreren Sälen zeitgenössischer Kunst aus Namibia und Südafrika, organisiert immer wieder Sonderausstellungen zur regionalen und modernen europäischen Kunst und gibt auch spannenden Kunstaktionen Raum. Der Galerieladen verkauft Drucke und Kunsthandwerk.

Klassische Bühne Direkt hinter der Galerie zeigt das mit privaten Mitteln gebaute und heute vom Staat mitfinanzierte **National Theatre** (Tel. 061-374400, www.facebook.com/NationalTheatreOfNamibia) seit 1973 einen bunten Reigen aus Opern, Theaterstücken, Lesungen und Konzerten. Einen festen Spielplan darf man nicht erwarten, finden aber Vorstellungen statt, sind sie immer auch ein gesellschaftliches Ereignis.

Naturgeschichte Das **Owela Museum** (Tel. 061-276800, www.museums.com.na, 2024 geschlossen) 100 m weiter präsentiert Naturgeschichte und Völkerkunde. Die heute etwas angestaubt wirkenden Panoramen – einmal mit viel Aufwand hergestellt – vermitteln eher einen kolonialistischen Blick auf das traditionelle Leben namibischer Ethnien. Der Fundus aus 1,5 Mio. Exponaten ist nur zum Bruchteil zu sehen und verdiente eine Revision der Ausstellung. Seinen Namen erhielt das Museum vom Owela-Spiel, eine Art Backgammon mit denkbar einfachen

Der wild überwucherte Garten des Owela-Museums

Utensilien: kleine Vertiefungen (egal in welchem Material: Stein, Holz, Sand …) und als Spielsteine Kiesel oder Kerne – ein in ganz Afrika vorkommender Spaß.

Public Library

Windhoeks **Stadtbibliothek** (Tel. 061-224163, Mo–Fr 9–17 Uhr) in einem Flügel des Owela Museums geht auf das Jahr 1925 zurück und besitzt eine große Präsenzbibliothek, in der geschichtlich, ethnologisch oder naturwissenschaftlich Interessierte auf Vieles stoßen, was ihren Wissensdurst bezogen auf Geschichte und Politik stillt.

Marienkathedrale

Zurück am Kudu-Denkmal und die John Meinert Street ein Stück nach Westen gelangt man in die Werner List Street und beim Hospital zur neoromanischen **Hauptkirche der Namibier römisch-katholischen Glaubens** (etwa 15 % der Bevölkerung). Die Weihe fand 1908 statt. Die beiden 30 m hohe Ecktürme verbindet eine dreibogige Vorhalle. Über die Dr. Frans Indongo Street kommt man wieder zur Independence Avenue. An der Ecke ist der schwarze Glasturm Sitz des Diamantenschürfers **Namdeb,** Hauptdevisenbringer und größter Steuerzahler des Landes – ein Joint Venture des Staates und De Beers. Die Geschäfte werden nun zahlreicher; Passagen wie die Levinson Arcade durchbrechen die Fassadenlinie.

Das Zentrum

Post Street Mall

In der modernen **Fußgängerzone** mit vielen Läden steht die künstlerische Installation aus den nicht verglühten Resten eines Meteoriten-Regens der im Süden Namibias (in der Gegend um Gibeon) niederging und dessen Bruchstücke 1838 entdeckt wurden – der **Gibeon-Meteorit.** Werktags und teils auch am Wochenende verkaufen Händler Kunsthandwerk auf Tischen und am Boden ausgebreiteten Decken. Den Eingang zur Mall markiert der **Uhrenturm;** seine Silhouette zitiert eines der neuen Gebäude der Fußgängerzone. Am Ende der Mall versammelt das Einkaufszentrum **Wernhil Park** weitere Geschäfte, Lokale, Café und Eisdiele. An seinem Zugang sieht man rechts unterhalb die 1924 errichtete **Synagoge.**

Uhrturm: Replika eines Kolonialbaus

Zoo Park für ein Schläfchen … *… und das Goethe Café für das Lunch*

Zoo Park

Schräg gegenüber ist die Parkanlage ein Ort der Ruhe mit Spazierwegen, Teich, einem Spielplatz und einem Freilufttheater. Angestellte verbringen hier ihre Mittagspause, Studenten halten ein Schläfchen im Gras, Schulmädchen verzehren kichernd ihre Pausebrote und dazwischen fahren Nannys die ihrer Obhut anvertrauten Sprösslinge spazieren – ein **freundlicher Ort für eine schattige Rast.** Das *La Marmite Royal* im Café Zoo lädt am Rand zu einer Verschnaufpause, im *Vinyl Music Café* gibt's angesagte Hits. Ihren heutigen Namen trägt die Grünanlage nach einem 1963 aufgelösten Zoo. Das **Witbooi-Memorial** im südwestlichen Bereich – ein breiter, von einem Adler gekrönter Obelisk – soll der Gefallenen der Kaiserlichen Schutztruppe gedenken, die 1893/94 im Kampf gegen Hendrik Witboois Truppen starben (ihre Namen sind an den Seiten festgehalten). Der Park wurde 1897 eigens für das Monument geschaffen und hieß ursprünglich Denkmalsgarten. Der Abriss bzw. die Verbringung in ein Museum ist absehbar. Die Mitte des Parks schmückt seit 1990 **Dörte Berners Skulptur** „Relics of prehistoric elephant", eine von einem Elefantenschädel bekrönte Steinstele – 1962 hatte man hier bei Grabungen 5000 Jahre alte Knochen gefunden.

Estorff House

Jenseits der Fidel Castro Street und südlich ist das umtriebige **Goetheinstitut** im Ludwig von Estorff-Haus untergebracht (1898, ehemals Messe der Schutztruppe). Die Veranstaltungen der Bildungsstätte sind ein fester Bestandteil des städtischen deutschen Kulturlebens. Im Innenhof serviert ein angenehmes Café Getränke und Snacks. Hinter dem Institut ist der **Supreme Court** letzte juristische Instanz im Land. Die ansprechende Fassadengestaltung zitiert die Lehmarchitektur von Großbauten der Subsahara.

Gathemann House Vom Park hat man einen guten Blick auf das historische Ensemble gegenüber. Die Hausgruppe (von rechts nach links) aus dem **Genossenschaftshaus,** dem **Gathemann-Haus** und dem ehemaligen **Hotel Kronprinz** hat der Leib- und Magenarchitekt von „Südwest", Wilhelm Sander, entworfen. Um den Erhalt des Ensembles wurde in den letzten Jahren viel gerangelt, denn auch hier sollte ein futuristischer Hochhauskomplex entstehen, die denkmalgeschützte Gathemann Arcade als „Erinnerungsstück" in diese Anlage eingebunden werden. In der Gebäudezeile befinden sich u.a. das Büro von **Namibia Wildlife Resorts** und die Luisenapotheke.

Gustav Voigt Centre Ein Stück südlich jenseits der Independence Avenue ist das **Avani Hotel** schon von Weitem sichtbar. Es war früher als die einzige Luxusunterkunft Windhoeks bekannt: das „Kalahari Sands". In den unteren Geschossen kann man sich mit Safarikleidung eindecken, bei einem Imbiss stärken oder im Laden **Nakara Namibia** elegante Garderobe aus den weltberühmten Fellchen erwerben.

Craft Market Seit 2011 macht das Hilton schräg gegenüber dem Avani im Luxussegment Konkurrenz. Vor dem Hilton hat sich ein Markt mit **Kunsthandwerk** etabliert, den vornehmlich Frauen führen: Zum einen Herero in traditionellem Gewand mit viktorianischen Bausch-Röcken und dreizipfligen (Rinderhörnern nachempfundenen) Hauben, und zum anderen Himba mit Lederrock und dicken rotbraunen Zöpfen. Wer nur fotografieren will, muss zahlen!

Curt von François Statue Vom Hilton schaut man direkt auf das moderne Hauptgebäude der **Stadtverwaltung.** Von 1965 bis Ende 2022 stand vor seinem Eingang die vom Südafrikaner Hennie Potgieter gestaltete Denkmalsfigur des **Gouverneurs;** seine 1890 gefällte Entscheidung zur Errichtung der „Alten Feste" gilt vielen als Startschuss des modernen Windhoek. Die Bevölkerungsmehrheit sieht von François aber vornehmlich als Befehlshaber der Schutztruppe mit all den moralischen Implikationen dieser Funktion und generell Jonker Afrikaaner als Stadtgründer. Also entfernte man die Bronze und brachte sie ins Unabhängigkeitsmuseum (s.u.).

Südliches Zentrum

Dr. António Agostinho Neto Square Die Independence Avenue 400 m nach Süden gehend erreicht man schließlich den **Ausspannplatz,** der seinen (bis 2018 gültigen) Namen nicht als Flanierplatz, sondern als Wendeplatz der Ochsengespanne trug, denen das Joch abgenommen wurde. (Verließe man den Platz auf der Jan Jonker Street Richtung Südost, gelangte man nach 1 km zur **Maerua Mall,** einem Ladenzentrum mit Bars, Restaurants und Kinos.) Vom Platz führt die Dr. A. B. May Street nach Osten. An der nächsten Querstraße (Reverend M. Scott Street) steht auf dem zweiten Grundstück linkerhand das mit H-förmigen Grundriss geplante **10-Mann-Haus** von 1907, Wohnstätte für ledige Regierungsbeamte, die recht luxuriös leben durften: Jeder hatte 36 m^2, hinzu kamen insgesamt sechs Bäder. Noch heute nutzt es die Regierung als Wohnhaus – allerdings für weibliche Angestellte.

Windhoek City Museum

Die Dr. A. B. May Street endet an der Robert Mugabe Avenue. Wenige Schritte nach Norden führen nach der Schwerinsburg Street am 2020 eröffneten **Stadtmuseum** (Tel. 061-2902502, Mo–Fr 8–16 Uhr) vorbei. Im 1907 gebauten ehemaligen Wohnhaus des Schutztruppenoberstleutnants Graf Georg von Stillfried und Rattowitz – eines besonders unappetitlichen Hassdenkers, der die „Feinheiten" der Apartheid 1904 in einer Note an Kaiser Wilhelm II. vorwegnahm – widmet sich die Ausstellung u.a. der Stadtgeschichte, ökologischen Bedingungen und der Fauna/Flora.

Drei Burgen

Wäre man an der Robert Mugabe Avenue nach Süden gegangen, hätte man über die Heinitzburg Street die drei Windhoeker Burgen erreicht. Die private **Schwerinsburg** entstand aus der erhöht gebauten Signal- und Aussichtsstation Sperlingslust, die nach Beendigung der Kriegshandlungen 1908 als nicht mehr notwendig erachtet und verkauft wurde. Der Architekt Sander nutzte die Grundkonzeption der Station, baut um und erweiterte sie im Stil einer mittelalterlichen Burg. Nicht weit davon entfernt entstand für ihn selbst 1914/15 die **Heinitzburg,** die er aber umgehend verkaufte (heute Hotel und Restaurant). Die **Sanderburg** konnte noch 1917 errichtet werden, da Wilhelm Sander nicht – wie viele der deutschen Männer – interniert war. Sie sollte sein neuer Wohnsitz werden. Auch sie steht in Privatbesitz und ist nicht zugänglich.

Alter Friedhof

Noch weiter südlich (200 m von der Einmündung der Heinitzburg Street) findet sich links und rechts der Robert Mugabe Avenue der **Leutwein Friedhof.** Östlich der Straße steht das Cross of Sacrifice/Opferkreuz zur Erinnerung an südafrikanische Soldaten. Auf derselben Seite liegen die Gräber zwischen 1896 und 1904 verstorbenen deutschen Militärs und Zivilisten. Die westliche Erweiterung wurde ab 1905 belegt: mit deutschen Soldaten und Siedlern und im 1. Weltkrieg gefallenen Südafrikanern.

Regierungsviertel

Alte Feste

Zurück am Windhoek City Museum und nach Norden gehend ist hinter dem Sam Nujoma Drive das Herz von Deutsch-Südwest erreicht. Wie eh und je dräut der **Wehrbau** gleißend weiß auf seinem Hügel. Curt von François zeichnete die Pläne 1890, wenige Monate später zog er ein. Das Atrium-Prinzip auf einer Grundfläche von 45 auf 20 m mit **vier Türmen** diente der besseren Verteidigung (die Außenmauern besaßen ursprünglich nur Schießscharten, die Veranden ließ man später anbauen). Die Festung wurde allerdings nie angegriffen. 1915 nutzte sie Südafrika, Sieger des 1. Weltkriegs in Südwest, als Hauptquartier. In den 1920er Jahren ein **Wohnheim und Schule,** gelangte sie 1957 auf die Liste der „Historischen Monumente" und 1962 richtete man ein **Museum** ein. Seit 2018 ist ein Zugang wegen Baufälligkeit nicht mehr möglich.

Südwest-Reiter

In der Feste (von der Dachterrasse des Unabhängigkeitsmuseums gut zu sehen) reitet martialisch der **bronzene Soldat** auf seinem Pferd, das Gewehr wachsam auf das Bein gestützt, die Krempe seines Hutes tief in die Stirn gezogen. Am 27. Januar 1912 – Kaisers Geburtstag – hatte Gouverneur Seitz das von Adolf Kürle aus Berlin modellierte Monument direkt vor der Alten Feste enthüllt: Zur Würdigung der Schutztruppler und „deutscher Bürger", die in den Jahren 1903 bis 1907 bei den Feldzügen im Laufe der Herero- und Nama-Aufstände „gefallen, verschollen, verunglückt, ihren Wunden erlegen und an Krankheiten gestorben" sind. Ende 2013 hat man dann den Granitsockel abgebrochen und die Bronze unter die Palmen in den grasüberwucherten Innenhof der Alten Feste gestellt.

Die Alte Feste war einst Bollwerk und Verwaltungssitz der Kolonialherren …

… im Innenhof verstaubt der „Südwest-Reiter“ …

… das Völkermord-Denkmal davor

Genocid Statue Den frei gewordenen Platz nimmt heute das **Völkermord-Denkmal** ein. Auf einem Sockel mit einer Bronzeplatte (deren Halbrelief drei erhängte Schwarze mit zwei Schutztrupplern im Vordergrund zeigt) steht ein in Nordkorea gegossenes überlebensgroßes Paar mit gesprengten Ketten – das berechtigte Anliegen, die koloniale Besatzung zu thematisieren, wirkt durch das Kunstverständnis des „Obersten Führers“ Kim Jong-un allerdings ziemlich verstörend.

Independence Memorial Museum Es kommt aber noch härter. Unübersehbar und alles erschlagend reckt sich das **Unabhängigkeitsmuseum** (Tel. 061-276843, www.facebook.com/IMMNAM, Mo–Fr 8–17 Uhr) in den Himmel und erinnert an einen zwischen drei Säulen hängenden Wassertank. Davor mahnt die **Bronze von Sam Nujoma** (des ersten Präsidenten des unabhängigen Namibia) mit der Verfassung in der Hand (im Museum begegnet man ihm nochmals in einer sozrealistischen Kampfversion). 60 Mio. N$ hat der Staat an die Nordkoreaner überwiesen, die auch den Bau hochzogen und die Innenausstattung mit unsäglichen Großgemälden besorgten. Zugang geben zwei Aufzüge, Nimms Restaurant in der obersten Etage mit kleiner Karte, Bar und Dachterrasse ist ein guter Platz für eine Pause mit Weitsicht. Zu bombastisch, zu modern, zu unpassend, zu teuer. Als Ende 2009 eine erste Skizze des Museums auftauchte, waren nicht nur

die Traditionalisten nervös geworden, auch breite Teile der schwarzen Bevölkerung sahen keinen Sinn darin, ein weiteres Mal Nordkorea mit Planung und Ausführung eines monumentalen Symbolbauwerkes im Stil **realsozialistischer Politerotik** zu beauftragen – ihnen genügte bereits der Heldenacker vor den Toren der Stadt und das State House (s.u.). Nutzte aber nichts, gebaut wurde trotzdem. Die inhaltlich dennoch in Teilen durchaus lehrreiche Ausstellung widmet sich den über 100 Jahren des **Befreiungskampfs** und gliedert sich in drei Abteilungen: In der ersten Etage präkoloniale Vergangenheit und koloniale Repression, in der zweiten Befreiungskrieg und in der dritten die Unabhängigkeit Namibias.

Christuskirche

Trotz des 24 m hohen Glockenturms wirkt das prächtige **Wahrzeichen Windhoeks** auf der Verkehrsinsel Ecke Fidel Castro Street/ Robert Mugabe Avenue geradezu mickrig neben dem Museum. Entworfen hat sie Gottlieb Redecker. Nach einigem hin und her (auch Berlin war mit Bauplänen involviert) wurde schließlich der vierte Entwurf genehmigt und am 11. August 1907 der Grundstein gelegt. Man entschied sich für einen neoromanischen Bau mit Jugendstilanklängen und gotischen Einflüssen aus lokalem Quarzsandstein (nur Portal und Altar sind aus importiertem Carrara-Marmor). Die Baukosten fielen mit 360.000 Mark doppelt so hoch aus wie geplant (allein die Transportkosten für Glocken und Dach betrugen 70.000 Mark, obwohl die Woermann-Linie 25 % Rabatt gewährt hatte). Nach drei Jahren Bauzeit konnte am 15. Oktober 1910 die Weihung stattfinden. Die Schwesternkirchen – mit selbem Namen und Weihejahr – standen in Qingdao/Ostchina und in Dar es Saalam/ Tanzania. Im Altarraum hängt linkerhand das Gemälde „Auferweckung des Lazarus", eine um 1910 in Berlin entstandene Kopie des im 2. Weltkrieg untergegangenen Werkes von Peter Paul Rubens. Die Glasfenster steuerte Kaiser Wilhelm II. bei.

Parliament Building

Im Nordosten der Verkehrsinsel steht mit dem **Tintenpalast** (Love Street 14A) das weltliche Pendant zur Kirchenpracht in einem herrlichen mit Blumen erfüllten, 1932 angelegten Park, den **Parliament Gardens** (Zugang über die Love Street, Tel. 061-2889111, Mo–Fr 9–12 Uhr). Drei für den Freiheitskampf Namibias wichtige Persönlich-

Das Parlament und sein perfekt gepflegter Garten

keiten sind in Bronze gegossen um das Hauptportal gruppiert: Sitzend blickt der Herero Hosea Kutako auf das Gebäude, gealtert und das Gewehr neben sich abgelegt, rechts steht der Ovambo-Reverend Theophilus Hamutumbangela und links der Nama Hendrik Samuel Witbooi. Den hinteren Bereich der Gärten nutzt der **Windhoek Bowling Club:** weiß gekleidete Damen und Herren gehen dort – *very british* – ihrem Hobby nach. Das ehemalige Verwaltungsgebäude des Schutzgebietes ist heute **Sitz des Parlamentes.** Die Planung geht auf Gottlieb Redecker zurück. Von August 1909 bis Ende 1911 kämpfte die deutsche Bauordnung mit sich und der Zunft, bis schließlich Einigung über Entwurf und Standort erzielt werden konnte. Das Gebäude war im November 1912 fertig und gilt als typisches Beispiel eigenständiger deutscher **Kolonialarchitektur,** die sich nur entfernt an europäischen Vorbildern orientiert und praktische Notwendigkeiten, wie exzellente Durchlüftung der Räumlichkeiten, in den Vordergrund stellt; der vom Volksmund verliehene Name „Tintenpalast" spricht für sich. Östlich schließen sich moderne Regierungsgebäude an, darunter das Büro des Premierministers. Im Parlamentskomplex tagen die **Nationalversammlung** (www.parliament.na/visitors, Sitzungstage Di–Do 14.30–17.45 Uhr) und der **Nationalrat.** Auf der Zuschauertribüne darf man die Diskussion verfolgen (Sitzeinnahme um 14.15 Uhr), das Restaurant verkauft Erfrischungen.

National Botanic Gardens

Beim Parlamentskomplex erstreckt sich der **Botanische Garten** (Orban St 8, Zugang über die Hugel St, Tel. 061-2029111, www.nbri.org.na, Mo–Fr 8–17 Uhr Eintritt frei, jeden 2. Sa/Monat 8–11 Uhr 15 N$) über 12 ha. Die Anlage geht auf 1990 zurück, als die Universität das 1969 erklärte **Südwest-Naturreservat** übernahm. Heute zeigt sie – schön gepflegt – die ganze Bandbreite der Pflanzenwelt Namibias. Viele Gewächse sind mit Schildern versehen (am Eingang und online gibt es den Gartenplan, eine Pflanzen- und eine Vogelliste), die Wege führen u.a. an Köcher- und Flaschenbäumen vorbei. Im **Desert House** wachsen Pflanzen aus der Namib-Wüste.

Talstraße und Umgebung

Namibia Craft Centre

Zur Kreuzung von Independence Avenue und Sam Nujoma Drive zurückgekehrt, hält man sich nun auf letzterem nach Westen und gelangt in die Tal Street. Der Komplex aus roten Backsteinen war einst die Bierbrauerei und diente nach der Unabhängigkeit bis 2019 als Warehouse Theater zahllosen internationalen und namibischen Künstlern als Bühne. Im angrenzenden **Kunsthandwerks-Zentrum** gibt es viele originelle Souvenirs zu erstehen, einiges zwar etwas teurer als auf den Straßenmärkten, dafür aber schöner gearbeitet. Auch einige junge Modemacher sind mit Afro-Fashion vertreten. Wer hier kauft, unterstützt Selbsthilfe-Projekte und weiß, dass sein Geld nicht einem findigen Großhändler, sondern auch arbeitslosen Frauen zu Gute kommt. Das **Craft Bistro** ist einer der angenehmsten Orte Windhoeks für ein Lunch.

Oudstryder Bittereinder Monument

Ein Abstecher über die Tal Street nach Norden und dann die Fidel Castro Street nach links und Westen unter dem Wernhil Centre durch führt nach 700 m zum **Burendenkmal** an der Simeon Shixungileni Street (ehemals Bismarck Street). Es erinnert an die „Bittereinders" („die bis zum bitteren Ende gehen"), die nach Beendigung des Krieges zwischen Engländern und Buren 1902 von Südafrika nach Südwestafrika zogen, um nicht unter den neuen Herrschern leben zu müssen.

Elisabeth House

Vom Burendenkmal sind es 300 m zu Fuß nach Norden zum **„Storchennest"** in der Jackson Kaujeua Street (ehemals Storch Street) jenseits des Hosea Kutako Drive (über die Mozart Street). Redecker hat es als Entbindungsheim mit Kreissaal, OP-Raum und vier Wöchnerinnenzimmern entworfen. 1908 fertiggestellt erfüllte es seine Funktion bis 1981 mit fast 13.000 Geburten.

Außerhalb des Zentrums

National Motoring Museum

Östlich des Eros Airport ist in einer großen Halle die **Oldtimer-Ausstellung** (Rugby Road, www.oldwheelers.com, Sa 11–16 Uhr) des **Old Wheelers Club** untergebracht. Die Fahrzeuge sind teilweise noch recht jung (haben aber mindestens 25 Jahre auf dem Buckel) und in hervorragendem Erhaltungszustand bzw. restauriert: Zu sehen sind u a. VW Käfer, DKW, Chrysler, Austin, Opel und Citroën.

Turnverein

Südöstlich des Eros Airport hat seit 1951 der **SKW Sport Klub Windhoek** (http://www.skw.com.na) seine Heimat und bietet so ziemlich alles an: Tischtennis, Tennis, Fußball, Kegel, Volleyball oder Faustball. Hervorgegangen ist der Club aus dem Turnverein von 1899, dessen Halle 1940 das Commonwealth enteignete. Nach dem Krieg baute man neu. An einem Oktoberwochenende findet hier das Oktoberfest statt und zweites kulturelles Highlight der Gemeinde sind die Karneval-Sitzungen/Partys im großen Saal.

State House

4 km außerhalb im Süden prunkt hinter hohen Stahlstreben mit güldenen Zaunspitzen der **Präsidentenkomplex** (Locamo Street). Mit Präsidentenamt und -residenz ist er, sagen wir mal, groß und üppig geraten. 50 Familien mussten weichen, um eine Sicherheitszone für das 25 ha messende Areal zu schaffen. Errichtet hat die Gebäude – gut geraten! – Nordkorea. 66 Monate dauerte es bis zur Schlüsselübergabe 2010. Die Schätzungen der (geheim gehaltenen) Kosten variieren zwischen 40 und 100 Mio. Euro.

Avis Dam

Im Osten, an den Ausläufern Klein Windhoeks, schließt der **Stausee** an, Ziel vieler Einwohner für den sonntäglichen Spaziergang (aus Sicherheitsgründen sollte man nur während der Bewachungszeit herkommen, Sommer 7–19 Uhr, Winter bis 18 Uhr). Man kann den See einmal umrunden und ist dafür etwa zwei Stunden unterwegs. Eine reiche Vogelwelt begeistert Besucher und die sie begleitenden Hunde. Gespeist wird der See von einem Flüsschen, das seinen Ursprung 30 km weiter auf der Farm Hoffnung hat, als **Klein Windhoek Rivier** fließt das Wasser wieder aus Avis heraus. Wenn wegen guten Regens der Damm geöffnet wird, kommt ganz Windhoek zu diesem Ereignis, inklusive der Kanuten.

Heroe's Acre

10 km außerhalb im Süden, direkt an der A1, erhebt sich seitlich der Straße auf einer Anhöhe der Auasberge ein Obelisk. Er kämpft mit einem 8 m hohen Soldaten um die Vorherrschaft über das

Auge des Betrachters. Das **Heldenmal** (tgl. 9–17 Uhr, 70 N$) wurde 2002 vom damaligen Präsidenten Sam Nujoma eingeweiht, und seitdem brennt die ewige Flamme zu Ehren der Krieger des Unabhängigkeitskampfes, von denen 174 hier ihre letzte Ruhestätte fanden (teilweise Kenotaphe). Bis zu 5000 Besucher können die Feierlichkeiten sitzend erleben. Nordkorea hat den Acker für 2 Mio. Euro in 13 Monaten errichtet; ab 2005 begannen die Zeitungen von Qualitätsmängeln und Bauschäden zu berichten.

Krumhuk 25 km südlich des Zentrums ist die **Farm** (4 km abseits der A1, Tel. 061-254047, www.krumhuk.com.na, tgl. 8–17 Uhr) Naturschutzgebiet, Biobetrieb, Gästehaus (s. bei Unterkunft) und eine **multikulturell-anthroposophische Gemeinschaft,** die versucht, Privatbesitz an Grund und Boden aufzuheben. Produziert und im Laden verkauft werden u.a. Gemüse, Sonnenblumenöl, Brot, Wurst, Käse und Fleisch vom Rind und der Antilope. Im Angebot sind Game Drive, Farmführung, Kaffee & Kuchen, Grillabend oder einfach nur ein Lunch.

Townships

Anreise Einen Besuch der Townships sollte man organisiert unternehmen. Im Straßengewirr mit dem eigenen Wagen unterwegs verliert man sich schnell und befindet sich plötzlich an einem Ort, an dem man nicht sein will. Alternativ kann man natürlich mit dem Taxi direkt bestimmte Adressen anfahren, wie das *Xwama Village, Penduka* oder den *Soweto Market.* Am besten macht man auch einen Abholzeitpunkt aus oder lässt sich die Telefonnummer des Fahrers geben, um ihn für die Heimfahrt zu kontaktieren.

Autowäsche mit Bar Warum die *car washs* in den Townships Bars betreiben (oder Bars Autos waschen), das weiß keiner. Auf alle Fälle bestücken viele der **Autowaschanlagen** am Wochenende den Tresen und die Gäste kommen – natürlich mit dem Auto – gut gelaunt und in großer Zahl.

Tuck Shops Achten sollte man bei einer Township-Führung auch auf die zahlreichen **Nachbarschaftsläden** (teils Wellblechhütten, teils dauerhafter gebaut). Sie verkaufen nur das Nötigste bzw. kleinteilig für die, die sich eine ganze Packung nicht leisten können. Die Läden sind eine willkommene Chance, sich im Township eine Existenz aufzubauen - was aber wegen der Investition nur den wenigsten vergönnt ist.

Katutura

Geschichte 1959 fertiggestellt, zwang man alle schwarzen Bewohner Windhoeks (die hauptsächlich im Viertel „Old Location“ lebten) in das aus dem Boden gestampfte neue Township. Seine Bewohner tauften es sogleich in der Sprache der Herero „Katutura – ein Ort, wo wir uns nie zu Hause fühlen“. Die ursprünglich aus rohen Zementsteinen gebauten **Einfachsthäuschen,** Reihe neben Reihe, hatten eine Außentoilette,

Wasser und Kanalisation. Das war's aber dann auch schon. Zwei bis vier Räume, keine Innentüren, kein Verputz, und der Dachstuhl lag frei. Für die vielen in Windhoek tätigen Vertragsarbeiter ohne Niederlassungsrecht entstanden in Katutura Unterkünfte, euphemistisch als **Gehöfte** *(compounds)* bezeichnet – von einer hohen Mauer umgeben standen sie unter ständiger Polizeiaufsicht. Wer rein oder raus wollte, musste seinen Pass vorlegen. 1987 riss man das letzte „Gehöft" ab.

Oshetu Community Market

Township-Alltag pur erlebt man auf dem überdachten **Markt** Ecke Shanghai St/Genesis St: auf den Grills der *kapana* Stände brutzelt das Fleisch so, wie man es am liebsten hat, an langen Tischen wird es dann deftig gewürzt, heiß und saftig mit frischen, zugekauften *breadrolls* aus der Hand verspeist. Souvenirs für die Touristen sind im Angebot, aber auch alles was die Bewohner benötigen, wie Kleidung, Küchenutensilien und Lebensmittel (vom Mais bis zu frittierten oder gekochten Mopanewürmern). Am besten schaut man zum Lunch vorbei.

Soweto Market

Etwas organisierter sind die Gepflogenheiten auf dem **Marktplatz** (Ecke Independence Ave/Abraham Mashego Street, tgl. 9–17, So bis 14 Uhr) mit seinen ordentlichen Ständen (zu ordentlich hohen

Oshetu Community Market: Ein eindrückliches Erlebnis

Mietpreisen, dafür teils mit Wasser und Strom ausgestattet). Hier ondulieren Friseusen kunstvolle Haarskulpturen, Friseure rasieren messerscharfe Kanten und Stylisten verkaufen schrille Mützen.

Xwama Cultural Village

Das **Restaurant** (Ecke Independence Avenue/Omongo Street, Tel. 081-7610458/1626139, www.xwama.com) ist eine lohnenswerte Adresse für ein Abendessen. Die Gäste werden mit der Vorführung traditioneller Riten, mit Gesangs- und Tanzdarbietungen unterhalten. Natürlich gibt es neben dem traditionellen Bier Omalodu auch etwas zu essen. Frittierte Mopane-Würmer, Ziegenkopf gegrillt und als Beilage wilder Spinat und Millipap – nicht jedem läuft dabei das Wasser im Mund zusammen! Doch ausprobieren sollte man es schon mal (alternativ vielleicht das Curry-Huhn?). Wer es partout nicht schafft, kann sich derweil im Souvenirladen versorgen.

Katutura Community Art Centre

Eines der erfolgreichen und dauerhaften Projekte ist das **Kulturzentrum** (Leonard Auala Street 7). Während der Apartheid Küche und Speisesaal für 6000 zwangskasernierte Kontraktarbeiter aus dem Ovamboland wurde es zu einem Nukleus der Kultur und beherbergt u.a. heute das *John Muafangejo Art Centre,* den Katutura-Campus des *College of Art* und eine TV- und Radiostation mit Aufnahmestudio für Komponisten und Musiker. Das Kulturangebot ist reichhaltig und bietet Kurse für Tanz, Schauspiel und diverse bildnerische Kunstformen. Unterstützt wird das Zentrum u.a. vom Goetheinstitut, das auch immer wieder Veranstaltungen sponsert.

Habitat Research and Development Centre

Das **Forschungszentrum** (Claudius Kandovazu Street 247, Bibliothek Mo–Fr 8–13, 14–17 Uhr) entstand 2004 zur Erforschung zukünftiger Wohnformen, die Nachhaltigkeit und verantwortungsvollen Umgang mit Energie und anderer Ressourcen garantieren. Das Bildungszentrum führt Kongresse und Schulungskonferenzen zu einschlägigen Themen durch.

In Katutura: Besuch ist immer spannend

Goreangab Dam

Penduka

Der Stausee 15 km nordwestlich des Zentrums war einmal ein bedeutender Wasserlieferant und Freizeitspot für Windhoek, über die Jahre haben sich allerdings um ihn herum immer mehr wilde Siedlungen gebildet und die Stadtverwaltung hat Mühe, den einzelnen Bereichen nach und nach Infrastruktur zu verpassen. Direkt am Damm in den ehemaligen Räumen des Yacht-Klubs hat sich das **Selbsthilfeprojekt** (Green Mountain Dam Road/Goreangab, Tel. 061-257210/081-2324793, www.penduka.com) zum Ziel gesetzt, namibischen Frauen in Selbstverwaltung in Arbeit zu bringen *(penduka! – Wach auf!)*. Sie stellen traditionelle Kleider und Haushaltsgegenstände her, die sie im Laden verkaufen. Ein Restaurant ist angeschlossen und Windhoeker kommen gerne auch zum Nachmittagskaffee am Wochenende heraus oder halten Kindergeburtstage ab. Kleine Bungalows unterschiedlicher Kategorie können Backpacker und zahlungskräftigere Gäste mieten (s. bei Unterkunft). Ein Shuttle-Service holt Besucher in Windhoek ab (anrufen!) und bringt sie wieder zurück. Die Anfahrt ist etwas kompliziert, deshalb sollte man nachts nicht unbedingt mit dem eigenen Wagen hinfahren, sondern den Shuttle (pro Person 25 €) oder ein Taxi nutzen.

1

Daan Viljoen Game Park

Giraffen und Antilopen

20 km westlich des Zentrums über die C28 erreichbar ist das 40 km^2 große, hügelige Buschland des **Daan Viljoen Game Reserve** (Tel. 083-3232393, www.nwr.com.na, Tagesbesucher Zugang 6–16 Uhr, Eintritt 100 N$, Fahrzeug 50 N$, Game Drives 440–750 N$, Resorteintritt mit Restaurant/Pool 100 N$) die nächste Möglichkeit, um Giraffen, Zebras, Antilopen und 180 Vogelarten als Selbstfahrer oder auf einem organisierten **Gamedrive** zu sehen, oder auf einem der drei **Wanderwege** der Natur nahe zu sein: der einfachere, familiengeeignete *Buffalo Thorne Trail* (hin und zurück 3 km), der in die Hügel führende Rundweg *Red*

Bushwillow Trail (9 km) und der herausfordernde *Sweet Thorne Trail* (34 km, zu Fuß mit Übernachtung im Busch, auch per MTB möglich).

Parkgeschichte Dieser Teil des Khomas-Hochlandes war Reservat für etwa 1500 Damara, die hier ihr Vieh weideten. 1956 wurden sie im Zuge der Durchsetzung der Apartheid (Odendaal-Plan) nach Norden ins Damaraland (Kunene Region) umgesiedelt, um Platz für Farmland zu schaffen, und 1962 erklärte der südafrikanische Namibia-Administrator Daniel Thomas du Plessis Viljoen die Umwidmung zum Schutzgebiet, die 1968 endgültig erfolgte.

Buffalo Thorne Trail Der Wanderweg trägt seinen Namen nach dem Dornbusch Buffalothorne (auch „Wart'-ein-bisschen – wag-'n-bietjie", *Ziziphus mucronata)*, ein Busch, der den Passanten nicht mehr so schnell aus seinen mit Widerhaken versehenen Ästen entlässt. Der Weg führt an einem baum- und buschbestandenen Flussbett entlang zu einem **Aussichtspunkt** über dem Stengel Dam. Wenn der Stausee gefüllt ist, tummeln sich zahlreiche Vögel – wie Hammerköpfe, Stelzenläufer und Zwergtaucher – an seinen Ufern. Manchmal kommt auch Wild zur Tränke. Zurück dann auf gleichem Weg (ca. 60 Minuten).

Red Bushwillow Trail Die anspruchsvollere Wanderung dauert etwa 3 Stunden (Wasserflasche und Proviant mitnehmen). Sie führt in Windungen über eine **hügelige Hochebene** zum Aussichtspunkt in 1763 Meter Höhe mit Blick über das Khomas-Hochland bis nach Windhoek. Auf dem Rückweg folgt sie dem Lauf des Choub-Rivier. Verschiedene Antilopenarten und das Hartmannsche Bergzebra sind zu beobachten. Zu den typischen Vertretern der Flora gehören Akazien wie der Red Bushwillow (Kudubusch oder Rote Buschweide, *Combretum apiculatum)*, deren Blätter besonders Elands lieben (die Früchte sind aber giftig).

Das Empfangsgebäude des Parks

Sweet Thorne Trail

Die zweitägige Wanderung ist ungeführt und muss vor 9 Uhr begonnen werden (Pflicht zur Vorausbuchung und Anmeldung im Büro der Parkverwaltung). Genügend Getränke, Verpflegung und Schlafsack sind mitzunehmen. Geschlafen wird in der **Half Way Point Hut,** wo es auch Wasser gibt.

N/a'an ku sê Wildlife Sanctuary

Elefanten und Rhinos

Das 10.000 ha große Tierschutzgebiet **Nla'ankusê** (Tel. 081-2612709, https://naankuse.com, B6/M53, 45 km östlich des Zentrums, davon 5 km Farmstraße, GPS -22.36497, 17.37909) ist mehr als ein Safariangebot für Touristen (in der San-Sprache Jul'hoan bedeutet Nla'ankusê „Gott schützt uns"). Das 2007 nördlich des Flughafens eröffnete Projekt zum Schutz und zu Erforschung von Wildtieren lebt von Spenden, von Freiwilligenarbeit und der Unterstützung einer von Angelina Jolie und Brad Pitt 2011 gegründeten Stiftung. Hauptfokus war anfangs die Raubtierforschung, um die Zahl der von Farmern (zum Schutz ihrer Rinder und Schafe) getöteten Tiere zu reduzieren. Heute leben auf dem Gebiet auch Elefanten und Nashörner. Weitere Schwerpunkte sind die Unterstützung lokaler Gemeinschaften – insbesondere der San – mit Vorschulausbildung und klinischer Versorgung. Tagesbesucher sind willkommen: Gamedrive 700 N$, Raubtierfütterung 840 N$, Cheetah Experience mit nicht mehr auswilderbaren Tieren 1640 N$, Tracking 1640 N$, Ausritte 1125 N$. Unterkünfte bieten die Lodges N/a'an ku sê und Zannier Omaanda (s.u.).

Düsternbrook

Gästefarm mit Tradition

Vielleicht ist sie ja nicht die erste Gäste-/Jagdfarm Namibias, sicher aber eine der ältesten (1962); als Rinderfarm 1908 von einem Kieler Kapitän gegründet und nach seiner Heimat bei Kiel benannt, wurde **Düsternbrook** (Tel. 081-8643000, www.duesternbrook.net, A1/D1499, 48 km nördlich des Zentrums, 8 km davon Farmstraße, GPS -22.26973, 16.90105) 1993 endgültig zur Wildfarm und einem privaten Schutzgebiet mit Leoparden und Geparden. Als eine der ersten Institutionen konnte Düsternbrook seinen Gästen Leoparden in ihrem natürlichen Habitat zeigen. Heute sind Geparden hinzugekommen und es ist (fast) garantiert, dass die Fotos von den Großkatzen gut werden; weitere Tiere: Giraffen, Eland, Wasserböcke, Springböcke, Impala, Zebras, Kuhantilopen, Strauße und Nilpferde. Außerdem: Reitausflüge, Wanderungen und Gamedrives. Großkatzenfütterung um 15.30 Uhr (Winter 14.30 Uhr), 520 N$. Tagesbesucher sind willkommen, zu Unterkunft/Camping s.u.

Service Windhoek

Information

2024 gab es keine Touristeninformation. Einzige Anlaufstelle war die Tourismusbehörde etwas außerhalb des Zentrums. Buchungen für die Resorts in den Schutzgebieten nimmt Namibia Wildlife Resorts online und vor Ort entgegen.

Tourismusbehörde

Namibia Tourism Board, Sam Nujoma Drive/Ecke Haddy Street, Tel. 061-2906000, https://visitnamibia.com.na, Mo–Fr 9–17 Uhr.

Parkbuchungen

Namibia Wildlife Resorts Ltd., Independence Avenue 181 (Gathemann Building), Tel. 061-2857200, reservations@nwr.com.na, www.nwr.com.na, Kasse Mo–Fr 8–15 Uhr, Reservierungen 8–17 Uhr.

Stadtführung

Township-Touren

Mwiya Tours, Tel. 081-3335739/081-7942314, www.mwiyatours.com, besucht nicht nur die bekannteren Plätze, sondern vermittelt mit Fahrten – auch in die einfachsten Viertel – einen tieferen Einblick in die Lebensumstände der Bewohner; dreistündige Tour ab 450 N$.

Katutours, Tel. 081-3032856, www.facebook.com/KatuturaTours, Anna Mafwila – eine Township-Aktivistin und weithin bekannt und beliebt – führt ihre Gruppe ab dem Soweto Market mit dem Fahrrad durch Katutura, Gespräche mit Bewohnern sind also garantiert; Treffpunkt Soweto Market, Office SL Nr. 10 (Ecke Independence Ave/Abraham Mashengo St), Start tgl. 9.30 und 14.30 Uhr, 3,5 Std. 750 N$ (inkl. Rad und Helm, Teilnahme ab 14 Jahre).

Unterkunft

Zentrum

Avani Hotel***, Independence Ave 123 (Gustav Voigts Centre), Tel. 061-2800000, www.avanihotels.com. 173 Zimmer, ein Kasino, ein Gym und eine Bar/Restaurant im 15. Stock; der Turmbau des ehemaligen „Kalahari Sands Hotel“ ist die richtige Wahl, wenn man luxuriöse Anonymität liebt.

Sundowner auf den Hilton

Hilton Hotel***, Independence Ave/Rev Michael Scott St, Tel. 061-2962929, www.hiltonhotels.de. Eigentlich sollte es internationaler Komfortstandard sein, eigentlich! Doch im Hilton läuft nichts rund, weder Restaurant, noch Rezeption, noch Zimmerservice; einziger, dafür aber herausragender Lichtblick: die Roof Top Bar, der vielleicht beste Platz in Windhoek für den Sundowner.

Thüringer Hof**, Independence Ave/Mburumba St, Tel. 061-2090300, https://unitedafricagroup.com.na. Mit 43 Zimmern überschaubares Komforthotel beim Bahnhof mit Restaurant und Innenhof, vornehmlich Geschäftsreisende.

Steiner Pension**, Wecke St 11, Tel. 061-414400. Um den Parkplatz und einen kleinen Poolgarten arrangierte, einfache Zimmer in gehbarer Entfernung zum Zentrum.

Zentrumsnähe

Heinitzburg Hotel****, Heinitzburg St, Tel. 061-249597, http://www.heinitzburg.com. Die luxuriösen 16 Zimmer sind mit etwas überladenem Prunk gestaltet, aber schließlich soll man sich ein bisschen wie der Burgherr fühlen; Restaurant und Terrasse fürs Kaffeekränzchen.

Haus Schwerinsburg B&B***, Schwerinsburg St, Tel. 081-1298780, https://hausschwerinsburg.com. Vier luxuriöse Zimmer in einer Villa mit kleinem Park und Pool; elegante Bleibe mit Anspruch und familiärer Betreuung – ein Traum.

Fürstenhof Hotel**, Dr. Frans Indongo St, Tel. 061-237380, www.marriott.com. Modernes Geschäftshotel mit 33 komfortablen Zimmern in Bahnhofsnähe; Bistro-Restaurant und kleines Spa.

Vondelhof Guesthouse**, Puccini St, Tel. 081-1412067, www.vondelhof.com. Jung, frisch, sauber und auch noch herzlich – acht Zimmer mit Bad, Pool und sicherem Parken, 1 km vom Namibia Craft Centre.

Puccini House B&B*, Puccini St 6, Tel. 081-1272273. Einfach gehaltene Frühstückspension mit Kochmöglichkeit, kleinem Pool, Garten und sicherem Parken.

Chameleon Backpackers*, Voight St, Tel. 081-1284624, www.chameleonbackpackers.com. Schlafsaal oder Zimmer mit Bad; Traveller-Unterkunft mit Garten, Pool und besten Infos von den Kollegen, Tour-Angebote vom hauseigenen Reiseunternehmen (von Katutura bis Etosha).

Windhoek West

ParadiseGarden Backpackers*, Roentgen St 5, Tel. 081-2809208, www.windhoekhostel.com. Einzel-, Doppel- und Mehrbettzimmer mit Gemeinschaftsbad, Mietzelte (und Zeltplatz) und Küchenbenutzung in einem der ersten Hostels in Windhoek – angenehm und familiär.

Eros

The Olive Exclusive All-Suite Hotel****, Promenaden Rd 2, Tel. 061-383890, www.theolive-namibia.com. Sieben mit stilsicherer Hand und jeweils individuell gestaltete, mehr als großzügige Suiten in einem großen Garten mit Ausblicken – luxuriöser geht nicht.

Thule Hotel***, Gorges Street, Tel. 061-371950, www.hotelthule.com. Das ehemalige „Wohnhaus" eines Bauunternehmers ist zur komfortablen Herberge mit allem Drum und Dran gewandelt worden – riesige Zimmer, wundervolles Terrassenrestaurant (im Winter drinnen hinter der Panoramascheibe) mit sehr guter Küche und ein netter Pool mit Blick über die westlichen Ausläufer Windhoeks; außerdem: hervorragend geschultes Personal und hilfreiches Management.

Livega House***, Luther St 7, Tel. 085-3030000, www.livega.co. Der letzte Schrei der Postmoderne in kubischer Architektur – acht Zimmer und Restaurant mit asiatisch-französischer Bistro-Küche.

Londiningi Guesthouse**, Winterberg St 11, Tel. 061-226201. Das französischsprachige Ehepaar hat sich eine kleine, hübsche Stadtoase geschaffen und serviert abends das perfekte franko-afrikanische Drei-Gänge-Menü; sechs Zimmer, kleiner Pool.

Uhland Hotel**, Dr. Kenneth David Kaunda St 147, Tel. 061-389700, www.hoteluhland.com. 24 Zimmer vom *budget* bis zum *superior room,* Pool und Restaurant – Traditionsunterkunft in Familienbesitz.

Klein Windhoek

The Weinberg Hotel****, Jan Jonker Rd 13, Tel. 061-2090900, https://gondwana-collection.com. Spitzenhaus der Gondwana Collection mit allem, was man benötigt oder erträumt – 41 elegant-luxuriöse Zimmer, Sky Lounge mit Panorama und zwei Super-Restaurants im Gebäudekomplex.

Naankuse Utopia-******, Nelson Mandela Ave 66, Tel. 085-5887704, www.naankusecollection.com. Empfehlenswerte, luxuriös und mit viel Geschmack hergerichtete Unterkunft der N/a'an ku sê-Unternehmung mit elf Standardzimmern und sechs Luxussuiten; Pool und Restaurant.

Maison Ambre Guesthouse**, Irle St. 2, Tel. 061-223834, www.maison ambre.com. Sechs große Zimmer mittleren Standards, kleiner Pool, Grillmöglichkeit, Lounge und sicheres Parken – sehr gutes Frühstück.

Naankuse Travellers Inn*, Chapman St 2, Tel. 085-5887704, www.naankuse collection.com. Warum sollten es Backpacker nicht hübsch haben: Übernachtung in superordentlichen Zelten und Dorms mit Bar und Pool im Edelstadtteil zu Budgetpreisen.

Kaffeeterrasse im Thule Hotel

Unterkunft im Westen

Daan Viljoen Game Reserve**, C28 (20 km westlich des Zentrums), Tel. 083-3232393, www.nwr.com.na, Buchung über Namibia Wildlife Resorts. Lodge und Stellplätze im kleinen Schutzgebiet nahe Windhoek mit 19 komfortabel möblierten Chalets in zwei Kategorien, großem Pool, Restaurant, Game Drive-Angeboten und Wandermöglichkeit.

Penduka Rondavels*, Goreangab Dam, Tel. 061-257210, www.penduka.com. Hütten mit Bad am Wasser, Feuerplatz für den Eintopf aus Gemüse und Geflügel von der Farm, Restaurant und Kunsthandwerkskurse; auch Zeltplatz – s. auch bei Goreangab Dam oben.

Unterkunft im Süden

Gocheganas Lodge****, B1/D1463 (40 km südlich des Zentrums, davon 5 km Farmpiste, GPS -22.81215, 17.21421), Tel. 061-224909, http://gochegana s.com. Luxuslodge auf privater Wildfarm von 6000 ha in vorzüglicher Hügellage, Unterbringung in 15 Chalets mit allem Komfort, Wellnesszentrum mit Saunaanlage, beheiztem Indoorpool und Außenschwimmbecken.

Windhoek Country Club***, Western Bypass (Prosperita Industrial Zone), Tel. 061-2055911, www.legacyhotels.co.za. Großhotel der Luxusklasse mit Konferenzangeboten, dem bedeutendsten Kasino des Landes und 10-Loch-Golf; Luxus ohne Esprit.

Mövenpick Safari Court/Accor***, Ecke Auas Rd/Aviation Rd (Eros Airport), Tel. 061-2968000, https://all.accor.com. Komforthotel der Accor-Kette, etwas abseitig gelegen mit 215 Zimmern und großer Badelandschaft – verlässliche Qualität.

Krumhuk**, B1 (25 km südlich des Zentrums, davon 4 km Farmpiste, GPS -22.74272, 17.07351), Tel. 061-254047, www.krumhuk.com.na. Anthroposophische Gemeinschaft auf 8000 ha Grund mit Unterkunftsangebot in zwei nachhaltig errichteten Lehmhäusern mit je zwei Schlafzimmern, einer Suite und einem Doppelzimmer (jeweils mit eigenem Bad); s. auch oben.

Unterkunft im Osten/ Richtung Flughafen

Zannier Omaanda Lodge****, B6/M53 (45 km östlich des Zentrums, davon 5 km Farmstraße, GPS -22.45109, 17.40557), Tel. 081-1272425, www.zannierhotels.com. Highend-Luxuslodge in privatem Schutzgebiet der N/a'an ku sê-Stiftung in 10 „Ovambo-Hütten" mit offenem Kamin und sonst so Allerlei; selbstredend wird im Ambo Delights auf höchstem Niveau gekocht und das Spa lässt ebenso keine Wünsche offen – aber alles hat eben auch seinen Preis: ab 600 €/Nase/Nacht all inclusive fängt der Spaß an.

N/a'ankuse Lodge****, B6/M53 (45 km östlich des Zentrums, davon 5 km Farmstraße, GPS -22.36497, 17.37909), Tel. 081-6771345, www.naankusecollection.com. Lodge mit Naturschutzanspruch, zwölf hochluxuriöse Villas und Chalets, Schwimmbad und exklusive Aktivitäten wie Raubtierfütterung, Elefanten- und Rhinotracking, Reitausflüge, geführte Wanderungen in die Wildnis.

Voigtland Guesthouse****, B6/C23 (35 km östlich des Zentrums, davon 2,5 km Farmstraße, GPS -22.58038, 17.33185), Tel. 062 54 04 19, www.voigtland.com. Vier elegant dekorierte Zimmer in einem Farmhaus von 1900 22 km vom Flughafen; Gamedrive, Radfahren, Hightea, Quadbiking, Besuch der Rinderfarm, Giraffenfütterung.

Ti Melen Guesthouse***, Schuckmann St 27 (Avis), Tel. 061-240020, www.ondili.com. Sechs sehr großzügige und angenehm gestaltete Zimmer mit Terrasse, großer Garten mit Pool und absolute Ruhe.

River Crossing Lodge***, B6 (8 km östlich des Zentrums, südlich des Avis Dams, GPS -22.60245, 17.14277), Tel. 061-246788, www.rivercrossing.com.na. Luxuriöse Unterkunft erhöht in der Buschlandschaft eines privaten, 6500 ha großen Tierreservates für ruhige Tage in einem der 20 Chalets mit Wanderungen oder einem Ausritt.

Sweet Thorn Retreat***, B6/M53 (24 km östlich des Zentrums, GPS -22.53825, 17.27006), Tel. 061-224712, www.sweetthornretreat.com. In ruhiger Lage 25 km vom Flugplatz, drei Zimmer im Hauptgebäude, sieben etwas abseits; auch drei Stellplätze und sieben Mietzelte; nette Anlage im „Zinnenstil", Pool, Restaurant und Bar.

Dromboos Vineyard Country Lodge**, B6 (6 km östlich des Zentrums, südlich des Avis Dams, Tel. 081-8722613, www.droombos.com.na. Zehn schicke Suiten um ein Hauptgebäude, das auch als Event Location vermietet wird; Dinner muss reserviert werden.

Eden Chalets**, B6 (22 km östlich des Zentrums), Tel. 081-1707575, www.edenchalets.com. An der Hauptstraße 26 km vom Flughafen; fünf sauber und zweckmäßig eingerichtete Chalets und drei Zimmer jeweils mit Grillplatz für den Ankunfts- oder Abflugtag zu günstigen Preisen, nur Selbstversorgung, Pool.

Trans Kalahari Inn**, B6 (24 km östlich des Zentrums), Tel. 061-222877, www.transkalahari-inn.com. An der Hauptstraße 22 km vom Flughafen; nette und saubere Traditionsunterkunft zu sehr günstigem Preis mit neun Zimmern, Restaurant und Pool (auch Zeltplatz).

Ondekaremba**, B6 (35 km östlich des Zentrums, davon 4 km Farmstraße, GPS -22.48273, 17.41039), Tel. 062-540424, www.ondekaremba.com. 10 km vom Flughafen; Lodge in Partnerschaft mit Waterberg Wilderness und Ghaub – zehn komfortable Chalets und 16 Economyzimmer, Restaurant, Pool, Zeltplatz. Bis Ende 2024 geschlossen.

Murangi Travel Lodge*, B6 (23 km östlich des Zentrums), Tel. 061-220020, www.murangitravel.com. An der Hauptstraße 24 km vom Flughafen; Budget-Unterkunft in sehr einfach möblierten, gemauerten Chalets, Restaurant – nichts für längere Aufenthalte.

Moonraker Outdoor Adventure Camp*, B6 (33 km östlich des Zentrums, davon 6 km Farmstraße, GPS -22.57875, 17.27541), Tel. 081-8364006, www.moonraker-farm.com. 30 km vom Flughafen tief im Busch auf 2000 ha großem privaten Schutzgebiet; zwölf charmante, mit viel Herz eingerichtete Holzhütten mit Bad auf einer familiengeführten Farm; Aktivität u.a. zweitägige Maultierwanderung in die Auas-Berge, Mountainbiking und Vogelbeobachtung, Restaurant.

Unterkunft im Norden

Elisenheim Gästefarm***, A1/D1473/Elisenheim St, Elisenheim (17 km nördlich des Zentrums, GPS -22.43701, 17.10019), Tel. 061-264429, www.elisenheim-guestfarm.com. Traditionsfarm in Familienbesitz mit großzügigem Campingplatz und Unterstellmöglichkeit für Fahrzeuge. 9 Zimmer, großes Biergarten-Restaurant (beliebtes Ausflugsziel), Aktivitäten (Reiten, 4x4-Trail u.a.).

Windhoek Game Camp***, A1, Brakwater (22 km nördlich des Zentrums, GPS -22.41610, 17.05298), Tel. 081-2721594, www.windhoekgamecamp.com. Acht Luxuszelte mit Bad und Küche zur Selbstversorgung in einem kleinen privaten Schutzgebiet mit Giraffen und Antilopen; Frühstücksangebot, Pool.

1

Immanuel Wildneress Lodge***, A1, Brakwater (25 km nördlich des Zentrums, GPS -22.38311, 17.05584), Tel. 061-260901, www.immanuel-lodge.de. Neun geschmackvoll eingerichtete Rondavels in ruhiger Lage, Pool, Wellnessangebot und als Highlight eine ausgezeichnete Küche – familiäres Buschambiente auf hohem gastronomischem Niveau.

Düsternbrook**, A1/D1499 (48 km nördlich des Zentrums, 8 km davon Farmstraße, GPS -22.26973, 16.90105), Tel. 061-232572, www.duesternbrook.net. Eine der ältesten Gästefarmen des Landes ist bekannt für seine Leoparden und Geparden und bietet Unterkunft in mehreren Kategorien – von der Luxussuite bis zum Safarizelt; auch Camping, Restaurant, Pool und Reitangebote.

Umti Lodge*, A1, Brakwater (23 km nördlich des Zentrums, GPS -22.39168, 17.06694), Tel. 085-3030771. 14 Doppelzimmer mit Bad, Bar, Restaurant und Pool; Touristen aus Übersee wird man hier nicht treffen und am Wochenende ist die Lodge Party-Zone – fürs wirkliche Leben jenseits von Safari & Co.

Big 5 Mini Lodge*, A1, Brakwater (13 km nördlich des Zentrums, GPS -22.46646, 17.06455), Tel. 081-2243973, www.big5minilodge.com. Vier Safari-Zelte mit gemauertem Bad, Restaurant, Pool, Spielplatz – rustikal-legere Buschatmosphäre zu mehr als fairen Preisen; auch Zeltplatz.

Camping in der Stadt

Urban Camp*, Schanzen St 2 (Eros), Tel. 081-1620761, www.urbancamp.net. Camping im eigenen Zelt unter Schattendach oder als Glamping – Camping auf höchstem Niveau im Mietzelt mit Leinen, Kühlschrank und Kaffeemaschine; Bar, Restaurant/Biergarten – stadtnäher lässt sich das Zelt nicht aufschlagen.

Xenia B&B*, Andimba Toivo Ya Toivo 41 (Suiderhof, Southern Industrial Area), Tel. 081-1294285, https://xeniabnb.weebly.com. Charmante Unterkunft unter kroatisch-portugiesischer Leitung mit Zimmern, Glamping und Camping – Garten, Bar, Dinner nach Vereinbarung, Shuttle-Service, Tour-Angebote.

Siehe auch bei Unterkünften oben: **ParadiseGarden Backpackers**

Camping außerhalb

Monteiro Camping*, Regenstein (20 km südlich des Zentrums über die A1, GPS -22.70062, 17.08093), Tel. 081-7348855, http://monteironamibia.com. Gästezimmer, Safarizelte und voll ausgestattete Stellplätze (Gemeinschaftstoiletten) im bergigen Buschland.

Monte-Christo Riverside Camping*, Monte Christo Road 30 km nördlich des Zentrums über die A1 und D1474, GPS -22.36562, 16.97878), Tel. 081-7529829, www.montechristofarm.com. Game Farm mit Bungalows und Stellflächen mit Dusche, heißem Wasser, WC und Grillplatz am Otjiseru Rivier im Busch des Khomas Hochlands.

S. auch bei Unterkünften oben: **Penduka Rondavels, Daan Viljoen Game Reserve, Sweet Thorne Retreat, Trans Kalahari Inn, Big 5 Mini Lodge, Elisenheim Gästefarm, Düsternbrook.**

Essen und Trinken

Frühstück & Lunch

Café Schneider, Carl List Mall, Tel. 061-226304, www.facebook.com/cafeschneiderwindhoek. Frühstück, Kaffee und Kuchen oder kleine Gerichte zum Lunch im traditionsreichsten (und ältesten) Café der Stadt.

Goethe Café, Fidel Castro Street 1-5, Tel. 081-1245871, https://goethe-cafe.success.com.na. Im Innenhof des Goetheinstituts gibt's neben Frühstück und in aller kultureller Ruhe ein leckeres Lunch mit Salaten und Heimischem, wie Kohlrouladen oder Letscho.

Fresh 'n' Wild Eros, Etosha St, Tel. 081-7273646; **Fresh 'n' Wild /AE//Gams,** Ecke Stein St/Schwabe St, Tel. 081-8479686, https://freshnwild.net. Frühstück, superfrische Salate, Pizza, Mezze und belegte Brötchen – leckere Essen im Deli mit Bistro.

Krisjans Bistro, Ecke Robert Mugabe Ave/Lazarett St, Tel. 081-8614614, www.krisjansbistro.com. Angenehmes Lokal in hell-luftig-mediterranem Stil, das die Kaffeezubereitung zelebriert und mit selbstgemachtem Kuchen, feinem englischem Frühstück, frischen Salaten, Wraps und Smoothies punktet.

Lemon Tree, Ecke Robert Mugabe Ave/Luther St, Tel. 081-2741424, www.facebook.com/LTWindhoek. Großer Coffeeshop mit Freisitz, Lunchangeboten *coffee to go* und ab und an gut besuchte, samstägliche Frühschoppen mit Livemusik.

Lunch mit Kunsthandwerk

Craft Bistro, Tal Street (Namibia Craft Center), Tel. 061-249974, www.facebook.com/craftcafewindhoek. Mitten zwischen Kunsthandwerk oder draußen auf dem Balkon gibt es opulentes Frühstück, mittags *light meals* und nachmittags ausgezeichnete Kuchen.

Lunch im Garten

Wilde Eend Bistro, Dr. Kenneth David Kaunda St 10, Tel. 061-272632, www.facebook.com/Wildeeendbistro. Tagescafé mit Frühstücksangebot und leichten, ausgezeichneten Mahlzeiten in einer ehemaligen Gärtnerei; man sitzt im Freien unter Bäumen und verspeist frische Salate, danach kann man im Laden frisch von den Farmersfrauen Brot, Käse, Marmelade, Kräuter und Oliven kaufen.

Fresh 'n' Wild Utopia, Ecke Nelson Mandela Ave/Chapman St, Tel. 061-422006, https://freshnwild.net. Vom Frühstück über Lunch bis zum Abendessen immer alles frisch und knackig und lecker – entspannt-elegantes Deli und Gartenrestaurant.

Fleisch vom Grill

Butcher Block, Jan Jonker Rd 13, Tel. 083-2888000, https://butcherblocksteakhouse.com. Zur Perfektion am Grill gehört der perfekte Reifegrad des Steaks. Dazu die Sauce nach Geschmack von Jalapeño über Roquefort bis Chakalaka und ein leichter Salat? Aber auch frittierter Camembert, Burger und südafrikanische Eintöpfe – Lunch und Dinner in rustikal-eleganter Garagenatmo.

Garküchen im Township

Grand Canyon Spur, Independence Avenue (Höhe Post Street Mall), Tel. 061-231003, www.spursteakranches.com. Bei jungen Leuten populäres Steakhouse (auch mit Frühstückskarte); wenn es warm ist, kann man auf dem Balkon sitzen und den Leuten beim Flanieren und Einkaufen zuschauen – Steaks und Saucen sind kettenmäßig konfektioniert und Fischstäbchen gibt's auch.

Namib Smoked Meat House, Tennis Street, Olympia, Tel.081-2408688, www.facebook.com/Meataterian. Nur Fr und Sa von 13–21 Uhr brutzelt das (wie manche sagen) beste Grillgut Windhoeks über dem Feuer; für die, die sich aufs Fleisch konzentrieren wollen und viel mehr als Tischplatte, Messer und Gabel nicht benötigen – rustic for sure!

Fisch und Schalentier

Francesco, Liliencron St, Tel. 081-3776601. An der Fressmeile in Eros serviert Francesco Pasta mit Muscheln, Hummer und (für Namibia ja eher unüblich) Fisch ohne Panade; bemerkenswert sind auch die Nachspeisen – klare Inneneinrichtung und große Straßenterrasse.

Cape Town Fish Market, Jan Jonker Rd 13, Tel. 083-3318101, https://ctfm.com.na. Südafrikanische Restaurantkette mit vorzüglichem Angebot: Fischtapas, Sashimi, Sushi, Fischcurrys und Grillfisch (und ein bisschen rotes Fleisch); leger-elegantes Essen auf großer, schattiger Terrasse mit aufmerksamen Service und guter Weinauswahl.

SeaSource Namibia, Sam Nujoma Drv 3 (Elsa Building), Tel. 061-301967, www.facebook.com/SeaSource1. Imbiss mit gegrilltem oder gebratenem Fisch, Austern, Sushi, Bismarckhering, Rollmops und Matjes – schnell, günstig und sehr gut.

Internationale Küche

O'Portuga, Sam Nujoma Drv 312, Tel. 061-272900, www.instagram.com/oportugaoficial. Angolanisch-portugiesisch angehauchte Fisch- und Fleischküche mit allen Ingredienzen, die Namibia hergibt – nicht schlecht, aber auch nichts Besonderes.

Garnish, Sam Nujoma Drv/City Plaza, Tel. 061-221955, www.facebook.com/GarnishIndianRestaurant. Indisches Lokal mit leckeren Currys, großer Karte, effizientem Personal und einer sehr vernünftigen Preisgestaltung.

Daisho Sushi & Wine Bar, Hebenstreit St, Tel. 081-4318434, www.daishosushibar.com. Feines Sushi und Konsorten (wie Nigiri, Sashimi und Tempura), dazu Sake oder Wein – für Verächter von Rohem gibt's auch Fisch aus der Fritteuse.

Cassia, Nelson Mandela Ave 21 (Hidas Centre), Tel. 081-7032730, www.facebook.com/cassiathaifood. Thailändisches Essen von der Frühlingsrolle über Tom Yam zum Curry immer auch als vegetarische Variante.

Feines Speisen

Leo's at the Castle, in der Heinitzburg (s.o.), Tel. 061-249597. Der Dauerbrenner in der Klasse der etwas teureren Lokale – so einige meinen aber, dass die Terrassenaussicht vom Hügel das beste sei; Lunch, Kaffee und Dinner.

The Olive Restaurant, im The Olive Exclusive All-Suite Hotel (s.o.). Stylisches Restaurant, sehr modern, sehr mondän und ausgezeichnete Küche mit mediterranen Anklängen und Fernsicht, auch für Frühstück und Lunch eine gute Wahl.

all you can eat

Dunes, im Avani Hotel (s.o.). Seit gefühlt 100 Jahren ist das Abendbuffet das So-viel-wie-reingeht-Event für Windhoeker Familien: Antilope, Strauß, Rind und Fisch kommen frisch vom Grill direkt auf den Teller.

Roof of Africa, Nelson Mandela Ave 124, Tel. 061-254708, http://roofofafrica.eu. Jeden Tag gibt's ein Vier-Gänge-Menü vom Buffet mit mindestens vier Hauptgerichten; schönes Sitzen in rustikal-elegantem Safari-Ambiente.

Kokerboom, Hotelrestaurant im Windhoek Country Club (s.o.). Buffet bis zum Abwinken in Hallenatmosphäre oder auf der Terrasse – durchwachsene Qualität, aber eben so viel man will.

Weinliebhaber

The Stellenbosch Wine Bar & Bistro, Shop 25/Bougain Villas, Sam Nujoma Drv 320, Tel. 061-309141, http://thestellenboschwinebar.com. Restaurant im Bistro-Stil mit sehr guter Karte südafrikanischer Weine und fleischbasierter Küche, großer und beliebter Außenbereich.

The Wine Bar, Garten St 3, Tel. 061-226514, www.thewinebarshop.com. Man ist auch nicht böse, wenn man zur Flasche nur eine Reihe an Kleinigkeiten bestellt (von Sashimi bis Tapa) – gute Weinauswahl und gute Hauptgerichte, schönes Sitzen mit Blick auf Windhoek.

Anna's Klovenburg Wine Shop, Berg St 42, Tel. 081-7279699, https://annaskloovenburg.com. Vorzügliche Weine, Olivenöl und immer wieder Konzerte – Weinproben mit Häppchen und Kultur.

Angesagt

IT/Isabel's Table, Liliencron St, Tel. 081-3553253, www.facebook.com/isabelstableit. Wer drei Wochen Safari mit Fleisch satt hinter sich hat, wird Isabel und ihre Küche lieben: Ceviche, Carpaccio, Muscheln oder Petiscos wie Chorições, Pica Pau und Pie mit Ziegenkäse gefüllt; trotz des Erfolgs ist alles völlig ungespreizt und das Personal trotz extremer Effektivität sehr zuvorkommend.

La Marmite Royal @ Café Zoo, Independence Avenue (Zoo Park), Tel. 061-240306. Schattige Terrasse am Stadtpark, ein sympathischer und engagierter Service und junges Publikum, das sich mit Essen und Cocktails auf den späteren Abend vorbereitet.

Olivia's Kitchen, Jan Jonker Rd 13, Tel. 061-2090995, www.facebook.com/oliviaswindhoek. Frühstück von süß bis herzhaft und Lunch auf hohem Niveau und in postindustriellem Bistro-Stil – angesagt und gut.

Livega, Luther St 7, Tel. 085-3030000, www.livega.co. Fusion aus Asien und Frankreich (und man hat auch vor Pizza und Burger keine Angst); leicht, perfekt auf den Punkt gebracht und adrett arrangiert, Zunge und Auge genießen und man schaut und man wird gerne gesehen – *for urban people*.

Stratos, Rooftop-Restaurant im Hotel Avani (s.o.). Im 15. Stock ist die Aussicht (auch nachts) fantastisch, und das Essen recht in Ordnung, weswegen man am Wochenende schon reservieren sollte; auf die Tische kommt u.a. *comfort finger food* wie Burger, Pizza, Kapana, Rippchen, Ochsenschwanzragout, Hühnercurry und Steaks.

Pizza & Co.

Sardinia Blue Olive, Ecke Sam Nujoma Drv/Nelson Mandela Ave (Schoeman's Building), Tel. 061-258183. Italienische Fleisch- und Fischgerichte, hausgemachte Pasta und natürlich Pizza (mit eher dickem Boden und – wie es die Namibier lieben – großzügig belegt), auch in eher ungewöhnlichen Variationen (wie mit süßsaurem Hühnchen oder Pulled Porc/Schafskäse) – Wermutstropfen: ein bisschen Kantinenatmosphäre.

Col'Cacchio, Shop 426, The Grove Mall, Tel. 061-244100, www.colcacchio.co.za. Kettenlokal aus Südafrika in einer Shopping Mall etwas außerhalb im Süden, deren Pizza dem Originalgericht aus Neapel schon sehr nahekommt – aber auch hier gibt's verstörende Zutaten wie Mayo in Schlangenlinie; netter Terrassenfreisitz mit Blick.

Goodfellas Pizza & Pub, Liliencron St 18, Tel. 081-8766908, www.facebook.com/goodfellasnamibia. Gemauerter Pizzaofen, schöne Terrasse an der Straße, Steaks, Burger und Pizza mit dickem Belag.

Traditionelles im Zentrum

NIMMS, Robert Mugabe Ave (Independence Museum), Tel. 081-3172488, https://nimms-restaurant.business.site. Das Museumsrestaurant mit Terrasse hoch oben serviert zwei Menüs – ein internationales und ein traditionelles (mit leichten Anpassungen an europäische Gaumen).

Pepata Traditional, Pavlov St, Tel. 081-2865071, www.facebook.com/pepatacuisines. Mopanewürmer als Eintopf mit Tomaten, Zwiebeln und Chili, Innereien vom Grill oder gekocht, Ziegenkopf – wem da nicht das Wasser im Mund zusammenläuft, bestellt Hühnchen mit Millipap und wildem Spinat.

Katakombe, Robert Mugabe St, Tel. 081-2900333, www.facebook.com/katakomberestaurant. Zentrale Lage bei der National Art Gallery und namibische Spezialitäten mit Kutteln, Stews und Zambezi-Barsch – kein Hardcore-Essen und bei Beamten fürs Lunch beliebt.

Entdeckung im Township

Adele's Kitchen, Dawid Bezuidenhout Rd/Khomasdal, Tel. 081-5767231, www.facebook.com/adelesangels. Aus der Hand mit Fettgebackenem Kutteleintopf auftunken oder mit den Fingern einen halben Schweinekopf vom Grill zerlegen; außerdem: Koteletts und Wiener Würstchen für weniger Entdeckungsfreudige.

Xwama Cultural Village, Ecke Independence Avenue/Omongo Street, Tel. 081-7610458/1626139, www.xwama.com. Die Gäste werden mit traditionellen Riten, Gesangs- und Tanzvorführungen unterhalten; neben dem traditionellen Bier Omalodu stehen frittierte Mopane-Würmer, Ziegenkopf gegrillt und als Beilage wilder Spinat und Millipap auf der Karte.

Penduka, Goreangab-Damm (Shuttle Service), Tel. 061-257210, www.penduka.com. Terrassenrestaurant mit Blick auf den Stausee und gutem Essen mit Gemüse aus dem eigenen Garten, Geflügel vom Hof, selbstgebackenem Brot, internationalen Gerichte, aber eben auch Spezialitäten wie Hühnchen mit Porridge nach Ovamboart oder frittierte Mopane-Würmer.

Am Abend in Katutura

Streetfood mit Auto

Trinty Lounge & Car Wash, Pullmann St 28, Tel. 081-2136926, www.instagram.com/trinityloungewindhoek. Auto waschen lassen, Cocktail schlürfen und Kapana (das namibische *streetfood)* essen – die Fleischteile vom Grill kommen mit *bread roll* oder Pommes; auch sonst gibt's allerlei Einheimisches für den Gaumen.

Biergärten

Joe's Beer House, Nelson Mandela Ave 160, Tel. 061-232457, www.joesbeerhouse.com. Bei den Deutschsprachigen der Favorit mit Biergarten, Restaurant, Wochenenddisco, teilweise Livemusik und garantierter Stimmung; bis zu 400 Leute passen in die verwinkelte Anlage und wenn man verabredet ist, muss man richtig suchen – für starke Esser, die nichts schreckt: z.B. der *double trouble burger* mit 300 g Fleisch, Käse, Pilzen und Speck im Brötchen und dazu Pommes rot-weiß als Extra geht Jägermeistersauce.

Fleisch auf den Punkt gebracht: Oshetu Community Market

SKW Brauhaus und Biergarten, Wika Street (Suiderhof, südöstlich des Eros-Airports), Tel. 081-6222627, https://skw-brauhaus.business.site. Die Traditionsadresse der deutschsprachigen Namibier mit Eisbein, mit Camembert überbackenem Schnitzel und Brezn im Sport Klub Windhoek, sonntags steht „Hausmannskost" auf der Karte; Spielplatz für die Kleinen.

The Corner Pub & Grill, Tennis St, Olympia, Tel. 081-2215161, www.facebook.com/cornerpubgrill. Steaks, Burger, Bier und an Wochenenden DJs oder Liveacts – beliebt: auch am Sonntagnachmittag gibt's Musik.

The Beer Barrel Brewery, B6/Avis Dam (6 km außerhalb im Osten), Tel. 081-1242029, www.facebook.com/BeerBarrelNam. Bier vom Fass (das Barrel ist keine Brauerei!), r i e s i g e Fleischportionen (darunter der Burger mit 1 kg-Patty) und gemütliche Biertische am Pool – Biergarten à la Namibia.

Eagles Beer Garden, B6/Avis Dam (6 km außerhalb im Osten, am Stauwehr), Tel. 085-1286030, www.facebook.com/eaglesbeergarden. Manchmal wird es mit viel Bier schon recht laut und ausgelassen; Burger steht immer auf der Karte, außerdem Spezialabende mal mit Braai, mal mit Pizza, aber immer mit Musik.

Elisenheim Farmers Kitchen, Gästefarm Elisenheim (s. auch bei Unterkunft), www.facebook.com/FarmersKitchenElisenheim. Beliebtes Ausflugslokal und Biergarten mit häufigeren Veranstaltungen.

1

Abendunterhaltung

Die meisten Events laufen am Wochenende und in die Lounges geht man eigentlich nicht vor 22 Uhr, in die Diskotheken noch später. Was los ist erfährt man in der englischsprachigen Zeitung *The Namibian,* in der Wochenendbeilage WAZon der Allgemeinen Zeitung oder auf der Website www.whatsonwindhoek.com.

Spielkasinos

Wer seinen Namibiaaufenthalt mit Glücksspiel finanzieren möchte, kann dies an drei Stellen: im Hilton, im Avani Hotel und im Windhoek Country Club. Im Angebot sind dort Automaten und professionell beaufsichtigte Spieltische von Black Jack über Poker bis Roulette.

Bier zum Sport und Cola mit Schuss

Andy's Pub, Jan Jonker Road (Showgrounds), Tel. 081-6025045, www.facebook.com/andyspubwhk. Wenn kein Fußball ist, ist Rugby, und wenn kein Rugby ist, ist Livemusik – dazu gibt's große Steaks und Bier, Bier, Bier.

Fashion Bar, Mburumba Kerina St 43, Tel. 081-3134470, www.facebook.com/fashionbar11. Lounge und Disko, vornehmlich für die jungen Windhoeker, gute Whiskey-Karte und hervorragende Longdrinks,

BushBar, Tennis St, Tel. 061-304480, www.facebook.com/bushbarwindhoek. Biergarten, dann Restaurant und zu späterer Stunde Cocktails unter Sternen.

Vintage Bar & Grill, Jason Hamutenya Ndadi St, Tel. 081-4732726, www.instagram.com/vintage_bar_grilll. Afrikaanses Publikum feiert mit DJs, Livemusik, Bier, Braai und dem Bottle Special (2 l Cola, 0,75 l Brandy, Gläser und Eiseimer) fürs finale Abwinken.

VIPs only

Pharaohs Lounge, Nelson Mandela Ave 22, Tel. 061-306490, www.facebook.com/pharaohslounge. Klein Windhoeks Abhänge für die, die Geld haben und es zeigen wollen.

Cocktails mit Aussicht

Sky Bar, im Hilton (s.o.). Die Dachbar ist wegen der Aussicht für einen Sundowner einer der besten Plätze in der Stadt – nur leider ist das Personal überfordert und regelmäßig gehen die Cocktail-Ingredienzen aus.

Stratos Bar, im Avani Hotel (s.o.), die Bar im Dachgeschoss ist eine gute Alternative zum Hilton und muss sich seiner Aussicht nicht schämen.

Lounge mit Programm

The Wolfshack, Macadam St, Tel. 081-4234243, www.facebook.com/thewolfshack. Livemusik, Comedy, Karaoke – in der Industriehalle und auf der Terrasse kommt keine Langeweile auf; gut gelauntes Personal, das sich in Weinen auskennt, und zufriedene Gäste, *easy going* eben.

The Brewer's Market, Tal St (Old Brewery Complex), Tel. 061-402253. Event Location mit Konzerten, Performances und Theater.

Party

Club London, Nasmith St (Southern Industrial Area), Tel. 081-2309250, www.facebook.com/londonnamibia. Party-Location für ein bunt gemischtes Publikum mit wechselnden Themen.

Vinyl's, Independence Ave 129 (Zoo Park), Tel. 081-2273318, http://www.vinyls.cafe. Zentral, charmant und angesagt; Snacks, feine Drinks und gute Stimmung – relaxen unter Freunden.

MYNT Nightclub & Lounge, Lazarett St 43, Tel. 081-3324937, www.facebook.com/myntnightclubandlounge. Nachtclub und Eventlocation mit Liveacts, nur Fr/Sa

Die Bendehuis, Rugby St, Tel. 081-2481666. Kultkneipe (nicht nur) der afrikaansen Gemeinde mit Party und Konzerten am Wochenende.

Theater, Konzerte und Kino

Nationaltheater

National Theatre of Namibia, John Meinert St, Tel. 061-374400, www.ntn.org.na, Spielplan in den Zeitungen. Das Theater bringt neben Konzerten auch immer wieder Kooperationsarbeiten mit deutschen Theatern (und unterstützt mit deutschen Fördergeldern) auf die Bühne.

Kinos

Ster Kinekor 1, Maerua Mall, Klein Windhoek Rd (Eros), www.facebook.com/SKNamibia. Kinozentrum mit drei Vorführräumen auf höchstem technischem Niveau.

Ster Kinekor 2, Grove Mall, Chasie St (Olympia), ebenfalls drei Leinwände.

Kleine Leinwand, Centaurus St (Lion's Club), www.windhoeklionsclub.com. Einmal im Monat (meist Mittwoch) gibt es abends einen Filmklassiker in deutscher Sprache, der Eintritt von 50 N$ kommt wohltätigen Zwecken zugute.

Village Opera House, Liliencron St 18, www.facebook.com/villageoperahouse. Moderne Multifunktionshalle, die auch immer wieder Filme zeigt.

Franco Namibian Cultural Centre (FNCC), Robert Mugabe Ave 118, www.fncc.org.na. Regelmäßig zeigt das Kulturzentrum anspruchsvolle Streifen.

Feste und Märkte

Kunstfestivals

Windhoek Annual Cultural Festival, https://windhoekculturalfestival.com. Einwöchiges Kulturfestival im April im Sam Nujoma Stadium mit zahlreichen Vorstellungen, Ess- und Getränkeständen.

OLAF – Otjomuse Live Arts Festival, https://olafnamibia.com.na. Einwöchiges Theater- und Performance Festival im Oktober (in Kooperation mit dem Goethe-Institut)

Fasching

WIKA, Windhoeker Karneval, http://karneval-in-windhoek.com. Deutscher Karneval in Windhoek mit allem Dum und Dran wie Prinzenpaaren, Bällen, Prunksitzung und Straßenumzug mit geschmückten Wagen.

Deutsche Schlager

Stars unter Afrikas Sternen (Nacht des Deutschen Schlagers). An einem Wochenende im Januar (Hochsommer!) fliegen deutsche Stars und Sternchen ein und geben zwei Benefizkonzert im Sport Klub Windhoek, zu dem 2000 Besucher strömen – *das* kulturelle Jahresereignis in der Stadt.

Windhoeker Wiesn

Oktoberfest, www.oktoberfestnamibia.com. Am letzten Oktoberwochenende kommen Bier, Brezn, Leberkäse und Schnitzelbrötchen auf die Tische und Schuhplattler auf die Bühne – natürlich inklusive Ententanz.

Blue Notes

Windhoek Jazz Festival, www.windhoekjazzfestival.com.na. An einem Novembersamstag reisen Größen aus dem südlichen Afrika an und musizieren im Independence Stadium.

Märkte

Biltongfees, United Sports Grounds (Olympia). Eintägiges Fest Ende Juli mit Trockenfleisch in unglaublich vielen Sorten, Musik und viel Bier.

The Shed at Neuweiler, Neuweiler (30 km östlich Richtung Flughafen an der Kreuzung mit der C23), www.facebook.com/TheShed9000. Viermal im Jahr gibt's Bauern- und Kunstmarkt mit Speisenangebot; besonders gerne besucht der Markt kurz von Weihnachten.

Christmas Village Market, Tunschell St (Pionierspark), www.facebook.com/windhoekchristmasvillage. Weihnachtsmarkt an einem Wochenende Anfang November mit Ständen in einer (gekühlten) Halle.

Messen

Namibia Arts Fair, www.facebook.com/NamibiaArtsFair. Kunst und Kunsthandwerksmesse mit Workshops an unterschiedlichen Orten, mit unterschiedlichen Themen und zu mehreren Terminen im Jahr.

Namibia Tourism Expo, http://nte.nmh.com.na. An drei Tagen Ende Mai erläutert auf dem Gelände des Sport Klub Windhoek die Tourismusindustrie ihr Angebot.

Windhoek Agricultural Show, einwöchige Verbrauchermesse Ende September auf den Windhoek Show Grounds, gegründet 1899 und seit 1966 jedes Jahr abgehalten.

Kulturinstitute

Katutura Community Art Centre, s.o. unter Townships

British Council, Robert Mugabe Ave 116, Tel. 061-274824, www.britishcouncil.na

Franco Namibian Cultural Centre (FNCC), s.o. unter Kino

Sprachkurse und mehr

Goetheinstitut, Fidel Castro Street 1–5 (Estorff-Gebäude), Tel. 061-225700, www.goethe.de/windhoek, Informationsveranstaltungen, Sprachkurse, ab und zu deutsches Kino

1

Archiv und Bibliothek

Namibia Wissenschaftliche Gesellschaft, Robert Mugabe Ave 110, Tel. 061-225372, www.namscience.com, Mo–Fr 8–13 u. 14–17 Uhr. Institut und Publikationshaus mit der umfassendsten Archivbibliothek zu Namibia; Kulturveranstaltungen, Workshops, Exkursionen und Vorträge.

Einkaufen

Märkte

Green Market, Dr. David Kenneth Kaunda St 3, Tel. 081-4744264, www.facebook.com/GreenMarketWindhoek, Sa 7.30–12.15 Uhr. Bauernmarkt mit frischem Bio-Angebot und auch allerlei mehr wie Kunsthandhandwerk (u.a. Töpfereiwaren, Batikarbeiten, Schnitzereien) und Kosmetik.

Tannery Market, A1 (15 km nördlich des Zentrums, Elisenheim), Tel. 081-3775275, www.facebook.com/tannerywhk. Einmal im Monat gibt's an einem Samstag Markt mit Biergarten, Musik und Verkauf von Lederwaren, Schmuck und Stoff.

Trockenfleisch

The Biltong Shop, Post Street Mall/Wernhil Park, Tel. 061-250881. Droëwors, Chillibites, Sticks und Biltong am Stück oder geschnetzelt, vom Rind und diversen Antilopenarten – beste Qualität und als Souvenir auch eingeschweißt.

Biltong & Bites, Sam Nujoma Drv 13, Tel. 061-272990, www.facebook.com/BiltongEnBites. Biltong in allen nur erdenklichen Geschmacksrichtungen (u.a. Speck) und natürlich Droëwors.

Closwa Biltong, Hosea Kutako St (bei der C26), Tel. 081-8000489, www.closwa.com. Fabrikverkauf der renommierten Closwa-Schlachterei in Okahandja.

Braaifleisch

Klein Windhoek Schlachterei, Albert Wessels St 13, Tel. 081-8142959, https://kwsnamibia.com. Rind, Schwein, Geflügel, Wild und Lamm in bester Qualität und außerdem Jagdwurst, Salami, Leberkäse …

Transkalahari Meat, Sam Nujoma Drv 314, Tel. 061-234509, www.facebook.com/TKDeliAndCatering. Fleisch für den Grill fertig mariniert als Steaks oder Schaschlik und im Deli Leckeres für den Soforthunger.

Brot, Kuchen, Eis

Le Pain Café, General Murtala Muhammed Ave (Eros Schopping Centre), Tel. 061-240491, www.facebook.com/lepaincafe. Das vielleicht beste Brot der Stadt, außerdem Croissants und Schrippen.

Raith's Deli/Bistro, Trift St 28, Tel. 061-211966, www.raithbakedeli.com. Brötchen, Brot, Brezn und die beste Eiscrème der Stadt.

The Prop & Pan Artisan Bakery, Jan Jonker Rd 13, Tel. 081-7520107, www.facebook.com/propandpan. Croissants, Windbeutel, Baklava und Brezn (und mehr).

Kunst/Kunsthandwerk

Straßenverkauf vor dem Hilton und in der Post Street Mall

Namibia Craft Centre, Tal St 40, Tel. 061-242222, http://namibiacraftcentre.com. Wer hier nicht fündig wird, will gar nichts kaufen – alles, was das Land an Souvenirs hergibt: hergestellt von kleinen Kooperativen bis zu renommierten Produzenten; außerdem ein Café mit leichten Mahlzeiten zum Verschnaufen.

Bushman Art, Independence Ave 187, Tel. 061-228828, www.bushmanart-gallery.com; schöne Auswahl an afrikanischem Kunsthandwerk, hochwertige Holzschnitzereien.

Ohne Biltong keine Safari

Ohne Souvenir keine Heimfahrt

The Alchimist, Maxwell St 22, Tel 081-1282598, www.facebook.com/RenierTheAlchemist. Metallkunst und -handwerk, vom Schild über Möbel zum Kunstobjekt.

Jenny's Place, Sam Nujoma Drv 78, Tel. 061-269152, www.jennysplace.online. Kunsthandwerk, Bastelmaterial, Schreibwaren und Kunstmalerbedarf.

Penduka Wake up, Goreangab Damm (s.o.). Kunsthandwerk eines überaus empfehlenswerten Sozialprojekts.

Bücher

Namibia Book Market, Macadam St (Southern Industrial Area), Tel. 061-236938, www.namibiabooks.com. Traditionsbuchhandlung mit deutscher-, englischer- und afrikaanssprachiger Literatur und Fachbücher.

Book Den, Ecke Hosea Kutako Ave/Puccini St, Tel. 061-239976, www.facebook.com/WindhoekBookDen. Große Buchhandlung mit englischer Literatur und Fachbüchern.

Exclusive Books, Shop 466, Chasie St (Grove Mall), Tel. 061-252101, www.facebook.com/ExclusiveBooksNamibia. Zweigniederlassung der größten südafrikanischen Buchhandelskette.

Uncle Spike's Book Exchange, Ecke Tal St/Garten St, Tel. 081-3085868, www.facebook.com/UncleSpikesBookExchange. Englische und afrikaanse Gebrauchtbücher aus allen Genres.

Van Schaik Bookstore, Mandume Ndemufayo Ave 340 (Universität), Tel. 061-2063364, www.vanschaik.com. Universitätsbuchhandlung mit englischer Fachliteratur.

Safarikleidung

Safariland Holtz, Independence Ave (Gustav Voigts Centre), Tel. 061-235941, https://safarilandholtz.com. Zünftiger Hut, Khakihemd, Hosen mit vielen Taschen und Kudulederschuhe – fertig ist der Mann.

Felle und Leder

Nakara, Independence Avenue 165 (Gustav Voigts Centre), Tel. 061-224209, www.nakara-namibia.com. Hochmodische Jacken und Mäntel aus den Fellchen der Karakuls und noch vieles mehr aus Leder.

Katharina Karl, Independence Ave (Carl List Building), Tel. 061-258627, www.katharina-karl.com. Ledertaschen, Fellcapes, Accessoires und Heimtextilien.

Ausrüstung im Safariland

High Fashion aus Fell und Leder

Leather Connection, Bell St 18, Tel. 061-269075, www.leather.com.na. Alles aus Leder, von der Tasche bis zum Schuh, vom Zaumzeug zum Sattel.

Glitzersteine

Herrle & Herma Jewellers, Independence Ave 154 (Sanlam Centre), Tel. 061-224578, www.herrle-herma-jewellers.com. Edler Schmuck in einem eher etwas konventionellen Design.

Adrian & Meyer Jewellers, Independence Ave 139 (Carl List Mall), Tel. 061-236100, www.adrian-meyer.com. Edel- und Halbedelsteine, Uhren und teure Accessoires der Nobelmarken

Campingartikel

Cymot, Mandume Ndemufayo Ave 60, Tel. 061-2957000, www.cymot.com. Autoausrüstung und alles fürs Camping, vom Zelt zur kompletten Outdoorküche (auch Gaskartuschen der Fa. Campinggaz).

Safari Den, Auas Valley Shopping Mall, Tel. 061-2909293, https://safariden.com.na. Autoausrüstung, Campingartikel und Angel- und Jagdbedarf (inkl. Büchsen).

Bushwhackers, Rhino St 32, Tel. 061-258760, www.facebook.com/bushwhackersnamibia. Kleines (Besteck) bis Großes (Anhänger für zwei mit ALLEM was geht).

Outdoor Centre, Chasie St (Olympia), Tel. 061-241367, www.outdoorcentre.com.na. Das, was Camper, Jäger und Angler im Outback brauchen.

Ausrüstungsvermietung

Camping Hire Namibia, Ecke Silver St/Dante St, Tel. 061-252995, https://campinghirenamibia.net. Dachzelte/Zelte, Küchenausrüstung und sogar Reiseklos.

Adventure Camping Hire, Tacoma St 33 (Suiderhof), Tel. 061-242478, https://adventure-camping-hire.com. Auto- und Campausrüstung, auch Anhänger.

Shopping Malls

Independence Ave, mehrere kleinere Shopping-Arkaden wie Carl List Mall oder Gustav Voigts Centre

Wernhil Park, Post Street Mall, www.wernhil.com. Shopping Mall im Zentrum

Hidas Centre /Ai-//Gams, Ecke Sam Nujoma Drv/Nelson Mandela Ave. Überschaubares Einkaufszentrum In Klein Windhoek.

Eros Shopping Centre, General Murtala Muhammed Ave (Eros). Mehrere Läden um kleine Plaza.

Maerua Mall, Jan Jonker Road, https://maeruamall.com. Erstes großes Einkaufszentrum Windhoeks mit zahlreichen Läden, Kinos, Cafés und Restaurants.

The Grove Mall, Chasie St, www.thegrovemallofnamibia.com. Größte Mall des Landes mit allem was das Herz begehrt und einen ganzen Tag lang unterhält.

Auas Valley Mall, Bessemer St (Southern Industrial Area), https://auasvalley.com.na. Mall mit rund 50 Geschäften und Restaurants/Imbissen.

Kommunikation

Briefe und Pakete

Main Post Office (Hauptpostamt), Independence Ave zwischen Frans Indongo St und Post Street Mall, www.nampost.com.na, Mo–Fr 8.30–16.30 Uhr, Sa 8–11.30 Uhr.

Funktelefon

MTC, Daniel Manuwama St (gegenüber der Hauptpost), weitere Filialen am Flughafen, in der Maerua Mall, der Grove Mall und in Klein Windhoek (Schoemans Building, Ecke Sam Nujoma Drv/Nelson Mandela Ave), www.mtc.com.na. Wichtigster Provider mit SIM-Karten und Voucher für Gespräche und Daten.

Notfälle

Krankenhäuser

Die genannten Einrichtungen bieten Notfallversorgung, Diagnostik und OPs auf hohem internationalem Niveau an. Auf der Website der Deutschen Botschaft ist eine Liste deutschsprachiger Ärzte/Zahnärzte als Download verfügbar (https://windhuk.diplo.de – „Konsularservice“ – „A–Z“ – „Kontaktdaten von Ärztinnen und Ärzten“).

Lady Pohamba Private Clinic, Ecke Frankie Fredericks St/Ombika Drv (Kleine Kuppe), Notfall-Tel. 083-3359040, https://lpph.com.na. Privatkrankenhaus mit 24-Stunden-Notfall-Service.

Mediclinic, Heliodoor St (Eros Park), Notfall-Tel. 084-124, www.mediclinic.co.za. Privatkrankenhaus mit 24-Stunden-Notfall-Service.

Römisch-Katholisches Krankenhaus, Stübel St, Notfall-Tel. 061-2702444, https://de.rchnam.com. 1907 von Tutzinger Benediktinerinnen gegründetes Hospital in kirchlicher Trägerschaft mit 24-Stunden-Notfall-Service.

Evakuierung

EMed24 Rescue, Notfall-Tel. 083-924, www.emedrescue.com. Kostenpflichtige Notfalleinsätze in Namibia und angrenzenden Ländern auch abseits der Hauptstrecken mit Rettungswagen und Ambulanzflugzeugen; Alarmierung per Anruf oder heruntergeladener Panic Button-App.

Apotheken

Luisen-Apotheke, Independence Ave 181, Tel. 061-236302, www.luisen-pharmacy.com. Deutschsprachige Apotheke mit Referenzliste zu mitteleuropäischen Medikamenten.

International Pharmacy, Sam Nujoma Drive, Hidas Centre/Ai//Gams Shopping Mall (Klein Windhoek), Tel. 061-248195, www.facebook.com/InternationalPharmacyWHK. Auch deutschsprachiges Personal.

Polizei

Windhoek City Police Service, Notfall-Tel. 061-2902239, Ecke Essen St/Sishen St, www.windhoekcitypolice.org.na. Agile Stadtpolizei mit hoheitlichen Aufgaben, aber ohne Ermittlungsbefugnis.

Namibia Police Tourist Unit, Ecke Independence Ave/Mburumba Kerina St, Tel. 10111, https://nampol.gov.na. Staatspolizei mit recht und schlecht funktionierender Tourist Protection Unit.

1

Verkehr

Überland

Bahnfahrten: Bahnhof, Mburumba Kerina St. 2022 waren von **Transnamib** (www.transnamib.com.na) alle Passagierverbindungen (Windhoek–Keetmanshoop/Walvis Bay, Tsumeb–Ondangwa) ausgesetzt, ein Termin für die Wiederaufnahme ist nicht bekannt. Ebenso sind alle Fahrten des **Desert Express** (www.facebook.com/desertexpressnamibia) zwischen Windhoek und Swakopmund auf weiteres storniert.

Townhoppers, Tel. 081-2103 062, www.namibiashuttle.com. Täglich planmäßige Abfahrten nach Swakopmund/Walvis Bay mit Abholung (Door-to-Door-Service).

Intercape Mainliner, www.intercape.co.za, Haltestelle beim Bahnhof. Verbindungen nach Cape Town/Südafrika und Oshikango an der angolanischen Grenze.

Stadtverkehr

Flughafenshuttle: Praktisch alle Mietwagenfirmen übergeben ihre Wagen entweder direkt am Flughafen oder holen die Kunden ab; ein verlässlicher Service ist **Tok Tokkie Shuttle,** Tel. 061-300743, www.shuttlesnamibia.com.

Taxi: Man frage im Hotel/in der Pension nach dem derzeit verlässlichsten Taxiservice

Flüge

Fly Namibia (www.flynamibia.com.na) bietet in Partnerschaft mit der südafrikanischen Air Link vom Eros Airport Verbindungen zwischen Windhoek und Ondangwa, Rundu, Katima Mulilo, Lüderitz, Oranjemund und Victoria Falls an; vom Hosea Kutako Airport wird nach Swakopmund, Sossusvlei, Etosha und Kapstadt geflogen

Flughäfen

Windhoek International/Hosea Kutako Airport, B6 (40 km östlich des Zentrums), und **Eros Airport,** südliches Stadtgebiet, www.airports.com.na.

Sport

Golf

Windhoek Country Club Golf Course, Western Bypass (s. auch bei Unterkunft), Tel. 061-20 55 223, https://wccgolf.com.na. 18–Loch-Platz, durchgängig begrünt, 6200 m, Par 72.

Omeya Golf Club, B1 (30 km südlich des Zentrums), Tel. 081-1449000, www.omeyagolfclub.com. 18-Loch-Platz, durchgängig begrünt, 7400 m, Par 72.

2 Hochland rund um Windhoek

Die Landschaft prägen Hügel und Gebirgszüge. Wie ein Ring umgeben sie Windhoek. Im Westen das Khomas Hochland mit den Hakosbergen, im Süden die Nauaspoortberge und im Osten Richtung Dordabis die Auas- und Bismarckberge und der Grimmrücken, hinter dem die roten Dünen der Kalahari beginnen. Nach Norden verläuft die Autobahn (Freeway) A1 zwischen Komaseck und Otjihaverabergen.

Orientierung

Das **Khomas Hochland** durchquert, wer spannende Fahrten auf Pisten und steile Pässe liebt und in die Dünenwelt von Sossusvlei will. Sind Swakopmund und Etosha die möglichst schnell zu erreichenden Ziele, ist die Strecke über **Okahandja** die beste Wahl und in den Osten (und nach Botswana) geht es durch die **Omaheke,** Teil der Kalahari. **Rehoboth** passiert man auf dem Weg nach Süden Richtung Fischfluss und Südafrika.

Khomas Hochland

Man müsste Vogel sein, um die Landschaft ganz zu erfassen. Einzelne, weit verstreute Gehöfte, Riviere, die Berge und Hügel durchpflügen, Dämme mit mehr oder weniger Wasser. Entlang der Trockenflusstäler ziehen sich Galeriewälder zum Horizont, der graubraune Boden ist

Am Bosua Pass wird es einsam *(s. S. 218)*

karg, erbarmungslos brennt die Sonne auf den Busch. Wie ockerfarbene Bänder sind die Pisten schurgerade auf die Ebenen gemalt oder schwingen in engen Kurven in Täler hinab und auf Berge hoch. Ist ein Fahrzeug unterwegs zieht es einer Fahne gleich eine Staubwolke hinter sich her, die der Wind aber bald wieder verweht.

Orientierung

Steile Abfahrten

Das Khomas-Hochland erstreckt sich westlich von Windhoek bis zum steilen und eindrucksvollen Abfall zur Namib – Teil der Großen Randstufe. Auf fünf **ausgesprochen spannend zu fahrenden Pässen** geht es hinunter in die Wüste. Nach namibischer Nomenklatur entspricht das Wort „Pass" allerdings der „Passage" und besitzt hier keine Auf- sondern nur Abfahrten. Die C28 verbindet Windhoek über den Bosua Pass und durch die Namib mit Swakopmund (320 km); weiter südlich ist es die D1982 über den Us-Hoogte Pass (nach Walvis Bay 300 km), dann folgt die C26 über den Gamsberg Pass (nach Walvis Bay 350 km). Die D1261/D1275 über den Spreetshoogte Pass und ganz im Süden die C24 über den Remhoogte Pass verbinden Windhoek über Rehoboth mit Solitaire (250 km) und weiter mit Sesriem/Sossusvlei.

Rundtour Pässe

Für das **ultimative Pass-Erlebnis** nimmt man die C28 über den Bosua Pass in die Namib und fährt über die Pisten D1980 und D1982 nach Süden zur C14. Auf dieser geht es durch den Kuiseb Canyon zur C26 und hoch zum Gamsberg Pass. Wenn sich die C26 dahinter nach Norden wendet, biegt man in die D1283 nach Süden ein und gelangt zur D1261/1275 über den Spreetshoogte Pass nach Solitaire. Zurück nach Windhoek kommt man dann über den Remhoogte Pass. Oder man fährt weiter an die Küste nach Walvis Bay und Swakopmund oder in den Süden nach Sossusvlei. **Zeitbedarf von/nach Windhoek:** 3 Tage, 700 km.

Permit

Wer im Namib Naukluft National Park **abseits der Hauptstrecken** auf Entdeckungsreise gehen will, benötigt ein Permit vom *Ministry of Environment, Forestry and Tourism (MET)* in Windhoek, Ecke Dr. Kenneth David Kaunda St/Robert Mugabe Ave, Tel. 061-2842111, Mo–Fr 8–17 Uhr, 100 N$/Tag.

Bosua Pass

Townships

Man verlässt Windhoek auf dem Sam Nujoma Drive Richtung Westen. Es geht vorbei an Vierteln, die von den massiven Bemühungen zeugen, menschenwürdige Behausungen für alle zu schaffen: ordentliche und hübsche Reihenhäuschen mit Höfen in pastellenen Farben. Doch bald sind es wieder informelle Blechhüttensiedlungen, die sich rechts und links der Straße über die Hügel ziehen.

Tony Rust Race Track

Das Asphaltband lässt die Stadt an einem Nebenarm des Otjiseru Rivier hinter sich; hier befindet sich auch Namibias einzige **Motorsportrennstrecke** mit 2,6 km Länge. Wer frühmorgens unterwegs ist, ist dennoch nicht alleine. Die Ausfallstraße ist Windhoeks beliebtester Parcours für Läufer und Radfahrer, die in großer Zahl ihren Arbeitstag mit Sport beginnen.

Daan Viljoen Game Park

Der **Wildpark** (8 km vom Rennkurs) ist ein beliebtes Ausflugsziel der Windhoeker und brilliert mit Giraffe, Antilopen und ausgewiesenen Wanderwegen (s. bei Windhoek).

Baumgartsbrunn

10 km weiter endet der Asphalt und die raue Piste beginnt. Rechts und links liegen Farmen und nach 6 km staubiger Fahrt passiert man die Zufahrt zum Eagle Rock Guesthouse, 2 km weiter das 1972 privat gegründete **Berufsschulprojekt,** heute in staatlicher Hand und mit Internat und Klinik ausgebaut.

Liebig-Haus

8 km dahinter steht linkerhand das **Geisterhaus** (Tel. 061-233202), von der trockenen Luft perfekt konserviert – nur die Glasscheiben fehlen. Es steht in Privatbesitz und wer das Grundstück betreten will, sollte sich telefonisch die Erlaubnis holen. 1912 errichtet, diente es der 1865 in London gegründeten **Liebig's Extract of Meat Company** als Wohnhaus (ihren Namen hatte sie vom deutschen Chemiker Justus von Liebig, der als erster Fleischextrakt entwickelt hatte). Heute kommen wohl öfter Jugendliche zum Feiern her und hinterlassen an den Innenwänden Graffitis.

Curt von François Feste

Nach weiteren 14 km sind rechterhand auf einem niedrigen Hügel am Heusis Rivier die **Bruchsteinmauern** einer kleinen Festung erhalten. Sie entstand 1890 – das Schutztruppen-Hauptquartier war von Tsaobis nach Windhoek umgezogen – als Station auf halber Strecke zwischen beiden Orten. Abkommandiert waren regelmäßig Soldaten, die es mit dem Alkohol übertrieben (weshalb die Station bei ihnen äußerst unbeliebt war und den Namen „Trockenposten" erhielt).

François Feste: Wer's übertreibt kommt auf Außenposten

Bosua Pass

Die Piste schlängelt sich in stetem Auf und Ab an Hügeln entlang und passiert immer wieder Viehgitter. Wenn es windstill ist, stehen die Staubfahnen der Farmerautos darüber, beinträchtigen die Sicht und überpudern das Fahrzeuginnere. Nach 25 km erreicht man den (unmarkierten) Scheitelpunkt der C28 (1810 m üNN) und passiert 10 km weiter den Abzweig zum Harmonie Camp. Nach nochmal 50 km – auf dem Weg kann man über die D1953 einen 45 km langen Abstecher nach Norden und Otjimbingwe unternehmen – ist der **Bosua Pass Viewpoint** erreicht (1510 m üNN). An in den Boden gerammten Bohlen ist eine verwitterte Tafel genagelt, die die Bedeutung des bis zum Atlantik reichenden Bassins des Kuiseb Rivier erläutert; dahinter hängt die luftigste Toilette des Landes über dem Abgrund. Eine kurze aber recht steile Abfahrt mit 20 % baut 250 Höhenmeter ab, dann geht es beim Gefälle ziviler weiter, nicht aber beim Straßenzustand.

Namib

Nach 25 km passiert man die nach Karibib abzweigende C32. 12 km dahinter geht es zu den Donkerhuk Camps ab. Nach nochmal 28 km ist die Grenze des **Namib Naukluft National Park** (1100 m üNN) erreicht. Nur wer sich in Windhoek ein Permit besorgt hat, darf jetzt den Hauptweg verlassen, alle anderen müssen auf direktem Weg nach Swakopmund weiterfahren.

Service Bosua Pass

Unterkunft

Eagle Rock Lodge/Guestfarm*-***, D1958 (7 km von der C28, davon 2 km Farmstraße, GPS -22.57971, 16.76106), Tel. 081-6220162, https://www.eaglerock.de. Acht komfortable Bungalows, ein Pool, frische Farmküche und engagierte Betreuung inmitten des Khomas-Buschs; auch Campingplätze mit eigenem Ablution Block, Küche, Braaiplatz und Strom.

Harmonie C28 Campsite/Self-Catering*, C28 (2 km Farmstraße, GPS), WhatsApp-Tel. 081-1272709, https://harmonie-c28.com. Drei Zeltplätze mit gemeinsamem Ablution Block und vier schön-rustikale Chalets für Selbstversorger; Pool, ausgewiesene 4x4-Route für Selbstfahrer.

Donkerhuk Campsites*-**, C28 (3 km Farmstraße, 4x4 empfohlen, GPS -22.75471, 15.77737), WhatsApp-Tel. 081-2175757, www.donkerhuk.com.na. Zwei Camps für Self-Catering und ein Camp mit drei großzügige Safarizelten (en-suite Bad und Dinner); Wandern, 4x4-Touren, MTB-Pfade (eigenes Rad).

Us-Hoogte Pass

Kupferberg Pass

Um zum Us-Hoogte Pass zu gelangen, nimmt man in Windhoek die Mandume Ndemufayo Ave bzw. die C26 an der Universität vorbei Richtung Südwesten. 5 km nach Querung des Western Bypass steht das Hinweisschild für den Pass, 2 km dahinter endet der Asphalt. Auf 11 km geht es nun auf Piste 300 m gemächlich hoch zum unspektakulären Scheitel (2060 m üNN) des höchsten Passes in Namibia und auf 11 km wieder hinunter zur **Gabelung** (1190 m üNN). Um über den Us-Hoogte Pass nach **Walvis Bay** zu gelangen, nimmt man die D1982 nach Westen. Für den Gamsberg Pass bliebe man auf der C26 Richtung Süden; beide Pisten vereinigen sich wieder mitten im Namib Naukluft National Park (und dürfen ohne Permit befahren werden). 2 km weiter passiert man die Zufahrt zum Claratal Camp, nach nochmal 7,5 km die vom Fritzposten Camp.

Us-Hoogte Pass 35 km Abwärtsfahrt sind es nun zur von Norden einmündenden D1412 (auf der man zur C28 käme). Hier beginnt die 11 km lange **Abfahrt** von 1810 m auf 1250 m üNN mit maximal 10 % Gefälle. Die Piste ist nun nahe dem Kuiseb, folgt ihm aber erst einmal parallel nach Südwest bis zu den beiden **Betonbrücke** über einen Tributär und das Kuiseb Rivier selbst 11,5 km weiter.

Niedersachsen Nach 45 km passiert man die Niedersachsen Guestfarm. Ein Highlight für Übernachtungsgäste ist die Fahrt zu einem von mehreren **Henno Martin Shelter** in der Namib. Um der drohenden Internierung deutscher Männer im 2. Weltkrieg zu entgehen, versteckten sich die beiden Geologen Martin und Korn 2,5 Jahre in diesem und ähnlichen Zufluchtsorten in der Wüste.

Namib Von der Gästefarm sind es noch 40 km bis zur **Parkgrenze des Namib Naukluft Parks** und weitere 45 km zur Einmündung in die vom Gamsberg Pass kommende C14. Walvis Bay ist 70 km entfernt. Ohne Permit darf die Piste nicht verlassen werden.

2

Service Us-Hoogte Pass

Unterkunft

Claratal Camp*, D1982 (3 km Farmstraße, GPS -22.79616, 16.84340), Tel. 061-235587, https://claratal.com. Zwei schön angelegte Stellplätze oberhalb des Hoanob Rivier jeweils mit eigenen Einrichtungen (Dusche, WC, Braai, Strom) zur Selbstversorgung; Rinderfarm mit Pferdezucht (Trakehner).

Fritzposten Camp*, D1982 (2 km Farmstraße, GPS -22.84602, 16.788310), Tel. 081-2229162, www.facebook.com/fritzposten.camping. Ein Zeltplatz mit sechs Plattformen und Safarizelten zur Gruppennutzung – Toiletten, Duschen, Küche und Möglichkeit zur Vollpension (an Wochenenden Mindestaufenthalt zwei Nächte/vier Personen).

Niedersachsen Guestfarm**-***, D1982 (1 km Farmstraße, GPS -23.08904, 15.95953), Tel. 081-2590770, https://niedersachsen-guestfarm.com. Fünf Gästezimmer beim Hauptgebäude, Ausflüge, Wanderungen und Sternbeobachtung, nach Vorbestellung Abendessen; auch Camping.

Über den Us-Hoogte Pass ins Khomas Hochland

Gamsberg Pass

Die aussichtsreiche Strecke ist immer gut befahren, als Verbindung in die Namib und weil am Wegesrand mehrere der **klassischen Gästefarmen** und Camps liegen.

Prospect Farm An der Gabelung hinter dem Kupferberg Pass auf der C26 bleibend gelangt man nach 11 km zum Abzweig zur Prospect Farm, eine grüne Oase an einem Damm – **einer der schönsten Zeltplätze** des Landes.

Farm Göllschau Die Piste kreuzt 5 km weiter auf einer Brücke das Gurumanas Rivier und folgt auf 15 km dem sich wild hin- und herschlängelnden Trockenfluss auf relativ gerader Strecke bis zur nächsten Brücke. Höhe haltend werden nun immer wieder in Furten oder über Brücken die quer entwässernden Riviere gekreuzt. 55 km hinter dem Prospect-Abzweig fängt das Max-Planck-Institut für Kernphysik/Heidelberg mit seinem High Energy Stereoscopic System kosmische Gammastrahlung ein und entdeckt eine Galaxie nach der anderen. Das **H.E.S.S. Teleskop** (4 km Farmstraße, Tel. 062-507300, www.mpi-hd.mpg.de) lässt sich nur nach Voranmeldung besuchen.

Hoornkranz Nach 3 km zweigt die D1265 ab zur **Isabis 4x4 Farm** (15 km) – ein Highlight für Allrad-Enthusiasten, die sich hier regelmäßig austoben und das Letzte aus ihren Fahrzeugen rausholen. Auf der Nachbarfarm fand am 12. April 1893 das **Gefecht von Hoornkranz** statt – ein Angriff der Schutztruppe auf den Wohnsitz des Nama-Kapitäns Hendrik Witbooi. „50 Mann und 30 Weiber" (Leutnant Rochus Schmidt) waren danach tot, 100 verwundet; die Deutschen beklagten je zwei Tote und Verwundete. Es war das erste Gefecht zwischen den Kolonisten und Witbooi.

Gamsberg Pass 9 km weiter liegt rechterhand die Weissenfels Farm am gleichnamigen Rivier, die seit 1992 Gäste empfängt. Nach 12 km mehr oder weniger gerader Strecke und ohne nennenswerte Steigung geht es nach Norden zur **Hakos Farm** ab und 1 km weiter markiert ein Schild den **Pass** (1860 m üNN). Südlich steht unübersehbar der **Gamsberg** (2347 m üNN) mit seinem unwirklich planen, 2,5 km^2 großen Hochplateau (nach dem Namawort „gams – abgeschlossen"). Auf ihm betreibt die **Internationale Amateur-Sternwarte** (IAS, www.ias-observatory.org, Besichtigung nur nach Voranmeldung über die umliegenden Gästefarmen) ein optisches Teleskop. So hervorragende Bedingungen ohne Luftunruhen wie hier findet man sonst nur noch auf Hawaii, La Palma und in Chiles Atacama-Wüste. Die Hakosberge zwischen Gamsberg und Us-Hoogte Pass sind etwas weniger begünstigt, aber immer noch so gut, dass auch die **Hakos Farm** ein Standort der IAS wurde.

Namib Die holprige Kurverei bergab beginnt und endet erst nach 30 km und 600 Höhenmeter tiefer im roten Becken der **Rooisand Farm** –

Wilde und raue und kurvige Pistenfahrt am Gamsberg Pass

die Rote-Sand-Namib ist erreicht. 25 km weiter passiert man den Abzweig zum spektakulär gelegenen **Camp Namib's Valley of 1000** Hills und nach nochmal 8 km mündet die C28 – kurz vor dem Kuiseb Canyon – in die C14. Sie endet nach 160 km in der Walfischbucht (ohne Permit darf die Piste nicht verlassen werden).

2

Service Gamsberg Pass

Unterkunft

Prospect Guestfarm*, C26 (3,5 km Farmstraße, GPS -22.92231, 16.86045), Tel. 081-1283383, http://prospect-farm.com. Drei Stellplätze direkt am Damm, ein Cottage, ein Baumhaus für Selbstversorger und Kanus – perfekt für ein paar Outdoor-Tage und als One-Night-Stand zu schade.

Isabis 4x4 Trail*, D1265 (1 km Farmstraße, GPS -23.42284, 16.51525), Tel. 061-572133, www.isabis4x4.com. Mehrere in der Wildnis gelegene Häuser und Zeltplätze zur Selbstversorgung; Wanderungen, MTB-Verleih, Observatorium.

Weissenfels**-***, C26, Tel. 081-1277144, www.weissenfelsnamibia.com. Komfortable Gästezimmer im Hauptkomplex und zwischen Granitfelsen gebaute Rondavels im Tambas's Village für den rustikaleren Geschmack; Reitausflüge, Farmfahrten, auch Zeltplatz.

Hakos Astrofarm**-***, C26 (7 km Farmstraße, GPS -23.23606, 16.36364), Tel. 062-572111, www.hakos-astrofarm.com. Seit 1998 mit Schwerpunkt Astronomie operativ, ist die Gästefarm im besten Sinne ein familiärer Betrieb geblieben; Sternbeobachtung mit bis zu 24-Zoll-Geräten, 15 Gästezimmer, Vollpension, Zeltplatz.

Rooisand Desert Ranch**-***, C26 (500 m Farmstraße), Tel. 081-1277629, https://rooisand.com. fünf Komfort- und vier Budgetzimmer, ein Chalet und bestens ausgestatteter Campingplatz auf rotem Namibsand in den Bergen; auch Astronomie-Einrichtungen.

Namib's Valley of a 1000 Hills***, C26 (7 km Farmstraße, GPS -23.39412, 15.93480), Tel. 081-3822720, https://namibsvalley.com. Fünf luxuriöse Holzchalets in erhöhter Lage mit grandioser Sicht über die Namib, gutes Restaurant; auch drei Zeltplätze mit allem Komfort.

Remhoogte Pass

Staubfahnen am Remshoogte Pass

Der Remhoogte Pass gilt mit maximal 10 % Steigung als der einfachste unter den fünf Abfahrten in die Namib und die schnellste Verbindung von Rehoboth.

Klein Aub

Die C24/M47 verlässt Rehoboth am Oanob Dam vorbei Richtung Westen. Nach knapp 40 km passiert man den Abzweig der D1261 zum Spreetshoogte Pass. Bis zum Weiler Klein Aub 43 km weiter ist es eine relativ unspektakuläre Fahrt, allerdings mit zahlreichen querenden Rivieren, deren **Furten** in der Regenzeit sehr sandig sein können. Bis 1987 wurde rund um Klein Aub Gold, Silber und Kupfer abgebaut, dann waren die Minen unrentabel, mehrere Hundert Arbeiter verloren ihren Job und mussten wegziehen.

BüllsPort/ Naukluft Park

6 km hinter Klein Aub hält man sich auf der C24 nach Westen. Geradeaus ginge es auf der M47 und weiter auf der D1206 zur Farm BüllsPort (45 km) und zum Naukluft-Teil des **Namib Naukluft National Park** (weitere 10 km, s. dort). Die Piste führt nun parallel zu den Rivieren und gewinnt unmerklich etwas Höhe.

Remhoogte Farm

Nach 23 km wendet sich die Piste nach Süd, schlängelt sich zwischen den Felsklippen hindurch und passiert nach 20 km die Remhoogte B&B Farm. 3 km weiter zeigt ein Schild den **Beginn der Abfahrt** an.

Remhoogte Pass

Der höchste Punkt des **Passes** (1550 m üNN) befindet sich am Schild, die eigentliche Passtrecke bzw. Abfahrt ist 5 km lang, mit ihren geringen Steigungen aber recht zahm (und am steilsten Abschnitt auf 200 m betoniert). 26 km hinter der Remhoogte Farm ist die **Gästefarm Ababis** erreicht. Von ihr sind es 15 km nach Solitaire und weitere 90 km nach Sesriem/Sossusvlei, s. dort.

Service Remhoogte Pass

Essen & Trinken

Conny's Restaurant, Klein Aub (1,5 km südlich), Tel. 081-3603400. Günthers charmanter Wüstenstopp mit ausgezeichnetem Kaffee, Lightmeals, Snacks und Souvenirs.

Remhoogte B&B*, C24. Hübsch in einem kleinen Tal gelegen gibt's für Reisende kalte Getränke und Lunch (und wer will, kann in sauberen Zimmern nächtigen).

Unterkunft

BüllsPort***, C14/D1206, Tel. 063-293371, https://buellsport-naukluft.com. Eine der traditionsreichsten Gästefarmen des Landes kann mit seiner herrlichen Granitlandschaft und Wanderungen imponieren; Reitausflüge, zwölf schöne Zimmer und Zeltplatz.

Ababis***, C14, Tel. 063-293362, www.ababis-gaestefarm.de. Nicht minder traditionsreich: Die Farm diente u.a. als Pferdestation und Krankensammelstelle der Schutztruppe; u.a. gibt's vom ADAC zertifiziertes Fahrtraining und Wanderungen – acht geschmackvolle Zimmer und ein stilvolles Haupthaus.

Spreetshoogte Pass

Den **schönsten Namibblick** aller fünf Passfahrten erwartet den Reisenden am Viewpoint. Dafür nimmt man die bis zu 22 % Gefälle gerne in Kauf. Nach dem Van Zyl's Pass am Kunene (25 %) ist es der zweitsteilste des Landes. Für das nachdrückliche Erlebnis sollte man vormittags unterwegs sein, wenn die Sonne im Nordosten steht.

Nauchas

In Rehoboth losgefahren nimmt man nach knapp 40 km die abzweigende D1261 nach Westen. Auf guter Piste geht es durch die Hügel des Hochlands (nach zwei Drittel der Strecke am Camp Nauchas vorbei) zum 30 km entfernten Weiler Nauchas (ein kleiner **Friedhof** – auch mit deutschen Gräbern – versteckt sich kurz vor dem „Ort" linkerhand im Busch). Nauchas besteht aus ein paar Gebäude in der Wildnis, sonst gibt es nichts.

Spreetshoogte Pass

Hier nimmt man die D1275 nach Nordwesten, passiert nach 6 km die Namibgrens Farm, nach weiteren 7 km – nun schon leicht abwärts fahrend – das Hinweisschild zum Pass und gelangt 1 km dahinter zum **Viewpoint** (1680 m üNN). Die Sicht über die unten sich im Horizont verlierende Namib ist mehr als fantastisch, perfekt für eine Rast und das eine oder andere Selfie. Extrem steil ist die Serpentinenabfahrt und, bevor die 4 km lange Strecke nicht gepflastert war, aufwärts insbesondere bei Regen eigentlich nicht zu bewältigen.

Solitaire

Unten geht es auf 1250 m üNN das Gebirge hinter sich lassend weiter durch den Sand der Namib – vorbei an mehreren Camps zur **Piste C14** (36 km ab Viewpoint) und nach Solitaire (weitere 9 km).

Steilfahrt am Gamsberg in die Wüste – vorher ein Selfie

Service Spreetshoogte Pass

Unterkunft

Nauams Restcamp*, D1261, Tel. 061-307251, www.nauams.com. Sechs voll ausgerüstete Stellplätze in Abständen für die Privatheit; Mahlzeiten nach Voranmeldung.

Namibgrens Guestfarm***, D1275, Tel. 081-2632221, www.namibgrens.com. Komfortable Lodge mit elf Zimmer im Hauptkomplex, toll gelegenen Villas und zwölf Campingplätzen (die – zwischen Granitfelsen – zu den schönsten des Landes gehören); Wanderungen, 4x4-Trails und Besuch der Farm mit Nguni-Rindern.

Camp Gecko*-**, D1275 (15 km unterhalb des Viewpoints, 600 m Farmstraße), Tel. 081-8467400, www.camp-gecko.com, Kontakt vorzugsweise per Mail oder WhatsApp. Schönes Wüstencamp für Selbstversorger mit fünf teils zweistöckigen „Zeltbungalows“, fünf großzügig verteilten Stellplätzen und dem Charme des Outback (Strom nur im Haupthaus).

Barkhan Dunes Retreat****, D1275 (15 km unterhalb des Viewpoint, 4 km Farmstraße, GPS -23.76279, 16.03390), Tel. 083-0000008, www.barkhan.africa. Purer Luxus in zehn Chalets mit Fernsicht und ausgezeichnetem Essen; Farmfahrten, Wanderungen.

Rinderhaltung

Im Land gibt es ca. 4000 Farmen, ihre durchschnittliche Größe beträgt 4000–5000 Hektar, in der Landesmitte sind sie um 3000 ha groß (bei Windhoek nur ca. 50 ha); im Norden erreichen sie 6000 ha und im trockenen Süden sind 10.000 bis 20.000 ha keine Seltenheit. Auf guten Weideflächen und in ergiebigen Regenjahren (400–600 mm) benötigt ein Rind auf buschfreiem Land ungefähr 8 ha, in schlechten Regenjahren (200–300 mm) bis zu 20 ha. Über Jahrzehnte hinweg hat die Rinderzucht die Landschaften durch Überweidung allerdings immer mehr verbuschen lassen. Die Farmer müssen deshalb die Bestockungsraten immer weiter runterzufahren, oder der Verbuschung entgegenwirken: Gift, direkt gespritzt oder per Flugzeug, mechanisch mit einem Kettenfahrzeug, manuell durch Beilung und durch Brandrodung. Gifteinsatz und mechanische Varianten sind die teuersten. Die Brandrodung scheint günstiger, benötigt aber ausreichend Gras, um ein Feuer zu entwickeln, das Büsche entflammen kann; damit verschwindet Futter, so dass man immer nur einen Teil der Farm brandroden kann. Viele Farmer greifen deshalb auf manuelle Entbuschung zurück, die nebenbei personalintensiv ist und der Arbeitslosigkeit entgegenwirkt. Bevorzugte Rinderrassen sind Simmenthaler und Brahmanen, erstere als gute Milch-, letztere als Fleischkühe. Die erste Kreuzungsgeneration gilt als beste und so versucht man durch Einkreuzung den Standard zu halten. Die Rinder werden in 3 Haupt- mit jeweils sieben Unterkategorien klassifiziert und versteigert. Rinder jünger als zwei Jahre (mit 400 kg Lebendgewicht) gehören in die Kategorie „Super“, Rinder jünger als 40 Monate in „Prima“ (ca. 450 kg) und ältere in „Top“ (ca. 500 kg).

Richtung Omaheke

Je weiter man von Windhoek nach Osten fährt, desto wüstenhafter wird es. Anfangs durchkreuzen die asphaltierte B6 (nach Gobabis und Buitepos an der Grenze zu Botswana) und das Netz der sandigen Pisten die flache Dornbuschsavanne, die dann aber den Dünen des Kalahariausläufers Omakehe weicht.

Dordabis

Auf halbem Weg zwischen dem Flughafen und Windhoek führt die Piste C23 nach Südost. Das Örtchen Dordabis gleich südlich des Grimmrücken (1800 m üNN, 300 m über der Umgebung) und der Kleeberge ist nach 60 km erreicht. Die kargen Böden erlauben keine Rinderbewirtschaftung, doch die genügsamen **Karakul-Schafe** kommen mit ihnen zurecht – die Gegend ist für ihre Zuchtfarmen bekannt, darunter die Astrofarm Tivoli (die als Gästefarm auch Sternbeobachtung anbietet, s.u.). Die hohe Arbeitslosigkeit in der Region wird ab Mitte der 2020er Jahre ein riesiger **Eisenerztagebau** mit Weiterverarbeitung zu hochgradigem Erz abmildern (wobei befürchtet wird, dass dadurch zusätzliche informelle Siedlungen entstehen).

Peperkorrel Nimmt man von der C23 8 km östlich die D 1482 nach Nordosten, gelangt man nach 40 km zur komfortable **Eningu Clayhouse Lodge** im Stil indianischer Pueblos. Auf der Nachbarfarm Peperkorrel lebt die Bildhauerin Dörte Berner mit ihrem Mann und führt angemeldete Gäste (über Eningu Clayhouse) durch ihre **Werkstätte und Ausstellung.** Mit eigenwilligen Tier- und Menschenplastiken hat sie einen ganz besonderen Stil mit europäischen wie afrikanischen Einflüssen entwickelt. Mit zahlreichen Ausstellungen im südlichen Afrika, in Deutschland und in den USA hat sie breiten Zuspruch und Erfolg verbuchen können. Eines ihrer bekanntesten Werke ist der Bronzebrunnen in Windhoeks Levinson Arcade aus bronzenen Perlhühnern (Guinea fowls).

Arnhem Caves 18 km östlich von Peperkorrel befindet sich an der D1808 der Eingang zur Gästefarm Arnhem Caves & Leisure. Die Arnhem Grotte (Tel. 062-581885, http://arnhemcaves.com, Führungen nach Voranmeldung, Dauer ca. 2 Std., um 500 N$) ist das **längste Höhlensystem des Landes.** 1930 entdeckt und seit 1994 eine Touristenattraktion, lebt in dem weit verzweigten Karsthöhlensystem mit bis zu 113 m Tiefe und 4,5 km Länge die **größte Fledermauspopulation** des südlichen Afrikas (mit fünf Arten: *Hipposideros commersoni, Miniopterus schreibersi, Hipposideros caffer, Nycteris thebalca, Rhinolophus denti*). In den 1940ern wurde der Guano industriell als Dünger abgebaut. Bis heute hat sich aber wieder eine Menge angesammelt und beim Besuch wirbelt der Kot auf – deshalb ist unbedingt alte Kleidung und eine

Klein Nauas bei Dordabis

Staubschutzmaske zu tragen (die Temperatur beträgt konstant 25–28 °C, die Luftfeuchtigkeit liegt bei 98 %; körperliche Fitness ist Bedingung, da der Abstieg über mehrere Leitern erfolgt).

Klein Nauas

Auf der Farm Klein Nauas 55 km südlich von Dordabis an der C15 stand tatsächlich einmal ein **Bahnhof** – ein „weißer Elefant", denn die Bahn kam nicht. Die Administration von Deutsch-Südwest hatte geplant, zur Umgehung der Siedlungsgebiete der Nama und Baster an der Tigerpforte (eine Passage durch die Karubeamsberge) Schienen zu legen und man baute einen Haltepunkt. Die Bahn ließ auf sich warten, die detachierte Reiterstaffel langweilte sich und die Offiziere ließen zur Wahrung der Disziplin den **Wachturm** errichten, der heute noch – wehrhaft und malerisch – an der Kreuzung der C15 mit der D1448 steht.

Kiripotib

„Der Platz, wo der Löwe säuft", eine der traditionellen Gästefarmen des Landes, 12 km östlich von Klein Nauas, s. Unterkunft, steht seit 1978 in Besitz der Familie von Hase und gehört zu den bedeutendsten **Segelsportzentren** des südlichen Afrikas. Außerdem gibt es noch mehrere professionelle Teleskope zur **Sternbeobachtung** – im Winter wird geschaut (u.a. durch ein Dobsonteleskop mit 25 Zoll), im Sommer geflogen (bis zu 1000 km/Flug, 13 Charterflieger). Und dann ist die Dame des Hauses auch noch Goldschmiedin und stellt wunderschönen **Schmuck** her und in der **Karakulweberei** entstehen nicht minder attraktive Teppiche und Wandbehänge aus der eigenen Farmwolle (Verkauf im Farmshop und im Swakopmunder Laden).

Service Dordabis

Unterkunft

Astrofarm Tivoli***, D1219 (80 km auf der C15, 10 km auf der D1219, GPS -23.46178, 18.01597), Tel. 062-581405, www.tivoli-astrofarm.de. Gästefarm mit Schwerpunkt auf Astronomie, Unterbringung in 12 Einzel- und Doppelzimmern und auf einem Zeltplatz, Frühstück, Abendessen und Nachtverpflegung; Refraktoren, Astrographen, Spiegelteleskop und zehn Sternwarten – perfekt für Sternfanatiker.

Ibenstein***, Dordabis (auf der anderen Seite des Skaap Rivier), Tel. 081-1492535, www.ibenstein.com. Traditionsgästefarm ursprünglich mit Karakul- heute mit Simmenthalerzucht; vier Villen in topmodernem Design mit Buschpanorama, Farmfahrten, Reitausflüge, Safariunternehmen.

Eningu Clayhouse Lodge***, D1471 (5 km Farmstraße, GPS -22.78035, 18.01725), Tel. 081-1435048, http://www.eningulodge.com. Schöne und großzügig verteilte Anlage aus rotem Lehm, neun liebevoll und individuell gestaltete „Pueblo-Chalets", sehr gutes Essen (Dinner, Bed&Breakfast), Wanderungen.

Arnhem Caves & Leisure***, D1808, Tel. Tel. 062-581885, http://arnhemcaves.com. Sechs luxuriöse Chalets, ein VIP-Familiencottage, zwei Stellplätze mit eigenem Ablution Block und sieben weitere Camps, Restaurant, Pool und Farmshop mit allem, was an Essen nötig ist für den gelungenen Grillabend; Höhlenbegehung s.o.

Kiripotib*-******, D1448, Tel. 062-581419, https://kiripotib.com. 20 Zimmer, Chalets und Luxuszelte je nach Geschmack, große Anlage, ausgezeichnetes Essen und extrem zuvorkommende Bedienung – Traditionsbetrieb (s. o.).

Okahandja

Das sympathische Städtchen, 70 km nördlich von Windhoek an der A/B1, entstand als Herero-Siedlung zum Ende des 18. Jh. am Zusammenfluss (= Okahandja) der Riviere Okakango und Okamita, die hier zum Swakop vereinigt Richtung Meer fließen (wenn sie denn mal Wasser führen). An der schnellsten Verbindung nach Swakopmund (B2) gelegen ist es auch ein beliebter Zwischenhalt, der mit dem größten Schnitzereimarkt des Landes aufwarten kann. Mit seiner Schlachterei und der Biltong-Fabrik Closwa ist der Ort ein wichtiges Zentrum der Viehzuchtregion des Hererolandes. Im Einzugsgebiet des Swakop-Riviers wird auch etwas Ackerbau betrieben, auf den kleinen Feldern stehen Mais, Tomaten und andere Gemüse, die

Vor dem Rathaus von Okahandja

2

zumeist für den Eigenbedarf gezogen werden. Historische Gebäude gibt es nur wenige: den 1901 erbauten Bahnhof, die Kirche der Rheinischen Missionsgesellschaft und das ehemalige deutsche Fort, in dem heute die Polizei residiert.

Geschichte

1. Missionsversuch Am 8. Februar 1843 kamen die Missionare Carl Hugo Hahn und Heinrich Kleinschmidt, sahen einen kleinen See, nannten die Stelle **„Schmelen's Verwachting"** (zu Ehren des Schwiegervaters von Kleinschmidt) und erkoren sie zum Missionsstandort. Im Oktober 1844 wollten sie ihre Arbeit antreten, das Wasser aber war versiegt. Sie klagten dem zufällig vorbeiziehenden Jonker Afrikaaner ihr Leid und er wies sie zu den heißen Quellen von Otjikango, dem heutigen Gross Barmen.

2. Versuch 1850 wollte der Missionar Friedrich Kolbe das Evangelium nach Okahandja zu bringen und kam mit seiner Frau im April. Nach Scharmützeln zwischen gut bewaffneten Nama und schlecht ausgerüsteten Herero im August entschied Kolbe, wegzuziehen – ins sicherere Otjikango.

3. Versuch 1868 unternahm man neue Anstrengungen. Auslöser war der **Umzug des Herero-Führers Maharero** mit seinem Gefolge von Otjimbingwe nach Okahandja. Sein Motiv liegt im Dunklen, eine Version spricht von Wassermangel, eine andere davon, dass den Herero der Missionar Hahn – von Otjimbingwe aus Präses aller Rheinischen Missionsstationen – auf die Nerven ging (seinen Missionaren übrigens auch, da er seine Station auf Kosten der anderen ausbauen ließ). 1870 schlossen – nach erfolgreicher Intervention durch die Missionare – Herero und Nama Frieden, die **Mission in Okahandja** war gefestigt.

Krieg Doch 1880 **stahlen die Nama** den Herero 1500 deren besten und fettesten Rinder. Als Maharero dies erfuhr, ließ er sofort alle **Nama in Okahandja töten.** Die Nama erklärten daraufhin den Krieg und versammelten sich in Rehoboth, die Baster folgten ihnen. Der **große Kampf** fand in Otjikango statt, am 12. Dezember 1880. Die Leichen von über 200 Kämpfern blieben auf dem Schlachtfeld zurück, hauptsächlich Nama, da die Herero dank guter Handelsbeziehungen zu Missionaren und Kaufleuten aufgerüstet hatten. Auf Hereroseite fiel aber Wilhelm Maharero, Sohn des Oberhauptes und höchsten Priesters **Maharero** und dessen designierter Nachfolger. Maharero starb 10 Jahre später am 7. Oktober 1890 – ungetauft, wie die Missionare bedauerten. Sein Amt übernahm, von der deutschen Administration gefördert, sein zweiter Sohn **Samuel Maharero.**

Kolonialkrieg Am 12. Januar 1904 standen die Herero unter Samuel auf und töten in den ersten Wochen 123 Siedler und Händler. Der Krieg endete für

Friedenskirche in Okahandja

die Herero vernichtend im August 1904 mit der Schlacht am Waterberg; sie flüchteten in die Omaheke, wo zahlreiche **Männer, Frauen und Kinder verdursteten.** Samuel Maharero schaffte es nach Botswana, wo er 1923 starb.

Samuel Mahareros Tod Am 26. August 1923 wurde der Leichnam nach Okahandja überführt. Entsprechend seiner Anordnung trug keiner der Trauernden Schwarz. Herero in **Schutztruppenuniformen** folgten dem Sarg – „eine seltsame Imitation deutscher Offiziersbegräbnisse", wie weiße Beobachter vermerkten. Missionar Vedder verlas am Grab Samuel Mahareros letzte Botschaft an sein Volk: Es war die Aufforderung an seinen Sohn Friedrich, die **Einheit der Herero** zu bewahren.

Wiedererstarken Das Begräbnis Mahareros signalisierte das Erwachen eines neuen **Nationalbewusstseins** unter den Herero, knapp 20 Jahre nach der vernichtenden Schlacht am Waterberg. Entsprechend Mahareros letztem (in der christlichen Botschaft verschlüsseltem) Willen, wurden auch die verloschenen **„Heiligen Feuer"** wieder entzündet.

Neuzeit Die verkehrsgünstige Lage und Arbeitskräftepotential führte 2015 zur Eröffnung der zum Anheuser-Busch-InBev-Konzern gehörenden **Welwitschia Brewery** im Norden von Okahandja, die u.a. für den lokalen Markt und auf Hirse-Basis das *Eagle Lager* braut, das traditionelle Bier in Namibias Norden, das die Ovambo *oshikundu* nennen.

Besichtigung

Die B1 schneidet als vierspurige Schnellstraße mitten durch Okahandja, zur rechten im Osten das Zentrum, zur linken Industrie und daran anschließend die Armenviertel und informellen Siedlungen.

Markt Wer von Süden kommend von der B1 abbiegt, kommt als erstes an den zahllosen grobgezimmerten Holzhütten des größten Kunsthandwerksmarktes des Landes vorbei: Schnitzwerk lokaler Künstler,

Bislang hat Isaac noch keinen Käufer gefunden

aber auch Arbeiten aus dem Caprivi, aus Angola und Zimbabwe, überaus Sehenswertes und den Geldbeutel strapazierend – vom **Elefanten** über **Giraffen** bis hin zum **Flusspferd** reicht die Palette, Stücke so groß, dass sie nicht ins Auto passen, oder so klein, dass sie in der Hosentasche verschwinden. Die Verkäufer und Schnitzer sind häufig **Kooperativen** angeschlossen, so dass sich Preisverhandlungen hinziehen können, weil jedes Angebot abgestimmt werden muss. Die kleinen Schnitzereien kosten ein paar Dollar, die großen mehrere Hundert, und das augenfällige **„Maskottchen"** des Marktes gar 350.000 N$. Den 2 m hohen und 1,5 t schweren Elefanten hat Isaac in vier Jahren aus Eisenholz geschnitzt. Dem Markt gegenüber stehen **adrette Wohnhäuser,** augenfälliger Beweis für die Bemühungen, die Lebensbedingungen Unterprivilegierter erträglicher zu gestalten.

Hauptstraße

Nach einem guten Kilometer hinter dem Markt führt von der Martin Neib Street rechterhand die Kolbe Street in die Heroe's Street. An der Ecke steht westlich die 1876 fertiggestellte **Kirche der Rheinischen Missionsgesellschaft,** hinter ihr erstreckt sich ein Feld von **Schutztruppen-Gräbern** zur Hauptstraße hin. Auf der gegenüberliegenden Straßenseite ruht neben der Friedenskirche **Jonker Afrikaaner,** der erste für die Geschichte Südwestafrikas bedeutende Orlaam-Nama-Kapitän, der 1861 starb. Neben ihm wurden – entgegen der Tradition – Clemens Kapuuo und **Hosea Kutako** begraben, beides Herero-Führer. Ersterer, Präsident der Turnhallenallianz, wurde 1978 in Katutura ermordet. Kutako starb 1970. Sein erklärter Wille war, die letzte Ruhestätte neben Jonker Afrikaaner, einem Feind seines Volkes, zu nehmen, um ein Zeichen zu setzen für die **Verbrüderung einer Nation** so unterschiedlichen Ursprungs.

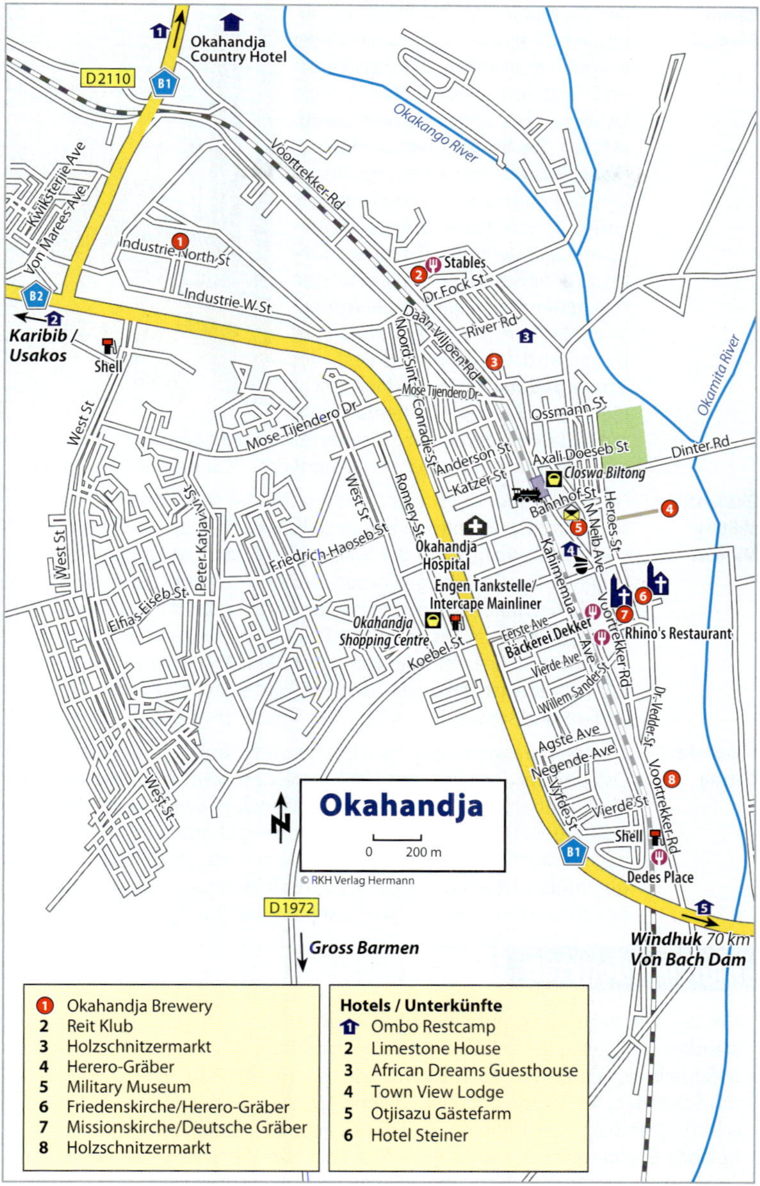

1. Okahandja Brewery
2. Reit Klub
3. Holzschnitzermarkt
4. Herero-Gräber
5. Military Museum
6. Friedenskirche/Herero-Gräber
7. Missionskirche/Deutsche Gräber
8. Holzschnitzermarkt

Hotels / Unterkünfte

1. Ombo Restcamp
2. Limestone House
3. African Dreams Guesthouse
4. Town View Lodge
5. Otjisazu Gästefarm
6. Hotel Steiner

Herero Friedhof

Der legendäre Herero-Friedhof versteckt sich abseits der Straßen. In der Heroe's Street führt zwischen Voigts und Post Street ein Fußpfad nach Osten zu den 250 m entfernten **Grabstätten der berühmtesten Herero-Oberhäupter:** Maharero (des ersten Verhandlungs- und Ansprechpartners von Curt von François) und seines Sohnes Samuel Maharero (s. Geschichte). Hier finden alljährlich am letzten Wochenende im August die Ahnengedenkfeiern der Herero statt – ihr bedeutendstes religiöses Fest, der **Ahnengedenktag.** Er versinnbildlicht die Verbundenheit der Herero mit ihren Vorfahren (die bis zur 5. Generation zurückgerechnet werden) und die Einheit des Volkes, deren Symbol das „Heilige Feuer" darstellt.

Okahandja Military Museum

Geht man über die Voigts Street zur Martin Neib Street zurück, hält sich nördlich und nimmt an der Gabelung links die Vortrekker Road, steht rechterhand einer der „Weißen Elefanten" des Landes – das zum allgemeinen Gespött gewordene **Miliärmuseum** (Vortrekker Road) mit einigen adrett arrangierten Panzerwagen. 2004 wurde es errichtet (die Baufirma kam aus – genau! – Pjöngjang) und seitdem verschieben die Obristen die Eröffnung von Jahr zu Jahr. Mal fehlen Exponate, mal brennt's, mal ist Wasserschaden, mal gibt's gar keine Info. Mit Waffen in der Hand schwer bewacht ist Fotografieren strengstens verboten.

Bahnhof & Biltong

Der mit Veranden luftig konzipierte und attraktive Bahnhof auf der Ostseite der zentrumsnahen Gleisanlagen geht auf 1909 zurück, als die Eisenbahn den mühevollen Ochsenwagenverkehr an die Küste ersetzte. Heute ist alles ziemlich heruntergekommen, ein Passagierverkehr auf Schienen findet nicht mehr statt. Doch *Closwa Biltong* gegenüber ist ein guter Grund vorbeizuschauen – bestes Trockenfleisch in allen erdenklichen Geschmacksrichtungen.

Ahnengedenktag

Um den Vereinigungsakt mit den Ahnen ist ein buntes Rahmenprogramm entstanden, ein zweitägiges Volksfest. Schon am Samstag versammeln sich die Herero außerhalb des Ortes und üben Stechschritt, geordnete Kehre im Verband und das Salutieren, im Galopp übt die Kavallerie Attacken. Getragen werden Kopien schottischer, burischer, britischer und deutscher Militärkleidung und die Frauen beleben Exerzierplatz und Straßen in viktorianischen Matronenkleidern mit dem Farbenspiel ihrer jeweiligen Gruppe: Zeraua-Herero in schwarz-weiß, Maharero-

Leute in rot-schwarz und Mbanderu in grün-weiß-schwarz. Am Sonntag marschieren die Herero – alte wie junge – in straffer Ordnung zum scheppernden Klang von Blaskapellen durch die Straßen des Städtchens, angeführt vom *oloitnanta* oder *omajora*. In einem zeremoniellen Akt treten die Priester der Zeraua-Herero (Omaruru), Maharero-Herero (Okahandja) und Mbanderu (Gobabis) an die Ahnengräber und sprechen mit den Vorfahren.

Exerziert hatten die Herero bereits vor Ankunft der deutschen Schutztruppe, unter Einfluss des schwedischen Naturforschers, Händlers und Abenteurers Charles John Andersson, den sie einige Zeit sogar zu ihrem militärischen Führer gewählt hatten. Erstaunlicherweise hat gerade dieses „Reenactment" (auch „Red Band" oder *otjiserandu* genannt) nach der Niederlage am Waterberg den überlebenden Herero Rückhalt in einer familienübergreifenden Gesellschaftsstruktur geboten, die Züge einer Geheimgesellschaft trug.

Wie eine Schattenverwaltung und -Regierung erfasste und kontrollierte die Bewegung mit ihrer militärischen Organisationsstruktur die Herero-Gesellschaft. Jeder Mann – und vielerorts auch Frauen – waren Mitglieder der Otjiserandu. Sie besaßen einen festgelegten Rang und hatten Pflichten, konnten aber umgekehrt auf die Unterstützung und Solidarität der Truppe zählen. Die Gemeinschaft finanzierte Feste und die für den Ahnenkult so wichtigen Bestattungsfeiern und bezahlte Geldstrafen für ihre Mitglieder. Offiziell gebärdeten sich die Otjiserandu-Gruppen der südafrikanischen Administration gegenüber kooperativ und versuchten, ihre Organisation als „spielerischen" Exerzierverein zu verniedlichen. Nach innen bauten die Otjiserandu an einer effektiven Kommando- und Verwaltungsstruktur, deren Ziel das Erstarken der Nation – Uhereroz – und die Rückkehr auf ihr angestammtes Land war. Nichtmitglieder galten als verdächtig und wurden gemieden.

Rückhalt fand die „Truppenspieler-Bewegung" nicht unter allen Herero. Die älteren politischen Führer, unter ihnen Hosea Kutako, lehnten diese Form passiven Widerstandes ab und setzten auf öffentliche Diskurse mit Administration und Vereinten Nationen. Und die südafrikanische Verwaltung beobachtete die Otjiserandu zunehmend misstrauischer, schließlich waren sie gut bewaffnet (um sie zu disqualifizieren, unterstellte man ihnen sogar Kooperation mit dem Dritten Reich). Erst nach dem 2. Weltkrieg konnten die Differenzen zwischen Kutako-Anhängern und den Otjiserandu-Gruppen beigelegt werden. Eine neue, übergreifende politische Organisation vereinte nun die Herero mit dem gemeinsamen Ziel der Unabhängigkeit Südwestafrikas und die „Truppenspieler" verlegten ihre Aktivitäten stärker in den spirituellen Bereich im Umfeld der Ahnenfeiern und Bestattungsriten.

Herero-Friedhof mit den Gräbern von Hosea Kutako und Jonker Afrikaaner

Von Bach Dam

Stausee

Der 1972 fertiggestellte Damm 4 km westlich von Okahandja liegt zwischen hohen Hügeln verborgen, ist ein 43 km^2 großes beliebtes **Naherholungsgebiet** (über D2101/D2161, Tel. 081-3419180, https://tungeni.com, 100 N$/Person, 50 N$ Fahrzeug,) mit Baum- und Buschsavanne, Unterkünften (s.u.) und steht unter privater Verwaltung. Eingang und Büros sind wenige Meter vom Resort entfernt. Der See versorgt Windhoek mit Wasser und in guten Jahren können sich bis zu 54 Mio. m^3 sammeln. Die Staudamm-Mauer selbst ist relativ schmal, aber sehr hoch.

Aktivitäten

Auf dem Wasser fahren **Motorboote,** die Wasserskifahrer mit und ohne Paraglider hinter sich herziehen, und wem das Wasser nicht zu kalt ist – Baden ist erlaubt. Abends kann man am **Sundowner Cruise** (260 N$ mit Getränk) teilnehmen und am Hauptgebäude **Kanus** leihen (120 N$/Person). Die wenigen Tiere bekommt man eher selten zu Gesicht; wer herkommt, möchte sich auf dem Wasser entspannen oder am Ufer erholen.

Gross Barmen

Missionsstation

Von Okahandja führt von der B1 die asphaltierte D1972 nach Südwesten nach Gross Barmen (26 km), dem früheren Otjikango (Herero für „Quelle, die als Rinnsal dem Felsen entfließt"). Von den sich hier niederlassenden Missionaren bekam der Ort den Namen **Neu-Barmen,** nach dem Hauptsitz der Mission in Deutschland in Barmen. Die Reste der Missionsstation sind bei der Anfahrt zum Resort rechts der Straße auf einem flachen Hügel auszumachen.

Rastlager/Spa

Palmen weisen weithin sichtbar den Weg zum 1976 gegründeten staatlichen Thermalbad und Rastlager **Gross Barmen** (Tel. 062-501091, www.nwr.com.na, Eintritt 100 N$, mit Zugang zu den heißen Quellen zusätzlich 100 N$); 2016 hat die Anlage – **völlig modernisiert,** mit

Von Bach Dam: Naherholungsgebiet und Reservoir

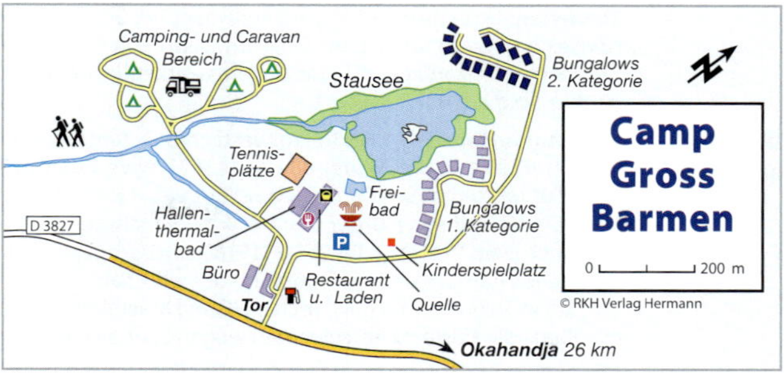

Unterkünften/Zeltplatz (s.u.) und dem letzten Schrei an Spa-/Wellness-Einrichtungen ausgestattet – neu eröffnet. Das für Landesverhältnisse riesige Außenbecken ist dabei der Hauptanziehungspunkt.

Heiße Quelle

Die gefasste Quelle hat eine Kapazität von knapp 2 l/s, das Wasser drängt aus einer **Tiefe von 2500 m,** hat eine Temperatur von 65 °C und wird auf etwa 40 °C im Innenpool und 30 °C im Außenpool „heruntergekühlt". Die Temperatur des Innenpools ist ausgesprochen kreislaufbelastend, und man sollte nicht zu lange im Wasser bleiben (Kindern unter 16 Jahren ist der Zugang zum Innenbereich verwehrt).

2

Erindi Schutzgebiet

Erindi Private Game Reserve

Mit 700 km^2 ist das 2007 aus Farmland geschaffene **Reservat** (auf der B1 von Okahandja 45 km nach Norden, dann auf der D2414 40 km nach Westen zum Eingangstor, Tel. 083-3301111, https://erindi.com, keine Tagesbesucher) das **größte private Schutzgebiet** des Landes. 51 hochluxuriöse Suiten der **Old Traders Lodge** (****) dienen als Basis für geführte Unternehmungen zwischen allen Arten von Raubkatzen, Nashörnern, Elefanten, Giraffen und ungezählten Antilopen. **Zahlreiche Tierforschungsprojekte** sind ebenfalls auf Erindi angesiedelt. Da die D2414 von der B1 nach Kalkveld und die D2328 nach Omaruru das Reservat queren, kann man bei Durchfahrt ohne Eintrittsgebühr eine Idee vom Tierreichtum erhalten (mit Registrierung an den Ein- und Ausfahrtstoren).

Service Okahandja

Unterkunft

Okahandja Country Hotel***, B1 (4 km nördlich des Zentrums), Tel. 085-5542990, www.okahandjahotel.com. Unpersönliche Lodge mit 22 Zimmern und allen Annehmlichkeiten für Durchreisende; Pool, Biergarten, viele Geschäftsleute.

African Dreams Guesthouse**, Tel. 062-500588, www.africandreams.com.na. Gästehaus mit Lodgecharakter und vier Zimmern um eine Lapa und einen Pool; Abendessen auf Anfrage.

Townview Guesthouse*, Vortrekker Road, Tel. 081-2930605, www.tvguesthouse.com. Gegenüber dem Militärmuseum mit zwölf sauberen en-suite-Zimmern, Klimaanlage, TV und sicheres Parken – supergünstig und immer noch *special offers!*

Unterkunft außerhalb

Limestone House*-**, B2 (6 km westlich des Zentrums, 1 km Farmstraße, GPS -21.97063, 16.84828), Tel. 081-43443821, www.limestonehousenamibia.com. Für das ultimative Farmerlebnis: Ein süßes Häuschen auf der Elizabeth Hill Farm für Selbstversorger (nur bei Vorausbuchung).

Von Bach Dam**, D2161, Tel. 081-3419180, https://tungeni.com. Ausgesourctes staatliches Rastlager mit Restaurant, Pool, elf Chalets, elf „Luxusbungalows" und Stellplätzen (jeweils mit Dusche/WC und Braaiplatz); immer wieder kommt es seitens der Gäste zu Beschwerden wegen Sauberkeit/Essensqualität etc.

Gross Barmen Resort*-********, D1972, Tel. 062-501091, www.nwr.com.na. 55 Chalets unterschiedlicher Kategorie (vom luxuriösen Premier bis zum Bush Chalet für Selbstversorger) und 18 Stellplätzen (eigener Braai-Platz, Gemeinschaftsduschen/-WCs); Restaurant, Fitness Centre, Wellness und Spa (mit zahlreichen Anwendungen).

Ombo Restcamp**, C31 (über die B1 12 km nördlich des Zentrums), Tel. 062-502003, www.ombo-rest-camp.com. Vier Bungalows auf einer Straußen- und Krokodilfarm mit Restaurant (vom Krokodilcocktail bis zum Straußensteak); auch Zeltplatz.

Otjisazu Gästefarm-*****, D2102 (am Von Bach Dam vorbei 30 km östlich des Zentrums), Tel. 081-8079492, https://otjisazu.com. Zehn komfortable, große Zimmer auf einer 1872 gegründeten Farm mit Rundfahrten, Wanderungen und zahlreichen Wildtierarten.

Omatozu Camp***, B1 (23 km nördlich des Zentrums, 2 km Farmstraße), Tel. 081-6437100, https://omatozu.com. Sehr empfehlenswerte Adresse eines ehemaligen Tierarztes und der ersten Jagdführerin des Landes; heute rehabilitieren sie das Farmland und haben das Gelände zu einer wunderschönen und für die Region typischen Wildfarm gemacht – drei luxuriöse Safarizelte mit Halbpension und Zeltplätze.

Closwa Biltong gilt als Bestes des Landes

Essen & Trinken

Bäckerei Dekker, Tel. 061-501962, www.facebook.com/BestNamibianPies. Ab 6.30 Uhr gibt's wochentags herzhaftes Frühstück, süße und salzige Snacks, Lunch (wie Lasagne oder Pies) und belegte Brötchen – Traditionsadresse mit Freisitz.

Rhino's Restaurant, Martin Neib Avenue, Tel. 062-500866. Action Pub mit Burger, Steaks und (gewöhnungsbedürftiger) Pizza – Frittiertes in großen Portionen, wie Buren es lieben.

Dedes Place, Martin Neib Avenue, Tel. 062-500723, www.facebook.com/brewokahandjanamibia. Kaffee dem Holzschnitzermarkt gegenüber mit köstlichen Süßigkeiten, Light Meals und dem besten Kaffee der Stadt – frisch, angesagt und sympathisch.

Stables, Vortrekker Road (etwas nödrlich des Zentrums), Tel. 062-501146, www.facebook.com/Stables26. Das Restaurant mit Biergarten im 1909 errichteten Reit Klub Okahandja serviert handfeste Fleischküche, Potjekos und Pizza.

Einkaufen

Kunsthandwerk: Große Märkte am südlichen und nördlichen Stadteingang, vornehmlich Schnitzereien und Schmuck, Handeln ist angesagt.

Closwa Biltong, Vortrekker Road, Tel. 062-501123, www.closwa.com. „Fabrikverkauf" von hervorragendem Biltong in unterschiedlichen Schnittformen und Geschmacksrichtungen, das ins ganze Land spediert wird.

Okahandja Shopping Centre, Koebel St, www.okahandjashoppingcentre.com. Große Mall mit Supermärkten, Banken und Bistros.

Straußeneier/-leder: Im Shop der Straßenfarm Otjisazu (s. Unterkunft)

Verkehr

Intercape Mainliner: Haltestelle bei der Engen-Tankstelle an der B1 (am Abdreh nach Gross Barmen).

Rehoboth

90 km südlich von Windhoek ist die Stadt mit 29.000 Einwohnern das traditionelle Siedlungsgebiet der namibischen Farbigen. Das Ortsbild unterscheidet sich gänzlich von der getragenen Saturiertheit Windhoeks oder Swakopmunds. Farmer beladen ihre Lorries mit Futter oder Saatgut, auf den staubigen Wegen sind zahlreichen Fußänger unterwegs, in den offen einsehbaren Vorgärten spielen Kinder und die Männer wirken mit ihren Hüten und Jeans wie einem Wildwestfilm entgestiegen.

Anreise

Auasberge

Verlässt man Windhoek auf dem Hosea Kutako Drive nach Süden und hält sich kurz vor dem Eros Flughafen Richtung Rehoboth, fährt man auf der B1, vorbei am Heroe's Acre, durch die Auasberge mit dem **Gipfel Moltkeblick** (2479 m üNN), die die Umgebung um „nur" 500 m überragen. Nach weiteren 20 km passiert man **Aris:** ein paar Gebäude und das nette Bistro *Hooves & Gardens* (Tel. 081-6520415, Mi–Sa 9–17 Uhr) mit Wraps, Quiches, Sandwiches und Salaten.

Nauaspoortberge

Kurz hinter Aris erhebt sich in Höhe des Omeya-Golfclubs rechterhand der **Bismarckfelsen** (2419 m üNN) und 20 km weiter links die Nauaspoortberge (2067 m üNN). Langsam, aber kontinuierlich fährt man bis auf 1400 m üNN hinunter. 3 km vor Rehoboth zweigt die C26 zum im Osten liegenden **Bahnhof Rehoboth** ab und nach Westen führt die D2180 zum **Oanob Damm** (7 km).

Geschichte

Baster-Herkunft

Die Ahnen der **vornehmen Baster** – wie sie sich selbst nennen (abgeleitet vom Niederländischen „Bastard – illegitimes Kind") – stammen aus legalen Verbindungen von Buren und Nama-Frauen. Aus ihnen rekrutieren sich noch heute die Kapteine, die die Gemeinschaft führen. Die Baster trekkten in den 1860ern aus der **Kapkolonie nach Norden** und hatten Rehoboth 1870 erreicht, wo sie sich am Ort einer ehemaligen Missionsstation niederließen, die Missionar Heinrich Kleinschmidt 1844 gegründet, 1864 aber wieder verlassen hat.

Besiedlung

Sie handelten den Nama etwas Land ab, das sie stetig erweiterten. Es ist eigentlich fruchtbarer Boden, aber die intensive wirtschaftliche Nutzung und Überbestockung hat ihn über die Jahre ausgelaugt. Zudem fördert das **komplizierte Erbrecht** der Baster die Zerstückelung von Landbesitz, der unter den Söhnen immer weiter aufgeteilt, nicht mehr wirtschaftlich bebaut werden kann.

Gesellschaft

Lange wurden die Ämter innerhalb der Gemeinschaft vererbt, erst in jüngerer Zeit gingen die Baster dazu über, ihre **Führer zu wählen.** Immer auf ihre Unabhängigkeit bedacht, arrangierten sich die Baster meist mit den Machtverhältnissen. Sie kämpften lange auf Schutz-

Rehoboth Museum

truppenseite und erhoben sich erst, als die Deutschen zu tief in ihre Organisation einzugreifen drohten. Auch mit den Südafrikanern konnten sich die Baster – im Austausch gegen **weitgehende Autonomie** – einigen. Im modernen Namibia sehen sie sich von Verwaltungsstrukturen bedroht, die sie gleichberechtigt mit den anderen Ethnien in den Gesellschaftsverband eingliedern sollen; auch warf man ihnen die Ausbeutung schwarzer Arbeitskräfte vor.

Besichtigung

Die B1 verläuft am westlichen Stadtrand von Rehoboth. Das „Ortszentrum" bildet die Kreuzung Church St und Bahnhof St mit geschlossener Bebauung – ansonsten besteht Rehoboth aus parzellierten Grundstücken mit kleineren Wohngebäuden, Läden und Handwerksbetrieben.

Rehoboth Museum

Das **Museum** (Mo–Fr 9–12 u. 14–16 Uhr, Sa 9–12 Uhr, Tel. 062-522954, www.rehobothmuseum.com, Eintritt 45 N$) wurde 1986 im Wohngebäude des Postmeisters aus dem Jahre 1903 gegründet, Teile des Komplexes gehen aber auf 1847 zurück (zwischen Polizei und Postamt an der Fred Visagie St). Interessierte werden ausgesprochen freundlich und zuvorkommend empfangen und können in der kleinen Ausstellung die Geschichte der Baster erfahren (auch einige geologische und archäologische Exponate).

2

Exkursionen

Falls Sie Zeit haben, können Sie am Eingang nachfragen, ob ein Führer zur Verfügung steht, der Ihnen archäologische Fundstätten mit **Felsmalereien** in der Umgebung zeigt. Außerdem kann man einen **Akazienwald** besuchen, der eigentlich in der Gegend gar nicht wachsen dürfte.

Reho Spa

In den 1960er eröffnet, war das **Thermalbad** (von der B1 bei der südlichen Shell-Tankstelle in die Lugenda St einbiegen und nach 800 m an der Johann Mills St nach links) lange ein überaus luxuriöses Rastlager mit von heißen Quellen gespeistem Innenpool, Außenbecken und komfortablen Unterkünften. 2011 hat es NWR geschlossen und in private Hände zu Renovierung und Betrieb übergeben. Seit deren Pleite streiten Stadt Rehoboth, Namibia Wildlife Resorts und Umweltministerium. Teilsaniert steht das Lager mitten im Ort, vom Wetter geplagt und immer wieder vandalisiert. Im Frühjahr 2024 wurde wiedermal eine Sanierung angekündigt.

Oanob Dam

Der See 7 km (D1237, Eintritt 30 N$) westlich von Rehoboth wurde 1990 erstmals aufgestaut. Sein Wasser erhält er vom **Oanob Rivier** (das tief im Süden in den Oranje abfließt). Er fasst 35 Mio. m^3, bedeckt je nach Wasserstand 2–3,5 km^2 und versorgt über eine 4 km lange Pipeline Rehoboth. Wie eine Schlange liegt er in der Landschaft und ist an allen Seiten wild ausgefranst – was auch seinen Reiz ausmacht:

Man findet per Boot immer wieder ruhige Plätzchen und kann baden. Das **Rastlager** (s.u.) ist komfortabel und nicht schlecht geführt, mehrere **Aktivitäten** sind im Angebot (Aqua Cycling/Kanu 60 N$/Std., Elektroboot-Tour 90 N$, Speedboat 500 N$/30 Min.).

Tropic of Capricon

Den **Wendekreis des Steinbocks** passiert man 13 km südlich von Rehoboth. Am 21. Dezember – Sommersonnenwende des südlichen Himmels – steht die Sonne genau über ihm im Sternzeichen des Steinbocks (sie wandert dann bis zum 21. Juni nach Norden zum Sternzeichen des Krebses).

Service Rehoboth

Unterkunft

Ochsenwagen Hotel*, B1 (an der D1237), Tel. 081-2862362. Einfachstes Stadthotel mit Restaurant/Pizzeria und Bar an der Hauptstraße (in Zentrumsnähe ohne Alternative).

Reho Apartments*-**, B1 (etwas abseits gegenüber der Shopping Mall), Tel. 081-1242174, www.airbnb.com. Sauberes, sicher gelegenes und großzügiges Apartment für Selbstversorger.

Oanob Resort-*****, D1237 (7 km im Westen), Tel. 062-522370, www.oanob.com.na. Unterkunft in Zimmern, Luxuschalets oder auf dem Zeltplatz; Pool, Restaurant, Spa und zahlreiche Aktivitäten.

Essen & Trinken

Meat & Eat, Church St (in Höhe des Museums), Tel. 081-2950720. Süßes und Herzhaftes zu Frühstück und Lunch, und die Pizza ist auch nicht schlecht.

Hobasen Montana, B1 (am südlichen Stadtende), Tel. 081-1243973. Restaurant mit Pool, Kinderspielplatz und Braaiplätzen für Selbstversorger – beliebt bei den Einheimischen (auch Bungalowvermietung).

Einkaufen

Rehoboth Shopping Mall, Swartkoppie Road (nördlicher Stadteingang). Supermärkte, Tankstelle, Banken und Mobilfunk-Laden.

Verkehr

Intercape Mainliner: Haltestelle bei der Shell-Tankstelle am südlichen Stadtausgang (Ecke B1/Lugenda Street).

Tretbootfahren im Busch: Oanob Dam

3 Omaruru und Erongo Region

Das Farmland zwischen Otjiwarongo im Osten, der Namib im Westen, Karibib im Süden und Outjo im Norden bestimmen **weite und offene Ebenen** – und immer wieder **Inselberge.** Granit und Basaltgebilde wachsen aus dem Boden, bilden kleine Kuppen und hohe Dome, Bergmassive und Krater. Nach gutem Regen begleiten Grasteppiche die Pisten bis in den Horizont, in schlechten Regenjahren herrschen Braun- und Ockertöne vor – in ihren unendlichen Schattierungen unter stahlblauem Himmel aber auch voller Reiz. Die Region ist eine der wichtigsten Fundstätten im Land für **Felsmalereien und Felsgravierungen.** Rund um **Omaruru** liegen einige der schönsten und bedeutendsten Sehenswürdigkeiten: die markanten Türme der **Spitzkoppe,** das Massiv des **Brandbergs,** das in den Granit geritzte Weltkulturerbe von **Twyfelfontein** und der erloschene Vulkan der **Erongo Mountains.**

Orientierung

Wer in den Norden nach Etosha oder nach Swakopmund und an den Atlantik will, besucht klassischerweise auch die Attraktionen „am Wegesrand" – und profitiert von einigen asphaltierten Straßen für die schnelle Fahrt: Die B1 von Windhoek nach **Otjiwarongo** und weiter nach Etosha (zum Von Lindequist Gate), die C38 von Otjiwarongo nach **Outjo** ebenfalls weiter nach Etosha (zum Andersson Gate, die schnellste Verbindung von Windhoek in den Nationalpark), die **B2 von Okahandja nach Swakopmund** (Abzweig zur Spitzkoppe) und die von ihr abzweigende **C33 von Karibib über Omaruru nach Otjiwarongo** Richtung Nordosten vorbei an den Erongo Mountains. Auf der ebenfalls asphaltierten **C39 von Outjo nach Khorixas** gelangt man in die Nähe von Twyfelfontein und Brandberg.

Spitzkoppen von der Westseite gesehen

Karibib, Usakos und Spitzkoppen

Farmland

Auf schnurgerader Fahrt geht es auf dem schmalen Asphaltband der B2 von Okahandja nach Westen und vorbei an Farmen wie Wilhelmstal, Vogelsang, Friedrichsvelde und Albrechtshöhe (einstmals Standort der II. Gebirgsbatterie der Schutztruppe und Telegrafenstation für die Depeschen nach Übersee) – alles **Farmen und ehemalige Bahnhöfe** der Kolonialzeit. Nach gut 110 km durchschneidet die B2 Karibib, nach weiteren 30 km Usakos. 24 km hinter Usakos ist der Abdreh zur Spitzkoppe erreicht.

Karibib

Lebhaft ist das Städtchen nicht, aber es herrscht auch keine Friedhofsruhe – schließlich leben in Ort und Umgebung rund 5000 Menschen, die sich hier versorgen. Arbeitgeber sind die **Navachab Goldmine** und die seit 1903 aktiven **Marmorwerke,** deren Platten in die ganze Welt gehen: der Marmor gilt als besonders fein und hat die unterschiedlichsten Tönungen von reinweiß über blaugrau, gelb und rot bis schwarz. Nördlich der Stadt ist der von Südafrika gegründete **Militärflughafen** heute Sitz der Luftstreitkräfte des Landes mit sechs in China gebauten MIG21, zwei Kampfhubschraubern und einigen Trainings- und Transportflugzeugen.

Geschichte

1895 kaufte der Ochsenwagenbauer Hälbich dem Herero-Kaptein Zacharias Zeraeua die **Wasserstelle Otjandjomboimwe** ab, Kaufpreis für 20.000 ha Land waren 22.500 Mark, 750 Britische Pfund und zwei Ochsenwagen samt Zugtieren, teilweise verrechnet mit Schulden, die Zeraeua bei Hälbich hatte. Als eigentliches Datum der **Stadtgründung** gilt der 1. Juli 1900: die Schienen hatten Karibib erreicht. Einige Gebäude aus dieser Zeit stehen noch, darunter der Bahnhof.

Karibib-Marmor geht in die ganze Welt

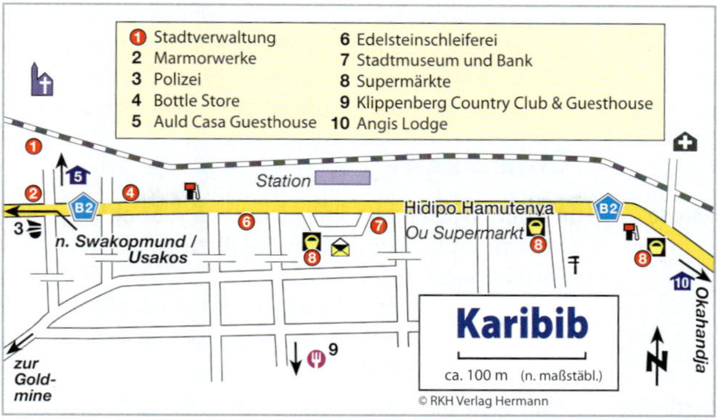

Am 6. Mai 1915 haben ihn südafrikanische Truppen besetzt und erst 1917 konnte die Bahn ihn wieder nutzen. Am Platz diente das Roesemann-Haus als Pension neben fünf weiteren Unterkünften: Man musste in zwei Etappen reisen, nachts wurde nicht gefahren.

Sehenswertes Westlich vom Bahnhof entstand das **Firmengebäude** „Hälbich & Co" im Jahr 1900, wie das aus Granit errichteten Haus Woll. Das Gebäude am östlichen Ortseingang mit dem aufgesetzten Blendgiebel (mit der Inschrift „1913") war ebenfalls Pension. Auf der Nordseite der B2 (über die Bahnlinie fahren) steht die evangelische **Christuskirche** mit Grundsteinlegung im April 1909. Regierungsbaumeister Redecker ließ die Pläne nach Vorgaben des Missionars Elger zeichnen, ein Farmer baute die Kirche. Die Glocken im 28 m hohen Turm läuteten 1910 das erste Mal zum Gottesdienst. Ein Stück nördlich der Kirche liegt der Alte Friedhof auf dem Weg zur Navachab Goldmine. Östlich von ihm ist noch der **Kaiserbrunnen** zu entdecken, den ein

Baumarkt in Karibib

3

Wünschelrutengänger 1906 graben ließ. Der Wünschler Josef Rafael von Uslar wurde auf höchstkaiserliche Empfehlung nach Südwest entsandt und sorgte recht erfolgreich für 172 Wasserstellen im ganzen Land. Der Kaiserbrunnen steht seit 1986 unter Denkmalschutz.

Otjimbingwe

Anreise An der Westseite Karibibs (an der 5th St abbiegen) nimmt man für 1,5 km die C32 und dann die Piste D1953 nach Südwesten über Sandebenen mit spärlicher Vegetation – für 55 km eine lange Staubfahne hinter sich herziehend. An der Kreuzung mit der D1967 fährt man in die Streusiedlung „hinein" und macht sich auf die Suche nach dem Pulverturm.

Geschichte Man mag gar nicht glauben, dass der Ort – am früheren Baaiweg zwischen Walvis Bay und dem Landesinneren der hier dem Swakop Rivier folgte – während der deutschen Kolonialzeit als Handelsplatz, Zentrale der Rheinischen Missionsgesellschaft und der Sitz der Administration die **Hauptstadt des kolonialen Südwest** war! An der Quelle „Otjimbingwe – Platz der Erholung" erbaute 1849 Johannes Rath im Namen der Rheinischen Missionsgesellschaft eine Station. 1860 erwarb der Schwede Andersson einen Bau einer Minenfirma und eröffnete einen Laden, den Eduard Hälbich später übernahm. 1891 verlegte die Administration ihren Sitz nach Windhoek, und die Eisenbahn ignorierte auch noch um die Jahrhundertwende den Ort bei ihrer Streckenführung. Otjimbingwe lag damit im Abseits und die folgenden Jahre haben daran nichts geändert; auch heute wird es nur selten von Touristen angefahren.

Sehenswertes Die **Kirche** wurde 1867 errichtet, mit Ziegeln, die die Leute des Herero-Chiefs Wilhelm Zeraua herstellten; er selbst nahm den christlichen Glauben allerdings nicht an, ähnlich wie sein Gegenpart bei den Okahandja-Herero, Chief Maharero. 1872 schließlich entstand

Otjimbingwe: die ehemalige Hauptstadt ist halb vergessen

der **Pulverturm,** der heute – neben der verfallenen Ochsenwagenfabrik von Hälbich – nicht so eindrucksvoll aussieht, wie es Fotos vermitteln. Er war Lager und Verteidigungseinrichtung, die im Lauf der Jahre, der Kriege und Aufstände 30 Mal bestürmt, aber nie eingenommen wurde. Heute ist er in einem erbarmungswürdigen Zustand mit faulendem Holzboden und bröckelndem Mauerwerk. Um ihn zu finden, orientiere man sich an der Kirche und folgt von ihr den Staubwegen für 250 m exakt Richtung Südwest (GPS -22.36298, 16.12695).

Service Karibib

Unterkunft

Auld Casa Guesthouse**, 300 m nördlich der Marmorwerke, Tel. 085-7233287, https://auldcasaguesthouse.com. Acht schöne, moderne Zimmer, supersauber und angenehm; Pool und Frühstück.

Angis Guesthoue*-**, Fracht Street 315, Tel. 081-2787886. Stadtlodge unter familiärer Führung mit zehn Zimmern und nur für Selbstversorger; kleiner Abkühlungspool.

Essen & Trinken

Klippenberg Country Club & Guesthouse, 2nd St, Tel. 064-550693, www.facebook.com/klippenbergcountryclub. Bar und Restaurant mit deftiger Hausmannskost und Pizza; auch Zimmervermietung (aber meist von Geschäftsleuten langfristig gebucht).

Wilhelmstal Farmstall, B2 (50 km östlich von Karibib, Nordseite), Tel. 062-500124. Frühstück, Lunch und Einkaufen von Farmprodukten wie Biltong und Wurst.

Kwetu, B2 (50 km östlich von Karibib, Südseite), Tel. 081-2425037, www.kwetunamibia.com, Do–Mo 8–18 Uhr. Der „Mitbewerb" liegt etwas hinter Büschen verborgen und verkauft im Coffee Shop köstliche Leckereien: Kuchen, Gebäck, Wurst und vor allem köstlichen Käse von Kuh und Ziege („from mild & creamy to spicy & stinky").

Usakos

Verlässt man Karibib nach Westen, sind nördlich am Horizont als ständige Begleitung die Erongo Mountains zu sehen. Nach 30 km ist Usakos erreicht, 300 m tiefer und am Khan Rivier. Es hat im Wettstreit mit Karibib um die regionale Vorherrschaft den Kürzeren gezogen: Es ist nichts los. Das war aber nicht immer so.

Geschichte/ Sehenswertes

Die ausgedehnten Gleisanlagen zeugen noch von der Bedeutung der Stadt als **Eisenbahnknoten** mit den zentralen Instandsetzungswerken von Südwest, der seinen Ursprung im Jahr 1903 hatte, als die Otavi Minengesellschaft (OMEG) die Farm für ihren Bahnhof kaufte. Vor ihm steht heute die von Henschel 1912 gebaute **Lokomotive**

Gemeindekirche in Usakos

Elephant's Head

Nr. 40. Sie zog die Waggons auf der Schmalspur der Otavi-Bahn bis 1960 – dem Jahr der Umstellung auf Kapspur – nach Tsumeb/Grootfontein. Der vor den Bergen aufragende **Wasserturm** stammt ebenfalls aus der Zeit der vorletzten Jahrhundertwende. Das Gebäude, in dem heute die **Stadtverwaltung** arbeitet, entstand 1908, die römisch-katholische **Kirche** 1905. Ein Denkmal in der Kaiser Wilhelm Street erinnert an die Gefallenen des 2. Weltkrieges.

Ameib Ranch

Von Usakos nimmt man für 12 km die D1935 nach Nord und folgt dann für 15 km der D1937. Die Ranch (Tel. 081-8036103, www.ameib.com, Tagesbesuch 80 N$, Unterkunft s.u.) im Süden und direkt unterhalb des Erongo-Massivs ist für ihre steinernen Sehenswürdigkeiten bekannt. Eine Zufahrt zum Erongo-Krater gibt es von Süden aus nicht (s. bei Omaruru).

Bull's Party/ Elephant's Head

Die Erosion hat faszinierende **Formationen** geschaffen, von Wind und Wetter abgeschliffene **Granitfelsen,** die ihrem Namen alle Ehre machen. Sie liegen entlang einer riesigen Felsarena, die zu Spaziergängen und zum Klettern anregt. Dekorativ sind sie besonders in der Abendsonne, die das Gestein rot übermalt. Dann erwachen die im Kreis auf schmalen Hälsen angeordneten Blöcke tatsächlich zu einer **Versammlung beratschlagender Bullen,** und der steinerne **Elefantenkopf** scheint drohend mit den Ohren zu wedeln … der Fantasie sind keine Grenzen gesetzt.

Phillip's Cave

Die **Halbhöhle** ist nur auf einer gut markierten – bei Hitze recht anstrengenden – halbstündigen **Wanderung** zu erreichen: Das erste kurze Stück ist flach und sandig, dann geht es holprig hoch zu einem Sattel, abwärts in ein Tal und über Granitplatten wieder hoch zum **Felsüberhang.** Die Malereien des Nationalmonuments bestehen aus Giraffen, Zebras und Straußen und stammen von Jägern –

Phillip's Cave mit dem „Weißen Elefanten"

Damara oder San. Auch der berühmte **Weiße Elefant** ist deutlich zu erkennen. Datiert wurde er mittels der Kohlenstoff-14-Methode auf die Jahre um 3350 v. Chr. (± 200).

Service Usakos

Unterkunft

Uitkyk Guestfarm**-***, B2 (1,5 km nördlich, an der Shell Tankstelle abbiegen), Tel. 081-2876299, www.uitkykguestfarm.com. Sieben komfortable Zimmer und sechs Stellplätze im Khan Rivier, 2 Pools, Lapa und leckeres Farmessen.

Opi Kopi/J&T Echo Guestfarm**, D1914 (4 km südlich von Usakos), Tel. 081-3387330. Fünf Chalets und ein Farmhaus mit drei Schlafzimmern, Pool und Restaurant; schöne, erhöhte Lage.

Nubeb Self Catering*-**, Kalk St 255, Tel. 081-1286422, http://www.erongo.50megs.com/nubeb. Saubere Einheiten im Ort mit Küchenecke, Braaiplatz, Bad und Garage.

Unterkunft außerhalb

Achab Camping*-**, D1914 (10 km südlich von Usakos, 1,5 km Farmstraße, GPS -22.08393, 15.54921), Tel. 081-2433412, www.achabcamp.com. Ausgezeichnet ausgestatte Stellplätze und mehrere komfortable Safarizelte mit Betten für Selbstversorger; Pool, Ponyreiten, Wanderungen.

Ameib Ranch***, s.o., Tel. 081-8036103, www.ameib.com, keine Kreditkarten. Sechs komfortable Bungalows, zwei einfachere Cabins und Zeltplatz; wunderschöne Landschaft, zu entdecken mit dem Auto oder per Fuß.

Essen & Trinken

Usakos Bistro, westl. Ortsrand bei der Engen Tankstelle, Tel. 085-1599377. Kleines Lokal mit Terrasse und einfachen Gerichten vom Grill.

Oasis Foodstall, am westlichen Ortsrand, Tel. 081-2588351. Großer Coffee Shop mit Freisitz, Frühstück und Lunch (sehr gute Pies und „Biltong-Brötchen mit süßem Senf"); Lebensmittelverkauf mit Biltong und Frischfleisch.

Einkaufen

Ûiba-Ôas Crystals Market, B2 (24 km westlich am Abdreh der D1918 zur Spitzkoppe). Wer Halbedelsteine mag, wird den Markt lieben: einzelne Raritäten (auskennen sollte man sich aber schon!) und eingeschweißte Sammlungen für den Überblick, außerdem weitere Souvenirs.

Spitzkoppe-Formationen

Spitzkoppen

Hat man Usakos auf der B2 Richtung Westen verlassen sieht man am Horizont bereits die Felskappen der Spitzkoppen rechts voraus.

Anreise Nach 24 km durch Busch- und Baumsavanne markiert der **Ûiba-Ôas Crystals Market** (s. Usakos/Einkaufen) die Einmündung der Piste D1918. Nach 18 km auf ihr biegt man nach Norden auf die Piste D3716 ein, die über 11 km zur Großen Spitzkoppe führt. Im Damara-Ort Grootspitskop, einer Ansammlung von Wellblechhütten, befindet sich der Eingang (Tel. 081-8502566, www.Spitzkoppe.com, Eintritt 120 N$) zum unter Naturschutz stehenden Gebiet mit Rastlager.

Granitparadies Die Berge um die Große Spitzkoppe sind ein **Potpourri der Formen und Farben**. Hinter jeder Kurve des weitverzweigten Wegenetzes verändern sich die Felsen und ihre Schattierungen. Mal ist der Boden mit kugelrunden Riesenbällen (Wollsack-Erosion) bedeckt, mal balancieren mächtige Granitblöcke über tiefen Kluften, als drohten sie, jeden Augenblick auf den Wanderer hinabzustürzen, mal überspannen ebenmäßige Bögen Felsnischen, in denen sich herrlich geschützt campieren oder picknicken lässt. Im sandbraunen Gestein wurzelt der **Botterboom, Köcherbäume** strecken ihre filigranen Silhouetten in den Himmel und die knorrigen Wurzeln gleichenden **Balsambäume** erreichen unübliche Baum-Maße.

Die Gipfel Die **Große Spitzkoppe** ist mit 1728 m üNN um etwa 600 m niedriger als der Hohenstein im Erongo-Massiv, die **Kleine Spitzkoppe,** 12 km Luftlinie weiter westlich, erreicht 1580 m üNN. Östlich der Großen Spitzkoppe erstreckt sich der Rücken der **Pontok Mountains** (1629 m üNN, an ihrer Ostflanke versteckt sich *Bushman's Paradise*). Da die Gipfel aber isoliert und fast 800 m die Umgebung überragen, wirken

sie recht eindrucksvoll. Die charakteristische Form hat der Großen Spitzkoppe den Beinamen **Matterhorn Namibias** beschert. Geübte Kletterer können sich an ihr austoben – die Liste der gescheiterten Gipfelstürmer ist allerdings lang. Die Erstbesteigung fand 1946 statt.

Entstehung

Wie Erongo und Brandberg entstanden die Spitzkoppen durch Intrusion. Vor ca. 200 Mio. Jahren drang **Magma** in die älteren Gesteinsschichten der Damara-Epoche ein. Wind und Wetter haben dann die weniger widerstandsfähigen Gesteine in Jahrmillionen abgetragen und den **Granitkern** freigelegt. Dass es inmitten dieses Felsgewirrs erstaunlich viel pflanzliches und tierisches Leben gibt, ist den **besonderen Wasserverhältnissen** an den Inselbergen zu danken, an denen Wolken häufiger abregnen als über flachem Land. Das Wasser sammelt sich in unterirdischen – aus Felsklüften gebildeten – Reservoirs und in oberirdischen Felsbecken, die dann über Wochen allerlei Getier und Pflanzen versorgen. Durch Felswände auch vor Wind geschützt, können in Mulden wie Bushman's Paradise wahre **Vegetationsoasen** bestehen.

Bushman's Paradise

Auf dem Weg vom Eingang passiert man Hausruinen und dort, etwas verborgen linkerhand im Busch, einige Gräber. Das **San Paradies** (nur in Begleitung, Führer vor Ort, 100 N$) ist Nationalmonument

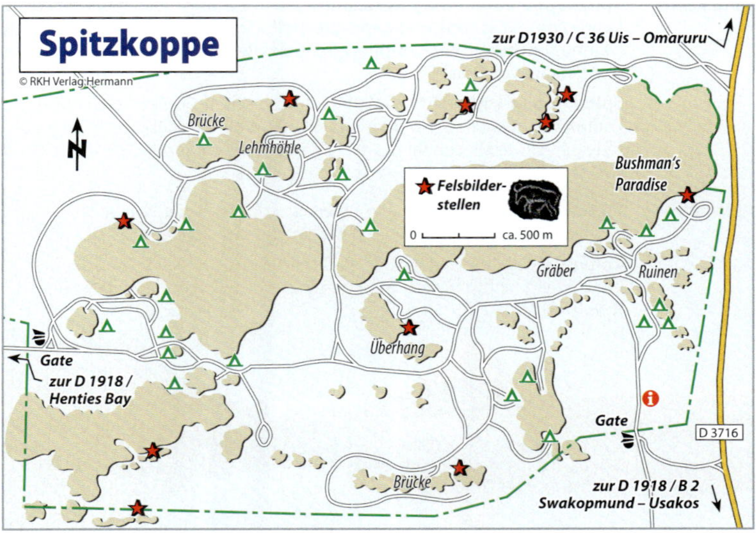

3

Auf dem Weg zu Bushman's Paradise

und liegt an der Ostseite der Pontok Mountains. Entlang einer fest verankerten **Kette** geht es über die glatt erodierte, steilschräge **Felsplatte** hinauf (ca. 100 Höhenmeter). Oben steht man plötzlich in einer Granitarena voller Blutfruchtbäume, Akazien und Buschwerk und – wenn es geregnet hat – kleiner Tümpel, in denen die gelben Blüten der Ondape-Blume leuchten. Hier hatten die San ihr **Lager** aufgeschlagen, um vom erhöhten Standpunkt den Zug des Wildes zu beobachten, das sie jagten. An einigen geschützten und versteckten Stellen sind unter Überhängen **Felszeichnungen** zu entdecken.

Service Spitzkoppe

Unterkunft

Spitzkoppe Community Restcamp, D3716, Tel. 081-8502566, www.spitzkoppe.com. 31 schöne und gepflegte Stellplätze jeweils mit Trockentoilette (warme Duschen an der Rezeption), zentrales Restaurant, Lapa, Souvenirladen und Verkauf von Braai-Fleisch.

Spitzkoppen Lodge****, D1925 (3 km zwischen Großer Spitzkoppe und Pontok Mountains nach Norden), Tel. 064-464144, www.spitzkoppenlodge.com. 15 luxuriöse Stelzenbungalows mit 50 m² in beeindruckender Granitlandschaft – feines Essen, MTBs, Wandern und Bergsteigen.

Aktivitäten

Klettern/Wandern: Kletterer müssen sich an der Rezeption anmelden; die drei Hauptwanderungen (4,5–7 Std.) sind nur mit Führer möglich.

Cultural Villages: Living History, dörflichen Lebens der Himba und der Damara mit Tänzen, Handwerksvorführungen und Souvenirverkauf; Kontakt über das Restcamp.

Omaruru und Erongo Montains

Von Karibib sind es 60 km auf der C33 ins charmante Omaruru – östlich vorbei am Erongo-Massiv (wer von Otjiwarongo kommt ist 130 km unterwegs). So dicht wie um Omaruru herum findet man Gäste- und Jagdfarmen, Lodges und Camps nirgends sonst. Nur wenige Kilometer sind es aus dem Ort heraus zum Bergring der Erongo Mountains, der sich nach Norden Richtung Omaruru öffnet und Zufahrt ins Kraterinnere gewährt.

Omaruru

Eine Gartenstadt mit fast **üppiger Vegetation** aus Kameldorn- und Eukalyptusbäumen, mit adrett gestutzten Büschen und Beeten hat sich am **Omaruru Rivier** entwickelt. Vielleicht wurde sie auch deshalb zu einer richtigen Künstlerkolonie. Der Fluss teilt den Ort auf seinem 400 km langen Weg vom Einzugsgebiet am Etjo Mountain (nahe der Dinosaurier-Fußspuren) zum Atlantik bei Henties Bay. Wasser führt er aber nur während der Regenzeit.

Geschichte

Herero

Omaruru war für die Herero lange nur ein ergiebiger Weideplatz (den Namen „Omaruru– Bittere Dickmilch" haben sie ihm verliehen, weil der hier wachsende Stinkbusch – *Boscia foetida* – der Milch einen unangenehmen Geschmack verleiht). In den 1860ern zogen die **Zeraua-Herero** von Otjimbingwe wegen der verlässlicheren Quellen an den Omaruru.

3

Blick vom Franke-Turm auf Omaruru

Mission

1870 kam dann der schwedische Jäger und Händler Eriksson, ließ sich als erster Weißer nieder, jagte die Tiere der Region und eröffnete eine Brauerei. 1872 errichtete Gottlieb Viehe von der **Rheinischen Mission** eine Station (Viehe hatte das Neue Testament und andere Kirchenschriften ins Herero übersetzt). In dem einfachen Gebäude befindet sich heute das kleine Museum.

White Flag Day

Jedes Jahr am Wochenende vor dem 10. Oktober findet das **Zeraua-Fest** statt. Die Herero-Gruppe trifft sich gegenüber dem Missionshaus auf dem Friedhof der Kirche vor dem Grab eines ihrer bedeutendsten Führer – Chief Wilhelm Zeraua. Die Ahnengedenkfeiern ähneln in Vielem denen in Okahandja, allerdings dürfen Fremde explizit nicht daran teilnehmen.

Sehenswertes

Franke Tower

1907 hat die Kolonialtruppe den Franke-Turm als **Schutz- und Signalgebäude** bei etwaigen neuen Aufständen der Herero errichtet (eine Metallplatte auf der Spitze diente als Feuerschüssel, die vor einen Angriff warnen sollte). Benannt wurde der Turm nach dem Offizier Franke, der im Januar 1904 während des Herero-Aufstandes seine Kompanie in einem **Gewaltmarsch** über 900 km in 19 Tagen nach Omaruru trieb und die Stadt von der Herero-Belagerung befreite –

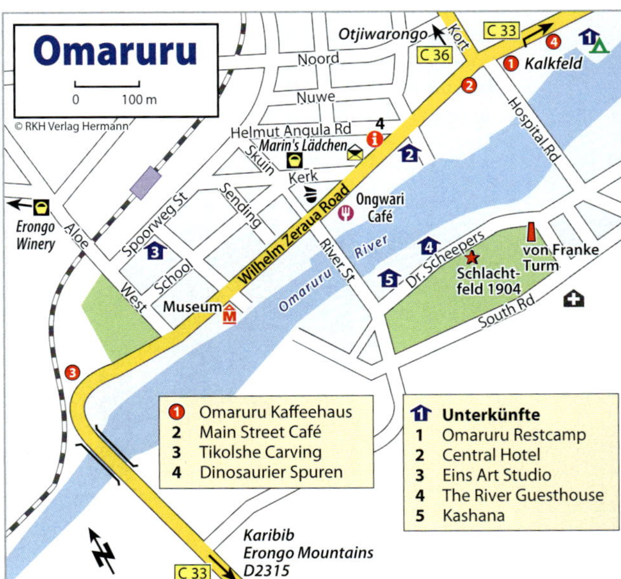

Wehrturm aus Kolonialzeiten

Das winzige Stadtmuseum

ein klassischer „Durchhalte"-Soldat, der mit seinen Truppen und mit seinen Gegnern gleichermaßen gnadenlos umging. Das **Schlachtfeld** liegt westlich unterhalb des Turmes, dessen Türe tagsüber offenstehen sollte. Die Dachluke wird allerdings bei Regen nicht geschlossen und so faulen die hölzernen Stufen vor sich hin; auch bei einem Spaziergang auf dem Feld aufpassen – es gibt mehr Schlangen als Felsen!

Mission House Museum

Das kleine **Museum** (Mo–Fr 9–16.30 Uhr) in der ehemaligen Missionsstation des Missionars Viehe zeigt ein paar Haushaltsutensilien, Farmgegenstände, alte Fotografien, Plakate, Bilder und als Glanzstück ein Klavier mit Pianola-Einrichtung (zur automatischen Tastenbetätigung per Walze).

Kristall Kellerei

Das erste **Weingut** (4 km außerhalb an der D2328, Tel. 064-570083, www.kristallkellerei.com) des Landes ist eine Erfolgsgeschichte. Man verkauft nicht, man teilt zu, so gering sind die Mengen, die jährlich produziert werden! Und man kann wegen des Wassermangels die Anbauflächen nicht beliebig erweitern. Die **Weinstube** hat mittags offen und serviert kleine Mahlzeiten als Begleitmusik zur Verkostung. Und abschließend? Ein Nappa – der namibische Grappa!

Kalkfeld

65 km auf der C33 Richtung Otjiwarongo sind es zum gotterlassenen Flecken Kalkfeld. Es hat seine besten Jahre weit hinter sich gelassen. Das in der Bergwerksstadt abgebaute Eisenerz kam zur Verhüttung nach Tsumeb, aber irgendwann war Schluss. Heute verfällt die **Streusiedlung** mehr und mehr. Man tankt und fährt weiter, entweder direkt nach Otjiwarongo (70 km) oder besucht Dinosaurier-Fußspuren.

Dinosaurier-Fußspuren

Die D2414 führt in Kalkfeld über die Eisenbahnschienen hinweg nach Osten. Nach 28 km nimmt man bei der **Farm Otjihaenamaparero** (GPS -21.03910, 16.40050, Tagesbesuch 50 N$, Camp s.u.) für 2 km

die Farmpiste, quert das Omaruru Rivier und fährt bis zum Tor bei den Farmgebäuden, um die Besuchsgebühr zu entrichten. Zu Fuß geht es über Granitplatten durch den Busch und entlang den weißen Farbflecken. Eine der **Spurenfolgen** haben die Tierchen auf 28 m Länge vor etwa 190 Millionen Jahren in den Schlamm gedrückt. Der Schlamm trocknete und Sedimente haben die Spuren überdeckt. Im Lauf der Zeit erodierten Wind und Wetter die Deckschicht und legten die Spuren wieder frei. Mit etwas Vorstellungsvermögen sieht man die **Zweibeiner** förmlich im eleganten Lauf, einem Strauß gleich, den schrägen Hang herabstürmen. Ihre Abdrücke hinterlassen haben zwei Tierarten, ein Vertreter der bis zu zwei Meter langen und 15 Kilogramm schweren *Megapnosaurus* (100 m vom Parkplatz) und einem *Ceratosaurus*, der immerhin auf sechs Meter Länge anwuchs und zwei Tonnen wog (500 m vom Parkplatz).

Service Omaruru

Unterkunft

Kashana Guesthouse**-***, Dr. Scheepers Drv, Tel. 064-571434, www.kashana-namibia.com. Stadtlodge rund um das ehemalige Kasino von 1907 mit 16 Zimmern in drei Kategorien, Restaurant und Pool.

Central Hotel**, Wilhelm Zeraua Rd, Tel. 064-570030, www.centralhotelomaruru.com. Seit 1903 im Geschäft, bietet es heute zehn komfortable Villas mit Poolgarten, Bar, Restaurant und einen beliebten Biergarten.

Eins Art Studios**, Spoorweg 5, Tel. 081-6149666, www.stefanie1.com. Drei Apartments im Studio-/Ausstellungskomplex einer Berliner Künstlerin; bunt, angenehm und außergewöhnlich – für Kunstschaffende und die es werden wollen.

River Guesthouse*-**, Dr. Scheepers Drv, Tel. 064-570274, www.river-guesthouse.com. Neun Zimmer und sechs Zeltplätze am Rivier mit Garten, Lapa, Restaurant und Pool.

Omaruru Restcamp*, Wilhelm Zeraua Rd, Tel. 064-570516. Einige Bungalows und einfach, aber ausreichend ausgestattete Stellplätze am östlichen Stadtrand.

Unterkunft außerhalb

Dinosaur Camp*-**, D2414 (s.o.), Tel. 081-4622983, www.dinosaurstracks.com. Drei zweckmäßig eingerichtete, große Zimmer *en suite* in einem Nebenhaus; Zeltplatz, handfeste Küche nach Vorbestellung – traditionelle Farm mit Rindern, Schafen und Eseln.

Essen & Trinken

Ongwari Café, Wilhelm Zeraua Rd, Tel. 064-571163. Etwas zurückgesetzt und mit nettem Garten sitzt man sehr angenehm und speist neben deftigen Snacks guten Kuchen.

Omaruru Souvenirs & Kaffeestube, Wilhelm Zeraua Rd Tel. 064-570230. Souvenirs, leichte Mahlzeiten, Garten – Traditionsadresse.

Main Street Coffee Shop, Wilhelm Zeraua Rd, Tel. 064-570544. Coffee Shop und Galerie an der Hauptstraße; auf der Karte: u.a. Schweinegulasch und Leberkäse abgebräunt.

Weinstube der Kristall Kellerei, s.o., Mo-Fr 9–16, Sa 9–12 Uhr. Kalte Vesperplatte im Garten mit Zebrasalami, Fleischklößen vom Kudu, Rauchfleisch vom Gemsbock, Käse, Vollkornbrot und Chutney – dazu ein guter Tropfen.

Einkaufen

Gallery 116, Ecke Wilhelm Zeraua St/ Hospital Rd, Tel. 081-5844635. Bilder, Fotografien und Souvenirs.

Marin's Lädchen, Kerk St 4, 064-570203. Kleider, Krimskrams, Dekos und allerlei was man nicht oder unbedingt braucht.

Tikoloshe Afrika, Wilhelm Zeraua St, Tel. 064-570582, www.tikolosheafrika.com. Werkstatt und riesige Verkaufsausstellung von Schnitzern aus dem Kavango, die aus Wurzelholz die eigenwilligsten Kunst-Kreaturen entstehen lassen.

Erongo Mountain Winery, 6 km außerhalb im Westen am Nordufer des Omaruru, Tel. 081-6359496, https://erongomountainwinery.com. Verprobung und Einkauf im zweiten Weingut des Erongo mit dem Restaurant The Jewel.

Feste

Omaruru Arts Festival: An einem Septemberwochenende stellen sich die Künstler und Kunsthandwerker Omarurus vor; www.facebook.com/omaruru artsfestival.

3

Erongo Mountains

Krater

Nur aus der Vogelperspektive ist die **ringförmige Struktur** des Gebirges zu erkennen; fährt man auf der Piste von Omaruru über die D2315 in den Krater hinein, sieht man tiefgestaffelte Berge und bizarre Granitgetürme, definitiv aber keinen – ein Becken umgebenden – Bergkreis. Dennoch ist dies so. Mit 35–45 km Durchmesser bedeckt der Krater eine Fläche von etwa 1000 km². Höchster Gipfel ist der **Hohenstein mit 2319 m üNN.** Nach Nordosten hin öffnet sich der Krater, in die anderen Himmelsrichtungen wirkt er von außen wie eine Mauer – abweisend und undurchdringlich.

Im Erongo-Kessel gibt es meist ausreichend Wasser

Felsformation in den Erongo Mountains

Vulkan

Entstanden sind die Erongo Mountains im **Jura vor 200–150 Mio. Jahren,** als ein mächtiger Vulkan sein Magma in einem Hauptkanal so schnell und eruptiv nach oben drückte, dass der Boden rund um die Kammer das Gewicht nicht mehr tragen konnte und **kollabierte.** Die späteren Überlagerungen hat die Erosion abgetragen und was man heute „sieht", ist die ursprüngliche *Caldera,* die Lavaschüssel, deren Inneres sich in mehrere Unterbecken gliedert.

Wild und Felsbilder

Der Wildreichtum machte die Gegend für Jäger interessant, und so haben die San **zahlreiche Felsbilder** auf den Felsen hinterlassen. Henno Martin und Hermann Korn – die beiden aus dem Kuiseb-Canyon (s. Henno Martin Shelter) bekannten Geologen – haben das Erongo zusammen mit Hans Cloos erforscht und dabei die Zeichnungen kartographiert. Die weißen Siedler haben den Krater über Jahrzehnte mit Vieh bewirtschaftet und das Wild zurückgedrängt. Der **unzuverlässige Regen** zwang sie aber zum Umdenken. Heute gibt es keine Rinderwirtschaft mehr.

Naturschutzgebiet

Das Erongo ist jetzt in weiten Teilen Naturschutzgebiet mit Antilopen, Zebras, Giraffen, Nashörnern und sogar Elefanten, die aus dem Norden herüberziehen. Die Wildzäune sind abmontiert, zahlreiche Lodges entstanden, und die Farmbesitzer haben sich zum – mittlerweile 1800 km^2 großen – **Erongo Mountain *Nature* Sanctuary** zusammengeschlossen (www.erongomountains.org). Finanziert werden Trust und Naturschutz durch das reichhaltige Tourismusangebot.

Service Erongo Mountains

Unterkunft

Omurenga Lodge****, D2315 (38 km von Omaruru, 5 km Farmstraße, GPS -21.51134, 15.70007), Tel. 064-570686, www.omurenga.com. Luxus pur in der Wildnis hat seinen Preis; fünf Suiten, Pool, Edel-Restaurant und wer will, kann auch auf die Jagd gehen.

Ai Aiba Rock Painting Lodge***, D2315 (47 km von Omaruru, 2,5 km Farmstraße, GPS -21.51332, 15.58002), Tel. 064-570330, www.aiaiba-namibia.com. 10 Chalets mit 20 Räumen über dem Tal mit fantastischer Sicht und allen Annehmlichkeiten; gutes Restaurant, großer Pool und faszinierende Felsmalereien.

Omandumba Gästefarm/Bush Camp***, D2315 (46 km von Omaruru, GPS -21.52594, 15.56857), Tel. 081-2170879, www.omandumba.de. Acht Zimmer auf der Farm und sechs Safarizelte mit gemauertem Fundament (und Bad) im Busch, Restaurant – Gästefarm-Erfahrung wie sie sein soll, oder ein Hauch von Wildnis; auch Stellplätze.

Erongo Plateau Camp*, D2316 (35 km von Omaruru über D2315/2316, 3,5 km Farmstraße, GPS -21.53261, 15.76168), Tel. 081-2771668, www.erongo.iway.na. Rustikale Stellplätze ohne Strom, aber mit Toiletten und warmen Duschen, nur Selbstversorger; tolle Lage auf dem Plateau der Farm Eileen.

Aktivitäten

Felsmalereien: Alle Lodges und Farmen bieten morgens und abends im Rahmen der Gamedrives die Besichtigung von Felsbildern an.

San Living Museum, D2315 (47 km von Omaruru, 1,5 km Farmstraße, GPS -21.51680, 15.58437). Living History: Vorführungen des ursprünglichen Lebens der Ju/'hoansi-San mit Pirschwanderungen, Demonstrationen von Essenzubereitung, Feuermachen etc.; um 150–300 N$/Person je nach Programm.

Erongo Mountains

Khorixas, Twyfelfontein und Brandberg

Gerade die Kargheit der Landschaften in ihren Brauntönen macht den Reiz aus; und fantastische Felsformationen, die wie ein Finger in den Himmel stechen, als Basaltsäulen – einer Geometriezeichnung gleich – aneinanderlehnen, tiefschwarz dem Boden entwachsen, wie Granitmurmeln auf Platten balancieren oder sich als Tafelberge aufreihen. Und es gilt die zwischen den Felsen versteckten Gravierungen und Malereien der San zu finden – Weltkulturerbe.

An-/Weiterfahrt

Aus dem Landesinneren gelangt man nach Khorixas – als Basis für den Besuch von Brandberg (Felsmalereien) und Twyfelfontein (Felsgravierungen) – **über Otjiwarongo und Outjo** auf asphaltierten Straßen (Outjo – Khorixas 120 km/1,5 Std. reine Fahrzeit). Wer **in Omaruru losfährt,** nimmt die Piste C36 über Uis an den Brandberg (150 km/2–3 Std.) und weiter nach Twyfelfontein (nochmal 130 km/3 Std.). Von der Küste führt die regelmäßig gewartete C35 **von Hentjes Bay** an den Brandberg (160 km/2–3 Std.). Wer direkt weiter in den Norden über Kamanjab und Opuwo **ins Kaokoveld und an den Kunene** will, nimmt die 10 km östlich von Khorixas abzweigende C35 (550 km/10–12 Std.).

Damaraland

Als Namibia Deutsch-Südwest war, hatte sich der Name **Damaraland** für den Nordwesten der Kolonie – das angestammte Siedlungsgebiet der Damara – eingebürgert; unter der südafrikanischen Herrschaft wurden kleine Teile dieses Gebiets mit der Implementierung der Apartheid (Odendaal-Plan) zum Homeland erklärt und zwangsweise den Damara zugewiesen. „Damaraland" hat seitdem (verständlicherweise) für die ehemalige Bewohner eine negative Konnotation. Heute gehört das Gebiet zum Verwaltungsbereich Kunene.

Der Verbrannte Berg bei Twyfelfontein

Bei den Damara

Erongo, Spitzkoppe und Brandberg liegen in der südlichen Hälfte des Kommunallandes der Damara, das als Homeland mit dem Verwaltungssitz Khorixas eingerichtet wurde. Die Damara gehören wahrscheinlich zu den ältesten Bevölkerungsgruppen Namibias und sprechen einen Dialekt der Khoisan-Sprachfamilie. Sie führten ursprünglich – ähnlich den San – ein Leben als Wildbeuter, betrieben in den durch den Wasserhaushalt begünstigten Gebirgsregionen (in die sie sich vor den Einwanderungswellen der Nama und Herero zurückgezogen hatten) aber auch Feldbau (Tabak, Mais). Heute sind viele Damara zur Viehzucht übergegangen. Ihre Rinder, und vor allem große Ziegenherden, gehören zum typischen Bild einer jeden Damara-Siedlung. Es gibt nur wenige Gebiete in Namibia, die zwar besiedelt und dennoch so ursprünglich wirken wie ihres. Die ehemaligen Farmhäuser der Weißen, die für die Einrichtung des Homelands von der Regierung aufgekauft wurden, verfielen. Neben ihnen entstanden kleine Häuschen aus Lehm und Wellblech. Wäschestücke flattern von der Leine zwischen den Hütten, und provisorisch wirkende Zäune grenzen die kleinen Farmeinheiten ab. Die Probleme der Region sind vielfältig – angefangen bei den überweideten Böden, die nach Jahren des unkontrollierten und kaum regulierten Viehfraßes kaum noch etwas abwerfen, über die mangelnden Arbeitsmöglichkeiten bis hin zur Landflucht der Jugendlichen in die Städte. Nur ein Viertel der Damara lebt heute noch ihrer angestammten Region, die meisten sind in die Townships der größeren Städte gezogen.

3

Khorixas

Nicht enttäuscht sein! Die Stadt hat nichts von Belang, ist nur als Etappe zur Versorgung interessant, und der meist starke Wind hüllt alles in Staub. Supermärkte, Tankstellen, Kirche, Banken, das ist alles. Bis 1959 trug der Ort den Namen Welwitschia (nach dem Österreicher Welwitsch, der die Urpflanze erstmals beschrieb), dann benannte man ihn um (Khorixas bedeutet auf Damara „Wo der Khori Bush wächst"). Aus der Sukkulente *Salvadora persica* brauen die Damara Bier (und die Wüstenelefanten lieben sie wegen ihres hohen Feuchtigkeitsgehaltes). Doch die Umgebung ist einen Besuch wert.

Außenposten auf dem Weg ins Damaraland: Khorixas

Khorixas Umgebung

Verlässt man Khorixas auf der C39 nach Osten entlang der nördlich stehenden Fransfontein-Berge, gelangt man nach 55 km zur D2743 und biegt nach Süden ab.

Ugab Terraces

Links und rechts der Piste beherrschen Mopanewälder mit ihren zarten, schmetterlingsförmigen Blättern die Landschaft. Nach 10 km passiert man die **Ugab-Terrassen,** ein Hochplateau, in dessen Kante sich eindrucksvoll Höhlen gefressen haben. Und darüber stehen die Chalets der Ugab Terrace Lodge.

Vingerklip

Keine Angst, nochmal 10 km weiter muss man sich für eine weitere, fantastische Sicht über das Ugab-Tal nicht in der Lodge einmieten. Durch das Tor der *Vingerklip Lodge* (Tagesbesuch 20 N$) geht es auf 2 km Farmstraße zum Parkplatz an der **Vingerklip.** 40 Höhenmeter sind es hinauf zur Basis des markanten Felsens, und der Blick ist unvergleichlich. Weitere 35 m ragt der Finger in die Höhe, zu besteigen ist er nicht.

Ugab-Tal

Im Tertiär hat der Ugab sich ein **breites Tal** gegraben, das sich in der folgenden Trockenperiode nach und nach mit Erosionsprodukten aus vornehmlich Kalkstein unterschiedlicher Größe füllte, die miteinander verbuken. Darauf hob sich der Untergrund, dann folgte wieder eine feuchtere Periode. Das Wasser riss das Füllmaterial nach und nach mit sich. Seine Wucht traf die heutige Vingerklip am stärksten, von ihr wurde am meisten abgetragen; der Druck gegen die weiter unten liegenden **Tafelberge** ließ immer mehr nach. Diese sind umso größer, je weiter entfernt sie stehen.

Petrified Forest

Nimmt man die C39 nach Westen, durchfährt man zahlreiche quer zur Straße verlaufende Riviere (die nicht immer gut auszumachen sind und in der Regenzeit voll Wasser stehen). Nach 45 km stößt man auf ein interessantes paläobotanisches Phänomen, den Versteinerten Wald (Eintritt mit Führung 270 N$, Souvenirstand). Die teils vollständig erhaltenen, versteinerten Stämme eines Urzeitnadelwaldes

Die Ugab-Terrassen

(Araukarien) sind über das Gelände verteilt. Sie wuchsen vor 300 Mio. Jahren, und Flüsse haben sie hierher geschwemmt. Sand bedeckte dann die Stämme und unterband den Fäulnisprozess, kieselsäurehaltiges Wasser drang nach und nach in die Zellen des Holzes, das sich Schicht für Schicht zu Stein wandelte. **Bis ins kleinste Detail** sind Jahresringe zu erkennen, die Rinde ist faserfein gezeichnet, und nur wer mit der Hand darüberstreicht, merkt den Unterschied. Zwischen den Stämmen wachsen Welwitschias, Köcher- und Balsambäume – ein idyllisch-verwunschener Platz (an dem es mittags allerdings unangenehm heiß werden kann). Bei der Weiterfahrt trifft man noch auf **mehrere Farmen,** die ebenfalls versteinerte Stämme besitzen, aber nicht immer zugänglich sind.

Service Khorixas

Warnung

An den Tankstellen in Khorixas behauptet das Personal immer wieder (fälschlich), dass ein Reifen Luft verliere und dringend repariert werden müsse – schnell abmontiert und weggebracht kostet die „Reparatur" das Drei- bis Vierfache des Üblichen.

Unterkunft

iGowati Country Hotel**, Ecke Justus Garoëb St/Gottfried St, Tel. 067-331592, https://igowaticountryhotel.com. Stadthotel mit 29 Zimmern, Restaurant, Pool und „zentraler Lage" – Garten in der Stadt.

Khorixas Restcamp**, D2625 (3 km außerhalb von Khorixas im Norden), Tel. 067-331111, www.nwr.com.na. Rastlager unter staatlicher Verwaltung mit großzügig arrangierten Chalets und Stellplätzen; Bar und Pool.

Unterkunft außerhalb

Damara Mopane Lodge****, C30 (25 km östlich von Khorixas), Tel. 061-427200, https://store.gondwana-collection.com. 60 komfortable Twin-Bungalows, Pool, Bar, Restaurant, Souvenirshop, geführte Spaziergänge, Wanderungen – bestens organisierte und unterhaltene Lodge.

Ugab Terrace Lodge***-****, D2743 (über C39, 68 km östlich von Khorixas, 1 km Farmstraße, GPS -20.34640, 15.44846), Tel. 064-461677, https://ugab terracelodge.com. 16 Chalets am Abhang für den ungestörten Fernblick, gutes Restaurant, Spaziergänge, Farmfahrten zu Felsbildern, Zipline (s.u.); auch Stellplätze.

Bambatsi**-***, C39 (64 km östlich von Khorixas, 5 km Farmstraße, GPS -20.207594370603033, 15.466829773671495), Tel. 081-2458003, www.bambatsi.com. Die vielleicht klassischste Gästefarm des Landes mit acht Bungalows – Wohnen mit Familienanschluss.

Vingerklip Lodge***, D2743 (über C39, 73 km östlich von Khorixas, 1 km Farmstraße, GPS -20.39387, 15.43051), Tel. 081-1266702, www.vingerklip.com.na. Zwölf schön angelegte Chalets über dem Tal, zwei Pools und Restaurant mit Aussicht; für die besondere Nacht in Zweisamkeit: Heaven's Gate auf den Ugab Terrassen.

Aktivitäten

Zipline: Die Ugab Terrace Lodge (s.o.) bietet Nervenkitzel: An zwei Stahlseilen geht es in einem Schlitten hängend mit Hochgeschwindigkeit übers Tal (zwei Abschnitte mit 630 m und 880 m, 50 Höhenmeter, 500 N$).

Twyfelfontein

Damara Living Village

75 km nach Westen sind es von Khorixas (30 km vom Petrified Forest) zum Abdreh der D2612 nach Süd. Nach 15 km passiert man am Abzweig der D3214 das **Damara-Dorf** (8–18 Uhr, www.lcfn.info, 130 N$, Bushwalk 110 N$, Wohndorf 100 N$). Schmiede stellen Waffen her, Frauen weben und kochen, und die Gemeinschaft tanzt – Living History in traditionellen Kostümen. Keine schlechte Idee ist es, das Angebot aufzugreifen, das **jetzige, moderne Leben** zu entdecken (das Dorf, in dem die „Darsteller" tatsächlich wohnen, steht 2 km weiter).

Wondergat

Wer Interesse hat, in ein kleines unscheinbares Loch zu blicken (dessen Tiefe lange auf mehrere 100 m geschätzt wurde, tatsächlich sind es aber nur 60 m), fährt 3,3 km zurück und nimmt die Piste nach Süden. Hinter dem Hügel verbirgt sich das **Wunderloch** (GPS -20.51436, 14.37243), eine Auswaschung eines unterirdischen Flusses, in die das darüberliegende Gestein einbrach. Verwunderlich, dass sich dabei ein so schmaler Kamin bildete.

Welterbe Felsgravierungen

Rock Engravings

Nach 10 km (und vorbei am Abzweig der D3254 zum Burnt Mountain) endet die D3214 am Parkplatz von Twyfelfontein, seit 2007 Weltkulturerbe. „Zweifelhafte Quelle" (auf Damara: /Ui-//aes) nannte der Farmer sein Stück Land, denn die Quelle im Felsrund sprudelte nur unregelmäßig. Tieren genügte es, und der Wildreichtum zog frühe Jäger an. Deren Petroglyphen sind in zwei National Heritage Sites geschützt und eingezäunt: Die Hauptfundstelle **Twyfelfontein – /Ui-//aes** (8–17/18 Uhr, Eintritt mit Führung 270 N$) und **Zieben Platten** (8–17/18 Uhr, Eintritt mit Führung 250 N$).

Besichtigung

Bei der **Hauptfundstelle** sind zwei Touren im Angebot: „Lion Men" dauert etwa 1 Std. und verläuft auf einem einfacheren Weg, „Dancing Kudu" ist mit ca. 30 Min. kürzer, aber mit Kletterei verbunden. Nach der Tour sind im Eingangsgebäude mit erklärenden Schautafeln Getränke erhältlich. Die Wege trennen sich bei den Ruinen des

Welterbe Twyfelfontein …

Nur mit Führung

Farmhauses. Trittsicher sollte man sein, es geht teils recht steil über Treppen. **Zieben Platten** wird ebenfalls am Parkplatz gebucht, dann fährt man mit dem eigenen Wagen und zugestiegenem Führer zum Tor nahe der Twyfelfontein Country Lodge.

Urheber

Die ideale Lage der Felsarena ist augenfällig: etwas erhöht zwischen schützenden Bergflanken und mit weitem Blick über die Grassavanne, in der Antilopen grasen und Strauße um die Wette rennen. Ob **San oder Damara** – oder beide – ihre Kunstwerke in die Felsplatten ritzten, ist nicht bekannt. Die San, die noch vor 100 Jahren Felswände mit Darstellungen von Tieren und Menschen schmückten, haben jeglichen Bezug zu den Felsbildern verloren und glauben, dass sie von Göttern stammen.

3

Entstehung

Mit Quarzsteinen wurden die Gravierungen in den **Sandstein geritzt,** und unter Überhängen finden sich gelegentlich auch Malereien – ein seltenes Nebeneinander im südlichen Afrika, wo Maler und Gravierer ihre Kunst normalerweise nie nebeneinander ausgeführt haben. Alle möglichen Tierarten, **Löwen, Elefanten, Giraffen, Nashörner,** sind abgebildet, dazwischen sind auch **abstrakte Muster** und eigenartige Punktreihen zu sehen. Es könnten Arbeiten von Jägern sein, die Jagderfolg beschworen. Eine **Datierung** ist kaum möglich: die notwendigen Parameter fehlen. Von Archäologen ergrabene Werkzeuge stammen aus der Jungsteinzeit, sie den Bildern zuzuordnen ist nicht möglich, und die patinierte Oberfläche des Sandsteins (normalerweise ein Anhaltspunkt für das Alter) gibt wegen der extremen Umwelteinflüsse ebenfalls keinen Aufschluss. Da der Platz von vielen Generationen besiedelt war, sind die Felszeichnungen wahrscheinlich zwischen **mehrere tausend und einige hundert Jahre** alt.

Je tiefer in der Schlucht, desto höher die Säulen

Organ Pipes und Burnt Mountain

Orgelpfeifen

Zur D3254 zurückgefahren hält man sich südlich und gelangt nach 4,5 km zum **Parkplatz** (8–17/18 Uhr, Eintritt mit Burnt Mountain und Führung 250 N$). In einer Schlucht stehen bis zu 5 m hohe über 100 Mio. Jahre alte **Basaltsäulen.** In der Karoo-Periode drang Lava in Tonschiefer ein und brach in der Phase der Abkühlung in die jetzigen regelmäßigen Formen. Erosion trug die überlagernden Schichten ab, die Oberfläche wurde mit der Zeit durch den Wind und die festen Bestandteile, die er mit sich führt, poliert.

Verbrannter Berg

Der **Schwarze Berg** 1 km weiter sieht in den rötlichen Strahlen der untergehenden Sonne tatsächlich aus, als hätten seine Flanken eben noch gebrannt. Freigelegtes und danach den Naturgewalten ausgesetztes, schlackenartiges Gestein aus dem Erdmittelalter sorgen für diesen Effekt.

Service Twyfelfontein

Unterkunft

Kipwe Camp****, D2612 (4 km westlich vom Abdreh der D3214), Tel. 061-232009, www.chiwani.com. Luxus pur zwischen Granitblöcke mit Fernsicht; Pool, Restaurant.

Twyfelfontein Adventure Camp***-****, D3214 (beim Damara Living Museum), Tel. 061-240020, www.ondili.com. Zwölf luxuriöse Gästezelte in die Granitlandschaft gestellt; Pool und Restaurant.

Twyfelfontein Country Lodge***, D3214 (4,5 km von Twyfelfontein - /Ui-//aes, 3 km Farmpiste), Tel. 061-364750, https://twyfelfontein.com.na. Schön gelegene Großlodge mit 56 Zimmern, Pool und Restaurant; Schmankerl: Ein Besuch der Felsmalerei Adam & Eva auf dem Lodge-Gelände.

Aba Huab Campsite, D3254 (7 km von Twyfelfontein - /Ui-//aes). Von der lokalen Gemeinde betriebenes Camp mit nett hergerichteten Stellplätzen am Rivier (Wasser, Tische, Braaiplatz) und gemeinsamen Duschen/Toiletten.

Fuel Station

Tankstelle: Am Abu Huab Campsite auf Farmpiste nach Westen einbiegen, dann 4,5 km; Benzin und Diesel.

Brandberg/Uis

Anreise

Verlässt man Twyfelfontein beim Damara Living Museum auf der D2612 nach Südosten, sind es 60 km zur C35 und auf dieser 55 km zum Abdrehn der D2359 zum **Dhaureb Visitor Centre** am Fuß des Brandbergs (20 km). Das mächtige Massiv – 30 x 30 km messend – ist schon von Weitem zu sehen, wenn man durch Busch- und Baumsavanne darauf zuhält. Biegt man nicht auf die Brandbergpiste ab, sondern folgt der C35, ist **Uis nach weiteren 15 km** erreicht. Hier ist der schroffe Gebirgsabfall des Escarpments unterbrochen, und die Hochebene senkt sich fast unmerklich hinunter zur Namib. Nur 100 km sind es auf der C35 von Uis an die **Küste bei Hentjes Bay** und nicht wenige, denen der Atlantiknebel auf den Geist geht, suchen für ein paar Tage die gleißende Sonne am Brandberg auf. Auch **Omaruru** ist schnell erreicht: 120 km auf der C36.

Brandberg

White Lady

Die bekannteste Malerei am Brandberg – die **Weiße Frau** – haben San oder Damara mit zahlreichen Tieren und Menschen unter einen Felsüberhang gemalt. Die **Wanderung** (Eintritt mit Führung 270 N$ plus Trinkgeld) ist nicht „ohne", wenn man sie mittags oder nachmittags unternimmt; denn dann ist es im Tsisab Canyon knalleheiß, auch wenn (zumindest in der Regenzeit) das Wasser im Rivier etwas Abkühlung erlaubt. Eine Stunde muss man für die einfache Strecke rechnen, Wasser in ausreichender Menge und festes Schuhwerk sind essentiell.

White Lady: Mann oder Frau?

White Lady

Die Felszeichnung „Weiße Frau" oder „Weiße Dame" ist wahrscheinlich mehrere tausend Jahre alt und inzwischen ziemlich verblasst (nicht zuletzt, weil Touristen in früheren Jahren zur Kontrastverbesserung allerlei Arten von Getränken darüber gekippt haben). Der Felsüberhang ist heute vergittert. Die Zeichnung wurde 1918 von Bergsteigern entdeckt. Seitdem gehen die wissenschaftlichen Erklärungsmuster über die Entstehung und die Bedeutung der Malerei weit auseinander. Lange Jahre galt die Lehrmeinung, dass die Dame mediterranen Ursprungs sei, dass sie eine kretische oder phönizische Kriegerin oder Herrscherin darstelle. *Abbé Breuil,* ein berühmter Felsbildforscher, der vor allem in der Sahara arbeitete, hat diese Deutung 1947 vorgenommen und im Felsrund der *Tsisab-Schlucht* gar Spuren einer minoischen Stadt vermutet. Diese Theorie basierte auf der Annahme, dass erst die Befruchtung der Eingeborenenkulturen durch mediterrane Kolonisatoren zu einer zivilisatorischen Entwicklung in Afrika geführt hätte und dass wahre „Kunst", wie die „Weiße Dame", keinesfalls von den afrikanischen Ureinwohnern stammen könnte. Es gilt zwar inzwischen als sicher, dass karthagisch-phönizische Schiffe den afrikanischen Kontinent nach Süden entlanggefahren sind, aber ein Beweis für Niederlassungen der Phönizier im Süden Afrikas konnte bislang nicht gefunden werden. Allerdings spielen fremde (weiße) Könige in der Mythologie der südafrikanischen Zulu eine wichtige Rolle. Sie sollen das Königreich Zimbabwe begründet und über mehrere Dynastien geführt haben. Auf dieser Mythologie aufbauend interpretiert der Zulu-Heiler *Credo Mutwa* die „Weiße Dame" ähnlich wie Abbé Breuil, allerdings ohne kulturimperialistische Konnotation. Da sich aber in fast jedem Herkunftsmythos der afrikanischen Völker weiße oder hellhäutige Heroen finden, steht wohl auch diese Theorie auf tönernen Füßen. Heute anerkennen die meisten Wissenschaftler, dass die Afrikaner eine von der mediterranen Antike unabhängige Entwicklung genommen haben. Deshalb muss man in den Felsmalereien auch nicht mehr nach phönizischen, ägyptischen oder gar exterrestrischen Einflüssen suchen, sondern kann sich dem eigentlichen Sinngehalt der Bilder zuwenden. So gilt als sicher, dass die „Weiße Dame" gar keine Frau darstellt, sondern einen Mann (die Brüste fehlen, dafür trägt die Gestalt aber Pfeil und Bogen), dessen untere Körperhälfte weiß bemalt ist – vielleicht ein Hinweis auf ein Jägerritual. Von vielen Buschmann-Felsbildern weiß man, dass die Künstler mit Farben frei umgegangen sind, und dass Verfremdungen wie eben eine „falsche" Hautfarbe oder die Verquickung menschlicher und tierischer Elemente (über der „Weißen Dame" ist beispielsweise eine Antilope mit menschlichen Hinterbeinen zu erkennen) eher Ausdruck der mythischen Weltsicht der San sind. So kann man vermuten, dass diese wie die vielen anderen Felsbilder am Brandberg von San oder Vorfahren der Wildbeuter angefertigt wurden.

Der Wanderung zur Weißen Dame dauert, ist holprig und heiß

Hiking

Wer höher hinauf will kann auch dies nur mit einem der Führer des **Dhaureb Visitor Centre.** Sogar die Besteigung des Königsteins ist möglich; benötigt werden 2500 N$, ein Permit des **National Heritage Council** (Robert Mugabe Ave 52, Windhoek, Tel. 061-244375, www.nhs-nam.org), drei Tage Zeit, gute Ausrüstung und eine hervorragende (!!!) Kondition, um sich im Blocksteingelände nach oben zu kämpfen. Der Besuch der tiefer im Berg liegenden Schlucht *White Giraffe Cave* und aller anderen Ziele im Massiv kostet jeweils 700 N$.

Geologie

Das Brandberg-Massiv überragt die Ebene mit bis zu 2000 Meter und der Königstein (2574 m üNN) ist höchster Berg Namibias. Der Granitgipfel entstand – wie die Spitzkoppen – vor ca. 200 Mio. Jahren während der Karoo-Zeit durch Intrusion und in der Folge hat ihn Erosion herausgearbeitet. Auch er bildet eine klimaökologische Nische in der semi-ariden Landschaft Zentralnamibias. Wolken regnen sich an den Gipfeln des Massivs häufiger ab als über dem umliegenden Flachland.

Flora und Fauna

Die besondere geologische Struktur des Gebirges kann Wasser besser und länger speichern als die offenen Wüstengebiete. Deshalb bildet der Brandberg ein Habitat für viele seltene und eigenartige Pflanzen und Tiere. Unter anderem ist hier der Wiederauferstehungsbusch heimisch (*Myrothamnus flabellifolius,* Wundertee). Die Pflanze reduziert ihren Stoffwechsel in Trockenzeiten und wirkt völlig abgestorben. Erhält sie Wasser, entfalten sich die Blätter, und innerhalb einer Stunde haben sie eine saftig-grüne Farbe angenommen (eine Liste der hier und bei der Spitzkoppe vorkommenden Pflanzen ist in „Damaraland Flora" von Patricia Craven und Christine Marais, Windhoek 1993, enthalten). Einer Akazienart hat der Berg seinen Namen geliehen: Brandberg-Akazie *(Acacia montis-usti)*. Blasenkäfer leben hier, Geiselspinnen, nichtfliegende Heuschrecken, Schlangen, 19 Skorpionarten, Spitzmaulnashörner, Leoparden – die Aufzählung nähme kein Ende.

Felsbilder

Rund 50.000 Bilder sind bislang katalogisiert und man schätzt, dass es bis zu 200.000 sein könnten. Eine erste Bestandsaufnahme hat die Kölner Universität vorgenommen und in mehreren Bänden publiziert („The Rock Paintings of the Upper Brandberg", herausgegeben vom Heinrich-Barth-Institut der Universität Köln). Pionier der Brandberg-Forschung war Harald Pager (1923–1985), der es sich zur Lebensaufgabe gemacht hatte, die Felsgravierungen und -malereien möglichst umfassend zu dokumentieren. Er kopierte die Bilder auf Folien, die als Grundlage für die Publikationen dienten.

Witterungsschutz für Felsmalereien

Uis

Ein paar Straßen, ein paar Akazien, niedrige Häuser – Uis, 30 km südöstlich vom Brandberg – ist nicht unbedingt das reizvollste Städtchen des Landes. Und dann verlor es auch noch den Status eines Dorfes und wurde 2010 zur Siedlung herabgestuft.

Geschichte

Dabei hatte es 1958 gut begonnen: Als neu gegründete Bergbausiedlung **Uis Myn** prosperierte es mit den Zinnminen in der Umgebung, die das wegen seiner Apartheidpolitik vom Weltmarkt ausgeschlossene Südafrika belieferte. Mit der Unabhängigkeit war man nicht mehr wettbewerbsfähig, die Minen schlossen. Heute haben die Preise angezogen und der Bergbau startete wieder. Am Stadtbild hat sich bislang aber wenig getan.

Zinnmine im Tagebau

Service Brandberg/Uis

Informationen

Dhaureb Visitor Centre, am Brandberg (s.o.). Zentrum mit Informationen zum Brandberg, Souvenirverkauf und Führer für Exkursionen.

Unterkunft

Uis Elephant Guesthouse***-****, 3rd Ave, Tel. 064-504396, https://uisguesthouse.com. Elegante Unterkunft mit zwölf luxuriösen Zimmern und Suiten und einem guten Restaurant für das gepflegte Dinner.

Daureb Isib B&B/Campsite**, 4th Ave, Tel. 081-8425465, www.daurebisib.com. Zwei komfortable Chalets, drei luxuriöse (etwas eng stehende) Stellplätze und ein Cottage außerhalb; im Teegarten gibt's Frühstück, Kuchen und leichte Mahlzeiten

Brandberg Restcamp*-**, Main St 3, Tel. 064-504038, www.brandbergrestcamp.com. Ein bisschen runtergekommen, ein bisschen verfallen, doch ungeheuer charmant; 17 Zimmer, teils auch für Selbstversorger mit Küche. Stellplätze im Hinterhof, Bar, Restaurant, Pool und ein Papagei, der mitmischt – Namibia wie es war und meist leider nicht mehr ist.

Unterkunft außerhalb

Brandberg White Lady Lodge****, D2359 (10 km nördlich des Dhaureb Centre, 8 km Farmstraße, GPS -21.02123, 14.68315), Tel. 081-7913117, www.brandbergwllodge.com. Acht Chalets, Safarizelte unterschiedlicher Kategorie und Stellplätze am Ugab Rivier; Restaurant.

Infozentrum in Uis

3

4 Swakopmund und Atlantikküsten

Von Usakos geht es – vorbei an den Spitzkoppen – auf der asphaltierten B2 **schnell in die Namib,** die Wüste, die dem Land ihren Namen lieh. Knapp 150 km sind es bis Swakopmund – von 850 m üNN stetig und unmerklich bergab durch immer **aridere Landschaft** an den Atlantik. Die Fahrt ist eigentlich ereignisarm, hat aber ihren Charme. Weit sind die Ebenen, flache Bergrücken konturieren den Horizont – alles wirkt unberührt. Doch auch hier hat der Mensch tiefe Wunden geschlagen. Wo die Hinweisschilder nach Arandis stehen, klaffen sie südlich (und von der Straße unsichtbar) im Erdreich: Die **Rössing Mine,** einer der weltweit größten **Uran-Tagebaue,** liefert 2,5 % des Gesamtbedarfs und ist nur eine von mehreren Abbaustätten in der Namib. Dennoch ist die fragile Natur der Namib mit ihren seltenen Pflanzen und zahlreichen an die Wüste angepassten Tierarten immer noch zum weitaus größten Teil als **Namib Naukluft National Park** geschützt. Wer schließlich **Swakopmund** erreicht, atmet **Kolonialgeschichte** satt – hier hatte die Landnahme des Kaiserreiches ihren Ursprung.

Orientierung

Küstenstädte

Die **B2 ist die schnellste Verbindung** von Windhoek zu den beiden Küstenstädten Swakopmund und Walvis Bay. Reizvoller ist aber die **Fahrt durch das Khomas Hochland** und einen der **fünf Pässe** hinab in die Namib (s. dazu das Kapitel Khomas Hochland). Swakopmund und Walvis Bay sind klassische Basen für **Entdeckungen in der Namib:** Hier locken alte Minen, einsame Zeltplätze, elegante Wüstenantilopen und uralte Pflanzen wie die Welwischia (für die Fahrt ist ein **Permit für die Namib-Sektion** des Nationalparks nötig).

Skelettküste

Von Swakopmund gelangt man dann Richtung Norden und entlang der Küstenlinie durch den **Dorob National Park** über Henties Bay in den **Skeleton Coast Park** und nach Torra Bay und Terrace Bay. In Henties Bay kann man auf die C35 zum Brandberg (s. Kapitel Erongo) abbiegen, in Torra Bay (s.u.) auf der C39 nach Twyfelfontein und Palmwag gelangen.

Kieselstrand zwischen Swakopmund und Walvis Bay mit Schiffswrack

Swakopmund

Wenn sich der Nebel (meist) gegen Mittag gelichtet hat, blitzt die Stadt mit ihren rund 70.000 Bewohnern im Sonnenschein, und die Einheimischen und die Touristen flanieren auf den Straßen vor Jugendstilfassaden oder sitzen auf den Terrassen der Cafés. Dann strahlt das Leben Leichtigkeit aus und mediterrane Urlaubsstimmung kommt auf. Ist der Nebel aber nicht verschwunden, bleibt alles in trauriggrauem Zwielicht und der Reisende mag das Hotel gar nicht verlassen. Die einheimischen Sommergäste aber sind froh, sind sie doch an die Küste gekommen, um der Hitze im Landesinneren zu entfliehen.

Orientierung

Zentrale Achse des historischen Swakopmund ist die **San Nujoma Avenue** (die ehemalige Kaiser-Wilhelm-Straße) vom Landesinneren ans Meer. Die südliche Stadtgrenze bildet das Swakop Rivier, das den Beginn des **Dorob National Park** nach Süden markiert. Er schützt die Dünen zwischen Walvis Bay und Swakopmund und nach Norden den Bereich bis zum Skeleton Coast Park. In den letzten Jahren hat sich die Stadt rasant entlang der Küste nach Norden entwickelt (noch 2005 hatte Swakopmund nur 20.000 Einwohner) – dort finden sich die modernen **Wohnviertel mit Villen;** die ebenfalls stark gewachsenen **informellen Siedlungen und Townships** liegen zum Landesinneren hin (Mondesa, Tamariskia und Matutura).

Der Woermann-Turm gibt den Überblick

Geschichte

Hafensuche

1884 wurde Südwestafrika deutsches Protektorat. Ein Hafen musste her, um Waren an Land zu bringen und die natürlichen Ressourcen ins Heimatland zu transportieren. Nur zwei Buchten an der Küste eigneten sich wirklich. **Walvis Bay** war britisch und **Angra Pequena** – das spätere Lüderitz – zwar unter deutscher Verwaltung, aber zu weit im Süden, vom Landesinneren durch einen Dünengürtel getrennt (den Ochsenwagen kaum queren konnten) und die dortige Anlandung durch Untiefen erschwert.

Landungsbaken

Schließlich entschied man sich für die Mündung des **Swakop Rivier** – es gab Trinkwasser und keine Behinderung durch Sandberge. Dünenanlagerungen wäscht der Swakop in der Regenzeit weg und der Wind entlang des Tals trägt Sand ab. Das Kanonenboot „Hyäne" der Kaiserlichen Marine setzte am Landungspunkt Baken, Swakopmund war geboren – am 4. August 1892. Ein Jahr später brachte die „Marie Woermann" 120 Schutztruppler und 40 Siedler aus Deutschland per Brandungsboot an Land.

Linienschiffahrt

Viel fanden sie nicht vor. Einige Baracken, einige Lagerhäuser, keine Unterkunftsmöglichkeit, obwohl man über Wochen auf eine Möglichkeit zur Weiterreise ins Landesinnere warten musste. Und die war dazu noch unsicher, gestört durch die Überfälle der Mannen von Hendrik Witbooi. Aber der Schiffsverkehr wurde reger. 1894 kamen vier Schiffe, 1895 fünf Dampfer und 1896 errichtete die Woermann-Linie einen **zweimonatlichen Afrika-Dienst.**

Brandungsboote

Die Anlandung mit dem Brandungsboot blieb Swakopmund aber erhalten. In Liberia nahmen die Dampfer **„Kruboys"** – Männer des Kru-Volkes – auf und mit nach Swakopmund. Sie kannten die Brandung von ihrer eigenen Küste, waren mit den Wellen vertraut und ermöglichten die Frachtraten, die den Hafen jetzt erreichten (sie fuhren mit dem gleichen Dampfer wieder in ihre Heimat zurück).

Molenbau

1899 begann der Molenbau. Nach vier Jahren war die 375 Meter lange, 2,5 Mio. Mark teure, massive Pier fertig – und nach weiteren

Nur im Hochsommer wird gebadet

Historisches Swakopmund

zwei Jahren versandet. Künftig sollten die **Landungsbrücken** aus Holz sein, nicht für die Ewigkeit gebaut, aber nutzbar. Kurz vor Beginn des 1. Weltkrieges begann die Stadt dann noch mit dem Bau einer eisernen Landungsbrücke, die aber nie ihre Vollendung fand. Der Traum Swakopmunds, als Hafen Bestand zu haben, war zu Ende.

Tor nach Südwest

Doch die Wege ins Landesinnere waren ausgebaut und die Ochsenkarren nahmen von Swakopmund den **traditionellen Baai-Weg;** die bald danach gebaute **Eisenbahn** verband die Stadt mit dem Hafen von Walvis Bay, über Otjiwarongo mit dem Norden und über Windhoek mit dem Süden. Händler siedelten sich an, Handwerker und Verwaltungsbeamte.

Boomtown

Erst kamen **Fertighäuser** aus Deutschland, 1899 begann man mit Stein zu bauen und der Ruch des Provisorischen war abgestreift. 1907 war Swakopmund mit ca. 1700 weißen Einwohnern die **größte weiße Ansiedelung** in den deutschen Kolonien, es gab 18 Hotels, Banken, Wirtschaften, Clubs, Kultur, Industrie und Handwerksbetriebe.

Krieg

Am 14. und 24. September 1914 beschossen englische Kriegsschiffe die Stadt. Am 25. September begann die Evakuierung, Mitte Januar des neuen Jahres marschierten südafrikanisch-britische Truppen ein. Nach der **Kapitulation** der Schutztruppen, die die Südafrikaner durchaus ehrenvoll gestalteten, konnte man im August 1915 nach Hause zurückkehren.

Südafrika

Walvis Bay war der neue Hafen, Deutsch-Südwest gehörte nun zum Zollgebiet Südafrikas, der Handel lag darnieder, die schwarze Bevölkerung war noch ärmer dran als vorher: **Hungersnöte** in ihren traditionellen Siedlungsgebieten, keine Arbeit, kein Land und – bis auf wenige Missionare – keiner, der sich darum scherte. Sie wurde schließlich von der Militärverwaltung angewiesen, sich im Norden der Stadt niederzulassen.

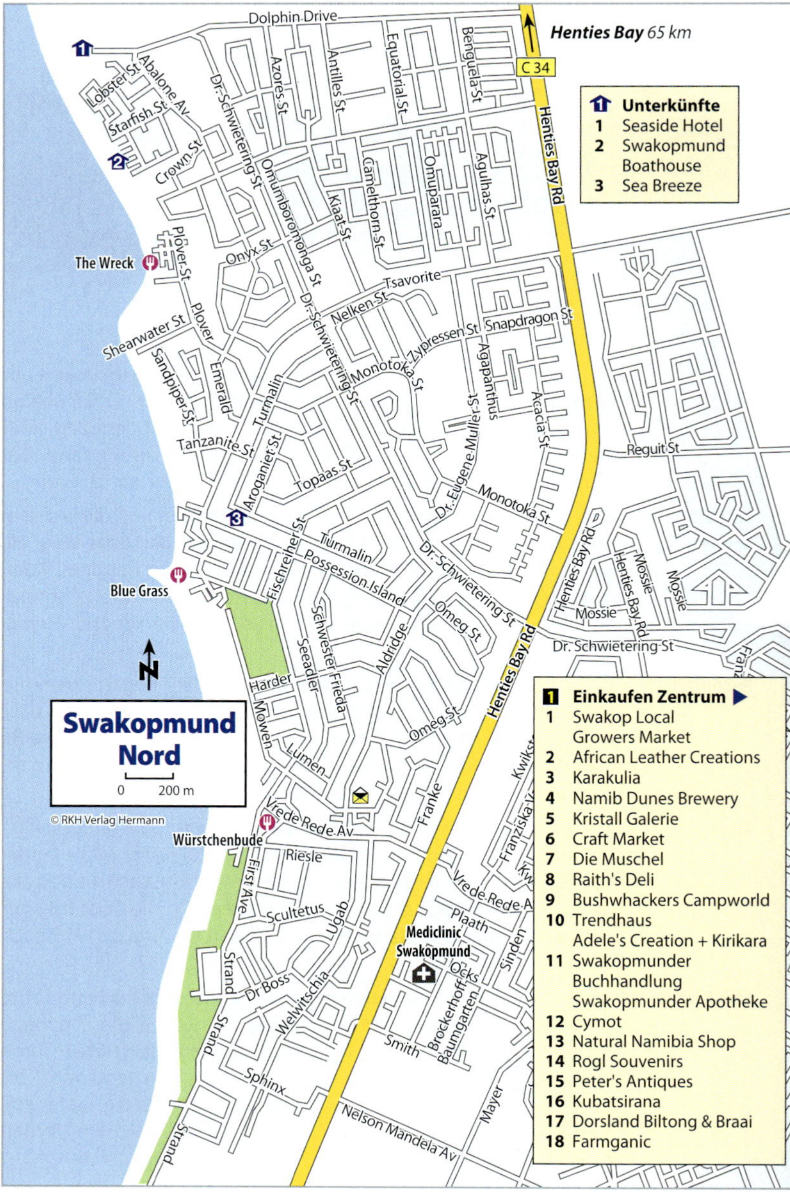
Swakopmund Nord
0 200 m
© RKH Verlag Hermann
Henties Bay 65 km
C 34
Unterkünfte
1 Seaside Hotel
2 Swakopmund Boathouse
3 Sea Breeze
Einkaufen Zentrum ▶
1 Swakop Local Growers Market
2 African Leather Creations
3 Karakulia
4 Namib Dunes Brewery
5 Kristall Galerie
6 Craft Market
7 Die Muschel
8 Raith's Deli
9 Bushwhackers Campworld
10 Trendhaus
Adele's Creation + Kirikara
11 Swakopmunder Buchhandlung
Swakopmunder Apotheke
12 Cymot
13 Natural Namibia Shop
14 Rogl Souvenirs
15 Peter's Antiques
16 Kubatsirana
17 Dorsland Biltong & Braai
18 Farmganic
The Wreck
Blue Grass
Würstchenbude
Mediclinic Swakopmund
Dolphin Drive
Henties Bay Rd
Dr. Schwietering St
Nelson Mandela Av
Vrede Rede Av
Possession Island
Tsavorite
Snapdragon St
Monotoka St
Reguit St
Mossie
Strand
Sphinx
Welwitschia
First Ave

Sehenswürdigkeiten

1 Strand
2 Prison
3 Old Railway Station
4 Mole und Hafen
5 Altes Amtsgericht
6 Museum
7 State House, Marine Memorial und Lighthouse
8 Antonius Residenz
9 Lutheran Church
10 Otavi Bahnhof
11 Ritterburg
12 Woermann-Haus, Damaraturm und Ankerplatz Arcade
13 Hohenzollern-Haus
14 Snake Park
15 Alte Kaserne
16 Aquarium

Unterkünfte

1 Sea View Backpackers
2 The Delight
3 The Residence
4 Strand Hotel
5 Hansa Hotel
6 Meike's Guesthouse
7 A La Mer
8 Desert Breeze
9 Salty Jackal Backpackers
10 Organic Stay
11 Prinzessin Rupprecht
12 Swakopmund Restcamp
13 Tiger Reef Campsite
14 The Stiltz
15 Altstadt

Restaurants

1 Hafeni Traditional Restaurant
2 Leo's Kitchen
3 Lighthouse Restaurant
4 Café Anton
5 Swakopmund Brauhaus
6 Fish Deli
7 Village Café
8 Ice & Spice
9 The Tug
10 Jetty 1905
11 Doughnut Bar

Abends

1 Club Salt
2 Infinity Lounge
3 Bar Zonder Naam
4 Tiger Reef

An Swakopmunds Nordende …

und im Zentrum

Erste Touristen

Swakopmund träumte von einer lichteren Zukunft – annähernd 10 Jahre lang. Und sie kam. Die Stadt mauserte sich zum bevorzugten **Ferienort** und Standort diverser Internate und Schulen. Hotels wurden gebaut, Zeltlager eingerichtet, um den alljährlichen Ansturm Badewilliger abzufangen.

Stadtvergrößerung

Der zweite große Krieg tangierte Swakopmund nicht sonderlich, die Leute wollten weiterhin der Hitze des Landesinnern entgehen. Swakopmund blieb Ferienziel bis heute. Es wurde und wird gebaut, in den sechziger Jahren die beiden **Vororte Mondesa und Tamariskia**, ersterer für die schwarze Bevölkerung aus dem Viertel „Alte Werft" (noch entstanden in der Zeit des 1. Weltkrieges), letzterer für die farbige Bevölkerung.

In den Siebzigern baute die Rössing-Mine das ehemalige Feriendorf **Vineta** zu einem Stadtviertel aus, in dem „white collars" der Firma lebten (die einfacheren Arbeiter hatten ihre eigene Kunststadt Arandis, ca. 60 km nordöstlich außerhalb, in der Nähe ihrer Arbeitsstätte im Landesinneren). Ab der Jahrtausendwende erlebte Swakopmund einen beispiellosen **Bauboom,** die ganze Küste Richtung Norden bis zum Zeltplatz Mile 4 wurde zugebaut, nicht immer in der hohen Qualität, die eine seewassernahe Bebauung eigentlich erfordert.

Sommerfrische

Heute ist es schwierig, während der Ferienzeiten ein Bett zu ergattern oder einen Stellplatz für sein Zelt zu finden. Die Restaurants sind voll, auf der Promenade ist viel Betrieb, Schwarz und Weiß teilen sich die Sitzbänke und genießen den Sonnenuntergang, während sie ein Eis schlecken. Nie käme man bei diesem Bild auf die Idee, woher der Name Swakopmund kommt – er leitet sich aus dem zusammengesetzten **Nama-Wort „tsoa-xoub"** ab und spielt auf das periodische Abkommen des Flusses an, der sehr viel Schlamm mit sich trägt und bräunlich eingefärbt ist: „tsoa" bedeutet Hintern, „xoub" Exkrement.

Besichtigung

Zwei Merkmale werden sofort deutlich. Die **überbreiten Straßen,** auf denen man gut und gern mehrspurig fahren kann; sie waren für Ochsengespanne und ihren großen Wendekreis berechnet. Und die **rechteckige Anlage** mit fast gleich großen Karrees ist ein Ergebnis der Reißbrettplanung. Als Straßenbelag verwendete man eine Mischung aus Salz und festgestampfter Erde – noch heute ist dieser Belag auch in Zentrumsnähe allgegenwärtig.

Spaziergang

Die Sehenswürdigkeiten des historischen Stadtkerns liegen alle rund um die – erst 1970 asphaltierte – Sam Nujoma Avenue nahe der Uferpromenade, so dass die Stadt sehr gut zu Fuß zu entdecken ist. In einem guten halben Tag sollte man alles gesehen haben. Man täusche sich keinesfalls über die Ultraviolettstrahlung bei bedecktem Himmel! Kein Sonnenbrand ist schlimmer, als der, den man sich am Meer holt, wenn Nebel die Sonne verschleiern – also: Hut, Sonnenbrille und -creme!

Bahnhof

Der wahrscheinlich schönste Ex-Bahnhof der Welt liegt an der Theo-Ben Gurirab Avenue und ist in einen **Gebäudekomplex mit Luxushotel,** Ladengeschäften, Pub und Spielcasino integriert (Swakopmund Hotel & Entertainment Centre). 1901 war Baubeginn, der Baustil mit vielen Türmchen und Verzierungen recht eklektizistisch. Der Bauherr – die Swakopmunder Handelsgesellschaft – geriet aber in finanzielle Schwierigkeiten. Vollendet hat den Bahnhof schließlich der frisch aus Deutschland eingetroffene Wilhelm Sander, der hier

Der weltschönste Bahnhof ist heute ein Hotelkasino

ein erstes Mal einem Gebäude in Südwest seinen ganz persönlichen Stempel aufdrückte – das **wilhelminische Stilelement** (durch den er und das ganze Land bekannt wurden). Mit den Pleiten ging es aber weiter. Für den Umbau zum Hotel hatte die Regierung in den 1990ern die Rentenkassen geplündert, 2022 war erneut Insolvenz angesagt und wieder sprang der Staat ein. Dem Bahnhof direkt gegenüber steht als gute Alternative das vorzügliche **The Delight Hotel.**

Swakopmund Prison

Ginge man vom Bahnhof entlang der Nordring-Straße C34 nach Norden, käme man zum **Alten Gefängnis** bzw. dessen Verwaltungsbau. Mit rotem Sandsteinfundament, gelben Wänden und zartgrüner Fachwerkausmauerung ist es hübsch anzuschauen. 1906/1907 vom Regierungsbaumeister Otto Ertl entworfen, vermittelt das Gebäude alles andere, nur nicht, dass es noch heute Teil eines Gefängnisses ist.

Lutheran Church

Über die Otavi Street gelangt man vom Bahnhof zur **Evangelisch-Lutherischen Kirche** und dem ihr angeschlossenen Pfarramt an der nächsten Ecke. Der barocke Baustil variiert frei die Formen. Am 7. Januar 1912 war Kirchweihe, eineinhalb Jahre später die gegenüberliegende Regierungsschule fertig. Noch heute ist darin eine Lehranstalt untergebracht, die **Namib High School** (Sekundarstufe), die auf Englisch und Deutsch unterrichtet und mit ihrem modernen Annex eine eindrücklich lange Straßenfront bildet.

Antoniusresidenz

Nimmt man die palmenbestandene Daniel Tjongarero Street (ehemals Post St) meerwärts, steht im nächsten Karree neben der modernen Kirche das ehemalige **Antoniushospital** von 1907, heute eine Altersresidenz in perfekt restauriertem Jugendstil. Schräg gegenüber mag der Gebäudekomplex des **Hansa Hotels** verwirrend wirken, hat aber seine Ursache in der über die Jahrzehnte dauernden allmählichen Erweiterung des um 1903 von einem Friseursalon in ein Gästehaus verwandelten Gebäudes. Direkt gegenüber steht ein ebenfalls perfekt restauriertes **Wohnhaus** aus der Kolonialzeit.

Als Schule geplant, als Gericht genutzt

Altes Amtsgericht

Geht man für 200 m in die Tobias Hainyeko Street (ehemals Garnison St) nach Norden steht –mit Doppelfassade und zweifach geschweiftem Blendgiebel – eine der stimmigsten Fassaden der Stadt. Geplant hatte es 1906 Otto Ertl (s. auch bei Gefängnis oben) als Schule, die aber nicht vollendet werden konnte. 1909 hatte das Bauwerk schließlich das Bezirksamt erworben und zum **Gerichtsgebäude** umgewidmet. Heute sind in ihm Büros der Stadtverwaltung untergebracht.

Kristallgalerie

Schräg gegenüber ist in dem postmodernen Gebäude das private **Geologische Museum** (Tel. 064-406080, www.kristallgalerie.com, Mo–Sa 9–17 Uhr) mit dem weltgrößten Kristallaggregat untergebracht. In der Ausstellung begleitet man die Steine vom Fundort bis in die Werkstatt der Schleifer und Polierer und der Schmiede. Der Laden verkauft Souvenirs und kostbare Steine.

Marine Memorial

Zurück an der Daniel Tjongarero Street geht man Richtung Meer und unter den Palmen durch zum **Marinedenkmal.** Das martialische Monument erinnert an deutsche Marinetruppen, die 1904 in einem wohl eher ungleichen Einsatz gegen die Herero kämpften. Albert Moritz Wolff hat es in Berlin hergestellt, Aufstellung war am 1. August 1908. Mehrfach haben Aktivisten in den 2010ern die Demontage gefordert (was die Regierung ablehnte).

State House

Hinter dem Denkmal krönen zierliche Zinnen die Mauern des **Kaiserlichen Bezirksgerichts.** 1901 von Carl Schmidt geplant, 1902 von Wilhelm Sander fertiggestellt und 1905 erweitert, prangen am Portal noch immer zwei Reichsadler. Seit 1990 ist es **Sommerresidenz** und Gästehaus des Staatspräsidenten.

Präsidentenresidenz und Leuchturm

Der Leuchtturm steht seit 1902

Im Museum: Tote Tiere in Szene gesetzt

Lighthouse

Auf dem Platz vor der Residenz verkaufen **Kunsthandwerker** ihre Holzschnitzereien, zierliche Drahtflechtereien und bunte Stoffe: völlig entspannt, ohne Hektik, ohne Verkaufsoffensive – der Kunde ist König. Daneben steht der **Leuchtturm** in rot-weiß – das Wahrzeichen der Stadt. Die Schutztruppe hatte ihn 1902 mit Granitquadern 11 m hochgezogen. 1907 erhöhte sie ihn auf 28 m und 1982 kam die 7 m hohe Leuchtkanzel auf die Spitze.

Swakopmund Museum

Das überaus interessante und informative, 1951 gegründete, privat geführte **Museum** (Strand Street, Tel. 064-402046, https://de.sciswk.com, tgl. 10–17 Uhr, Eintritt 40 N$, Führung plus 40 N$) gleich nebenan zeigt u.a. Dioramen zur Wüste, einen Ochsenwagen in Originalgröße, den Nachbau der Inneneinrichtung der Adler-Apotheke und erläutert in einem Saal den Uran-Bergbau. Eine ausgezeichnet gestaltete Abteilung widmet sich den verschiedenen Ethnien des Landes. Im **Laden** gibt es interessante Geschichtsbücher und Andenken.

Badebucht

Vor dem Museum toben **an der Mole** Kinder im Sand des etwas angerosteten **Spielplatzes,** bummeln Pärchen, wetteifern Jugendliche im Skateboardfahren, und einige besonders unentwegte Wasserratten stürzen sich in die atlantische Brandung, die den flachen **Sandstrand** von der Mole geschützt, aber bitter kalt, anleckt. An der Mole herrscht schon frühmorgens reger Betrieb, wenn die Swakopmunder ihre Boote vom Hänger ins Wasser rutschen lassen, später sind die **Terrassen-Cafés** gut besucht – für ein spätes Frühstück, ein Lunch oder ein nachmittägliches Eis.

Landungsbrücke

An der Arnold Schaad Promenade ragt die **Jetty** ins Wasser. Man hat 1911 begonnen, sie zu bauen, 1986 renoviert und in den 1990er Jahren erneut wegen Baufälligkeit gesperrt. Heute ist sie nach einer weiteren Sanierung wieder begehbar und nicht nur das: Am Ende wartet das ausgezeichnete Fischrestaurant *The Jetty 1905.* Hier sitzt man elegant draußen auf der Terrasse oder windgeschützt drinnen – auf jeden Fall inmitten der Dünung: Austern, vorzügliche Sushi-Gerichte, perfektes Personal und gute Weinkarte.

Snake Park

Einige Meter hinein in die Libertina Amathila Avenue ist rechterhand in der flachen Häuserzeile der **Schlangenpark** (Nr. 5, Tel. 064-405100, Mo–Sa 9–17, So 10–16 Uhr, 100 N$) untergebracht. Zu sehen sind in den viel zu kleinen Terrarien die giftigsten Schlangen im südlichen Afrika und weitere Kriechtiere.

National Marin Aquarium

500 m weiter südlich (über die Strand Street) steht am Meer das 1994 von Präsident Sam Nujoma eröffnete, überschaubar große **Meerwasser-Aquarium** (Tel. 064-4101214, Di–So 10–16 Uhr, Eintritt 50 N$) modernster Bauart mit einem Tunnel, so dass man sich direkt zwischen Haien wähnt, und einer Ringschwimmanlage. Fütterung ist täglich um 15 Uhr, Sa, So und Di begeben sich dazu Taucher ins Wasser.

Jugendherberge

Zwei Querstraßen zurück und die Anton Lubowski Ave (Lazarettstraße) nach rechts steht vor der nächsten Ecke (Bismarck Street) rechterhand das augenfällige **Prinzessin Rupprecht-Heim** aus dem Jahre 1902, heute ein einfacheres Hotel, früher das Hospital für die Schutztruppe. Ihm direkt gegenüber war in der von der 2. Kaiserlichen Eisenbahn-Bau Kompanie 1905 errichteten **Alten Kaserne** lange Jahre die Jugendherberge untergebracht (schön saniert ist ihre zukünftige Verwendung noch unklar).

Hohenzollern-Haus

An der nächsten Ecke die Tobias Hainyeko Street nach links gehend erreicht man an der Libertina Amathila Street das wohl bekannteste Gebäude und eines der Wahrzeichen der Stadt. An dem **neubarocken Gebäude** mit Stilelementen der Renaissance stemmt ein mächtiger **Atlas** auf der Giebelspitze geduldig seine Erdkugel in den Himmel. Es wurde 1906 als Hotel Hohenzollern von Hermann Dietz geplant. Angeblich befahl man schon 1912 wieder die Schließung, da das Glücksspiel überhandnahm. Heute sind darin Eigentumswohnungen. Auf der anderen Straßenseite verkauft **Peter's Antiques** ein buntes Sammelsurium an Kunst, Kitsch, Kolonial-Memorabilien und Trödel.

4

Einst für Soldaten errichtet – die Alte Kaserne

Woermann-Haus mit Ausblick

Hohenzollern-Haus mit Giebel-Atlas

Woermann-Haus mit Damara-Turm

Nimmt man von der Alten Kaserne die Bismarck Street nach Norden kommt man – eingearbeitet in die Woermann Arkaden mit einer ganzen Reihe von Geschäften – zu einem weiteren **Prachtbau** am „Ankerplatz". Es entstand 1894 als Niederlassung der Hamburger Damara-Gesellschaft, wurde 1905 umgebaut und erweitert und 1909 vom Rechtsnachfolger Woermann, Brock und Co. übernommen.

Der markante, 25 m hohe **Turm** (Besteigung tgl. 7 Uhr bis Sonnenuntergang, Schlüssel bei Adeles's Creation, Tel. 085-7260719, 30 N$, 92 Stufen) diente der Beobachtung ankommender Schiffe, als Navigationshilfe und wohl ein wenig als stolzer Ausdruck, wie weit man es gebracht hatte. Das Obergeschoss und der Turm sind in Fachwerk ausgeführt, Jugendstilelemente sind gleichfalls vorhanden und der schöne Innenhof lädt zum Verweilen ein. Im Gebäude ist die öffentliche Leihbibliothek untergebracht. Im Karree mit dem Woermann Haus und in den angrenzenden Häuserblocks versammeln sich die bedeutendsten Adressen fürs Einkaufen und mehrere **Arkaden/Fußgängerzonen** mit Cafés und Restaurants.

Ritterburg

An der Ecke Sam Nujoma Avenue/Bismarck Street war die Ritterburg das **Wohnhaus der Familie Ritter.** Heute erhält man darin – beim Ableger des Namibia Wildlife Resorts (NWR) – die Permits für Exkursionen und Übernachtungen in der Namib (Mo–Fr 8–17 Uhr). Östlich gegenüber steht das 1902 entstandene, aber bald danach geschlossene und nur noch als Wohnhaus genutzte Hotel Bismarck.

Otavi Bahnhof

Ginge man auf der Sam Nujoma etwa 800 m stadtauswärts, fände sich rechter Hand der Otavi-Bahnhof und das **OMEG-Haus** (Abk. für Otavi Minen- und Eisenbahngesellschaft), ein ehemaliges Lagerhaus, das nun als Gästehaus der „Gesellschaft für wissenschaftliche Entwicklung" dient. Im Komplex ist auch die **Sam Cohen Bibliothek** (Mo–Fr 8–13 u. 15–17 Uhr) untergebracht: über 10.000 Schriften zu Afrika und insbesondere Namibia (Archiveinsicht gegen Gebühr) – darunter Zeitungen ab 1898.

Außerhalb des Zentrums

Dampftraktor Martin Luther

Nach 3 km auf der Sam Nujoma Avenue nach Osten verbirgt sich dieses **National Monument** (Mo–Fr 9–17 Uhr, 20 N$) hinter dunklen Scheiben und von außen fast unsichtbar in einem eigens dafür errichteten Gebäude. Die 280 Zentner wiegende, **1895 in England hergestellte** und nach Deutschland gelieferte *road locomotive* kam ein Jahr später per Schiff in Südwest an und sollte die Zugochsen ersetzen. Doch für eine Fahrt im schweren Gelände musste so viel Holz und Wasser mitgeführt werden, dass praktisch keine Kapazität für die Nutzlast blieb. Außerdem versank der Traktor wegen seines enormen Gewichts ständig im Sand. Als er Anfang 1897 auf dem Weg nach Nonidas wegen einer **Fehlbedienung den Geist aufgab,** war wohl jeder froh. Man ließ ihn einfach stehen und er hatte – nach Luthers legendärem Satz – seinen Namen weg: „Hier stehe ich; ich kann nicht anders". 1975 wurde er erstmals renoviert, rottete aber weiter vor sich hin. Zu Beginn des neuen Jahrtausends hat man ihn erneut hergerichtet, viele Teile (wie die Räder) durch **Nachbauten** ersetzt und ihm eigens ein Häuschen gebaut.

Swakop Rivier

Nach 12 km auf der Sam Nujoma Avenue/B2 gelangt man an die Piste D1901 entlang des Swakoptals. Sie verläuft für 15 km parallel zur Grenze des Namib Naukluft National Park und endet dann. Wer in einem der Camps am Trockenflussbett eine Übernachtung gebucht hat, profitiert nicht nur von der malerischen Landschaft: Wenn Swakopmund im Nebel liegt, scheint über dem Rivier die Sonne. Den Beginn der Piste markiert die augenfällige und schneeweiße **Burg Nonidas** auf einem Hügel. 1892 als Zoll- und Polizeistation für die Kolonialtruppe gebaut, war sie lange Jahre ein Hotel (mit einer sehr deutschen Einrichtung aus Schmiedeeisen und Holztäfelung), wurde 2014 versteigert und bildet nun den Kern eines geplanten, riesigen Villenviertels für Gutbetuchte: Heritage Hill Village.

Die ehemalige Zollstation Nonidas soll zum Luxusresort werden

Ausflüge in die Namib

Auch für die stadtnahen klassischen Ausflüge in die Namib – **Goanikontes, Moon Landscape, Welwitschia Drive** – muss man sich um Permits kümmern – wenn man als Selbstfahrer und nicht mit einem der Swakopmunder Anbieter unterwegs ist. Die Halbtages- und Tagesfahrten sind im Abschnitt Namib Naukluft National Park/Namib-Teil – beschrieben (s.u. im Kapitel).

Rössing Uranium Mine

In den Jahren Ende 1920 entdeckte der Prospektor Peter Louw mitten in der Wüste Uranlagerstätten. Über 40 Jahre lang versuchten er und seine Partner, Bergbaugesellschaften für den Abbau zu interessieren, aber erst in den **1960er Jahren** konnten die **Schürfrechte** vergeben werden. 1973 begann der Abbau des zähen Granits, eine Gesteinssorte, die **Alaskit** genannt wird. 1980 war das Firmenkonsortium der **weltgrößte Lieferant von Uran.** Als große Teile Namibias von flachem Wasser überdeckt waren, lagerten sich Sedimente an seinem Grund ab. Der Boden senkte sich, neue Schichten legten sich darüber. Druck und die hohe Temperatur führte zu einer Faltung und der geschmolzene Granit lagerte sich in den oberen Schichten ab. Die in ihm enthaltenen **kleinen und gelben Urankristalle** sind nun im **Tagebau** erreichbar. Der Granit wird aus dem Felsen gesprengt und mit **riesigen Schaufelbaggern** auf ebenso riesige Lastwagen verladen und zu Zerkleinerungsmaschinen gebracht. In vier Stufen erreicht es eine Korngröße, die es zur **Weiterverarbeitung mit Chemikalien** verwendbar macht. Diese lösen das Uran heraus, und nach Trennung von den festen Bestandteilen wird die Flüssigkeit einem Ionenaustauschprozess unterworfen, durch den das Uran angereichert wird, d.h., die Konzentration des Urans in der Lösung wird erhöht. Eine weitere Anreicherung findet durch Lösungsmittelextraktion statt. Die hochkonzentrierte Flüssigkeit wird schließlich mit Ammoniak versetzt, und es entsteht **„yellow cake"** (Ammoniumdiuranat), dem das Wasser entzogen und der bei 600 °C getrocknet wird. Durch die Hitze spalten sich die Stickstoffanteile ab, das Ergebnis ist Uranoxid, das verpackt und ausgeliefert wird. Mit **Erstarken des Umweltbewusstseins** wurde der Rössing-Mine verschiedentlich vorgeworfen, dass sie zu wenig zum **Schutz der Umwelt** täte. Tatsächlich greifen Sicherungsmaßnahmen nur partiell – alleine der Wind verteilt die radioaktiven Partikel großzügig in der Namib, und auch die Arbeiter sind trotz Schutzkleidung beständig dem krebserregenden Staub ausgesetzt. Besonders umweltbelastend ist der hohe Wasserverbrauch – mit Wasserspritzen versucht man, der Staubbildung Herr zu werden. Entnommen wird das kostbare Nass den nahen Rivieren Kuiseb, Khan und Omaruru. Dadurch **sinkt aber auch der Grundwasserspiegel** in der Region. Sei es, wie es sei, die Mine hat über tausend Arbeiter und Angestellte, überwiegend Ovambo, und ist damit der **größte Arbeitgeber** der Region, wenngleich das Auf und Ab des Uranpreises auch das Unternehmen Rössing beutelt.

Der Baaiweg

Mit Brechstangen, Schaufeln und Picken begannen die Orlaam unter Jonker Afrikaaner im Dezember 1843 einen 20 bis 30 Fuß breiten Weg, in Windhoek startend und sich von Wasserstelle zu Wasserstelle hangelnd, durch die Namib nach Walvis Bay zu brechen. Erst wer diese Wüstenei gesehen hat, kann sich vorstellen, was es heißt, mit solch einfachen Mitteln einen für Ochsenkarren geeigneten Pfad zu bereiten. Felsen mussten beiseitegeschafft oder zertrümmert, Böschungen abgeflacht, Bäume aus der Erde gerissen, Trockenflusstäler umgangen und Schneisen gehämmert werden. Nach einem Jahr war der Weg schließlich fertig, Walvis Bay erreicht. Vier Wochen benötigte ein Ochsenwagen nun für die einfache Strecke. 1847 wurde ein neues Teilstück fertig, das Großbarmen mit Otjimbingwe verband und dann erst (unter Umgehung des zeitraubenden Khomas Hochlandes) auf die Jonker Afrikaaner Route stieß. Die Reisezeit war nun auf 12 Tage verkürzt. Als die Engländer bei der Entladung deutscher Militärtransporte in Walvis Bay immer größere Schwierigkeiten machten, baute man eine Variante des Baaiweg entlang des Swakop direkt nach Swakopmund aus und entlud die Schiffe dort. Um nicht jeglichen Hafenumschlags verlustig zu gehen, erhielt Walvis Bay Anfang des 20. Jh. eine 15 km lange Schmalspurbahn aus der Stadt heraus und über den Dünengürtel nach Rooikop. Trotzdem lief der Warenstrom hauptsächlich über Swakopmund direkt ins Landesinnere.

Service Swakopmund

Informationen

Namib I Information: Ecke Sam Nujoma Ave/Hendrik Witbooi St, Tel. 081-2551513, info@namibi.com.na.

Permits

Buchung staatliche Rastlager: Namibia Wildlife Resorts Ltd., Ritterburg, Tel. 064-402172, www.nwr.com.na, Mo–Fr 8–17 Uhr, Genehmigungen und Reservierungen für Rastlager.

Permits Namib Naukluft National Park: Ministry of Environment & Tourism, Tourism Office, Ritterburg, Sam Nujoma Avenue/ Ecke Bismarck Street, Tel. 064-404576, Mo–Fr 8–13 u. 14–17 Uhr, Sa/So 8–13 Uhr, Permits für Einfahrt und Übernachtung auf den Namib-Zeltplätzen.

Fishing Permits: Fishing Licence Office, Strand St 1 (beim Aquarium), Tel. 064-4101000, Mo–Fr 8–13 u. 14–17 Uhr.

Führungen

Zentrum

Stadtführung Nikola Fahrbach, Tel. 081-6066017, www.swakopmund-stadtfuhrungen.com. Historische Stadtführungen mit viel Wissenswertem (500 N$/Person bei zwei Teilnehmern, 2 Std.).

Fat Bike Tours, Hendrik Witbooi St 6, Tel. 081-3955813, www.swakopfatbiketours.com. Stadtrundfahrten mit E-Bikes oder auf breiten Stollenreifen (Rad/E-Bike 400/500 N$, 2 Std.).

Townships

Hata Angu Cultural Tours, Tel. 081-1246111, www.facebook.com/Hata.angu. Townshiptour am Tag oder Abend in Mondesa mit Besuch von Nama-, Damara- und Hererohaushalten, eines Shebeen und Essen im Restaurant mit Spezialitäten wie Mopane-Würmer, Wilder Spinat usw. (700 N$, 4 Std.).

Hafeni Cultural Tours, Tel. 081-1466222, www.facebook.com/hafenitradition. Townshiptour des umtriebigen Heinrich Hafeni (bekannt aus „Film und Funk") mit eigenem Restaurant in Mondesa (800 N$, 3–4 Std.).

Mondesa Township Tours, Tel. 081-2734361, http://mondesatownship.com. Informative Touren, die Mondesa, seine Geschichte und die Trennung der Bewohner nach Herkunft beleuchten (600 N$, 3–4 Std.).

Unterkunft

Zentrum

Strand Hotel****, Schad Promenade, Tel. 064-4114000, www.strandhotelswakopmund.com. Luxus mit Meerblick, 125 Zimmer, die keine Wünsche offenlassen, drei Restaurants und Spa – für die, die sich in *splendid isolation* wohlfühlen.

The Delight Hotel***-****, Theo-Ben Gurirab Ave, Tel. 061-427200, https://store.gondwana-collection.com. Vorzüglich geführtes, modernes Luxushotel gegenüber dem Bahnhof mit 54 großzügigen Design-Zimmern, ausladendem Frühstück (mit u.a. Lachs und Austern) und sicherem Parken.

Organic Stay***, Rhode Allee 56, Tel. 081-1290489, www.guesthouse-swakopmund.com. 13 komfortabel, hell und stylisch eingerichtete Zimmer jeweils mit eigenem Garten oder Patio – engagierte Betreiberinnen.

Hansa Hotel**-***, Hendrik Witbooi St 3, Tel. 064-414200, www.hansahotel.com.na. Seit den Anfängen (1905) das Traditionshotel in der Stadt mit 58 Zimmer und Suiten und einem Restaurant, das einmal als die feinste Dinner-Adresse der Stadt galt – Frühstück mit Matjes.

Das Gondwana Delight Hotel

Meikes Guesthouse**-***, Windhoeker St 23, Tel. 064-405863, www.meikes-guesthouse.net. Fünf Zimmer, zwei Familiensuiten und ein Apartment für Selbstversorger in einem zentral gelegenen Komplex mit schönem Garten und sicherem Parken; herzliche Gastgeber, tolles Frühstück, ausgezeichnete Tipps zu Swakopmund (und zum ganzen Land) – eine Empfehlung für den gemütlichen Stadtaufenthalt.

A La Mer Hotel**, Albertina Amathila Ave, Tel. 064-404130, www.pension-a-la-mer.com. 46 einfache, aber nicht unangenehm eingerichtete Zimmer meist zum Innenhof; gutes Frühstück und ein Glanzlicht: die Rooftop-Bar mit Blick auf die Jetty.

The Residence*-**, Ecke Theo-Ben Gurirab St/Windhoeker St, Tel. 064-407105, www.theresidenceswakopmund.com. Schöne Unterkunft mit 14 Zimmern (jeweils mit eigenem Bad), Kochmöglichkeit, sicheres Parken, hübsche Gartenanlage, super Preis-Leistungsverhältnis – günstig und gut.

Sea View Backpackers*, Berg St 20, Tel. 085-3344567, www.seaviewbackpackers.com. Ein Hostel wie man es sich wünscht, hell, freundlich, sauber und gut geführt – acht Zwei- und Mehrbettzimmer.

Salty Jackal Backpackers*, Anton Lubowski Ave 37, Tel. 081-4651465, www.saltyjackal.com. Design trifft Upcycling trifft Vintage Style trifft Surferwelt – Doppelzimmer und Dorms mit Charme.

Randlage Süd

Desert Breeze***, Duneside Ave (am äußersten südöstlichen Stadtrand), Tel. 064-406236, www.desertbreezeswakopmund.com. Zwölf Luxusbungalows direkt vor den Dünen für den Weitblick und die Ruhe; kein Restaurant.

The Stiltz**-***, Am Zoll, Tel. 064-400771, www.thestiltz.com. Hotel auf Stelzen mit Plankenweg am südlichen Stadtrand ins Swakop Rivier gebaut; zehn großzügige Blockhäuser mit Komfort – für den luftigen Meerblick.

Swakopmund Restcamp*-***, Swakop St, Tel. 064-4104618, www.facebook.com/swkbungalow. Großanlage am südlichen Stadtrand mit einfacheren Bungalows unterschiedlicher Kategorie zur Selbstversorgung.

4

Randlage Nord

Seaside Hotel & Spa***-****, Dolphin Drive (6,5 km vom Zentrum), Tel. 064-415900, www.seasidehotelandspa.com. Am Stadtende direkt an der ehemaligen *fishing area* Mile 4; Luxusunterkunft direkt am Strand mit Spa-Angeboten und Restaurant – 36 Zimmer und Suiten mit Meerblick.

Seabreeze Guesthouse**-***, Turmalin St 48 (4 km vom Zentrum), Tel. 064-463348, https://seabreeze.com.na. Komfortables, unauffällig-modern möbliertes Familienhotel mit sieben Zimmern und vier Selbstversorger-Einheiten unweit der Waterfront.

Swakopmund Boathouse**-***, Seal St 129 (6 km vom Zentrum), Tel. 064-463952, www.swakopmundboathouse.com. Vier Zimmer und Suiten am Strand mit Meerblick; winziger Innenpool und Jacuzzi.

Swakoptal

Sophia Dale Base Camp*-**, Swakop Rivier (12 km vom Zentrum), Tel. 081-4130504, www.sophiadale.org. Angenehmes Resort mit gut ausgestatteten Zelt- und Stellplätzen, einfacheren Rondavels und komfortablen Bungalows, Restaurant und Biergarten – Ruhe am Fluss zu günstigen Preisen.

Gecko Ridge**-***, Swakop Rivier (16 km vom Zentrum), Tel. 081-2146567, https://geckoridge.com.na. Sechs luxuriöse Bungalows, sieben ebenfalls sehr schöne Selbstversorger-Chalets und zehn Stellplätze mit gemeinschaftlichen Sanitäreinrichtungen.

Goanikontes

Goanikontes Oasis**-***, Welwitschia Drive (s.u. bei Nördliche Namib), Tel. 064-405976, https://goanikontesoasis.com. Veritable Oase in der Wüste mit Rastlager, Restaurant, Garten, „Museum" mit vielen Oldtimern; Unterkunft in Villen, Bungalows und auf einem der Camping-Stellplätze (jeweils mit eigenem Bad).

Longbeach/ Dolphin Beach

Bay View Resort****, Damara Tern 136, Dolphin Beach, Tel. 064-2734200, www.bayview.com.na. Moderne Anlage mit 19 luxuriösen Zimmern, einem guten Restaurant; für den Sundowner mit Snacks in die Rooftop-Bar gehen.

Burning Shore***, 4th St 152, Longbeach, Tel. 064-207568, https://unitedafricagroup.com.na. Zwölf Zimmer im Ferienresort Langstrand; schöne Lage, aber relativ unpersönlich und kein Restaurant.

Camping

Tiger Reef Campsite, Sudstrand St, Tel. 081-4501797, https://lighthousegroup.com.na. Zeltplatz mit Schattendächern, jeweils eigenem Braaiplatz, Strom und Wasser; 22 zum Kreis arrangierte Stellplätze, einen Katzensprung weg von der Tiger Reef Beach Bar – der angesagtesten *location* am Ort.

Mile 4 Caravan Park, Dolphin Drive (6,5 km nördlich des Zentrums), Tel. 064-461781, www.facebook.com/mile4swkp. Einfacher Zeltplatz (teils mit eigenem Bad) und Bungalows am Stadtrand – nicht jedermanns Sache.

Windpomp 14, C34 (25 km nördlich des Zentrums), Tel. 083-7004414, www.sunkarros.com. 21 sehr gut ausgestattete Stellplätze und ein Restaurant mit Bar und Biergarten, der am Wochenende zum Hotspot für Feiernde wird – Camping unter Anglern.

Sophia Dale Base Camp und **Gecko Ridge,** Swakop Rivier, s.u.

Essen & Trinken

Fisch-restaurants

The Jetty 1905, Jetty, Tel. 081-3803595, https://lighthousegroup.com.na, tgl. 12–22 Uhr. Unbedingt einen Tisch reservieren – man sitzt umgeben von den Atlantikwellen und speist Austern und Sushi, wer es gewöhnlicher mag, findet auch traditionellere Zubereitungsarten des Fisches; sehr gut ausgebildetes und zuvorkommendes Personal, exklusives Essen an einem exklusiven Platz.

Fish Deli, Sam Nujoma Ave 29, Tel. 064-462979, www.facebook.com/thefishdeliswakopmund, Mo–Sa 10–21.30 Uhr. In der Thekenvitrine tummeln sich alle Köstlichkeiten des Meeres, superfrisch auf den Grill und als Sushi oder als Salate – da verschmerzt man die eher lieblose Einrichtung und konzentriert sich aufs Essen.

The Tug, Schad Promenade (bei der Jetty), Tel. 064-402356, www.the-tug.com, Mo–Fr 17–21.30, Sa/So 11–21.30 Uhr. Fischrestaurant mit Blick übers Meer, bestellt wird je nach Gusto gedämpft, gegrillt oder paniert und mit bevorzugter Sauce – natürlich gibt's auch Steak, Burger und gebackenen Camembert.

Blue Grass, Waterfront (Swakopmund Nord), Tel. 064-461090, www.bluegrassnam.com, Mo–Do 16–21, Fr/Sa 11–22, So 11–21 Uhr. Fisch und Meeresfrüchte mit Meerblick; auch gut mariniertes Fleisch – Essen mit mediterranem Flair.

The Wreck, Stint St (am Nordende der Stadt), Tel. 064-414528, www.the-wreck.com, Mo–Sa 17.30–23 Uhr. Zwar gibt's auch Fleischgerichte (wegen denen aber niemand herkommt), Schwerpunkt ist eben Fisch – am schönsten sitzt man an der Panoramascheibe.

Inter-nationales

Lighthouse Restaurant, An der Mole, Tel. 081-7120409, www.facebook.com/LighthouseRestaurantSWK, Di–Fr 16–22, Sa/So 12–22 Uhr. Großrestaurant in modernem Bistro-Stil mit tollem Blick und großer Karte vom Burger über Steaks und Pizza zu Seafood – alles was es gibt.

Wurstbude, First Ave, Tel. 064-405345, tgl. 9–22 Uhr. Pizza, aber keine Wurst – Biergarten für das leger-gesellige Beisammensein mit (gar nicht so schlechten) Teigfladen aus dem Holzofen.

Seit 1905: Jetty-Restaurant

Deutsche Küche

Swakopmund Brauhaus, Sam Nujoma Ave, Tel. 064-402214, www.swakopmundbrauhaus.com. Weißwurst, Wurstsalat, Eisbein und Schweinebraten, aber auch Tagesfang und Austern – immer gut besucht und herzliches, flottes Personal.

Altstadt Restaurant, Ecke Hendrik Witbooi St/Anton Lubowski Ave, Tel. 064-461871, www.facebook.com/altstadtrestaurant, tgl. 11–23 Uhr. Bar, Pub, Biergarten und – damit keine Zweifel an der Zielgruppe aufkommen – der Südwester Reiter in Lebensgröße und Fiberglas; das Essen ist warm und reichlich und die vielen Gäste gut gelaunt und laut.

Traditionelle Küche

Hafeni Traditional Restaurant, Lukas Nehoya St/House 285 (Mondesa), Tel. 081-1466222, www.facebook.com/hafenitradition, tgl. 10–22 Uhr. Üppiges Tafeln wie die Einheimischen im Township: Kapana und wilder Spinat, Millipap und Hühnchen oder Mopanewurm und Ziegenkopf - gute Stimmung und hilfsbereites Personal für die richtige Wahl.

Leo's Kitchen, John Arnold St 2583 (Mondesa), Tel. 085-7404955, tgl. 11–22 Uhr. Etwas weniger folkloristisch, dafür authentischer geht es bei Leo's zu: Hotdog, Burger, Boerewors und Kapana.

Frühstück und Lunch

Village Café, Sam Nujoma Ave, Tel. 064-404723, www.villagecafenamibia.com, Mo–Fr 7–17, Sa 7–13.30 Uhr. Kaffee, Kuchen, Hauptgerichte und auch nur Drinks in einem der vielen verwinkelten Räume und draußen – charmante Adresse.

Café Anton, Bismarck St (im Hotel Schweizerhaus), Tel. 064-400331, www.schweizerhaus.net, tgl. 7–19 Uhr. Leichte Mahlzeiten, Kaffee und Kuchen, drinnen und draußen.

The Doughnut Bar, Jetty (am Anfang), Tel. 081-3969585, https://1877-doughnut-bar.shop, Mi–Fr 8.30–17.30, Sa/So 8.30–16 Uhr. Café und „*German bakery*" mit Schwarzwälder Kirsch, Krapfen und Donuts.

Strandkiosk in Swakopmund

Eis und mehr

Raith's Delicatesen, Tobias Hainyeko St 5, Tel. 064-404454, www.raithbakedeli.com, 7–15, Sa/So bis 13 Uhr. Deli mit Süßem und Deftigem, zum Mitnehmen oder am Tisch verzehrt, deutsche Brötchen und Gebäck (Schweineohren) oder Nürnberger Bratwürste; außerdem: das beste Eis der Stadt.

Ice & Spice, Ankerplatz Arcade, Tel. 081-6957750, www.facebook.com/iceandspiceswakop. Eis aus eigener Herstellung im italienischen Stil; Freisitz in der Fußgängerzone.

Abendunterhaltung

Bars/Discos

Tiger Reef Beach Bar & Grill, Strand St, Tel. 081-8457377, www.facebook.com/tigerreefswakopmund, tgl. 11–22 Uhr. Die Strandbar fürs Abhängen in legerer Gesellschaft – Sundowner mit den Füßen im Sand.

Bar Zonder Naam, Tobias Hainyeko St 1, Tel., 081-4295396, www.facebook.com/Barzondernaam, 12–21.30 Uhr. Bar und Weinstube mit Livemusik am Wochenende – die Musiker fangen meist bereits um 18 Uhr an.

Infinity Lounge, Schlachter St, Tel. 081-1471129, Mi–Sa 20–2 Uhr. Lounge, Bar, Disco und Restaurant mit immer wieder guten DJs im Programm.

Club Salt, Eliaser Tuhadeleni St, Tel. 081-3557949, www.facebook.com/ClubSalt01, Fr/Sa 21–2 Uhr. Die angesagteste Disko in der Stadt mit Themenpartys und DJs.

Einkaufen

Lebensmittel

Raith's Deli, s.o., frische und sehr gute Backwaren vom Brötchen über Brezn bis Vollkornbrot.

Dorsland Biltong & Braai, Moses Garoeb St, Tel. 081-5975877. Alles fürs Braai, außerdem Brot, Torten und Snacks.

Farmganic, Swakop St 15, Tel. 081-3238010, www.facebook.com/Farmganic. Obst, Gemüse, eingeweckte Salate, Marmeladen, Oliven, Olivenöl und Salsa – alles aus Namibia.

Swakop Local Growers Market, Hentjes Bay Rd, Tel. 081-2550822, www.facebook.com/Growersmarketswakop. Einmal im Monat werden samstags Lebensmittel aus Kleinanbau und Kunsthandwerk verkauft, dazu gibt's Essensstände und Musik.

Namib Dunes Brewery, Einstein St 5 (500 m vor Martin Luther nach links), Tel. 081-1244177, Mo–Fr 10–16, Sa 10–12 Uhr. Laden der der Mikrobrauerei mit fünf Sorten (Pale/Blonde Ale, Irish Red, Belgian Wit und Weißbier).

Campingartikel

Cymot, Sam Nujoma Ave, Tel. 064-400318, www.cymot.com. Autoausrüstung und alles fürs Camping, vom Zelt zur kompletten Outdoorküche (auch Gaskartuschen der Fa. Campinggaz).

Bushwhackers Campworld, Sam Nujoma Ave 67, Tel. 064-400396, www.facebook.com/bushwhackersnamibia. Kleines (Besteck) bis Großes (Anhänger für zwei mit ALLEM was geht).

Bücher

Swakopmunder Buchhandlung, Sam Nujoma Ave, Tel. 064-402613, www.facebook.com/swakopmunder.buchhandlung. Vom Führer bis zu Krimis, Bildbänden und aktuellen Bestsellern.

The Muschel, Hendrik Witbooi St 10, Tel. 064-402874, www.muschel.iway.na. Nicht nur Bücher, auch Bilder der führenden Künstler Namibias („Desert Painters") und nettes Café.

Kosmetik

Natural Namibia Shop, Sam Nujoma Ave 33, Tel. 081-1290375, https://nara.com.na. Alles aus der !Nara-Frucht, vom Speiseöl bis zur Geschichtscrème; sanft extrahiertes Öl nach Ökostandards weiterverarbeitet – gelernt von den Topnaar Nama, die mit dem Öl der Samen von jeher ihre Haut vor Austrocknung schützen.

Souvenirs

Craft Market, Schad Promenade (südlich des Swakopmunder Museums). Schnitzereien in allen Qualitäten und Größen, Stoffe und aus Draht gebogene Souvenirs – wer will, feilscht.

Kubatsirana, Libertina Amathila Ave 19A, Tel. 081-1282744, www.facebook.com/MadeinNamibiaCollection. Souvenirs von Selbsthilfegruppen hergestellt, darunter sehr schöne mit Tier-Silhouetten besticke Tischwäsche.

Adele's Creation, Ankerplatz Arcade, Tel. 081-2324264. Silberschmuck, Taschen, Mode und T-Shirts aus eigener Produktion – kleiner, charmanter Laden.

Rogl Souvenirs, Sam Nujoma Ave 28, Tel. 064-405814. Traditionsadresse für hochwertige und hochpreisige Qualitätsmitbringsel.

Kirikara, Ankerplatz Arcade, Tel. 064-463146, www.kirikara.com. Afrikanisches in aller Buntheit und in bester Qualität, darunter Schmuck (von der Farm Kiripotib bei Dordabis), Musik und Bücher, Flechtwaren aus dem Kavango, Tuareg-Schmuck – eine Fundgrube!

Trendhaus, Tobias Hainyeko St 3, Tel. 081-8264871, www.facebook.com/TrendhausSwakopmund. Einmal durch Namibia und Südafrika – 50 feine Marken der beiden Länder, darunter Tisch- und Bettwäsche (u.a. von Anin), Teppiche, Kosmetik, Töpferwaren, Mode und auch Nahrungsmittel. Die Lagerhalle ist historisch: 1908 von der „Deutschen Kolonialgesellschaft" errichtet.

Adele's Creation macht Mode

Kunst aus Draht im Craft Market

Karakulia Weavers, Rakotoka St 2, Tel. 064-461415, www.facebook.com/KarakuliaWeaversSwakopmund. Strapazierfähige Teppiche aus Karakulwolle, fertig, nach Maß und mit Wunschdesign.

African Leather Creations, Rakotoka St 22, Tel. 064-402633, www.africanleathercreations.com. Schuhe aus Kudu-Leder – die bequemsten der Welt (wie die Träger beschwören).

Kristall Galerie, Tobias Hainyeko St, Tel. 064-406080, https://kristallgalerie.com; Souvenirs mit Schmucksteinen (s. auch Sehenswertes).

Antiquitäten

Peter's Antiques, 24 Tobias Hainyeko Street, Tel. 064-405624, www.peters-antiques.com. Traditionsadresse für antiquarische Bücher und Trödel und ohne Berührungsängste vor Memorabilia des Kolonialregimes.

Feste

Karneval

Küstenkarneval (Küska): Die fünfte Jahreszeit ist an der Küste im Juni, ansonsten alles wie gehabt: Prinz, Prinzessin, Garde und Umzug.

Musik

Musikwoche: Mitte Dezember kommen seit 1965 Musiker aus dem ganzen Land und geben Konzerte und Unterricht.

Ausflüge

Halbtages-/Tagestouren

Bootsfahrten in der **Walfischbucht,** Angelausflüge aufs Meer, Fahrten zu den Salt Pans und nach **Sandwich Harbour** s. bei Walvis Bay.

Living Desert Adventure, Tel. 081-1275070, www.livingdesertnamibia.com. Spezialisiert auf Touren in die Wüste und Pirsch auf deren kleinere und größere Bewohner – also auf alles, was kreucht und fleucht; sehr kompetent und empfehlenswert (850 N$, 4–5 Std., keine Kreditkarten).

Fat Bike Tours, s.o. Per Rad nach Sandwich Harbour ab Swakopmund oder Walvis Bay; mit dem 4x4 geht es bis 8 km vor die Lagune, dann werden die Räder bestiegen (2950 N$, 8 Std., inkl. Lunch und Getränke).

Turnstone Tours, Tel. 064-403123, www.turnstone-tours.com, Fahrten nach Cape Cross/Messum Crater, in die Namib und nach Sandwich Harbour (ab 2600 N$, 8 Std.).

Charly's Desert Tours, 11 Sam Nujoma Ave, Swakopmund, Tel. 064-404341, www.charlysdeserttours.com. Traditionsunternehmen mit eigenen Touren (recht große Gruppen) und Vermittlung von Aktivitäten (ab 850 N$ für 3,5 Std.).

Aktivitäten

Golf

Rössmund Golf Resort, am Beginn des Swakop Rivier, Tel. 064-405644, www.rossmund.com. Komplex mit Privatvillen, Lodge, Minigolf und Golfplatz (18-Loch, 6068 m, Par 72, Greenfee ab 700 N$).

Kraftsport

Training Centre: größtes Fitnessstudio der Stadt mit sehr guter Ausstattung, Welwitschia St 5371, Tel. 064-400301, https://thedomenamibia.com.

In den Dünen

Dünenski: *sand skiing* in den Dünen, Kontakt über Henrik May, Tel. 081-4720343, www.ski-namibia.com.

Sandboarding: Auf Bodyboards die Dünen hinab, ab 500 N$, s. die Unternehmen bei Quadbiking.

4

Quadbiking: Geführte Ausflüge mit Quadbikes querfeldein über die Dünenkämme mit *Desert Explorers* (an der Swakop Bridge, Tel. 064-406096, www.namibiadesertexplorers.com) und *Dare Devils Adventures* (14 km südlich der Brücke, Tel. 064-220158, https://daredeviladventures.com); ab 500 N$/Stunde.

In der Luft

Ballonfahrten: Hot Air Ballooning, Ecke Albertina Amathila Ave/Hendrik Witbooi St, Tel. 081-8086743, www.ballooning-namibia.com; meist frühmorgens, reine Flugzeit 45–60 Min., mit Anfahrt, Briefing, Champagnerfrühstück und Abfahrt rund 4 Std. (je nach Gruppengröße 5000 N$/Person).

Fallschirmspringen: Tandemsprünge bei Ground Rush Adventures, Tel. 081-402841, www.skydiveswakop.com.na (ab 4000 N$ mit 35 Sek. Freifall).

Flugzeug: Bush Bird, Ankerplatz Arcade, Tel. 064-404071, www.bushbird.de; die Wüste – und nicht nur diese – mit dem Flieger aus der Vogelperspektive (1,5 Std. entlang der Skelettküste bis fünf Personen rund 4500 N$/Person).

Hubschrauber: Bateleur Helicopters, Ankerplatz Arcade, Tel. 064-461941, https://bateleurhelicopters.com; Rundflug 25–30 Min., ca. 4500 N$/Person (bei 2 Passagieren).

Reiten

Pferdereiten: Okakambe Riding Centre (9 km außerhalb im Swakoprivier), www.okakambe.iway.na, Tel. 064-402799; diverse Angebote vom Dünnenritt über Ausflüge entlang des Meeres (1 Std. ab 800 N$) bis zur Tagestour (ab 2700 N$).

Kamelreiten: Bei Desert Explorers (s.o.), 250 N$/30 Min. (ohne Buchung möglich).

Sonstiges

Joggen: Der Fuß-/Radweg reicht von der Jetty am Strand entlang nach Norden bis zur Waterfront „The Pier" – mehr als 4 km.

Mit Karacho über die Dünen und nur mit Führer

Oder der Umwelt zuliebe ein Ritt auf dem Dromedar?

Schwimmen: WaterCube, Welwitschia St., Tel. 064-463688, Mo–Do 8–18, Fr 8–17, Sa 8–13 Uhr; Hallenbad mit beheiztem Becken (25 m) und Fitness Centre, ab 100 N$/2 Std.

Paintball: Adventure Centre, Strand St. (am Swakop Mouth), Tel. 081-1248191, www.swakopadventure.co.za, 14.30–18 Uhr; Freiluft-Paintball im Swakop Rivier mit Buschvegetation (ab 250 N$), außerdem: Bungee Bounce, Hüpfburg, Minigolf, Pool, Bar.

Gocarting: Go-Kart Track, B2 (neben dem Flugplatz, 2 km außerhalb), Tel. 081-3502723, facebook.com/swakopmundgokarting, im Hochsommer 9–20 Uhr; um 250 N$ für sechs Runden.

Notfall

Klinik/Apotheke

Mediclinic Swakopmund, Franziska van Neel St, Tel. 064-412205 oder 084-124 (Notruf), www.mediclinic.co.za.

Swakopmunder Apotheke, Sam Nujoma Ave 26, Tel. 064-402825, https://swakopmunder.webs.com, Mo–Fr 8–18 Uhr, Sa 8–13 u. 18–18, So 9–13 u. 17-18 Uhr.

Polizei

Police Station, Ecke Tobias Hainyeko St/Theo-Ben Gurirab St, Tel. 064-415007, **Notruf:** 064-10111

Verkehr

Townhoppers, Tel. 081-2103 062, www.namibiashuttle.com. Täglich planmäßige Abfahrten nach Walvis Bay und Windhoek mit Abholung (Door-to-Door-Service).

Dorob/Skeleton Coast National Park

Neues Schutzgebiet

Der Küstenstreifen bei Swakopmund hatte über Jahrzehnte als *West Coast Recreational Area* keinen Schutzstatus. Um dem zerstörerischen Querfeldein-Fahren ein Ende zu bereiten, wies man 2010 den Nationalpark aus, nannte ihn Dorob nach **Doro-!Hub** – Khoisan für „Trockenes Land" – und führte ein strenges Regime ein. Um außerdem den Verkehr aus/nach Windhoek zum/vom Hafen Walvis Bay abzuhalten, baute man bis 2022 die küstenparallele Piste D1984 jenseits des Dünengürtels vierspurig und zur Verlängerung der B2 aus.

Dünengürtel

Nach **Süden und Walvis Bay** hin ist der Park durch den etwa 5 km breiten Dünengürtel charakterisiert, eine beliebte „Abenteuerzone" mit **Aktivitäten** wie geführten Quadbike-Ausflügen, Kamelritten und Sandboarding. Richtung **Norden und Henties Bay** ist die Landschaft flach und ohne die hohen Sanddünen weniger aufregend. Hierher kommen vornehmlich Angler, die ihre Köder vom Strand aus in die Brandung schleudern – entsprechend reihen sich die *fishing areas* wie Kettenperlen aneinander.

Cape Cross Seal Reserve

Bedeutendste Sehenswürdigkeit ist das **Robbenreservat** (s.u.) 125 km nördlich von Swakopmund (70 km von Henties Bay). Der Park endet an der Mündung des Ugab Rivier am Eingang zum **Skeleton Coast National Park.**

Henties Bay

An-/Weiterfahrt

Zu früher Stunde von Swakopmund auf der C34 Richtung Norden unterwegs, ist meist das trübe **Dämmerlicht des Küstennebels** ständiger Begleiter; die Sonne dringt erst gegen Mittag durch. Der Verkehr

Henties Bay ist toll für Angler

beschränkt sich auf Angler, die möglichst schnell den von ihnen favorisierten Platz erreichen wollen. An die Küste geklebt, im Hinterland unwirtliche Wüste, ohne auffällige Natur, die für einen poetischen Namen gut wäre, hat sich der Mensch mit der Kilometrierung seiner Eroberung beholfen, oder mit dem Namen desjenigen, der dort einst gewohnt hat. Es geht vorbei an Mile 4, Mile 14 und **Wlotzkas Baken** mit der ersten Entsalzungsanlage des Landes (sie versorgt die Uranminen in der Wüste mit Trinkwasser). Gegründet hat den Ort der große Fischreichtum – Kabeljau, Schwarz- und Weißfisch sind die hauptsächlichen Sorten, die an den Leinen zappeln. Es erscheint schließlich Mile 30, Mile 32, **Jakkalsputz** und Henties Bay. Hier zweigt die Piste C35 ins Landesinnere, nach Uis (125 km, 2,5 Std.) und an den Brandberg ab.

Stadtanlage Die Stadt breitet sich im Halbrund oberhalb der **Mündung des Omaruru** aus. Hotels, Restaurants, Läden und ein „Golfplatz" zeugen von der Betriebsamkeit während der namibischen Sommerferien und an Wochenenden. Wochentags ist Henties Bay verlassen, nur **eine Handvoll Menschen** lebt ständig hier. Der Name geht auf einen einsamen Camper zurück, der in den 1920er Jahren an der Rivier-Mündung regelmäßig den Sommer verbrachte. 1965 erhielt der Platz Ortsstatus, seit den 2000ern wächst er fast explosionsartig.

Cape Cross

Robbenkolonie Hinter Henties Bay geht es auf Salzstraße weiter. Der gips- und salzhaltige Boden ergibt zwar eine glatte und feste Oberfläche, die aber bei Regen (und auch Nebel) recht tückisch wird – abruptes Bremsen sollte man vermeiden. Vorbei am Rastlager Mile 72 geht es in einen Küstenbereich, der als besonders empfindlich klassifiziert ist. Hier, und an einigen anderen Stellen weiter im Norden, brütet die **Damara-Seeschwalbe** *(Sternula balaenarum)*. Sie ist extrem selten, hoch gefährdet und die Küste weltweit ihr einziger Brutplatz. Die flache Landschaft erhält einen kleinen Akzent durch Hügel, die rechts der Piste zu sehen sind. Über eine 7 km lange Stichpiste gelangt man durch das Eingangstor des **Cape Cross Seal Reserve** (150 N$/Person, 50 N$/Fahrzeug, täglich 8–17 Uhr) zum Parkplatz. Die Robben sind zwar nicht gleich zu sehen – aber man riecht und hört

„Wachmannschaft" am Cape Cross – kein Durchkommen

4

Robbenkolonie – garantiert laut und nichts für empfindliche Nasen

sie! Auf einem **Holzplankenweg** gelangt man zum Felsstreifen an der Küste und an ihr entlang, wenn – ja, wenn da nicht die Robben wären, die die Holzplanken inzwischen als angenehmen Lagerplatz für sich entdeckt und besetzt haben. Tausende und Abertausende liegen kreuz und quer im bleich-bleiernen Sonnenlicht, in Kämpfe verwickelt, watschelnd, röhrend, dösend, schmusend oder in die Brandungswellen springend – die Kolonie der **Zwergpelzrobben** *(Arctocephalus pusillus pusillus)*. 4 km nördlich der Robbenkolonie steht die **Cape Cross Lodge** – ein Stückchen Luxus an der Küste der Skelette mit einer kleinen **ethnographischen Museumsausstellung.**

Populationskontrolle

Bis zu einer Million Tiere leben heute an Namibias Küsten, und sie sollen dem Fischbestand schweren Schaden zufügen (wie die Fischindustrie klagt). Deshalb wird alljährlich eine **bestimmte Zahl getötet** (zwischen Juli und November rund 80.000 Jungtiere und 8000 Bullen). Die Pforten von Cape Cross bleiben an solchen Tagen geschlossen. Die „Robbenernte" ist ein zwar **blutiges, aber nicht unlukratives Handwerk:** Das Fell wird zu Schuhen und Taschen verarbeitet, die Genitalien der Bullen als Potenzmittel nach Asien geliefert, die Knochen zu Dünger vermahlen und das Fleisch an die Nahrungsmittelindustrie verkauft. Noch gilt das Culling in Namibia als ökologisch gerechtfertigt, um den Wildbestand zu kontrollieren, doch Kritik wird immer lauter: Der **Rückgänge der**

Fangquoten seien nicht den Robben zuzuschreiben, sondern der Fischindustrie selbst (die mit ihren Trawlern die Gründe restlos leerfegten) – und die Tötungen maßlos, brutal und unwürdig. Der Robben-Tierschutz hat sich zumindest in Europa durchgesetzt, **Import zu kommerziellen Zwecken** und Handel mit Robbenprodukten sind in der EU verboten.

Portugals Landnahme

Im Jahr 1486 setzte der **erste Europäer** seinen Fuß auf den Boden Südwestafrikas – der Portugiese *Diogo Cão.* Er errichtete ein **Steinkreuz.** Der Kommandant des Kriegsschiffes „SM Falke" brachte es 1893 nach Berlin (es war ab 2006 im Deutschen Historischen Museum ausgestellt und wurde 2020 restituiert). Der Kaiser befahl die **Aufstellung einer Kopie** mit dem Zusatz: „Errichtet auf Geheiß des Deutschen Kaisers und Königs von Preußen, Wilhelm II., im Jahr 1894 anstelle des Originals, das im Lauf der Zeit verwittert ist." 1980 kam eine **neue Nachbildung** an die ursprüngliche Stelle (die aber auch nicht als authentisch gilt) und die Kaiser-Kopie auf ein eigenes Fundament, dessen Pflasterung einen Stern symbolisiert (als Erinnerung an die Sterne als Navigationshilfe). Die Terrassen ergeben als Ganzes das Abbild des „Kreuz des Südens". Diogo Cãos **Original-Inschrift** lautet übersetzt: „Seit der Erschaffung der Welt sind 6685 und seit Christi Geburt 1485 Jahre verflossen, als der erhabene Don Cão von Portugal befohlen hat, dass durch Jakobus Canus, seinen Ritter, die Säule hier gesetzt wurde."

Kreuz des Südens

Das „Kreuz des Südens" (heller Kreis unten links) – Sternbild des südlichen Himmels – liegt in der Milchstraße und seine vier hellsten Sterne bilden ein markantes schiefes Kreuz. Um die südliche Richtung zu bestimmen, muss ein aufsteigender Vektor durch die längere Achse des Sternbildes gedacht werden. Man verlängert die Achse auf dem Vektor vier- bis fünffach und bildet an diesem Punkt ein Lot. Dort, wo das Lot auf den Horizont trifft, ist Süden. Um den Punkt des Lotes auf dem Vektor genauer zu bestimmen, können zwei Hilfssterne unterhalb des Kreuzes des Südens benutzt werden. Ein weiteres Lot in der Mitte der Verbindungslinie zwischen diesen beiden in Richtung auf den Vektor zeigt ihn am Schnittpunkt genau an.

Messum-Krater

Messum-Krater

Die Strecke von der Küste durch den Messum Crater wird äußerst **selten befahren.** Ein Geländewagen ist Voraussetzung (der Sand ist teilweise tief) und ein GPS-System hilfreich, um sich im Gewirr der Pisten zurechtzufinden. Im Sommer kann die Temperatur schon Mal auf 45 °C ansteigen, deshalb ist es besser, frühmorgens loszufahren. Als reine Fahrzeit für die 140 Km bis Uis sind 4 Std. zu veranschlagen. Man verlässt 2 km nördlich vom Abzweig Cape Cross die Küstenstraße C34 auf breiter Piste nach NNO. Anfangs dienen noch Eisenstangen als Wegmarkierung. Nach 2 km quert man ein Rivier und die Richtung bleibt bei Nordost. Nach 25 km tauchen die ersten **Welwitschia mirabilis** auf, die schwarze Bergkette im Hintergrund rückt näher. Nach insgesamt 32 km muss man sich an einem Abzweig rechts halten Richtung ONO. Es geht über eine Ebene mit schwarzem **Wüstenlack** (die Sonne verbrennt mit ihrer unglaublichen Hitze das Gestein und überzieht es mit einer glänzenden Oberfläche). Nach 8 km ist bei einem kleinen Pass der **Messum-Krater** erreicht – vom **Aussichtspunkt** blickt man über die Ebene und unweit und rechts ist ein Lagerplatz gekennzeichnet. Wenn der Wind aus Osten weht, stockt der Atem vor Hitze, da der Krater wie ein Brennkessel funktioniert. 12 km weiter ragt eine Granitkuppe aus dem Sand – **Bakkrans Historical Site** – mit Resten von Felsmalereien unter einem Überhang. Nach insgesamt 16 km durch den Krater verlässt man ihn im Nordosten. Es sind dann noch rund 30 km auf Sandpiste bis zur D2342, weitere 40 km auf hartem Wellblech zur C35. An der Kreuzung verkaufen Einheimische der **Streusiedlung Zebedeus** an improvisierten Ständen Halbedelsteine. Von hier sind es auf der C35 noch 14 km bis Uis.

GPS-Daten

Km 0	**Cape Cross Lodge** (GPS -21.75089, 13.99710)
Km 2	Piste nach NNO (GPS -21.73378, 13.98774)
Km 10,5	weiter nach NO (GPS -21.68016, 14.04217)
Km 27	Rivierquerung (GPS -21.56757, 14.14001)
Km 32	rechts nach ONO (GPS -21.53674, 14.16910)
Km 40	Einfahrt Messum Crater/Viewpoint, weiter nach N (GPS -21.47651, 14.20615)
Km 51,5	Bakkrans Historical Site, weiter nach NO (GPS-21.39370, 14.20297)
Km 56	Ausfahrt Krater, links weiter nach N (GPS -21.36574, 14.23348)
Km 60	Messum Rivier (GPS -21.34331, 14.23620)
KM 61,5	rechts nach O (GPS -21.32919, 14.25363)
Km 67	links nach O (GPS -21.34137, 14.31169)
Km 69	links nach NO (GPS -21.34121, 14.31173)
Km 87	D2342 (GPS -21.27054, 14.46346)
Km 126	C35
Km 140	**Uis.**

Skeleton Coast National Park

Regenzeit In Jahren mit viel Regen ist der Park zwar nicht geschlossen, de facto eine **Zufahrt nicht möglich,** da dann der Ugab und der Koigab abkommen; wenn sie richtig fließen ist ein Durchkommen über mehrere Tage nicht möglich.

Transitstrecke Wer von Swakopmund **nach Twyfelfontein** oder **Palmwag** und dabei ein wenig Küste schnuppern will, fährt nach Henties Bay und auf der C34 weiter nach Norden. 75 km hinter Cape Cross kommt man ans **Ugab Gate** (nicht nach 15 Uhr, Transit kostenfrei) und in den Nationalpark, nach weiteren 100 km kurz vor Torra Bay auf der C39 nach Osten zum 40 km entfernten **Springbok Gate** (von dort nach Twyfelfontein 120 km, nach Palmwag 90 km).

Eindrucksvolle Szenerie beim Springbok Gate

Tor zur Skelettküste

Skelettküste

Einfahrt

Am **Eingangstor** (Einfahrt in den Park bis 15 Uhr, Übernachtung in Torra Bay und Terrace Bay nur bei Vorausbuchung, 150 N$/Person, 50 N$/Fahrzeug, Transit kostenfrei) sind zwei riesige Totenköpfe angebracht und mahnen an frühere Zeiten. Wer an diesem Küstenstrich wegen widriger Wind- und Strömungsverhältnisse strandete, hatte ein grausiges Schicksal: kein Wasser, keine Nahrung, das lebensfreundlichere Landesinnere zu Fuß nicht erreichbar. Für die Lieben daheim war und blieb man verschollen.

Wracks und Ruinen

16 km nach der Querung des breiten Betts des Ugab ist linkerhand das Wrack eines kleinen, 1976 gestrandeten Schiffs zu sehen. Gleich hinter der Querung des Huab steht ein altes, verrostetes Gerüst einer ehemaligen Ölbohrstelle. Heute brüten dort Kormorane, das Betreten ist verboten. Das Metall überziehen die weißgrauen Exkremente der Seevögel, **Guano** genannt, und früher wie auch heute wieder als Dünger begehrt. 12 km weiter ist Toscanini erreicht. Man sieht lediglich die Reste irgendwelcher in den 1960er Jahren von Diamantenschürfern errichteten Anlagen. Auf der grau-braun-schwarzen **Kieswüste** wachsen Flechten. 42 km hinter Toscanini quert das Koigab Rivier.

Sandstrand

Links und rechts der Piste erscheinen nun Dünen, und voraus wird der Blick frei auf eine große Dünenkette. 105 km hinter dem Eingangstor ist der Abzweig nach Khorixas C39 erreicht. Wer keine Buchung für Terrace Bay bzw. Torra Bay besitzt, muss rechts abbiegen. 10 km weiter liegt **Torra Bay.** Man muss Fisch mögen, seine Angel gerne haben und herbe Landschaft lieben: Unterkunft am Strand (Sand immer), bei starker Brise (häufig), dickem Nebel (nicht so selten) und unbedingter Selbstversorgung.

Umkehrpunkt

Nach der Querung des Uniab sind es noch 34 km bis Terrace Bay. Die Bungalows des Anglerparadieses **Terrace Bay** sind zweckmäßig und sauber eingerichtet, der Laden verkauft Kleinigkeiten, das Restaurant bietet Essen, das mal so, mal so ist. Nur passionierte Angler halten es an diesem Ort der Einsamkeit länger aus. Diese finden aber alles, was das Herz begehrt: Beste Angelmöglichkeiten in sauberstem Wasser und eine Gefrieranlage; viele Südafrikaner reisen mit Kühlanhänger an.

Dünenabenteuer

Wer nicht angelt, kann den Nachmittag in den Dünen verbringen. Dazu muss man mit dem Wagen (4x4) 3 km zurückfahren und nach Osten auf den 12 km langen, sandigen **Dune Drive** abbiegen. Am Flughafen entlang kehrt man zurück. Schöne Ausblicke über die Küste belohnen den Aufstieg auf die Dünen. Immer wieder sind Kriechspuren von allerlei Kleingetier zu sehen (die Wüste lebt!), auch Antilopen und Schakale werden gesichtet. Und wer sich am Dünenkamm auf den Hosenboden setzt und (mit den Händen viel Sand mit sich schaufelnd) hinabrutscht, bringt die Dünnen zu zartem Singen oder brüllendem Dröhnen. Das Phänomen der **roaring dunes** entsteht durch den Zusammenprall von Sandkörnern, der die Luft zwischen ihnen schwingen lässt und so einen Ton von bis zu 105 db erzeugt – vergleichbar einem Formel-1-Rennwagen aus 30 m Entfernung.

Luxus in der Einsamkeit

Weiter darf man nicht, das Gebiet nördlich von Terrace Bay ist Konzessionsgebiet. Wer allerdings die **Shipwreck Lodge** direkt am Meer gebucht hat, darf die 70 km bis Möwe Bay weiterfahren, wo er abgeholt und zur Lodge gebracht wird. Von dort geht es dann auf Exkursionen in die Wüste, entlang des Hoarusib Riviers (und mit Glück zu den Wüstenelefanten), zu Wracks wie der *Dunedin Star* und zum *Ventura Bomber* (s. Kasten). Die zweite Luxusunterkunft – **Hoanib Skeleton Coast Camp** – liegt im Landesinneren an der Ostgrenze des Parks und ist nur mit dem Flugzeug erreichbar.

Eisenskelett am Ozean: Reste eine Ölplattform

Ventura Bomber

Am 29. November 1942 lief der **Passagierdampfer Dunedin Star** an der Skelettküste auf Grund und ein losgeschickter Schlepper erlitt das gleiche Schicksal. Zur Versorgung der Schiffbrüchigen schickte man einen B34-Bomber los, der Wasserkanister und Nahrungsmittel abwarf. Doch die Kanister zerbarsten und der Kommandant entschloss sich zur Landung. Er konnte entladen, aber nicht mehr starten – die **Räder waren im Sand versunken.** Vierzehn Tage dauerte es, bis über Land ein Konvoi die Wracks erreichte und die Menschen rettete.

Weiterfahrt nach Osten

Von Torra Bay geht es auf der C39 östlich über Wellblech und tiefe Querrillen durch kiesbedeckte Dünen auf einen Tafelberg zu, den **Great Table Mountain.** Die Piste steigt allmählich an, und nach 20 km läuft der Veterinärzaun parallel. Nach einem kleinen Pass begrenzen Tafelberge ein Tal, in dem grüngelbe Gräser und Flechten den Boden bedecken. Nach 40 km ist das **Springbok Gate** erreicht (Einfahrt Sonnenaufgang bis 15 Uhr, Ausfahrt bis 17 Uhr). Immer wieder queren nun Riviere und Rinnen, Antilopen und Warzenschweine sind zu sehen und weiße Windrotoren überragen die wenigen, einsamen Farmhäusern in der wunderschönen Landschaft. 55 km nach dem Tor mündet die C39 in die C43.

Service Dorob/Skeleton Coast

Unterkunft

Henties Bay

De Duine**, Klipvis St, Tel. 064-500001, www.facebook.com/DeDuineHotel. Das Traditionshotel des Städtchens, das es gefühlt schon immer gibt; 20 Zimmer und Restaurant (Fisch satt!) direkt an der Strandstraße; auch Organisation von Unternehmungen.

Fisherman's Guesthouse**, Auzzas St, Tel. 081-4536324, https://henties-bay.com. Neun angenehm eingerichtete Zimmer, Restaurant mit gutem Essen (nach Vorbestellung) und familiäre Gastgeber.

Desert Rose Resort**, Skamhaai St, Tel. 064-500181, www.firstgroup-sa.co.za. Fünf zweckmäßig möblierte Apartments für Selbstversorger in der „ersten Reihe"; Braaimöglichkeit.

Anchors Lodging & Camping*-**, Sand St, Tel. 085-7018813, www.facebook.com/AnchorsHenties. Ordentlicher, sauberer Platz etwas vom Meer weg; auch Zimmervermietung

Cape Cross

Cape Cross Lodge***, am Kreuzkap, Tel. 064-694012, www.capecross.org. Fürs heimelige Übernachten mitten im Nirgendwo; 20 luxuriöse Zimmer und Suiten und gutes Restaurant; auch **Zeltplatz** (21 Plätze, jeweils mit Braai, Wasser, Strom, in der Lodge Holz, Brot und Fleisch) und ein kleines Museum zur Geschichte des Kreuzkaps.

Jakkalsputz*, 60 km südlich von Cape Cross, Namibia Wildlife Resorts, Tel. 061-2857200, www.nwr.com.na. 250 rustikale Stellplätze, nur für Selbstversorger, nur Dez./Jan.

Mile 72*, 20 km südlich von Cape Cross, Namibia Wildlife Resorts, Tel. 061-2857200, www.nwr.com.na. Zwei Chalets und Zeltplatz – nur für Selbstversorger; nur Dez./Jan.

Mile 108*, 40 km nördlich von Cape Cross, Namibia Wildlife Resorts, Tel. 061-2857200, www.nwr.com.na. Ein Chalet, 170 rustikale Stellplätze und sechs Plätze mit eigenem WC – nur für Selbstversorger; ganzjährig.

Skelettküste

Torra Bay, Namibia Wildlife Resorts, Tel. 061-2857200, www.nwr.com.na. 60 Zeltplätze für Selbstversorger mit Laden und Tankstelle, ganzjährig; Attraktion: Angeln.

Terrace Bay***, Namibia Wildlife Resorts, Tel. 061-2857200, www.nwr.com.na. Zwei Strandchalets (riesig und sauber), 20 Zimmer (einfach und sauber), Kiosk und Restaurant (nicht schlecht) – am Ende der Welt (geographisch).

Shipwreck Lodge****, 45 km nördlich von Möwe Bay, Tel. 061-220104, https://shipwrecklodge.com.na, nur mit Vorausbuchung. Luxus pur und *all inclusive* in zehn Chalets in den Dünen am Meer mit allem Drum und Dran wie Kamin, Beachlunch und Ausflügen.

Hoanib Skeleton Coast Camp****, nur per Flug erreichbar, Tel. +27-11-2575000, www.wildernessdestinations.com. Eines der exklusivsten Camps im südlichen Afrika mit acht „Safarizelten" – all inclusive mit allen Aktivitäten.

Essen und Trinken

Henties Bay

Misty Bay Café, Jakkalsputz Rd, Tel. 064-501336. Nettes Café an der Hauptstraße mit Frühstück, guten Snacks und Hauptgerichten.

Fishy Corner, Galjoen St, Tel. 081-4828686, www.facebook.com/fishycorner. Fisch und Meerestiere vornehmlich paniert oder unpaniert aus der Fritteuse, dazu in der Saison am Wochenende Livemusik – gemütlich unter Fischern.

Penny's Pizza, Sand St, Tel. 081-7070370, www.facebook.com/lukzetttourism. Reitstall mit wirklich guten Pizzen (nur Mi–Sa 17–21 Uhr).

Skubbe Pub & Grill, Karas St, Tel. 064-501373, www.facebook.com/Skubbebar. Der Allrounder im Ort: Frühstück, Lunch, Dinner, Drinks und Events – von frühmorgens bis spätabends.

Aktivitäten

Henties Bay Golf Resort, Tel. 085-7599972, https://hentiesbaygolfestate.com. 9-Loch-Platz (2700 m, Par 35, Greenfee 100 NS) mit sehr wenig Grün und sehr viel Sand zwischen einigen Palmen – seit Jahren plant man ein Pensionisten-Resort (klappte bislang nicht).

Zeltplatz aufs Wesentliche gebracht: Mile 72

Hotel an der Uferpromenade

Walvis Bay

Die Straße zwischen Walvis Bay und Swakopmund ist bei Nacht besser zu meiden. Nach Bier und Korn körperlich und seelisch entspannt, versuchen nicht wenige, den Streckenrekord zu unterbieten. Eher ereignisarm und schnurgerade geht es am Meer entlang und an den Resorts Langstrand und Dolphin Bay vorbei in die Hafenstadt. Am Ende der Einfallsstraße (Union St) erhält man im Walvis Bay Visitor Centre Informationen.

Stadtanlage

Die Stadt ist einheitlich geplant und hat einen klar gegliederten Gitter-Grundriss mit rechtwinkelig zueinander verlaufenden, mit Nummern benannten Straßen. Die Straßen senkrecht zur Küste heißen „Road", parallel liegende „Street". Die drittgrößte Stadt Namibias hat etwa 70.000 Einwohner, die Hälfte schwarz, die andere Hälfte farbig und weiß. Das östlich des Kreisels liegende Viertel Narraville galt traditionell als Stadtteil der farbigen Bevölkerung, der nördlich liegende Stadtteil Kuisebmond als Wohnviertel der schwarzen Bewohner.

Hafenstadt

Die Stadt vermittelt neben Windhoek als einzige „Großstadtflair"; auf den Straßen ist viel Verkehr, der Hafen ist gut ausgelastet und die Geschäfte laufen. Seit der Abgabe der Enklave von Südafrika an Namibia hat sich die Wirtschaft der Hafenstadt positiv entwickelt – insbesondere auch durch den Transkalahari Highway nach Botswana und weiter ins nördliche Südafrika. Auch die Salzgewinnung ist von Bedeutung und natürlich die Fischerei.

The Raft: Essen über dem Meer

Geschichte

Portugal Auf seinem Weg nach Südafrika (und an Lüderitzbucht vorbei) ankerte der Portugiese **Bartolomeu Diaz** am 8. Dezember 1487 auch vor dem heutigen Walvis Bay und gab der Bucht den Namen „Golfo de Santa Maria da Conceição". Im 17. Jahrhundert kamen die Walfänger an diese Küste, die nun „Golfo de Baleia" hieß – Bucht der Wale. Der Benguela-Strom sorgte für Fisch- und Planktonreichtum und damit für beste Lebensbedingungen für die riesigen Säugetiere.

England Beim Wettrennen zwischen Holländern und Engländern um Einfluss an der Südküste Afrikas gewannen Letztere, und ab 1795 wurde die Gegend endgültig der Machtsphäre der Engländer zugerechnet. Damit hatte Großbritannien einen natürlichen Hafen, den seine Schiffe auf dem Weg zum und um das Kap der Guten Hoffnung herum anlaufen konnten.

Missionierung Einer der ersten Europäer in dieser Gegend war der Missionar **Heinrich Scheppmann,** der 1845 bei Rooibank am Kuiseb seine Arbeit mit den Topnaar Nama begann. Ihm verdankt Walvis Bay das einzige Gebäude geschichtlichen Wertes aus dem 19. Jahrhundert– die Missionskirche.

Südafrika Da sich die Verwaltung von London aus schwierig gestaltete, gab die britische Regierung 1884 die Anweisung, Walvis Bay der Kapkolonie einzuverleiben und von dort aus zu administrieren. Damit war die bis 1994 gültige Verbindung von Südafrika und seiner Exklave festgeschrieben.

Sehenswertes

Geschichtliches Neben der eingehausten **Lokomotive** (2-4-2T Hope von 1899, bis 1915 in Dienst) vor dem Bahnhof am Ende der 11th Road gibt es noch zwei weitere touristisch interessante Punkte im Stadtgebiet. Die **Rheinische Missionskirche** steht in der 5th Road in Höhe der 8th Street im schönsten Teil der Stadt und wurde 1879 in Hamburg als Fertigteilgebäude aus Holz hergestellt, zerlegt nach Walvis Bay gebracht und 1880 aufgebaut. Gegen Holzfäule hatte man die Außenseite verkleidet, in den 1960er Jahren musste sie dem Hafen weichen und kam an ihren heutigen Standort.

Lagune Die zweite Attraktion bildet die am Wasser verlaufende, 5 km lange **Esplanade** (Verlängerung der Diaz Street nach Süden). In der als wichtiges Brutgebiet geschützten Lagune stehen, sitzen und fliegen Möwen und Seetauben, staken Flamingos und würgen Pelikane Fisch in sich hinein (insgesamt 31 Vogelarten mit mehr als 250.000 Tieren); in den Gärten der Häuser und Villen ragen **malerische Etagenbäume** mit ihren streng geometrischen Silhouetten in den stahlblauen Himmel.

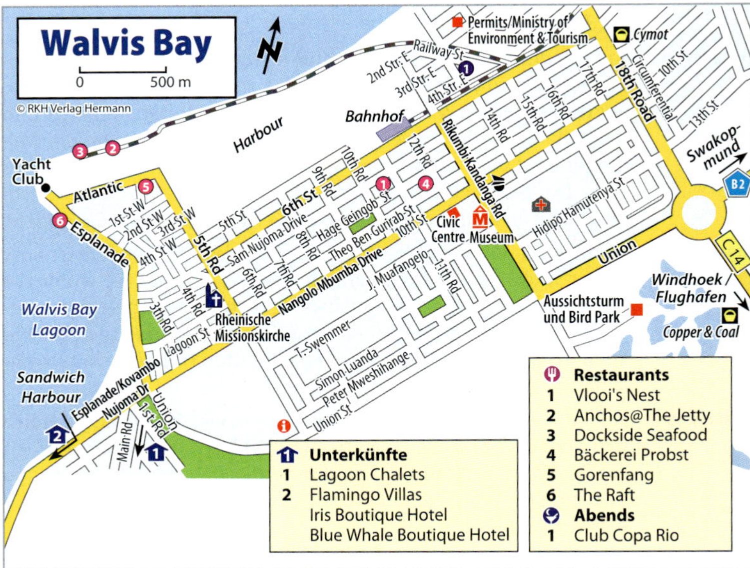
Walvis Bay
0 500 m
© RKH Verlag Hermann
Harbour
Bahnhof
Yacht Club
Walvis Bay Lagoon
Sandwich Harbour
Rheinische Missionskirche
Civic Centre
Museum
Aussichtsturm und Bird Park
Permits/Ministry of Environment & Tourism
Cymot
Copper & Coal
Swakopmund
Windhoek / Flughafen
Atlantic
Esplanade
Union
18th Road
Rikumbi Kandanga Rd
Nangolo Mbumba Drive
Sam Nujoma Drive
Hage Geingob St
Theo Ben Gurirab St
Hidipo Hamutenya St
Railway St
Unterkünfte
1 Lagoon Chalets
2 Flamingo Villas
Iris Boutique Hotel
Blue Whale Boutique Hotel
Restaurants
1 Vlooi's Nest
2 Anchos@The Jetty
3 Dockside Seafood
4 Bäckerei Probst
5 Gorenfang
6 The Raft
Abends
1 Club Copa Rio

Walvis Bay Umgebung
0 5 10 km
Seal Colony
Leuchtturm
Pelican Point
Walvis Bay
n. Langstrand / 35 km nach Swakopmund
Düne 7
Walvis Bay International Airport
Tumas
NAMIB-NAUKLUFT PARK
Meersig
Walvis Bay Nature Park
Salzwerke
C 14
Kuiseb-Pass
Dünen
Paaltjies
Kuiseb River Delta
Kuiseb
Rooibank
Sandwich Harbour
Anixab
Sandwich-Lagune
Conception/ Meob Bay

Walvis Bay Museum Am imposanten Civic Center mit der öffentlichen Bibliothek zeigt das engagiert kuratierte **Museum** (Nangolo Mbumba Drive, Tel. 064-2013273, Mo–Fr 9–16.30 Uhr) unter anderem prähistorische Funde (z.B. ein Hockgrab) und immer wieder interessante temporäre Ausstellungen.

Waterfront Im Hafen verströmen die kleinen und größeren **Holzhäuschen mit Restaurant und Läden** veritable Fischeratmosphäre: Hier kommt das Meeresgetier direkt vom Boot auf den Teller (mit einem kurzen Umweg durch die Küche), und man sitzt überaus gemütlich mit Blick übers Wasser.

Dune 7 12 km außerhalb (C14/D1984) erhebt sich Düne 7 etwa 100 m über die Landschaft – eine der höchsten Sterndünen der Welt. Der Anstieg im nachgebenden Sand ist anstrengenden („ein Schritt vorwärts, zwei Schritte zurück") und wird vorzugsweise am Morgen oder Abend unternommen (25–35 Min., genügend Getränke mitnehmen). Die Aussicht über die Sandwüste und den Ozean belohnt.

Ausflüge

Salt Works Über die Esplanade und 5 km über sie hinaus gelangt man zu den **Salzgewinnungswerken** (Walvis Bay Salt, Tel. 064-2720200, www.wbsalt.com, Besichtigung auf Nachfrage). Auf 5000 ha verdunstet Wasser in den Becken, und das gewonnene Salz macht 90 % der Produktion im südlichen Afrika aus (900.000 t/Jahr, davon 80.000 t Speisesalz). Zu 20 m hohen, grellweißen Bergen türmen die Förderbänder das lebensnotwendige Nahrungsmittel.

Paaltjes 12 km südwestlich zum Atlantik hin über die Salzwerke hinaus und an den Salzpfannen vorbei befindet sich der angeblich **beste Fischgrund** der Gegend. Entsprechend gestaltet sich am Wochenende der Zulauf der Einheimischen, die das Abendessen in ihre Pfannen

4

Das Weiße Gold aus Meerwasser und Sonne

Über den Verdunstungsbecken ist das Licht einzigartig

holen. Die „Angelmeile" besteht aus vier ausgewiesenen Stellen, wobei nur die erste mit einem normalen Pkw erreichbar ist. Hier finden sich auch die **Austernbänke** von Walvis Bay. Die Austern kommen in einer Größe von 2–3 mm aus Chile und werden in den kalten und planktonreichen Benguela-Strom gesetzt. Nur 9 Monate benötigen sie zum Wachsen (in Chile würde es zur gleichen Größe 2–3 Jahre dauern), dann werden sie geerntet und landen – gereinigt – auf den Tischen. Man könnte sie noch weiterwachsen lassen, doch würde sich nicht ihr Gewicht, sondern nur ihr Volumen ändern, sie würden weich und „matschig".

Rooibank

Der Ausflug nach |Awang||hans (Khoisan für „Rotes Ufer") ist mit normalem Pkw machbar (hin und zurück 60 km, 2–3 Std.). Es geht auf der C14 entlang der Sicheldünen (Barchanen) und nach 7 km in die Piste D1983 nach Süden. Der Abbau des gipshaltigen Bodens, der sich vorzüglich für den Straßenbau eignete, hat tiefe Wunden in der Wüste hinterlassen. Links der Straße wirkt der Boden dunkler, da hier Flechten, die **Mikroorganismen der Wüste** (Algen/Pilze), die Oberfläche überzogen haben. Die Pilze haben die Aufgabe des Skeletts übernommen, während Algen sich um die Fotosynthese kümmern. Die Farbpalette reicht von schwarz über grau und braun bis orange, bei ausreichend Feuchtigkeitszufuhr blühen die Flechten in strahlenden Farben auf. Die notwendige Feuchtigkeit wird der nebligen Luft entnommen. 1 km vor Rooibank ragt rechterhand der Kirchturm der **Rheinischen Missionskirche** auf; die Scheppmannskirche ersetzte 1953 die verfallene Originalkirche aus der Kolonialzeit, trägt aber noch den Namen des Missionars. Rooibank selbst – ein paar **Häuschen am Kuiseb** malerisch vor Sandbergen – erhielt seinen Namen wegen des roten Granits im Wüstenboden. Das Rivier trennt das Dünenmeer von den Geröllflächen des Nordens. Flussaufwärts stehen hohe Bäume, abwärts niedrige Pflanzen. Hier wächst auch die Nara-Frucht. Für die **Weiterfahrt** zur Wüstenstation Gobabeb im Nationalpark sind ein Permit und ein 4x4-Fahrzeug nötig.

Wüstenforscher im Nirgendwo: Station Gobabeb

Sandwich Harbour

Hafen

Walfänger warfen im 18. und 19. Jh. in einer Lagune 40 km südlich Walvis Bay den Anker, an einer der wenigen Stellen mit Frischwasser – **Anixab** (Nama für „Quellwasser"). Ihren englischen Namen erhielt sie der Legende nach vom britischen Walfänger *Sandwich*. 1890 entstand eine Fabrik zur Fleischverarbeitung, die Rinder trieb man durch die Wüste aus dem Landesinneren an die Bucht. Fünf Jahre später versandete die Buchteinfahrt, die Fabrik wurde aufgegeben.

Diamanten

1908 drang dann die Nachricht nach Lüderitz – Diamanten südlich von Sandwich Harbour! Ein wilder Haufen machte sich auf den Weg die Küste entlang und begann bei **Meob Bay** (etwa auf Höhe von Sesriem/Sossusvlei) zu graben. Die Kolonialverwaltung reglementierte umgehend die Suche, erklärte die ganze Küste zum Sperrgebiet und die Steine mussten (allerdings gegen Bezahlung) abgegeben werden. Siedlungen entstanden mitten in der Sandwüste: **Fischersbrunn, Grillenberger** und **Charlottenfelder.** 1914 war Schluss, alle Schürfer wurden wegen des Krieges nach Swakopmund befohlen.

Schutzgebiet

Bis in die 1950er Jahre baute man bei Sandwich Bay Guano ab, und um die Nutzflächen zu vergrößern, schüttete man Sand auf. Schließlich wurde die Lagune als **Brutstätte für Vögel** Teil des Namib-Naukluft-Parks und streng geschützt. 1995 durchbrach das Meer die Sandbarriere und holte sich die Lagune teilweise zurück.

Anreise

Das Meer reicht auf weiten Strecken direkt an die Dünen heran, unter extrem weichem Sand verbirgt sich teilweise Salzglibber, und man muss auf die Gezeiten achten. Immer wieder sind **versandete Touristenfahrzeuge** abgesoffen, weil sie während der Ebbe nicht befreit werden konnten. Man sollte einen Besuch also tunlichst organisiert unternehmen – als Fahrgast oder als begleiteter Selbstfahrer.

Conception/ Meob Bay

45 km südlich von Sandwich Harbour dient die kleinere Lagune Conception Bay ebenfalls als Vogelbrutstätte. Sie liegt im **ehemaligen**

4

Diamanten-Sperrgebiet No 2 (heute Namib Naukluft National Park) und ist nur organisiert erreichbar. Auf 15 km schlägt die Brandung direkt an den Fuß der steil aufragenden Dünen („Langewand") und erlaubt eine Passage nur bei tiefster Ebbe – ein gefährliches Unterfangen. 10 km südlich der Bucht liegt das Wrack der 1909 im Nebel gestrandeten **„Eduard Bohlen"** der Woermann Linie (heute wegen Verlandung 500 m von der Küstenlinie entfernt). Nochmal 70 km weiter war die Meob Bay wie Sandwich Harbour Walfangstation und später Ausgangspunkt für die Diamantenschürfer in den Dünen des Hinterlandes. Der 400 km lange Meeresstreifen ab der Bucht bis hinunter zur Chamais Bay im *Tsau ǁKhaeb* (Sperrgebiet) National Park ist heute mit seinen Inseln und 30 km Tiefe zur **Islands' Marine Protected Area** erklärt (Namibias erstes Meeresreservat). Es schützt 14 Vogelarten, darunter Brillenpinguine und die weltgrößte Küstenscharben-Kolonie *(Phalacrocorax neglectus)* aus der Familie der Kormorane – 90 % der Gesamtpopulation der stark gefährdeten Art.

Silberne Küste

Namibias Küste hat auch den Beinamen „Silberne Küste". Der Reichtum an Plankton führt dazu, dass nicht alles gefressen werden kann, große Mengen sinken ab und der Sand begräbt sie. In regelmäßigen Zeitabständen strömt warmes Wasser aus Angola die Küste entlang nach Süden, das abgestorbene Plankton gärt, Schwefel entsteht, das Wasser verliert Sauerstoff, Langusten flüchten an Land, Fische kommen an die Oberfläche und schnappen nach Luft. Verpestet riecht dann die ganze Küste und silbern schimmert die Meeresoberfläche von den Fischkadavern.

Service Walvis Bay

Information

Visitor Centre, Ecke Union St/5th Rd, Tel. 064-200606. Infostelle und Buchungsmöglichkeiten für Unterkunft und Aktivitäten.

Permits

Ministry of Environment & Tourism, Ecke 2nd St/Heinrich Baumann Rd, Tel. 064-205971, Mo–Fr 8–12 u. 13–17 Uhr (nicht verlässlich, besser in Swakopmund buchen). Genehmigungen für die Namib.

Führungen

Township-Touren: Walvis Bay Tour Guides, Tel. 081-2664189, www.walvisbay-eco-tourism.com. Informative Tour über den Markt von Kuisebmond zu einem Kindergarten, ins Gemeindezentrum, zu einem Relocation-Projekt (Tutaleni) gegen die Wohnungsnot; abschließender Shebeen-Besuch mit Essen – erfreulich ehrlich unfolkloristisch.

Unterkunft

Flamingo Villas****, Kovambo Nujoma Drv, Tel. 064-205631, www.flamingovillana.com. Sehr elegantes Luxushotel mit 27 Zimmern und Suiten (mit Lagunenblick) und Gourmetküche.

Iris Boutique Hotel***, Kovambo Nujoma Drv, Tel. 064-207700, www.facebook.com/IrisBoutiqueHotelWalvisBay. Hotel im Lodge-Stil mit zwölf Zimmern und einem guten Restaurant (mit Weinkeller) an der Lagune.

Blue Whale Boutique Hotel **-***, Kovambo Nujoma Drv, Tel. 064-206807, www.facebook.com/BlueWhaleHotel. Nettes, modernes Hotel an der Lagune mit 19 stylischen Zimmern und Suiten, sicherem Parken, Pool und Restaurant – feine Adresse zu fairen Preisen.

Kleines Nest B&B**, Kovambo Nujoma Drv, Tel. 064-203203. Nettes und familiäres B&B in einem modernen Gebäude mit sechs Zimmern (jeweils mit Bad) und Lagunenblick.

Lagoon Chalets*-**, 8th Road 1287, Tel. 064-217900, www.lagoonchaletswb.com. Die Budget-Unterkunft in der Stadt mit recht gutem Standard; 27 Chalets unterschiedlicher Größe, sechs Cottages und sieben Mehrbettzimmer; mit Restaurant, aber auch für Selbstversorger geeignet – auch Camping.

Essen & Trinken

Frühstück/Lunch

Bäckerei/Restaurant Probst, 12th Road, Tel. 064-202744, www.facebook.com/ProbstCafe, Mo–Fr 6.30–17, Sa 6.30–14 Uhr. Traditionstreff mit Schwarzwälder Kirsch, Schnitzel und gutem Brot.

Vlooi's Nest, Tel. 064-220157, Hage Geingob St 77, www.facebook.com/vlooisnest, Mo–Fr 7–17, Sa 7–14 Uhr. Beliebte Frühstücks- und Lunch-Adresse mit deftigen Gerichten à la Südafrika wie Pizza-Steak (im Pizzastyle belegter Fleischfladen) und Salaten.

Lunch/Abendessen

Godenfang, Atlantic Street 22, Tel. 081-7198981, www.facebook.com/godenfang1930, Di–Sa 9–22, So 9–15 Uhr. Die ökologische Alternative in einem Werkstattgebäude von 1930 und eigenem Gewächshaus für die Kräuter: Fisch, Fleisch, Burger und Pasta.

The Raft, The Esplanade, Tel. 064-204877, www.facebook.com/theraftrestaurant, tgl. 12–21/22 Uhr. Walvis Bays kulinarisches Aushängeschild steht auf Stelzen im Meer – Fisch- und Fleischgerichte (und Pizza) mit Aussicht.

Crazy Mammas, Sam Nujoma Drv 133, Tel. 064-207364, www.facebook.com/crazymamasNamibia, tgl. 12–22 Uhr. Sieht von außen aus wie eine Burg und in den weitläufigen Gasträumen oder im Biergarten gibt es südafrikanische Küche mit Fleisch & Fisch und Pizza & Pasta.

Anchors@The Jetty, Atlantic St (Waterfront), Tel. 064-205762, www.facebook.com/anchorsatthejetty, tgl. 7.30–22 Uhr. Fischrestaurant mit uriger Atmosphäre und Tischen direkt am Wasser.

Dockside Seafood, Atlantic St (Waterfront), Tel. 081-1276062, Di–Sa 12–22, So 12–17 Uhr. Die direkte Konkurrenz mit Terrasse über dem Meer und nicht weniger frischem Fisch und Sushi.

Abend

Club Copa Rio, Railway Road, Tel. 081-7485802, www.facebook.com/clubnitronightclub, Do–Sa 20–2 Uhr. Bei null Alternativen die beste Adresse zum Abfeiern.

Einkaufen

Campingausrüstung: Cymot, Ecke Sam Nujoma Ave/18th Rd, Tel. 064-271400, www.cymot.com

Souvenirs: Gifts & Curious, Visitor Centre (s. Infostelle); schöne Schnitzereien, Keramiken, bestickte Wäsche und Modeschmuck.

Schnaps: Copper & Coal, Ecke Langer Heinrich Crescent/Trekoppje St, https://distillerynamibia.com, nur nach Voranmeldung per Mail. Wodka, Gin und aromatisierte Feuerwasser in kleinen Mengen, aber hervorragender Qualität.

Aktivitäten

Dune 7

Quadbiking/Sandboarding: Dune 7 Adventures, an der Düne, Tel. 081-6261714, www.dune7adventures.com. Geführte Fahrten mit dem Quadbike in die Dünen (Quad 30 Min. ab 400 N$, 2 Std. ab 700 N$, Boarding 6x/550 N$).

Ausflüge

Sandwich Harbour/ Conception Bay

Sandwich Harbour 4x4, Atlantic St (Unit B), Tel. 081-1473933, www.sandwich-harbour.com. Halbtagesausflüge nach Sandwich Harbour (5 Std., ab 2400 N$) und Dreitages-Touren zur Conception/Meob Bay (ab 15.800 N$ mit allem Drum und Dran).

Bootsausflüge

Mola Mola Safaris, Tel. 064-205511, www.mola-namibia.com. Katamaran-Fahrten zum Pelican Point mit Delphinen, Robben, Pelikanen und Austern (5 Std., ab 2300 N$).

Levo Dolphin Tours, Tel. 064-207555 oder 081-1296270, www.levotours.com. Mit dem Schnellboot geht's hinaus in die Lagune zu Robben, Walen und Delphinen – kurzweiliger Ausflug mit Sekt und Austern, ab 500 N$.

Eco Marine Kayak Tours, Tel. 081-1293144, www.ecomarinekayak.com. Halb- und ganztägige Touren in der Lagune mit Vogelbeobachtung, Besuch der Robben und der Austernbänke (4,5 Std. ab 1100 N$).

Notfall

Hospital/ Polizei

Welwitschia Private Hospital, Dr. Putch Harries Drive (dem Civic Centre gegenüber), Tel. 064-218911, https://welwitschiahospital.com

Police Station, Ecke Nangolo Mbumba Drv/Rikumbi Kandanga Rd, Tel. 081-4850954

Verkehr

Townhoppers, Tel. 081-2103 062, www.namibiashuttle.com. Täglich planmäßige Abfahrten über Swakopmund nach Windhoek mit Abholung (Door-to-Door-Service).

Walvis Bay International Airport, Rooikop (15 km östlich der Stadt), Tel. 064-271100, www.airports.com.na. Flughafen mit Zoll-/Passabfertigung, Verbindungen nach Südafrika (Cape Town/Jo'burg, www.flyairlink.com).

Nördliche Namib

Die Namib ist von der Unesco 2013 als „Namibia – Sand – See" in die Liste des Weltnaturerbes aufgenommen worden (die einzige Küstenwüste der Welt, deren weiten Dünenfelder Küstennebel beeinflusst). Nur besonders trockenheitsresistente Pflanzen wie Kandelaber-Euphorbien, Balsambäume und Akaziengestrüpp können sich in dieser unfruchtbaren Landschaft aus Dünen, weiten Ebenen, Inselbergen und Trockenflüssen halten. Ab und zu lugt ein Erdmännchen aus seinem Loch, huscht die elegante Silhouette einer Antilope über die Ebenen. Wer auch nur ein kleines Stück von der Hauptpad abfährt, stolpert geradezu über eigenartig geformte und gefärbte Steine. Die Namib ist als Teil des Namib Naukluft National Park auch auf nationaler Ebene geschützt.

Permits

Für Fahrten abseits der – die Namib querenden – Hauptstrecken (C14, D1982, C28) ist eine **Genehmigung** obligatorisch (150 N$/Person, 50 N$/Fahrzeug, s. bei Swakopmund). Für eine Übernachtung auf einem der **Zeltplätze** muss zweifacher Eintritt gezahlt werden. Die Plätze sind **nicht reservierbar:** wer zuerst kommt, darf bleiben. Bei Übernachtung ist alles (ALLES!) mitzuführen: Die Plätze haben kein Wasser und kein Feuerholz, nur einige eine Trockentoilette. Wer von Süden **Goanikontes** anfährt ist jedenfalls permitpflichtig – nur wer von der B1 von Norden nach Goanikontes kommt (17 km auf der D1991) benötigt keine Genehmigung, darf aber keinesfalls zur C28 weiter.

Welwitschia Drive

Der klassische Ausflug von Swakopmund führt in die Wüste zur ältesten bekannten Welwitschia. Von Swakopmund dauert die Rundtour 4–5 Stunden (145 km mit Abstecher nach Goanikontes und Rückfahrt von der Weltwitschia direkt südlich zur C28). Die Piste D1991 zweigt 20 km von Swakopmund von der C28 ab. Am Wegesrand deuten kleine Steintafeln mit Nummern auf Sehenswertes.

Nicht unbedingt die attraktivste, aber die älteste Pflanze

4

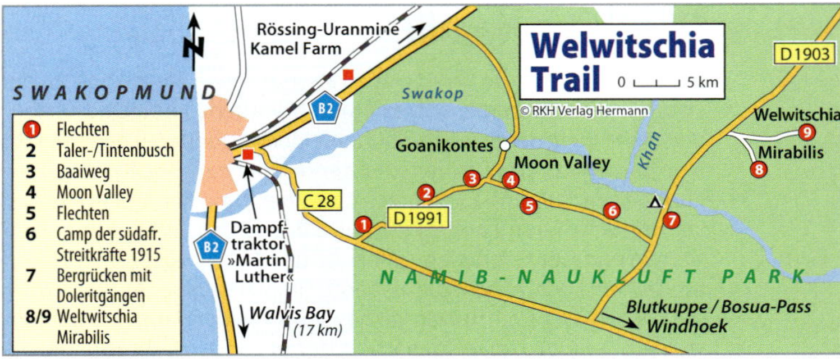

Die Wüste lebt Gleich nach dem Abzweig weist Tafel 1 auf Flechten hin. Sie färben das Gestein dunkel und wirken auf den ersten Blick wie totes Material. Benetzen einige Tropfen Wasser die Flechten, ändern sie die Farbe und zeigen Leben. Bei Tafel 2 sind Taler- und Tintenbusch sehen. Tafel 3 steht am Baaiweg, der historischen Ochsenkarrenspur von der Küste bis Windhoek.

Mondlandschaft Nach 18 km auf der D1991 verdient der Aussichtspunkt über dem **Moon Valley** (Tafel 4) seinen Namen. Die beeindruckende Landschaft wirkt wie ein von Riesenhand in die Wüste gegrabenes, **schwarzzerklüftetes Tal.** Wind und Wasser des Swakop haben diese bizarren Strukturen aus bis zu 450 Mio. Jahre altem Gestein geformt. Im Norden am Horizont sind die Rössingberge zu sehen. Bei Tafel 5 wachsen wieder Flechten.

Goanikontes Oasis Restcamp An Tafel 6 geht es nach Goanikontes (4 km), eine **Oase** in der Wüste mit Garten, Bar, Restaurant, Zimmern und Zeltplatz (s. Swakopmund/Unterkunft). Bei Tafel 7 zeugen verrostete Ausrüstungsgegenstände

Mondlandschaft

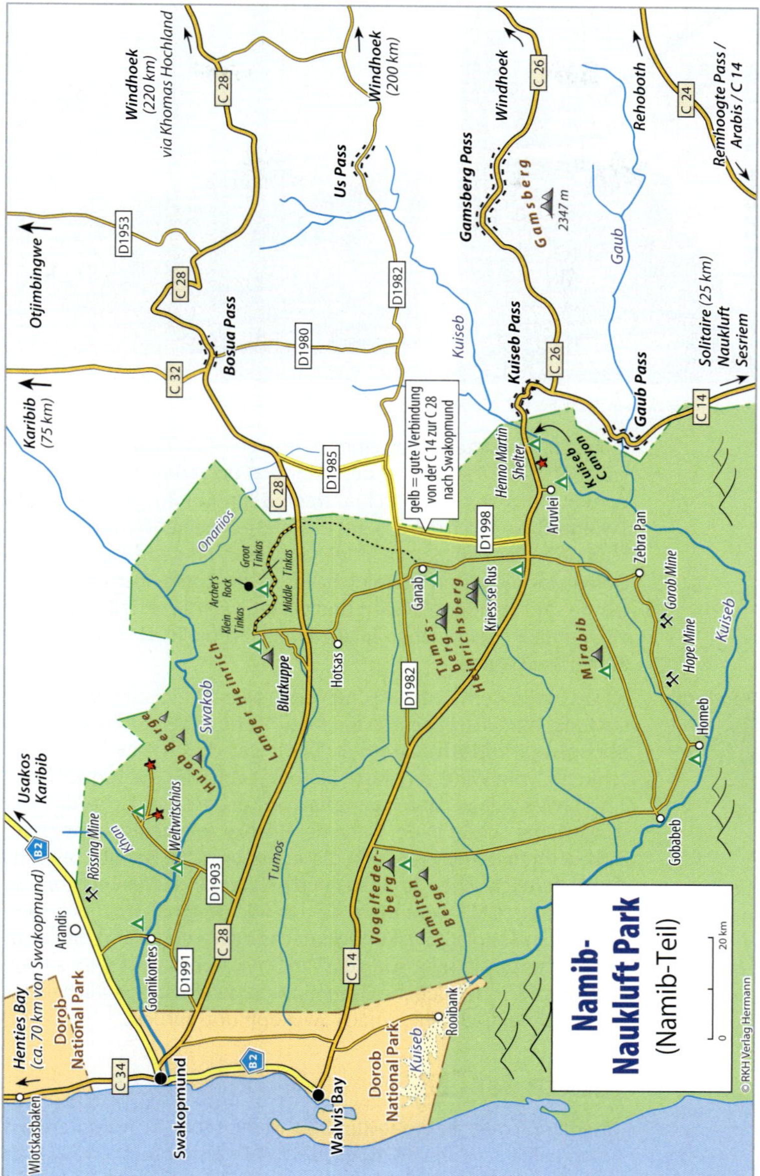
Namib-Naukluft Park
(Namib-Teil)
0
20 km
© RKH Verlag Hermann
Windhoek
(220 km)
via Khomas Hochland
Windhoek
(200 km)
Windhoek
Rehoboth
Remhoogte Pass / Arabis / C 14
Us Pass
Gamsberg Pass
Gamsberg
2347 m
Otjimbingwe
Karibib
(75 km)
Bosua Pass
Kuiseb
Kuiseb Pass
Gaub
Gaub Pass
Solitaire (25 km)
Naukluft
Sesriem
gelb = gute Verbindung von der C 14 zur C 28 nach Swakopmund
Henno Martin Shelter
Kuiseb Canyon
Aruvlei
Zebra Pan
Gorob Mine
Hope Mine
Homeb
Gobabeb
Kuiseb
Mirabib
Onariios
Groot Tinkas
Archer's Rock
Klein Tinkas
Middle Tinkas
Ganab
Tumasberg
Heinrichsberg
Kriess'se Rus
Hotsas
Blutkuppe
Langer Heinrich
Swakob
Husab Berge
Weltwitschias
Usakos
Karibib
Rössing Mine
Khan
Arandis
Goanikontes
Tumos
Vogelfederberg
Hamilton Berge
Henties Bay
(ca. 70 km von Swakopmund)
Dorob National Park
Wlotskasbaken
Swakopmund
Walvis Bay
Dorob National Park
Kuiseb
Rooibank
C 28
C 32
C 26
C 24
C 14
C 34
B2
D1953
D1980
D1982
D1985
D1998
D1903
D1991

Eine richtige Oase in der Wüstenei – Goanikontes

(Kanister, Panzerkette) von einem Camp der südafrikanischen Streitkräfte (1915). 15 km hinter dem Mondtal biegt man rechts zur C28 zurück, links zur Welwitschia. Nach 5 km kommt der **Zeltplatz Swakopfluss.** Noch davor weist die Tafel 9 auf einen Bergrücken hin. Magma ist hier vor Jahrmillionen in Granit eingedrungen und zu Doleritstöcken erstarrt, Erosion hat den Granit aufgelöst, die Doleritgänge sind stehengeblieben und wirken wie die verfallenen Reste einer antiken Stadtmauer. Tafel 10 markiert die Rivier-Vegetation – Kameldornbäume.

Welwitschia

12 km hinter dem Zeltplatz und vorbei an zahlreichen Pflanzen der Gattung *Weltwitschia mirabilis* (Tafel 11) ist auf einer 2 km langen Stichpiste ihr **Methusalem** erreicht: Das durch einen Zaun geschützte, vom Wind zerzauste Blattknäuel ist 1500 Jahre alt (Tafel 12). Die Wurzeln verlaufen ganz flach unter der Oberfläche, deshalb würde jeder Schritt in der Nähe der Pflanze zu einer Beschädigung führen! Ihren Namen verdankt dieses endemische Namib-Gewächs dem österreichischen Botaniker und Arzt Friedrich Welwitsch, der es 1852 das erste Mal beschrieb. Für den Rückweg hält man sich 5 km hinter dem Zeltplatz Swakopfluss nach Südwest und fährt direkt zur C28. An der Einmündung lag die Van Stryk Myn (Tafel 13) eine noch Mitte des 20. Jh. betriebene Eisenmine – zu sehen ist eigentlich nichts mehr. Auf der C28 geht es nach Swakopmund zurück.

Südlich der C28

Unternimmt man die große Rundtour ist man etwa 12 Std. unterwegs – man sollte so früh wie möglich – bei Tagesanbruch – losfahren (sich also das Permit noch am Vortag holen). Ein 4x4 ist für die

Streckenführung unerlässlich. Die gefahrenen Kilometer summieren sich auf 500 km, davon sind allerdings die Hälfte Asphalt bzw. sehr gute Piste mit glattem, festem Belag.

Vogelfederberg

Von Walvis Bay sind es 55 km auf bester Piste zum Abzweig der D2186 direkt hinter dem markanten Vogelfederberg. Auch wer die nur 400 m lange Stichpiste zu dessen Parkplatz nehmen will, benötigt ein Permit. Die Lage der **Picknickplätze** (GPS -23.05521, 14.98870) unter dem langgestreckten Felsüberhang raubt den Atem (die der **Zeltplätze** nicht minder). Der Bergrücken bietet alle **Verwitterungsformen** des Granits – Abschalung, Temperatursprünge und Wollsack-„Knäuel". An seinem Fuß sorgen Spuren von Feuchtigkeit für ein etwas üppigeres Wachstum – und für Nahrung: Steppenzebras, Strauße, Oryx-Antilopen und Springböcke lassen sich deshalb ab und an blicken, meist morgens und abends.

Gobabeb

Nach mehr oder weniger schnurgeraden 57 km auf der D2186 über die grau-braun-ockernen Ebenen der Geöllnamib erscheint die **Wüstenforschungsstation** (Tel. 064-205555, https://gobabeb.org, GPS -23.56014, 15.04135) wie eine Oase. Das Kuiseb Rivier bildet die Grenze zur Sandnamib, vor deren roten Dünen sich der Gebäudekomplex strahlendweiß abhebt. Die Station in der weitgehend **unberührten Wüstenlandschaft** – mit ökologischen Systemen im ursprünglichen Gleichgewicht – hat in den letzten Jahren ganz neue Erkenntnisse über das Leben in einer totgeglaubten Wüste gebracht. Hier wurde der Beweis für die Notwendigkeit geführt, gerade in sensitiven Wüstengebieten Touristenströme rigide zu kanalisieren. **Besucher** sind in Gobabeb nach Voranmeldung zugelassen und können auch in einer komfortablen Villa, in Cottages, Zimmern oder auf dem Zeltplatz übernachten – auch mit Mahlzeiten.

Homeb

Von Gobabeb geht es 16 km abseits des Kuiseb nach Osten und dann auf einer 4 km langen Stichpiste wieder zu ihm hin. Hier siedeln **Topnaar Nama** in einfachen Häuschen mit Ziegenpferchen mitten in der Wüste am grünen Band des Kuiseb (GPS -23.63732, 15.18262). Wenn es heiß ist, erfreut man sich am Schatten der hohen Bäume, und Vogelkundler kommen voll auf ihre Kosten. Die beiden Zeltplätze gehören zu den schönsten in der Namib.

Zebra Pan

Vorbei an **der aufgelassenen Mine Hope** (GPS -23.56807, 15.25701) mit Gebäuderuinen und unendlich vielen, ordentlich in die Landschaft gelegten Bohrkernen, und einer weiteren Mine (Gorob) geht es über 37 km nach Osten zur **Wasserpumpstation** Zebra Pan (GPS -23.51254, 15.50473), wo die Tiere

4

morgens und abends ihren Durst löschen. Hier wendet sich die Piste nach Norden und trifft nach 14 km auf eine links abzweigende Piste, die an den malerisch gelegenen Zeltplätzen von **Mirabib** (GPS -23.45237, 15.36032) unterhalb eines zerklüfteten Granitrückens (20 km) endet.

Funkturm auf dem Bakenkop

Bakenkop

Von der Einmündung sieht man bereits den im Norden stehenden Bakenkop mit seinem **Funkturm** (GPS-23.36460, 15.55288). Man fährt auf ihn zu und links an ihm vorbei. Nach 5 km biegt man rechts ab, fährt 2 km wieder nach Süden und schließlich die 700 m lange Betonpiste steil hoch. Der **Blick** auf die **Ebenen** und die **Inselberge** im Rund ist unvergleichlich.

Abstecher zum Kuiseb Canyon

Zurück an der Hauptpiste sind es 10 km nach Norden zur C14, auf die man nach rechts und Osten einbiegt, nach 9 km den Abzweig zum **Zeltplatz Aruvlei** (auch schöner Picknickplatz unter Akazien, GPS -23.33879, 15.67528) passiert und nach weiteren 5 km von der Piste nach Süden zum Kuiseb Canyon abbiegt. Am **Kuiseb Canyon Viewpoint** (5 km) vorbei endet die Piste nach 1 km am **Parkplatz** (GPS -23.33092, 15.74812).

Martin/ Korn Shelter

Vom Parkplatz sind es auf schmalem, holprigem Pfad ohne nennenswertes Gefälle 15–20 Minuten zu dem **Felsüberhang,** unter dem sich die beiden deutschstämmigen Südwester Geologen Henno Martin und Hermann Korn zweieinhalb Jahre versteckt hatten, um der drohenden Internierung durch Südafrika im 2. Weltkrieg zu entgehen. Zu sehen sind nur einige aus Steinen grob zusammengefügte Mauerreste – dennoch hat der Ort eine ganz eigene Strahlkraft.

Panoramablick vom Bakenkop

Unterschlupf in der Wüste: Martin/Korn Shelter

Kuiseb Canyon 8 km sind es auf der C14 vom Abzweig zum Shelter bis zu **Kuiseb Bridge,** wo es ins Hochland hinauf und über den **Gamsberg Pass** nach Windhoek geht (s. bei Khomas Hochland). Die **Kuiseb-Schlucht** hat sich erst in der Erdneuzeit gebildet; vor 1 Mio. Jahre wechselten sich feuchte und trockene Perioden ab und die regenreichen Zeiten gaben dem Fluss (wie auch Swakop und Kunene) die Erosionskraft, **tiefe Schluchten** zu graben. Das ursprünglich wesentlich breitere Tal hat angeschwemmtes Flussgesteins immer weiter verengt, andere Schichten legten sich darüber und heute ist das alte, breite Tal nicht mehr zu erahnen. Der Kuiseb selbst entspringt in den Bergen der Landesmitte und folgt dem Dünengürtel der Namib. Jedes Jahr **versandet** er, schafft sich aber in der Regenzeit ein neues Bett. Vor Walvis Bay verliert er aber endgültig die Kraft zum oberirdischen Verlauf, fließt unter der Oberfläche weiter und speist die Reservoire, die Walvis Bay und Swakopmund versorgen.

4

Zur C28 Zurückgefahren zur Einmündung der Piste vom Bakenkop verlässt man die C14 nach Norden und Richtung Ganab. Man fährt vorbei an **Heinrichsberg** und **Tumasberg,** quert fast nicht wahrnehmbare Trockenflusstäler (die sich nur durch spärlichen, sich am Horizont verlierenden Baumbewuchs verraten), hält sich nach 25 km bei der Gabelung am **Zeltplatz von Ganab** (mit Picknickplatz und Wasserloch, GPS -23.10360, 15.52738) nach rechts und quert 5 km danach die D1982. Nicht selten grasen auf der Strecke am Wegesrand Giraffen und man fragt sich, wie sie bei dem spärlichen Bewuchs überleben können. Die Piste verläuft westlich der Felskette des Mount Arechaomab und quert nach 23 km die C28.

Archer's Rock/Tinkas Wer bis hierher glaubte, mit einem 2x4 gut durchgekommen zu sein – jetzt wäre endgültig Schluss. Es geht auf schlechter Piste durch eine ausgesprochen abwechslungsreiche Landschaft, über glattgeschliffene

Camping am Archer's Rock

Felsen und Geröllebenen, durch sandige Flusstäler, an riesigen Granitkuppen vorbei und an eleganten Sanddünen entlang. Nach 15 km passiert die Piste die **Groot Tinkas Zeltplätze** (GPS -22.85136, 15.47470) unter Akazien in einem windgeschützten Felsrund. Meist ist der 1 km entfernte Stausee mit Wasser gefüllt und zieht in der Abend- und Morgendämmerung die Tiere der Wüste an. Kurz hinter dem **Zeltplatz Middle Tinkas** geht es recht weg nach Norden, eine sandige Fahrt im Tinkas Rivier. Die Piste endet nach 9 km am **Archer's Rock Zeltplatz** (GPS -22.79336, 15.50202). Unter dem Felsbogen ist man mit den Sternen alleine und „völlig losgelöst".

Rock Sculpture Trail

Zurück bei Middle Tinkas hält man sich weiter westlich und sieht nach 2 km beim **Klein Tinkas Zeltplatz** neben der Piste zwei **Soldatengräber** (GPS -22.8286, 15.424018) und Reste ihrer Polizeistation: Unteroffizier Kirchgatter und Reiter Ferdinand Zarb starben im Juni 1895 an Krankheiten. Nach nochmal 3 km weisen Schilder zur **Rundwanderung** durch die Granitlandschaft voller Wüsten-

Gräber bei Klein Tinkas

Blutkuppe-Felsformation

büsche, Köcherbäume und Wilder Feigen, und (wenn man sich leise voranpirscht) an Springböcken, Schakalen und Pavianen vorbei zum Sentry Hill und zurück (7 km, 150 Höhenmeter, 3 Std.).

Blutkuppe

3 km weiter verteilen sich die **Zeltplätze** (GPS -22.83794, 15.38320) der Blutkuppe um den rund abgeschliffenen Granit-Inselberg. Er verdankt seinen Namen der roten Äderung im Gestein, die besonders bei Sonnenuntergang an Blut erinnert. Man darf den Riesenbuckel besteigen, allerdings ist Vorsicht geboten, denn der Granit erodiert hier u.a. auch in wie Zwiebelschalen abblätternden Schichten, die beim Klettern nicht den stabilsten Untergrund abgeben. Für die Mühe belohnt ein fantastischer Blick über die Unendlichkeit der Wüste.

Nach Walvis Bay

10 km sind es nun zur C28, in die man nach Westen einbiegt. Sie stößt nach 80 km auf die C34/B2 nach Walvis Bay; nach weiteren 40 km ist man wieder in der Stadt.

Köcherbäume in der Namib

5 Etosha und der Nordwesten

Das bedeutendste Touristenziel des Landes ist eine Salzpfanne von ungeheuren Ausmaßen, die seit 1907 als Naturreservat geschützt ist und heute – mit dem sie umgebenden Buschland – auf über 22.000 km² den **Etosha National Park** bildet. Wie eine Sperre liegt er nördlich von Ojiwarongo, und wer in die angestammten Siedlungsgebiete der Ovambo (zwischen dem Park und der angolanischen Grenze rund um die Städte Oshivelo, Ondangwa und Oshakati) oder an den Kunene will, muss ihn westlich oder östlich umfahren.

Orientierung

Etosha

Über **vier Zufahrtstore** gelangt man in den Park. Die kürzeste Verbindung von Windhoek führt über Otjiwarongo und Outjo zum südlichen **Andersson Gate** (400 km von Windhoek). Das östliche **Von Lindequist Gate** (530 km von Windhoek) ist über Otjiwarongo, das eher trostlose Otavi und die besuchenswerte Bergbaustadt Tsumeb im Maisdreieck erreichbar (s. Kapitel Nordosten).

Waterberg

Den Halt in Otjiwarongo sollte man unbedingt mit einem Besuch des **Waterberg Plateau National Park** verbinden – nicht nur wegen der einzigartigen Flora und Fauna; er war der Schauplatz einer erbitterten Schlacht zwischen Truppen des kolonialen Deutschen Reichs und den um Freiheit ringenden Herero.

Oryx-Antilopen auf der Salzpfanne Etoshas

Ovamboland

Das nördliche **King Nehale Gate** (600 km von Windhoek) passiert man auf dem Weg nach **Oshakati/Ondangwa** im ehemaligen Ovamboland und zu den dortigen Sehenswürdigkeiten. Das **Galton Gate** (540 km von Windhoek) im Westen ist über Otjiwarongo, Outjo und Kamanjab anzufahren.

Kaokoveld

An ihm kommt man vorbei, wenn man ins Kaokoveld und an den **Kunene** will – entweder über Palmwag und Opuwo zu den **Epupa Falls,** oder direkt nach Norden zu den **Ruacana Falls** und weiter nach Oshakati/Ondangwa.

Otjiwarongo

Anreise

Die 180 km **von Okahandja nach Otjiwarongo** verlaufen durch eintönige **Farmlandschaft** mit mehr oder weniger hohem Busch. Links und rechts begleiten Zäune den Asphalt, immer wieder führen Stichpisten zu Gästefarmen, Lodges und Jagdbetrieben. Auf dieser Strecke in den Norden „erfährt" man sich die **Parzellenstruktur des Landes.** Bis auf die ehemaligen Homelands und die Naturparks ist Namibia aufgeteilt in Farmen, deren Gründer ihnen Namen wie Schwabenhof, Güldenboden, Waldfriede oder Elbe verliehen. Die unendliche Weite unterbrechen auf halber Strecke die drei Kuppen der **Omatako-Berge** (850 m über Grund). Zu den bekanntesten Lodges am Wegesrand gehören **Mount Etjo** und **Okonjima.**

Stadtbild

Die **lebhafte und aufgeräumte** wirkende Stadt mit rund 23.000 Einwohnern auf 1500 m üNN bildet den Mittelpunkt einer der **reichsten Regionen** des Landes. Nicht nur die Farmen mit relativ fruchtbaren Weiden tragen dazu bei, die **Getreidefelder** im Maisdreieck rund um Otavi und der **Bergbau** spielen ebenfalls zentrale Rollen in der Wirtschaft.

Geschichte

Mit Eröffnung der Bahnlinie von Usakos über Omaruru und Kalkfeld zur Kupfermine bei Otavi 1906 erhielt Otjiwarongo auch seinen Bahnhof, der heute – ziemlich verloren und vernachlässigt – außerhalb des Zentrums im Westen vor sich hindämmert. Dies gilt als **Gründungsjahr der Stadt,** da es bis dahin lediglich eine Missionsstation und ab 1904 einen Außenposten der Schutztruppe gab. Mit dem Bahnverkehr begann die Siedlung, sich zu entwickeln, nicht zuletzt wegen der für die Rinderhaltung gut geeigneten Böden des Umlandes und der relativ ergiebigen Regenfälle – Otjiwarongos Name bedeutet in Khoisan „schöner Ort, wo das Rind fett ist". Als Einkaufsplatz der Farmer mit **Supermärkten und Banken** entlang der Hauptstraße, großzügig angelegtem Market Square und Gärten voller Jakaranda- und Johannisbrotbäume vermittelt Otjiwarongo Wohlstand. In der näheren Umgebung holen die **Minengesellschaften** Gold, Flussspat und seltene Erden aus dem Boden und sorgen für Arbeitsplätze.

Sehenswertes

Stadtanlage

Die B1 verläuft vierspurig und flankiert von breiten Gehwegen mitten durch die Stadt. Ihr Herz bildet die Kreuzung mit der Henk Willem Street, um die sich Kirchen, Tankstellen und Einkaufszentren mit Supermärkten und Banken gruppieren. Als Geschäftsstadt verteilen sich im Weichbild viele Hotels, Gästehäuser und Pensionen, die fast alle auch immer Infrastruktur für große Konferenzen anbieten.

Katholische Kirche hinter Palmen

Otavi
Okahandja
Kalkfeld / Outjo / Karibib
Paresis Park
Sport-platz
Cymot
Elite Biltong
Omaue Namibia
Watt St
Joule St
Holtzhausen St
First Ave
Bahnhof St
St George's St
Industrie Rd
Otto Hahn St
Germania St
Dr Franz Indongo St
Rikumbi Kandanga St
Werft St
River St
Dr Libertina Amathila Av
Henk Willems St
Ananias Nangoro St
Swembad Rd
Parasis Parc St
Ramblers Rd
Son Rd
Hill Cres St
Hindenburg St
Skool Rd
Park Rd
Waterberg Rd
Paresis St
Prosit St
Bohlmann St
Zingel St
Tuin Rd
Markotter St
Panorama St
Rus Rd
Oos St
Park St
Waterberg St
Bert Jansen St
Erundu St
Theo Borstlap St
Halley St
Eind Rd
Long St
Forstyh St
Lachiener St
Beiderbecke St
Schneider St
Anderson St
Omeg St
1 Locomotive Monument
2 Crocodile Farm
3 Museum of Namibian Fashion
Unterkünfte
1 Crocodile Farm
2 Acacia Park
3 Village Boutique Hotel
4 Hadassa B&B
5 Out of Africa Town Lodge
6 Kamaku Guesthouse
Restaurants
1 Casa Forno
2 Bohemia Book & Coffee Shop
3 Kari's Restaurant
4 Memoirs Restaurant
5 Crocodile Farm
Otjiwarongo
0 200 m
© RKH Verlag Hermann

Lokomotive vor dem Bahnhof von Otjiwarongo

Locomotive Monument

Vor dem Bahnhof steht die 1912 von den Henschelwerken in Kassel gebaute **2-8-2-Tenderlok Nr. 41;** sie versah ihren Dienst bis 1960, als die Kapspur die koloniale Schmalspur (60 cm) ersetzte. Ihre rührende Inschrift: *„1912–1960 / diente ich dem Aufbau des Landes / Diesen Letzten Ruheplatz / Verdanke ich dem Männerchor / Otjiwarongo“.*

Crocodile Farm

Auf der **Krokodilfarm** (Henk Willems St, Tel. 067-302121, Eintritt 120 N$, täglich 9–18 Uhr) werden jährlich Tausend Häute streng nach den Vorgaben des internationalen Tier- und Artenschutzes produziert. Bei der 20–30minütigen Besichtigungstour erfährt man alles Wissenswerte über die Aufzucht der Reptilien. September bis Mai findet jeweils am Samstag 11 Uhr die Fütterung

Im Gastgarten der Krokodilfarm

statt: Eindrucksvoll! Kleine und größere Artikel aus Krokodilleder verkauft der Laden (mit Zertifikat zur Ausfuhr). Im angeschlossenen Restaurant lässt sich gut essen, und es muss nicht notwendigerweise Krokodilfleisch sein.

Namibia Fashion Museum

Das **Modemuseum** (Park Rd 235, Tel. 081-8964039, www.namibianfashion.com, Mo–Fr 8–17 Uhr) erklärt – unterstützt u.a. von Gerda Henkel Stiftung und Stiftung Preußischer Kulturbesitz – in seiner interessanten und informativen Ausstellung mit Schautafeln und Exponaten die Geschichte der Landesmode vom Schmuck der einzelnen Volksgruppen über deren Kleidung aus Leder und Textilien bis zu Körperschmuck wie Tätowierungen.

Cheetah Conservation Fund (CCF)

Gepardenstiftung

Das Hauptquartier mit Museum und **Bildungszentrum** (Tel. 067-306225, www.cheetah.org, tgl. 8–17, Fütterung Mo–Fr um 14, Sa/So um 12 Uhr) befindet sich am nördlichen Fuß des Waterberg (44 km von Otjiwarongo über die D2440). Nicht das Tier muss resozialisiert werden, die Menschen sind es, die Erziehung benötigen, um in Frieden mit den Tieren zu leben – so die Grundthese der mit hauptsächlich US-amerikanischen Geldern finanzierten Stiftung. Sie empfängt **Tagesbesucher,** die u.a. die Fütterung (240 N$) und Geparden bei der Verfolgung (um 665 N$) bestaunen und in gestrecktem Lauf fotografieren können. Im Laden gibt's Souvenirs, im Café Snacks und wer will, nächtigt in einem der **fünf luxuriösen Zimmer** (****) oder mietet das exklusive Babson House.

Okonjima Schutzgebiet

Africat Foundation

Die Stiftung auf **Okonjima** (B1, 48 km südlich von Otjiwarongo, Tel. 067-314000, https://africat.org) war die erste Institution Namibias, die sich dem Schutz von Raubkatzen verpflichtet fühlte. Anfangs ein Projekt der Hanssen-Familie, der mit Tourismusbetrieb und Stiftung zweigleisig und regional tätig war, ist es heute eine internationale Organisation mit Fundrising-Ablegern in den USA und in England. Auf dem 200 km^2 großen privaten Schutzgebiet leben u.a. Geparde, Leoparden, Löwen und Hyänen. Daneben werden auch Erdferkel und Gürteltiere erforscht. Tages- und Übernachtungsgäste können zwischen zahlreichen Aktivitäten wählen, darunter Gamedrives (um 1200 N$) und Rhino Tracking (um 1600 N$). Die 36 Zimmer, Suiten und Villas der – den Hanssens gehörenden – **Okonjima Lodge****** (Tel. 067-314000, https://okonjima.com) sind in Ausstattung und Preis alle dem obersten Luxusbereich zugeordnet, selbst die Stellplätze des Campings summieren sich mit Parkeintritt auf rund 1000 N$/Person.

Service Otjiwarongo

Information

Omaue Namibia, Ecke B1/Henk Willems St, Tel. 067-303830, Mo–Fr 8–17, Sa 8–13 Uhr. Informationsbüro mit Verkauf von Souvenirs und Halbedelsteinen – Traditionsadresse für Shopping und Tipps in der Umgebung.

Unterkunft

Out of Africa Town Lodge,** Lang St, Tel. 067-302233, www.facebook.com/OutofAfricaTownLodge. Großhotel mit bewachtem Parken, Kongresseinrichtungen und einem eigenen Wohnbereich für Touristen; 46 großzügige Zimmer, gutes Restaurant mit angenehmer Terrasse.

Village Boutique Hotel,** Ecke B1/Skool Road, Tel. 067-306679. Nettes, kleines Hotel mit 34 Zimmern (jeweils mit Terrasse), sicherem Parkplatz und in einer Gartenanlage; gutes, reichhaltiges Frühstück.

Hadassa Guesthouse B&B,** Lang St, Tel. 067-307505, https://hadassaguesthouse.com. Nette kleine Anlage mit 17 sehr angenehm in reduziertem Safaristil möblierten Zimmern, Garten, Parkplatz und Pool; Abendessen auf Anfrage mit leichter, französisch inspirierter Küche.

Kamaku Guesthouse B&B,** Andersson St 11, Tel. 081-6562920, https://kamakuguesthouse.weebly.com. Angenehmes kleines B&B mit zuvorkommenden Gastgebern und charmant eingerichteten sieben Zimmern; Pool und sicheres Parken.

Unterkunft außerhalb

Otjibamba Lodge*,** B1 (6 km südlich von Otjiwarongo), Tel. 081-7167070, https://otjibamba.com.na. Eine Lodge der ersten Stunde mit 20 komfortablen Zimmern, Pool, Restaurant und Wildtieren auf dem Farmgelände.

Weaver's Rock Guestfarm*-,** B1 (am Abdreh zum Waterberg 30 km südlich von Otjiwarongo), https://weaversrockguestfarm.webador.de. Sechs Bungalows und Chalets und sieben Stellplätze auf einer aktiven Rind- und Wildfarm mit Abendessen, Lunch, Pool und Farmrundfahrten.

Frans Indongo Lodge*,** B1/D2433 (45 km nordöstlich von Otjiwarongo), Tel. 067-307946, www.indongolodge.com. Eine der wenigen in schwarzem Besitz befindlichen Lodges – sehr empfehlenswerte, stilvoll eingerichtete und schön angelegte Unterkunft mit zwölf Zimmern und Chalets und ausgezeichnetem Restaurant.

Aloegrove Safari Lodge**,** B1/D2433 (50 km nordöstlich von Otjiwarongo, 4 km Farmstraße), Tel. 081-2003049, www.aloegrove.com. Lodge in Hügellage mit sieben schön eingerichteten Zimmern und Aktivitäten wie Raubtierfütterung, Gamedrives und Wanderungen

Mount Etjo Safari Lodge**,** B1/D2483 (105 km südlich von Otjiwarongo), Tel. 081-7997643, www.mount-etjo.com. Hochluxuriöser Betrieb im 360 km^2 großen Okonjati Game Reserve, der sich auf Pauschaltouristen spezialisiert hat und als Ausgangsort für die Besichtigung der Dinosaurier-Fußspuren dienen kann (s. bei Omaruru); 23 Villen und Zimmer, zahlreiche Aktivitäten, auch Zeltplatz.

Camping

Acacia Park, Zingel St, Tel. 067-303100. Camp in der Stadt, der aus hygienischen Gründen und wegen mangelnder Sicherheit unbedingt zu meiden ist.

Gerus Campsite, C38 (30 km westlich von Otjiwarongo, Farmstraße 1,5 km), Tel. 081-3964158. Einfacher, aber charmanter Farmzeltplatz mit Gemeinschaftsduschen/WC.

Weaver's Rock Guestfarm, s.o.

Essen & Trinken

Restaurants

Crocodile Farm, s.o., Mo–Fr 8–17, Sa 8–15, So 9–15 Uhr. Natürlich gibt's im hübschen Gartenlokal Krokodil (als Steak, Wrap oder Kebab), aber eben auch Frühstück, asiatische Gerichte, Pizza und veganes Essen – auch günstige Zimmervermietung.

Casa Forno, Ramblers Rd, Tel. 081-1590000, www.casaforno.com, Mo–Sa 12–22 Uhr. Hotelrestaurant mit großer Karte und der besten Pizza der Stadt aus dem Holzofen (wenn man nicht gerade einen der seltsamen Spezialbelage wählt) – schöner Garten.

Memoirs Bar & Restaurant, Rikumbi Kandanga St 74, Tel. 081-1283610, Mo/Di/Do–Sa 8–18 Uhr, Mi/Fr 8–21, Sa 8–14 Uhr. Gartenrestaurant unter Bäumen und südafrikanisches Fast Food in großen Portionen.

Frühstück/ Lunch

Bohemia Book & Coffee Shop, Germania St, Tel. 081-8115946, tgl. 8–19 Uhr. Total gemütliches Café, Souvenirladen und *second hand bookstore* mit Kuchen, ausgezeichnetem Kaffee und südafrikanischen Snacks.

Kari's Restaurant, Ecke B1/Hindenburg St, Tel. 067-304310, Mo–Fr 7–20, Sa 7–14 Uhr. Vom Frühstück bis zum Hauptgericht – Snacks und Eiscreme in luftiger Baumhausatmosphäre.

Einkaufen

Omaue Namibia/Mineralien, Ecke B1/Henk Willem St, Tel. 067-303830. Souvenirs und Verkauf qualitätvoller Halbedelsteine mit ausgezeichneter Beratung.

Cymot/Ausrüstung, Bahnhof St, Tel. 067-302454, www.cymot.com. Camping- und Outdoorausrüstung.

Elite Biltong/Trockenfleisch, Tuin Rd, Tel. 067-302610, facebook.com/EliteBiltong. Metzgerei mit „Notnahrung" und Snacks für die Safari.

Notfall

Hospital/ Polizei

Mediclinic Otjiwarongo, Son Rd, Notfall-Tel. 067-303734 oder 084-124, www.mediclinic.co.za/en/otjiwarongo. Privatklinik mit 24h-Notfallambulanz.

Police Station, St George's St, Tel. 067-3006000

Mode, Leckereien …

und Bücher im Bohemia

Waterberg

Anreise

Zum Waterberg sind es von Otjiwarongo insgesamt 90 km, erst auf der B1, dann auf der asphaltierten C22 – links vorbei am Kleinen Waterberg (1780 m üNN) – und schließlich 15 km auf der Piste der D2512. Das Plateau des langgestreckten Berges darf man nicht mit dem eigenen Fahrzeug befahren – organisierte Gamedrives sind zwingend vorgeschrieben. Man kann diese als **Tagesbesucher** unternehmen, oder mietet sich im staatlichen Rastlager bzw. in einer der **Lodges** in der Umgebung ein.

Waterberg Resort/ Gamedrives

Das **Waterberg Plateau** (Eintritt 150 N$/Person, 50 N$/Fahrzeug) erhebt sich mit 1600 m üNN rund 200 m über die Landschaft. Das weitläufige Rastlager liegt direkt am Fuß des Berges. Tagesbesucher müssen das Lager bis 18 Uhr verlassen, Übernachtungsgäste (nur mit Buchung) müssen vor 21 Uhr ankommen, sonst stehen sie vor verschlossenen Toren. Es gibt Bungalows verschiedener Kategorie und Stellplätze, Schwimmbad, ein Kiosk, eine Tankstelle und Restaurant. **Gamedrives** finden morgens und abends statt (6/8 und 14 Uhr, jeweils 650 N$, Dauer 2–3 Std.)

Geologie

Der Waterberg wird der **Etjo-Sandsteinformation** zugerechnet. Sie entstand aus Ablagerungen am Grund eines Sees, der im Kambrium fast ganz Südwestafrika bedeckte und, darauf aufbauend, einer Schicht an Erosionsprodukten, die der Wind herbeitrug. Im Zuge von **tektonischen Hebungen** in der Karoo-Zeit entstand eine Hochebene, die durch Erosion allmählich wieder abgetragen wurde. Mehrere Gebirgsformationen widerstanden diesem Prozess, darunter auch der Waterberg. Spuren urzeitlicher Bewohner haben sich auch hier erhalten.

Giraffen vor dem Waterberg

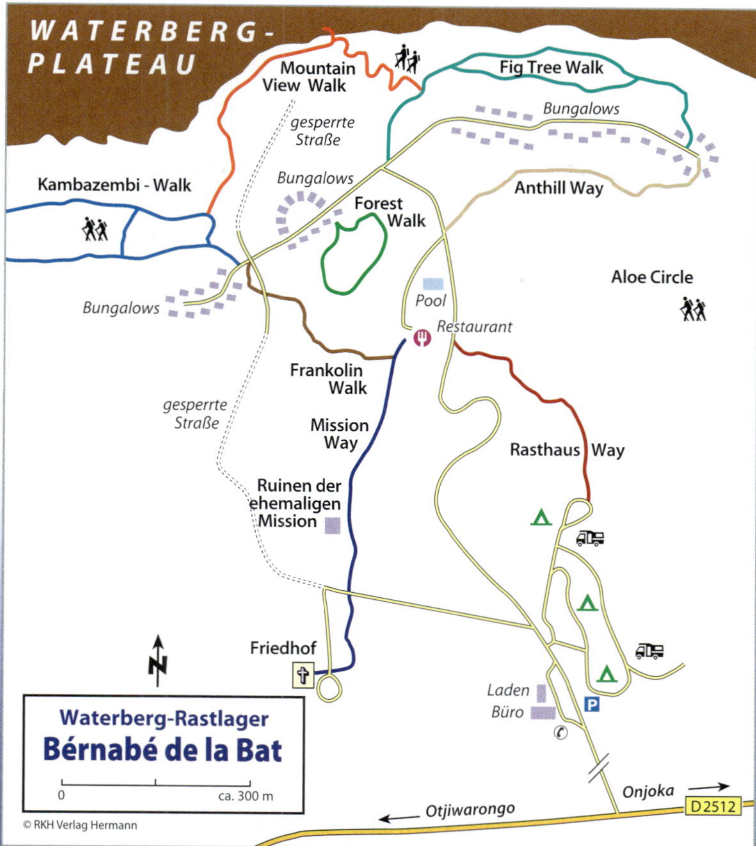

Rezeption des Rastlagers

Blick vom Waterberg

Naturschutz

Das Plateau erhielt bereits zwischen dem Ersten und 2. Weltkrieg Schutzstatus, die Proklamation hatte aber keinen Bestand und die Hochebene wurde in **Farmland** parzelliert. 1972 entstand der Park in seiner jetzigen Form. Im **Caprivi Strip** sollte ein Homeland eingerichtet werden und man suchte ein neues Habitat für die dort lebenden Tiere. Wegen der **Ähnlichkeit der Klima- und Vegetationsbedingungen** siedelte man das **Wild hierher** um. Nebeneffekt: Vornehmlich dem Schutz der Natur und nicht als Attraktion dienend sind die Zugangsregeln zum Plateau sehr restriktiv.

Spaziergänge

Im Camp locken mehrere kleine Spaziergänge. Sie sind mit detaillierter Beschreibung und Standort der hier beheimateten Pflanzen in dem Buch „Waterberg Flora" von Patricia Craven und Christine Marais (Windhoek 1989) zusammengefasst. Die Wege *Mountain View, Forest Walk, Aloe Circle, Rasthaus Way, Kambazembi Walk, Anthill Way, Francolin Walk* und *Fig Tree Walk* dauern **zwischen 15 und 90 Minuten.**

Mission Way

Der geschichtsträchtige Mission Way führt vom Restaurant an den Ruinen der ersten **Missionsstation** vorbei zum **Friedhof** (mit Schutztruppengräbern). Die 1873 gegründete Missionsstation Otjozondjupa wurde 1880 zerstört, als der zehnjährige Friede zwischen Nama und Herero zerbrach. 1891 wiederaufgebaut, erhielt sie nach fünf Jahren Schutz durch die Errichtung eines Polizeipostens, dem heutigen Restaurant.

Mehrtageswanderung

Der rund 40 km lange, ungeführte **Waterberg Trail** dauert vier Tage/drei Nächte. Wanderer müssen alles mitnehmen, was sie zu Übernachtung (Matte/Schlafsack) und Verpflegung benötigen. Da offenes Feuer verboten ist, muss ein Kocher mitgeführt werden. Start ist immer mittwochs um 9 Uhr im Rastlager, Rückkehr am Samstag. In den beiden Shelters **Otjozongombe** und **Otjomapenda** gibt's Wasser.

Gebucht wird die Tour bei NWR möglichst lange im Voraus und nur telefonisch (Tel. 061-2857333).

Tierwelt

Wer nicht vorhat, weiter nach Nordnamibia und in den Caprivi zu reisen, kann im Waterberg Plateau Park einen Blick auf jenes Wild erhaschen, das normalerweise in **feuchteren Regionen** zu Hause ist. Durch seine besondere geologische Beschaffenheit sprudeln am Waterberg mehrere ergiebige Quellen, da Regenwasser zwar in den sandigen Böden versickert, durch Spalten und Risse im Sandstein aber bis an wasserundurchlässige Gesteinsschichten gelangt, die es zu den Quellen leiten. So gibt es eine erstaunlich üppige Flora und Tierarten können überleben, die eigentlich feuchtere Regionen gewöhnt sind, darunter **Rappenantilopen und Büffel.** Außerdem kann man Giraffen, Streifengnus, Warzenschweine, Paviane, Geparde, Leoparden und Luchse beobachten. Da der Berg auch zahlreiche Vögel anzieht, kommen Ornithologen auf ihre Kosten. das Plateau auch als einziges namibisches Brutgebiet der **Kapgeier.**

Nashörner

Am Waterberg werden auch von der Ausrottung bedrohte Tiere gezüchtet, um irgendwann wieder in der „freien" Natur ausgesetzt zu werden. Das **Breitmaulnashorn** (Weißes Nashorn), eine der gefährdetsten Wildarten, lebt hier, geschützt vor Wilderern, die seinem Horn nachstellen (s. Kapitel „Lebensraum Wüste"). Auch **Spitzmaulnashörner,** die wegen ihrer Aggressivität gefürchteter sind als ihre „weißen" Artgenossen, wurden angesiedelt.

Flora

Pflanzenfreunde können fast alle in Namibia heimischen Akazienarten und in höheren Lagen auch Ahnenbäume und Gelbholzbäume identifizieren. Eine Freude fürs wüstengeplagte Auge sind die vielen **blühenden Gewächse,** wie Feuerlilien, Korallenbaum oder der mit gelben Blütenkaskaden geschmückte Omuparara *(Peltophorum africanum).* Bekannt ist der Waterberg auch für seine verschiedenen **Farne** und das **Flechtengespinst** an den Wänden des Etjo-Sandstein-Abfalls.

Waterberg Wilderness Rhino Drive

Fußmarsch mit Rhinos

Ein absolutes Highlight ist die **Wanderung mit Nashörnern** im Savannengebiet der (ansonsten auch sehr empfehlenswerten) Waterberg Wilderness Lodges (s. bei Unterkunft). Mit dem Geländewagen geht es über Stock und Stein, bis man auf die grauen Pflanzenfresser trifft. Zu Fuß begleitet man die friedvollen Tiere auf ihrem Weg zum Wasserloch, was besonders reizvoll ist, wenn sie Junge bei sich haben – beste Fotos sind garantiert.

Herero-Aufstand und die Schlacht am Waterberg

Von Siedlern aus angestammten Weidegebieten verdrängt, durch „Schutzverträge“ geknebelt, von ergebnislosen Verhandlungen über größeren Bewegungsspielraum und verbindliche Landrechte frustriert und schließlich 1904 von **Umsiedlung in ein Reservat** östlich des Waterberg bedroht, wehrten sich die Waterberg-Herero als erste. Sie brachten die um, die ihr Land und ihre Zukunft angriffen. Ihnen folgten Herero in ganz Deutsch-Südwest. Insgesamt kamen zu Beginn der **Feindseligkeiten** 123 Händler und Farmer ums Leben. Major Franke (s. bei Omaruru) sorgte auf spektakulären Gewaltmärschen für **Gegenmaßnahmen.** Ein Großteil der Herero zog sich deshalb mit Vieh und allem Hab und Gut in den vermeintlichen **Schutz des Waterbergs** zurück. Genaue Zahlen sind nicht verbürgt; von etwa 75.000 Herero in Südwest sollen schließlich 30.000 bis 60.000 am Plateau zusammengekommen sein.

Ihnen standen nach einem halben Jahr Krieg im August 1904 etwa 4000 Mann Schutz- und Hilfstruppen gegenüber. Deren Kommandeur, **General Lothar von Trotha,** wollte die **Guerillataktik** des Gegners überwinden und die Herero zur **Entscheidungsschlacht** einkesseln. Schließlich umstanden deutsche Truppen die Herero an drei Seiten, nur die vierte in Richtung Omaheke war noch ungesichert. Die 200 Mann starken Abteilung Heyde Order sollte den östlichen Bereich abriegeln, geriet aber auf der Farm Hamakari in einen Hinterhalt und musste sich am 11. August zurückziehen. Noch in der Nacht beschlossen die Herero am Wasserloch Onguero sich unter Mitnahme allen Gutes und mehrerer Tausend Rinder **in die Omaheke zurückzuziehen.** Wahrscheinlich glaubten sie, den modernen deutschen Waffen auf Dauer nicht gewachsen zu sein. Der Todesmarsch begann noch in derselben Nacht.

Die deutschen Truppen konnten aus logistischen Gründen (mangelnder Nachschub, Entkräftung), die Herero nur punktuell und kurz – und nicht mehr im Rahmen einer Gesamtstrategie – verfolgen, übten damit aber sicherlich weiteren Druck auf die Herero aus und trieben sie tiefer in die trost- und wasserlose Leere der Wüste, in der dann – nach Schätzungen – **15.000 bis 70.000 Herero ums Leben kamen.**

Tatsächlich muss dem deutschen **Generalstab** die Flucht der Herero als **vollständiges Versagen seiner Strategie** erschienen sein, konnte er doch wieder keine Entscheidung auf dem Schlachtfeld herbeiführen. Die Konsequenzen der Flucht wurden ihm erst später klar. Am 2. Oktober, sieben Wochen nach der Flucht, erließ von Trotha die **berüchtigte Proklamation:** Alle Herero (ob Kämpfer, Greis, Frau oder Kind) sollten bei Rückkehr in das deutsche Schutzgebiet erschossen werden – ein **Vernichtungsbefehl.**

Heute streiten sich Historiker, ob das Deutsche Reich damit Genozid erstmalig als legitime staatliche Handlungsalternative begriff. Die einen sagen ja, die anderen nein. Letztere gehen davon aus, dass es bereits nach einigen Tagen in der Omaheke nur noch wenige Überlebende gegeben habe, der Schießbefehl von Trothas nur eine **Kaschierung seines Strategieversagens** gewesen sei und ohne Einfluss auf die Ereignisse. Als die Kolonialverwaltung in Berlin Anfang Dezember von dem Todesbefehl Trothas erfuhr, ließ sie ihn umgehend relativieren und wies an, „den Weg der Gnade walten zu lassen". Die Überlebenden kamen in **Gefangenenlager,** in denen sie **ohne medizinische Versorgung, ohne ausreichende Ernährung** und **schutzlos dem Wetter** ausgeliefert, dahinvegetieren mussten. Die Zustände in diesen Lagern – speziell auf der Haifischinsel von Lüderitz – waren so **haarsträubend,** dass schließlich deutsche Offiziere eine Weiterführung als unzumutbar ablehnten und die Lager auflösten – da waren aber bereits drei Jahre ins Land gegangen und unzählige weitere Opfer zu beklagen. Forderungen nach **Wiedergutmachung,** welche an die Bundesrepublik als Rechtsnachfolger des Deutschen Reiches gestellt werden, haben also durchaus ihre Berechtigung.

Okakarara

Herzland der Herero

Vom Abdreh der D2512 von der C22 sind es rund 30 km nach Okakarara. Die **Hauptstadt des ehemaligen Homelands** der Herero (heute Otjozondjupa) ist nicht unbedingt ein Hauptziel für Touristen. Das Straßenbild ähnelt gänzlich einer Ansiedlung aus dem nördlicheren Afrika. Nichtasphaltierte Straßen, Staub, der sich auf alles legt, keine Gehsteige. Die meisten Bewohner tragen traditionelle Kleidung, am Straßenrand vor den kleinen Hütten spielen Kinder. Man sieht deutlich, dass auch die heutige Regierung kein Geld übrig hat. Einige kleine Takeaways, Läden, eine Tankstelle und das Anic Guesthouse, viel mehr ist nicht (das 2004 mit großem Tamtam eröffnete Kulturzentrum ist seit Jahren außer Funktion). Das **Kinderhilfsprojekt Steps for Children** (www.stepsforchildren.de) ist allerdings in Okakarara recht erfolgreich, bietet Stadtführungen (150 N$) und Projektbesichtigungen an und betreibt neben Tischlerei, Nähstube, Gärtnerei, Kindergarten und Schule auch ein Gästehaus. Das Leben der Herero in Okakarara bestimmt ansonsten nach wie vor die **Viehzucht,** das Auktionshaus für Rinder setzt Millionen von Namibia-Dollar um.

Hamakari

Die **Gästefarm der Familie Diekmann** (C22, 12 km westlich von Okakarara, 2 km Farmstraße) ist eine traditionsreiche und geschichtsträchtige Adresse. Auf der Farm spielten sich wesentliche Geschehnisse rund um die Schlacht am Waterberg ab. An der **Wasserstelle Onguero** versammelten sich in der Nacht vom 11. auf den 12. August 1904 die Führer der Herero und entschieden, dass sich ihr Volk mit

Kind und Kegel und allem Vieh in die Omaheke aufmachen solle – was zum **Todesmarsch für Abertausende Herero** wurde. Auch ein Schutztruppenfriedhof erinnert an den Krieg.

Service Waterberg

Unterkunft

Rastlager

Waterberg Resort***, Namibia Wildlife Resorts, Tel. 061-2857200, www.nwr.com.na. 69 Zimmer, Chalets und Bungalows und 45 Stellplätze; Bar, Restaurant, Laden, Tankstelle und Pool.

Private Unterkünfte

Waterberg Lodges*-******, D25123 (8 km östlich des Rastlagers), Tel. 067-687018, www.waterberg-wilderness.com. Die *Wilderness Lodge* ist eine grüne Oase zu Füßen des Berges, die *Plateau Lodge* eine am Abgrund errichtete Luxusherberge, deren Chalets alle mit einem eigenen kleinen Pool ausgestattet sind, und die *Valley Lodge* atmet mit großzügigen, komfortablen Zelten Safariatmosphäre; mehrere exklusiv liegende Stellplätze sind ebenfalls im Angebot, die Küche der Restaurants ist ausgezeichnet – die deutschstämmige Besitzerfamilie Rust haben auf ihrer Farm ein wahres Kleinod geschaffen.

Unterkunft in Okakarara

Anic Guesthouse*, NHE 410, Tel. 085-7450770, www.facebook.com/guestnestokakarara. Gästehaus unter Hereroleitung, drei mit viel Herzblut eingerichtete und süß dekorierte Zimmer mitten im Ort – für die Teilhabe am authentischen Leben.

Steps for Children Guesthouse*, www.stepsforchildren.de/informieren/unsere-gaestehaeuse. Fünf saubere, zweckmäßige Zimmer mit eigenem Bad und Gemeinschaftsküche.

Hamakari Gästefarm****, Anfahrt s.o., Tel. 067-306633, www.hamakari.com. Sechs Zimmer und vier Stellplätze auf einer nach ökologischen Gesichtspunkten geführten Gäste- und Jagdfarm mit geschichtsträchtiger Vergangenheit.

Luxus in einer der Waterberg Wilderness Lodges

Stadteinfahrt Outjo

Outjo

Anreise

70 km trennen Outjo von Otjiwarongo, die gut ausgebaute und asphaltierte C38 quert typisches **Farmland** – mal mehr, mal weniger verbuscht. Niedrige Zäune flankieren die Straße, ab und zu zur wildsicheren Sperre hochgezogen, um Antilopen vom Wechsel auf Nachbarfarmen abzuhalten. Im Westen stehen die Berge um den **Groot Paresis** und überragen (bei 1842 m üNN) die Landschaft um mehr als 500 m.

Geschichte/Sehenswertes

Böser Ort

Das kleine Städtchen hat 1880 der Händler Tom Lambert an einer Stelle gegründet, die die Nama „Tsuub" nannten – „Böser Ort", weil das Rivier als **fieberverseucht** verschrien war. Wegen seiner Lage gaben ihm die Herero hingegen den Namen „Kleiner Hügel – Outjo". 1896 erhielt die Siedlung eine Garnison der Schutztruppe. Heute zeigt sie sich schön **herausgeputzt mit Souvenirläden** und Restaurants – als Etappe auf dem Weg nach Etosha kommt hier fast jeder durch und macht Pause.

Museum

Wer vor der Stadtverwaltung rechts nach Norden abbiegt, kommt oben am Hang in einer hübschen Villensiedlung zum **Franke-Haus** (Herholdt Rd, Tel. 067-313402, 2022 geschl.) von 1899, das Stadtmuseum zur Lokalgeschichte im ehemaligen Wohnhaus des Lokalverwalters. Seinen Namen trägt es nach Major Franke, der auch mit dem Franke-Turm in Omaruru verewigt wurde.

Naulila Expedition

Unter Franke wurde 1914 der **Feldzug** nach Naulila durchgeführt („Strafexpedition Franke"), bei dem als Vergeltung für die Ermordung des Bezirksamtmannes Schulze-Jena und seiner Begleiter durch portugiesisches Militär (wegen Grenzstreitigkeiten) eine Schutztruppen-

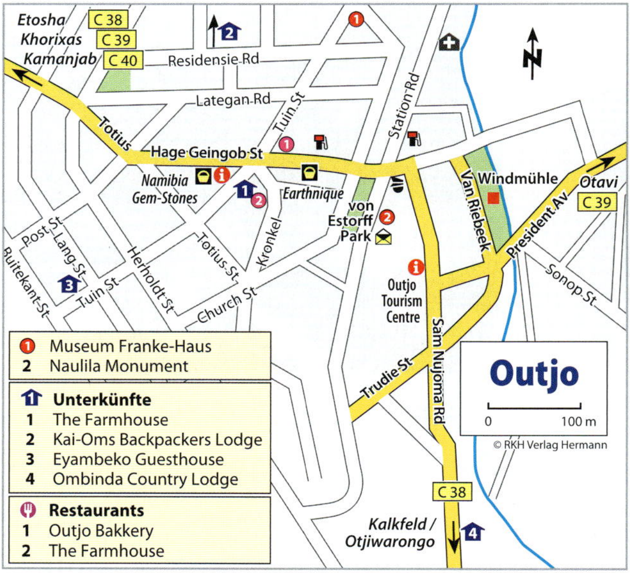

einheit den Kunene überschritt, Fort Naulila einnahm und portugiesischen Kräfte ins Landesinnere Angolas abdrängte (die Portugiesen verloren 150, die Deutschen 12 Mann). An die Expedition erinnert das **Naulila Monument** neben der Post.

Outjo Tower

Eine 1900 begonnene und ein Jahr später in Betrieb genommene **Windmühle** pumpte Wasser aus dem Rivier und versorgte die Militäreinrichtungen. Sie wirkt heute als niedriger Turm aus Naturstein unten im Tal des Riviers nicht sehr eindrucksvoll.

Kein Wachturm, eine Windmühle

Pangolins International

Tierschutzstiftung

Die **Stiftung** (Tel. 081-3738959, www.pangolins.international) 6 km östlich von Outjo an der C39 hatte sich zu Beginn dem Schutz der Cape Griffin Vultures *(Gyps coprotheres),* der **Kap-Gänsegeier,** verschrieben, heute sind weitere gefährdete Arten hinzugekommen: Gürteltiere *(Smutsia temminckii)*, eine Lurchart *(Phrynomantis affinis),* Zwergpythons (Python anchietae) und Damara-Dikdiks *(Madoqua kirkii).* Ein Besuch ist nur nach Voranmeldung möglich (Morgentour um 650 N$, Abendtour um 1000 N$). In einfachen **Safarizelten***** oder auf dem Zeltplatz kann man auch übernachten.

Service Outjo

Information

Etosha I, Hage Geingob St (im Laden Namibia Gem Stones). Informationen zur Umgebung und zum Nationalpark.

Outjo Tourist Centre, Sam Nujoma Rd. Informationszentrum mit Coffeeshop und Himba Village am südlichen Stadteingang – 2024 nicht operativ.

Unterkunft

Ombinda Country Lodge**, C38 (südlicher Stadtrand), Tel. 067-313181, http://ombindalodge.com. 25 Zimmer (davon drei mit Küche) in einer Anlage im Lodgestil mit Pool und Restaurant – viele Reisegruppen.

Eyambeko Guesthouse*-**, Lang St, Tel. 081-4024561, https://guesthouse.eya.com.na. Fünf Zimmer in elegant-minimalistischem Stil mit Garten, Pool und Restaurant.

The Farmhouse*, s.u. Neun saubere und nette Zimmer mit eigenem Bad und teils mit AC, dazu ein Restaurant und Biergarten und mit Anastasia eine überaus charmante Gastgeberin.

Kai-Oms Backpackers*, Herholdt Rd, Tel. 081-3750152. Günstige Unterkunft mit sauberen Zimmern, guten Tipps und Kochmöglichkeit für Selbstversorger.

Unterkunft außerhalb

Kifaru Lodge & Bush Camp****, D3287 (2 km nördlich von Outjo), Tel. 081-2449077, www.kifarulodge.com. Fünf Zimmer in der Lodge und 12 im Camp; stadtnaher Luxus mit Busch-Feeling.

Sophienhof Lodge***, C39 (11 km westlich von Outjo), Tel. 067-312999, https://sophienhof-lodge.com. Edellodge auf 9000 ha mit Aktivitäten wie Radtouren, Wanderungen und Farmrundfahrt (auch weiter Ausflüge).

Sasa Safari Camp**, M63 (10 km südlich von Outjo), Tel. 081-1290658. Schön angelegte Lodge mit zehn komfortablen Zimmern in Bungalows, Pool und Restaurant zu sehr günstigen Preisen.

Camping

Haillom Campsite, Hage Geingob St (Ecke C238/C39), Tel. 067-313444. Zeltplatz am nordwestlichen Stadtrand, den eine San-Gemeinde führt – saubere Stellplätze mit eigenen Grillstellen und gemeinschaftlichem Sanitärbereich und drei Selbstversorgerzimmer mit eigenem Bad.

Restaurant im The Farmhouse

Essen & Trinken

Outjo Bakkery, Hage Geingob St, Tel. 081-2440793, Mo–Sa 7–17, So 8–17 Uhr. In der großen, kühlen Halle gibt's deftige Snacks, vor allem aber Schweinsohren, Apfelstrudel, Schwarzwälder Kirsch … .

The Farmhouse, Kronkel St 8, Tel. 067-313444, http://farmhouse-outjo.com, tgl. 6–22.15 Uhr. Frühstück, Lunch und Dinner im Biergarten mit Internet, Boutique und überaus reizender Besitzerin mit namibisch-schweizerischem Hintergrund, auch Zimmervermietung.

Einkaufen

Namibia Gem Stones, Hage Geingob St, Tel. 067-313072. Mineralien und Halbedelsteine in allen nur denkbaren Ausführungen, Farben und Größen, darunter auch sehr seltene Exemplare in einem etwas angestaubten Traditionsambiente.

Earthnique/Mode, Hage Geingaob St, Tel. 081-1287703. Qualitätsvolle und schöne Souvenirs und elegante Accessoires von der Tasche bis zum Schmuck.

Notfall

Hospital/Polizei

State Hospital, Hospital Rd, Tel. 067-313250. Staatliches Hospital für die Basisversorgung bei Notfällen

Police Station, Hage Geingob St

Bitte schreiben oder mailen Sie (verlag@rkh-reisefuehrer.de), wenn sich unterwegs Dinge verändert haben oder Sie Neues wissen. Wir beantworten jede Zuschrift. Danke!

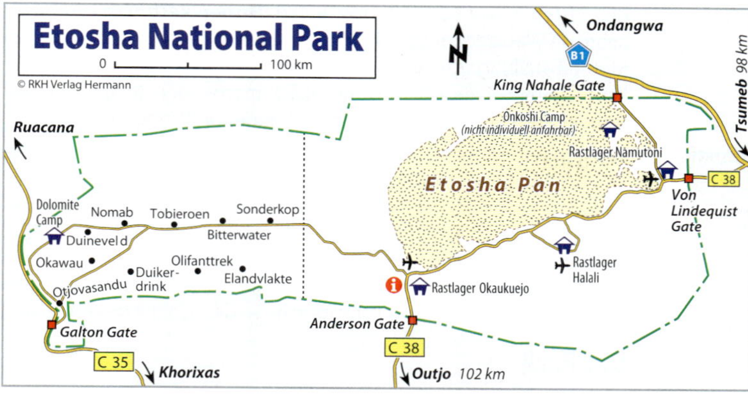

Etosha National Park

Anreise

Knapp 100 km sind es von Outjo auf direktem Weg – der asphaltierten C38 – durch die flache, buschbestandene Landschaft zum **Andersson Gate** von Etosha. Je näher man ihm kommt, desto mehr Schilder weisen links und rechts zu Unterkünften.

Praktisches

Zufahrten

Die **vier Tore** sind *King Nehale* im Norden, *Von Lindequist* im Osten, *Andersson* im Süden und *Galton* im Westen. An den Eingangstoren erhält man einen **Laufzettel,** der im Büro des nächstgelegenen Resorts zur Zahlung des Eintritts vorgelegt wird (nur beim Galton Gate wird direkt am Eingang gezahlt). Der **Eintritt** beträgt 150 N$/Person und 50 N$/Fahrzeug pro Tag. **Torschließung** ist eine Stunde vor Sonnenuntergang, bis dahin müssen die Resorts erreicht sein!

Regeln

Nach Sonnenunter- und vor -aufgang darf keiner aus den Camps raus. Das Fahrzeug darf man nur in Rastlagern, außerhalb dieser nur an ausgewiesenen **Picknick-** und **Toilettenplätzen** verlassen (Zuwiderhandelnde werden des Parks verwiesen). Die **Geschwindigkeit** auf

5

Nordtor Etoshas: King Nehale Gate

den Pisten ist auf 60 km/h beschränkt, **Hupen verboten,** und man achte an Wasserlöchern bei **Fahrzeugen mit Alarm,** dass dieser bei Motorabstellung sich nicht scharf stellt und dann beim Anlassen plötzlich losgeht. Bei Augenproblemen sollte man wegen der **gleißenden Reflexionen** des grellhellen Bodens Sonnenbrille tragen.

Ausstattung **Tankstellen** (Sonnenauf- bis -untergang) und **Läden** (8.20–12 u. 13.30-18 Uhr) sind vorhanden, Karten und Tierbestimmungsbroschüren erhältlich. Jedes der drei Resorts hat ein **Schwimmbad** und eine beleuchtete Wasserstelle für die abendliche Tierbeobachtung. Die **Restaurants** in den drei Hauptcamps haben feste Zeitfenster (Frühstück 7–8.30, Lunch 12–13.30, Dinner 18–20.30 Uhr), man stelle aber besser keine allzu hohen Ansprüche an die Qualität des Angebots.

Der Park

Mittelpunkt des 22.000 km^2 großen Nationalparks auf etwa 1100 m üNN sind die rund 5000 km^2 der **Etosha Pan,** eine zur westlichen Kalahari gehörenden Salztonpfanne. Die früher hier streifenden Haillom-San nannten sie Etosha – „großer weißer Platz", ihrer Legende nach gebildet aus den Tränen einer Frau, die um ihr ermordetes Kind weinte. In der **Regenzeit** verwandelt sich die weiß-glitzernde Senke in einen **See,** in der **Trockenzeit** überzieht eine rissige **Salzkruste** den Boden. Für Mensch und Wild sind die Mineralien lebensnotwendig. Für viele Wildarten, wie z.B. Elefanten, ist **Etosha zu klein.** Deshalb ziehen sie auf der Suche nach Weide regelmäßig nach Westen, manchmal bis an die Skelettküste (nicht wenige der der „Wüstenelefanten" sind Dickhäuter aus Etosha). Die **Seuchengefahr** ist ein Problem: An den Wasserlöchern stecken sich Tiere immer wieder mit Tollwut und Milzbrand an; insbesondere letzterer führt immer wieder zu Tausenden von Todesfällen.

Pflanzen-/Tierwelt

Flora Die Pflanzenwelt variiert nach der geographischen Lage. **Zwergbuschsavanne** umgibt den Rand der eigentlichen Salzpfanne, die selbst meist völlig vegetationslos ist. Nach Westen zu gehen die niedrigen, salzliebenden Gewächse in dichteren, mit **Mopanebäumen** durchsetzten Busch über. Dazwischen liegen **Grassavannen,** die bevorzugte Weide der Antilopen, Zebras und Gnus. Westlich von

In der Regenzeit füllen sich die Salzpfannen mit Wasser

Okaukuejo liegt der **Moringa Forest,** der berühmte Märchenwald, eine Ebene, die überraschend dicht mit den bizarren Moringabäumen bewachsen ist. Nach Osten ist der Bewuchs dichter, die Mopanebäume erreichen imposante Höhen. Um Halali und um das Galton Gate lockern die sonst plattebene Landschaft **Dolomitbuckel** auf. Beim Rastlager Namutoni im Osten der Pfanne geht die niedrige Vegetation in **Baumsavanne** über. Auch hier dominieren Mopanebäume, zu denen sich nun immer häufiger auch die eleganten Kronen der **Makalani-Palme** gesellen.

Fauna

Die Tierwelt zeigt einen repräsentativen Querschnitt durch die in Namibia beheimateten Arten: Außer Büffeln sind alle Spezies der **Big Five** und viele mehr vorhanden: Es gibt Elefanten, Spitzmaulnashörner (und inzwischen auch wieder einige ihrer breitmäuligen, sanfteren Artgenossen), Löwen, Leoparden, Geparden, Giraffen, Zebras und ungezählte Antilopen wie die Oryx (oder „Spießbock"), Springböcke und Gnus. An den Wasserstellen staksen Marabus und Nashornvögel durch das hohe Gras, und Ohren- und Kapgeier lauern Kreise ziehend auf Beute.

Geschichte

„Entdeckt" wurde Etosha von dem schon erwähnten schwedischen Naturforscher und Abenteurer **Charles John Andersson,** der mit dem Briten **Francis Galton** (Namensgeber des westlichen Tors) und

Auf der Suche nach Bäumen

Graues Trio

einem Ovambo-Führer 1851 die Senke erreichte. Am 22. März 1907 gab Gouverneur **Friedrich von Lindequist** (nach ihm ist das östliche Tor benannt) eine Verordnung heraus, die die Etosha Pan und angrenzende Gebiete zum 90.000 km² großen Wildreservat proklamierte (das bis zum Kunene reichte). 1947 gab man das Kaokoland zur Ansiedelung von Herero frei, weitere Teile wurden Farmland. Die Größe betrug nun 50.000 km². 1956 erweiterte man es wieder auf 100.000 km², 1962 erhielt es die heutige Größe von 22.000 km², um Platz für die Homelands zu schaffen.

Auf Safari

Jahreszeiten

Auf 700 km summieren sich die Pisten, die zu den über 100 **natürlichen und künstlichen Wasserstellen** führen, an denen sich die Tiere meist morgens und abends versammeln. Bei gutem Regen findet das Wild aber fast überall im Busch Wasser und kommt deshalb nicht unbedingt zu den für Touristen leicht zugänglichen Plätzen. Einfacher ist die Tierbeobachtung gegen **Ende der Trockenzeit,** wenn es schwieriger ist, an Wasser zu kommen.

Pirsch

Am besten **fragt man Ranger,** wo die Chance aktuell am größten ist, bestimmte Tiere zu sehen – oder schaut in die Protokollbücher, die in den Resorts aufliegen und Tierbegegnungen festhalten. Mit Geduld kann man sich auch **selbst als Fährtensucher** betätigen. Frische Elefantenhaufen oder Abdrücke von Katzenpfoten weisen die Richtung. Alternativ nimmt man an den **Gamedrives** der Resorts teil; als besonders exklusives Angebot stehen auch nächtliche Tierbeobachtungsfahrten auf dem Programm.

Resorts und Camps

Im Etosha-Nationalpark gibt es fünf Rastlager und ein Camp: **Okaukuejo, Halali** (etwa auf halbem Weg zwischen Okaukuejo und Namutoni), das historische Fort **Namutoni,** die Luxuslodges **Onkoshi** im

Am Pool von Halali wird's erst abends voll

Osten des Parks und **Dolomite** im Westen beim Galton Gate und der Zeltplatz **Olifantsrus** im Westen. Die Übernachtung innerhalb des Parks hat den Vorteil, dass man die toten Stunden der Mittagshitze – in denen kaum Wild zu sehen ist – am Pool verbringen kann.

Olifantsrus Das einzige Lager im Park ohne Bungalows und Hütten und nur für Camper ist auch das einfachste. Es liegt im Westen zwischen Okaukuejo (130 km) und Dolomite Camp (50 km) und 60 km vom Galton Gate. Es besteht aus zehn Stellplätzen, einem Kiosk für Getränke und Snacks, einer Gemeinschaftsküche, einem Ablution Block und dem Highlight – einem über einen Plankenweg erreichbaren Beobachtungsturm direkt über dem Wasserloch; hier treffen sich u.a. Elefant und Spitzmaulnashorn.

Dolomite Das Lager steht im Westen des Parks in einer Gegend mit Karstveld, Mopane-Bäumen und Dolomit-Felsformationen; sie gilt als besonders wildreich, konnten sich die Tiere doch hier lange Jahre ungestört von Touristen aufhalten. Das Camp besteht aus 23 **Chalets und Luxus-Chalets** (mit kleinem eigenem Pool), Restaurant, Bar, Pool, Highlight sind die exklusiven Gamedrives zu Wasserlöchern.

Okaukuejo Die über 100 Zimmer und Bungalows unterschiedlicher Kategorie sind um das nachts beleuchtete Wasserloch angeordnet, die teureren näher, die günstigeren weiter weg. Der Zeltbereich mit 37 Stellflächen

Rastlager-Eingang von Halali

wirkt leider nicht besonders anheimelnd. **Wasserloch** und **Aussichtsturm** (100 Stufen hoch) sind die Attraktionen des Lagers. Eine niedrige Steinmauer trennt Tier und Mensch. Nachts kann man gemütlich auf Bänken sitzend Giraffen, Elefanten und Rhinos beim Saufen beobachten. Okaukuejo entstand 1901 als Kontrollstation zur Abwehr der Maul- und Klauenseuche, die nördlich grassierte, und zur Eindämmung von Wilderei und Waffenhandels.

Halali

Das 1967 eingerichtete Resort am Fuß eines kleinen Hügels *(koppie)* hat keine Geschichte, aber eben einen klangvollen Namen. Sein Wasserloch ist ebenfalls ein bei den Tieren beliebter Sammelpunkt, liegt aber abseits der Hütten und hat deshalb bei weitem nicht die Anziehungskraft wie das von Okaukuejo (obwohl es ebenfalls nachts beleuchtet ist). Die vielen **Dolomithügel** machen die Umgebung reizvoll, eine Erkundung lohnt sich. An Unterkünften sind rund 60 Zimmer und Chalets und knapp 60 Stellplätze vorhanden.

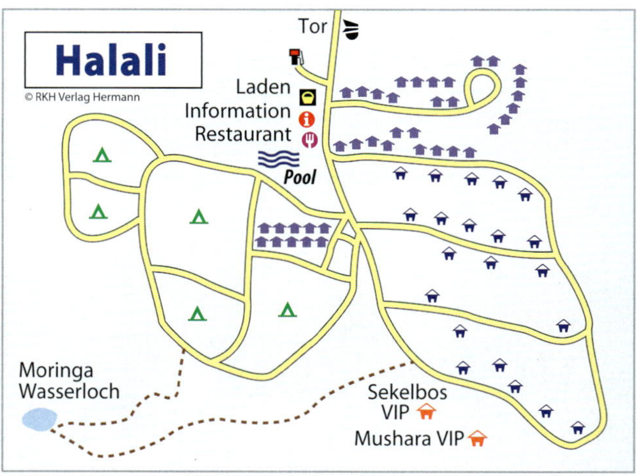

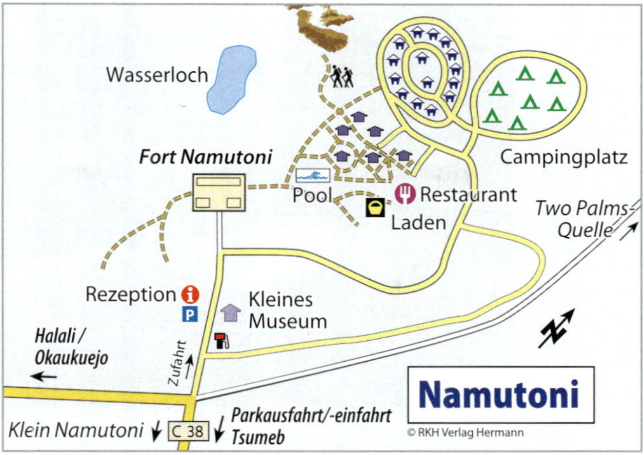

Namutoni

Das malerischste der Resorts ist Namutoni mit seinem **Fort.** 1851 rastete Andersson bei der Wasserstelle Omutjamatunda und berichtete als erster von dieser Stelle. Ihm folgten Jäger und Händler. Erst bei Ausbruch der Rinderpest 1897 installierte man einen Posten, der die gleichen Aufgaben wie der in Okaukuejo hatte. 1903 wurde die Festung fertiggestellt. Namutoni war nun **Grenzposten,** da das nördlich von hier gelegene Ovamboland nicht unter deutscher Verwaltung stand. Am 11. Januar 1904 brach der **Herero-Aufstand** los. Als einziger Ovambo-Führer beteiligte sich **King Nehale** aus Ondangwa und schickte am 28. Januar seine Leute gegen Namutoni (das nördliche Tor trägt seinen Namen). Einen Tag lang konnte die Besatzung, bestehend aus 4 Mann und 3 Farmern, widerstehen. Dann suchten sie das Weite und die Ovambo schleiften das Fort. Nach Niederschlagung des Aufstandes hat man es wieder aufgebaut und nutzte es als **Polizeiposten.** 1950 zum nationalen Monument erklärt, wurde es bis 1958 rekonstruiert und dient seither als **Touristenunterkunft.** Es erhebt sich strahlend weiß, mächtig und kriegerisch über dem grünen Rasen. Ein kleines Museum zur Geschichte von Namutoni befindet sich neben der Rezeption. Der Zeltplatz ist schön, schattig

Naumutoni, eine blendendweiße Festung

Namutoni Innenhof

und auf Rasen angelegt, das Wasserloch ist nicht so überlaufen wie in Okaukuejo. Die Landschaft um Namutoni prägen hohe Mopanebäume und dichtes Gesträuch. Unterkunft gibt es auf dem Zeltplatz (25 Stellflächen) und in rund 40 Chalets und in Zimmern im Fort selbst (2022 war das Fort wegen Baufälligkeit geschlossen)

Onkoshi

Das Camp in exklusiver Lage im Osten des Parks ist für die sonstige Öffentlichkeit nicht zugänglich, wer sich einmietet, erhält ein *all inclusive package* mit allen Mahlzeiten, eine **luxuriöse Zeltunterkunft** und natürlich Gamedrives. Die 15 Zelte stehen auf Holzplattformen, haben riesige Betten, Teakholzeinrichtung, Badewanne, Innen- und Außendusche und direkten, ungestörten Blick auf die Salzpfanne.

Ausflüge

Für schöne Fotos an den Wasserlöchern sollte man den Sonnenstand beachten und die Strecke so wählen, dass an den Wasserlöchern die Sonne seitlich scheint oder sich im Rücken befindet (und Achtung: die Sonne steht mittags im Norden!). Die Himmelsrichtung in Klammern zeigt hier die Lage der Wasserlöcher vom jeweiligen Parkplatz aus.

Vom Galton Gate nach Okaukuejo

Auf kürzester Strecke sind es 200 km und damit **ohne Pausen und ohne Abzweige fast vier Stunden Fahrt,** nimmt man die Umfahrung über Aasvoelbad, summiert sich die Strecke auf 230 km. 17 km hinter dem Tor an der C35 durch die Hügel und am Flughafen vorbei gelangt man an die erste Kreuzung. Nach rechts und Osten fährt man 1 km bis zum Bassin von *Miemes* (W, 1 km), nach links und Westen sind es 8 km zum Abdreh nach *Dinteri* (N, 1,5 km) und weitere 6 km zum Abdreh von *Aasvoelbad* (S, 1 km). Nach nochmal 5 km passiert man das Bassin von *Luiperskop* (SW). In einem großen Bogen wendet

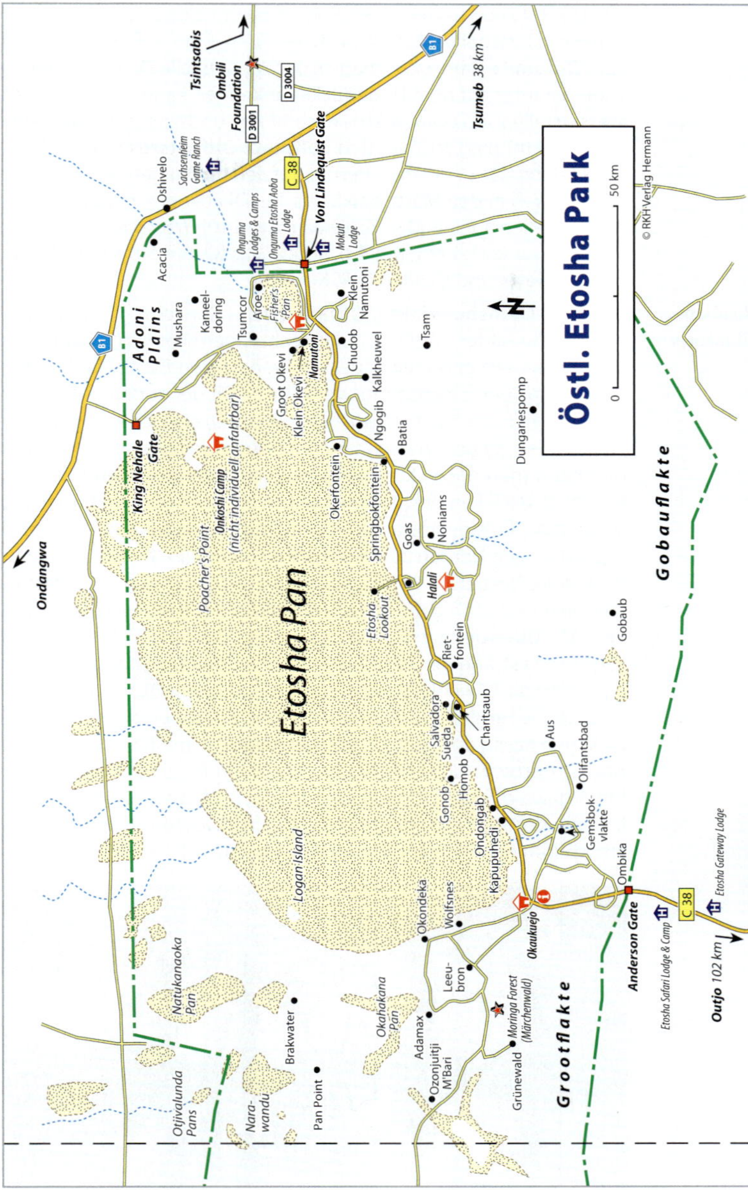
Östl. Etosha Park
0
50 km
© RKH Verlag Hermann
Etosha Pan
Tsintsabis
Ombili Foundation
D 3001
D 3004
B1
Tsumeb 38 km
Oshivelo
Sachsenheim Game Ranch
Onguma Lodges & Camps
Onguma Etosha Aoba Lodge
Mokuti Lodge
Von Lindequist Gate
C 38
Acacia
Adoni Plains
Mushara
Kameel-doring
Tsumcor
Aroe
Fisher's Pan
Klein Namutoni
Namutoni
Chudob
Kalkheuwel
Tsam
Groot Okevi
Klein Okevi
Ngogib
Batia
Dungariespomp
King Nehale Gate
Onkoshi Camp (nicht individuell anfahrbar)
Poacher's Point
Okerfontein
Springbokfontein
Goas
Noniams
Halali
Etosha Lookout
Ondangwa
Gobaub
Gobauflakte
Riet-fontein
Salvadora
Sueda
Charitsaub
Aus
Olifantsbad
Homob
Gonob
Ondongab
Gemsbok-vlakte
Kapupuhedi
Ombika
Logan Island
Okondeka
Wolfsnes
Okaukuejo
Anderson Gate
Etosha Safari Lodge & Camp
Etosha Gateway Lodge
Outjo 102 km
Leeu-bron
Natukanaoka Pan
Okahakana Pan
Brakwater
Adamax
Moringa Forest (Märchenwald)
Grünewald
Ozonjuitji M'Bari
Pan Point
Nara-wandu
Otjivalunda Pans
Grootflakte

5

sich die Piste nun nach Westen, kommt nach 12 km an der Quelle von *Klippan* (S) vorbei und stößt nach weiteren 6 km auf die Hauptpad zum **Dolomite Camp,** das man an der Wasserstelle *Dolomietpunt* (S) 7 km dahinter auf dem Hügelrücken erkennen kann. Vorbei an den Wasserstellen von *Duineveld* (S, nach 17 km) und *Nomab* (S, nach weiteren 16 km) passiert man den **Zeltplatz Olifantsrus** (nach 10 km, vom Galton Gate 104 km entfernt). Auf den nun folgenden 90 km bis zum Abdreh in den Märchenwald (s. bei Okaukuejo) reihen sich die Wasserstellen aneinander: *Tobieron* (N, Km 10), *Treespoed* (S, Km 21), *Duiwelsvuur* (S, 1,5 km, Km 43), *Sonderkop* (O, Km 50) mit Picknickplatz/**Toilette** und *Ozonjutji* (W, Km 69).

Rund um Okaukuejo

Ombika, Gemsbokvlakte, Olifantsbad – Zunächst 11 km zurück in Richtung Andersson Gate, dann rechts nach *Ombika* (S) abbiegen, die Wasserstelle gilt als einer der sicheren „Löwen-Plätze" (außerdem sind Zebras und Streifengnus vertreten). Auf der anderen Seite der C38 sind es 18 km bis zur *Gemsbokvlakte* (NO) ein Lieblingsplatz der Oryxherden, zu denen sich manchmal auch Elefanten gesellen. Von hier kann man nach Okaukuejo zurückfahren (insgesamt 60 km). *Olifantsbad* (O) liegt 8 km weiter östlich an einem der traditionellen Migrationspfade der Elefanten. 15 km sind es – vorbei am Wasserloch *Aus* (O) – nach Norden zum Viewpoint *Ondongab* (N) mit Blick über die Pfanne. Vorbei am Viewpoint *Kapupuhedi* (NW) und dem Wasserloch *Nebrowni* (SO) geht es nach Okaukuejo zurück (insgesamt 100 km). Mit **Okondeka,** nördlich des Resorts und nur 22 km entfernt, liegt am Westrand der Salzpfanne eine der interessantesten Wasserstellen für die Löwenbeobachtung; die Quelle von *Okondeka* (O) versorgt große Herden von Zebras, Gnus und Antilopen mit Wasser und lockt den König der Tiere an. **Märchenwald** – vom Resort geht's zunächst nordwestlich in Richtung *Leeubron* (N) und dann auf der Moringawald-Straße (Sprokieswoud) nach Westen, bis nach ca. 35 km links der Straße der geisterhafte *Märchenwald* erscheint **(Toilette** am Abdreh der Stichstraße zum Viewpoint).

Blick vom Wachturm von Okaukuejo

Von Okaukuejo nach Halali

Die Piste folgt dem **Südrand der Salzpfanne;** linker Hand breitet sich die im Sonnenlicht gleißende Salzfläche aus, rechts verdeckt zunehmend dichteres Buschwerk den Blick auf kleineres Wild. Immer wieder führen Abstecher nach Süden in die Buschsavanne zu beliebten Wasserstellen (s.o. bei Olifantsbad). Versuchen kann man's auch nördlich mit *Homob* (W, 3 km Stichstraße) 35 km von Okaukuejo, einer direkt am Pfannenrand angelegten Wasserstelle, an der verschiedene Antilopenarten, Zebras und ihre kurzsichtige Gefolgschaft, die Gnus, ihren Durst stillen. Auch Löwen sind hier häufiger zu Gast. 2 km nach dem Abdreh kommt eine **Toilette.** *Charitsaub* (W) 8 km weiter (nicht der Hauptpad folgend) und die Wasserstellen *Sueda* (N) und *Salvadora* (W) gelten als relativ sicherer Tipp für Geparde. Nach 8 km ist bei *Rietfontein* (O) eine Grabstelle der Dorslandtrekker erhalten und nach weiteren 9 km zweigt die Zufahrtsstraße zum Rastlager Halali ab (8 km, von Okaukuejo 70 km).

Rund um Halali

Etosha Viewpoint – zwei Strecken bieten sich an: die westliche an der Wasserstelle von *Nuamses* (O) vorbei (34 km), oder die östliche Route (36 km). Etosha Viewpoint ist die einzige Stelle, an der Besucher auf die Salzton-Pfanne fahren dürfen (3,5 km). Bei flimmernder Luft fühlt man sich wie im Nirgendwo. **Noniams, Goas** – etwa 15 km von Halali nach Osten versprechen die beiden Wasserstellen *Noniams* (O) und *Goas* (O) von erhöht angelegten Parkplätzen gute Sicht auf Zebras, Gnu, Oryx und die seltene Kuh-Antilope.

Von Halali nach Namutoni/ Von Lindequist Gate

Die scheuen Eland-Antilopen sollen sich entlang von *Rhinodrive* und *Elandsdrive* südöstlich von Halali gelegentlich blicken lassen. Die Strecke ist zwar nicht die direkteste Verbindung nach Namutoni, verspricht aber **gute Tierbeobachtungsmöglichkeiten** und ein **attraktives Landschaftsbild** mit dichtem Mopanebewuchs. Nach ca. 50 km

Zebras im Herzen Etoshas an der Hauptpfanne

wieder zurück auf der Hauptpad **(Toilette)** und 2 km weiter am Rand der Salzpfanne lockt die Quelle *Springbokfontein* (S) verschiedene Antilopenherden, vor allem aber die grazilen Springböcke an. Kurz dahinter kann man nach Norden abbiegen und dem Rand der Salzpfanne folgen (25 km, **Toilette**) oder man nimmt den direkten Weg (20 km) zum Beginn des Rundwegs, der über 20 km zur Quelle *Ngobib* (W) und zurück führt. Anschließend sind es 3,5 km zum Abzweig nach *Kalheuvel* (SW, 4 km), auf dem man eine kleine Salzpfanne passiert. 11 km weiter ist das Wasserloch *Chudob* (S, 3 km Stichpiste) für seinen Tierreichtum bekannt; sogar Leoparden werden hier gesichtet. Im Folgenden quert die Piste auf einem kurzen Stück Pfanne und erreicht nach insgesamt 70 km (ohne Abstecher) Namutoni – nach dem Von Lindequist Gate verstecken sich mehrere hochluxuriöse Lodges im dichten Busch.

Rund um Namutoni

Dikdik Drive – Die Damara Dikdiks sind die kleinsten Antilopen Namibias und als Wasserstelle bevorzugen sie *Klein-Namutoni* (O), zu dem häufig auch Giraffen kommen. Der Rundweg zweigt 1 km südlich von Namutoni von der C38 ab und ist etwa 12 km lang. **Fisher's Pan Drive** – an ihrem östlichen Rand leckt die Etosha-Pfanne nördlich von Namutoni über einen „Kanal" in eine zweite Salzton-Senke hinein, in die Fisher's Pan. Diese ist nicht nur für gute Elefantensichtung bekannt, sondern auch bei Vögeln beliebt. Wer schon immer rosafarbene Flamingowolken fotografieren wollte, ist hier richtig! Dazwischen stolzieren in strengem Ernst Marabus, und gelegentlich watscheln auch ein paar Pelikane vorbei. Nach 12 km ist die malerische Wasserstelle *Twee Palms* (S) erreicht, 8 km weiter geht es zur Quelle von *Aroe* (N, 1 km); nach nochmal 20 km ist man wieder in Namutoni. **Okevi Waterholes** – die beiden, der Salzpfanne zugewandten Wasserlöcher nächst Namutoni sind Versammlungsorte fast aller Tierarten, von Elefanten und Giraffen über Zebras bis zu Antilopen und Hyänen; nach *Klein Okevi* (S) sind es 4 km, nach *Groot Okevi* (N) 6 km.

Von Namutoni zum King Nehale Gate

Nach Passieren der Okevi-Wasserlöcher folgt 12 km von Namutoni das bei Giraffen wie Elefanten gleichermaßen beliebte *Tsumcor* (N). 3 km weiter kann man auf der parallel verlaufenden Piste – an der Pan entlang und vorbei am Wasserloch Stinkwater (W) – fahren und trifft nach 21 km wieder auf die Hauptpad mit Picknickplatz und **Toilette.** Hier kann man eine weitere Umfahrung über die Andoni-Ebene zum Wasserloch von *Andoni* (N) wählen und gelangt (mit den beiden Umfahrungen) 45 km hinter Namutoni ans King Nehale Gate. Gleich hinter dem Tor geht es zur vorzüglichen (und gar nicht mal so teuren) **Etosha King Nehale Lodge** ab (s. Unterkunft).

Service Etosha

Die Lodges, Camps und Resortunterkünfte im Nationalpark (s.o.) sind zentral über Namibia Wildlife Resorts (NWR) zu buchen (Tel. 061-2857200, www.nwr.com.na).

Unterkünfte außerhalb des Parks

Im Norden

Etosha King Nehale Lodge******, King Nehale Gate, Tel. 061-427200, https://gondwana-collection.com. 40 Bungalows mit allem erdenklichen Luxus, eigenem Minipool, Aussicht über die Buschlandschaft, ausgezeichnetem Restaurant und perfektem Service.

City Lodge Boutique Hotel*-**, Omuthiya (B1, 1 km südlich, 28 km vom Tor, GPS -18.36689, 16.57971), Tel. 065-247600, www.facebook.com/CityLodge BoutiqueHotel. Zwei-Sterne-Haus mit sieben Zimmern, Pool, Restaurant und allem nötigen Komfort – mitten im Ort unter Einheimischen.

Etosha Omulunga Campsite, Omuthiya (B1, 4 km nordwestlich der King Nehale Gate Rd, 22 km vom Tor, GPS -18.37001, 16.59592), Tel. 085-7398000, https://ecotours-namibia.com. Sechs einfache Stellplätze mit gemeinschaftlichem Sanitärbereich – kein Strom, nur Selbstversorgung.

Im Osten

Mokuti Etosha Lodge***-****, Von Lindequist Gate (am Tor), Tel. 067-229084, www.mokutietosha.com. Stylische Großanlage mit 114 Zimmern in über den Garten verteilten Gebäuden und besonders bei Familien beliebt (Pool, Spielplatz).

Emanya@Etosha Game Lodge***, Von Lindequist Gate (C38/D3028, 21 km vom Tor), Tel. 061-222954, www.emanya.com. 20 sehr komfortable und erschwingliche Bungalows in einer modernen Anlage mit Pool und ausgezeichnetem Essen.

Sachsenheim Guestfarm/Campsite***, B1 (28 km vom Osttor) Tel. 081-2150100, www.facebook.com/SachsenheimNamibia. 14 Zimmer und die günstigste Möglichkeit am Osttor, gemütliche Traditionsunterkunft mit stylisch eingerichteten Chalets in großem Garten, Restaurant und Pool; auch Zeltplatz.

Im Süden

Ongava Lodges/Camps****, Andersson Gate (zentrale Zufahrt am Tor), Tel. 083-3303920, www.ongava.com. Kollektion mit vier Lodges (Ongava, Little Ongava, Tented Camp, Anderssons) am ultimativen Luxus- und Preisende, Angebote mit DBB oder *fully inclusive;* 600–1300 €/Nase/Nacht).

Taleni Etosha Village***, Andersson Gate (3 km südlich), Tel. +0027-21-9304564, https://etosha-village.com/. 55 luxuriöse Bungalows, vier komfortable Stellplätze und zwei für Overlander/Gruppen – Restaurant und Pool.

5

Etosha Trading Post Campsite, Andersson Gate (6,5 km südlich), Tel. 021-9304564, https://etosha-tradingpost.com. Acht schöne und jeweils mit Bad, Schattendach und Outdoor-Küche ausgestattete Stellflächen – Laden, Tankstelle.

Eldorado B&B/Campsite **-***, Andersson Gate (9 km südlich), Tel. 067-333421, http://www.namibweb.com/eldoradobed.htm. Sieben Bungalows mit Bad auf einer Farm in Familienbesitz; auch schattiger Zeltplatz mit gemeinschaftlichem Sanitärblock, Restaurant, Pool.

Etosha Safari Camp **, Andersson Gate (9,5 km südlich), Tel. 061-427200, https://gondwana-collection.com. 50 im Busch verteilte Chalets mit allem Komfort von Klimaanlage bis Veranda, ein Restaurant, Bar und Pool und als Besonderheit der „Dorfplatz" fürs abendliche gesellige Beisammensein mit Musik und Gesang – angenehm und schön mit Lagerfeuerromantik.

Etosha Safari Campsite, Andersson Gate (9,5 km südlich), Tel. 061-427200, https://gondwana-collection.com. 20 schöne Stellplätze unter Mopane-Bäumen mit gemeinschaftlichem Ablution Block, Bar, Restaurant und Pool; wer es komfortabler mag mietet eines der acht Zelte mit Veranda, eigenem Bad, eigener Küche und bequemen Betten inkl. Wäsche – *Camping2go*.

Etosha Safari Lodge ****, Andersson Gate (10 km südlich), Tel. 061-427200, https://gondwana-collection.com. 65 in der hügeligen Buschlandschaft verteilte Bungalows und ein Zentralgebäude mit Restaurant und fantastischer Sicht über die Ebene; drei Pools und perfekt geschultes Personal.

Im Westen

Hobatere Lodge ****, C35 (2 km nördlich des Tors auf Farmstraße, 17 km vom Galton Gate, GPS -19.33220, 14.36945), Tel. 061-228104, https://hobatere-lodge.com. Zwölf Chalets und Bungalows als Basis für geführte Ausflüge auf dem Konzessionsgebiet oder nach Etosha; alle Annehmlichkeiten, Restaurant, Pool.

Hobatere Roadside Halt Campsite, Galton Gate, Tel. 081-6525252, www.facebook.com/Hobatere. Zehn in großzügigem Abstand aufgestellte, perfekt ausgestattete Plätze, jeweils mit eigener Dusche/WC, und drei Stellflächen für Overlander – nur Selbstversorger.

Einkaufen

Lebensmittel

Etosha Trading Post/Supermarkt, Andersson Gate (6,5 km südlich). Ausgezeichnet sortierter Laden mit alles, was man fürs Braai benötigt (außer Alkohol) – auch Tankstelle und Reifendienst.

Verkehr

Go2 Traveller Transfers, https://go2.na. Shuttle Service von Windhoek (Truck Port) nach Etosha (Haltestelle Etosha Trading Post) in der Saison täglich, um 700 N$ einfach.

Die exklusive Etosha Safari Lodge

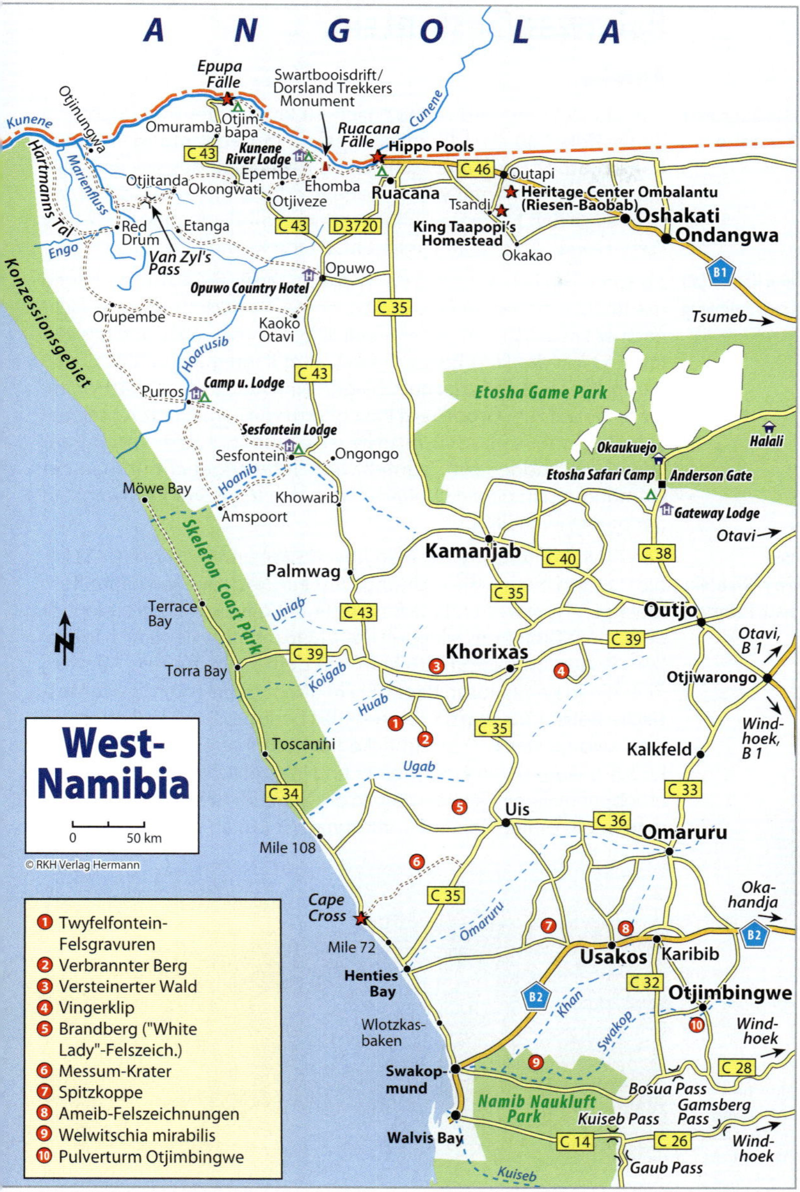
A N G O L A
Epupa Fälle
Swartbooisdrift/ Dorsland Trekkers Monument
Otjinungwa
Kunene
Omuramba
Otjimbapa
Cunene
Ruacana Fälle
Hippo Pools
C 43
Kunene River Lodge
Epembe
Ehomba
Ruacana
C 46
Outapi
Heritage Center Ombalantu (Riesen-Baobab)
Tsandi
Oshakati
Ondangwa
King Taapopi's Homestead
Okakao
B1
Hartmanns Tal
Marienfluss
Otjitanda
Okongwati
Otjiveze
Red Drum
Etanga
Van Zyl's Pass
Engo
C 43
D 3720
Opuwo
Opuwo Country Hotel
Konzessionsgebiet
Orupembe
Kaoko Otavi
C 35
Tsumeb
Hoarusib
C 43
Purros
Camp u. Lodge
Etosha Game Park
Sesfontein Lodge
Sesfontein
Ongongo
Okaukuejo
Halali
Etosha Safari Camp
Anderson Gate
Möwe Bay
Hoanib
Khowarib
Amspoort
Gateway Lodge
Otavi
Kamanjab
C 40
C 38
Skeleton Coast Park
Palmwag
C 35
Outjo
Terrace Bay
Uniab
C 43
C 39
Otavi, B 1
Torra Bay
C 39
Khorixas
Otjiwarongo
Koigab
Huab
West-Namibia
0 50 km
C 35
Wind-hoek, B 1
Toscanini
Kalkfeld
Ugab
C 34
C 33
Uis
C 36
Omaruru
Mile 108
© RKH Verlag Hermann
Cape Cross
C 35
Okahandja
Omaruru
B2
Mile 72
Usakos
Karibib
Henties Bay
C 32
Otjimbingwe
B2
Khan
Wlotzkasbaken
Swakop
Wind-hoek
C 28
Swakopmund
Bosua Pass
Namib Naukluft Park
Gamsberg Pass
Kuiseb Pass
Walvis Bay
C 14
C 26
Wind-hoek
Kuiseb
Gaub Pass
1 Twyfelfontein-Felsgravuren
2 Verbrannter Berg
3 Versteinerter Wald
4 Vingerklip
5 Brandberg ("White Lady"-Felszeich.)
6 Messum-Krater
7 Spitzkoppe
8 Ameib-Felszeichnungen
9 Welwitschia mirabilis
10 Pulverturm Otjimbingwe

Palmwag/Sesfontein

Anreise

Von Outjo nach Kamanjab

Von Outjo kommend zweigt nach 10 km auf der C38 (Richtung Etosha) die C40 ab. 145 km sind es auf ihr recht **monoton nach Kamanjab.** Entlang ihres schwarzen Asphaltbandes wachsen alle möglichen Baumarten wie Mopane, Moringa, Ahnen- und Balsambäume, an den Telegrafendrähten hängen großvolumige Nester der Webervögel. Ab und an passiert man eine winzige Siedlung.

Von Kamanjab nach Palmwag

Ab Kamanjab hat es sich mit dem Asphalt. Die Piste C40 führt – häufig mit unerfreulichen Wellblech-Abschnitten – nach Westen, erreicht nach 40 km das Gebiet der ≠Khoadi-llHoas Conservancy und passiert nach 63 km das Dorf Erwee. 5 km weiter kann man auf der Hoada Campsite (s.u.) sein Lager aufschlagen. Nun geht es rund 300 Höhenmeter hinauf zum **Grootberg Pass** (95 km von Kamanjab). An seinem Scheitelpunkt auf 1540 m üNN ist es einen Katzensprung zur Grootberg Lodge (s.u.). Schnell wird Höhe abgebaut und an der Einmündung in die C43 befindet man sich (6 km vor Palmwag) auf nur noch 950 m üNN.

Von Twyfelfontein nach Palmwag

Von Twyfelfontein erreicht man über D3214 und D2612 nach 23 km die C39 und biegt in sie Richtung West ein. Nach einigen Kilometern taucht im Nordwesten eine Bergkette mit gänzlich unterschiedlich geformten Gipfeln als Silhouette auf. Man umfährt sie südlich in großem Bogen und kommt 30 km nach dem Twyfelfontein-Abzweig über einen namenlosen **Pass** (900 m üNN) in eine roterdige **fantastische Berglandschaft.** Silbernes Gras bedeckt die Hügelketten wie eine seidige Decke, Springböcke flüchten in eleganten Hopsern, Kudus beäugen den Eindringling und Warzenschweine trotten mit erhobenem Signal-Schwanz durch die Gegend. 10 km weiter gelangt man in ein breites Tal und kommt nach 3 km an den Abzweig der

Manche Trockenflüsse sind nur durch Baumwuchs zu erkennen

Landschaften werden in der Abendsonne zu Fantasiegemälden

C39 nach Torra Bay. Ab hier geht es auf der Piste C43 weiter. 2 km hinter dem Abzweig passiert man eine Furt mit der kleinen Siedlung **Bergsig** (und tatsächlich einem Bottle Store). Nach 38 km erscheint bei einer Furt wieder eine kleine Siedlung (Palm), 2 km dahinter zweigt nach links die C43 nach Palmwag und Sesfontein ab. 5 km sind es auf ihr noch zur Palmwag-Tankstelle (Lodge-Zufahrt 1 km weiter).

Von Torra Bay nach Palmwag

Von Torra Bay im Skeleton Coast National Park geht es auf der C39 nach Osten über die Küstenebenen. Wer die Augen offenhält, sieht so einige Welwitschias am Wegesrand. Voraus tauchen Tafelberge auf und nach 60 km ist das Osttor des Parks erreicht – Springbokwasser Gate (Einfahrt im Transit 7.30–15, Ausfahrt 7.30–19 Uhr, auch einfacher Zeltplatz). Nach 20 km wachsen viele Welwitschias auf den grasbewachsenen Ebenen zwischen malerischen Tafelbergen und nach weiteren 30 km stößt man bei **Bergsig** auf die C43 (s.o.).

Von Palmwag nach Sesfontein

Die C43 führt von **Palmwag** durch die nördlichen Ausläufer des ehemaligen Damaralandes und quert zahlreiche Furten, die die Landschaft zum Meer hin entwässern. Nach 45 km ist ein weites Tal erreicht und nach 35 km im Tal öffnet sich an der Ostseite die **Schlucht des Khowarib,** die über die Zeitläufe der Hoanib gegraben hat. Nimmt man die Pad hinein, erreicht man nach 1 km die Khowarib Lodge (s.u.). Mit 4x4 Fahrzeugen kann man – dem ganzjährig wasserführenden Hoanib folgend – auf felsigem Weg und durch tiefen Flusssand noch weiter hinein, z.B. bis zum **Khowarib Waterfall** (8 km, GPS -19.29874, 13.92332). 10 km hinter dem Abzweig in die Khowarib-Schlucht ist Warmquelle erreicht, ein aus Wellblech- und Lehmhütten der Himba und Herero weit auseinandergezogener Ort (vor dem 1. Weltkrieg baute hier ein deutscher Farmer Gemüse an). „Einkaufen" kann man im *Manchester United Trading Post.* Den **Ongongo-Wasserfall** (Eintritt 60 N$, 4x4, 6 km) mit durchaus komfortabler Campsite (s.u.) sollte man unbedingt besuchen. Dort sprudelt eine

5

Die Ongongo-Quelle

kleine, warme Quelle an einer Baumwurzel und bildet einen – mit Holzplattform liebevoll hergerichteten – Badeteich. 11 km hinter Warmquelle nimmt man an der Gabelung die westlich verlaufende Piste D3707 nach Sesfontein (12 km), die C43 führt weiter nach Norden nach Opuwo (135 km).

Kamanjab

Kamanjab ist der **letzte Vorposten** der Zivilisation auf dem Weg in das **Kaokoveld** – ein kleines Nest mit einer Handvoll Unterkünfte, Supermarkt und Tankstelle mit Reifendienst. Der Touristenstrom hat sich hier schon merklich ausgedünnt, da nur wenige Fahrzeuge zum 66 km entfernten **Galton Gate** von Etosha unterwegs sind, oder – schnell, schnurgerade und extrem ereignisarm – auf der C35 nach Opuwo (260 km) und Ruacana (290 km) fahren.

Felsgravierungen

Die Ritzungen haben San an der **Peet Alberts Koppie** (Schlüssel beim Oppi-Koppi Restcamp, 60 N$/Person, 100 N$ Kaution) 6 km außerhalb hinterlassen. Man fährt 4 km zurück Richtung Outjo und biegt auf die Farmpiste nach Nord ab (2 km). Vom Parkplatz durch das Tor sind es 600 m recht steil hoch zu den zahlreichen, eindrucksvollen Zeichnungen von Wild und abstrakten Mustern, darunter eine Giraffe (mit 3,3 m die wohl größte Gravierung im südlichen Afrika). Namensgeber des Hügels war der ehemalige Besitzer – ein Dorslandtrekker.

Himba-Dörfer

Nur 2 km nördlich des Städtchens leben die Himba des **Omusaona Traditional Village** (Tel. 081-8893560, 250 N$/Person) von den Touristen, die sich für ihre Lebensweise interessieren und Einblicke in das tägliche Leben der Rindernomaden suchen. Diese Form der Living History ist natürlich sehr touristisch; auch Souvenirs werden verkauft. 20 km westlich kann man an der C40 das **Onjonwewe Himba Village** (Tel. 081-6560949, 200 N$/Person) mit ähnlichem, aber weniger touristisch ausgelegtem Programm nach Voranmeldung besuchen (es steht in Verbindung mit dem Otjikandero-Waisenhausprojekt).

Palmwag

Die Palmwag Lodge liegt auf einem 6000 km² großen Konzessionsgebiet, das einerseits geschützter Naturpark ist, andererseits gegen strenge Auflagen zur touristischen Nutzung an ein Privatunternehmen abgegeben wurde. Das Rivier des Uniab ist seine **Lebensader** im kargen Umfeld. Hier leben Elefanten, Nashörner, Giraffen und alle Arten von Antilopen. Manchmal kommen die Elefanten bis ans Camp, Vorsicht ist also geboten. Mit dem eigenen Geländewagen können Tagesbesucher nach Anmeldung und Bezahlung am **Gate** (C43, 4 km westlich der Tankstelle, GPS -19.86966, 13.91154, Eintritt 100 N$/Person, 150 N$/Fahrzeug) die gekennzeichneten Routen abseits der Hauptstraße befahren.

Sesfontein

Das **deutsche Fort** entstand 1896 zur Eindämmung der Rinderpest, der Wilderei und des Waffenschmuggels und war mit 25 Mann besetzt. Sie bedienten auch den Spiegeltelegraph auf dem 150 m entfernten Signalhügel, der über Relaisstationen mit Deutsch-Ostafrika (Tanganjika) in Verbindung stand. 1914 zogen die Schutztruppler weg und überließen alles (und ihren kleinen Friedhof mit drei Gräbern) sich selbst. Die Anlage verfiel, die gepflanzten Dattelpalmen haben Einheimische ausgegraben und anderswo eingesetzt. Zu Beginn der 1990er Jahre hat man das Fort restauriert, zur Lodge umgenutzt, die Palmen zurückgekauft und wieder eingepflanzt. Gäste wohnen in den ehemaligen Stallungen und können Ausflüge zu nah gelegenen, eindrucksvollen **Felsgravierungen** unternehmen. Wer **Wüstenelefanten** sehen möchte, kann dem Rivier des Hoanib fluss-

Pisten im Damaraland sind schmal und rau

abwärts folgen. Die Chance stehen gut, auf Tiere zu treffen – auch wenn nicht jedes ein „Wüsten"-Elefant ist (die Migrationsroute der Herden führt von Etosha bis hinunter an die Skelettküste), doch bei kleineren Exemplaren handelt es sich meist um die wüstenangepasste Subform.

Service Palmwag/Sesfontein

Unterkunft

Kamanjab

Oppi-Koppi Restcamp**-***, Gemsbok St, Tel. 067-330040, www.oppi-koppi-kamanjab.com. Schöne, rustikale Safarilodge mit 19 über das Buschgelände verteilten Zimmern unterschiedlicher Kategorie und acht Stellplätzen jeweils mit eigener Küche/Braaiplatz und gemeinschaftlicher Sanitäreinrichtung; Restaurant, Bar.

Ann's Lodge & Camping*, C40 (am westlichen Stadtrand von Kamanjab), Tel. 081-2307231, www.facebook.com/AnnsLodge. Nette und sehr persönliche Lodge – supergünstig und bestens für Selbstversorger geeignet.

Ojonwewe Lodge/Campsite**-***, C40 (20 km westlich von Kamanjab), Tel. 081-65650949, www.namibiajjtours.com. Neun Räume und Safarizelte einfach und in charmantem Stil gehalten, Restaurant und Aktivitäten wie Besuch eines Himbadorfes (auch mit Abendessen dort); auch drei Stellplätze.

Palmwag

Hoada Campsite, C40 (68 km westlich von Kamanjab, 50 km von Palmwag), Tel. 061-228104, http://hoadacampsite.com. Zwischen Granitkugeln und Mopanebäumen sind die acht Stellflächen mit WC, Grill und Küche ausgestattet; auch vier Mietzelte – Teil der ≠Khoadi-ǁHoas Conservancy.

Grootberg Lodge**-***, Grootberg Pass (1,5 km südlich, Zufahrt mit 4x4), Tel. 061-228104, https://grootberg.com. In Eigentum und unter Management der 120 km² großen ≠Khoadi-ǁHoas Conservancy der ansässigen Damara-Gemeinde; einfachere Lodge mit 16 Felsenchalets in spektakulärer Canyon-Lage, Restaurant und Aktivitäten wie Dorf-Besuchen.

Palmwag Lodge & Campsite***-****, Palmwag, Tel. 061-427200, https://gondwana-collection.com. Großanlage im Luxussegment mit 24 Chalet-Zimmern, Restaurant, zwei Pools und neben Gamedrives weiteren zahlreichen und hochklassigen Aktivitäten wie Elephant/Rhino Tracking zu Fuß; Camping mit 13 Stellplätzen und *Camping 2go* mit acht voll ausgestatteten Safarizelten (mit Bad, Küche und Bettwäsche).

Innenhof von Sesfontein

Sesfontein

Sesfontein Lodge***, Sesfontein, Tel. 065-275520, www.fort-sesfontein.com. 20 Zimmer im etwas abgewohnten Kasernenstil, Restaurant und Pool – verschlafen unter Palmen in der Wüste an historischem Ort, gut für eine Nacht.

Sesfontein Guesthouse***, Sesfontein, Tel. 061-239643, https://sesfontein-guesthouse.com. Zehn vorzüglich unterhaltene Zimmer und Restaurant, Pool, Ausflüge; die Alternative zum Fort.

Zebra Restcamp, Sesfontein, Tel. 081-6141410. Einfacher, kommunaler Zeltplatz mit drei schattigen Stellflächen (Gemeinschaftsduschen/-WC).

Khowarib Lodge& Campsite***, Khowarib Canyon, Tel. 064-402779, www.khowarib.com. 14 Safarizelte mit allem Komfort (und Bad) und acht Stellplätze mit eigener Küche und gemeinschaftlichem Ablution Block; Restaurant und Ausflüge zu Elefanten und Nashörnern entlang des Hoanib.

Ongongo Waterfall Campsite, Warmquelle, Tel. 061-239643, https://ongongo.com. Neun Stellplätze mit privatem WC/Dusche und Braaiplatz, Thermalquelle. Wer nicht kochen will: Es gibt die Option mit aufgestelltem Zelt (inkl. Bettwäsche), Frühstück und Dinner für 1500 N$/Person – Outback mit perfekter Organisation.

Zeltplatz an der Ongongo Quelle

Kaokoveld

Die Sehnsuchtslandschaft für Expeditionsfreudige ist Gebirgswüste mit schroffen Klippen, weiten sandigen Tälern und schmalen Pisten, über die sich ihre Geländefahrzeuge quälen. Weiler wie Sesfontein mit Palmen und viel Sand erinnern an die Sahara, Flusstäler kann man nur am Spalier der Akazien erkennen, und dennoch bieten sie Lebensraum für Elefanten und Nashörner, Antilopen und Raubkatzen. Zwischen Etosha und Küste, zwischen Damaraland und Kunene breitet sich der abgelegenste Siedlungsraum Namibias aus – angestammtes Gebiet der Rindernomaden Ovahimba. Eine Fahrt an die Nordwestgrenze abseits der Hauptstraße zwischen Palmwag/Sesfontein und den Epupa Falls ist eine Reise, die man nur mit guter Ausrüstung unternimmt.

Anreise

Von Kamanjab nach Ruacana

Je nach Route sind es nach Epupa 440–620 km (8–10 Std.). Von **Kamanjab** geht es erst nach Westen zum Galton Gate und 12 km hinter ihm beim *Werda Veterinary Control Gate* durch den Veterinärzaun, dann zieht die asphaltierte C35 schnurgerade nach Norden und folgt dem Abbruch des Kaokoveld zum Ovamboland hin. Nach 205 km passiert man den (ebenfalls asphaltierten) Abzweig der C41 nach Opuwo (55 km) und 85 km weiter geht es rechts und links nach Ruacana Ort. Die **Ruacana Falls** liegen 22 km weiter im Westen.

Besuch bei den Himba

Von Ruacana nach Epupa

Von den Ruacana Falls sind es auf der D3700 auf direktem Weg **am Kunene entlang** 150 km nach Epupa, eine **4x4-Strecke,** die man – wegen der zahlreichen Rivierquerungen – nur außerhalb der Regenzeit unternehmen kann; 4–5 Std. sollte man dafür rechnen. In der Regenzeit kommen die zahlreichen Kunene-Tributäre regelmäßig ab und blockieren die Strecke: Erster und stärkster Zufluss ist der Ondoto 10 km westlich der Kunene River Lodge, zweiter sehr kritischer Zufluss ist der Omuhonga 13 km östlich von Epupa. Ist die D3700 blockiert (dazu in den Lodges nachfragen), erreicht man meist auf der D3700, an der **Kunene River Lodge** (s.u.) vorbei und durch die parkartige Uferlandschaft, **Swartbooisdrift;** dort nimmt man die D3701 nach Süden und 55 km hinter Swartbooisdrift die C43 wieder hoch nach Epupa (insgesamt 210 km, 4 Std.). Bei der Streusiedlung Swartbooisdrift sollte man auf alle Fälle das **Dorsland Trek Monument** besuchen (500 m auf der D3701, dann rechterhand), eine aus Naturstein gemauerte Pyramide bei einem kleinen Friedhof: Es erinnert an die **Treckburen,** die auf der Suche nach einer neuen Heimat Ende des 19. Jahrhunderts von Transvaal (Südafrika) durch die Kalahari ins Kaokoveld bis Angola und wieder zurück nach Grootfontein und an den Waterberg zogen. Ist die D3700 auch zwischen Ruacana und Swartbooisdrift blockiert (meist durch den Red River 27 km westlich der Ruacana-Fälle, 18 km vor der Kunene River Lodge) bleibt nur der **große Umweg über Opuwo** (320 km, 6 Std.)

Von Sesfontein nach Opuwo

Die Strecke ist ohne Abstecher 150 km lang, man rechne mit guten 3 Std. Es geht von **Sesfontein** 12 km auf der D3704 zurück zur C43 und auf ihr nach Norden. Die Strecke bis Opuwo ist mit Pkw befahrbar, **Wellblechabschnitte** erfordern aber Aufmerksamkeit. Auch wenn viele Ovahimba nach Süden in „touristenreichere" Gebiete gewandert sind, führen die Gebliebenen immer noch ein halbsesshaftes Leben als Viehzüchter, das die Zivilisation kaum berührt oder verändert hat. Die Piste zieht weiter nach Norden und steigt allmählich von 600 m bis auf über 1000 m an. Das Tal verengt sich nach 20 km auf der C43 zum Canyon. 7 km weiter gelangt man über den **Joubert-Pass** (mit

5

In der Regenzeit: Geht's noch, oder eher nicht?

einem sehr steilen, jedoch asphaltierten Abschnitt, Geländegang einlegen!) in ein grünes Hochtal mit Trockenlaubwald aus Mopane und Blutpflaumen, in dem sich die Pad entlangwindet. 4 km weiter liegt die Siedlung **Otjomatemba** am Straßenrand. Rechts voraus sind die Joubert-Berge zu sehen. Vorbei an Otjize und parallel zu einem Galeriewald erreicht die Piste eine karstige Dolomit-Landschaft, in der man Karl-May-Filme drehen könnte, wenn nicht vereinzelt typische Pflanzen wie der Buschmann-Baum wüchsen. Nach 50 km auf der C43 weist rechter Hand ein Schild zum **Camp Aussicht** (5 km, 4x4, s.u.). Bei Omao geht es auf ein Hochplateau, linkerhand stehen die Schwarzkuppen. Nach weiteren 40 km schlängelt sich die Piste für 10 km kurvenreich durch eine fast parkartige und grüne Landchaft. Über dem mit Butterblumen gesprenkelten Rasen stehen Mopane, Akazien, Apfelblatt, Baobab und der Kalahari Christmas Tree. Danach geht es über 10 km schurgerade durch eine Terrassenlandschaft auf die Kreuzung mit der D3705 zu. Ein kleiner Abstecher auf ihr nach **Kaoko Otavi** (13 km) endet an einer Ruine und bei fünf **Gräbern der Dorslandtrekker.** Beim Ortseingang, etwa 100 m vor den ersten Häusern, führt nach rechts eine unscheinbare Piste auf 300 m zu einer Quelle mit einem kleinen gefassten Teich. Hier stehen die Grundmauern einer Kirche; 400 m über Geröll durch den Busch westwärts liegen unter drei größeren Bäumen die Gräber in Form flacher Steinhaufen (GPS -18.29642, 13.65916). 17 km hinter dem Abzweig nach Kaoko Otavi und nach vielen Querfurten ist **Opuwo** erreicht.

Von Opuwo nach Epupa

Die 180 km lange Strecke ist meist in gutem Zustand, kann aber in der Regenzeit bei Okongwati durch den dann breit fließenden – und teilweise tiefsandigen – Omuhongo blockiert sein. Verlassen Sie **Opuwo** auf der Piste C43. Der Weg verläuft zuerst über 35 km nach

Schnurgerade nach Opuwo

Umzug im Kaokoveld

Norden in Richtung der Ehomba-Berge, biegt dann aber parallel zu den links liegenden Steilrandbergen nach Westen ab und hält auf die Otjiveze-Bergen zu. Gut 40 km nach Opuwo kann man rechterhand beim **Mungunda Living Museum** (www.lfcn.info, diverse Programme wie Dorfleben/300 N$/2–3 Std., Bushwalk/150 N$/1 Std. oder Hochzeitszeremonie 4500 N$/1Tag, jeweils pro Person) haltmachen. Natürlich ist es eine Art von Reenactment traditionellen Lebens, aber mit festen Tarifen, verlässlicher Organisation und das Geld fließt vollständig der Gemeinschaft zu und finanziert Schulprojekte und Ähnliches. 30 km weiter senkt sich die Piste in die Ebene und erreicht bei **Otjiveze** die **Einmündung der D3701 (nach Swartboosdrift,** s.o.). Nach 25 km achte man auf das Grabmal am Wegesrand. Hier liegt *Hipondoka Tjipikita,* ein Ovahimba-Chief. 5 km danach ist **Okongwati** am Omuhonga (105 km von Opuwo) erreicht – Wellblechhütten und im traditionellen Stil erbaute Häuschen, dazwischen kleine Läden und Trinkhallen. Einige UN-Container erinnern an die ersten freien, von der UN überwachten Wahlen zur Unabhängigkeit. Von hier sind es noch 70 km an den Kunene bei **Epupa,** der sich auf halber Strecke mit den ersten Baobab-Bäumen ankündigt.

Von Sesfontein nach Purros

105 km sind es von **Sesfontein** ins Herz des Kaokoveld auf relativ guter und fester Piste mit einigen sandigen Rivierquerungen nach Purros. Die D3707 verlässt Sesfontein zur Umfahrung eines Bergrückens für 8 km in südlicher Richtung, hält sich dann 11 km nördlich, um sich schließlich nach Westen zu wenden. Nach 18 km verlässt man das Tal und kommt auf die weite **Giribes-Ebene** mit erstaunlich hellrotem Sand. Nach 15 km verengt sie sich und wird wieder zum Tal. In ihm geht es auf nun gelblichem, sandigem Untergrund über 10 km nach **Tomakas,** wo von Osten das **Gomatum Rivier** zufließt (65 km ab Sesfontein). Ihm folgt man für 40 km bis **Purros,** wo es auf den Hoanib stößt.

Opuwo

Nähert man sich Opuwo, sehen die weißen Häuschen am Hang ganz adrett aus. Je näher man aber kommt, desto deutlicher wird die Realität: Die Stadt im äußersten Norden abseits aller Verkehrswege ist abgehängt. Heute **Verwaltungssitz der Region Kunene,** fungierte sie während des Bürgerkriegs als Garnisons- und **Frontstadt.** Nach der Unabhängigkeit zogen fast alle Weißen mit dem Militär weg, und damit brach auch der Arbeitsmarkt zusammen. Heute ziehen immer mehr Himba aus der unwirtlichen Gebirgswüste her, leben unter **einfachsten Bedingungen** und prägen zumeist noch in traditioneller Kleidung das Straßenbild – neben den aus dem Boden gestampften **Malls mit Supermärkten,** Tankstellen und Banken. Gegensätzlicher kann es nicht mehr werden.

Epupa

Die feuchte Luft schlägt ins Gesicht, die Gischt sprüht in den Himmel, **Palmen und Baobabs säumen die Ufer.** Die Kaskaden und Wasserfälle erreichen nicht die Höhe der Ruacana-Fälle oder gar der Victoria-Fälle, dennoch sind die Fälle gerade wegen ihrer Lage im Nirgendwo spektakulär. **Für den Überblick:** Man fährt ein paar Meter zurück und nimmt die schlechte Piste rechts (und westlich), den Hang hinauf zum Zeltplatz Omutima Uapupa. Nach 200 m hat man vom Viewpoint (Eintritt 50 N$/Person) einen atemraubenden Blick über das Tal.

Die Fälle

Der Kunene, von Gebirgen umrahmt, breit und mit Inseln durchsetzt, stürzt über Schnellen und einen Wasserfall mit etwa 40 m Höhe in eine 60 m tiefe Schlucht. Eine Ortschaft gibt es eigentlich nicht: Epupa

Die Fälle teilen sich in viele kleine Ströme auf

besteht aus einem Markt für Kunsthandwerk, Lodges und Zeltplätzen, aufgereiht am Ufer und auf den Hügelkuppen. Schwimmen sollte man nicht, Krokodile sind immer hungrig und wahnsinnig schnell. Doch direkt an den Fällen gibt es kleine, natürliche Wasserbecken, in die man sich bequem legen und das Wasser über den Bauch spülen lassen kann.

Staudamm

Die Regierung plante – trotz heftigen Widerstands – genau bei den Fällen den Kunene mit einem Wasserkraftwerk zu stauen, das den gesamten zukünftigen Strombedarf des Landes gedeckt und die energiepolitische Abhängigkeit von Südafrika beendet hätte. Das Projekt bei Epupa wurde schließlich abgeblasen und nach Westen verschoben. Der Damm soll nun ab 2023 bei den **Baynes Mountains** 80 km flussabwärts errichtet werden (mit einer Rückstaulänge von 43 km) und nennt sich nun das namibisch-angolanische 600 MW *Baynes Hydro Power Project*. Bis Ende des Jahrzehntes entsteht aber erst einmal die Straße mit 25 Brücken, dann dauert die Konstruktion des Damms noch einmal zehn Jahre – also ungefähr bis 2040. Die **Implikationen für die Natur** und den Lebensraum der Ovahimba werden bereits durch den Straßenbau beträchtlich sein – wenn man einmal untertreiben will.

Ruacana

Ruacana-Ort ist bei Bau des Damms/Kraftwerks als Unterkünfte für das Personal entstanden, heute kann man hier übernachten und sich an der Tankstelle oder im Supermarkt versorgen. Wer beides nicht will, fährt vorbei, ohne etwas zu versäumen. Die beiden Ortsteile 3 km links und 3 km rechts der C35 hat man in Ringstraßen hinein geplant – Häuser mit Garten fürs Management, Blocks für die Arbeiter.

Die Fälle

Der **Viewpoint** oberhalb der Fälle liegt 25 km von Ruacana-Ort entfernt am Ende einer 2 km langen Stichstraße. Im Südherbst, nach der Regenzeit, wenn die Fälle viel Wasser führen, sind sie auch aus der Entfernung eindrucksvoll, in der Trockenzeit sind sie meist vollständig trockengefallen, weil das Wasser unterirdisch der Stromproduktion dient. Auf 2 km Asphaltstraße geht es steil nach unten zu den **Hippo Pools** (Eintritt 10 N$) am Kunene, ein ziemlich heruntergekommenes Picknickareal mit noch heruntergekommenerem Campingplatz. Die **Quelle des Kunene** liegt in der Nähe von Huambo in Angola. Er fließt von Norden nach Ruacana und teilt sich hier in mehrere Einzelströme, die die 120 Meter tiefe und bis zu 700 Meter breite Schlucht hinabstürzen. Die 1926 festgelegte Grenze zwischen Angola und Namibia verläuft direkt an den Fällen. Das **Kraftwerk** (Tel. 065-2714193, Besuch Fr–So 8–16 Uhr bei Voranmeldung Mo–Fr 8–16 Uhr, Eintritt frei) unterhalb wurde in den 1970er Jahren erbaut und versorgt Namibia bei gutem Wasserstand mit 240 MW (was für den aktuellen Bedarf nicht reicht).

Van Zyl's Pass

Um den Zahn gleich zu Beginn zu ziehen: Die **Mietwagenfirmen verbieten die Fahrt** über den Van Zyl's Pass ohne Rücksprache; führe man dennoch, gäbe es keine Bergung und käme keine Versicherung für Schäden auf, aber auch mit (möglicher) Genehmigung trägt man das volle Risiko selbst – im schlimmsten Fall ist der gesamte Fahrzeugwert (und die Bergung) zu zahlen. Der Pass muss wegen des Gradienten zwingend von **Ost nach West** befahren werden (mit 25 % bei wegrutschenden Steinen ist er bergauf nicht zu bewältigen). Der Pistenzustand über den Pass ins Mariental bewegt sich zwischen sehr schlecht und sehr, sehr schlecht! Mit allergröbsten Auswaschungen und Felstreppen braucht es für die **extrem steilen Abfahrten**

Ruacana-Fälle

Nervenstärke und einen sehr **robusten Geländewagen** mit hoher Bodenfreiheit und guten Reifen, und in tiefsandigen Abschnitten ist ebenfalls Fahr-Erfahrung gefragt. Nicht umsonst reiht sich der Pass im Ranking der gefährlichsten Passstraßen der Welt an hoher Position ein. Mit Durchschnittsgeschwindigkeiten von 10–15 km/h sollte man zwischen Okongwati und Marienfluss rechnen (in den Tälern geht es dann zügiger) und man muss ausreichend Treibstoff, Proviant und Wasser mit sich führen. Die Strecke von Okongwati über den Marienfluss an den Kunene und wieder nach Süden bis Orupembe beträgt rund 400 km.

Okongwati – Van Zyl's Pass

Auf der D3707 verlässt man Okongwati hinter der Polizeistation nach Süd auf schmaler, teils sandiger, teils steiniger Piste durch Mopanewald und Senfbusch, durch Riviere und über Felsabschnitte immer weiter hoch. Nach 25 km quert man das Ombuku Rivier beim Dorf Ongonga und durchfährt 17 km weiter Okarumbu. 15 km dahinter erreicht man das Sandbecken von **Otjitanda** (GPS -17.62948, 12.85805). Hier geht es richtig los, man verlässt die D3707 nach Westen. Nach 6 km hält man sich an der **Gabelung** (-17.64380, 12.80743) nach links und Westen. Nach weiteren 6 km kann man beim Dorf **Otjihende** (GPS -17.64272, 12.75176) am Rivier sein Lager aufschlagen (Van Zyl's Pass Campsite). Hier beginnt die eigentliche Passtrecke. 10 km hinter Otjihende und nach mehreren Rivierquerungen steht man am **Viewpoint** (GPS -17.65566, 12.69550) und blickt in den Abgrund (bzw. auf den Marienfluss). Im Kriechgang fährt man die 2 km lange Direttissima über wegrutschende Klippen 350 Höhenmeter hinab ins Tal.

Marienfluss

Nach 4 km verlässt man das Nebental und gelangt ins Haupttal, das man nach Südwesten quert. An einer **Gabelung** (GPS -17.72773, 12.56867), 16 km nach der Passabfahrt, hält man sich nördlich. Auf fester Sandpiste geht es zwischen Hartmann-Bergen und Otjihipa-Bergen nach Nordwesten in eine **verwunschene, unberührte Landschaft.** Der Wagen gleitet fast lautlos über die Sandpad, Springböcke, Strauße und Oryx-Antilopen laufen durch das silbern-gelbe Springbock-Gras, das sich wie ein Samtteppich über die gesamte Breite des Tales (10–15 km) legt und im Wind hin- und herwogt (wegen des

5

Allein mit den Tieren

trockenen Grases sollte man mit dem Fahrzeug auf der Piste bleiben – die heiße Auspuffanlage ist „brandgefährlich“). 42 km hinter Gabelung ist der Kunene erreicht, 4 km weiter die **Okarohombo Community Campsite** (GPS -17.24999, 12.43718).

Hartmann Tal

Nun kehrt man die 46 km zur Gabelung zurück und hält sich Richtung Südwest. 10 km weiter (und an einem Dorf vorbei) markiert eine rote Tonne die Landmarke **Red Drum** (GPS -17.79617, 12.52308); hier fährt man nach Süden und sieht häufiger Wüstengewächse. Die Prä-Namib ist erreicht und immer wieder blitzt in der Ferne weißes Gestein aus dem dunklen Boden – Marmor. 24 km hinter Red Drum liegt das **Marble Community Camp** (GPS -17.98565, 12.58517). Der malerische Lagerplatz mit Duschen und Toiletten befindet sich nahe dem Dorf Onjuma am Khumib Rivier im Hartmann Valley und unweit eines aufgelassenen Marmorbruchs. Etwas nordwestlich versteckt sich das luxuriöse **Etaambura Camp** (s.u.). 4 km weiter führt die Piste über tiefroten Sand, gabelt sich nach 7 km und gelangt nach weiteren 9 km nach **Orupembe** (-18.15865, 12.56093) an der D3707. Von hier sind es nach Opuwo 180 km und nach Purros 105 km.

Feenkreise

Immer wieder fallen am Wegesrand **kreisrunde, unbewachsene Flächen** mit einem Durchmesser von bis zu mehreren Metern auf – die „Feenkreise“. Die einen sagen, ein Meteoritenschauer sei niedergegangen, die anderen führen es auf durch Wolfsmilchgewächse (Euphorbien) vergifteten Boden zurück. Wieder andere meinen, dass tropische Winde Termiten herbeiwehten, die während einer Dürreperiode verendet sind, aber den Boden an diesen Stellen so hart hinterlassen haben, dass ihn Wurzeln nicht durchdringen können. Die vorletzte Erklärung: Hier wächst die Grasart *(Stipagrostis uniplumis)*, die zum einen Termiten mögen, zum anderen bleibt durch die „Ernte“ die Bodenfeuchtigkeit höher (da das Wasser nicht über die Halme verdunstet). Und die neueste Erklärung von April 2024 der Uni Göttingen: Es sei ein Trick der Pflanzen, einer Schwarmintelligenz nicht unähnlich, um sich Wasser zu sichern.

Service Kaokoveld

Information

Kaoko Info Centre, Opuwo, (C41, 1,5 km östlich der Hauptkreuzung), Tel. 065-2731420. Bergtouren, Besuch von Himba-Dörfern, Souvenirs und Kunsthandwerk.

Unterkunft

Otjomatemba

Camp Aussicht*, C43 (60 km nördlich von Sesfontein, 5 km Piste, nur 4x4, GPS -18.69469, 13.74231), Tel. 081-2295133, https://campaussicht.com. Vier einfache Zimmerchen (mit gemeinsamen Sanitäreinrichtungen, Dinner, Bed&Breakfast) und sechs Stellplätze in unvergleichlicher Lage oberhalb einer Dioptas-Mine – für Mineralienbegeisterte (Minenbesucher) und Freunde der Wildnis zwischen Himmel und Erde; auch Besuch eines Himbadorfs abseits der Touristenströme – keine Kreditkarten.

Opuwo

Opuwo Country Lodge & Campsite***, Opuwo (2 km nördlich in Hügellage), Tel. 081-4589373, www.opuwolodge.com. 40 Luxus- und Standardzimmer in schöner Aussichtslage und mit Restaurant, Pool, Spa und Souvenirladen; auch zwölf Stellplätze mit gemeinschaftlichen Einrichtungen.

Kaoko Mopane Lodge & Campsite**, C41 (5 km außerhalb, davon 2 km Stichstraße, GPS -18.07950, 13.88485), Tel. 081-2135949, www.kaoko-namibia.com. Schöne Anlage unter Bäumen mit zehn Luxussuiten und fünf Stellflächen (mit eigenen Duschen/WC und Braaiplatz); Pool, ausgezeichnetes Restaurant (selbstgebackenes Brot, Gemüse aus dem eigenen Garten) und Ausflüge zu untouristischen Ovahimba-Dörfern – die beste Wahl in Opuwo.

Omungunda Campsite, C43 (beim Mungunda Living Museum, 40 m nördlich von Opuwo), www.lfcn.info. Einfacher, sauberer Platz mit Braaistelle, Duschen, Toiletten und Programm im Village (auch Dinner möglich).

Okangwati

Mongwati-Kavari's Campsite, Okangwati, Tel. 081-4529727. Einfacher, kommunaler Platz für den Notfall (wenn z.B. das Rivier abgekommen ist).

Epupa

Omarunga Epupa Falls Camp & Campsite****, Epupa, Tel. 061-427200, https://gondwana-collection.com. Dreizehn luxuriöse, unter den Palmen auf Stelzen gestellte Zeltchalets mit kleiner Veranda direkt am Ufer und 200 m von den Fällen; sehr gutes Restaurant und Ausflugsangebote, Pool und zehn Stellplätze mit Gemeinschaftssanitäranlagen.

Epupa Falls Lodge & Campsite***, Epupa, Tel. +27-76-8782051, https://epupafallslodge.com. Komfortlodge mit neun Bungalows unterschiedlicher Größe und einem reizvollen Plattform-Restaurant mit Blick auf die Fälle; sechs Stellplätze mit gemeinschaftlichen Anlagen.

Opuwo Country Lodge

Am Kunene im Omarunga Camp

Kapika Waterfall Lodge****, Epupa, Tel. 061-234342, www.epupalodge.com. Zehn Chalets hoch über dem Kunene in exklusiver Lage; Restaurant, Bar und Pool.

Omutima Uapupa Campsite, Viewpoint (westlich und oberhalb der Fälle), Tel. 081-7271394. Einen besseren Standort gibt es nicht – den Fällen zugewandt sieht man über die rudimentäre Infrastruktur gerne hinweg.

Camp Corni**, D3700 (30 km östlich von Epupa, GPS -17.06997, 13.49788), Tel. 083-7000204, https://campcornie.com. Luxuszelte mit Bad, einfache Zelte mit Gemeinschaftsklo oder Stellplätze, supersauber unter Palmen für die Ufermeditation – außerdem: Angeln, Kanufahren und Vögelgucken.

Swartbooisdrift

Kunene River Lodge & Campsite***, D3700 (4 km östlich von Swartbooisdrift, GPS -17.35488, 13.88112), Tel. 065-274300, http://kuneneriverlodge.com. Lodge (2023 nur Campsite offen) mit großem Aktivitätenangebot, darunter Sundowner Boat Cruise, Rafting, Canoeing, Birding und Fishing; Essen nach Vorbestellung.

Okapuka Community Camp, D3700 (15 km östlich von Swartbooisdrift, GPS -17.43030, 13.94966). Einfachstes Camp für komplette Selbstversorgung – dafür genießt man absolute Ruhe.

Ruacana

Eha Lodge &Campsite**, Ruacana-Ort West, Tel. 065-271500, www.ruacanaehalodge.com.na. 22 saubere und komfortable Zimmer teils in Bungalows im Garten verteilt, Restaurant und Pool; 15 Stellplätze.

Ruacana Guesthouse*, Ruacana-Ort West, Tel. 081-2434030, www.ruacanaguesthouse.com. Acht Zimmer mit Bad und Gemeinschaftsküche bzw. Braaiplatz für Selbstversorger (Dinner bei Vorbestellung).

Kunene Island Camp**, 3700 (10 km westlich von Ruacana Falls, GPS -17.428710, 14.15438), Tel. 081-1494313, www.facebook.com/kuneneislands. Rustikaler, aber sympathischer Zeltplatz mit fünf Stellflächen und drei Mietzelten (ohne Bettwäsche) mit gemeinschaftlichem Sanitärbereich – nur Selbstversorger.

Mavinga Lodge & Campsite**, D3700 (13 km westlich von Ruacana Falls, GPS -17.43346, 14.12427), Tel. 081-4041954, www.facebook.com/mavingalodge. Neun Zimmer mit Bad in einem „Herrenhaus" und sechs Stellplätze mit Gemeinschaftsduschen/-WC, Essen nach Vorbestellung – hier treffen sich südafrikanische Angler.

Purros

Okahirongo Elephant Lodge****, Purros (GPS -18.77555, 12.93309), www.sanctuaryretreats.com. Wer die Preise liest, dem treibt es Tränen in die Augen – Highend-Unterkunft mit einigen Mängeln, die den Preis nicht rechtfertigen (auch wenn er *fully inclusive* ist).

Purros Bush Lodge & Campsite*-**, Purros (GPS -18.7382, 12.94206), Tel. 061-251661, https://puros.wild-exp.com. Kommunales Camp der Purros Conservancy, dessen Personal die einfache Ausstattung mit viel Charme (und bei den Gamedrives mit Kompetenz) wettmacht; sieben Chalets mit eigenem Bad unter Kameldorn und sechs Stellplätze – für die wahre Kaokoveld-Erfahrung.

Van Zyl's Pass

Etaambura Camp***, www.kcs-namibia.com.na. Orupembe (24 km nördlich). Fünf Canvas-Chalets mit Bad in prominenter Lage in der tiefen Wildnis mit kompletter zentraler Küche für Selbstversorger.

Van Zyl's Pass Community Campsite, Otjihende. Lagerplatz mit drei Stellflächen, Dusche/Toilette und Feuerholz in der Wildnis.

Okarohombo Community Campsite, Marienfluss. Fünf Stellflächen am Kunene unter Bäumen mit Toiletten und Duschen (kein Feuerholz).

Marble Community Campsite, Orupembe (20 km nördlich). Schattiger Platz mit Duschen, Toiletten und Feuerholz.

Der Baobab

Auf 4000 Jahre und mehr werden einige Exemplare des Affenbrotbaums geschätzt (pro Jahr nimmt der Durchmesser nur um 2,5 mm zu). Bis zu 9 m Durchmesser und einen Umfang von 45 m können sie erreichen. Mit dünnen Ästen auf riesigem Stamm erinnert die Krone an Wurzelwerk. Da sich die Blätter von jungen und älteren Bäumen unterscheiden, glauben die San, dass sie nicht auf der Erde wachsen, sondern kopfüber vom Himmel fallen. Sie dienen als Nahrungsmittel, als Medizin und sind Objekte der Religion und Legenden. Das Fruchtfleisch ersetzt Mehl und ist Basis für ein erfrischendes Getränk (mit hohem Vitamin C-Gehalt); geröstete Samen sind Kaffeepulver, Schösslinge Spargel und die Asche würzt wie Salz. Die Blätter helfen gegen Durchfall und Fieber, ein Alkaloid der Samen verlangsamt den Herzschlag und wirkt als Pfeilgift. Wer die weißen Blüten pflückt, wird von Löwen gefressen und wer die Samen in Wasser gibt und dieses trinkt, nicht von Krokodilen angefallen. Als die Götter zu Anbeginn jedem Tier Samen zur Pflege gaben, erhielt die Hyäne – als letzte in der Reihe – den Samen des Baobab. Sie war darüber so verärgert, dass sie ihn verkehrt herum wachsen ließ.

5

Ovamboland

Auch wenn die Bezeichnung „Ovamboland" für die Region – wegen ihrer Homeland-Geschichte – heute **nicht mehr angemessen** ist, wurde der Begriff hier wegen seiner Kürze belassen. Das Siedlungsgebiet der Ovambo zwischen Etosha und der (schnurgerade verlaufenden) Grenze zu Angola ist heute in vier Unterregionen aufgeteilt; von West nach Ost: *Omusati, Oshana, Ohangwena* und *Oshikoto.* Abseits der Trampelpfade taucht es in den Reiseangeboten für Übersee-Touristen nur selten auf – obwohl die Region einiges zu bieten hat und Infrastruktur mit Unterkünften recht gut ist.

Wasserreichtum

Der wasserreiche Nordosten ist die am **dichtesten besiedelte Region:** fast die Hälfte der Gesamtbevölkerung lebt hier. Die Landschaft ist flach, viele kleine Dörfer drängen sich am Straßenrand oder erhöht auf Hügeln. In den durch geflochtene Holzzäune abgetrennten Gärten gedeihen Getreide, Hirse und Mais. In der Regenzeit stehen in den Kanälen Fischer bis zum Bauch im Wasser und werfen ihre Netze aus, am Straßenrand an Stöcke gehängt wird der Fang Durchreisenden zum Kauf angeboten.

Kuvelai

Der Kuvelai ist – wie alle wasserführenden Flüsse im Land – ein Fremdlingsfluss und entspringt in der Sierra Encoco im südlichen Angola, teilt sich in der Kalahari-Senke nördlich der Etosha-Pfanne zu unzähligen Armen und versickert im Sand oder verdunstet. Die Region ist sehr eben und die Flussläufe, *oshana* genannt, nur flach in den Boden eingeschnitten. In der Regenzeit schwillt der Kuvelai an, gespeist vom Regen im angolanischen Hochland, und überschwemmt als Flut – *efundja* – wenig später in mehreren Armen das grüne Herz Namibias und verwandelt es in einen riesigen, flachen See (meist zwischen Februar und April). So mächtig die Flut auch sein mag – binnen weniger Wochen ist das Wasser verdunstet und versickert. Nur manche Seen speichern das ganze Jahr über Wasser.

Rinderland mit sattgrünen Weiden

Ombalantu Baobab

Outapi-Rundtour

Outapi

Von Ruacana-Ort führt die C46 nach Osten. 24 km hinter dem Abzweig der C35 passiert man den **Olushandja Dam Lake,** einen 20 km langer Stausee. Sehenswert ist in **Outapi** 45 km weiter der **Ombalantu Baobab,** der sich im Straßengewirr versteckt (Tel. 081-4384705, 20 N$, GPS -17.51180, 14.98803). Er wurde vor vielen hundert Jahren ausgehöhlt und hat eine bewegte Geschichte: Erst war er Festung, dann Post, Kirche, Gefängnis, Versteck des Königs und schließlich Gebetsraum; heute dient er als Heritage Centre mit Craft Market. Ebenfalls im Ort befindet sich das **Outapi War Museum** (Tel. 065-251567), eine private Sammlung mit Artefakten zum Unabhängigkeitskampf, Fotografien und Postern in einem ehemaligen Bunker der südafrikanischen Streitkräfte (mit angeschlossenem B&B).

Tsandi

In **Tsandi** 30 km südlich von Outapi (über die D3612) bewacht der 500 Jahre alte **Sir Howard's Baobab** (GPS -17.74778, 14.89465) mit weit ausladenden Ästen die Ruinen der finnischen Missionsstation von *Ongulumbashe* (und zwei Grabstellen von Schutztrupplern, die bei Naulila gefallen sind). 1 km südwestlich steht an der M123 der **Royal Baobab** (GPS -17.74945, 14.88708). 1 km weiter Richtung Osten liegt linker Hand das **Uukwaluudhi Homestead** (Führung 200 N$, Dauer ca. 1,5 Std., GPS -17.75650, 14.89744). Der König der Uukwaluudhi schlichtet noch heute Streitfragen seines 40.000 Mitglieder zählenden Volkes.

Okahao

Vierter im Bunde ist der **Okahao Baobab** (GPS -17.89262, 15.06543) im gleichnamigen Ort. Er ist als Heritage Centre mit Zeltplatz ordentlich umbaut (schließlich wurde hier der erste Präsident Namibias – Sam Nujoma – geboren). Von Okahao kann man auf der C41 weiter nach Oshakati fahren (70 km).

5

Oshakati/Ongwediva

Die Hauptstadt von Oshona 90 km östlich von Outapi ist die fünftgrößte Stadt des Landes und die größte der vier nördlichen Provinzen – gefühlt ist sie unendlich langgestreckt und es fällt schwer, ein Zentrum zu erkennen. Sie bildet mit der Nachbarstadt Ongwediva ein sich 12 km entlang der Straße erstreckendes **Hauptballungsgebiet** im ohnehin schon dicht besiedelten Ovamboland. Historisches gibt es nicht zu sehen. Als Homeland diente „Ovamboland" als Reservoir für die Rekrutierung von Kontraktarbeitern für den Süden. Nach der Unabhängigkeit war klar, dass Arbeitsstellen auch vor Ort geschaffen werden mussten, und so entsteht im Herz des ehemaligen Homelands nach und nach eine moderne Region.

Ongwediva Eine der wenigen „Attraktionen" ist das **Water Park Guesthouse** (GPS -17.81906, 15.79879) mit Fischrestaurant an der C46 zwischen Ongwediva und Ondangwa. Es liegt an einem kleinen See, der mit den Kanälen verbunden ist, so dass man ihnen mit **Tretbooten** folgen kann.

Ondangwa Die Stadt ist **Verkehrknoten an der B1** von Windhoek nach Norden und Oshikango an der angolanischen Grenze, von der die C46 nach

Westen abzweigt – entsprechend gut sind Infrastruktur und Versorgungslage. Verlässt man die B1 8 km östlich des Abzweigs der C46 auf der D3622 nach Norden, kommt man nach 3 km zum *State Hospital.* Im Gebäudegewirr verbirgt sich seit 2013 das **Onandjokwe Medical Museum** (Tel. 065-248213, Mo–Fr 8–17 Uhr, 40 N$), dessen Kurator neun Jahre nichts unternommen hatte. 2022 wurde mit frischem Personal ein Neuanfang gewagt und seit 2023 gibt es eine Ausstellung, die den Namen mehr oder weniger verdient.

Ongula Village Fährt man vom Medizin-Museum auf der D3622 und dann auf der D3670 weiter nach Norden sind es noch 31 km zum **Ongula Village Homestead** (GPS -17.74228, 16.14318, https://ongula.com, Homestead Tour um 350 N$, s. auch Unterkunft). Die Luxuslodge ist Teil eines Projektes, das verschiedene Berufsausbildungen anbietet, neben Landwirtschaft auch im Textilbereich und in der Touristik. Die Zimmer sind mit traditionellen Accessoires supermodern gestylt, das Essen der Lodge hat fast Sterne-Niveau (und zitiert die lokale Küche), und das Personal trainiert auf höchstem Niveau. Die Führungen wie die Homestead oder Village Tour sind hochinteressant, und man lernt viel über das ursprüngliche Handwerk und Kochkunst.

Hirse zu Mehl stampfen

5

Missionsstation Nakambale

Olukonda

Nimmt man von der B1 in Höhe des Abzweigs zum Ongula Village die D3629 nach Süden, kommt man nach 5,5 km zum **Nakambale Museum** (GPS -17.98389, 16.02242, Mo–Fr 8–13 u. 14–17, Sa 8–12, So 12–17 Uhr, 30 N$, mit Führung 100 N$) mit Unterkünften und Restaurant/Bar. Im Jahr 1856 besuchte Carl Hugo Hahn King Shikongo Shakalala und bat um Eröffnung einer Missionsstation. Da er aber kein Personal entbehren konnte, schrieb er nach Finnland um Hilfe. Es kamen 1868 zehn Mann, die, in Otjimbingwe ausgebildet, 1871 Olukonda gründeten. Der namensgebende Missionar stieß 1880 dazu – Marti Rautanen, Ehemann der Tochter des deutschen Missionars Kleinschmidt. Die Ovambo nannten Rautanen „Nakambale", da sie sein Hut an den Kopfschutz zum Tragen schwerer Lasten *(okambale)* erinnerte. Rautanen übersetzte die Bibel, schrieb Lehrbücher, und seine Frau gebar neun Kinder, von denen sechs in jungen Jahren starben. Ab 1966 verfielen Haus und Kirche. Mitte der 1990er Jahre sanierte man die Station und richtete das Museum ein.

Onayena

15 km westlich vom Olukonda-Abzweig führt die D3603 nach Norden. Nach genau 6 km biegt man links nach Nordwesten ab und kommt nach 1 km zum **Grab von King Nehale** (GPS -17.95265, 16.18073) – Omukwaniilwa Nehale lyaMpingana. Einer der bedeutendsten Ovambo-Führer der Kolonialzeit (und Namensgeber des Etosha-Nordtors) griff mit seinen Truppen am 28. Januar 1904 Fort Namutoni an und zwang die Deutschen zum Abzug. Nehale starb 1908 bei einem Jagdunfall, sein Denkmal wurde 2014 am vermutlichen Standort seiner Residenz errichtet.

Omuthiya

Nächste Station an der B1 ist Omuthiya, 70 km vom Onayena-Abzweig. Von hier aus ist schon das weiße Glitzern der Etosha-Pfanne zu sehen. Das King Nehale Gate ist auf der D3646 17 km entfernt. An ihrem Abzweig steht die Verkaufsstelle von **Tulongeni Crafts** mit

Flechtwaren und Schnitzereien (s.u.). Das Omuthiya Cultural Centre mit dem ausgezeichnet kuratierten **Museum of Namibian Music** (Tel. 065-247678, Mo–Fr 10–18 Uhr, Eintritt frei) versteckt sich im Straßengewirr (bei Bank Windhoek von der B1 nach Süd, erste Straße links, nächste Straße rechts, GPS -18.36315, 16.58010) und verfolgt die Entwicklung der traditionellen Musik bis in die Moderne mit zahlreichen Instrumenten und Schautafeln. Das **Kulturzentrum** (Öffnungszeiten wie Museum) ist gleichzeitig **Ausbildungsstätte** für Frauen, um ihnen durch die **Herstellung** von **Kunsthandwerk** und **Flechtwaren** ein eigenständiges Leben zu ermöglichen; auch Verkauf der qualitätsvollen Souvenirs.

Nach Tsumeb 65 km weiter geht es durch den **Veterinärzaun** (Oshivelo Animal Disease Control Check) und 22 km dahinter am Abzweig zum Von Lindequist Gate (C38, 22 km) vorbei. Ab hier sind es 55 km zum Otjikoto Lake und weitere 20 km nach Tsumeb (s. Caprivi und der Nordosten).

Service Ovamboland

Information

Ongwediva **Tourist Information Centre,** Main Rd, Shoprite, Tel. 065-231530. Informationen, Touren und Tourenplanung im Ovamboland.

Unterkunft

Outapi/Okahao **Vamumva Campsite,** Outapi (C26, 3 km westlich), Tel. 081-2165585, www.facebook.com/Vamumwa. Witziges Rastlager für Selbstversorger mit kleinem Zoo, großem Pool und an den Wochenenden Party.

Onesto Guest House*, Okahao, Tel. 081-7270929. Fünf saubere, etwas kleine Zimmer in einer neuen, modernen Anlage; sicheres Parken, Bar, nur Frühstück.

Baobab Campsite, Okahao, Tel. 065-252204. Sauberer Platz mit acht Stellplätzen und Curio Shop, Essen nach Vereinbarung; Vorführungen 14 Tage vorher buchen.

Oshakati **Oshandira Lodge**,** Rasblaar St., Tel. 065-220443. Schöne Anlage mit 16 komfortablen Zimmern, Garten, Pool, Restaurant und sicherem Parken.

Rocha's Hotel*, am Sendemast von Oshakati, Tel. 065-222038. Hotel mit schmuckem Innenhof, elf Zimmern, Schwimmbad, Rasen und Restaurant.

Oshakati Guest House*, Leo Shoopala St 917, Tel. 065-224659, https://oshakati-guesthouse.com. Modernes Hotel mit 22 Zimmern unterschiedlicher Kategorie und gutem Restaurant mit südafrikanischer Karte; kleinerer Pool, sicheres Parken.

Ongwediva **Etuna Guesthouse*-****, Tel. 065-231177, www.etunaguesthouse.com. 26 zweckmäßig bis komfortabel eingerichtete Zimmer im modernen Annex oder in einfacheren Rondavels im Garten; Restaurant.

5

Ongula Village Homestead Lodge

Ondangwa

Protea Hotel**, Okawa Rd, Tel. 065-241900, www.marriott.com. Modernes Kettenhotel mit gutem Standard, 90 Zimmern, Pool, Restaurant, sicherem Parken und viel Konferenzpublikum.

Ondangwa Restcamp*, Freedom Square St, Tel. 065-240351, www.facebook.com/OndangwaRestCamp. Fünf einfache Zimmer mit Bad, toller Garten, sicheres Parken und Restaurant mit Pizza und Spaghetti; auch Stellplätze.

Ondangwa Town Lodge*, Brian Simaata St, Tel. 065-241715, www.facebook.com/OndangwaTownLodge. Acht Zimmer und Restaurant/Bar, sicheres Parken.

Nakambale Restcamp*, Olukonda (s.o.), Tel. 081-2493108, https://nakambale-museum.netlify.app. Einfache Mietzelte und Oshivambo-Hütten mit Gemeinschaftsanlagen; im Restaurant gibt's traditionelles Essen, Currywurst und Pizza, und im Homestead lassen sich diverse Vorführungen buchen. Außerdem Souvenirshop und Pool.

Ongula Village Homestead Lodge**, Ongula Village (s.o.), Tel. 065-264555, www.ongula.com. Wer hier nicht nächtigt und isst, ist selbst schuld; sechs luxuriöse Rondavels, perfektes Restaurant, Pool und Aktivitäten; auch fünf Stellflächen.

Omuthiya

City Lodge Boutique Hotel*-**, Omuthiya (B1, 1 km südlich, GPS -18.36689, 16.57971), Tel. 065-247600, www.facebook.com/CityLodgeBoutiqueHotel. Zwei-Sterne-Haus mit sieben Zimmern, Pool, Restaurant und allem nötigen Komfort – mitten im Ort unter Einheimischen.

Etosha Omulunga Campsite, Omuthiya (B1, GPS -18.37001, 16.59592), Tel. 085-7398000, https://ecotours-namibia.com. Sechs einfache Stellplätze mit gemeinschaftlichem Sanitärbereich – kein Strom, nur Selbstversorgung.

Einkaufen

Oshakati

Cymot/Ausrüstung, C46, Tel. 065-220916, www.cymot.com. Camping- und Outdoorausrüstung.

Oshakati Open Market, Mandume Ndemufayo Rd (bei der Etango Mall). Marktstände mit allem, was man benötigen könnte – von Essen bis Kleidung.

Tolungeni: Gute Qualität und faire Preise

Ongwediva

Shilongo Leather Works, Maroela Mall, Mandume Ndemufayo St, Tel. 065-232064, www.shilongoleatherworks.com.Taschen, Schuhe („Vellies"), Hüte und Börsen.

Ongwediva Open Market, Mandume Ndemufayo St (beim Spar-Supermarkt). Bunter Markt mit Lebensmittel und Haushaltswaren und Kleidung.

Omuthiya

Omuthiya Cultural Centre, Omuthiya. Schönes Kunsthandwerk mit Stickereien, Flechtwaren und Schnitzarbeiten.

Tulongeni Craft, B1 (am Abzweig der D3646 nach Etosha), Tel. 081-4372582. Verkaufsstelle von Flechtwaren wie Körbe und Reusen, Holzschnitzereien und Accessoires aus Recyclingmaterialien – eines der erfolgreichen Hilfe-zur-Selbsthilfe-Projekte.

Notfall

Kliniken

Clinic Dr. Shangula, Okahao, Tel. 081-7714991; **St. John Medical Centre,** Oshakati, Tel. 081-29880145; **Medipark,** Ongwediva, Tel. 065-232991; **Private Hospital,** Ondangwa, Freedom Square St, Tel. 065-283100

Polizei

Oshakati Police Station, Robert Mugabe Ave (bei der Contry Lodge), Tel. 065-2236028; **Ondangwa Police Station,** Brian Simaata St, Tel. 065-242650

Verkehr

Intercape Mainliner: Verbindung nach Windhoek und Oshikango, Haltestellen: Oshakati – Engen Garage (C46) und Open Market, Ongwediva – Engen Garage (C46), Ondangwa – Engen Garage (C46), Omuthiya – Shell Garage (B1)

6 Nordosten und Caprivi

Je weiter nordöstlich, desto ergiebiger fällt die Regenzeit aus, desto fruchtbarer sind die Böden. Das Dreieck um Otavi, Tsumeb und Grootfontein gilt als Kornkammer des Landes und noch weiter nördlich wird es richtig subtropisch: **Namibias grünes Paradies.** Auf dem Programm stehen die größten und schönsten Wasserfälle der Welt und wilde Tiere am und im Wasser der Flüsse des Nordens – mit klingenden Namen wie Kavango, Kwando und Zambezi. Und als Kontrast runden die Tiere in den Marschen des Chobe Parks und schließlich der Kalahari das Erlebnis ab.

Orientierung

Der (mit teils nur 33 km „Weite" äußert schmale) Caprivistrip verbindet Namibia nördlich des botswanischen Okavango Deltas auf 450 km mit Zimbabwe und den Viktoriafällen. Eine der klassischen Touristenrouten verläuft durch ihn hindurch nach Katima Mulilo, quert in Botswana den **Chobe National Park** und ab Kasane in Zimbabwe den *Zambezi National Park;* Endpunkt ist **Victoria Falls.** Für die Rückkehr wählen die meisten die Strecke durch den Chobe National Park am **Okavango Delta** vorbei und über Maun, Ghanzi und Gobabis nach Windhoek – eine gewaltige Safari von **2700 km Länge,** für die man sich **mindestens zwei Wochen** Zeit nehmen sollte (und einen 4x4 erfordert). Auf dem Weg von Grootfontein in den Caprivi kann man – bei entsprechender Ausrüstung und im Konvoi von mindestens zwei 4x4-Wagen – den **Khaudum National Park** und **Tsumkwe** mitnehmen – „Buschmannland", eines der traditionellen Schweifgebiete der San.

Kontrastprogramm: Wassertiere im Caprivi

Maisdreieck

Orientierung Goldgelbe Maispflanzen auf den Feldern haben der Gegend 120 km hinter Otjiwarongo und gut 100 km vor Etoshas Namutoni ihren Namen verliehen. Durch die besonderen, wasserspeichernden Gesteinsschichten des Karsts und die häufigeren Regenfälle ist das Land bestens für den **Ackerbau** geeignet. Die drei Städte Otavi – Tsumeb – Grootfontein bilden mit ihren Verbindungsstraßen ein fast perfektes Dreieck (55 km die beiden Schenkel und 80 km die Basis). Neben der Landwirtschaft spielt der Mineralienreichtum eine wesentliche Rolle für die Wirtschaft – Tsumeb ist eine **Bergwerkstadt.**

Otavi

Der Ort ist Verkehrsknoten mit der C39 nach Outjo und Etosha, der B1 nach Tsumeb und ins Ovamboland und der B8 über Grootfontein nach Rundu und in den Caprivi Strip. Mit seiner großen Militärgarnison wirkt Otavi aber nicht sehr anheimelnd. Niedrige Häuser stehen an staubigen Straßen, auf denen nichts los ist und auch an Historie ist wenig da. Als Gründungsjahr gilt 1906: die Eisenbahn von Usakos zu den Minen von Tsumeb war fertiggestellt und die **Otavibahn** der OMEG (Otavi Minen- und Eisenbahngesellschaft) machte hier Halt, da die Quelle (das Oshivambo-Wort *tava* steht für Bewegung) verlässlich und ergiebig war.

Khorab Memorial In Erinnerung bleibt Otavi den deutschstämmigen Namibiern wegen einer **Kapitulation:** Gleich nördlich ergaben sich am 9. Juli 1915 der deutsche Gouverneur Seitz und 4000 Mann dem südafrikanischen Kommandeur Louis Botha. Der 1920 enthüllte **Khorab-Gedenkstein** zu diesem Ereignis versteckt sich am Stadtrand: dazu direkt westlich der Eisenbahnschienen nach Norden fahren, 1,7 km hinter den letzten Häusern steht er auf der rechten Seite (GPS -19.62304, 17.35161).

Otavipithecus namibiensis Berühmtheit erlangte Otavi 1991 durch den Fund eines Kieferknochens in den Otavi-Bergen in der **Kombat-Mine.** Sein Alter wurde auf 12 bis 15 Mio. Jahre datiert und man nimmt an, dass er eine Rolle bei der Suche nach dem „missing link“ spielen könnte, dem immer noch unbekannten Urahn von Homo Sapiens und Menschenaffen.

Ghaub 45 km nordöstlich von Otavi (s. bei Unterkunft) hatte die **Rheinische Missionsgesellschaft** 1895 eine Station bei der Ghaub-Quelle gegründet und ab 1919 nur noch als Farm geführt. Dann verfiel alles, bis in den 1990ern die Missionsgesellschaft die Farm verkaufte und man mit Renovierung und Aufbau der Gästefarm beginnen konnte. Auf dem Areal befindet sich auch die **Ghaub-Höhle,** drittgrößte des Landes, 2,5 km lang und fast 40 m unter der Erde.

Service Otavi

Unterkunft

Khorab Lodge & Campsite**, B1 (3 km südwestlich von Otavi), Tel. 067-234352, www.khorab-lodge-namibia.com. Zehn Komfort-Zimmer in Gartenbungalows, Farmbetrieb, Pool, Bar, Restaurant und schöne Stellplätze mit eigenem Sanitärbereich, Küche und Strom (und auf Wunsch Grillpaket).

Unterkunft außerhalb

Ghaub Lodge & Campsite***, B1/D3022 (45 km nordöstlich von Otavi, GPS -19.47010, 17.74966), Tel. 067-240188, www.ghaub-namibia.com. Zwölf Zimmer, Restaurant, großer Pool; ehemalige Missionsstation mit historischen Gebäuden und Aktivitäten wie Rhino Tracking und Höhlenexkursion (in die drittgrößte Höhle des Landes); drei luxuriöse Stellplätze mit privaten Einrichtungen.

Tsumeb

64 km sind es von Otavi in die Bergbaustadt. Der im **Schachbrettmuster** mit Roads und Streets entworfene Ort wurde mit dem Abbau von Erz reich. Die Straßen flankieren Königs- und Dattelpalmen und die Blüten von Bougainvillea, Flammenbaum, Goldregen und Jacaranda geben dem Ort eine beschwingte Atmosphäre, die eigentlich der Vorstellung von einer Minenstadt zuwiderläuft.

Geschichte

„Tsomsoub" – in der Sprache der San „Ein Loch graben, das verschwindet" – verweist auf den Umstand, dass Bewohner des wasserlosen Umlandes hier nach **Wasser** gruben. Sie entnahmen ihren Tagesbedarf, und am nächsten Tag war das Loch eingestürzt. Heute hat die Stadt etwa 19.000 Einwohner.

Frühe Schürfer

Lange bevor der Schwede Andersson 1851 das erste Mal von **Kupferfunden** berichtete, kannten San und Ovambo den „Malachitberg". Die San bauten das Erz ab und tauschten es bei Ovambohändlern gegen Eisen, Salz (aus Etosha) und Tabak. Die Ovambo verhütteten

Tsumebs Hauptstraße

Kriegerdenkmal für weiße Soldaten

Das Museum ist liebevoll kuratiert

es in einfachen **„Hochöfen",** die das Museum in Tsumeb eindrucksvoll nachgebaut hat. Die Arbeit konnte nur nachts geschehen, da im Glauben der Ovambo die Sonne dabei nicht zusehen durfte (wie bei den meisten Völkern war der Umgang mit Metall und Feuer ein Privileg bestimmter Berufsgruppen, die die Gesellschaft wegen ihrer vermeintlich magischen Kräfte fürchtete).

Kolonialzeit Vom Deutschen Reich erhielt 1892 eine **englische Gesellschaft** das Recht, bei Tsumeb Erz abzubauen. Sie ging 1900 in der deutschen Otavi Minen- und Eisenbahngesellschaft (OMEG) auf. Die Eisenbahnlinie nach Swakopmund war 1906 fertiggestellt, 1907 stand Wasser in ausreichender Menge vom Otjikotosee zur Verfügung es entstand eine Verhüttungsindustrie, die Kupfer und Blei an die Küste schickte. Auf dem Höhepunkt der Erzproduktion mit 65.000 Tonnen pro Jahr begann der **1. Weltkrieg.**

Mandatsmacht Erst sechs Jahre später wurde die Arbeit wieder aufgenommen, und der Ausstoß verdreifachte sich bis 1930. Die Weltwirtschaftskrise kam, und mit ihr ein Preisverfall bei Erz. Wieder stellte man die Produktion ein. In den 1930ern rüstete Europa schließlich auf, Metall war gefragt. 1940 wurde das Vermögen der OMEG als (deutscher) **Feindbesitz beschlagnahmt,** 1947 die Tsumeb Corporation Limited gegründet. Sie schürfte bis ins neue Jahrtausend. Dann schloss man die Minen erneut. Doch der Weltmarktpreis für Metalle stieg und heute ist das kanadische Bergbauunternehmen **Dundee Precious Metals** lizenziert, Kupfererz zu fördern.

Sehenswertes

Tsumeb Museum Die **Ausstellung** (President Ave, Tel. 067-220447, Mo–Fr 9–12 u. 14–17 Uhr, Sa 9–12 Uhr, Eintritt 50 N$) ist im 1915 errichteten ehemaligen Gebäude der Deutschen Privatschule untergebracht und zeigt eine

Missionskirche St. Barbara

Direktorenhaus

Jeremiaskirche

interessante Mineraliensammlung und die Waffen, die 1915 im Lake Otjikoto versenkt wurden. Anschaulich werden auch die **traditionellen Methoden des Erzabbaus** und der -verhüttung dargestellt und liebevoll die Kultur der Haillom-San dokumentiert. Ein vollständig erhaltener **Ochsenwagen** dokumentiert die Mühsal des früheren Reisens. Die Ilse Schatz Road östlich des Museums ist nach der Museumsgründerin benannt.

Luth. Kirche

Wenige Schritte nach Osten entstand 1926 die **Jeremiakirche**, schlank aus Naturstein errichtet und von Palmen umstanden. Das Gotteshaus gehörte der 1911 gegründeten deutschsprachigen „Nordengemeinde". Das gemauerte Monument im United Nations Park gegenüber unter den hohen Bäumen ist ein afrikaanses **Kriegerdenkmal.**

Kath. Kirche

An der Ecke Sam Nujoma Drive/President Street steht die attraktiv von Palmen und subtropischen Pflanzen umgebene Missionskirche **St. Barbara,** 1913 im Fachwerkstil erbaut und lange Jahre die einzige Kirche in der Stadt. Die hl. Barbara ist Schutzpatronin der Bergleute.

OMEG Gebäude

In der 1st Street hinter dem Minen-Hotel (Schlachtplatte mit Sauerkraut im Biergarten!) befindet sich ein Gebäude, das eine Kirche sein könnte, in Wirklichkeit aber als Prachtbau für die **Direktion** der OMEG 1910 errichtet wurde. Ein weiteres Gebäude der OMEG steht in der anschließenden Reverend James Ngapurue Street. Es entstand 1912 und diente als **Direktorwohnung** (beide nicht zugänglich).

Mineralogic Museum

An der Westseite der President Avenue schließt die ehemalige Tsumeb-Mine mit dem augenfälligen Förderturm an. Auf dem Gelände befindet sich auch das **Mineralogiemuseum** (Tel. 067-2234000, Mo–Fr 9–12 u. 14–17 Uhr, Eintritt frei), ein Spezialmuseum für Fachleute, aber auch für Hobbykundler interessant: Zum Fundus gehört das Archiv mit Tausenden von Mineralien-Proben und die dazugehörigen Karten – Tsumeb ist mit mehr als 300 verschiedenen Arten (unter ihnen 40, die es nur hier gibt) Weltrekordhalter bei Mineralienfunden.

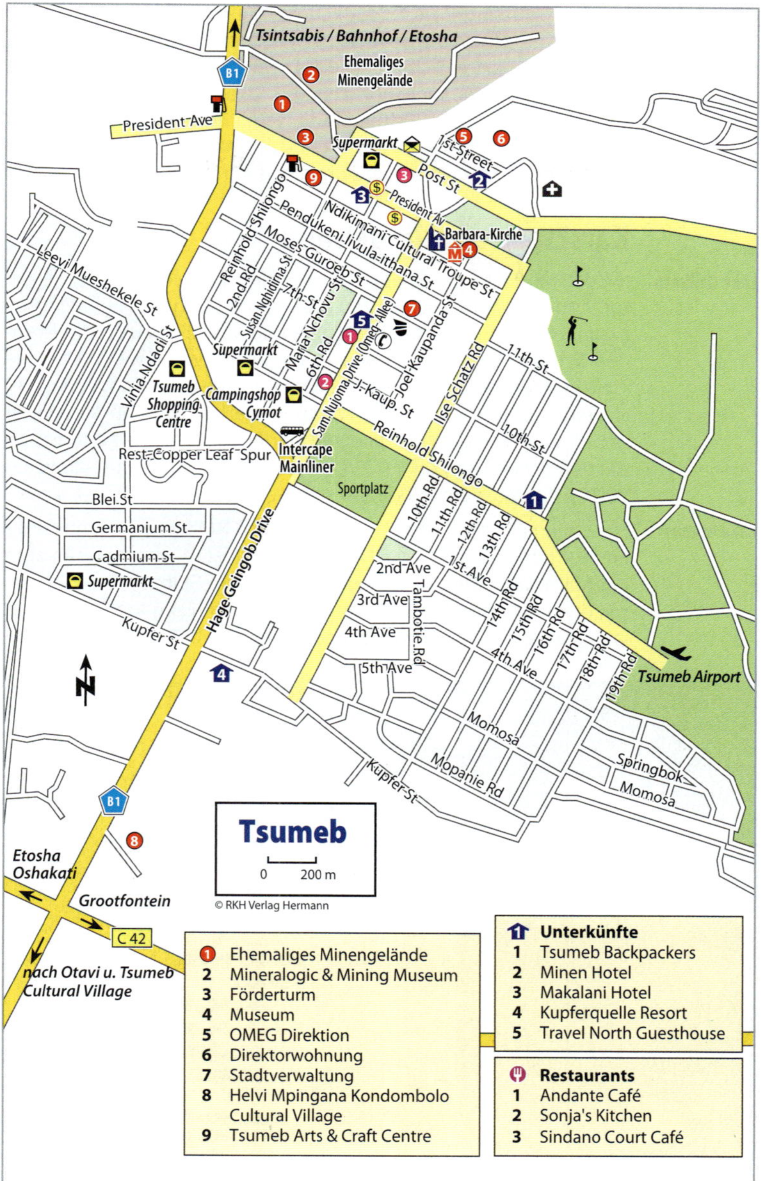
Tsumeb
0 200 m
© RKH Verlag Hermann
Tsintsabis / Bahnhof / Etosha
Ehemaliges Minengelände
B1
President Ave
Supermarkt
1st Street
Post St
President Av
Barbara-Kirche
Penduk eni Iivula-ithana St
Ndikimani Cultural Troupe St
Moses Guroeb St
Reinhold Shilongo
2nd Rd
Susan Nghidirna St
7th St
Maria Nchovu St
6th Rd
Sam Nujoma Drive (Omeg-Allee)
Joel Kaupanda St
J. Kaup. St
Ilse Schatz Rd
11th St
10th St
Leevi Mueshekele St
Vinia Ndadi St
Tsumeb Shopping Centre
Campingshop Cymot
Intercape Mainliner
Rest. Copper Leaf Spur
Sportplatz
Blei St
Germanium St
Cadmium St
Kupfer St
Hage Geingob Drive
10th Rd
11th Rd
12th Rd
13th Rd
1st Ave
2nd Ave
3rd Ave
4th Ave
5th Ave
Tambotie Rd
14th Rd
15th Rd
16th Rd
17th Rd
18th Rd
19th Rd
Tsumeb Airport
Momosa
Mopanie Rd
Springbok
Etosha
Oshakati
Grootfontein
C 42
nach Otavi u. Tsumeb Cultural Village
1 Ehemaliges Minengelände
2 Mineralogic & Mining Museum
3 Förderturm
4 Museum
5 OMEG Direktion
6 Direktorwohnung
7 Stadtverwaltung
8 Helvi Mpingana Kondombolo Cultural Village
9 Tsumeb Arts & Craft Centre
Unterkünfte
1 Tsumeb Backpackers
2 Minen Hotel
3 Makalani Hotel
4 Kupferquelle Resort
5 Travel North Guesthouse
Restaurants
1 Andante Café
2 Sonja's Kitchen
3 Sindano Court Café

Cultural Village An der Kreuzung B1/C42 südlich des Zentrums zeigt das **Helvi Mpingana Kondombolo Kulturzentrum** (Tel. 081-1482391, Mo–Fr 9–16, Sa 9–13 Uhr, 75 N$) auf seiner Freianlage Wohnbauten mehrerer Ethnien des Landes: Himba, Ovambo, Kavango, Caprivi, San, Herero, Afrikaner, Damara und Nama. Außerdem: Kunsthandwerk, ein kleines Museum mit Artefakten, Stadttouren und Tanzvorführungen. In vier einfachen Bungalows kann man nächtigen.

Karstseen der Umgebung

Lake Otjikoto In der Oberfläche des **Sees** (20 km nördlich von Tsumeb über die B1, tgl. 7.30–17.30 Uhr, Eintritt 250 N$/Person) spiegeln sich malerisch blauer Himmel, das Grün der Bäume und das Felsgrau des kreisrunden Beckens. Der See hat einen Durchmesser von etwa 100 m, eine Tiefe von rund 120 m und am Rand zeugt eine voluminöse, 1907 installierte Dampfmaschine vom Wasserbedarf der Tsumeb-Minen, mit denen sie durch eine Pipeline verbunden war. Bei der Kapitulation der deutschen Truppen 1915 versenkten diese im See ihre schweren Waffen (im Museum in Tsumeb sind sie zu besichtigen).

Lake Guinas Fährt man auf der B1 für 7 km weiter nach Norden und dann für 17 km auf den Pisten D3043/D3031 nach Westen, kommt man zum ebenfalls wassergefüllten **Karsteinbruch** von Guinas (60 m x 120 m) mit etwa 130 m Tiefe (auf Privatgrund, aber frei zugänglich, https://lakeguinas.com) – an Wochenenden ein beliebter Ausflugsort.

Waffenlager: Baden verboten!

Service Tsumeb

Unterkunft

Minen Hotel**, Post St, Tel. 067-221071, www.minen-hotel.com. Traditionshaus (dem man seine hundertjährige Geschichte nicht ansieht) mit 50 topmodernen Zimmern, deutscher Küche (Schlachtplatte mit Sauerkraut!), angenehmer Terrasse und Pool; Treffpunkt des Ortes für ein Gespräch beim Bier.

Makalani Hotel**, 4th Rd, Tel. 067-221051, www.facebook.com/MakalaniHotel. Nette Anlage mit 28 Zimmern und tropischem Garten, Pool und Restaurant.

Kupferquelle Resort**, Kupfer St, Tel. 067-220139, www.kupferquelle.com. 60 schön renovierte Zimmer in Chalets unterschiedlicher Kategorie und Zeltplatz mit 25 Stellflächen und Gemeinschaftsanlagen in einer Parklandschaft, Restaurant.

Travel North Guesthouse*, Sam Nujoma Drv, Tel. 067-220728, www.travelnorthguesthouse.com. Günstige und saubere Zimmer mit eigenem Bad, sehr gutes Café.

Tsumeb Backpackers*, 13th Rd 1713, Tel. 067-221534. Acht Zimmer mit Gemeinschaftsbad und Schlafsaal – außerdem beste Infos, Safariangebote, Bar und Pizza.

Unterkunft außerhalb

Zuri Luxury Tent's Camp & Campsite*, C42 (10 km östlich von Tsumeb, 2 km Farmstraße), Tel. 081-2285792, https://zuri.camp. Riesige „Zelte“ mit Bad, Kochgelegenheit und Braaiplatz fürs richtige (und supergünstige) Expeditions-Feeling im Busch; auch Zeltplatz.

Callie's Game Lodge***, B1/D3007 (25 km im Norden, 3 km Farmstraße, GPS -19.08012, 17.63895), Tel. 067-220388, www.calliesgamelodge.com. Gestylte Safarilodge mit vier Zimmern und acht Chalets, gutem Restaurant und neben Zebras und Giraffen zahlreichen Antilopenarten – Einstieg in die Wildnis.

Essen & Trinken

Sonja's Kitchen, 6th Road, Tel. 081-7125556, Mo–Sa 6.30–18 Uhr. Lebensmittelladen, Souvenirs und Frühstück/Lunch im Garten – Salate, Toasts und Leckeres vom Grill.

Andante Café, Sam Nujoma Drv (Travel North), Tel. 067-220728, tgl. 9–17 Uhr. Frühstück, Light Meals, toller Kaffee und perfekte Kuchen und Torten im grünen Garten.

Einkaufen

Cymot, 5th Rd, Tel. 067-221161, www.cymot.com. Camping- und Outdoorausrüstung.

Tsumeb Arts and Craft Centre, President Ave 18, Projekt zur Ausbildung im Kunsthandwerk mit angeschlossenem Laden.

Cultural Village, s.o., Kunsthandwerk und Souvenirs im Laden des Kulturzentrums

Aktivitäten

Tsumeb Golfclub, Tel. 081-1486887, 9-Loch-Platz beim Zentrum, Par 72 (in and out), Greenfee ab 250 N$.

Notfall

Tsumeb Private Hospital, Reverend James Ngapurue St, Tel. 067-221001; Klinik mit Notfallambulanz. **Tsumeb Police Station,** 8th Rd, Tel. 067-2235017

Verkehr

Intercape Mainliner: Verbindungen nach Windhoek und Oshikango, Tsumeb – Engen Garage/Wimpy Gateway (Ecke B1/Sam Nujoma Dr); Otavi – Total Garage (B1, Fourway Service Station).

Straßenmarkt in Grootfontein

Grootfontein

Die Stadt – an der C42 60 km von Tsumeb – war den Herero schon lange vor Ankunft der ersten weißen Siedler unter dem Namen Otjivandatjongue („Leopardenhügel") bekannt. Nama nannten den Platz „Große Quelle", der jetzige afrikaanse Stadtname. An der B8 von Otavi nach Rundu gelegen, profitiert Grootfontein vom Schwerlastverkehr durch den Caprivi Strip. Zu besichtigen gibt es nichts, aber man kann sich gut versorgen. Wegen der hohen Kriminalität sollte man sich beim Geld abheben vorsehen und den Wagen nicht unbeaufsichtigt lassen.

Geschichte

Anfänglich nur ein Lager für weiße Großwildjäger wurde der Ort in den 1880er Jahren für 24 Monate Hauptstadt der „Republik Upingtonia" der Dorslandtrekker (s. Kasten). 1893 wurde eine Bergbaulizenz an eine Minengesellschaft vergeben, die sich hier niederließ. 1896 errichtete die **Schutztruppe ein Fort,** das in den folgenden Jahren nach und nach erweitert wurde. In den 1990ern zum Museum erklärt, schloss es in den 2010er Jahren, das Gebäude verfiel und ist nicht mehr zu besichtigen (und auch aus der Ferne – auf dem überwucherten Grundstück – nicht zu sehen).

Palmenmeer

Nimmt man 4 km außerhalb und nordöstlich Grootfontein von der B8 die C42 nach Süden Richtung Otjituuo, ragen nach 13 km immer mehr Makalani-Palmen aus dem Busch, bis sie dicht an dicht stehen. Gegen den blauen Himmel ergeben die Fächer ein durchaus attraktives Bild.

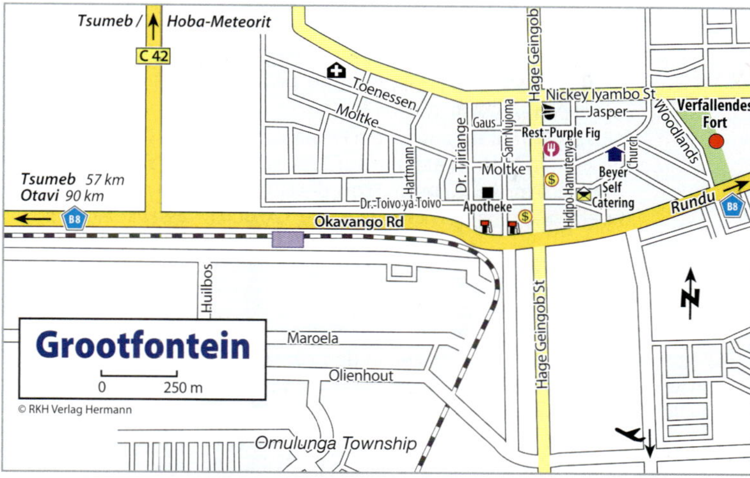

Hoba Meteorit

Den **Himmelsfindling** 20 km westlich von Grootfontein (über die Piste D2859) am Ende einer 1 km langen Stichstraße entdeckte der Jäger Jacobus Brits 1920 per Zufall. Er brach ein Stück heraus und ließ es untersuchen. Das Ergebnis: Der etwa 3 m x 0,55 bis 1,20 m große Brocken plumpste vor **80.000 Jahren** auf die Erde und besteht aus 82 % Eisen, 17 % Nickel und 1 % Kobalt. Nachdem Souvenirjäger immer wieder Stücke herausbrachen, hat man ein kleines Rundtheater gebaut und den Zugang reglementiert. Am **Eingang** (Tel. 081-1460941, 250 N$/Person) verkauft ein Kiosk Erfrischungen.

Giant Baobab

Dieser uralte **Affenbrotbaum** wächst 85 km nördlich von Grootfontein (nach 5 km von der B8 auf die M73 nach Nord abbiegen, dann auf D2848/D2849 weiter bis zur Farm Keibeb, GPS -18.88615, 18.327080) auf zugänglichem Privatgrund und ist als **Naturdenkmal** geschützt. Man schätzt ihn auf 3000 Jahre, sein Stammumfang beträgt 18,5 m, die Höhe um 30 m, der Durchmesser 8 m und in seinem faserartigen Inneren kann er bis zu 120.000 l Wasser speichern.

Durstlandtrekker

Die südafrikanische Burengemeinschaft verließ nach dem Vordringen Englands die alte Heimat im Transvaal und zog in den 70er und 80er Jahren des 19. Jh. nach Norden. Auf abenteuerlicher Odyssee durchwanderten sie Südwestafrika, in der Kalahari verdursteten viele (daher der Name **Dorslandtrekker)** und der Rest trekkte durchs Kaokoveld, überquerte den Kunene und ließ sich in Südangola nieder. Jahrzehnte später kehrte ein Teil wieder zurück. Nach mehreren erfolglosen Versuchen, Land zu erwerben (unter anderem bei Rehoboth), kamen sie in das heutige Mais-Dreieck, gründeten die „Republik Upingtonia", gerieten aber bald in den Interessenskonflikt zwischen Deutschen und Herero, gaben schließlich entnervt auf und kehrten nach Transvaal zurück.

Service Grootfontein

Unterkunft

Beyer Self Catering*, Ecke Courtney Clarke St/Church St, Tel. 081-1288820, www.beyer-namibia.com. Eine großzügige Ferienwohnung mit zwei Schlafzimmern, Lounge und Terrasse und ein kleineres 2-Personen-Apartment – beste Tipps zu näheren und weiteren Ausflügen.

Unterkunft außerhalb

Camp Maori*, B8 (6 km außerhalb von Grootfontein, 1,5 km Farmstraße), Tel. 081-3471005. Einfaches, sympathisches Restcamp mit Hütten und Stellplätzen (Abendessen bei Buchung am Vortag) – Verkauf von San-Souvenirs.

Fiume Lodge**, B8 (35 km nordöstlich von Grootfontein, 3 km Farmpiste), Tel. 081-7042102, https://fiume-lodge.com. Neue Gartenchalets, eine grüne Oase im Buschland mit großem Pool auf einer Rinderfarm.

Dornhügel***, B8/D2844 (40 km östlich von Grootfontein), Tel. 067-240439, http://dornhuegel.de. Fünf gemütliche, individuell gestaltete, helle und moderne Zimmer, Schwimmbad, Tennisplatz; Farmleben pur mit Rinderzucht, Wild, traditioneller Farmküche mit Gemüse aus dem eigenen Garten und sehr angenehmen Gastgebern, die viel über das Farmleben erzählen können – der Tipp auf dem Weg nach Norden.

Essen & Trinken

Purple Fig Bistro, Hage Geingob Ave, Tel. 081-6296760, Mo–Fr 7–17, Sa 8–13 Uhr. Frühstück, Lunch und Snacks auf der Gartenterasse – Ruhepool in der Straßenmarkt-Hektik.

Caprivi

Der Caprivi Strip („Caprivi-Zipfel") im Nordosten des Landes teilt sich auf in die Verwaltungsregionen Kavango-Ost (westlich) und Zambezi (östlich). **Vier Flüsse** bestimmen mit ihren **gewaltigen Wassermassen** Landschaft und Klima: *Kavango, Kwando, Linyanti* und *Zambezi.* So fruchtbar und grün der zwischen Botswana und Angola/Zambia eingeklemmte Landstreifen auch ist, nur wenige Kilometer trennen ihn vom **trockenen Buschland** des Khaudum National Park und dem San-Ort Tsumkwe.

Orientierung

Von Grootfontein nach Rundu

Auf dem Asphalt der B8 sind es von Grootfontein 260 schnurgerade Kilometer nach Nordost und **Rundu,** dem letzten Versorgungspunkt vor Einfahrt in den Caprivi. Auf dem Weg passiert man die nach Osten abzweigende C44 nach Tsumkwe mit dem **Khaudum National Park,** und 80 km weiter den **Mangetti National Park.**

Von Rundu nach Divundu

Von Rundu nach Katima Mulilo (dem einzigen größeren Ort im Strip) sind es 500 km. Von der Asphaltstraße mit nicht wenigen Schlaglöchern zweigt nach 110 km die Zufahrt zum **Khaudum-Park** ab, nach weiteren 100 km gelangt man bei Divundu über die Kavango Bridge in den **Bwabwata National Park,** der den westlichen Caprivi schützt und in mehrere Bereiche unterteilt ist. Südlich von Divundu ist es die **Mahango Core Area** (durch die man auch nach Botswana und an die Westseite des Okavango-Deltas gelangt), und an den Ufern des Okavango die direkt anschließende **Buffalo Core Area.** Dritter Bereich ist westlich des Kwando-Flusses (am Ostende des Parks bei Kongola, 200 km von Divundu) die **Kwando Core Area.** Nur im Bereich zwischen diesen Schutzgebieten – der *Bwabwata Multi-Purpose Area* – darf gesiedelt werden.

Wilde Seerosen im Caprivi

6

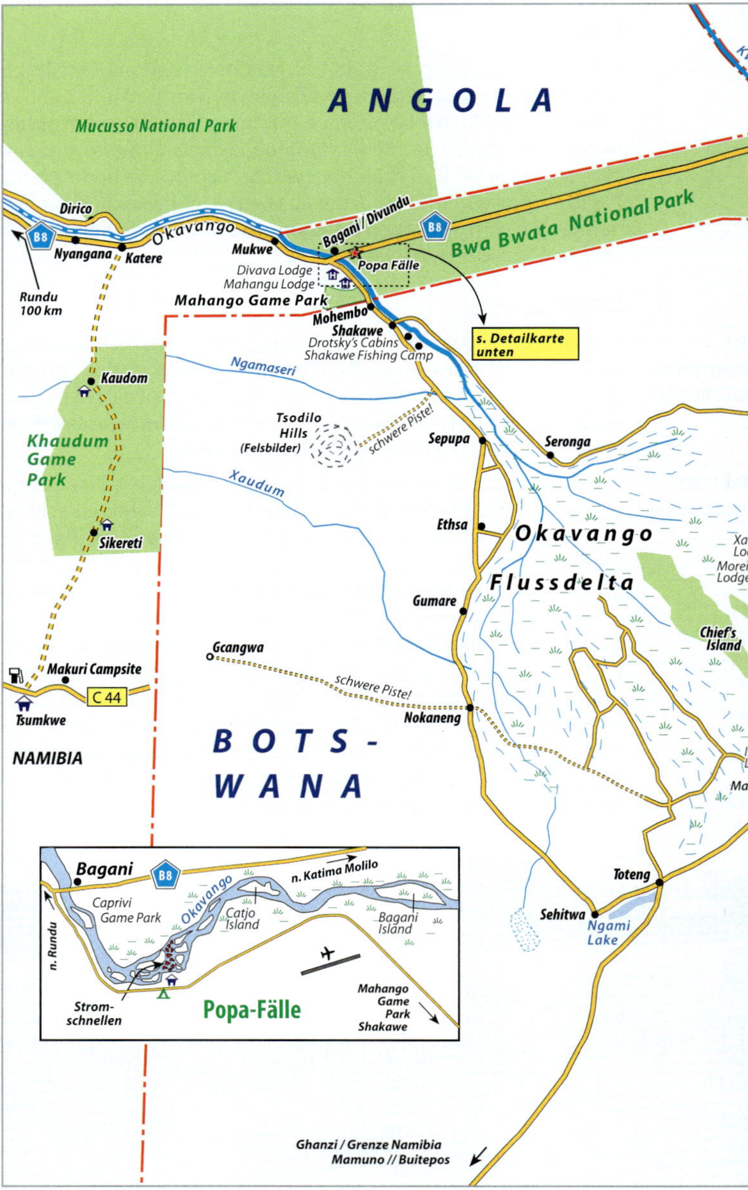
ANGOLA
Mucusso National Park
Dirico
B8
Nyangana
Katere
Okavango
Mukwe
Bagani / Divundu
B8
Bwa Bwata National Park
Popa Fälle
Divava Lodge
Mahangu Lodge
Mahango Game Park
Rundu 100 km
Mohembo
Shakawe
Drotsky's Cabins
Shakawe Fishing Camp
s. Detailkarte unten
Ngamaseri
Kaudom
Khaudum Game Park
Tsodilo Hills (Felsbilder)
schwere Piste!
Sepupa
Seronga
Xaudum
Sikereti
Ethsa
Okavango Flussdelta
Gumare
Chief's Island
Gcangwa
Makuri Campsite
C 44
Tsumkwe
schwere Piste!
Nokaneng
NAMIBIA
BOTS-WANA
Toteng
Sehitwa
Ngami Lake
Bagani
B8
n. Katima Molilo
Okavango
Caprivi Game Park
Catjo Island
Bagani Island
n. Rundu
Strom-schnellen
Popa-Fälle
Mahango Game Park Shakawe
Ghanzi / Grenze Namibia
Mamuno // Buitepos

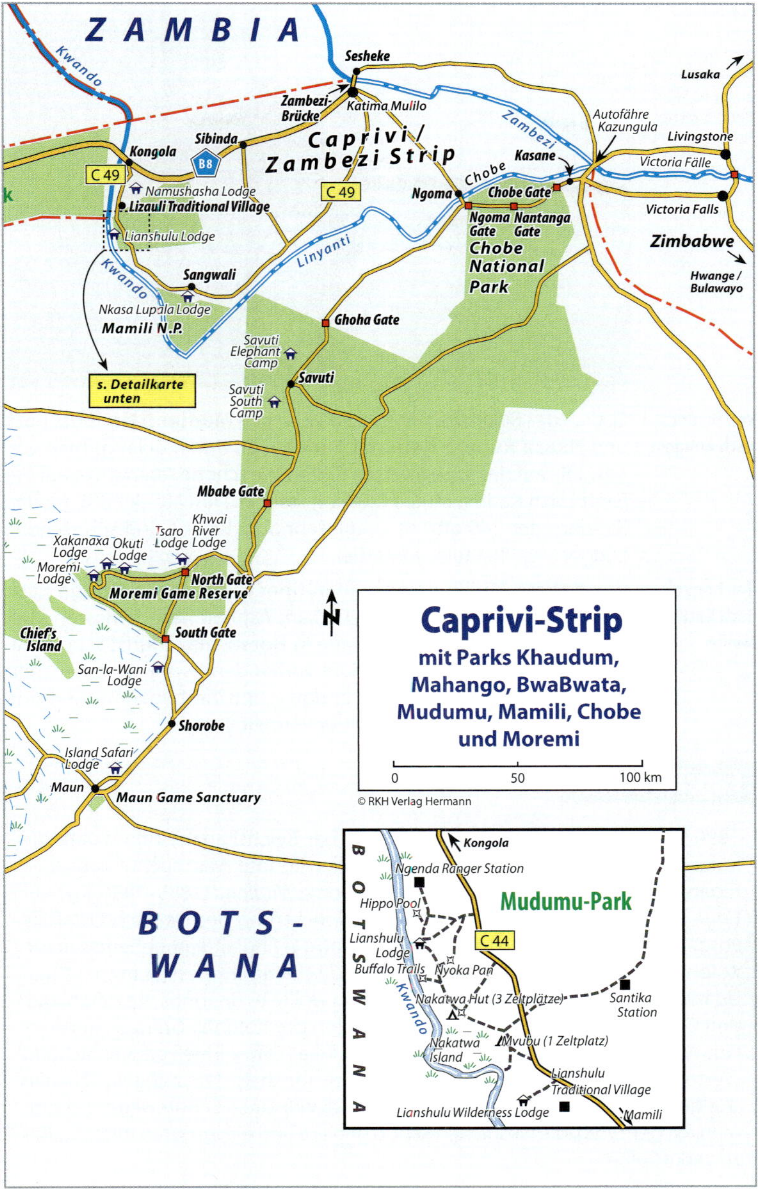
ZAMBIA
Kwando
Sesheke
Lusaka
Zambezi-Brücke
Katima Mulilo
Autofähre Kazungula
Zambezi
Livingstone
Sibinda
Caprivi / Zambezi Strip
Kasane
Victoria Fälle
Kongola
B8
C 49
Chobe
Namushasha Lodge
C 49
Ngoma
Chobe Gate
Lizauli Traditional Village
Victoria Falls
Ngoma Gate
Nantanga Gate
Lianshulu Lodge
Chobe National Park
Zimbabwe
Linyanti
Kwando
Sangwali
Hwange / Bulawayo
Nkasa Lupala Lodge
Mamili N.P.
Ghoha Gate
Savuti Elephant Camp
s. Detailkarte unten
Savuti
Savuti South Camp
Mbabe Gate
Khwai River Lodge
Tsaro Lodge
Xakanaxa Lodge
Okuti Lodge
Moremi Lodge
North Gate
Moremi Game Reserve
Chief's Island
South Gate
San-la-Wani Lodge
Shorobe
Island Safari Lodge
Maun
Maun Game Sanctuary
BOTS-WANA
Caprivi-Strip
mit Parks Khaudum, Mahango, BwaBwata, Mudumu, Mamili, Chobe und Moremi
0
50
100 km
© RKH Verlag Hermann
Kongola
BOTSWANA
Ngenda Ranger Station
Mudumu-Park
Hippo Pool
C 44
Lianshulu Lodge
Buffalo Trails
Nyoka Pan
Kwando
Nakatwa Hut (3 Zeltplätze)
Santika Station
Nakatwa Island
Mvubu (1 Zeltplatz)
Lianshulu Traditional Village
Lianshulu Wilderness Lodge
Mamili

6

Fortbewegungsmittel der Wahl – der Mokoro, ein ausgehöhlter Baumstamm

Von Divundu nach Kongola

Östlich des Bwabwata Parks schließen sich **Mudumu National Park** und **Nkasa Rupara National Park** an. Zu ihnen gelangt man von Kongola auf der asphaltierten C49 – eine schöne Alternative auf der Fahrt nach Katima Mulilo (200 km statt 110 km auf der B8). An den Rändern der C49 gibt es einige sehr abgelegene und sehr schöne Lodges – ein Paradies für Birder.

Von Kongola nach Katima Mulilo

Von Katima Mulilo gelangt man über die Zambezi Bridge nach Norden und Zambia und über 70 km Asphalt nach Südosten über die **Ngoma Bridge** nach Kasane in **Botswana.** Touristische Infrastruktur ist im gesamten Korridor vorhanden – vom einfachen Zeltplatz bis zur hochluxuriösen Lodge – und Tierbegegnungen sind nicht nur nicht selten, sondern unvermeidlich.

Caprivi-Zipfel

1890 wurde **Leo Graf von Caprivi** deutscher Reichskanzler und wollte die Kolonien sichern – was England nicht gefallen konnte. Man suchte sich zu einigen und Deutschland bot England die Kolonie *Wituland* (1885–1890, im heutigen Kenia) und den Verzicht auf eine Kolonisierung des Deutsch-Ostafrika vorgelagerten Sansibar an (ein freies Sultanat, das England umgehend seinem Kolonialreich einverleibte). Weiter gab Deutschland Interessen im heutigen Uganda und bei Mombasa auf. Im Gegenzug wollte es das britische Helgoland, den Caprivi-Streifen und eine klare Definition der Kolonial-Grenzen in Afrika (Togo, Deutsch-Ostafrika, Deutsch-Südwestafrika). Offiziell hieß die Abmachung „Vertrag über Kolonien und Helgoland", erhielt aber bald den griffigeren Namen „Helgoland-Sansibar-Vertrag". Das Kaiserreich war einen Schritt weiter gekommen auf dem Weg, die westlichen Schutzgebiete und die im Osten miteinander zu verknüpfen.

Khaudum

Mehr oder weniger pfeilgerade zielt die Piste C44 60 km von Grootfontein ereignisarm nach Osten und Tsumkwe – ein 220 km langes, weißes Band durch lockere Baumsavanne auf sandigen Böden mit hohem Gras, an einigen kleinen Siedlungen, dem empfehlenswerten **Jul'hoansi Living Museum** (s.u.) und dem ziemlich desolaten **Omatako Valley Rest Camp** vorbei.

Tsumkwe

Die „Hauptstadt" der San besteht aus **einigen Gebäude**n der Administration, Polizei, Hospital, einer Nebenstelle des Ministeriums für Umwelt und Tourismus und einer **Tankstelle.** In der Tsumkwe Lodge kann man nächtigen und im Informationszentrum der **Nyae Nyae Conservancy** (www.nndfn.org, mit Verkauf von Kunsthandwerk) lassen sich Führer und Dorfbesuche organisieren. Ansonsten erstreckt sich die Streusiedlung mit ihren einfachen Hütten in den Busch hinein. Wer nach Tsumkwe kommt will entweder das Volk der San treffen, und/oder durch den Khaudum National Park fahren, oder auf 200 km sehr sandiger Piste über den Grenzposten *Dobe* (s.u.) nach Botswana ins Okavango Delta und nach Tsodilo Hills weiter.

Baobabs

Wer abseits der C44 auf Gemeindegebiet unterwegs ist, muss bei Nyae Nyae eine **Conservancy Fee** von 40 N$ zahlen. Die gigantischen Bäume gibt es an jeder Ecke, verstecken sich jedoch im Busch. Bei Makuri steht der **Giant Baobab** (s. bei Unterkunft) und den **Dorslandboom** (-19.30094, 20.66049) findet man 34 km von Tsumkwe im Norden, 2,6 km abseits der D3315 – 2300 Jahre alt und mit einem Durchmesser von 30 m. Dorslandtrekker haben die Jahreszahl 1883 in die Rinde geritzt (und Soldaten der Schutztruppe 1891).

Minimalversorgung in Tsumkwe

Living Museums

23 km nördlich von Tsumkwe liegt das **Hunter's Museum** (Tel. 081-5837183, www.lcfn.info, mit Elephant Song Campsite, s.u.), eine wohlorganisierte Adresse, um San kennenzulernen. Als Einstieg am interessantesten ist wohl der Bush Walk (220 N$/Person, 1,5 Std.), auf dem man die Pflanzen des Buschs und ihre Wirkungen kennenlernt (und das Wissen der weisen Frauen von den Geheimnissen der Natur). Wer Zeit hat: Jagdtag mit zwei San auf Wildebeest oder Warzenschwein oder „whatever might be so careless to cross our way". Bei der Her-/Rückfahrt kann man auch nahe Grashoek beim **Jul'hoansi Museum** (6 km abseits der C44, Abzweig 73 km vor der B8, GPS -19.24411, 19.23767) Station machen – es hat ein ähnliches Programm.

Ein Tanz für die Touristen

Nach Botswana Der **Grenzübergang Dobe** (täglich 7.30–16.30 Botswana Time, im Südwinter also bis 15.30 Uhr namibischer Zeit) ist für jeglichen Verkehr geöffnet. Von der Grenzstation zur Asphaltstraße am Delta sind es 140 km sandige, schreckliche, grobe Piste (nur 4x4). Die nächste Tankstelle in Botswana ist bei Gumare, 30 km nördlich Nokaneng.

Khaudum National Park

Für die Fahrt durch den Park muss man ausreichend Vorräte und Wasser für drei Tage mitführen. Von Tsumkwe sind es bis Rundu – durch unberührte Wildnis und auf sich alleine gestellt – 300 km schwerer Sand mit niedrigster Geschwindigkeit und entsprechendem Treibstoffbedarf. Die Fahrzeuge quälen sich hochtourig und langsam über die Pisten, die knietief mit Sand aufgefüllten Kanälen gleichen.

Landschaft Das Gelände ist weitgehend eben, modelliert nur durch die nord-südlich verlaufenden Dünenstränge mit dichter Vegetation. Mehrere große Riviere – *omuramba* (Plural: *omiramba)* – durchschneiden den Park und versorgen Pflanzen und Tiere mit Wasser: der Omuramba Nhoma, dessen Lauf die Hauptpiste auf den ersten knapp 20 Kilometern von Sikereti nach Norden folgt, der Chadom (West-Ost-Verlauf) und im Norden der Khaudum. Die Riviere sind Teil des Wasseradersystems des Okavango: Steigt nach den Regenfällen dessen Wasserstand, fließen auch die Omiramba.

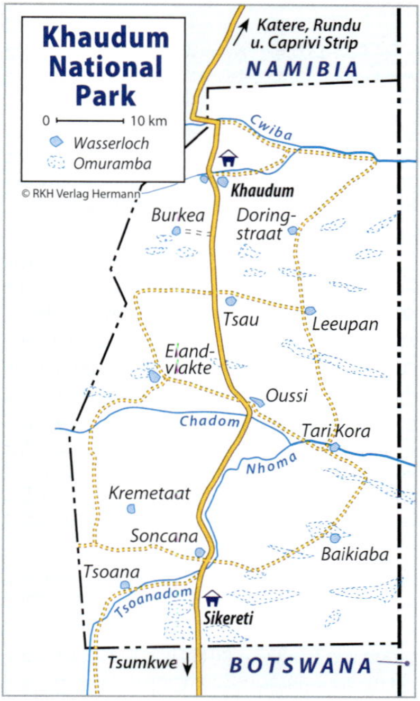

Flora und Fauna

Die Vegetation im Khaudum ist dicht, und nach den Sommerregen steht das Gras hüfthoch – dann ist kein Wild zu sehen! In der Trockenzeit dafür umso mehr: **Elefanten,** Giraffen, Kudu und Eland, Sumpfantilopen und Riedböcke**, Löwen, Leoparden, Tüpfelhyänen** und die seltenen **Wildhunde.** Faszinierend ist die Vielfalt der bis zu 20 m hohen Bäume: **Dolfholz** (auch „wildes Teak"), Seringa, Manketti und Copalwood (wegen seiner Ähnlichkeit mit dem schmetterlingsblättrigen Mopane auch „falscher Mopanebaum") bilden ein schattiges Dach.

Sikereti Camp

Am Hunter's Living Museum und dem Dorsland Baobab vorbei kommt

6

man 28 km nach Tsumkwe an die Grenze des Nationalparks. 7 km weiter ist das **Sikereti Camp**** (www.khaudum.com.na, Tel. 061-311313, GPS -19.10724, 20.70576), erreicht, wo man Eintritt (100 N$/Person, 50 N$/Fahrzeug) zahlt. Das Lager ist nur für Selbstversorger, aber die acht Safarizelte (mit Bad) und vier Stellplätze (auch mit eigenem Buschbad) sind überaus komfortabel und kostengünstig.

Khaudum Camp

Das *Khaudum Camp* (www.africanreservations.com, GPS -18.50404, 20.75336) ist ebenfalls ein reines **Selbstversorger-Lager** im Norden des Parks am Omuramba Khaudum und besteht aus sechs sehr komfortablen – voneinander in großzügigem Abstand und durch Busch getrennt – Stellplätzen mit gemeinschaftlichen Toiletten und Duschen. Seit vielen Jahren soll neben dem Camp die *Xaudum Lodge* eröffnen – eine Luxuslodge höchsten Standards. Vom Khaudum Camp sind es 12 km zum nördlichen Tor **Green Gate** (GPS -18.44055, 20.71477) und weitere 48 km zur B8 (-18.05281, 20.77235) – tiefsandig und langwierig.

Service Khaudum

Unterkunft

Roy's Restcamp**, B8/C44 (am Abdreh der C44 von der B8), Tel. 067-240302, www.roys-rest-camp.com. Beliebte Wegesrand-Adresse mit sieben Rondavels/Bungalows und zwölf Stellplätzen; Restaurant, Pool, Souvenirs und Ausflüge zu den San.

Tsumkwe Lodge**, Tsumkwe, Tel. 067-687842, www.tsumkwelodge.com. 22 locker um die Zentralgebäude mit Restaurant verteilte Bungalows, Pool – einfach, sauber und zu diesem Preis alternativlos, auch Campingplatz.

Djxoheo Campsite, C44 (12 km östlich von Tsumkwe Abzweig der Piste nach Süd, 11 km, GPS -19.67674, 20.63177). Anfahrt nur mit 4x4: Zeltplatz der San, einfach, bei einem Dorf gelegen, Feuerholz erhältlich, Buschdusche (Wasser mitbringen) – Zahlung (150 N$/Person) in Tsumkwe bei Nyae Nyae.

Makuri Campsite, C44 (18 km östlich von Tsumkwe Abzweig der Piste nach Süd, 9 km, GPS -19.65881, 20.71571). Anfahrt nur mit 4x4: Zeltplatz der San, einfach, aber schön bei einem riesigen Baobab gelegen, Feuerholz erhältlich, Buschdusche (Wasser mitbringen) – Zahlung (150 N$/Person) in Tsumkwe bei Nyae Nyae.

Elephant Song Campsite, D3315 (23 km nördlich von Tsumkwe), Tel. 081-5837183, www.lcfn.info. Zeltplatz einer San-Gemeinde mit vielfältigem Programm, s.o. bei Hunter's Museum.

Nhoma Safari Camp****, C44/D3312 (80 km nordwestlich von Tsumkwe, westlich des Khaudum, GPS -19.23627, 20.23955), www.nhomasafaricamp.com, Tel. 081-8266677. Luxuscamp auf dem Gebiet der Jul'hoansi beim Dorf Nhoma mit zehn Zelten (mit Bad) auf Holzplattformen und zahlreichen Aktivitäten mit den San – *all inclusive* im Busch; auch vier Stellplätze (mit der Möglichkeit Mahlzeiten zu ordern).

Omatako Valley Restcamp, C44 (90 km von der B8, 130 km vor Tsumkwe). Halbverfallenes Camp der San-Gruppe der lKung direkt an der Straße ohne Infrastruktur, meist auch kein Wasser.

Jul'hoansi Campsite, C44 (150 km von Tsumkwe, 80 km von der B8, 6 km abseits der C44), www.lcfn.info. Zeltplatz einer San-Gemeinde mit vielfältigem Programm.

San – eine Kultur stirbt

Seit der Zuwanderung anderer namibischen Volksgruppen sind die San immer tiefer in Regionen zurückgewichen, die ihnen kaum noch genügend Raum und Nahrung bieten. Die weiße Landnahme tat ihr übriges den Lebensraum noch weiter einzuschränken, und seit der Unabhängigkeit Namibias schielt auch die junge Regierung nach dem Veld im ehemaligen Reservat „Buschmannland", wo immer wieder neues Farmland ausgewiesen wird. Die San stehen dem Verdrängungsprozess weitgehend hilflos gegenüber. Seit den 1950er Jahren arbeitet die *Nyae Nyae Foundation* im Buschmannland, gegründet vom amerikanischen Dokumentarfilmer John Marshall mit dem Ziel, durch die Einführung der Viehzucht den San eine neue Lebensbasis zu geben. Denn das traditionelle Jäger- und Sammlerleben aufrechtzuerhalten ist unmöglich – zu klein sind die Territorien und durch Grenzziehungen versperrt. Die Sesshaftigkeit zerstört aber nicht nur traditionelle Lebensformen, sondern auch Sozialstrukturen, weshalb der Alkoholismus zu einem großen Problem wurde. Verantwortung und Teilautonomie versprechen Konzessionen zur touristischen Nutzung des Landes. Dies setzt voraus, dass sich einzelne Gruppen auf gemeinsame Verwaltungen einigen können und die lockeren Familienverbände der San zu einer neuen, übergreifenden Organisationsform finden. Es ist eine Chance für einen Neuanfang, aber auch das Ende der Traumzeit!

Überlebenstechnik

Um in der **Wüste an Wasser zu gelangen,** graben die San in ausgetrockneten Flussbetten ein Loch, stellen ein hohles Elefantengras hinein (dessen unteres Ende eine Kugel aus dünnem Gras umhüllt und den Sand fernhält) und schaufeln das Loch zu. Am **Elefantengras saugend** entsteht ein Vakuum und die Feuchtigkeit im Sand wird nach oben gezogen (damit das Vakuum nicht zusammenfällt, wird ohne Unterlass gesaugt und das Wasser läuft seitlich aus dem Mund in ein Behältnis). Bis zu 5 Liter kann so pro Tag gesammelt werden. Aus den Hohlräumen der Baobab-Astgabeln kann ebenfalls Wasser gesaugt werden. **Straußeneier** – gefüllt und vergraben – dienen zur Lagerung. Urin kann destilliert werden: die Halbschale einer Melone erhält am Rand aus Blättern eine Auffangrinne und wird dann über eine Kuhle mit dem Urin gestülpt. Durch **Verdunstung und Kondensation** entsteht ein Überlebensgetränk. In Notsituationen kann man den anverdauten Mageninhalt eines erlegten Tieres durch ein Grasgeflecht pressen. Die **San kennen alle Pflanzen** und wissen sie zuzubereiten. Und wer weiß wo, kann sich seine Bonbons vom Baum pflücken: Insekten saugen auf Blättern des Mopane-Baumes Flüssigkeit, aus den winzigen Löchern tritt Pflanzensaft aus und kristallisiert zu Fruchtzucker. Die San kennen **Kopfschmerzmittel,** Pflanzen gegen Entzündungen, Magen- und Darmkrankheiten und sogar gegen **Bilharziose** spendet die Natur Mittel.

6

Rundu

Anreise

Mangetti National Park

Die Monotonie der Strecke 70 km hinter dem Abdreh der C44 nach Tsumkwe (und 125 km von Grootfontein) wird nur einmal unterbrochen: am **Mururani Veterinary Checkpoint** mit der Möglichkeit im Trans-Zambezi-Resting eine Pause mit Grillhendl einzulegen. 15 km dahinter und 100 km vor Rundu kann man in den 400 km² großen **Mangetti National Park** abbiegen (Einfahrt 15 km hinter dem Mururani Veterinary Gate, 6 km bis zur Ranger Station, 100 N$/Person, 50 N$/Fahrzeug). Voraussetzung ist – wegen des tiefen Sandes – ein 4x4. Bis 2008 war er Zucht- und Schutzgebiet für Nashörner, dann erklärte man ihn zum Nationalpark und seit 2014 ist er (tagsüber) zugänglich. Ohne Infrastruktur und Pistenkennzeichnungen und mit rudimentärem Plan ausgerüstet, macht man sich auf die Suche nach Elefanten, Giraffen, Großantilopen, Hyänen, Raubkatzen und besonders der seltenen Wildhunde, die – scheu und im dichten Busch verborgen – allerdings schwer auszumachen sind.

Stadtbild

Versorgungspunkt

Rundu ist eine Flussstadt – nach der langen Fahrt durch aride/semiaride Landschaften ein Augenschmaus. Der Okavango (portug. Cubango) bildet auf 400 km die Grenze zwischen Angola und Namibia (so wie der Kunene im Westen). Beide entspringen im zentral-angolanischen Hochland und auf den **fruchtbaren Überflutungsgebieten** (Hochwasserzeit ist März/April) gedeihen Getreide und Reis, im Fluss schwimmen Fische. Touristen können vom Kanu aus angeln, nur Baden sollte man wegen der Krokodile lieber nicht. Autowerkstätten,

Im Caprivi geht's per Boot zur Wildbeobachtung

Tankstellen und sehr viele und **gut bestückte Supermärkte** erlauben, die Vorräte aufzustocken – was auch die Angolaner schätzen, die über die **Rundu Floating Bridge** (max. 10 t) und den Sarasunga Border Post 10 km östlich in die Stadt kommen. Entlang des Kavango reihen sich Lodges auf und auch im Ort kann man übernachten.

Mbunza Living Museum

Dorfleben

Das **Living History-Dorf** (10 km auf der B10 nach Westen, dann 4 km Stichpiste zur Hakusembe Lodge, Tel. 081-2152496, www.lcfn.info) erlaubt einen authentischen Einblick in das traditionelle Leben der subsistenzwirtschaftlichen Fischer und Ackerbauern. Man kann u.a. beim Kochen zuschauen und die Entstehung von Körben und Reusen erleben. Die Mbunza sind eine der fünf Ethnien im Kavango-Gebiet (neben Kwangali, Shambyu, Gciriku, und Mbukushu) und teilen sich noch einmal in acht Klans auf. Das Kurzprogramm dauert 1,5 St. (220 N$/Person), das Halbtagesprogramm mit Teilnahme an der Produktion von Haushaltsgegenständen 4 Std. (380 N$).

Hakusembe River Lodge

Service Rundu

Unterkunft

Tambuti Lodge**, Rundu Beach Rd, Tel. 066-255711, https://tambuti.com.na. Kleine und nette Lodge mit acht Bungalows etwas oberhalb des Flusses mit üppigem Garten, Pool, Bar und Restaurant.

Kavango River Lodge*-**, Mari Mwengere St, Tel. 066-255244. Das Beste ist die Lage hoch über dem Fluss mit Sonnenauf- und -untergängen; acht Zimmer und 10 Selbstversorger-Einheiten, Restaurant.

Unterkunft außerhalb

Hakusembe River Lodge & Campsite****, B10 (14 km westlich), 061-427200, https://gondwana-collection.com. 20 Chalets entlang des Kavango und wunderbare Bootsausflüge (speziell auch für Birder), ausgezeichnetes Stelzen-Restaurant über dem Wasser, Pool, Boutique; vier Stellplätze am Ufer jeweils mit eigenem Ablution Block.

Samsitu Campsite, B10 (14 km westlich), Tel. 067-257023. Einfacher Platz für Selbstversorger mit vier Stellplätzen (gemeinsame Sanitäranlagen); von der Mbunza-Gemeinde geführt, Bootsfahrten buchbar.

Einkaufen

Cymot, Markus Siwarongo St, Tel. 066-255668, www.cymot.com. Camping- und Outdoorausrüstung.

Rundu Open Market, Ecke Marie Mwengere St/Nkaraparmwe St. Lebensmittel, Kleidung und Haushaltswaren – auch Essstände.

Mbangura Woodcarving Cooperation, Markus Siwarongo St, 200 m von der Eugene Kakururu St. Kavango-Schnitzereien aller Größen.

Notfall

Rundu Private Hospital, Eugene Kakururu St, Tel. 066-267233, Notruf 081-3444004, www.runduprivatehospital.com

Rundu Police Station, Marie Mwengere St., Tel. 066-266300

Trans Caprivi Highway

Von Rundu nach Divundu

Bwabwata National Park

Die auf gesamter Strecke 2010 in *Walvis Bay-Ndola-Lubumbashi-Development-Road* umgetitelte Verbindung vom Atlantik in den Kongo entstand in heutiger Form im Bereich des Caprivi noch während des Krieges als Militärstraße abseits des Kavango (port. Cubango), um außer Schussweite der angolanischen Kanonen zu bleiben. Erst 1996 war er vollständig asphaltiert. **Dörfer und Felder** ziehen am Straßenrand vorbei und Familiengehöfte – mit einer Haupthütte aus Wellblech oder gemauert, die anderen aus Ruten geflochten und mit Stroh gedeckt. Man sollte besondere Vorsicht walten lassen: Rinder und Ziegen laufen über die Straße und die **Schlaglöcher** werden immer häufiger. 200 km sind es von Rundu nach Divundu, wo die B8 auf der Bagani Bridge den Kavango quert (der das südlich liegende Okavango Delta speist). Ab hier ist man im **Bwabwata National Park** unterwegs, Teil des grenzübergreifenden **KAZA-Schutzgebiets** (Kavango/Zambezi) mit den Ländern Zambia, Zimbabwe, Angola und Botswana – eines der größten der Erde. Um das Verständnis der einheimischen Bevölkerung für die Projekte zu wecken, richtet man von den Anwohnern organisierte Unterkünfte ein. So soll die **Landbevölkerung vom Tourismus profitieren** und insbesondere Elefanten – die arge Zerstörungen in den Pflanzungen anrichten – nicht nur als Plage sehen.

Andara

13 km vor Divundu kann man auf einer Stichstraße nach Norden zum Okavango und zur **Andara Mission Station** (4 km, GPS -18.05907, 21.447607) fahren. Sie entstand 1913 als katholische Einrichtung mit einer Klinik und Schule nahe der Residenz des Königs

Rinderherde bei Divundu

6

der Mbukushu auf den vorgelagerten Okavangoinseln. Noch heute ist die Station eine Schule. 200 m nördlich versteckt sich am Flussufer eine Mühle, deren Wasserrad früher einen Stromgenerator antrieb (Schüler führen einen gerne hin).

Divundu

Von dem Weiler an der **Bagani Bridge** über den Kavango darf man nicht zu viel erwarten: Tankstelle, einige Gästehäuser, Supermarkt, ein paar Läden und der eine oder andere Drankwinkel fürs Bier, das war's. Südlich des Dorfes reihen sich allerdings entlang des Flusses einige sehr luxuriöse Lodges auf.

Von Divundu nach Mohembo

Nach Botswana Von Divundu fährt man auf der C48 32 km bis zum **Mohembo Border Post** (tgl. 6–18 Uhr) an der namibisch-botswanischen Grenze. Auf dem Weg passiert man die Popa Falls und die Mahango Core Area. Die Abwicklung erfolgt schnell und unproblematisch (wer einen Mietwagen hat, benötigt vom Vermieter die Freischreibung für den Grenzübertritt).

Popa Falls 5 km sind es von Divundu auf der C48 am Kavango entlang zum Eingang der **Stromschnellen** (100 N$/Person, 50 N$/Fahrzeug). In das großzügig angelegte **Rastlager** (s. Unterkunft) kommen nachts die **Flusspferde,** tagsüber zeugen ihre Spuren von der regen Fresstätigkeit. Sie sind ausgesprochen gefährlich, wenn ihnen der Fluchtweg zum Wasser abgeschnitten scheint (und sie sind wesentlich schneller als Menschen). Über schmale Steige gelangt man zu den Stromschnellen. Die Höhe beträgt – über mehrere Felsstufen – insgesamt 2,5 m. Ihre Besonderheit ist das klare Wasser, weshalb sie als „White Water Falls" gelten.

Dorf am Zambezi

Gate der Mahango Core Area

Mahango Core Area

Mahango gehört als Teil des Bwabwata-Parks zu den jüngsten und mit etwa 30.000 Hektar zu den **kleinsten Schutzgebieten** in Namibia. Seine östliche Grenze bildet der Okavango (am jenseitigen Ufer erstreckt sich die Buffalo Core Area). 20 km sind es von Divundu zum **Mahango Gate** (100 N$/Person, 50 N$/Fahrzeug, Grenztransit kostenfrei). Im Einzugsgebiet des Okavango findet man mit Ried- und Papyrus bewachsene **Sumpfgebiete und Galeriewälder,** weiter gegen Norden dann Gras- und Mopane-Baumsavanne. In Mahango leben u.a. Pferde- und Rappenantilopen, Moorantilopen und Sitatunga (Sumpfantilopen). Im Wasser aalen sich Flusspferde und Büffel und am Rand lauern Löwen, Leoparden, Hyänen und Wildhunde. In den Sümpfen nisten Vögel wie Scherenschnabel und Klunkerkranich. In der Trockenzeit ziehen zahlreiche Elefanten durch. In der Regenzeit ist der Park häufig nicht befahrbar, die Hauptstrecke durch Mahango nach **Shakawe** (Botswana) sollte aber immer mit einem Pkw zu bewältigen sein. Die **große Rundtour** östlich der C48 am Okavango-Ufer entlang und dann westlich der C48 ist 45 km lang; mit 2–4 Std. Zeitbedarf sollte man rechnen.

Von Divundu nach Kongola

Khwe Living Museum

10 km von Divundu führt eine kurze Piste nach Süden in den Busch. Das **Living History-Dorf** (www.lcfn.info, Dorfleben 220 N$/Person, 1,5–2 Std.) der Khwe bzw. Mafwe – eine Khoisan-Volksgruppe – ist wie alle der LCFN-Institution perfekt organisiert und die Vorführungen sind sympathisch und engagiert. Wer sehen und erleben will wie die San ihren Alltag gestalten, darf auch in ihr **modernes Dorf** mitgehen (100 N$/Person). Abschließend ist der **Picknickplatz** am Ufer perfekt für eine Rast.

Buffalo Core Area

Das 63.000 ha große Gebiet war einmal Namensgeber der Caprivi Parks (Buffalo Park). Das **Buffalo Gate** (100 N$/Person, 50 N$/Fahrzeug) befindet sich nach 1,5 km an der D3430, die 2 km hinter dem Khwe-Dorf nach Süden abzweigt. Lange Zeit war das Gebiet militärisch genutzt, und heute noch passiert man Ruinen **südafrikanischer Baracken** („Old 32 Battalion" nahe dem Gate). 7 km sind es zum Picapan Ghost Village, weitere 8 km, vorbei am *Anthill Viewpoint* mit Blick auf den Fluss, zum Nova Ranger Camp und nochmal 10 km zur **Delta Pan** westlich der Station, wo die beste Tierbeobachtung möglich ist. Die großen **Büffel-Herden sind von Juni bis November** zu sehen.

Kongola

Auf der B8 geht es ab Divundu immer nur geradeaus, 195 langweilige Kilometer bis Kongola. 2 km vor der Kwando Bridge geht es links und rechts in die **Kwando Core Area** (Rezeption auf der südlichen Seite). Ähnlich Divundu gibt's in Kongola nicht viel zu sehen, einzig das **Kunsthandwerkszentrum Mashi** direkt an der B8. Es verkauft u.a. aus Fasern der Makalanipalme geflochtene Körbe und Schnitzereien. Die C49 führt von Kongola nach Süden zum **Mudumu National Park** und dem **Nkasa Lupala National Park** – beide südlich an der Grenze zu Botswana. In den Norden geht es auf der D3502 zum *Mafwe Living Museum* und westlich des Kwando führen Pisten beidseits der B8 in die **Kwandu Core Area** des Bwabwata National Park.

Mafwe Living Museum

16 km sind es auf der D3502 zum **Dorfmuseum** (Tel. 081-7629020, www.lcfn.info, Dorfleben 150 N$/Person, 1,5 Std.) mit Zeltplatz – ein lohnenswerter Abstecher. Bringt man einen Tag Zeit mit, lernt man Getreide zu stampfen, Feuer zu machen, Schmuck herzustellen und wird ins moderne Dorf mitgenommen (330 N$/Person, 4 Std.).

Kwando Core Area

Das 130.000 ha große **Schutzgebiet** (100 N$/Person, 50 N$/Fahrzeug) westlich von Kongola und beidseits der B8 ist wegen des tiefen Sands nur mit 4x4 zu befahren. Für Touristen interessant ist der südliche Bereich mit mehreren **Luxuslodges und einfacheren Camps** am Kwando-Ufer. Das Gebiet ist wegen seines reichen Antilopenbestandes berühmt: Letschwe, Sitatunga, Riedbock und Rappenantilope, Wasserbock, Impala, Kudu und Gnu. Wer Elefanten vor die Linse will, fährt zum **Horseshoe** – eine Flussschleife, die Elefanten fast immer aufsuchen (16 km südlich des Gates).

Auf der C49 nach Katima Mulilo

Mudumu National Park

Die durchgängig asphaltierte C49 ist eine gute Alternative zur langweiligen Fahrt auf der B8. Man passiert erst die Zufahrten zu mehreren Camps und Lodges und gelangt nach 35 km zum **Mudumu Ngenda Gate** (100 N$/Person, 50 N$/Fahrzeug, Transit kostenfrei). Das Ausfahrtstor liegt 15 km weiter. Das 100.000 ha große Naturschutzgebiet entstand 1990 und erstreckt sich vom Ufer des Kwando nach Osten und hinein in dichte Mopane-Baumsavanne. Ähnlich wie Mahango dominieren auch hier Ried- und Papyrusgras die Uferböschungen und die in Mudumu beheimatet Tierarten entsprechen denen im West-Caprivi. Besonderheit: Es werden über 400 Vogelarten gezählt. Die beste Besuchszeit ist August bis November. Besuchenswert ist auch das **Namushasha Heritage Centre** (200 N$/Person, 1,5 Std., bei der Namushasha River Lodge, s.u.), das auf Tafeln in Traditionen der Kavango-Völker einführt (Musik, Schmiedearbeiten, Töpferei) und mit Vorführungen von Handwerkskunst und Tänzen unterhält.

Nkasa Rupara National Park

Der Kwando (der im weiteren Verlauf Linyanti und dann Chobe heißt) fließt als Grenzfluss zunächst nach Süden, um schließlich in einer scharfen Kehre sich nach Nordosten zu wenden. In diesem Knie bilden eine Vielzahl einzelner Wasserläufe ein einzigartiges Sumpfgebiet – der Kern des 35.000 ha großen Nationalparks Nkasa Rupara. Das **Shisinze Gate** (100 N$/Person, 50 N$/Fahrzeug) liegt 12 km südlich der C49 (Sangwali Abdreh 20 km südöstlich des Mudumu Südtor). Bei der Anfahrt passiert man nach 6 km das kleine **David Livingstone Museum** (GPS -18.28638, 23.64273, Eintritt frei), das an den Aufenthalt des Forschers in Sangwali (auf seinem Weg vom südafrikanischen Kuruman nach Zentralafrika) erinnert. Im sumpfigen Park findet **Tierbeobachtung mit Booten** (motorbetrieben oder gestakt in Mokoros) statt. In den riedbewachsenen Kanälen und Tümpeln dösen Flusspferde vor sich hin, während Elefantenherden majestätisch das zarte Blattwerk von Büschen und Bäumen zupfen. Sobald Regen fällt, werden die Sümpfe zu riesigen Wasserflächen, aus denen nur Bauminseln ragen. Neben Löwen, Büffeln, Leoparden, Hyänen und Wildhunden leben hier die seltenen *Sitatunga,* eine schwimmfähige Antilopenart mit zotteligem Fell und breiten Hufen ein perfekter Sumpfbewohner. Birder können u.a. Fischadler, Afrikanische Zwerggans und Klunkerkranich beobachten. Im Park gibt es keine Unterkünfte, wohl aber an der Zufahrt von der C49 (die auch Boatdrives organisieren).

Das offene Maul sorgt für Kühlung

Katima Mulilo

Ereignisarme 110 km sind es auf der B8 von Kongola an den Ortseingang. Der Zambezi ist erreicht, der längste Fluss des südlichen Afrikas und die **größte Stadt des Caprivi** (40.000 Einw.) mit Grenzübertritten nach Angola, Zambia, Zimbabwe und Botswana in nächster Nähe. Katima ist bunt und lebhaft, auf dem Marktplatz gibt es alles, von der einzeln verkauften Zigarette bis zum Trockenfisch, und die Supermärkte sind gut sortiert; Bäcker, Metzger, Banken – alles da, was das Herz begehrt. Das **Zambezi Museum** (Hage Geingob St, Tel. 066-253755, www.facebook.com/zambezimuseum, Mo–Fr 10–18 Uhr, Eintritt frei) widmet sich der Region, die als Gegend mit der höchsten Biodiversität des Landes gilt – Fokus sind die damit einhergehenden Herausforderungen auf dem Weg in die Zukunft. Auch wenn das gesamte Zentrum ein einziger Straßenmarkt ist – der reguläre **Open Market** befindet sich Ecke Hage Geingob St/Market St.

Service Trans Caprivi Highway

Unterkunft

Unterkunft Divundu

Popa Falls Resort***, Namibia Wildlife Resorts, Tel. 061-2857200, www.nwr.com.na. Zehn moderne, stylishe Komfortbungalows, zehn Stellplätze, Restaurant, Pool und gewöhnungsbedürftiges Management; Aktivitäten zu Wasser und zu Land.

Ngepi Camp & Campsite**, C48 (15 km von Divundu, 4 km Piste), Tel. 081-2028200, https://ngepicamp.com. Drei Hütten, 14 Baumhäuser und 23 Stellplätze (drei für Overlander). Große Anlage mit fairen Preisen am Ufer – Gleichgesinnte in der Wildnis.

Ndhovu Safari Lodge**-*****, C48 (20 km von Divundu, 2,5 km Piste), Tel. 061-224712, www.ndhovu.com. Zwei Luxussuiten, zehn Luxuszelte, drei Chalets und zwei Stellflächen am Ufer, gutes Dinner an großer Tafel; Ausflüge per 4x4 und Boot.

Unterkunft Kongola

Nambwa Campsite, Kwando Core Area (s.o., 12 km südlich der Parkrezeption/Susuwe Ranger Station, GPS -17.87716, 23.31758, nur 4x4), Tel. 081-1252122, www.africanmonarchlodges.com. Von Einheimischen der Mayuni Conservancy geführter Wildnisplatz am Kwando; vier Stellplätze und gemeinschaftliche Sanitäranlagen, Bootsausflüge – im Kanu zwischen Flusspferden.

Mafwe Living Museum, Kongola (s.o.), Tel. 081-7629020, www.lcfn.info. Einfaches Buschcamp mit Trockentoiletten ohne Wasser und Strom; Feuerholz verfügbar – charmant unter Einheimischen.

Namushasha River Lodge & Campsite**-*****, Mudumu Core Area (s.o., 24 km von Kongola, 4 km von der C49, GPS -17.98685, 23.29550), Tel. 061-427200, https://gondwana-collection.com. 25 Bungalows am Kwando-Ufer, Pool, Restaurant und Bootsfahrten; auch Zeltplatz und *Camping2go* (Zelte mit Bad, Küche und Terrasse) – Highlight: die River Villa, ein Hausboot für genau ein einziges Pärchen (das was zu feiern hat).

Lianshulu Lodge****, Mudumu Core Area (s.o., 43 km von Kongola, 6 km von der C49, GPS -18.14640, 23.38167, u.U. 4x4), Tel. 081-1241564, www.caprivicollection.com. High-end Luxus am Kwando in einer der ersten Lodges des Caprivi – sehr britisch, sehr gediegen.

Nakatwa Campsites, Mudumu Core Area (s.o., GPS -18.18055 23.45237, nur 4x4). Wunderschöner Platz am Kwando-Ufer ohne Infrastruktur – einsam unter wilden Tieren.

Nkasa Lupala Tented Lodge****, Nkasa Rupara Core Area (s.o., GPS -18.32958, 23.67203, nur 4x4), Tel. 061-250725, www.nkasalupalalodge.com. Zehn Luxussafarizelte, ein gutes Restaurant (was schon die italienischen Besitzer garantieren – festes Menü), Bootsausflüge in den Park und Gamedrives in die angrenzenden Conservancies.

Rupara Restcamp*, Nkasa Rupara Core Area (s.o., GPS -18.31748, 23.66175, nur 4x4), Tel. 066-686101, www.rupara.com. 10 km südlich der C49 an einem Flussarm, vier Chalets (mit eigenem Bad und Kochmöglichkeit) und zehn Stellflächen mit gemeinschaftlichem Ablution Block – Komfort für Selbstversorger.

Katima: Frisches kauft man am Stand

6

Zambezi Mubala Camp

Unterkunft Katima Mulilo

Protea Zambezi River Lodge*, 2 km nördlich von Katimas Zentrum, Tel. 066-251500, www.marriott.com. Ehemalige Traditionsunterkunft am Flussufer unter Ketten-Management; 42 in die Jahre gekommene, saubere Zimmer, großer Pool und Restaurant.

Zambezi Mubala Camp**, B8/D3508 (32 km östlich von Katima, 2 km Piste, GPS -17.54328, 24.52260), Tel. 061-427200, https://gondwana-collection.com. Acht große Safarizelte mit Bad und Kochgelegenheit; gerne von Südafrikanern gebuchtes Angelcamp, die sich selbst versorgen – rudimentäres Restaurant.

Chobe River Camp & Campsite**–***, B8 (70 km von Katima Mulilo bei Ngoma Bridge, 3 km Piste), Tel. 061-427200, https://gondwana-collection.com. 20 komfortable Safarizelte auf einer Landspitze im Kwando aufgereiht, Restaurant, Pool; auch sechs Stellplätze mit jeweils eigener Toilette/Dusche.

Essen & Trinken

Katima Mulilo

Green Basket Café, B8, Mo–Fr 7–17 Uhr. Frühstück und Light Meals (frische Salate) mit freundlicher Bedienung, sehr angenehmes Sitzen.

Passione Restaurant, Hage Geingob Drive/Shopping Centre, Tel. 066-252739, tgl. 9–22 Uhr. Sauber, nett und gutes, italienisch angehauchtes Essen in der Mall.

Aktivitäten

Katima Mulilo

Tutwa Tourism/Caprivi Adventures, B8, Tel. 081-2061514, www.tutwasafaris.com. Buchung von Unterkünften und Organisation von Tagesausflügen nach Victoria Falls/Zimbabwe.

Botswana/Zimbabwe

Orientierung

Von Katima Mulilo nach Kasane

Von Katima Mulilo sind es auf der B8 zum Ngoma Border Post 68 km und auf der Ngoma Bridge (über den Kwando) 1,5 km zum botswanischen Posten. 1,5 km weiter gelangt man am **Ngoma Gate** (Transit frei) in den **Chobe National Park** und in ihm auf der asphaltierten A33 und fast durchweg schnurgerade nach 50 km zum östlichen **Sedudu Gate** 5 km vor **Kasane.** Alternativ kann man auch ab dem Ngoma Gate die **Strecke am Chobe-Fluss** entlang wählen (60 km, 4x4, Parkeintritt 270 Pula/Person, 115 Pula/Fahrzeug); die **Ihaha Campsites** (s.u.) an seinem Ufern sind häufig ausgebucht.

Von Kasane nach Victoria Falls

Von Kasane fährt man 15 km zum **Kazungula Border Post** am Zusammenfluss von Chobe und Zambezi, wo man aus Botswana unproblematisch aus- und äußerst nervenaufreibend nach Zimbabwe einreist (nicht weniger anstrengend ist der Grenzübertritt nach Zambia jenseits der Kazungula Bridge über den Zambezi). Im Zimbabwe geht es auf Asphalt weiter nach Osten und durch den Zambezi National Park nach **Victoria Falls** (70 km von der Grenze).

Von Kasane ins Okavango Delta

Wer über den Chobe Park und das **Moremi Game Reserve/Okavango Delta** nach Süden will, verlässt am Ngoma Gate die A33 Richtung **Maun** (300 km). Nach 36 km beginnt hinter Kachikau die Piste und endet erst wieder nach 245 km kurz vor Maun. Von Maun geht es dann auf der asphaltierten A3 über 100 km nach **Sehithwa.** Von hier gelangt man **nach Norden** an der Westseite vom Okavango Delta entlang nach **Tsodilo Hills** und weiter (über die namibische Grenze) nach **Divundu** im Caprivi (von Sehithwa 330 km), oder **nach Westen** über Ghanzi zum namibischen Grenzposten **Buitepos** und weiter über Gobabis nach **Windhoek** (von Sehithwa 700 km).

Wegelagerer – da bleibt nur der Rückzug

6

Löwenbabys beim Posing

Mein Platz!

Grenzformalitäten

Wer mit einem Fahrzeug mit nicht-namibischem Kennzeichen unterwegs ist (z.B. Mietwagen aus Südafrika) muss bei Wiedereinfahrt nach Namibia an der Grenze **Cross Border Charges/CBC** zahlen (371 N$).

Botswana Für den Grenzübertritt benötigt man für den Wagen die **Freischreibung** des Vermieters, einen internationalen **Führerschein** und den **Pass.** An Gebühren fallen etwa 150 P/Fahrzeug an.

Wechselkurs: 1 € = 15 Pula; **Landesvorwahl:** +267.

Zimbabwe Zücken Sie den mit Euro oder Dollar gut bestückten Geldbeutel! Auch hier braucht es die **Freischreibung** des Vermieters, **Führerschein** und **Pass.** Da man die Grenzformalitäten für Mietwagen keinesfalls alleine auf die Reihe kriegt, bieten sich dankenswerter Weise **Speditionsmitarbeiter** an. Pro Fahrzeug sind 30 € Versicherung, 10 € Carbon Tax, 10 € Road Tax und 50 € Zollpapiere zu zahlen, pro Person für das Single Entry Visum weitere 30 € (auch 1:1 in US$ bezahlbar).

Landeswährung: *de facto* US$;

Landesvorwahl: +263 (im Land Teilnehmernummer ohne vorangestellte „0").

Kasane

Kasane lebt hauptsächlich vom Tourismus. Am **Ufer des Chobe** reihen sich Lodges wie Perlen auf, Boote schmiegen sich aneinander und warten auf Gäste für morgendliche/abendliche Erkundungsfahrten **zu Land** und **auf dem Wasser.** Zu sehen ist fast alles: Elefanten, Krokodile, Hippos, Antilopen, Giraffen, Löwen und natürlich Vögel. Und Angler? Sie kommen voll auf ihre Kosten.

Impalila Island Der west-östlich verlaufende Chobe-Fluss – die Grenze zwischen Botswana und Namibia – mündet wenige Kilometer östlich von Kasane in den Zambezi. Zwischen beiden Flüssen (und dem breiten,

Raufende Halbstarke

6

natürlichen Kasai Channel) liegt *Impalila Island.* Sie **gehört zu Namibia** ist aber nur von Kasane oder per Flugzeug erreichbar (weshalb Kasane und die Insel Grenzstationen haben). Rund ein **halbes Dutzend Lodges** stehen auf Impalila und den Nebeninseln, außerdem gibt's Hausboote.

Service Kasane

Information

Botswana Tourism, Madiba Shopping Centre (hinter der Shell Petrol Station), Mo–Fr 7.30–18, Sa 9–14 Uhr.

Unterkunft

Cresta Mowana Safari Resort & Spa****, Tel. 6250300, www.crestamowana.com. Großhotel im Luxusbereich mit über 100 Zimmern, Spa-Anlagen und Golfplatz; dazu die auch preislich passenden Aktivitäten.

Chobe Safari Lodge***-****, Tel. 6250336, www.chobesafarilodge.com. Die 1959 eröffnete Lodge war die erste in Chobe und gehört heute noch zu den besten Unterkünften; 60 Zimmer mit britischem Safaritouch, ein sehr gutes Restaurant und beindruckende Tierbeobachtungen.

Water Lily Lodge**, Tel. 6251775, https://waterlilylodge-botswana.com. Zehn ausreichend komfortable, saubere Zimmer, charmante Gastgeber, beste Tipps zur Umgebung und günstige Safaris in den Chobe Park.

Zambezi Queen/Chobe Princesses****, Tel. +27-21-7152412, https://zqcollection.com. Luxus-Hausboote auf dem Zambezi; Zambezi Queen mit 14 Suiten, Restaurant, Bar und Lounge, und drei **Princess-Hausboote** mit 4–5 Suiten – für die mehrtägige Flusssafari.

Thebe River Safaris & Campsite, Tel. 6250995, https://theberiversafaris.com. Zeltplatz (mit Lodge) am Flussufer – nicht reservierbar (wer zuerst kommt …), gemeinschaftlicher Sanitärbereich; Restaurant und Bar.

Ihaha Campsites, Chobe River (GPS -17.83776, 24.88012), Tel. 6861448. Zeltplatz mit gemeinschaftlichem Sanitärbereich, nicht online, sondern nur über kwalatesafari@gmail.com zu buchen.

Perfekt organisiert: Fotografierschule

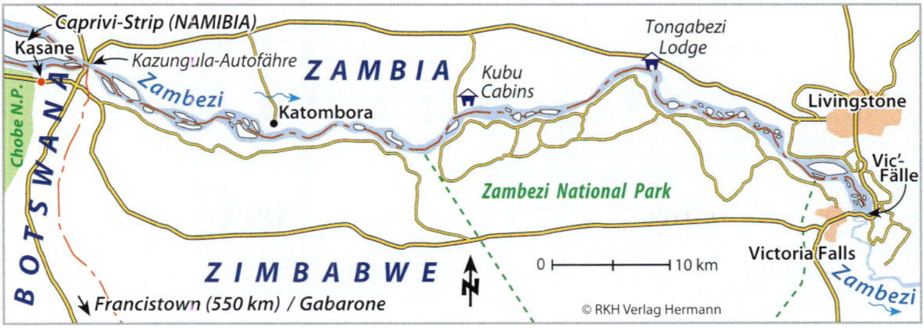

Victoria Falls

Einziger Daseinszweck der Stadt scheint die Betreuung und Unterhaltung von Touristen – und sie kommen zuhauf, seit über 100 Jahren. Sie schauen die Fälle an, fahren in die Nationalparks, buchen Aktivitäten wie Flüge, Bungee, Rafting, Zipline oder Gorge Swing und kaufen an einem der zahllosen Stände Schnitzereien, Blechspielzeug oder bunte Kleider. Die größte Auswahl bietet das **Falls Craft Village** (beim Three Monkeys Restaurant). **The Big Tree** – ein gewaltiger Baobab – steht 2 km außerhalb im Norden am Scheitelpunkt des Zambezi Drive (auch hier kann man Souvenirs erwerben). Sein Alter wird auf 1000–1500 Jahre geschätzt, sein Umfang beträgt 18 m, die Höhe 23 m.

Geschichte

Der erste Weiße, der die Fälle sah, war im November 1855 **David Livingstone** – *mosi-o-tunya,* der „donnernde Rauch". Wegen der beschwerlichen Anreise kamen nur wenige, um das Naturschauspiel zu sehen. Um 1900 entstand dann aber die Idee einer Eisenbahnlinie

6

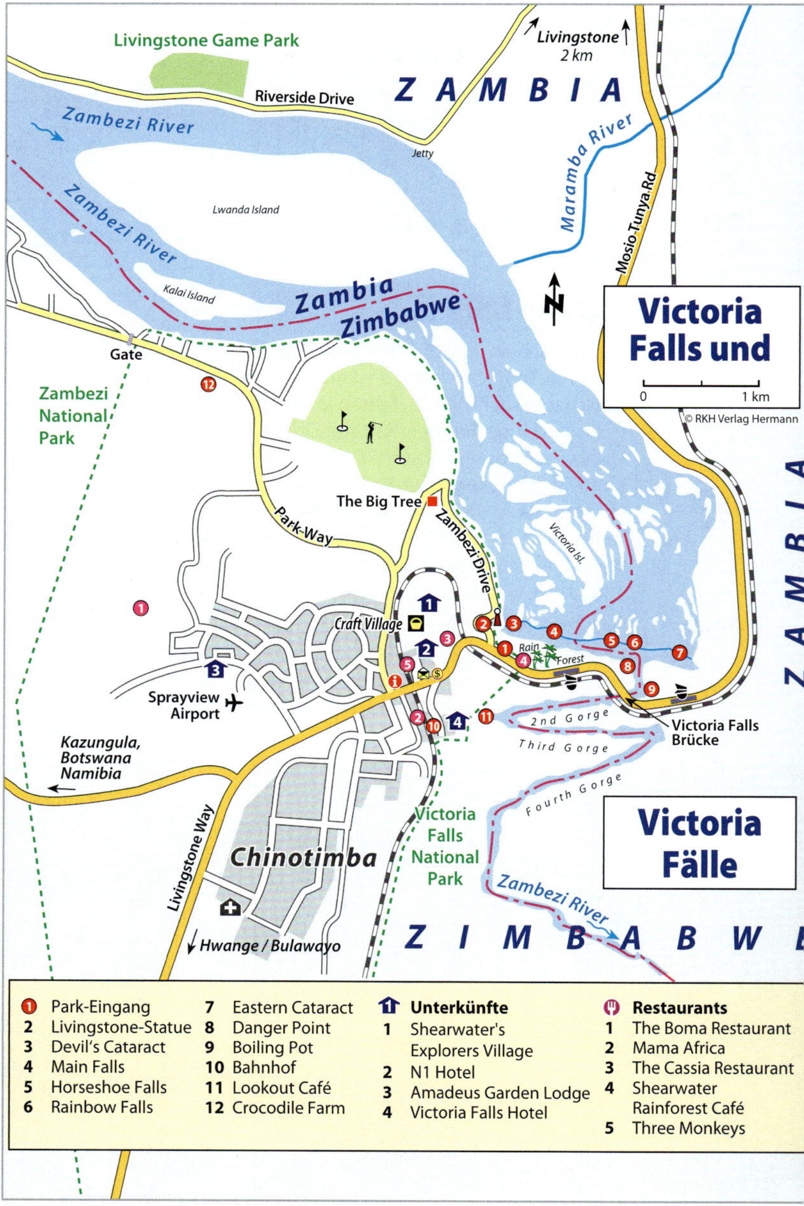
Victoria Falls und Victoria Fälle
0 1 km
© RKH Verlag Hermann
Livingstone Game Park
Riverside Drive
Livingstone 2 km
ZAMBIA
Zambezi River
Jetty
Lwanda Island
Maramba River
Mosio-Tunya-Rd
Kalai Island
Zambia
Zimbabwe
Gate
Zambezi National Park
The Big Tree
Park-Way
Zambezi Drive
Victoria Isl.
Craft Village
Rain Forest
Sprayview Airport
2nd Gorge
Third Gorge
Fourth Gorge
Victoria Falls Brücke
Kazungula, Botswana Namibia
Livingstone Way
Chinotimba
Victoria Falls National Park
Zambezi River
Hwange / Bulawayo
ZIMBABWE
1 Park-Eingang
2 Livingstone-Statue
3 Devil's Cataract
4 Main Falls
5 Horseshoe Falls
6 Rainbow Falls
7 Eastern Cataract
8 Danger Point
9 Boiling Pot
10 Bahnhof
11 Lookout Café
12 Crocodile Farm
Unterkünfte
1 Shearwater's Explorers Village
2 N1 Hotel
3 Amadeus Garden Lodge
4 Victoria Falls Hotel
Restaurants
1 The Boma Restaurant
2 Mama Africa
3 The Cassia Restaurant
4 Shearwater Rainforest Café
5 Three Monkeys

vom Kap nach Kairo (sie endet heute in Zaïre). Die **Zambezi-Eisenbahnbrücke** wurde 1905 fertiggestellt, auf Initiative von Cecil Rhodes an der heutigen Stelle, um die Fälle zu sehen, zu hören und die Gischt zu spüren. Das erste Hotel stand schon 1904 – das berühmte Victoria Falls Hotel (erst ziemlich einfach, wurde es zu einem der besten Hotels in der Welt).

Der Zambezi

Der Zambezi entspringt im nördlichen Zambia, fließt zunächst durch Angola, wendet sich in den Caprivisümpfen nach Zufluss des Chobe nach Osten und mündet in Mozambique nach 2700 km im **Indischen Ozean** – der viertlängste Fluss Afrikas.

Geologie

Vor 150 Mio. Jahren war das gesamte Gebiet **vulkanisch aktiv.** Lava drang aus dem Erdinneren nach oben und lagerte sich als dicke Basaltschicht ab. Beim Abkühlen entstanden in Ost-West-Richtung verlaufende **Fissuren, Spalten und Risse,** die nach und nach ein See mit Sedimenten (Kalk, Lehm) überdeckte. Das Wasser verdunstete, Wind und Regen erodierten den – aus den Sedimenten entstandenen – Kalkstein, Erdbewegungen vergrößerten die ost-westlich orientierten Spalten, in die nun Wasser eindrang (die Nord-Süd-Spalten wurden dagegen zusammengepresst und die darin verfüllten Gesteine kompakter). Die folgende Nassperiode führte zur **Bildung eines Flusses,** das Wasser nagte an der ersten Ost-West-Spalte und spülte das Kalkgestein weg. Nach und nach arbeitete sich das Wasser weiter, der **erste Wasserfall** entstand (an der von den Fällen entferntesten Schlucht). Im nächsten Schritt durchdrang der Fluss ein kurzes Stück der robuster verfüllten Nord-Süd-Spalte und nahm erneut eine der Ost-West-Spalten in Angriff. So arbeitete er sich von der *forth gorge* über *third* und *second gorge* flussaufwärts an die Stelle der heutigen Fälle.

Zweite und dritte Schlucht

6

Victoria Falls National Park

Regenzeug ist unabdinglich, die Gischt sprüht bis zu den Pfaden hoch. Am **Eingang** (6/6.30–18 u. 19–23 Uhr, Tageseintritt 50 US$, geführte Vollmondtour 60 US$) kann man sich eine Karte mitnehmen, die die einzelnen Katarakte zeigt. Die Vollmondtour findet bei gutem Wetter am Vortag, bei Vollmond und am Tag danach statt. In 5 Minuten ist man – vorbei am Livingstone Monument – direkt an den Fällen. Immer wieder führen kleine Fußwege zu **Aussichtsplattformen,** auf denen pudelnasse Touristen in der Gischt stehen (Vorsicht mit Kameras!).

Service Victoria Falls

Informationen

Zahlreiche kleine Agenturen und Straßenverkäufer bieten Aktivitäten an; sicherheitshalber sollte man bei einem großen Anbieter/Vermittler wie Shearwater buchen.

Tourist Information Centre, Livingstone Way, Tel. 083-2844202, tgl. 9–17 Uhr. Keine Unterlagen, nur mündliche Informationen und Buchungen von Aktivitäten, Radverleih.

Unterkunft

Victoria Falls Hotel****, Mallet Drv 1, Tel. 086-77000376, www.victoriafallshotel.com. Luxus in britischem Stil; 160 Zimmer und Suiten in gehbarer Entfernung zu den Fällen – *very sophisticated* mit Events wie *five o'clock tea.*

Amadeus Garden Guesthouse***-****, Reynard Rd 538, Tel. 083-2842261, www.amadeusgarden.com. Zwölf komfortable Zimmer, deutsches Management, Garten, Pool und Lunch/Dinner nach Vereinbarung.

Shearwater's Explorers Village & Campsite***, Adam Stander Drv, Tel. 083-2844471, http://explorersvillage.com. Der Platzhirsch bei Aktivitäten, Buchungen und bei der Vielfältigkeit der Unterkünfte: 42 Chalets, Zelte (mit Betten) und Zeltplatz (auch für Overlander); Restaurant, Bar, Pool.

N1 Hotel & Campsite*-**, Adam Stander Drv 266, Tel. 083 -2845040, www.n1hotel.co.zw/victoriafalls. Saubere, einfachere, aber durchaus komfortable Unterkunft zu (für die Stadtverhältnisse) sensationellen Preisen, 30 Zimmer, vier Schlafsäle; auch Zeltmöglichkeit (10 Plätze und vier Stellflächen für Overlander).

Verdienter Name: Lookout Café

Mit der Bamba Tram zur Brücke

Dr. Livingstone, I presume

Essen & Trinken

The Cassia Restaurant, Livingstone Way 411, Tel. 083-2844737, 12–21.30 Uhr. *Die* Adresse für feineres Essen in gehobener Atmosphäre (in der Ilala Lodge) – Gartendinner mit Kerzen.

Three Monkeys, Livingstone Way, Tel. 083-2847326, http://3monkeys.co.zw, tgl. 12–22 Uhr. Die angesagte Adresse fürs Abendessen zwischen jungen Freunden: Pizza, Burger, Salate und Drinks direkt neben den Bahnschienen – immer voll, immer gute Stimmung.

Shearwater Rainforest Café, Visitor Centre, Tel. 083-2844471, 8–17 Uhr. Am Eingang zu den Fällen gibt's Wraps, Burger, Toasties, Salate und Bunny Chows – Industrieschick im Regenwald.

Lookout Café/Wild Horizons, Batoka Gorge, Tel. 083-2844571, www.thelookoutcafe.com, tgl. 8–21.30 Uhr. Einen besseren Aussichtsplatz gibt es (neben der Tee-Terrasse des Victoria Falls Hotel) nicht; Kudu Carpaccio, Hummus mit Brie und Früchten oder Chicken Wrap – Frühstück, Brunch, Dinner und Cocktails für den *international traveller.*

Stanley's Terrace, Victoria Falls Hotel. High Tea zwischen 15 und 18 Uhr – die schönste Tageszeit der Engländer mit Schwarzem Tee, Scones, Keksen und Gurkensandwiches.

Aktivitäten

Shearwater's Adventure Centre (s.o bei Unterkunft). Flüge mit dem Kleinflugzeug, dem Ultralight und dem Helikopter ab 150 US$ (13 Min.), Elephant Interaction ab 116 US$, Bungee von der Brücke ab 170 US$, Bridge Swing ab 170 US$ (mit kostenlosem Visum/Laufzettel für die Brücke), Rafting auf dem Zambezi ab 130 US$, Flying Fox ab 50 US$, Croc Cage Diving ab 70 US$ – im Käfig zwischen Krokodilen.

Elephant Hills Golf Course, Park Way, Tel. 083-44793, www.elephanthillshotel.com. 18-Loch-Platz, 6205 m, Par 72, Greenfee 50 US$

Crocodile Farm, Parkway 325, Tel. 071-2213531, www.facebook.com, 8.30–16.30 Uhr, 10 US$. Krokos in unterschiedlichem Alter und Schlangen hinter Glas – Lederhandtaschen, Börsen und Gürtel im Verkauf.

Bamba Tram, Bahnhof; im offenen Waggon morgens und abends zur Brücke und zurück – 1 Std. zu unglaublichen 60 US$.

Chobe/Moremi

Die Fahrt durch den Chobe National Park, vorbei am Moremi Game Reserve nach Maun, ist nur mit einem **4x4-Fahrzeug** zu bewältigen. Ausgeschlossen ist die Tour in der Regenzeit (Südsommer), da dann die Marschlandschaften vollständig geflutet sind. Auch in der Trockenzeit machen tiefe Auswaschungen und Sand die Fahrt langwierig und anstrengend. Sowohl staatliche als auch private Camps und Lodges in den Nationalparks verlangen eine **Vorausbuchung** (Maun Office Tel. 6861265, Gaborone Office 3180774, dwnp@gov.bw, Parkeintritt an den Gates 270 Pula/Person, 115 Pula/Fahrzeug, Gate-Öffnungszeiten Okt.–März 5.30–19 Uhr, sonst 6–18.30 Uhr).

Von Kasane nach Maun

Ghoha Gate

Beim **Ngoma Gate** verlässt man die A33 nach Süden und fährt auf Asphalt unter eleganten Kronen der Schirmakazien an Dörfern vorbei – Siedlungsgebiet. Nach 35 km und bei **Kachikau** beginnt die ausgewaschene Sandpiste und die Hütten sind verschwunden. Mit vier Stunden bis Savuti muss man rechnen und mindestens noch einmal so viel bis Maun – wenn keine Elefantenherden den Weg verlegen. 35 km weiter geht es beim Ghoha Gate (GPS -18.38783, 24.24537) in den **Chobe National Park.**

Nix für schwache Nerven – Chobe Park

Ghoha Gate

Chobe National Park

Savuti Plain

Kaum liegt der Eingang hinter einem, belebt sich die Landschaft – Affen, Antilopen und die ersten Dickhäuter sitzen und stehen am Wegesrand. Bergkuppen überragen die Dornbuschsavanne und umgestürzte Bäume zeugen vom Hunger der **Elefantenherden** in der Savuti-Ebene. 30 km weiter ist das **Savuti Restcamp** (GPS -18.56709, 24.06629) erreicht.

Gubatsa Hills

Markanteste Merkmal der Savuti-Ebene sind die sieben, bis zu 90 m hohen Dolomitkuppen der Gubatsa Hills, die erodierten Überreste einst mächtiger Inselberge (die vor ca. einer Million Jahren aus einem riesigen See ragten). Zu ihren Füßen liegen heute noch Flusskiesel und unter den Überhängen des **Bushman Hill** haben San **Felszeichnungen** hinterlassen. Spektakulär ist die jährliche **Zebrawanderung,** wenn sie zwischen November und Januar mit bis zu 30.000 Tieren vom Linyanti nach Süden ziehen und zwischen Februar und April zurückkehren.

Von Savuti nach Moremi/Maun

Khwai River

65 km sind es vom Savuti Restcamp zum **Mababa Gate** (GPS -19.10282, 23.98522). Wer nicht durch Moremi, sondern direkt nach Maun fahren will, nimmt 8 km hinter dem Mababa Gate und kurz vor Mababa Village nicht die rechte Piste ins **Moremi Game Reserve** (zu den Lodges und Camps am Khwai River sind es etwa 35 km). Vom **Mababa Village** ist man bis Maun noch 116 km, die letzten 20 km auf Asphalt, unterwegs.

Moremi Game Reserve

Tier- und Pflanzenwelt

Moremi (270 Pula/Person, 115 Pula/Fahrzeug) am östlichen **Rand des Okavangodelta** ist seit Juni 2014 Unesco-Weltnaturerbe und entstand 1963 auf dem Siedlungsgebiet der Batswana. Benannt ist er nach Chief Moremi III (dessen Frau das Reservat initiiert hatte).

Wer den Landweg scheut: Fly-in Safari

Moremi gehört zu den schönsten Naturparks des Landes mit erstaunlicher **landschaftlicher Vielfalt:** dichte Mopanewälder und lichte Riedgrassümpfe, Flussläufe und Tümpel, sattgrüne Inseln und goldgelbe Grasebenen. Zu den Tieren der Savanne gesellen sich Flusspferde, Sumpfantilopen und unzählige Vogelarten in den Wasserarmen des Deltas. Nur der östlichste Teil von Moremi kann mit dem 4x4 befahren werden, die Camps weiter nordwestlich sind nur auf **Fly-in-Safaris** erreichbar.

Service Chobe/Moremi

Unterkunft Savuti

Savuti Elephant Lodge****, Tel. +27-21-4831600, www.belmond.com. Highend-Lodge mit zwölf Zelten auf Plattformen *all inclusive* – die Orient Express Group in der Wildnis.

Savuti Restcamp & Campsite****, Tel. 6865365, https://sklcamps.com. Acht luxuriöse Safarizelte *en suite;* Zeltplätze sind nicht online, sondern nur über reservations@sklcamps.co.bw zu buchen.

Unterkunft Moremi

African Excursions Guesthouse***, Khwai River (GPS -19.15639, 23.76686), Tel. 73304080, https://africanexcursions-khwai.com. Sieben ausreichend möblierte, eng zusammengestellte Chalets einfacheren Standards – die günstigste Lodge in Moremi mit hervorragenden Rangern.

Khwai North Gate Campsite, Khwai River (GPS -19.17163, 23.75401), Tel. 6865365, https://sklcamps.com. Zeltplatz mit gemeinschaftlichem Sanitärbereich, nicht online, sondern nur über reservations@sklcamps.co.bw zu buchen.

Khwai South Gate Campsite, Khwai River (GPS -19.42529, 23.64569), Tel. 6861448. Zeltplatz mit gemeinschaftlichem Sanitärbereich, nicht online, sondern nur über kwalatesafari@gmail.com zu buchen.

Maun Museum

Maun

Das „Tor zum Okavangodelta" ist ein betriebsames Städtchen, in dem sich fast alles um den **Tourismus** dreht – und deshalb auch den Maun International **Airport** besitzt. Ungezählt sind die Schilder der Safari-Veranstalter, die für jedes Interesse und Bedürfnis Maßgeschneidertes anbieten. In Maun kann man zusammengeschmolzene Vorräte auffüllen, tanken, Ersatzteile kaufen, in Unterkünften diverser Kategorien übernachten und sich den Bauch mit allen möglichen internationalen Spezialitäten vollschlagen. Das **Nhabe Museum** (Mo–Fr 8–16.30, Sa 9–16.30 Uhr) hat allerdings nicht viel zu zeigen – die Ausstellungsräume sind fast leer.

Service Maun

Information

Department of Wildlife/Reservation Office, Kubu St, Tel. 6861265, dwnp@gov.bw, Mo–Fr 7.30–16.30, Sa 7.30–12.45 u. 13.45–16.30, So 7.30–12.45 Uhr.

Unterkunft

Cresta Riley's Hotel**-***, Tel. 6860204, www.crestahotels.com. Unterkunft direkt in Maun; in die Jahre gekommenes Hotel mit Pool, Restaurant und Garten – viele Zimmer ohne Balkon/Terrasse.

Staymorr Boutique Guesthouse*, Disaneng Rd (im Zentrum), Tel. 76670777, www.facebook.com/Staymorr. Schöne, saubere und topmoderne Frühstückspension in zentraler Lage mit drei Zimmern und sicherem Parken.

Unterkunft außerhalb

Sedia Riverside Hotel & Campsite**, Tel. 6860177, www.sedia-hotel.com. Etwa 5,5 km nordöstlich von Maun, Chalets und Zimmer, Restaurant, Pool; großer Zeltplatz am Fluss mit gemeinschaftlichen Einrichtungen.

Cresta Maun Hotel**-***, Moremi Rd (12 km nördlich von Maun am Thamalakane River), Tel. 6863455, www.crestahotels.com. Modernes Hotel mit 83 Zimmern und Suiten, Restaurant, Pool und Aktivitätsangebote – verlässliche Qualität in der Stadt.

6

Traditionsküche im Kwa-Ga Ncini

Audi Camp**, Moremi Rd (12 km nördlich von Maun am Kasanem Thamalakane River), 680599, www.audisafaris.com. Rastlager mit Zeltplatz, Mietzelten, Hütten, gutem Restaurant und großem Pool – der Treffpunkt für unabhängige Traveller (kann laut werden).

Sitatunga Campsite, Ghanzi Rd (13 km außerhalb), Tel. 6800382, www.deltarain.com. Außerhalb der Stadt in einer Flussschleife des Thamalakane, Grillplätze, Übernachtung in Hütten oder auf dem Zeltplatz (teilweise mit privatem Ablution Block).

Essen & Trinken

Runway 08, Airport Rd, Tel. 6800925, So–Do 9–22, Fr/Sa 9–24 Uhr. Beliebter Multikulti-Biergarten mit Fleisch vom Grill, Currys und viel Bier.

The Duck Café & Bar, Airport Rd, Tel. 77012978, www.facebook.com/theduckmaun, tgl. 7–17 Uhr. Hier hängen die zur Abstinenz verpflichteten Piloten ab, wenn sie auf Fluggäste warten – die besten Croissants der Stadt.

Hilary's Café, Airport Rd (etwas versteckt in einer Nebenstraße), Tel. 6861610, https://hilaryscoffeeshop.wordpress.com, Mo–Fr 8–16, Sa 8–12.30 Uhr. Gesundes im Garten nach dem Workout im Studio – junge Mütter bei Salat.

Kwa-Ga Ncini, Sir Seretse Khama Rd, Tel. 77106757, tgl. 6.30–22 Uhr. Essen wie die Batswana im Garten mit u.a. Fleisch, Millipap und Spinat.

Okavango River Bridge bei Shakawe

Okavango West

Orientierung

Von Maun zum Caprivi

Von Maun sind es auf der asphaltierten A3 nach Südwesten etwa 100 km bis zur Streusiedlung **Sehithwa** (mit Tankstelle) und dem Abzweig der A35 nach Norden. Auch die A35 ist asphaltiert aber in weiten Abschnitten in schrecklichem Zustand (Reparaturen finden nur partiell statt). Nach 110 km (2–3 Std.) passiert man **Nokaneng.** Hier mündet von Westen kommend die Piste von Tsumkwe (190 km) über den **Dobe Border Post** (täglich 7.30–16.30 Botswana Time). 140 km weiter (3–4 Std.) zweigt linkerhand die gepflegte Piste nach **Tsodilo Hills** ab. 25 km nach dem Abzweig gruppieren sich um **Shakawe** mehrere Lodges, 23 km dahinter führt die 2022 eröffnete Brücke über den Okavango an seine Ostseite – und sorgt dort für boomenden Tourismus; 4 km dahinter ist der **Mohembo Border Post** und der Caprivi erreicht.

Tsodilo Hills

Weltkulturerbe

Auf 35 km geht es zum **Tsodilo Gate** (50 Pula/Person). Hier erhält man eine kleine Karte und folgt 4,5 km der sandigen Fahrspur zu Parkplatz und **Visitor Centre** (-18.75890, 21.73726). 4500 Malereien verteilen sich über 420 Stellen an den markanten Hügeln in der ansonsten flachen Landschaft und sind seit 2001 Weltkulturerbe. Die **Berge der Götter** – Male, Female und Child – sind mit 1395 üNN die höchsten Erhebungen Botswanas. Geologisch gehören die 1000–1500 Mio. Jahre alten Felskuppen zum Damaragürtel und sind Ergebnis einer tektonischen Verschiebung. Die einfachen, aber auch

Aus erster Hand: Die Entstehung der Bilder und das Van der Post-Panel hoch oben

6

überaus **elaborierten Malereien** an ihren Flanken sind über 1000 Jahre alt, Fingerzeichnungen mit Farben aus Holzkohle, Sand, Kalk, Tierblut, Fett, Eiweiß, Honig und Urin. Ein kleines Museum widmet sich mit Schautafeln der San-Kultur.

Wanderwege Mehrere Wanderwege sind ausgewiesen. Der Lion Trail dauert 3 Stunden, der Rhino Trail 2,5 Stunden, der Cliff Trail 3 Stunden und der Male Hill Trail zum höchsten Punkt 4 Stunden. Die berühmtesten Tiermalereien versammeln sich auf dem Laurens **Van der Post-Panel** (nach dem südafrikanischen Schriftsteller, der viel über die San geschrieben hat). Man erreicht es auf dem **Rhino Trail,** der direkt beim Museum beginnt – **Führung ist Pflicht** (125–175 Pula).

Okavango Delta

Panhandle Die Westseite des Okavango ist weniger bekannt, hat aber durchaus seinen Reiz. Nur wenige Lodges und Camps finden sich hier am **„Pfannenstiel".** Da das Delta und sein pulsierender Zufluss von oben wie eine Pfanne aussehen, hat sich für den 100 km langen, bis zu 10 km breiten, grünen Streifen des Okavango vom Caprivi bis zu seiner Verbreiterung zum Delta der Name Panhandle eingebürgert. Die **Lodges und Camps** an seiner Westseite bieten alle **Aktivitäten per Boot** an, von der Angelsafari über Birding bis zur Fotopirsch auf Großwild.

Service Okavango West

Unterkunft **Tsodilo Hills Campsite,** Tsodilo Hills. Einfacher Platz mit gemeinschaftlichen Einrichtungen (180 Pula/Person/Nacht); kein Strom, kein Feuerholz.

Xaro Lodge****, Shakawe (nur per Boot erreichbar, Abfahrt 2 km von der A35, GPS -18.43759, 21.90517), Tel. 72807476, https://xaro-lodge.com. Neun große Safarizelte auf Plattformen mit Bad und Veranda, Restaurant, Boatdrives.

Drotsky's Cabins***-****, Shakawe (2 km abseits der A35, GPS -18.41423, 21.88144), Tel. 6830226, https://drotskys.com. Zehn Chalets und 20 Stellplätze am Ufer, Restaurant, Pool und Garten – *die* Traditionsadresse und Lodge der ersten Stunde.

Askiesbos Okavango Delta*-**, Shakawe (2 km abseits der A35, GPS -18.42837, 21.89410), Tel. 73505170, www.samochimabushcamp.com. Fünf vorzügliche Zeltchalets mit Bad, ein Lapa-Restaurant und ein toller Koch am Panhandle – keinesfalls vom günstigen Preis abschrecken lassen, es ist perfekt.

Omaheke

Orientierung

Von Maun nach Windhoek Von Maun geht es auf der A3 nach Sehithwa (100 km) und am Abzweig der A35 nach Norden geradeaus und südlich weiter auf der A3 nach **Ghanzi** (weitere 190 km). 45 km hinter Ghanzi stößt die A3 auf den **Transkalahari Highway** von Walvis Bay über Gaborone nach

Johannesburg, in den man nach Westen einbiegt und in Richtung Omaheke Desert fährt. Auf dem Highway sind es 160 km bis Charles Hill und den **Buitepos Border Post** (7–24 Uhr). Über **Gobabis** (110 km von Buitepos) gelangt man auf guter Asphaltstraße und am Flughafen vorbei nach **Windhoek** (weitere 200 km).

Ghanzi

Am Rand der Kalahari

Flimmernde Hitze über dem Asphalt, heißer Wüstenwind – die Fahrt durch die Randgebiete der Kalahari ist im Hochsommer kein Zuckerschlecken. Jeder ist froh, wenn er Ghanzi erreicht hat. Die Grenzsiedlung mit Läden für Farmerbedarf, Bottle Store, Supermarkt und der Atmosphäre einer staubigen Westernstadt hat fast keine Wasserprobleme. Die Region besitzt große **Grundwasservorkommen** die Viehzucht inmitten der Kalahari möglich machen – etwa 200 Farmen soll es im Bezirk geben. Die meisten San, die früher in diesem Teil der Kalahari nomadisierten, arbeiten auf Farmen. Im Gegensatz zu ihren namibischen Vettern haben sie es geschafft, eine Art politisch-kulturelle Interessensvertretung einzurichten, die um größere Autonomierechte in Botswana kämpft. Wer sich für das Kunsthandwerk der Jäger interessiert, findet bei **Gantsi Craft** (Henry Jankie Drv, Tel. 73729205, www.facebook.com/GantsiCraft, Mo–Fr 8–17, Sa 8–12.30 Uhr), unweit des Kalahari Arms Hotel, eine große Auswahl schön gearbeiteter Schmuckstücke und Waffen. Der Erlös kommt den San zugute.

Nach Buitepos

Zur Grenze

Fast kurvenlos zieht der Asphalt von Ghanzi nach Süden und nach 45 km geht es auf der A2 schurgerade nach Westen weiter. Bei **Tshootsha,** 115 km hinter Ghanzi, kann man Treibstoff nachfüllen und Getränke kaufen. Einsame Weiler, weitgehend flache Landschaft und die ersten Dünenkämme bestimmen die weiteren 80 km bis zum Dorf Xanagas mitten im Nirgendwo. Vorbei an Charles Hill (Laden, Tankstelle) kommt man an den botswanischen **Mamuno Border Post** (7–24 Uhr), und 2 km weiter und 210 km hinter Ghanzi zum namibischen **Buitepos Border Post** (Tankstelle, Laden, Rastlager).

Service Omaheke

Unterkunft

Kalahari Arms Hotel**, Henry Jankie Drv, Tel. 6596298, https://kalahariarms.co.bw. Mittelklassehotel mit 41 komfortabel ausgestatteten, modernen Zimmern teils in Chalets, recht gutem Restaurant und großem Pool – kühle Oase in der Wüstenhitze.

Unterkunft außerhalb

Thakadu Bushcamp*-***, A3 (5 km südlich von Ghanzi), Tel. +27-21-8550395, www.thakadu.net. Safarizelte und Chalets mit eigenem Bad an einer Salzpfanne, Stellplätze mit Strom und gemeinschaftlichen Sanitäranlagen, Restaurant und kleiner Pool.

Ghanzi Trailblazers*, 10 km außerhalb von Ghanzi im Südwesten (GPS -21.76558, 21.61035), Tel. 72120791. Zeltplatz, einfache Hütten und komfortablere Chalets von einer San-Gruppe, die mit Performances und Wanderungen in ihre Kultur einführen – Kalaharileben.

Rhiana's Tents & Campsite*, Tshootsa, Tel. 076549800. Vier Safarizelte mit Bad und Stellplätze an der Hauptstraße, Essen nach Vereinbarung (Farmküche) – sauber und angenehm.

East Gate Restcamp*, Buitepos, Tel. 062-560405, www.eastgate-namibia.com. Tankstelle, Laden, Stellflächen und Restaurant; auch Chalets für Selbstversorger – Namibia empfängt die Heimkehrer mit Braaipacks und Grillplatz.

Gobabis

Die Stadt, 125 km von Buitepos und 210 km vor Windhoek, ist der lebhafte Mittelpunkt der Omaheke und das traditionelle Siedlungsgebiet der östlichsten Herero-Gruppe, der Mbanderu.

Geschichte

Missionsstation

In den 1840er Jahren eröffneten Wesleyaner eine Mission am Schwarzen Nossob für sich, aber schon 1851 verkauften sie sie der Rheinischen Missionsgesellschaft ihre Rechte. Missionar Eggers errichtete eine neue Station bei Gobabis, dem „Platz des Kampfes" oder „Platz der Elefanten" (bis=Platz, Goba=Kampf, Goab=Elefant). 1894 erklärte Gouverneur Leutwein Gobabis zum Militärdistrikt und verlegte eine Schutztruppeneinheit hierher. Am 6. April 1896 kam es zwischen ihr und Herero und Nama zur Schlacht von Gobabis.

Stadteinfahrt

Sehenswertes

An Sehenswürdigkeiten hat Gobabis praktisch nichts mehr zu bieten, was an alten Gebäuden vorhanden war ist abgerissen oder umgebaut oder verfällt. Ein von der deutschen Gemeinde unterhaltenes Museum ist seit Jahren geschlossen, die **Katholische Missionskirche** in der River Street mit dem ältesten Gebäude der Stadt (dem Missionshaus dahinter) ist in einem erbarmungswürdigen Zerfallszustand. So muss man sich mit der zentral in der Church Street gelegenen, stolzen Römisch-Katholische **St. Konrad-Kirche** von 1935 und der Deutschen **Evangelisch-Lutherischen Kirche** an der Loop Street begnügen.

Service Gobabis

Unterkunft

Onze Rust**, Rungby Sr 95, Tel. 062-562214, www.facebook.com/onzerust.accommodation. Neun zweckmäßig eingerichtete Zimmer in einer sympathischen Anlage.

Goba Lodge & Campsite**, Tel. 062-562499, 14 Zimmer in familiengeführter Lodge und drei Stellflächen mit Gemeinschaftsanlagen nahe dem Zentrum; Pool und Restaurant.

Die Dam**, Hoof Rd, Tel. 062-565656, www.facebook.com/transkalaharien-dresort. 14 Chalets für Selbstversorger mit allem Drum und Dran, Restaurant, Bar und Kiosk; auch Zeltplatz.

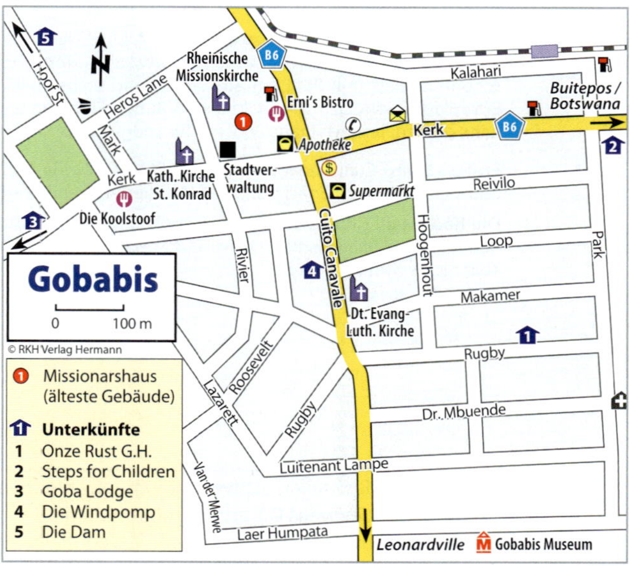

Deutsche Lutherische Kirche

Windpomp Guesthouse*, Cuito Canavale St 44, Tel. 081-4528883, www.facebook.com/nnkgroup.me. Acht blitzsaubere Zimmer mit Bad, Garten, Pool, sicheres Parken und Küchenbenutzung.

Steps for Children*, Hermanus Landsberg St, Nosobville (2 km östlich des Zentrums), Tel. 081-2683656, www.stepsforchildren.de. Gästezimmer mit Bad des Kinderhilfswerks.

Unterkunft außerhalb

Kalahari Bush Breaks & Campsite***-******, B6 (80 km östlich von Gobabis, 3 km Farmstraße), Tel. 081-1435048, www.kalaharibushbreaks.net. Sechs schöne Chalets (mit Pool) abseits der B6 und sechs Stellflächen (eigener Braaiplatz, Strom, gemeinschaftlicher Ablution Block) an einem Wasserloch nahe der Straße; Restaurant/Pool nur für Lodge-Gäste.

Essen & Trinken

Ernies's Bistro, Cuito Canavale St, Tel. 062-565222, Mo–Sa 8–22 Uhr. Biergarten und kleine Karte mit Snacks und fleischbasierten Standard-Hauptgerichten.

Die Koolstoof, Church St, Tel. 081-8717822, tgl. 12–22 Uhr. Takeaway und Restaurant mit Grillgerichten, Pizza und immer wieder Specials – nicht schlecht, aber nichts zum Verweilen.

Bitte schreiben oder mailen Sie (verlag@rkh-reisefuehrer.de), wenn sich unterwegs Dinge verändert haben oder Sie Neues wissen. Wir beantworten jede Zuschrift. Danke!

7 Der Süden

Weite Ebenen wechseln sich ab mit schroffen Gebirgszügen, tief eingeschnittene Schluchten mit roten Sanddünen, und in die Ferne witternde Antilopen bilden vor dem Hintergrund malerischer Köcherbäume und granitener Felsmurmeln fantastische Fotomotive. All dies eint: **Trockenheit!** Während Farmen in der Landesmitte von ein paar hundert Hektar mit Rinderzucht Familien ernähren können, benötigt man im Süden tausende Hektar – und die reichen dennoch nur für ein paar Ziegenherden. Um das Land nicht vollends auszulaugen, kamen einige Farmer schließlich auf die Idee, alle **Zäune niederzureißen,** um der Natur ihren Lauf zu lassen. Und das **Wild kehrte zurück:** Antilopen, Giraffen, Leoparden und Geparde waren plötzlich wieder da. Mehr und mehr Landbesitzer folgten dem Beispiel, schlossen sich zusammen und erklärten ihre Gebiete zu **Conservancies.** So ist eine Fahrt in den Süden eine **Fahrt in die Natur** auch abseits der klassischen Schutzgebiete wie Naukluft, Sossusvlei, Fish River Canyon oder Kgalagadi Gemsbok Park.

Orientierung

Lüderitz

Die Hauptachse in den Süden ist die B1 von Windhoek über Rehoboth (s. Hochland) und **Mariental** nach **Keetmanshoop** (500 km), wo die B4 nach Lüderitz (350 km) am Atlantik abzweigt. Die einzige Verbindung an die Küste zwischen Walvis Bay und Oranjemund (an der Grenze zu Südafrika) führt durch den **Tsau ǁKhaeb (Sperrgebiet) National**

Im Sandmeer von Sossusvlei

Entsandung ist eine Sysiphosarbeit

Park. In **Lüderitz** fand die deutsche Landnahme ihren Anfang. Das Kolonialstädtchen ist schon wegen seiner Abgeschiedenheit (und natürlich auch wegen der hier gezüchteten Austern) ein erstes Pflichtziel.

Fischfluss

Wer in den **ǀAi-ǀAis Richtersveld Transfrontier Park** will, nimmt in Keetmanshoop die B1 weiter nach Süden und hinter Grünau die C10 nach Westen zum **Fish River Canyon** (250 km von Keetmanshoop), dem namibischen Teil des grenzüberschreitenden Schutzgebietes und zweites Highlight dieser Region. Die B1 endet noch weiter im Süden am Oranje und an der südafrikanischen Grenze bei **Noordoewer** (von Keetmanshoop 300 km). Die Piste den Fluss an der Nordseite entlang nach Westen führt nach Oranjemund und in den südafrikanischen Teil des Transfrontier Parks: **Richtersveld** (von Oranjemund 230 km).

Sossusvlei

Dritter Pflichtpunkt ist die **Dünenwelt von Sossusvlei,** die man von Windhoek über die Pässe des Khomas Hochland (s. dort) und Solitaire erreicht. Alternativ fährt man von Mariental über Maltahöhe nach Sossusvlei (250 km von Mariental). Von Sossusvlei gelangt man auf den Pisten entlang der Namib und des Diamanten-Sperrgebiets abseits der B1 ebenfalls in den Süden (und an die B4 zwischen Keetmanshoop und Lüderitz, 350 km von Marienental).

Im tiefen Süden am Oranje

Mariental und Hardap Region

Mariental ist die Hauptstadt der Verwaltungsregion *Hardap* (s. Karte vordere Umschlagklappe), die sich von der Küste bis an die Grenze zu Botswana erstreckt – 110.000 km² mit nur 80.000 Bewohnern. Die Landschaften sind überaus vielfältig: Gebirgswüste in allen möglichen Brauntönen, gelbe Dünen in der Namib und rote in der Kalahari. In schlechten Regenjahren sprießen nur spärliche Grasbüschel aus dem Boden, in guten bilden gelbe Halme eine dichte, im Wind wogende Decke bis zum Horizont.

Anreise

Es geht von **Rehoboth** (über den Wendekreis des Steinbocks) ereignisarm durch flache und zunehmend aride Landschaft. Akazien und Buschwerk werden immer spärlicher. 10 km vor Kalkrand sind links Dünenketten zu sehen: die Kalahari. **Kalkrand** selbst besteht aus einigen Häusern, Restaurant, Tankstelle und Laden. Im Ort zweigt nach Westen die Piste C21 nach **Maltahöhe** ab; wer nach Sossusvlei will und auf Mariental verzichtet, spart 80 km. Hinter Kalkrand queren einige Riviere und nach 55 km geht es einen Abbruch hinunter, 4 km weiter (15 km vor Mariental) führt eine Stichstraße (6 km) zum **Hardap Game Park** mit seinem Resort (s.u.).

Mariental

Geschichte

Mariental entstand im Laufe der Jahre neben einer östlich der heutigen Stadt gelegenen Farm, deren Eigentümer ihr 1893 den Vornamen seiner Frau gab (Marienthal). 1920 erhielt Mariental Stadtrechte, nachdem es zuerst nur als Eisenbahn- und Polizeistation

Mariental ist ein gepflegtes Städtchen

fungierte. Der Baustil einiger Häuser erinnert an die koloniale Vergangenheit. In dem betriebsamen Städtchen kann man während eines kleinen Spazierganges seine Vorräte auffüllen.

In die Kalahari Ein Abstecher führt auf der – zwischen Mariental und Hardap nach Osten abzweigenden – C20 mitten in die Kalahari-Landschaft. Langgestreckte **rote Sanddünen** bestimmen das Landschaftsbild, und wer abends hier ist, wird mit Glück eines jener sagenhaften Bilder „Oryx in Sonnenuntergang auf Dünenkamm" schießen können. Unterkunft und Zeltplätze findet man dort in der **Kalahari Anib Lodge** und im **Kalahari Farm House** (rund 35 km von Mariental, s.u.). Um einiges weiter entfernt liegen die Luxuslodges des **Intu Afrika Kalahari Reserve** (s.u.)

Hardap Recreation Area

Daten Vom **Hardap Gate** (100 N$/Person, 50 N$/Fahrzeug) zum Resort am 40 m hohen und 880 m langen Damm sind es 3 km. Hardap ist mit 29 km^2 und einem potentiellen Volumen von knapp 300 Mio. m^3 der zweitgrößte Stausee des Landes. An seiner Wasserlinie lässt sich gut ablesen, wie die letzte Regenzeit ausfiel und wie brisant die Wasser-Situation in der Hauptstadt ist. Bereits 1897 hatte Theodor Rehbock, ein deutscher Geologe, die Eignung der Landschaft für die Stauung des Fish River festgestellt, aber erst 1960 begann der Dammbau.

Aktivitäten Der Rundblick vom Resort ist ausgezeichnet; wenn es heiß ist, erfrischt ein Bad im Pool. Man darf im 252 km^2 großen Naturreservat Angeln, **Bootfahren** (eine zweistündige Tour zu der kleinen Vogelinsel im See, 350 N$), Spaziergänge unternehmen (9 u. 15 km lange Wanderungen) und im **Wildpark** herumfahren, nach der reichen Vogelwelt Ausschau halten und sich auf die Suche nach Gemsbock, Eland, Strauß oder dem Hartmannschen Bergzebra begeben.

Service Mariental

Unterkunft **Boutique Guesthouse Mariental***-**, River St 61, Tel. 081-2831213, www.facebook.com/BGMariental. Fünf supersaubere, etwas kleine Zimmer in Frühstückspension mitten im Ort.

Mariental Hotel*, Charney Rd, Tel. 063-242466. Zehn Zimmer im einfachen Stadthotel, das es (gefühlt) schon immer gibt – günstig und für Frühaufsteher.

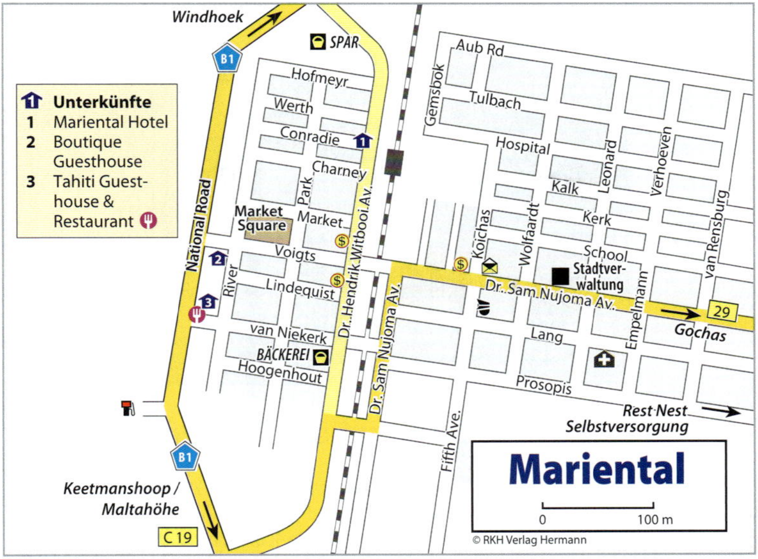

Tahiti Guesthouse/Restaurant*, Van Niekerk St 66, Tel. 063-24063, www.facebook.com/tahitimariental. 15 Zimmer mit Klimaanlage und TV und Christa Koch (mit deutschem Großvater), die sich überaus charmant um alles kümmert – auch Restaurant der Wahl am Ort.

Unterkunft außerhalb

Hardap Resort**, s.o., Namibia Wildlife Resorts, Tel. 061-2857333, www.nwr.com.na. 45 Chalets, fünf Luxuschalets, vier Schlafsäle und 28 Stellflächen, Restaurant, Pool und Aktivitäten wie Game- und Boatdrive.

Kalahari Anib Lodge & Campsite**-****, B1/C20 (33 km östlich von Mariental, 3 km Farmstraße, GPS -24.42998, 18.10046), Tel. 061-427200, https://gondwana-collection.com. 50 Zimmer, drei Pools, Restaurant, Wanderungen und E-Bike-Verleih; drei Stellflächen mit eigenen Sanitäranlagen und acht *Camping2go*-Plätze (Safarizelte mit Betten *en suite,* Küche und Veranda) – Dornbuschsavanne und rote Dünen im Fokus.

Kalahari Farm House & Campsite**, Stampriet (B1/C20, 63 km östlich von Mariental, GPS -24.33728, 18.402129), Tel. 061-427200, https://gondwana-collection.com. Elf Bungalows, Pool, Restaurant; zehn Stellflächen mit gemeinschaftlichen Anlagen – heimeliger Garten in der Wüste.

Teufelskrallen Tented Lodge/Restaurant***-****, Kalkrand, Tel. 061-240020, www.ondili.com. Restaurant direkt an der Hauptstraße mit sehr gutem Lunchangebot und sechs Safarizelten, 3 km abseits auf einem Dünenkamm.

Intu Africa Lodges****, D1268 (70 km nördlich von Mariental, GPS -24.12846, 17.96446), Tel. 063-240855, www.intu-afrika.com. Drei Luxuslodges (Zebra mit 26 Zimmer, Suricate mit zehn Safarizelten und Camelthorne mit zwöf Chalets) zwischen roten Dünenkämmen in 10.000 ha großem, privaten Schutzgebiet – für die gepflegte Wanderung mit San.

Nur was für Wüstentiere: Dünen und Trockenflüsse

Kgalagadi Transfrontier Park (Südafrika)

Anreise

Ab Mariental sind 420 km (teilweise) heftige Wellblechpiste durch die Kalahari zu absolvieren, bis man am Mata Mata Gate des südafrikanischen Kgalagadi Transfrontier Park ankommt (M29 bis Vitbooisvlei, C18 bis Gochas und C15 bis Mata Mata). Die Grenze beim **Mata Mata Gate** ist offen, Voraussetzung für den Übertritt ist aber ein mindestens **zweitägiger Aufenthalt** im Park (um Transitverkehr abzuhalten). Alternativ und auf besserer Piste fährt man über Keetmanshoop 560 km zum **Twee Rivieren Gate** (ab der südafrikanischen Grenze bei Rietfontein bis zur Piste R360 auf 75 km Asphalt).

Buchungen

Buchung und Zahlung sind unproblematisch und auch kurzfristig online über die Website von **San Parks** (Tel. +27-12-4289111, www.sanparks.org) möglich. Man richtet ein Konto ein und entscheidet sich dann für eines der drei Hauptcamps, die Nebencamps für Selbstversorger bzw. eines der Luxuscamps, trägt die Anzahl der Personen und die gewünschte Kategorie ein und zahlt per Kreditkarte. Wer in den **botswanischen Teil** des Parks will, bucht beim *Department of Wildlife and National Parks* in Gaborone, P.O. Box 131, Tel. +267-3180774, dwnp@gov.bw.

Regeln

Tagesbesucher sollten bei viel Andrang **so früh wie möglich am Gate** sein; der Zugang ist bei vollen Lagern auf wenige Dutzend Fahrzeuge am Tag beschränkt. Der **Eintrittspreis** beträgt für Tagesbesucher und Übernachtende 465 Rand/Person/Tag. **Öffnungszeiten** der Gates sind im Januar 6–19.30 Uhr, verkürzen sich schrittweise bis zum Juli auf 7.30–18 Uhr und verlängern sich dann wieder bis zum Januar. Die **Geschwindigkeitsbeschränkung** liegt bei 50 km/h, in den Lagern bei 20 km/h (Geschwindigkeitskontrollen finden statt).

Unterkünfte

Übernachtung ist nur in den Camps erlaubt. Neben den Hauptcamps **Mata Mata, Nossob** und **Twee Rivieren** (alle drei mit Unterkünften unterschiedlicher Kategorie und Zeltplätzen, Laden für Getränke, Fleisch und Feuerholz) gibt es von San Parks die **Wilderness Camps** Kieliekrankie auf einer Kalahari Düne mit herrlichem Blick, Urikaruus am Buschrand vor einer Freifläche, Kalahari Tented Camp, Bitterpan, Gharagab und Grootkolk. Zu den 4x4-Tracks mit obligatorischen Übernachtungspunkten sind Zelt und alles andere mitzuführen.

Der Park

Im spitz zulaufenden Dreieck, dessen Seiten die Grenzen von Namibia, Botswana und Südafrika bilden, verlaufen entlang der Flüsse Auob und Nossob die beiden Hauptpisten. Der über 9500 km² große Kalahari Gemsbok Park entstand 1931 und wurde 1999 mit dem botswanischen Gemsbok National Park (28.500 km², Gründung 1938) zum ersten länderübergreifenden Schutzgebiet – **Kgalagadi Transfrontier Park** – zusammengeschlossen (Kgalagadi = „Kalahari" in Tswana). Wer den Park erkundet, darf keine Weite der Kalahari erwarten, die Hauptrouten des Parks

Für viele eine Sehnsuchtslandschaft – die Kalahari

verlaufen in Rivieren. Die Tiere kommen zu den natürlichen und künstlichen Wasserstellen, die sich wie Perlen entlang der Galeriewälder aufreihen. Antilopen und Raubtiere sind völlig unbeeindruckt von den Touristenfahrzeugen und deshalb äußerst gut zu beobachten.

Service Kgalagadi Transfrontier Park

Unterkunft westlich

Torgos Lodge***, 6 km vom Mata Mata Gate, Tel. 081-1460421, https://torgoslodgenam.com. Zehn gemauerte Chalets und Safarizelte am Ufer des Auob, Restaurant, aber auch Selbstversorgung möglich.

Kalahari Farmstall**, 15 km vom Mata Mata Gate, Tel. 081-2351859, www.kalaharifarmstall.com. Zehn Zimmer und Chalets zur Selbstversorgung oder mit Frühstück bzw. auch Dinner (bei Vorausbuchung); Stellflächen mit Strom, Wasser und Gemeinschaftsanlagen.

Unterkunft südlich

Molopo Kalahari Lodge**, Südafrika (Kreuzung R31/R360 60 km südlich des Twee Rivieren Gate), Tel. +27-54-5110008, https://ncfamouslodges.com. 32 gemauerte Chalets, Rondavels und Safarizelte, Pool und zwei Restaurants; auch Stellflächen

Kgalagadi Lifestyle Lodge**, Südafrika (R360 5 km südlich des Twee Rivieren Gate), Tel. +27-54-3250935, https://kgalagadi-lodge.co.za. 30 vorzüglich unterhaltene Chalets oberhalb der Zufahrtstraße zum Park mit gutem Restaurant und Pool – ideal für *early birds,* die in den Park wollen.

Maltahöhe

Anreise

Nach 4 km von Mariental auf der B1 Richtung Süden zweigt die C19 nach Westen ab. Die Strecke ist recht eintönig. Auf halbem Weg erklimmt man wieder das Plateau, das man zwischen Kalkrand und Mariental heruntergefahren ist. Nach 110 km ist Maltahöhe erreicht – eines der Einfallstore für den Namib-Naukluft National Park mit den Bereichen **Sossusvlei** und **Naukluft Mountains.**

Geschichte

Maltahöhe hat der Kommandant der in Gibeon stationierten Schutztruppe zur damaligen Jahrhundertwende gegründet und ihr auch gleich den Namen seiner Frau Malta von Burgsdorff verliehen. Das

Nur eine Handvoll Häuser: Maltahöhe

1907 eröffnete Maltahöhe Hotel ist eine der ältesten und noch bestehende Herberge des Landes. Die Arbeitslosigkeit im Ort ist hoch, da auch die Karakulzucht – eines der ehemaligen Standbeine – stetig im Abnehmen begriffen ist.

Sehenswertes

Das **Ôa Hera Craft and Art Centre** (Tel. 063-293028, https://oahera-art.com) am westlichen Dorfrand verkauft in einer ehemaligen Lagerhalle schönes, in der Umgebung von Maltahöhe hergestelltes Kunsthandwerk, bietet Aktivitäten an (wie Eselkarrenfahrten und Tanzvorführungen) und betreibt einen Campingplatz und mit dem Red Stone auch ein Restaurant. Für Besucher auf kolonialer Spurensuche interessant ist der **Friedhof** im Osten der Stadt (nördlich der Hauptstraße), Ruheplatz von 40 deutschen Schutztrupplern, die 1894 (Feldzug gegen die Witbooi-Nama) und zwischen 1903 und 1907 (Nama-Aufstand) gefallen und an Krankheiten verstorben sind.

Sehenswertes außerhalb

Von Januar bis in den April hinein sollte man keinesfalls einen Ausflug auf die **Farm Sandhof** (37 km nördlich, über die D861, 7–20 Uhr, 50 N$) verpassen. Auf einem mit ca. 15 cm Wasser bedeckten 800 ha großen Vlei blüht dann ein Meer lilarosaner Lilien (beste Zeit 7–11 und 18–20 Uhr, da die Blüten in der Mittagshitze schlappmachen). Auf der 50 km nördlich gelegenen **Nomtsas Cattle Farm** (albert@nomtsas.com) steht mit dem Grab des von Kriegern Hendrik Witboois getöteten Ernst Hermann ein Nationales Monument. Er leitete im Namen der Deutschen Kolonialgesellschaft die größte Schaffarm des Landes zur Wollproduktion, und sein Tod wurde indirekt dem damaligen Gouverneur Curt von François angekreidet, der die Farm – allen Schutzgesuchen zum Trotz – nicht militärisch sicherte. Ein Besuch muss bei der Farm angekündigt werden.

Kunsthandwerkszentrum

Neuras Winery & Wildlife Estate

Weinberge in der Wüste? Ja! Die **Farm Neuras** (https://naankuse collection.com, 100 km nordwestlich von Maltahöhe über die Piste D850) ist aus unterschiedlichen Gründen für den Weinanbau prädestiniert. Fünf artesische Brunnen liegen in Hauptrichtung des heißen, östlich anwehenden Windes und kühlen die Reben durch Verdunstung ab. Weht er von Westen, bringt der Atlantik die Temperatur auf ein erträgliches Maß. Damit dauert der Reifungsprozess der Trauben länger als es bei einem so heißen Klima erwartbar wäre und die Beeren sind aromatischer. Die Weine aus Shiraz-, Merlot- und Petit-Verdot-Trauben sind sehr gefragt.

Service Maltahöhe

Unterkunft

Maltahöhe Hotel*-**, Tel. 063-293013, www.maltahoehe-hotel.com. Seit über 100 Jahren empfängt man – unermüdlich – Gäste; 27 Zimmer und ein Schlafsaal, Pool, Restaurant (mit herzhaften deutschen Gerichten) und eine Bar für die Farmer der Umgebung – ein Muss im Dorf.

Pappot Rastlager*, Tel. 081-2719414. Einfache Zimmer und Camping im Ort mit leichten Mahlzeiten und Biltong-Verkauf.

Ôa Hera Campsite, Tel. 063-293028, https://oahera-art.com. Zeltplatz am Dorfrand mit fünf großzügig verteilten Stellflächen mit Braaiplatz, gemeinschaftlichen Sanitäranlagen und Restaurant.

Unterkunft außerhalb

Neuras Winery & Wildlife Estate***-****, D850 (100 km nordwestlich von Maltahöhe), Tel. 063-293417, https://naankusecollection.com. Zwei Luxussuiten, sechs rustikale Chalets und vier Safarizelte, Restaurant, Pool – Wein in der Wüste.

Essen & Trinken

Red Stone Restaurant, westl. Ortsrand, Tel. 063-293028, tgl. 7–19 Uhr. Open-Air-Restaurant mit täglich zwei Menüs, Snacks, Eiscreme und Drinks – sehr sympathische Adresse eines erfolgreichen Selbsthilfeprojekts.

The Lily Deli, bei der Tankstelle, Tel. 081-1281912, tgl. 7–18 Uhr. Takeaway, Laden und Bistro an der Tankstelle.

Traditionsadresse Maltahöhe Hotel

Perfektes Lunch im Ôa Hera

Duwisib Castle

Anreise

Absurd, eine Fata Morgana, Spinnerei, hässlich, man liest Unterschiedlichstes über den Stein gewordenen Tagtraum eines deutschen Adeligen – Schloss Duwisib. Es liegt 80 km Pistenfahrt südwestlich von Maltahöhe (über C14, D824, D831 und D826). Einige Riviere sind zu durchqueren, was für normale Pkw in/kurz nach der Regenzeit Probleme bereiten könnte.

Geschichte

Das **Schloss** (tgl. 8–17 Uhr, Eintritt 70 N$) ließ sich Hansheinrich von Wolf 1908/1909 errichten, das gesamte Mobiliar per Schiff aus Deutschland und mit Ochsenkarren in die Wüste bringen. Rittersaal, Innenhof, Herrenzimmer, Bibliothek, Biedermeiersalon – nichts fehlt zum richtigen Herrenhaus. Und da auch immer Land dazugehört, versuchte er möglichst viel Grund zu erwerben. Er nervte den Gouverneur mit Anträgen für den (pro Person limitierten) Kauf und brachte sogar Strohmänner. Er wollte Land, koste es was es wolle – auch als er bereits zahlungsunfähig war.

Ritterburg

In der Wüste erstrahlen die Natursteine heute noch immer im Morgen- und Abendlicht und schließen die unwirtliche Natur aus. Gepflegte Rasenflächen und Palmen bilden den grünen Hintergrund der Ritterburg-Kulisse. Nur ganze fünf Jahre konnte von Wolf sein Leben als Pferdezüchter genießen, dann rief ihn das Vaterland und er kam (mit seiner Gattin auf abenteuerlichen Wegen über Südamerika) rechtzeitig, um im 1. Weltkrieg in der Schlacht an der Somme sein Leben auszuhauchen. Seine Frau, eine gutsituierte Amerikanerin, kehrte nie wieder nach Duwisib zurück. In ihren späten Jahren befragt, antwortete sie stets: „Ach, das war ein interessantes Experiment".

Adeliger Wunschtraum

7

Service Duwisib

Unterkunft

Duwisib Gästefarm**, Duwisib Castle (direkt dahinter), Tel. 063-293344, www.farmduwisib.com. Sehr sympathische, familiengeführte Gästefarm mit acht schönen, großen Zimmern (teils auch für Selbstversorger), einem Bungalow und fünf Stellflächen; Pool, gediegene Farmküche und viele interessante Informationen zum Leben im Land.

Duwisib Resort**, Namibia Wildlife Resorts, Tel. 061-2857200, www.nwrnamibia.com. Fünf Zimmer mit Bad im Schloss (inkl. Abendessen) und Campsite; 2024 war das Resort geschlossen.

Kronenhof Lodge***, C826/C27/818 (28 km südlich von Duwisib, GPS -25.44320, 16.44946), Tel. 083-7000077, http://kronenhof.com.na. Im roten Sandmeer der Namib-Ausläufer mit vier Zimmern, fünf Bungalows für Selbstversorger, einer Villa für Gruppen, fünf Stellflächen mit jeweils eigenen und drei mit gemeinschaftlichen Anlagen, Restaurant – topmodern in der Wüste.

Naukluft Mountains

Anreise

Von Walvis Bay fährt man auf der C14 durch die Namib nach **Solitaire** (230 km). Zur Naukluft geht es auf der C14 weiter nach Südost an Ababis und BüllsPort vorbei zum Eingang. Von **Rehoboth** nimmt man einen der Pässe im Khomas Hochland (s. dort), und von **Maltahöhe** sind es auf der C14 nach Norden 120 km.

Naukluft Mountain Zebra Park

Vom Zufahrtstor sind es 12 km zum Gate (150 N$/Person, 50 N$/Fahrzeug) des Naukluft-Teils des Namib-Naukluft National Park. Hier erhält man auch das Kartenmaterial für die Wanderungen und die Auto-Trails. **Achtung:** Die Wagen sind immer abzuschließen, da die Paviane gelernt haben, die Türen zu öffnen!

Nach Durchfahrt Tor wieder schließen!

C 14
Kuiseb Canyon / Walvis Bay (195 km) / Windhoek (über C 26)
Ubib
Spreetshoogte Pass
Middel-plaas
Probeer
D1275
C 24
Nauchas
Rehoboth (100 km)
Dünen
Tsondab Valley Resort
Solitaire Lodge
Namib-Naukluft Park
0 10 km
© RKH Verlag Hermann
C 14
D1261
Remhoogte-Pass
Tsondab
Ababis Gästefarm
Namib Desert Lodge
Tsondab
Blässkranz Gästefarm
C 19
D1206
BüllsPort Gästefarm
Naukluft-Wanderweg (120 km, 8 Tage)
Olive Trail
Waterkloof Trail
Naukluft
Naukluft - Berge
C 14
Maltahöhe 90 km
D 855
C 47 Aub / Rehoboth
NAMIB-NAUKLUFT PARK
Naukluft-Fluss
Naukluft
Tsauchab
Sossusvlei Lodge
D 826
D 850
Sesriem
Sossusvlei
Sesriem Canyon
Tsauchab
D 854
Sossusvlei Wilderness Camp
Betesda Gästefarm
Witwater
C 27
Kulala Desert Lodge
D 845
C 19
Nubib Moutain Gästefarm
Namib Rand Nature Reserve (Wolwedans) Zaris / Maltahöhe
Maltahöhe (100 km)
D 850
D 831
Maltahöhe
zur C 19
Weber-vögel
Höhlen
1931 m
Pools
Quivertree
Star t
Offic e
D854
D854
Waterkloof-Trail
17 km, 6 bis 7 Stunden Gehzei t
Pool
1910 m höchster Punkt
Naukluft
Fluss
Olive-Trail
Plateau-Weg
Pool
Brunnen
1888 m
10 km
4 bis 5 Stunden Gehzeit
1884 m
Webervögelnest
Höchster Punkt
Start
Parkplatz
zum Office 4 km
Park Gate
7

Das Gebirge Das Naukluft-Gebirge misst 140 km auf 40 km und steht bis zu 1000 m über der Umgebung. Eigentlich gehört es zur nachbarschaftlichen tektonischen Platte 80 km Richtung Fischfluss, die südlichste der sieben Platten Namibias. Das Gebirge entstand als Aufschiebung des Plattenteils in Richtung Zaris Mountains. Eine geologische Besonderheit ist der anstehende, poröse Kalktuff, der offensichtlich einer rezenten, feuchteren Klimaperiode entstammt (er entsteht durch Verdunstung von mineralienreichem Wasser). Auch die Existenz von Tümpeln, Schluchten und von Wasserfällen geschliffene Felsbänder deutet auf früher sehr gute Regenzeiten hin (heute sind es knapp 200 mm im Jahresmittel). Mitten in der ariden Namib war die Naukluft bei Tier und Mensch ein beliebter Fluchtpunkt. Berüchtigt wurde die Naukluft in der deutschen Kolonialzeit als natürliche Festung, in die sich aufständischen Nama unter Hendrik Witbooi verschanzt hatten.

Wanderungen Für die – in der NWR-Zentrale unter Vorlage eines ärztlichen Attests zu buchende – **vier- oder achttägige Rundwanderung** (300 N$) von 63/120 km Länge müssen sich Gruppen von mindestens drei und höchstens zwölf Wanderer bilden; wegen der hohen Temperaturen nur März bis Oktober, nur für Konditionsstarke, Übernachtungen in einfachsten Schutzhütten (nur Wasser, alles andere ist mitzubringen: Schlafsack, Matte, Essen, Kocher etc., offene Feuer – auch zum Kochen – sind verboten). Drei gut markierte **Tageswanderungen** sind ganzjährig zugänglich, aber wegen einiger Kletterabschnitte nicht für kleinere Kinder geeignet: *Rooibos Walk* (5 km, 2–3 Std.), *Olive Trail* (10 km,4–5 Std.) und *Waterkloof Trail* (23 km, 8–9 Std.). Die **4x4-Rundtour** (450 N$/Fahrzeug plus 50 N$/Person) ist eine weitere Attraktion in der Naukluft; sie dauert zwei Tage, Unterkunft auf dem Plateau in vier Hütten mit Dusche/WC (max. vier Fahrzeuge und 16 Personen pro Tag). Der Weg folgt teilweise einer alten Piste deutscher Farmer, auf der einst schweres Bohrgerät zur Wassersuche in die Berge kam.

Tier- und Pflanzenwelt Auf den Wanderungen sieht man neben Pavianen verschiedene Antilopen (Klipspringer, Kronenducker, Kudus), das Hartmannsche Bergzebra und zahlreiche für die Übergangszone von Halbwüste zur Savanne typischen Pflanzen (s. im Kapitel „Lebensraum Savanne"). Ornithologisch Interessierte kommen ebenfalls auf ihre Kosten (Felsenadler, Trappen, Tokos, Schnäpper). Wer Glück hat (oder Pech), begegnet Leoparden. Die ganze Naukluft ist außerdem reich an Reptilien. Mit ziemlicher Sicherheit trifft man auf Schlangen.

Service Naukluft

Unterkunft Die Gästefarmen **Ababis** und **BüllsPort** liegen in nächster Nähe (s. bei Remhoogte Pass/Khomas Hochland).

Naukluft Resort**, Namibia Wildlife Resorts, Tel. 061-2857200, www.nwr.com.na. Sechs Chalets für Selbstversorger und 21 Stellflächen.

Festung Naukluft

Die „weißen Jungs“ (Witboois) weigerten sich konsequent, einen Schutzvertrag mit dem Deutschen Reich zu unterschreiben. Ihr Anführer **Hendrik Witbooi** (Sohn des in Berseba hingerichteten Moses Witbooi) war ein mutiger, charismatischer Kämpfer und verdankte seinen Einfluss nicht zuletzt einem tiefreligiösen Sendungsbewusstsein. Wegen der guerillaähnlichen Vorstöße, Überfälle und Viehdiebstählen war die Kolonialverwaltung zunehmend besorgt und ging 1893 zum Angriff über: Die Schutztruppe stürmte Witboois **Festung Hoornkrans.** Der Kampf forderte auf beiden Seiten zahlreiche Opfer, dem Ziel waren die Deutschen aber nicht nähergekommen: Die „Witboois“ hatten sich ins nahe **Naukluft-Gebirge zurückgezogen.** Im März 1894 begann die Schutztruppe einen neuen Feldzug. Die Vorstöße auf den Gegner (der in vertrautem Terrain agierte) wurden aber erst im Sommer 1894 belohnt, als ein großer Teil der Witboois gefangengenommen werden konnte. Ihr Kapitän zog sich daraufhin noch tiefer in die unwegsame Naukluft zurück, war aber nach drei Tage von der Schutztruppe umstellt. Wieder gelang es Hendrik Witbooi zu entkommen. Er sah sich aber wegen der schweren Verluste schließlich doch gezwungen, **Friedensverhandlungen** zu führen. Am 15. September 1894 unterschrieb der letzte freie Führer der Nama den Schutzvertrag. Im Gegenzug ließ man ihm und seinen Leuten alle Waffen und das Land. Das „Kapitel Witbooi“ war aber nicht vorbei. Kaum waren die Herero 1904 am Waterberg aufgerieben, erklärte der Orlaam-Führer noch einmal den Krieg (denn er diesmal mit Unterstützung anderer Nama-Clans führte). Er verwickelte die Schutztruppe in Scharmützel, wurde aber 1905 bei einem Überfall auf einen Versorgungskonvoi tödlich verwundet. Viehdieb und Bandit war er den einen gewesen, **Freiheitskämpfer und Held** den anderen.

Anmarsch zu den Dünen

Sesriem/Sossusvlei

Ein Tor in der Form von Dünen, dahinter ein kleiner Laden für Getränke, Eintrittskarten und Süßigkeiten, eine Tankstelle, Wirtschaftsgebäude und ein Zeltplatz unter schattigen Akazien, das ist der Eingang zum Nationalpark – ruhig und beschaulich also. Frühmorgens ändert sich das aber ganz schnell. Dann reihen sich vor dem Tor in langer Kolonne die Fahrzeuge auf – jeder will möglichst schnell zu den Dünen um den Sonnenaufgang einzufangen.

Anreise Sesriem ist nur auf Pisten zu erreichen, die in den Hauptreisezeiten nach einer „Behandlung" durch Pistenhobel schnell wieder schlimmes Wellblech herausbilden. Hauptursache ist der Schwerverkehr zur Versorgung der zahlreichen Lodges um Sossusvlei herum. Von **Windhoek** fährt man über das Khomas Hochland und den Spreetshoogte bzw. Remhoogte Pass hinab 300 km nach Sesriem. Von **Walvis Bay** sind es 320 km und von **Maltahöhe** (der nächsten Asphaltstraße) 160 km. Kommt man von Süden sind es von **Aus** über Helmeringhausen 340 km Pistenfahrt.

Sehenswertes Sesriem besitzt **zwei Attraktionen:** den (nicht allzu großen) **Sesriem Canyon** und die ca. 1 Stunde Autofahrt entfernten, im Namib-Naukluft National Park gelegenen Vleis (Senken, in denen sich nach Regenfällen Wasser sammelt); das bekannteste ist **Sossusvlei.** Zwei Übernachtungen sollten mindestens eingeplant sein, da ein Besuch der Vleis sich besonders in der Morgen- und Abenddämmerung lohnt, wenn die mächtigen **Dünenberge rot glühen.** Wenn man auch noch eine Wanderung im Canyon machen will, hat man also ein volles Tagesprogramm.

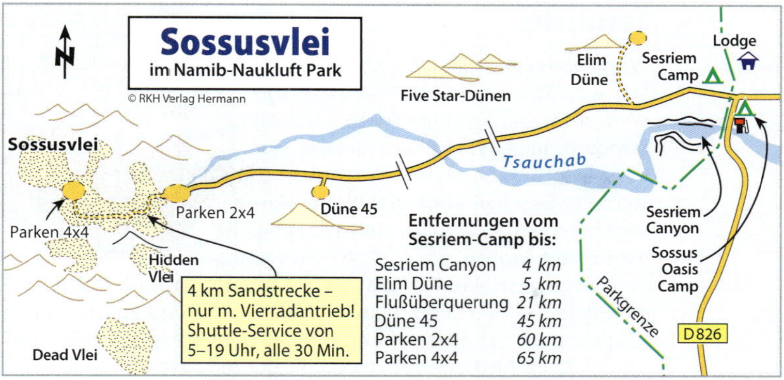

Sesriem Canyon

Kühler Platz

Den Sesriem Canyon hat der Tsauchab vor ca. 3 Mio. Jahren in das 15 Mio. Jahre alte Gestein gegraben. Er ist 1 km lang und etwa 30 m tief. Am oberen Rand verengt sich die Schlucht teilweise bis zu einem schmalen, **zwei Meter breiten Spalt,** der (von oben betrachtet) kaum zu erkennen ist. Am Ende weitet sich die Klamm zu einem breiteren, akaziengesäumten Tal, das immer tiefer ins Sandmeer hineinführt und am Sossusvlei endet. In der Hitze des Tages ist der Canyon ein kühler Platz, und noch lange nach der Regenzeit steht hier Wasser in den Tümpeln – was auch Vögel anzieht. Und der Name? Man knüpfte einst **sechs Ochsenriemen** aneinander, um einen Wassereimer zu den Tümpeln zu senken, auf Afrikaans „se(ch)sriem(en)".

Sesriem-Schlucht

Sossusvlei

Regeln Wer zu den Vleis will, sollte spätestens bei Sonnenaufgang am **Gate** (150 N$/Person, 50 N$/Fahrzeug) stehen; Gäste des Restcamps dürfen etwas früher losfahren. Eine Übernachtung bei den Vleis ist nicht erlaubt. Die **Geschwindigkeitsbeschränkung** liegt bei 60 km/h. Vom Tor zum 4x2-Parkplatz geht es auf Asphalt, dann folgen 4 km sehr sandige Piste zum 4x4-Parkplatz; ein **Shuttle** verbindet den 4x2-Parkplatz mit den Dünenflanken (300 N$ hin und zurück). Beim „Dünensturm" ist **ausreichend Wasser** mitzuführen und Respekt vor den **Oryx-Antilopen** zu zeigen, die bei den Vleis lebenswichtiges Salz lecken.

Anfahrt 24 km hinter dem Tor erreicht man den Aussichtspunkt **Sossusport** mit einem herrlichen Blick über Dünen und Flusstal, nach weiteren 22 km **Dune 45,** das erste gigantische Sandbauwerk. Auf dem Weg dorthin quert man das Bett des **Tsauchab** und sieht am rechten Wegesrand einen Wald bizarrer Gerippe abgestorbener Akazien, die ihr gebleichtes Holz in die Höhe recken. Hier verlief das ursprüngliche Flussbett des Tsauchab. Nach nochmal 15 km ist der **4x2-Parkplatz** erreicht. Südlich des Parkplatzes findet sich das **Hiddenvlei,** das dem Sossusvlei in nichts nachsteht, aber einen längeren (geführten) Fußmarsch erfordert.

Die Dünen Die **Sterndünen** der Vleis sind bis 225 m hoch, vom Niveau des Tsauchab aus gerechnet bis 375 m. Sie zählen damit zu den höchsten Sandbergen der Welt (den Rekord halten Dünen in der Wüste Badain Jaran in China mit etwa 500 m Höhe). Den **Sand aus Erosionen** im Landesinneren haben einerseits küstengerichtete Winde angelagert, aber auch Oranje und Fish River haben ihn ins Meer gespült und mit der Strömung verteilt. Westwinde trugen ihn wieder ins Landesinnere.

Goldgelbe Unendlichkeit

Jeder Schatten wird genutzt

Vor dem Tsauchab bildete sich so eine **undurchdringliche Sperre** und das Wasser aus der Regenzeit versickert und verdunstet regelmäßig auf den Salzpfannen der Vleis. Nur an Stellen mit nicht so hohen Dünen (wie bei Swakopmund und Walvis Bay) schaffen es die Flüsse bei extrem starkem Regen die Dünenbarriere zu durchbrechen.

Dünenaufstieg Die „Direttissima" aufwärts ist praktisch nicht möglich – der Winkel ist zu steil, der Sand zu rutschend. Der **Grat** ist deshalb die angesagte Aufstiegslinie, der es gemächlich und gleichmäßig zu folgen gilt – dann schaffen es auch diejenigen, deren Kondition unter langen Autofahrten gelitten hat. Vom **Scheitelpunkt** der Dünen erschließt sich die Bezeichnung „Stern"-Düne: Wie Krakenarme verlaufen die Dünenkämme von der Spitze aus nach allen Himmelsrichtungen – die Folge der häufig wechselnden Winde in dieser Region, die so auch das gleichmäßige Wandern der Dünen erschweren.

Service Sesriem/Sossusvlei

Unterkünfte

Unterkunft Sesriem

Dead Valley Lodge****, www.sunkarros.com, Tel. 083-3232393. Von Namibia Wildlife Resorts ausgetenderte Luxuslodge im Nationalpark mit 20 klimatisierten Zeltchalets mit jeglichem Komfort, Pool und Restaurant (keine Kinder unter sechs Jahre).

Sossusvlei Lodge*-******, Tel. +27-21-9304564, www.sossusvleilodge.com. 44 teilgemauerte Zimmer *en suite* und mit Terrasse, sehr gutes Open-Air-Restaurant (tagsüber à la Carte, abends Büffet, auch für Nichtgäste), Pool, Wasserloch und das Adventure Centre für Aktivitäten.

Sesriem Campsite, Namibia Wildlife Resorts, Tel. 061-2857200, www.nwr.com.na. 50 häufig ausgebuchte Stellflächen unter Akazien, Laden, kleiner Pool und Bar mit Snacks.

Sesriem Oshana Campsite, Tel. 083-3232393, www.sunkarros.com. Von Namibia Wildlife Resorts ausgetenderter Luxuszeltplatz nahe dem Eingang (aber dennoch ruhig) mit zehn großzügig verteilten Stellflächen mit jeweils eigener Dusche/WC/Kitchenette und Schattendach.

Sossus Oasis Campsite, Tel. +27-21-9304564, www.sossus-oasis.com. Zwölf sehr gut ausgestattete Stellplätze nahe dem Eingang mit jeweils Küche/WC/Dusche/Braaiplatz und Schattendach; außerdem Pool, gut sortierter Laden, Restaurant und Tankstelle.

Unterkunft im Norden

Gondwana Lodges & Campsite*-******, C19 (55 km nördlich von Sesriem), Tel. 061-427200, https://gondwana-collection.com. **Namib Desert Campsite, Namib Dune Star, Desert Whisper, Desert Grace** – die Gondwana Collection bietet für jeden Geschmack etwas, vom höchsten Luxus über die Mittelklasse bis zum Zeltplatz mit Komfort und Glamping (*Camping2go* mit Safarizelten, Küche und Bad) – alle in toller Lage mit Aussicht und perfekt geschultem Personal.

Weltevrede Guestfarm & Campsite-*****, C19 (52 km nördlich von Sesriem), Tel. 081-1652821, https://weltevredeguestfarm.com. 13 Zimmer und vier Stellflächen (jeweils mit eigenen Einrichtungen), Restaurant; günstig, aber ältlich – für eine Notfallnacht.

Unterkunft im Süden

Neuhof Campsite, C19 (53 km südlich von Sesriem, davon 3 km Farmstraße, GPS -24.71345, 16.07264), Tel. 081-4100094, www.facebook.com/neuhofportion

Anmutig in die Wüste gesetzt: Das Desert Grace

So einige Fahrzeuge blieben in Solitaire liegen

2campsite. Einfacher Platz mit fünf Stellflächen, Gemeinschaftsanlagen, kein Schatten, für Selbstversorger – günstigstes Camping nahe Sossusvlei.

Hammerstein Lodge & Campsite**, C19 (70 km südlich von Sesriem), Tel. 063-293535, https://hammersteinlodge.com.na. Großlodge mit 68 einfacheren Zimmern (auch Selbstversorger) und fünf Stellflächen, Pool, Restaurant – günstig, mit Abstrichen beim Essen.

Verkehr

Tankstelle: bei der Sossus Oasis Campsite

Go2 Traveller Transfers, https://go2.na. Shuttle Service von Windhoek nach Sesriem in der Saison täglich, um 700 N$ einfach.

Essen & Trinken

Sossusvlei Lodge und **Sossus Oasis** Restaurant, s.o.

Café van der Lee, Solitaire (80 km nördlich von Sesriem), Tel. 063-293621, www.solitairenamibia.com, 11–15, 19–22 Uhr. Burger mit Pommes, Pizza, Salate und mehr.

McGregor's Bakery, Solitaire (80 km nördlich von Sesriem), 6–16 Uhr. Sandwiches, englisch-schottische Pies und ein Apfelkuchen zum Reinlegen.

Rastpunkt Solitaire

NamibRand

NamibRand Nature Reserve

Diese Conservancy beginnt 35 km südlich von Sesriem und zieht sich dann 100 km am Ostrand des Namib-Naukluft National Parks nach Süden. Die C27 quert das Reservat teilweise. Es entstand aus dem Zusammenschluss mehrerer privater Farmen, deren Besitzer die Landschaft nachhaltig nutzen und sie dem Tourismus öffnen wollten. Allerdings erließen sie strengste Auflagen. Auch wer heute auf dem inzwischen 200.000 ha großen Gebiet eine touristische Infrastruktur errichten will, darf dies nur in einem bestimmten Verhältnis von Fläche zu touristischem Bett. Soll eine Einrichtung erweitern werden, geht dies nur durch die Einbringung neuen Lands. Der Mensch darf die Natur nicht verändern, nur zu Fuß geht es querfeldein, die Autos bleiben auf den wenigen Tracks. Ein Aufenthalt in einer der Unterkünfte ist beileibe nicht günstig, aber höchst luxuriös. Tagesausflüge durch das riesige Gebiet (mit 100 km Grenze zum Namib-Naukluft National Park) sind sehr informativ, und man versteht schnell, wie die Natur sich regeneriert – wenn man ihr Frieden gibt und Zeit lässt.

Service NamibRand

Unterkunft

Kwessie Dunes Lodge****, Anfahrtsbeschreibung bei Buchung, Tel. 087-1510771, https://naturalselection.travel. Zwölf Chalets aus Canvas und Stroh sowie Highend-Betreuung – für Sternendeuter, die Luxus bevorzugen.

Wolwedans Collection****, Anfahrtsbeschreibung bei Buchung, Tel. +27-21-8762153, www.wolwedans.com. **Dune Camp, Plains Lodge, Mountain View Suite, Desert Lodge, Boulders Camp;** weil man sich ja sonst nichts gönnt – exklusiv in der Einsamkeit roter Dünen mit bestem Essen.

The Family Hideout & Camping****, Anfahrtsbeschreibung bei Buchung, Tel. 061-226803, www.nrfhideout.com. Farmhaus für sechs Personen und drei Stellflächen.

Aktivitäten

Wanderungen/Tok-Tokkie Trails, Tel. 061-264521, https://toktokkietrails.com. Zwei-Tages-Trekking in der Wüste von NamibRand (um 9500 N$/Person *all inclusive*).

Ballonfahren/Namib Sky Ballon Safaris, Tel. 081-3042205, https://balloon-safaris.com. Mit dem Fesselballon über Sossusvlei um 8200 N$/Person).

Helmeringhausen

Anreise

Von **Maltahöhe** fährt man auf der Piste C14 140 km in den Süden; kommt man von **Sesriem,** ist man auf der Piste C27 meist sehr ruppige 240 km unterwegs. Will man von Südnamibia von der Achse B4 Keetmanshoop–Lüderitz nach Helmeringhausen hochfahren, nimmt man von Goageb die C14 über **Bethanie** nach Norden, oder von **Aus** (s. nächstes Kapitel) die Piste C13 (auf beiden Strecken sind es 110 km).

Wüstenort

Ein winziges Städtchen, nicht viel mehr als ein (schmuckes) Hotel mit Camping, ein Laden mit dem Allernotwendigsten, inklusive Bottle Store, eine Tankstelle (nur offen von 8–18 Uhr) und ein kleines Freilichtmuseum, das recht und schlecht vor sich hinsiecht. Im mit blühenden Pflanzen ausgestatteten Garten des Hotels genießen Durchreisende Kaffee und Kuchen.

Tiras Berge

Schutzgebiet

Auf dem Weg von Helmeringhausen nach Aus passiert man die Conservancy der Tiras Berge, ein 125.000 ha großes Schutzgebiet am Rand der Namibwüste im Dreieck Fish River, Sossusvlei und Lüderitz. Die Landschaft ist geprägt von roten Dünen und schroffen Klippen in einer unendlichen Weite, auf der – nach guten Regenjahren – silbern das Gras im Wind wogt. Die Farmer in den Tiras Bergen haben sich zusammengeschlossen und die Gegend zum Naturpark erklärt. Die landwirtschaftlichen Aktivitäten wurden weitgehend zurückgefahren und die Mindereinnahmen mit naturverträglichem Tourismus ausgeglichen.

Pumpstation im Tockenfluss

Farmen

Die Farmen bieten unterschiedliche Unterkünfte und Aktivitäten an, so dass für jeden Geschmack und Geldbeutel etwas dabei ist: Campingplätze mit Infrastruktur gibt es auf **Tiras,** auf **Numis** ist Wildcampen möglich. **Koiimasis** vermietet Chalets und bietet Verpflegung an. Das **Namtib Biosphärenreservat (Desert Lodge)** an der Westseite der Tiras Berge ist besonders malerisch gelegen, da die Anfahrt zwischen dem Gebirgsabfall des Hochlandes und den Namibdünen entlangführt.

Landschaften

Die Formenwelt der Dünen und das Pflanzen- und Tierleben sind einmalig – Resultat einer Millionen Jahre langen Evolution: Schwarzkäfer, Dünengrillen, Eidechsen, der berühmte Palamatogecko und Goldmull, um nur einige zu benennen. Die Pflanzenwelt ist hochinteressant, und bei Touren erfährt man darüber viel Wissenswertes. Auch gilt es Felsmalereien zu entdecken, die eigentlich gar nicht sein dürften, sollen die San doch schon vor Jahrtausenden aufgehört haben, ihre Lagerplätze mit Farbe und Ritzungen zu verzieren. Doch findet sich hier tatsächlich schon ein in der Schutztruppenzeit dokumentiertes mehrmastiges Segelschiff (portugiesische Schiffe dieses Typs kreuzten vor Jahrhunderten an der Küste).

Bethanie

Der Eilige fährt schnurstracks weiter und hat Bethanie an der C14 (80 km südlich von Helmeringhausen) schnell vergessen. Im Ort erinnern aber zwei Gebäude an die Geschichte des Landes, und wer Muße hat, übernachtet im Bethanie Hotel. Das **Schmelenhaus** steht westlich der Hauptstraße unscheinbar unter Palmen – sie sind eine Seltenheit in Südnamibia und wachsen fast immer dort, wo Deutsche siedelten. Das verputzte Häuschen mit Bruchsteinfundament und einer kleinen Umfriedungsmauer errichtete sich 1814 der deutsche Missionar Heinrich Schmelen als Wohnhaus im Auftrag der Londoner Missions-

Haus des Nama-Kapitäns Fredericks

gesellschaft. Wegen Fehden zwischen verfeindeten Volksgruppen war er aber 1822 gezwungen, die Station zu verlassen. 1840 erwarb die Rheinische Missionsgesellschaft die Missionierungsrechte, und zwei Jahre später kam Missionar Hans Knudsen. Er baute das verfallene Häuschen wieder auf. Auf dem Friedhof sind einige Gräber von Missionaren. An der Hauptstraße steht seit 1883 das **Haus des Joseph Fredericks.** Er war Nama-Kapitän und empfing hier seine Ratsmänner. Durch den Vertrag mit dem Abgesandten von Adolf Lüderitz – Vogelsang –, leitete Fredericks (ohne es zu wissen oder zu wollen) die Kolonisierung ein. Hier haben er und der Generalbevollmächtigte des Deutschen Reiches, Dr. Friedrich Nachtigall, am 28. Oktober 1884 den Schutzvertrag mit dem Deutschen Reich unterzeichnet.

Service Helmeringhausen

Unterkunft

Helmeringhausen Hotel & Campsite*-**, Tel. 081-6379521, www.helmeringhausennamibia.com. 22 Zimmer mit Bad in Traditionshaus; Pool, Restaurant, Biergarten und angeschlossenes Camping – charmante Unterkunft mit dem besten Apfelkuchen des Landes.

Unterkunft außerhalb

Tiras Berge Naturpark, www.tirasberge.de. **Tiras**** (43 km auf C13, dann 1 km Farmpiste, GPS -26.18842, 16.60854), Chalets und Camping; **Numis** (92 km auf C13/D707, dann 5 km Farmpiste nur für 4x4, GPS -26.08902, 16.21709), Wildcamping; **Koiimasis Ranch**** (120 km auf C13/D707, dann 20 km Farmpiste, GPS -25.91250, 16.26811), Chalets und Restaurant.

Namtib Desert Lodge & Campsite**-***, C13/D707 (97 km, dann 12 km Farmpiste, GPS -26.03707, 16.25991), Tel. 063-683055, www.namtib.net. Fünf Stellflächen für Selbstversorger und acht Zimmer und Bungalows in exklusiver Einsamkeit der westlichen Tiras Berge. Dazu gemeinsames Dinner von Gästen und Gastgebern – Wüste mit Anschluss.

Bethanie Hotel & Camping**-***, Chief Fredericks Ave 237, Bethanie, Tel. 063-283013, www.bethaniehotel.com. In Teilen auf 1880 zurückgehend, nächtigt man heute in 16 (teilweise klimatisierten) Zimmern, speist im Restaurant Wild vom Grill und plantscht im Pool – Komfort im Nirgendwo.

Garten des Helmeringhausen Hotels

7

Keetmanshoop und Karas Region

Trockenes Land soweit das Auge reicht, harsche Gebirgswelten und sandige Ebenen, malerische Köcherbäume zwischen wildgetürmten Granitmurmeln, der zweitgrößte Canyon der Welt, Diamantensperrgebiet mit verlassenen Schürfersiedlungen, Jugendstil mit Austern am schwergrauen Atlantik und schließlich ein breites Band voller Wasser – der Oranje, die Grenzlinie zu Südafrika. Das Programmbuch des tiefen Südens ist gut gefüllt.

Orientierung

In alle vier Himmelsrichtungen führen die Straßen und Pisten nach Keetmanshoop, das **Drehkreuz des Südens.** Von Windhoek sind es auf der B1 ermüdende 500 km Asphalt (von Mariental immerhin noch 230 km) – wenn man die Sehenswürdigkeiten am Wegesrand ignoriert. Zur Südafrika-Grenze bei **Noordoewer** sind es auf dem Asphalt der B1 300 km; dort kann man dann entlang des Oranje nach Westen an den Atlantik fahren – die Pistenstrecke passiert die in Südafrika liegende Mondlandschaft des **Richtersveld National Park** und endet in **Oranjemund** an der Mündung des Grenzflusses. Der **Fish River Canyon** liegt im **ǀAi-ǀAis Richtersveld Transfrontier Park** 200 km südwestlich von Keetmanshoop, ein landschaftlich überaus reizvoller „Ausflug" auf den Pisten C12/C10. In den Osten geht es auf der Piste C16 nach Südafrika und ans südliche Gate des **Kgalagadi Transfrontier Park** (300 km, s. bei Mariental). Nach Westen quert das Asphaltband der B4 den **Tsau ǁKhaeb (Sperrgebiet) National Park** und erreicht nach 340 km **Lüderitz** und den Atlantik.

Anreise

Von Mariental nach Gibeon (60 km)

Auf der B1 geht es 4 km hinter Mariental am Abzweig zum Flughafen (10 km) und nach Maltahöhe vorbei. Linkerhand begleitet die Abbruchkante der Kalkweissrandberge die Straße. Kurz vor dem Abdreh der D1089 nach Gibeon treten sie zurück. **Gibeon,** ein unscheinbares Städtchen im Herzland der Nama, ist bekannt für einen ungewöhnlich dichten Meteoritenregen, den vor 13.000–30.000 Jahren niedergegangenen *Gibeon Schauer.* Die Einzelteile eines **Muttermeteoriten** verteilten sich über 2500 km^2, 37 von ihnen hat der Kaiserliche Geologe Dr. Range gesammelt, vier an Forschungsinstitute in der ganzen Welt

Nur nach gutem Regen steht das Gras so hoch

B1: Hauptstrecke nach Südafrika

abgegeben und die restlichen in Windhoek belassen – insgesamt 12,5 t. Einige schmücken in der Windhoeker Post Street Mall einen Brunnen. Noch heute finden sich Bruchstücke (das mit 650 kg schwerste bewahrt ein Museum in Kapstadt auf). Gibeon selbst hat 1863 Missionar Knauer der Rheinischen Missionsgesellschaft gegründet, historische Gebäude existieren nicht mehr. Auf dem kleinen **Friedhof** an der Bahnstation östlich der Hauptstraße und der Gleise erinnern Gräber an die blutige Schlacht zwischen südafrikanischen und deutschen Truppen am 27. April 1915. 40 Tote und 100 Verletzte beklagten beide Seiten.

Von Gibeon nach Keetmanshoop

Nach 150 km vornehmlich eintöniger Fahrt (ab Mariental) ist **Tses** erreicht. Kurz dahinter geht es westlich nach Berseba und zum **Brukkaros-Krater**. 38 km (und auf die andere Seite des Fish Rivers) sind es auf der Piste D3904 bis kurz vor Berseba. Die DR390 zweigt nach Norden ab und nach 11 km können nur 4x4 weiterfahren, nach 2 km ist auch für sie Schluss. Meist ist man hier alleine und kann schöne Spaziergänge unternehmen. Zu Fuß geht es in einer halben Stunde zum Kratereinstieg und von dort entweder nach Westen hinauf zum Rand (45 Min., 250 Hm) oder hinein und hinab in den mit Köcherbäumen und Gräsern bewachsenen Kessel (15 Min.). Den nach Süden hin offenen, hufeisenförmigen Berg hielt man lange für einen Vulkankrater. Tatsächlich ist er das Ergebnis einer **Ringintrusion,** das ringförmige Eindringen vulkanischen Gesteins in die Erdkruste durch eine unterirdische Gasexplosion. Brukkaros ist 2 km weit und erhebt sich ca. 650 m aus der Umgebung.

Von Tses/ Berseba nach Keetmanshoop

Auch dieser Abschnitt verläuft ereignisarm entlang der Farmzäune. Ab und an hängen an ihnen Schaffelle zum Verkauf. 20 km vor Keetmanshoop führt eine Abzweigung nach rechts zum Köcherbaumwald des **Garas Park,** eine Mixtur aus Camping (s.u.), Naturerlebnis und Kunstinstallation und einen Blick wert. 2 km vor Keetmanshoop biegt man in Richtung Südafrika und Kgalagadi Transfrontier Park ab (C16). Und hier geht es auch zu den Natursehenswürdigkeiten Quiver Tree Forest, Giant's Playground und zum Mesosaurus Fossil Camp (C17).

Keetmanshoop

Der Hauptverkehrsknoten im Süden wirkt nachgerade verschlafen – was vornehmlich daran liegt, dass die Hauptstraße nicht quer durchläuft und die Versorgungseinrichtungen des Fernverkehrs außerhalb liegen. Die Läden im Zentrum sind gut sortiert, und Vorräte lassen sich ergänzen, bevor man in den infrastrukturell schwach versorgten Südwesten aufbricht. Die Stadt besitzt ein großes, modernes Hospital, das an der Ortseinfahrt mit seinen Hochhausbauten ins Auge sticht.

Geschichte

Die Ansiedlung wurde 1866 von der Rheinischen Missionsgesellschaft unweit einer Nama-Siedlung gegründet. Der deutsche Bankier Johann Keetman hatte ihr sein Vermögen überschrieben (und wurde dafür in den Vorstand der Gesellschaft berufen), um damit eine Missionsstation zu gründen. „Keetman's Hope" ist heute eine kleine Stadt mit einigen Gebäuden im deutschen Kolonialstil. Sie liegt im Herzland der Karakulzucht.

Hauptplatz von Keetmanshoop

Sehenswertes

Besuchenswert ist das **Museum** (Kaiser Street, Tel. 063-221256, Mo–Do 7.30–12.30 u. 13.30–16.30, Fr bis 16 Uhr, Eintritt frei, Spende möglich) in der 1895 aus Bruchstein errichteten Kirche; es widmet sich der Gründungsgeschichte der Stadt und den Nama-Stämmen der Region. Im fotogenen **Kaiserlichen Postamt** befindet sich die Tourismusinformation, der **Bahnhof** stammt von 1908, als die Bahnlinie nach Lüderitz fertig war (1912 folgte der Anschluss nach Windhoek). Das **Schützenhaus** beherbergte ab 1899 den ersten Deutschen Klub des Landes (heute ein Gästehaus mit Restaurant). Direkt im Zentrum stehen östlich des „Central Park" im kleinen Park ein **Denkmal der Südafrikaner** (für die Toten des 2. Weltkriegs) und das **Adler-Denkmal** (ein Obelisk mit dem Reichsadler in Bronze) der Schutztruppe für die Gefallenen bei den Nama- und Herero-Aufständen (Aufstellungsdatum unbekannt). Gleich südlich des Parks hat 2007 der Präsident das **Karakul Monument** enthüllt – ein Nama mit Schafen. In der 2nd Street steht noch das **Johanniter-Krankenhaus** von 1912.

Einst Kirche, heute Museum

Köcherbaumwälder

Köcherbäume I

Von Keetmanshoop kommend biegt man in die C16 und nach 1 km in die C17 ein. 15 km hinter Keetmanshoop liegt das **Quivertree Restcamp** (www.quivertreeforest.com, Tel. 083-7683421, Tagesbesuch 120 N$) mit dem zum Nationalmonument erklärten **Köcherbaumwald.** Vier Kilometer weiter ist **Giant's Playground** (eigener Eingang von der C17, im Eintritt enthalten) erreicht, ein Irrgarten aus Felsbrocken, aus zu Fantasieformen erodiertem Granit, als hätten Riesen mit den Steinen Fußball gespielt. Die Erosionsform glattgeschliffener Kugeln heißt „Wollsack-Granit".

Köcherbäume II

Noch einmal 20 km weiter ist beim **Mesosaurus Park & Camp** (Führung 150 N$/Person, ca. 60 Min.) der **Köcherbaumwald** mit etwa 5000 Pflanzen um ein Vielfaches größer (wenngleich kein Nationalmonument). Auch hier finden sich Wollsackverwitterungen wie bei Giant's Playground, zusätzlich **Versteinerungen** und zwei **Schutztruppengräber** von 1904. Seinen Namen bekam der Baum, weil San ihre Pfeilköcher aus seinen Ästen fertigten (s. bei „Lebensraum Wüste" im Kapitel „Land und Leute").

Reptilien

Die Namensgeber des Mesosaurus Parks lebten vor 280–320 Millionen Jahren im Wasser: bis zu 35 cm lang werdende Reptilien, die nur zur Eiablage an Land kamen. Die **Hauptversteinerung** ist hervorragend erhalten und wurde durch Zufall vom Farmbesitzer entdeckt. Die Gesteinsformation

Auf dem „Spielplatz der Riesen"

ist in Platten aufgebaut, deren Stärke von etwa 2 cm bildete sich jeweils in etwa 1000 Jahren durch Sedimentierung. Immer wieder findet man nun durch Abhebung der Platten neue Versteinerungen, doch keine ist so perfekt wie der Hauptfund.

Naute Dam

Wasser und Schnaps

Verlässt man Keetmanshoop auf der B4 mach Süden, kommt man nach 33 km zur Piste C12 zum Naute Dam (17 km). Eindrucksvoll ist die Fahrt über die fast 40 m hohe und über 450 m lange Staumauer (nur, wenn Wasser abgelassen wird). Der **drittgrößte Damm** Namibias (nach Neckartal und Hardap) staut den Löwenfluss (der später in den Fischfluss mündet), fasst 84 Mio. m^3 und versorgt Keetmanshoop. In guten Regenjahren wird Wasser abgelassen und schießt in dicken Fontänen aus der Mauer. Das Kontrastprogramm wirkt fast wie eine Fata Morgana: Unterhalb der Staumauer lädt die **Kristall Brennerei** (Tel. 081-2845107, www.nautekristall.com, Mo–Fr 8–17, Sa 8–14 Uhr) zur Verkostung von Wein und Hochprozentigem ein. Einzigartig: Nappa – Namibian Grappa. Die Führung durch Pflanzung und Brennerei dauert 30 Minuten, außerdem gibt's Kaffee, Kuchen und Light Lunch. Die C12 führt dann weiter in den Süden zum Fish River Canyon im |Ai-|Ais Richtersveld Transfrontier Park.

Neckartal Dam

Weiße Wasserwand

Seit 2018 ist der 2014 begonnenen Neckartal-Damm (Abzweig von der B4 5 km westlich der C12, dann 12 km) die **größte Talsperre** (Kapazität 880 Mio. m^3, Baukosten 6 Mrd. N$). Der von einer italienischen Firma errichtete, 80 m hohe Wall am Fish River soll besonders die Landwirtschaft im tiefen Süden stärken und auch – so die Hoffnung – das Mikroklima in Richtung ergiebigerer Regenfälle ändern. Als Bewässerungsfläche sind bis 5000 ha vorgesehen. Gigantisch sieht es aus, wenn das Wasser über die Krone läuft (meist im Januar) und als schräge, blendend weiße und 518 m breite Gischtwand ins Tal schießt.

Seeheim

Möbel am Fischfluss

7 km westlich des Neckartal-Abdreh geht es kurz vor der Fish River Bridge hinunter nach Seeheim (1 km) im Fischflusstal. Das verlassene Eisenbahnörtchen mit gelben Morgensternblüten auf den Schienen besteht heute aus einem Hotel, das im ehemaligen Offiziershaus der Schutztruppe aufgemacht hat – eine Geisterstadt in traumhaft-einsamer Lage. 1903 brummte hier das Leben, Seeheim war Umschlagplatz der Eisenbahn von und nach Südafrika und größer als Keetmanshoop – alles verschwunden. Aber neu hinzugekommen: Die Hotelbetreiber stellen Holzmöbel (für sich und andere) her.

Mehr Schein als sein: Seeheim ist winzig

Service Keetmanshoop

Information

Southern Tourist Forum, Hampie Plichta Ave (Kaiserliches Postamt), Tel. 063-221211, munkhoop@iafrica.com.na. Mo–Fr 8–13 u. 14–17, Sa–12 Uhr.

Unterkunft

Central Lodge**, 5th St, Tel. 063-225850, www.central-lodge.com. 24 Zimmer und Suiten mit allem Komfort und angeschlossenem Coffee Shop.

Schützenhaus Pension & Campsite**, Ecke Cathedral St/Pastorie St, Tel. 063-225584, https://schuetzenhaus-namibia.com. Am historischen Fleck nächtigen in 26 gut ausgestatteten Zimmern mit Pool und à-la-carte-Restaurant; auch vier Stellflächen.

Quiver Inn Guesthouse*-**, Pastorie St, Tel. 081-8553835, www.quiverinn guesthouse.com. Moderne Stadtpension mit zehn Zimmern jeweils mit Kleinküche für Selbstversorger und gemeinschaftlichem Hof-/Essbereich; kleiner Pool – sauber, angenehm.

Unterkunft außerhalb

Garas Park Campsite, B1 (20 km nördlich von Keetmanshoop), Tel. 081-4913863, www.facebook.com/GarasparkRestcamp. Sympathischer Zeltplatz zwischen Köcherbäumen und Kunst; gemeinschaftliche Duschen/WC.

Quivertree Restcamp*, C17 (15 km nordöstlich von Keetmanshoop), Tel. 083-7683421, www.quivertreeforest.com. Schaf- und Rinderfarm mit Unterkünften unterschiedlicher Kategorie (14 Zimmer und Iglus), Zeltplatz (zwischen Köcherbäumen), Pool und Restaurant für Hausgäste.

Mesosaurus Fossil Camp*, C17 (40 km nordöstlich von Keetmanshoop), Tel. 063-683641, www.mesosaurus.com. Vier Chalets mit Bad für Selbstversorger (nach Voranmeldung auch Abendessen), sechs Stellplätze (mit gemeinschaftlichen Anlagen) nahe der Straße und ein Busch-Camp mit zwei Stellplätzen 4 km abseits von allem (nur 4x4).

Kitchen 51*, B1 (40 km südöstlich von Keetmanshoop), Tel. 081-2551556, www.mykitchen51.com. Drei Chalets im Nirgendwo zwischen Keetmanshoop und Grünau; Abendessen nach Vereinbarung.

Seeheim Hotel*-**, B4 (45 km südwestlich von Keetmanshoop), Tel. 063-250501, www.seeheimhotel.com. 30 stilvoll gehaltene Zimmer in einem ehemaligen Offziershaus mit Pool, Restaurant und Oasenatmosphäre am Fischfluss.

Essen & Trinken

Das Restaurant des **Schützenhauses** bietet günstige Gerichte in großen Portionen und gediegener Qualität.

The Barrelhouse Bar & Restaurant, 5th Ave, Tel. 081-7398817, Mo/Mi–Sa 11–22, So 17–22 Uhr. Industrieller Minimalismus in Einrichtung und Atmosphäre, kleine Karte mit Gerichten vom Grill und aus der Fritteuse; auch Pizza.

Central Coffee Shop & Tourist Centre, 5th Ave, Tel. 063-224982, tgl. 8–20 Uhr. Frühstück, Lunch und Dinner mit Light Meals, auch Souvenirs und Informationen – Illy-Kaffee vom Barista.

Notfall

Keetmanshoop District Hospital, Ecke B1/C16 (2 km außerhalb), Tel. 063-223388. 24h Notfall-Ambulanz.

Police Station, Ecke Sam Nujoma Drv/5th Ave, Tel. 063-221833

Verkehr

Intercape Mainliner, www.intercape.co.za, Haltestelle Engen Sefanja Service Station (5th Av). Verbindungen nach Cape Town/Südafrika und über Windhoek nach Oshikango an der angolanischen Grenze.

Von Keetmanshoop nach Aus

Die B4 verlässt Keetmanshoop nach Westen. Nach 33 km zweigt die C12 nach Süden ab und führt am **Naute Dam** (s.o.) vorbei in den *|Ai-|Ais Richtersveld Transfrontier Park*. Kurz dahinter geht es nach Norden zum **Neckartal Dam** (s.o.) und schließlich an **Seeheim** vorbei (s.o., 45 km von Keetmanshoop) und über die auch hohen Fluten standhaltende Fish River Bridge. 12 km weiter kann man am ǁNai-Ams Rivier die nördlich der Straße liegende **ǁNai-Ams Schanze** (-26.75709, 17.70294) besichtigen; dazu sollte man beim gegenüberliegenden Farmgebäude um Erlaubnis bitten. Sie entstand 1898 zum Schutz der Wasserstelle und war mit einem Offizier und 15 Mann besetzt. Erhalten sind die Umfassungsmauern des Forts und zwei Gräber. Nach 48 km – beim gottverlassenen Goageb am Konkiep River – führt der Abdreh der C14 nach **Bethanie** (30 km, Asphalt, s. bei Helmeringhausen). Bei Km 70 ab Goageb erscheint links der Straße die Eisenbahnstation **Schakalskuppe.** 10 km dahinter windet sich das Tal nach Nordwesten (voraus steht der Gipfel des Großen Löwenberg), 21 km weiter zweigt die Piste C13 nach Helmeringhausen ab und nach nochmal 4 km liegt linker Hand **Aus.** Von ihm erreicht man auf der asphaltierten C13 **Rosh Pinah** (170 km) und **Oranjemund** (270 km) – und die Fähre nach Südafrika bei **Sendelingsdrif.** Man achte zwischen Rosh Pinah und Aus auf den heftigen Schwerlastverkehr von den Zinkminen zum Lüderitzer Hafen.

Deutsches Fort Naiams in der Gebirgswürste

Aus

Am verlassenen Informationszentrum vorbei geht es nach Aus hinein. Das schön renovierte **Bahnhofshotel** bietet gutes Essen und Unterkunft. Ein Stückchen weiter oben kann bei der Namib Garage getankt werden. Aus war ein wichtiger Haltepunkt an der Bahnlinie von Lüderitz nach Keetmanshoop und putzt sich heute – auch als Basis für Ausflüge im nahen **Tsau ǁKhaeb (Sperrgebiet) National Park** – heraus.

Schmucke Kirche in Aus

Prisoner of War Camp

Im Bewusstsein der Deutsch-Namibier verharrt Aus auch wegen des Lagers für deutsche Militär- und Polizeiangehörige der Schutztruppe 1915. Man erreicht das **Internierungscamp** (-26.67484, 16.28741), indem man östlich von Aus die C13 nach Rosh Pinah nimmt, nach 800 m links auf eine Piste abbiegt, dieser 500 m folgt, nach rechts abbiegt und noch 400 m weiterfährt. Außer einigen Fundamentsteinen, einem kleinen Denkmal und dem Friedhof der Kriegsgräberfürsorge ist nichts mehr zu sehen. Im Lager haben 600 Südafrikaner 1500 Deutsche bewacht.

Internierungslager

Etappenziel am Weg zur Küste

Die Sieger hatten den Ort ausgewählt, weil die Eisenbahn von Lüderitz nur bis Aus repariert war (beim Rückzug hatten deutsche Truppen die Schienen zerstört). Anfangs lebten die Gefangenen in Zelten, bauten dann aber aus selbstgebrannten Ziegeln Hütten mit Dächern aus flachgewalzten Tonnen und eine 5 km lange Bahn zur Versorgung. Mit dem Vertrag von Versailles im Juni 1919 durften einige auf ihre Farmen zurückkehren, andere mussten nach Deutschland.

Tsau ||Khaeb (Sperrgebiet) National Park

Roter Kamm

Der Ausflug von Aus in das **Konzessionsgebiet** (ganztägig, um 3300 N$/Person inkl. Verpflegung, Buchung über Bahnhof Hotel in Aus, s.u.) will vorbereitet sein – das Permit bei den zuständigen Institutionen kann schon mal eine Woche dauern. Der Rote Kamm ist der Einschlagkrater eines Meteoriten, der vor 5 Millionen Jahre 130 m tief in den Boden eindrang und (von Sand überlagert) der Erosion trotzte. Über die Zeit freigelegt zeigt er sich jetzt kreisrund, mit einem Durchmesser von 2,5 km und einer Wandhöhe von 90 m – tiefrot und perfekt geformt. Er liegt 125 km Luftlinie südlich von Aus mitten im ehemaligen Diamantensperrgebiet. Am Ziel der Reise steht eine Wanderung zum Kamm hoch und zurück an (ca. 90 Min.).

Service Aus

Unterkunft

Bahnhof Hotel**, Lüderitz St 20, Tel. 067-240901, https://hotel-aus.com. Schmuckes Hotel mit Geschichte (1906) und 26 schön renovierten Zimmern, einem guten Restaurant (Fisch und Fleisch) mit deutsch-namibischen Gerichten, Biergarten, leckerer Schwarzwälder Kirschtorte am Nachmittag und Ausflugsangeboten wie in den Nationalpark zum Krater Roter Kamm (s.o.).

Klein Aus Vista/Desert Horse Inn**-***, B4 (4 km westlich von Aus), Tel. 063-258021, www.klein-aus-vista.com. 30 Chalets und Zeltplatz (10 Stellplätze) mit großem, luftigen Zentralgebäude mit Restaurant, Souvenirladen und Aktivitätszentrum; Highlights sind die abseits an eine Felswand gebauten acht Bruchsteinchalets *Eagles Nest* mit fantastischem Ausblick und die *Geisterschlucht Cabin.* Aktivitäten: Mountainbike Trails, Wanderungen, Besuch von San-Zeichnungen (darunter eine goldene Schlange).

Im Sperrgebiet Park leben auch Wildpferde

„Bahnhof Garub, alles aussteigen, die Fahrt endet hier"

Von Aus nach Lüderitz

Auf der Strecke sind zahlreiche Lkw unterwegs und bringen Zinkerz aus Rosh Pinah und Manganerz aus Südafrika in den Hafen. In Planung sind Phosphattransporte aus Botswana und ein neuer Tiefwasserhafen südlich von Lüderitz.

Namib Wild Horses

Lüderitz ist nur noch 120 km entfernt. Die Straße verläuft schnurgerade nach Westen und fällt Höhenmeter um Höhenmeter ab. Hier ist das Revier der scheuen **Wildpferde.** Gute Sichtchancen hat man bei der Bahnstation und Quelle *Garub,* südlich des Berges Dicker Wilhelm an einer künstlichen Tränke. Woher die Pferde ursprünglich kommen, ist nicht klar. Die wahrscheinlichste Variante sieht sie als Nachkommen von Schutztruppenpferden, die bei Anmarsch südafrikanischer Truppen 1915 ihre Freiheit erhielten, sich partiell an die Wüste angepasst haben und längere Zeit ohne Wasser auskommen (sommers müssen sie alle zwei Tage, im Winter alle drei Tage saufen, gegrast wird 12–20 von 24 Stunden). Die größte Tageshitze verbringen sie an schattigen Plätzen. Harte Lebensbedingungen und beschränkter Genpool ließen sie über die Generationen auf 1,30 und 1,40 m Größe schrumpfen. Ihre Zahl lag 2023 bei etwa 80 Tieren, wobei sie stetig abnimmt. Sie sind **Beute** der **Hyänen,** die auf Schutzgebiet nicht bejagt werden dürfen.

Sandverwehungen

Auf den 120 km von Aus nach Lüderitz durch den Tsau ǁKhaeb (Sperrgebiet) National Park bläst besonders in den Morgen- und Abendstunden ständig Wind und lagert Sand auf dem Asphalt ab; Verwehungen sind also nicht selten und ständig sind Bagger unterwegs, die die Straße wieder freischaufeln. Abseits der Hauptstraße zu fahren ist aus Naturschutzgründen strikt verboten; Ausnahmen sind die Bahnhöfe in Sichtweite der Straße mit klingenden Namen wie Grabwasser, Grasplatz und Haalenberg. 10 km vor Lüderitz geht es links über die Schienen nach Kolmanskop.

Kolmanskop

Den Besuch der **Geisterstadt** (tgl. 8–13 Uhr, Führung Mo–Sa 9.30/11, So 10 Uhr, 150 N$/Person, http://kolmanskuppe.com) sollte man möglichst vormittags einplanen, wenn der Wind über Nacht alle Spuren beseitigt hat. Treffpunkt für die Führung ist das Kasino (mit Coffee Shop und Souvenir Shop). Bestes Baumaterial, viel Geld (und damit gute Handwerker) und das trockene Klima haben das Jugendstil-Dorf so konserviert, dass es teilweise fast bezugsfertig wirkt. Es war Hauptquartier des Diamantenmillionärs und früheren Eisenbahnangestellten August Stauch. Sein Mitarbeiter **Zacharias Lewala** hatte 1908 bei Grasplatz den ersten Diamanten gefunden und zeigte ihn Stauch, der sich

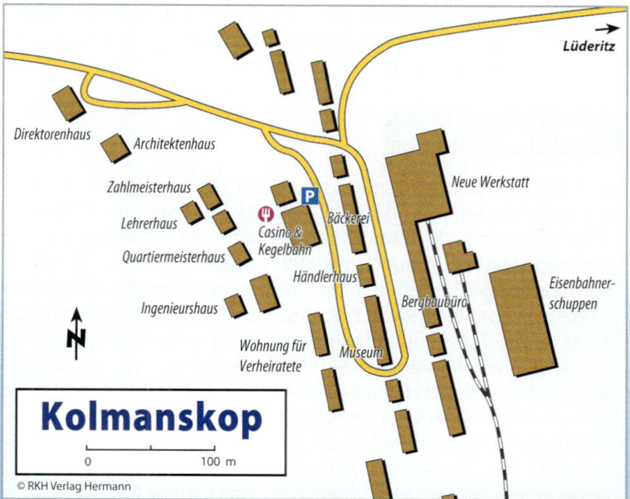

7

Fast perfekt erhalten: Erkerzimmer …

und Lagerhäuser

sofort die Schürfrechte sicherte (Lewala ging leer aus). Eine kurze Zeit beispiellosen Rausches begann, dann übernahm das Reich und nach dem Krieg die *Consolidated Diamond Mines* (CDM) die Rechte. Sie blieb bis 1950 und zog dann an die Küste um, der letzte Bewohner hielt noch sechs Jahre länger aus. Im Kasino sind Kegelbahn und Theater erhalten, eine **Ausstellung** dokumentiert mit Fotografien die Geschichte, das Leben der Menschen und den Abbau der Diamanten. Die Sanddünen wachsen aber immer weiter in die Häuser hinein und über sie hinaus, irgendwann wird der Ort endgültig unter Sand begraben sein.

Diamantenfieber

Namibia ist nicht Ursprungsort, sondern nur Nutznießer des Diamantenreichtums im südlichen Afrika. In der Kreidezeit schwemmten die Wasser des Oranje die Mineralien durch die Namib in den Atlantik, wo sie sich an seiner Mündung ablagerten und die Strömung sie weiter „verteilte". Namibia erwischte zudem Steine von überaus großer Reinheit und Größe – fast ausschließlich Schmucksteine. Die Abbaugesellschaft NAMDEB fördert jährlich zwischen 1,5 und 2 Mio. Karat (1 Karat = 0,2 g). Das Hauptabbaugebiet hat sich inzwischen von der Flussmündung am Oranje bei der Retortenstadt Oranjemund entlang der Küste bis zu 100 km nach Norden verlagert, wo Bagger die Namib-Sande der Küstenterrassen bis in zwanzig Meter Tiefe absaugen. Ist man an das harte Grundgestein gekommen, in dessen Rissen und Höhlungen diamanthaltige Reste der Flusssedimente enthalten sind, rückt man ihm per Hand mit Bohrern, Schaufeln und Hämmern zu Leibe, eine knochenharte Arbeit im Steinbruch. Die Aufbereitungsanlage trennt dann Sand und Kiesel vom diamanthaltigen Material. Die gewonnenen Diamanten kommen nach Windhoek, wo sie unter strenger Kontrolle in dem weithin sichtbaren, grau verspiegelten NAMDEB-Turm in der Stadtmitte nach Qualität und Größe sortiert und zum Schliff oder Verkauf nach Europa geschickt werden. Namibias Diamantenpreise entsprechen übrigens den weltweit üblichen – „Schnäppchen" kann man vergessen.

Lüderitz

Auf schwarzglänzenden Felsen, etwas erhöht über dem Atlantischen Ozean gelegen, grüßen in Pastelltönen restaurierte Jugendstilvillen über dem eisblauen Ozean – nach der trostlosen Wüstenfahrt ein erstaunlicher Anblick! Dazu bläst ein steifer Wind aus Südwest. Abends kann es empfindlich kalt werden.

Stadtanlage

Hafenstadt

Die Bay Road führt hinunter ins kleine Stadtzentrum zwischen Bahnhof und Hafen. Sie mündet in die Bismarck Street, die eigentliche Hauptachse. Westlich von ihr liegt das ehemalige Elektrizitätswerk – heute Kongresszentrum und Museum – und östlich beginnt die Hafenzone. Als Fortsetzung der Bismarck Street verbindet die Insel Street am Hafen vorbei die Stadt mit der Landzunge *Shark Island* (mit Campingplatz).

Geschichte

Portugiesen

Um Weihnachten 1487 herum sucht der Portugiese **Bartolomeu Diaz** mit drei Karavellen auf der Suche nach dem südlichsten Punkt des Kontinents Schutz vor einem Sturm. Wegen der schwierigen Einfahrt in die Bay beim späteren Lüderitz gibt er ihr den Namen „Angra das Voltas – Bucht der Wendungen". Nach Rückkehr vom Kap der Guten Hoffnung ankert er im Juli des Folgejahres erneut in der Bucht, nennt sie nun aber „Golfo de São Cristovão" und errichtet auf der heutigen Diaz-Spitze ein Steinkreuz. Später ändert sich der Name nochmals in **„Angra Pequena".**

Woermann betrieb die Hauptreederei

Eberlanz war bedeutender Botaniker

Holländer & Briten

Fast 200 Jahre später wollen die Holländer von Südafrika aus einen **Handelspunkt** aufbauen, **scheitern** aber. Weitere Versuche europäischer Staaten und der Kapprovinz, sich in der Bucht niederzulassen, sind ebenfalls nicht erfolgreich. Schließlich entwickelt sich der Weltmarkt für **Guano,** Exkremente von Seevögeln, die sich an regenarmen Küsten zu meterdicken Schichten aufbauen. Justus von Liebig hatte die Brauchbarkeit festgestellt, und ab den 1840ern ist der stickstoff- und phosphorsäurehaltige Dünger ein Verkaufshit. Die Engländer annektieren sämtliche **vorgelagerten Inseln** und ernten den Kot.

Deutsche & Depeschen

Am 1. Mai 1883 landet **Dr. Heinrich Vogelsang** als Abgesandter des Kaufmanns **Adolf Lüderitz** hier an und handelt dem Nama-Kapitän **Joseph Fredericks** (s. auch bei Bethanie) das Land um die Bucht in einem Umkreis von 5 Meilen für 200 Gewehre und 2000 Mark ab. Sechs Monate später legt er 50 Gewehre und 500 Mark drauf – für einen 20 Meilen breiten Küstenstreifen vom Oranje bis zur Höhe des heutigen Helmeringhausen. Da Lüderitz auch die Inseln will, die die Engländer aber nicht herausrücken, interveniert er bei **Reichskanzler Bismarck.** Am 24. April 1884 schickt dieser eine Depesche an den deutschen Konsul in Kapstadt. „Nach Mitteilung des Herrn Lüderitz zweifelten die Kolonialbehörden, ob seine Erwerbungen nördlich des Oranje Anspruch auf deutschen Schutz haben. Sie wollen amtlich erklären, dass er und seine Niederlassungen unter dem **Schutz des Deutschen Reiches** stehen – gezeichnet Bismarck."

Kanonenbootpolitik & Arrondierung

Außerdem kommandiert Bismarck drei Kriegsschiffe ab. Das Kanonenboot „Wolf" hisst im August 1884 bei Sandwich Harbour an der Swakopmündung und bei Cape Frio im Norden die Reichsflagge und rammt Grenzpfähle ein. Die Korvette „Elisabeth" macht in Angra Pequena am 6. August 1884 selbiges. Das Deutsche Reich hat Fuß gefasst. Lüderitz kauft **immer mehr Land** und schickt Prospektoren auf die Suche nach Bodenschätzen. Wie in Lüderitzbucht sichern Kaufverträge mit lokalen Führern die Landnahme.

Kalkuliertes Missverständnis

Die Nama-Kapitäne fühlen sich aber übervorteilt: Von **Landverkauf** sei nie die Rede, nur von einer Art **Pacht** (die Nama kannten keinen individuellen Landbesitz). Außerdem gehen die Nama von **englischen Meilen** (1,6 km) aus, Vogelsang nimmt **deutsche Landmeilen** (7,5 km) in Anspruch (die die Nama gar nicht kennen).

Zwangsverkauf

Der Handel entwickelt sich nicht so, wie Lüderitz sich das vorgestellt hat: zu wenig Abnehmer, zu hohe Investitionen und Verwaltungskosten, keine Mineralien. Er **verkauft** schließlich an die **Deutsche Kolonialgesellschaft** für Südwestafrika und besteigt am 22. Oktober 1886 ein kleines Faltboot, um von der Mündung des Oranje nach Angra Pequena zurückzukehren. Er bleibt verschollen. Die Deutsche Kolonialgesellschaft verlegt ihre Aktivitäten in den Norden, um den Ort wird es still.

Massenmord

Nach den Kriegen interniert die Kolonialverwaltung ab 1905 Tausende überlebende Herero und Nama auf der Haifischinsel in einem Lager, das mehr oder weniger nur aus Stacheldraht besteht. Dem rauen Klima ausgesetzt, unter **Hungerdiät** zu **schwersten Arbeiten** geprügelt, sterben die Gefangenen wie die Fliegen – Frauen, Kinder und Männer. Die Auflösung des Lagers und die Verlegung aufs Festland 1907 erleben rund 3000 Gefangene nicht mehr.

Diamanten und Krieg

August Stauch beginnt mit der Organisation des **Diamantenabbaus,** und in die Stadt, die am 1. November 1909 die Selbstverwaltungsrechte erhält, fließt viel Geld. In der Nacht zum 18. September 1914 landen englische Kriegsschiffe an, und die Verwaltung erklärt **Lüderitzbucht zur offenen Stadt,** um Kämpfe und Plünderungen abzuwenden. 1919 übernimmt die südafrikanische CDM alle Diamantenfelder.

Gebäude am Hafen

Abschwung/ Aufschwung

Industrie siedelt sich an, der **Fischfang** wird aufgenommen, und eine Werft entsteht. Während des 2. Weltkrieges verlegt die CDM ihre Hauptaktivitäten zu den 1928 entdeckten, reicheren Diamantenfeldern an der Mündung des Oranje und zieht sich 1950 vollständig aus der Gegend zurück. Ende der 1990er Jahre erhält Lüderitz mit den **Zinkfunden bei Rosh Pinah** einen wirtschaftlichen Schub – neue Kaianlagen entstehen und für Ende der 2020er Jahre ist ein komplett neuer Hafen geplant. Der Tourismus erlebt mit der regelmäßigen Ankunft von Kreuzfahrtschiffen ebenfalls einen Boom.

Sehenswertes

Privatmuseum

Das **Museum** (Diaz Street, Tel. 063-202346, Mo–Fr 15.30–17 Uhr, 35 N$) entstand aus einer privaten Sammlung. Es beleuchtet die geschichtliche Entwicklung der Stadt mit Fotos und Erinnerungsstücken und zeigt kleine archäologische und völkerkundliche Abteilungen. Das Museum ist mit viel Herzblut eingerichtet und geführt; eine Spende über den Eintrittspreis hinaus hilft.

Informationen

Am kleinen Platz mit **Fontäne** (die an den Wasseranschluss von Lüderitz an eine Quelle im Gebiet der Khoichab-Pfanne – 65 km nordöstlich in der Wüste – im Jahr 1968 erinnert) trifft die Diaz Street auf die Bismarck Street, in die man nach Süden einbiegt. Linker Hand steht das Gebäude der **Afrikabank** (1907). Rechts erhält man bei **Lüderitzbucht Safaris & Tours** Souvenirs, verlässliche Informationen und kann Ausflüge zu Wasser und zu Land buchen. An der nächsten Ecke hat der Reichsbaumeister und Swakopmunder Hafenamtsvorsteher Kurt Lohse den 1914 eröffneten **Bahnhof** geplant.

Nest Hotel

Lüderitz
0 100 m
© RKH Verlag Hermann
Restaurants
1 The Portuguese Fisherman
2 Cosy Corner
3 Barrels Restaurant
4 Ritzi's Seafood
5 Diaz Coffeeshop
6 Essenzeit
Unterkünfte
1 Kratzplatz / Barrels Restaurant
2 Nest Hotel
3 Obelix Guesthouse
4 Alte Villa
5 Island Cottage
6 Lüderitz Restcamp
7 Ski Skop/Diaz Cross Camping
Lüderitz Gedenk-Monument
Shark Island
Robert Harbour
Lüderitz Harbour
n. Nautilus u. Agate Beach / zum Hospital
Boat Trips
Jetty
Customs Office
Woermann-Haus
zum Waterkant Guesthouse
Museum
Fishing Harbour
Lüderitz Safari & Tours
Bahnhof und Bus
Bibliothek
Felsenkirche
Goerke-Haus
n. Diaz Point
Keetmanshoop
B4
Hafen Street
Insel Street
Bahnhof Str.
Moltke Street
Nachtigall
Bismarck Street
Baiweg
Old Bay Rd
Diaz
Ufer
Höhe
Berg
Diamantberg
Zeppelin
Bülow
Kirch St
Lessing
Brücken
Mabel
Ring
Schinz
von Lindequist
Vogelsang
Woermann
Göring
Troost
Stettiner
Hafen
François
Cons
Stauch
Wissmann
Estorff
Werft

Schönstes Wohnhaus in Lüderitz: Goerke-Haus

Hafen Waterfront

Die **Gleisanlagen** mit Waggonruinen, Schienen und Drehscheibe kann man vom **Woermann-Haus** (1906) in der Hafen Street von oben inspizieren. Ebenfalls an der Hafen Street reiht sich an der **Waterfront** am Robert Harbour (wo die Ausflugsboote ablegen) ein Restaurant ans andere.

Gotik am Atlantik

Vom Bahnhof geht man in der Nachtigall Street kurz nach Westen und biegt gleich nach Süden und bergauf in Richtung der protestantischen **Felsenkirche** ab. Sie wurde dem Eisenacher Regulativ für Kirchen-Konstruktionen folgend entworfen (u.a. Bevorzugung des gotischen Baustiles) und am 4. August 1912 geweiht. Sehenswert ist das große, in Buntglas ausgeführte dreiteilige Lanzettfenster (Besichtigung sommers Mo–Sa um 17 Uhr, winters 16 Uhr gegen Spende, Kontakt Tel. 063-202381).

Schönstes Gotteshaus: Die Felsenkirche

Bester Jugendstil

Östlich und unterhalb steht das **Goerke-Haus** (derzeit nur von außen zu besichtigen), das Wohnhaus von Hans Goerke, der 1909 seinen Dienst als Leutnant quittierte und Geschäftsführer bei der Emiliental-Diamantengesellschaft einstieg. Die Inneneinrichtung aus Eichenmöbeln ist nicht mehr original, versucht aber der ursprünglichen Einrichtung gerecht zu werden. Der Lieblingsvogel des Jugendstils, der Flamingo, findet sich mehrfach auf den Buntglasscheiben an Eingang und Treppe, romanische Bögen harmonieren mit ägyptischer Lotussäule und griechisch-dorischem Säulenkopf; erhalten sind auch die Wandfriese und ein Teil der Lampen.

Regionalmuseum

Zurück an der Kirche und sich bergab und westlich haltend gelangt man wieder in die Diaz Street mit dem Gebäuderiegel des ehemaligen Elektrizitätswerks. Es beherbergt ein Konferenzzentrum und in naher Zukunft auch das **Maritime Museum** mit zahlreichen Schiffsmodellen und einer Multimedia-Ausstellung zur Lüderitzer Fischindustrie. Es soll einmal das größte Maritimmuseum Afrikas werden.

Shark Island

Nach Norden gehend erreicht man vorbei an den neuen Kaianlagen die **Haifischinsel.** Hier befindet sich der häufig sturmumtoste Lüderitz-Zeltplatz (mit sauberen Sanitäreinrichtungen) mit auf verschiedenen Niveaus angelegten Stellplätzen. Am 18. Oktober 1953 erhielt der Stadtgründer eine Bronzeplatte mit seinem Konterfei als Denkmal gesetzt, erst 2007 kam eine Gedenktafel für Chief Cornelius Fredericks hinzu, der 1907 als Gefangener auf der Insel starb.

Agate Beach

Picknickplatz

15 Min. sind es mit dem Wagen vorbei am Township Nautilus und in einem Bogen um den Nautilus-Hügel herum (die grüne Oase des Klärwerks passierend) an den Agate Beach. Der flache, weit ins Meer hineinreichende **Sandstrand** liegt wunderschön in der Abendsonne. Hier darf man Achate sammeln (so man sie findet und erkennt). Feuerstellen mit Betontischen künden von der Beliebtheit für Sonntagsausflüge.

Haifischinsel: Zeltplatz mit schwerwiegender Geschichte

7

Zufahrt zum Nationalpark

Lüderitz Halbinsel

Nationalpark Für den Ausflug in den Tsau ǁKhaeb (Sperrgebiet) National Park zum Diaz Kreuz sind ca. zwei Stunden reine Fahrzeit zu veranschlagen (inkl. Rückkehr) – die Zufahrt in diesen Bereich ist frei. Man verlässt Lüderitz über die Bismarck Street und bleibt westlich der Bahngleise. Am Fjord entlang (auf dem Windsurfer Speedrecords nachjagen) und an Lagunen, Bays und der Sturmvogelbucht vorbei erreicht man nach rund 20 km den Diaz Point.

Diaz Point Auf dem Felsen errichtete Bartolomeu Diaz ein **Steinkreuz.** Der 1911/12 errichtete Holzsteg wurde im Lauf der Jahre immer wieder vom Meer abtransportiert und neu gebaut (2022 war er wieder einmal zerstört). Die Reste des Originalkreuzes kamen 1855 nach Capetown und von dort teilweise nach Portugal, 1929 stellte man ein symbolisches Kreuz aus Karibib-Marmor auf – ohne Ähnlichkeit mit dem Original. Zu Beginn der 1950er Jahre konnte man nach Bruchstückfunden das Diaz-Kreuz rekonstruieren und es 1988 – zur 500-Jahr-Feier von Diaz' Ankunft – aufstellen. Das **Skip Skop** zu Füßen des Kreuzes serviert leichte Gerichte, Kaffee und Kuchen (auch Zeltplatz).

Nördliche Halbinsel Wer sich die gesamte Halbinsel ansehen und die Abstecher zum Wasser machen möchte, sollte vier bis fünf Stunden kalkulieren. Erster Halt ist die **Radford Bay,** nach dem ersten weißen Siedler David Radford benannt, der Haifischleber und Straußenfedern gegen Wasser tauschte, um zu überleben. Die **Second Lagoon** ist Flamingos vorbehalten und Surfern, die der Wind über das Wasser peitscht. Dritter Badestrand ist die **Sturmvogelbucht** zwischen Angra Point und Diaz Point, 1914 Standort einer norwegischen Walfang-Station. Diaz Point ist nach 20 km erreicht.

Westliche Halbinsel Südlich des Kreuzes ist der Guano Bay das Inselchen **Halifax Island** vorgelagert, ein bei Robben beliebter Platz. Es folgen **Knochenbucht** (Km 24, zu ihr gelangt man vom Halifax Point bei Km 23 auch auf einer Nebenstrecke entlang der Küste) und **Essy Bucht** (Km 26,5). Wieder kann man abenteuerlich durch zerklüftete Landschaft auf einem Shortcut, vorbei an der Rocky Bay, den Parkplatz bei der **Eberlanz Höhle** (Km 29) erreichen. Hier verlässt man den Wagen und folgt durch die Hügel den Steinmännchen in einen kleinen Canyon, verlässt ihn an einer niedrigen Steinbarriere rechts hoch über die Kuppe zur Höhle (10–15 Min. einfach) und trägt sich im Besuchsbuch ein. Die **Große Bucht** ist bei Km 34 erreicht, der vierte Badestrand. Nimmt man die Piste am nordwestlichen Ende nach Norden, sind es 2 km zum Kleinen Fjord mit dem **Kleinen Bogenfels** – eigentlich kein Bogen, sondern eine Steinplatte, die eine Felsspalte deckelt. Weiter als bis zum südlichen Ende der Großen Bucht darf man nicht: Sperrgebiet! Auf direktem Weg quer durch die Halbinsel sind es 15 km zurück nach **Lüderitz** (Km 50).

Kleiner Bogenfels

Ins Diamantensperrgebiet

Elisabeth Bay Die geführte Halbtagestour geht über Kolmanskop in die Geisterstadt bei Elisabeth Bay. 1924–26 gebaut, lebten und arbeiteten hier Hunderte und holten bis zur Weltwirtschaftskrise 1931 rund 1,25 Mio. Karat aus dem Sand. 1940 wurde die Siedlung endgültig verlassen.

Großer Bogenfels Die geführte Ganztagestour führt zum noch weiter südlich gelegenden Bogenfels, einem dekorativ über dem Meer zum Bogen erodierten Felsen mit 55 m Höhe. Man fährt um 7.45 Uhr los und kommt um ca. 17 Uhr zurück (Lunch ist inklusive). Auf dem Weg zum gewaltigen Bogen passiert man Grasplatz (wo Lewala den ersten Diamanten fand) und die Pumpstation im Grillental (die ab 1910 mit Tankwagen über eine Schmalspurbahn von 45 km Länge die Mine Pomona mit Wasser versorgte). Lunch wird in Pomona gehalten, in der noch vorzüglich erhaltenen Schule, und man erfährt viel Wissenswertes. Auf Pomona fand man zwischen 1908 und 1931 10,6 Mio. Karat, davon in den ersten 10 Jahren allein die Hälfte; insgesamt 70 % wurden im Märchental geschürft. Heute ist es nicht mehr besonders idyllisch. Die Schürfer haben das Unterste zuoberst gekehrt, alles fein säuberlich gesiebt und gewaschen und so das Tal in eine felsige Mondlandschaft verwandelt.

Buchungen **Bogenfels & Diamond Scenic Tours,** Tel. 081-1473933, www.bogenfelsnamibia.com, Elisabeth Bay 3200 N$/Person, Bogenfels 5400 N$/Person, jeweils min. 4 Teilnehmer, Buchung wegen der Permits mindestens zehn Tage im Voraus mit Passkopien.

Service Lüderitz

Information

Lüderitzbucht Safaris & Tours, Bismarck Street, P.O. Box 76, Lüderitz, Tel. 063-202719, Fax 202863, ludsaf@africaonline.com.na

Unterkunft

Nest Hotel***, Diaz St, Tel. 063-204000, https://nesthotel.com. Gehobenes, etwas charmefreies Mittelklassehotel in ruhiger Lage am Meer mit 73 Zimmern und Suiten, Bar, gutem Restaurant und Pool.

Alte Villa-*****, Klippen St, Tel. 081-1295259, www.altevilla.na. Sieben Zimmer und Apartments in einem 1909 erbauten und vorzüglich rekonstruierten Wohnhaus eines Hamburger Kaufmanns – für standesgemäße Aufenthalte.

Obelix Guesthouse*-**, Old Bay Rd, Tel. 063-203456, www.obelixguesthouse.com. 16 einfache, saubere Zimmer um einen Innenhof und dem Restaurant Wild Horses.

Kratzplatz*, Nachtigall St 5, Tel. 063-202458, www.facebook.com/Kratzplatz. Zwölf zweckmäßig möblierte Zimmer mit angeschlossenem Restaurant „Barrels" – sauber, günstig, gut.

Island Cottage*, Shark Island, Tel. 063-203626. Drei mit geschickter und persönlicher Hand eingerichtete komfortable Zimmer auf dem Wag zur Haifischinsel – Wohnen mit Aussicht.

Lüderitz Restcamp,** Shark Island, Namibia Wildlife Resorts, Tel. 061-2857200, www.nwr.com.na. Zwei Zimmer mit Bad (und Halbpension) im 1903 gebauten Leuchtturmgebäude und 20 Stellplätze – fürs windumtoste Südwester-Gefühl mit Ozean an drei Seiten.

Skip Skop/Diaz Cross Camping, Diaz Point, Tel. 081-4096248. Einfacher Platz mit heißen Duschen, WC und angeschlossenem Coffeeshop (9–19 Uhr, Abendessen nach Vorbestellung) – sympathische Alternative für Einsamkeitsfanatiker

Essen & Trinken

The Portuguese Fisherman, Diaz St, Tel. 081-1478347, Di–So 10–21.30 Uhr. Superstimmung im Winter drinnen, Sonnenuntergang am Wasser im Sommer draußen; Lunch und Dinner an langen Tischen – mit Austern und Fisch auf Du.

Skip Skop am Diaz Point

Cosy Corner, Bismarck St, Tel. 063-202825, www.facebook.com/cosycorner coffeeshop, tgl. 8–20 Uhr. Coffee Shop mit Frühstück, Light Meals und zum Abendessen Burger oder Pizza (die man nicht unbedingt bestellen sollte) – Freisitz an der Straße.

Barrels, Nachtigall St, Tel. 063-202458, ab 18.30 Uhr (Küchenschluss um 21.30 Uhr). Typisches wie Eisbein, aber auch Fisch, gemütliche Dunkelheit und kommunikative Gäste – Barbetrieb bis spät.

Ritzi's Seafood, Lessing St, Tel. 063-202818, Mo–Sa 10–21, So 16–22 Uhr. Fischküche in Upcycling-Ambiente mit viel Palettenholz – bei jungen Gästen beliebt.

Diaz Coffeeshop, Bismarck St 25, Tel. 081-7000475, tgl. 8–21 Uhr. Opulentes Frühstück, Lunch mit Light Meals und natürlich Austern, abends Burger und aus der Fritteuse Hühnchen und Fisch – maritime Lagerhallenstimmung.

Essenzeit, Hafen St. 39, Waterfront, Tel. 081-4014337, www.essenzeit-luderitz.com, Mo–Sa 10–22 Uhr. Schöne Sicht über dem Hafen und Gerichte nach südafrikanischem Geschmack wie Käse und Zwiebeln mit Pilzsauce auf Schnitzel, Eisbein und Backhendl.

Einkaufen

Souvenirs/Lüderitzbucht Safaris & Tours, Bismarck Street (s. bei Information). Mitbringsel in guter Qualität.

Tabak/Namibian Cigars, Diamantenberg St, Tel. 063203588, www.premiumnamibiancigars.com. Okay, der Tabak stammt nicht aus Lüderitz (sondern aus der ganzen Welt), aber zu Zigarren gerollt wird er hier schon – von der Petit Corona bis zur Churchill.

Bootsfahrten

Penguin Catamaran Tours, Tel. 081-2000978, https://penguincatamarantours.com. Ausflüge zur Pinguinbeobachtung, vorbei am Diaz Point (ab 600 N$/Person, 2 Std.).

Zeepard Boat Tours, Tel. 081-6042805, www.facebook.com/zeepaardboat-tours. Küstenfahrt zu Walen, Robben und Seevögeln (ab 600 N$/Person, 2 Std.).

Bootsausflug zu den vorgelagerten Inseln

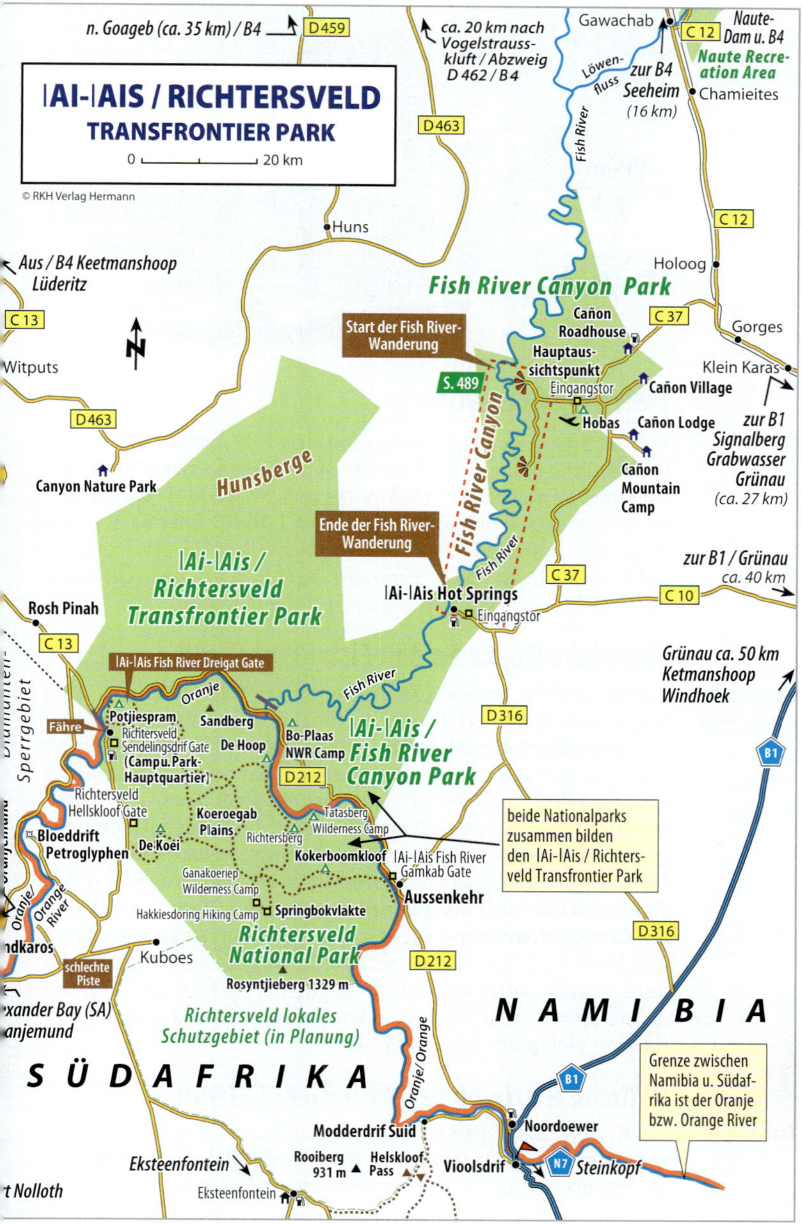

|AI-|AIS / RICHTERSVELD
TRANSFRONTIER PARK
0 20 km
© RKH Verlag Hermann
n. Goageb (ca. 35 km) / B4
D459
ca. 20 km nach Vogelstrauss-kluft / Abzweig D 462 / B4
Gawachab
C 12
Naute-Dam u. B4
Naute Recreation Area
Löwenfluss
zur B4 Seeheim (16 km)
Chamieites
Fish River
D463
Huns
C 12
Aus / B4 Keetmanshoop Lüderitz
Holoog
Fish River Canyon Park
C 13
Cañon Roadhouse
C 37
Gorges
Start der Fish River-Wanderung
Witputs
Hauptaussichtspunkt
Klein Karas
S. 489
Eingangstor
Cañon Village
D463
Hobas
Cañon Lodge
zur B1 Signalberg Grabwasser Grünau (ca. 27 km)
Hunsberge
Cañon Mountain Camp
Canyon Nature Park
Fish River Canyon
Ende der Fish River-Wanderung
|Ai-|Ais / Richtersveld Transfrontier Park
Fish River
zur B1 / Grünau ca. 40 km
C 37
|Ai-|Ais Hot Springs
C 10
Rosh Pinah
Eingangstor
C 13
Grünau ca. 50 km Ketmanshoop Windhoek
|Ai-|Ais Fish River Dreigat Gate
Fish River
Oranje
Potjiespram
Sandberg
D316
Fähre
Richtersveld Sendelingsdrif Gate (Camp u. Park-Hauptquartier)
De Hoop
Bo-Plaas NWR Camp
|Ai-|Ais / Fish River Canyon Park
Sperrgebiet
B1
D212
Richtersveld Hellskloof Gate
Koeroegab Plains
Tatasberg Wilderness Camp
beide Nationalparks zusammen bilden den |Ai-|Ais / Richtersveld Transfrontier Park
Bloeddrift Petroglyphen
De Koei
Richtersberg
Kokerboomkloof
|Ai-|Ais Fish River Gamkab Gate
Ganakoeriep Wilderness Camp
Aussenkehr
Oranje/ Orange River
Hakkiesdoring Hiking Camp
Springbokvlakte
Richtersveld National Park
D316
Kuboes
schlechte Piste
D212
Rosyntjieberg 1329 m
Richtersveld lokales Schutzgebiet (in Planung)
NAMIBIA
SÜDAFRIKA
Oranje/Orange
Grenze zwischen Namibia u. Südafrika ist der Oranje bzw. Orange River
B1
Noordoewer
Modderdrif Suid
Rooiberg 931 m
Helskloof Pass
Vioolsdrif
N7
Steinkopf
Eksteenfontein
Eksteenfontein

7

Canyon Roadhouse: Tankstelle, Restaurant, Hotel

Fish River Canyon

Auf zwei Strecken gelangt man an und in die Schlucht des Fischflusses: Die westliche Route verläuft auf der B4 nach Seeheim und weiter auf der Piste C12 nach Süden (150 km), die östliche auf der B1 nach Süden bis Grünau (160 km) und auf den Piste C12/D601 über 80 km nach Osten. Wer direkt und schnell in das südlicher liegende ǀAi-ǀAis Resort will, kann auch erst 30 km hinter Grünau abbiegen – dann geht's auf der Piste C10 nach Westen (260 km ab Keetmanshoop).

Westliche Route an den Fish River Canyon

Staudamm, Gräber, Öfen

Von Seeheim (45 km von Keetmanshoop, s.o.) führt die Piste C12 am Naute Dam vorbei nach Süden. Nach 70 km überspannt bei der ehemaligen **Bahnstation Holoog** eine Eisenbahnbrücke das !Gâb Rivier – Zeit für eine kurze Pause. Den Ruinen direkt gegenüber steht auf der östlichen Pistenseite ein relativ gut erhaltener Turm – ein **Ziegelbrennofen** aus der deutschen Kolonialzeit. Im Rivier auf Bahnhofsseite sind am nördlichen Ufer drei **Schutztruppensoldaten** beerdigt. 8 km weiter nimmt man die C37 nach Westen und durchfährt den **Gondwana Nature Park** mit mehreren Unterkünften (s.u.), darunter das **Canyon Roadhouse** mit Restaurant und Tankstelle. Nach 30 km zweigt die D601 nach Hobas ab. Zum Eingang des **Ai-ǀAis Richtersveld Transfrontier Park** (150 N$/Person, 50 N$/Fahrzeug) mit Zeltplatz und Lodge sind es 2,5 km, zum spektakulären **Fish River Canyon Viewpoint** nochmal 10 km.

Östliche Route an den Fish River Canyon

Etappenziel

Die B1 von Keetmanshoop nach Süden nehmend sieht man nach ca. 15 km voraus die **Großen** und rechts die **Kleinen Karasberge;** um letztere geht es in einem weiten Bogen östlich herum. Bevor man

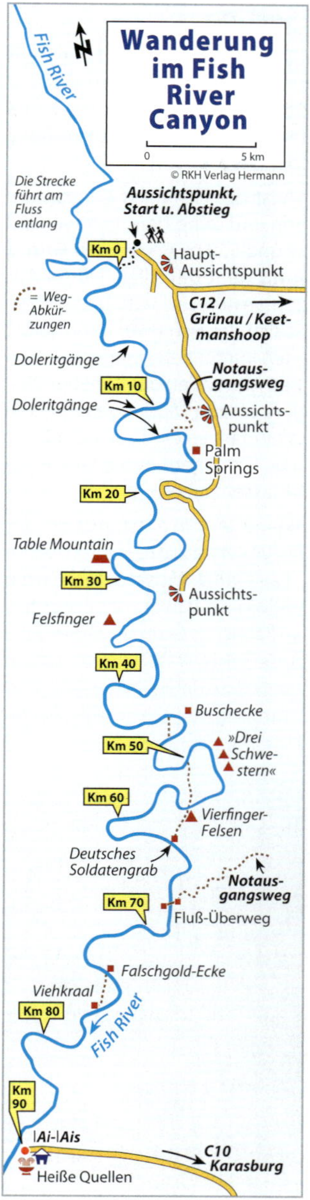

zwischen beiden hindurchfährt, quert man noch den **Löwenfluss** (der später in den Fish River mündet). Nach 100 km gelangt man in eine landschaftlich reizvolle Gebirgslandschaft und fährt 20 km weiter über einen knapp 1500 m hohen Pass. Bei der Abfahrt lassen sich die **Ausläufer der Kalahari** erahnen und 160 km hinter Keetmanshoop erscheint **Grünau** – einen Steinwurf von der Straße weg. Da ǀAi-ǀAis nur noch 100 km entfernt ist, übernachten die wenigsten hier. Man kann Essen und Tanken.

In die Schlucht

30 km hinter Grünau geht es rechts in die Piste C10. 25 km weiter öffnet sich – nach der Durchfahrt zwischen **Wetterkopf** rechts und **Rotenfels** links – der Blick auf den Oranje im Süden. Nach nochmal 25 km steht voraus und hinter dem noch unsichtbaren Fish River Canyon das tiefgestaffelte Massiv der **Hunsberge** mit dem Gipfel Hohenzollern (1530 m üNN). Anschließend zweigt nach Süden die C37 nach Noordoewer ab und die Piste windet sich immer tiefer in die Schlucht hinunter. 10 km hinter der C37 ist das **Resort ǀAi-ǀAis** mitten im Canyon erreicht (95 km ab Grünau); der Tageseintritt wird an der Rezeption gezahlt (150 N$/Person, 50 N$/Fahrzeug).

ǀAi-ǀAis Rastlager

Transfrontier Park, |Ai-|Ais Section

Peace Park

Seit 2003 sind der südafrikanische Richtersveld National Park und das namibische |Ai-|Ais Schutzgebiet zum Friedenspark zusammengefasst. Die beiden Teile sind 6235 km^2 groß und nur mit einer Fähre über den Oranje verbunden. Hierher kommt man, um **grandiose Landschaften** zu erleben, weniger der Tiere wegen.

Zweitgrößter Canyon der Welt

Nach dem Grand Canyon in den USA ist der Fish River Canyon der zweitgrößte der Welt. Er ist 161 km lang und seine Tiefe, bezogen auf die Hochebene, variiert zwischen 450 und 550 m. Bis auf den **Grund der erdgeschichtlichen Entwicklung** geht der Blick. Durch Absenkung entstand das breite Tal, in das man hineinschaut. Den schmaleren Canyon am Grund des Tales hat sich der Fish River dann selbst geschaffen, indem er sich über die Zeiten immer tiefer eingeschnitten hat. „Mäandern" ist bei den gigantischen Ausmaßen des Canyons vielleicht das falsche Wort, aber seine Biegungen und Windungen verlieren sich ohne Ende in der Ferne, so dass ein fast spielerischer Eindruck entsteht. Der Sage nach soll ein Drache vor Jägern in die Wüste geflüchtet sein und die Kriechspur hinterlassen haben.

Entstehung

Die steilen Uferböschungen aus dunklem Gestein entstanden in der Erdfrühzeit, dem älteren Präkambrium. Vor etwa 2 Mrd. Jahren waren diese Schichten noch Sandstein, Lava und Tonschiefer. Durch Faltungen, Druck und Hitze verwandelten sie sich in metamorphes Gestein: Tonschiefer in Schiefer, Sandstein in Quarzit. Diese Entwicklung fand bis etwa einer Milliarde Jahre statt. Dunkle Linien durchziehen das Gestein: Magma, das 100 Mio. Jahre später während des Präkambriums an Bruchstellen eindrang, nie die Erdoberfläche erreichte und erstarrte („Doleriten").

Blick in die Erdgeschichte

Jeder Viewpoint bietet neue Perspektiven

Schichtenbildung

Nach weiteren 250 Mio. Jahren bedeckte ein flacher See den Süden Namibias. An seinem Grund lagerte sich ein Konglomerat kleiner Kiesel ab. Darüber türmten sich schwarz und 150 m hoch Sandstein, Kalkstein und Kies. Den Abschluss bildeten Schieferton und Sandstein. Vor 500 Mio. Jahren senkte sich der Boden, die Erdkruste brach ein und ein nord-südlich verlaufendes Tal entstand. Während einer Eiszeit (200 Mio. Jahre später) wanderten Gletscher nach Süden und machten das Tal breiter und tiefer.

Heiße Quellen

Nach einer erneuten Absenkung gingen die Brüche der Erdkruste so tief, dass das Wasser in den Verwerfungen nach oben drang und heute noch dringt – die heißen Quellen von ǀAi-ǀAis beim Resort und Palm Springs tief in der Schlucht. Der Einschnitt durch den Fish River selbst fand erst in der Erdneuzeit vor 50 Mio. Jahren statt.

Aussichtspunkte

Vom zentralen Aussichtspunkt – **Fish River Canyon Viewpoint** – kann man erst einmal 2 km nach Norden zum Parkplatz von Hell's Bend fahren und 300 m zu Fuß zum **Hiker's Viewpoint** gehen. Der Parkplatz des nächsten Aussichtspunkts liegt südwestlich (1,5 km) – von ihm sind es 400 m zu Fuß zum **Sunset Viewpoint.** Abschließend fährt man vom zentralen Aussichtspunkt 1,5 km zurück Richtung Hobas und hält sich an der Gabelung rechts. Am Schluchtrand entlang sind es 6 km zum Parkplatz am **Swaelbron Lookout.** Der letzte (namenlose) Aussichtspunkt liegt noch einmal 1 km weiter südlich.

Wanderung

Nur für Erfahrene

Tagestouren im Canyon, insbesondere der Teilabstieg, sind streng verboten. Die **viertägige und 85 km lange Wanderung** (535 N$ zusätzlich zur Conservation Fee) durch den Canyon erfordert gute Kondition und kann nur im Winter unternommen werden (15. April bis 15. September). Es gibt **keine Hütten, Lagerplätze oder Toiletten.** Die

Wanderung muss beim zentralen Reservierungsbüro in Windhoek angemeldet werden, pro Tag sind maximal 30 Personen am Start erlaubt, eine Wandergruppe muss aus mindesten drei Leuten bestehen, eine ärztliche Unbedenklichkeitsbescheinigung ist vorzulegen. Für An- und Abfahrt zum Ausgangspunkt muss man selbst Sorge tragen, in die Rucksäcke gehören Zelt, Schlafsack, Matte, Proviant, Wasserentkeimungsmittel und Kocher.

|Ai-|Ais Resort

Heißes Wasser

Das Highlight des Rastlagers in der Schlucht und am Rivier des Fish River ist die ergiebige Thermalquelle. „Kochend heiß" sagen die San: „|Ai-|Ais". Das Thermalwasser entspringt mit einer Temperatur von 60 °C und soll gegen Rheuma helfen. Für die Schwimmbäder wird die Temperatur auf ein erträgliches Maß heruntergebracht. Das Außenschwimmbad ist für den Naturliebhaber, der in der Morgen- oder Abendsonne die blutroten Berge und darauf herumkletternden Paviane bestaunen will. Das **Hallenbad** mit seinen Fontänen und Wasserfällen ist Teil des Spa-Komplexes.

Heißes Wasser zur Entspannung im Innenpool …

Gondwana Canyon Park

Das private, 1996 gegründete **Schutzgebiet** (https://gondwana-collection.com) grenzt östlich an den Nationalpark und umfasst 125.000 ha rauer Landschaft, in der Giraffen, Bergzebras, Antilopen, Strauße und auch Leoparden leben. Auf den ehemaligen Schaffarmen wurden die Zäune abgerissen und der Natur erlaubt, sich von der Überweidung zu erholen. Heute erinnert nichts mehr an die kommerzielle Nutzung.

… oder unter freiem Himmel

Gast in der Canyon Lodge

Service Fish River Canyon

Unterkunft

Hobas Resort***-****, Namibia Wildlife Resorts, Tel. 061-2857200, www.nwr.com.na. Staatliches und edles Camp mit sechs Chalets, 14 Stellplätzen, Restaurant und einem winzigen Pool.

ǀAi-ǀAis Resort***, Namibia Wildlife Resorts, Tel. 061-2857200, www.nwr.com.na. Sieben Bush Chalets und 36 Zimmer im Haupthaus oberhalb der Schwimmhalle, Restaurant, Thermalpools, Spa, Tankstelle und Laden; auch 100 Stellplätze.

Canyon Roadhouse***, C37 (16 km nördlich von Hobas), Tel. 061-427200, https://gondwana-collection.com. 24 Zimmer etwas abseits der Piste und ein Haupthaus wie ein Museum; die ehemalige Garagenanlage schmücken drinnen wie draußen Oldtimer, das Essen ist ausgezeichnet, das Personal engagiert und die Zimmer großzügig und komfortabel, außerdem: Bar, Pool, Laden, Tankstelle und zwölf Stellflächen mit gemeinschaftlichen Sanitäranlagen – perfekt für Autonostalgiker.

Canyon Village***, C37 (10 km südlich von Hobas), Tel. 061-427200, https://gondwana-collection.com. Weitflächig in einem Talkessel verteilte Chalets mit 42 großen klimatisierten Zimmern, Pool und Restaurant

Canyon Lodge****, C37 (12 km südlich von Hobas), Tel. 061-427200, https://gondwana-collection.com. Auf und zwischen und neben den Grantifelsen sind die 30 Chalets perfekt in die Landschaft eingepasst; sehr gutes Essen, Pool, Boutique und Wanderungen runden das Angebot ab.

Verkehr

Go2 Traveller Transfers, https://go2.na. Shuttle Service von Windhoek (Truck Port) an den Fisch River Canyon (Haltestelle Canyon Road House) in der Saison täglich, um 700 N$ einfach.

Am Oranje

2160 km lang ist der Orange River, er entspringt in Lesotho und endet im Atlantik. Über 500 km bildet er die Grenze zum südlichen Nachbarn Südafrika. Er ist auch nicht zuletzt für den Diamantenreichtum Namibias verantwortlich: Er führt von jeher große Mengen Sand mit sich und eben auch Edelsteine, die nun vor der Küste liegen.

Rastplatz am Oranje

Von Grünau nach Oranjemund

Von Grünau nach Noordoewer

Das schnurgerade verlaufende Asphaltband der B1 verbindet Grünau mit dem Grenzposten bei Noordoewer auf einer **140 km langen, ereignisarmen Strecke,** und der Höhenverlust ist fast nicht wahrnehmbar. Die Straße senkt sich langsam und kontinuierlich um fast 1000 Höhenmeter auf das Niveau des Oranje mit 150 m üNN. Der Border Post von **Noordoewer** ist als einer der Hauptgrenzübergänge 24 h offen (Südafrika: Vioolsdrif Border Post). Der Ort selbst hat nichts zu bieten, die Anbieter von Kanutouren auf dem Oranje haben ihre Camps außerhalb im Westen.

Von Noordoewer nach Aussenkehr

Die 50 km lange Strecke ist durchgehend asphaltiert, verläuft abseits des Flussufers und verbindet die B1 mit den weitläufigen Plantagen bei Aussenkehr – **Weinreben** (Speisetrauben) in nicht enden wollenden Spalieren, vom Oranje über Pumpen bewässert. Im Hinterland – dem Aussenkehr Nature Park – wachsen einige Köcherbäume, die Zufahrt ist aber sehr rau und schlecht gekennzeichnet.

Von |Ai-|Ais nach Aussenkehr

Wer von |Ai-|Ais weiter in den Süden will, kann dies im großen Bogen über die C10 und die B1 machen, oder er nimmt die C37/D207 und fährt auf einer der **landschaftlich schönsten Strecken** nach **Aussenkehr** am Oranje – durch eine Mondlandschaft, in der sich die Bergkämme tief zum Horizont hin stapeln. Von Aussenkehr sind es dann 50 km Asphalt nach **Noordoewer** und Osten, oder Piste am Oranje entlang nach **Sendelingsdrif** (80 km) und von dort Asphalt nach **Rosh Pinah** im Norden (20 km und weiter ins noch 170 km entfernte Aus) und nach **Oranjemund** am Atlantik (100 km).

Träge fließt der Grenzfluss zu Südafrika – seine Ufer sind Naturschutzgebiet

Von Aussenkehr nach Sendlingsdrif

Bei Aussenkehr mündet die C37 von lAi-lAis ein und endet der Asphalt. Nach 5 km passiert man am Zufluss des Gamkab Riviers das östliche **Gamkab Control Gate** des Peace Parks (2024 keine Gebühren), 30 km weiter die **Boplaas Campsite** und nach nochmal 6 km ist der Zulauf des **Fish River** erreicht. In und kurz nach der Regenzeit ist ab hier die Piste nach Westen häufig gesperrt. Die Wassermassen überspülen immer wieder die nicht sonderlich hohe Betonbahn der„Brücke“ und Weiterkommen ist dann unmöglich. Ab Boplaas folgt die Piste dem Oranje, wendet sich aber nach 40 km von ihm ab, führt kurz hoch und vorbei an Einrichtungen von Namwater – zur Versorgung des nahen **Rosh Pinah** (20 km). Hier steht auch das westliche **Dreigat Control Gate** des Peace Parks. Eine Stichstraße führt hinunter zur **Pontonfähre** von **Sendelingsdrif.**

In der Regenzeit blockiert der Oranje-Tributär Fischfluss häufig die Straße

Transfrontier Park, Richtersveld Section

Anreise

Für Richtersveld ist **zwingend ein 4x4-Fahrzeug** nötig. Sollte der **Ponton** (150 N$/Person für Parkbesucher, 200 N$ im Transit) nach starken Regenfällen nicht operativ sein, muss man einen Umweg nehmen. Es geht dann auf Asphalt am Nordufer nach Oranjemund, dort über die Ernest Oppenheimer Bridge und die Grenze nach Alexander Bay, und am Südufer auf einer Horrorpiste wieder zurück zur gegenüberliegenden Fährrampe. Die 85 km lange Süduferstrecke hat der Verkehr der am (und im) Richtersveld Park operativen Minen vollständig ramponiert und der Wagen fliegt einem nachgerade um die Ohren.

Buchungen

Buchungen finden zentral über **Sanparks** (www.sanparks.org, Conservation Fee 344 Rand/Person/Tag, s.u.) statt – man sollte **keinesfalls ohne Buchung** anreisen: Die Bergbaugesellschaften haben einen großen Teil der Unterkünfte im einzigen Rastlager mit **Chalets** (direkt an der Fähre) für die Mitarbeiter der Minen geblockt (worunter auch die Atmosphäre im Camp – vorsichtig gesagt – leidet). Ein Restaurant gibt's nicht, der Laden verkauft nicht viel mehr als Corned Beef und Kekse (und wegen der Minenarbeiter auch keinen Alkohol); die Chalets sind recht abgewohnt. Im Park selbst verteilen sich **mehrere Campinglager,** darunter zwei mit Hütten (Gannakouriep und Tatasberg, beide etwa 60 km von Sendelingsdrif).

Der Park

Nach Richtersveld kommen Besucher nicht wegen der Tiere (obwohl es viele Vögel gibt), sondern wegen der Landschaft, der überaus seltenen Sukkulentenarten und um sich als Fahrer in **unwegsamstem Gelände** zu beweisen – wofür man nicht mal die Wege verlassen muss (was verboten wäre). Die schmalen Fahrpfade winden sich nach oben, unten, längs und quer durch die **harsche Felsenwelt** der Bergwüste, in der an jeder Ecke tapfere Pflanzen mit ihren Wurzeln im Boden verkrallt sind. Und Felsformationen und Farbspiele im Morgen- und Abendlicht beflügeln die Phantasie: die „Hand Gottes" (Foto li.), „Hexenfamilie", „Königin Victoria" oder der „Pilz".

Richtersveld ist eine extrem karge Landschaft

Rosh Pinah

20 km von Sendeligsdrif ist die Bergbaustadt Rosh Pinah Boomtown des Südens mit einer riesigen Zinkmine und entsprechend vielen Arbeitern und Angestellten – definitiv kein Touristenziel. Allerdings ist hier eine der wenigen Karakul-Webereien beheimatet: **Obib Crafts** (Vygie St 704, GPS -27.95586, 16.75995, Tel. 081-1256145, www.facebook.com/obibcrafts, Mo–Fr 7–16 Uhr). Wer nicht nach Rosh Pinah kommt, kann die Teppiche auch im Namibia Craft Centre in Windhoek erwerben.

Service Oranje

Unterkunft Noordoewer

Noordoewer Guesthouse*-**, B1 (Ecke C13), Tel. 063-297108, www.noordoewerguesthouse.com. 14 Komfortzimmer mit Klimaanlage in einer schönen Anlage mit Pool; Abendessen auf Anfrage, ansonsten Verkauf von Braaipacks.

Provenance Camp**, C13 (10 km westlich von Noordoewer), Tel. +27-87-3540578, www.felixunite.com. 17 Cabanas am Oranje mit allem Komfort und Restaurant; für Kanufahrer und Transitgäste.

Bundi River Base Camping, C13 (10 km westlich von Noordoewer), Tel. +27-21-9759729, https://bundi.co.za. Fünf Stellplätze am Ufer mit gemeinschaftlichen Anlagen (auch 23 Chalets); nur Selbstversorger.

Bergbaustadt Rosh Pinah

Das Oranje-Tal ist fruchtbar

Unterkunft Aussenkehr

Norotshama River Resort**-***, Aussenkehr, Tel. 063-297215, www.norotshamaresort.com. Lodge am Flussufer mit 36 Chalets und großem Aktivitätsangebot wie Rafting, Kanuverleih, Angeln, Wandern und Klettern; Bar, Restaurant, Pool – vom Fluss in die Felsen.

Boplaas Campsite, C13 (40 km nördlich von Aussenkehr), Namibia Wildlife Resorts, Tel. 061-2857200, www.nwr.com.na. 15 Stellplätze am Ufer des Oranje innerhalb des Peace Park; Kayak-Verleih (150 N$) und Kayak-Tourenangebot (halber Tag, 400 N$/Person).

Unterkunft Rosh Pinah

Four Seasons Lodge*, Melkbos St 2, Tel. 063-274416, www.rosh-pinah-accommodation.com. Ehemalige Minenunterkunft, upgegraded und mit einem Restaurant versehen, keine schlechte Wahl für die Fahrt nach Norden; 37 klimatisierte Zimmer und Pool.

Amica Geusthouse*, Ondundu St (GPS -27.97006, 16.76067), Tel. 063-274043, www.facebook.com/AmicaGuestHouse. Acht Zimmer um einen Hof mit Pool und Abendessen nach Abstimmung – familiär und ruhig.

Aktivtäten Noordoewer

Weitere Lodges mit Aktiviäten auf dem Fluss befinden sich am südlichen Ufer in Südafrika.

Kanutouren/Felix Unite, C13 (19 km westlich von Noordoewer), Tel. +27-87-3540578, www.felixunite.com. Vier- und Sechstage-Trips mit dem Kanu den Fluss hinunter (ab 4500 N$/Person), Wildnisleben am Fluss – auch Unterkunft (s.o).

Rafting/Bundi River Base Camp, C13 (10 km westlich von Noordoewer), Tel. +27-21-9759729, https://bundi.co.za. Halb- und Mehrtagestouren mit Gummikanus; halber Tag mit Unterkunft ab 1700 N$ (ganzer Tag ab 2400 N$).

Oranjemund

Anreise

Von Sendelingsdrif fährt man auf der Piste C13 Richtung Rosh Pinah und trifft nach 10 km auf den Asphalt der MR118, auf der es nach links und wieder zurück zum Flussufer geht. Die Straße führt dann nach Südwesten, meist in größerem Abstand zum Oranje. Links und rechts ist **Sperrgebiet** – Schilder verbieten das Verlassen der Hauptstrecke. Nach 72 km kann man linkerhand am Hochufer nach Ruinen Ausschau halten. Über dem Eukalyptuswald stand einmal die Polizeistation **Hohenfels,** 12 km weiter passiert man an der Ernest Oppenheimer Bridge (Grenzposten) die *Op My Stoep Lodge* und erreicht nach 6,5 km die kurze Baumallee, die aus der Wüste heraus und ins grüne Oranjemund führt.

Stadt

Geschichtlich gibt's nicht viel zu sagen (und zu sehen). Oranjemund (4000 Einw.) ist 1936 als **Retortenstadt** für die Suche nach Diamanten entstanden, war Privatbesitz von NAMDEB, und bis 2017 hatte hier niemand etwas zu suchen, der nicht mit den Minen zu tun hatte. Noch heute zeigt der **Flughafen** mit regem Verkehr die Minenaktivitäten an: Business-Jets starten und landen und Hubschrauber bringen Personal zu den Offeshore-Einrichtungen. Seit 2017 werden aber auch zarte Versuche unternommen, die Oase am Fluss touristisch zu entwickeln – mit Ausflügen in die Wüste und der Planung eines Luxushotels bei Hohenfels 20 km außerhalb. Das nette und informative **Jasper House Museum** (7th Ave 18, Tel. 063-234323, www.omd2030.com, Mo–Fr 9–16 Uhr, Eintritt frei) fächert die Stadtgeschichte auf und zeigt Mineralien, wie z.B. eine gigantische Sandrose (die in Namibia geschützt sind und nicht gesammelt werden dürfen). Das Haus war einmal die erste Wohnstatt des DeBeers-Managers vor Ort.

Mündung

Besuchen sollte man auch die Mündung des Oranje mit dem „Hafen": Der Abzweig zwischen Stadt und Grenzbrücke ist 7 km lang, durchquert den **Golfplatz** und endet am **Strand,** an dem die Einheimischen ihre Boote auf Hängern ins Wasser fahren, um auf offenem Meer zu angeln. Das Lakeview Resort hier draußen ist schon seit Längerem nicht operativ.

Oranjemund: Jasper House Museum

Service Oranjemund

Information

Information Centre, 7th Ave 18, Tel. 063-234323, Mo–Fr 9–16 Uhr

Unterkunft

Oryx Guesthouse*-**, Ostrich Drv 6, Tel. 081-8206095, www.facebook.com/Mariestoltz1023. Zwei Zimmer mit der Möglichkeit, Abendessen zu buchen; sehr schön, sehr familiär und gute Tipps zu Aktivitäten in der Umgebung.

Op my Stoep Lodge & Campsite*-**, Grenzbrücke, Tel. 063-234223, www.opmystoep.com. 14 Zimmer, vier Selbstversorger-Einheiten und sechs Stellplätze jeweils mit eigenem Bad und Braaiplatz – ehemaliger Reithof mit Restaurant.

Aktivitäten

Am Südende des Tsau ǁKhaeb (Sperrgebiet) National Park und am Westrand des Ai-lAis Richtersveld Transfrontier Park völlig abgeschnitten, ist der Tourismus mit der Konzessionsvergabe für Touren in das **Sperrgebiet** erst im Aufbau. Zu erwarten sind Ausflugsangebote in eine Gegend, die seit Jahrzehnten für Touristen verboten war – mit Landschaftsmarken wie „Affenrücken“ und „Plumpudding Island“.

Karasburg/Warmbad

Anreise

Karasburg 50 km von Grünau an der B3 – obwohl **drittgrößte Ansiedlung** im Süden Namibias – ist lediglich als **Versorgungsstation** von Bedeutung. Viel Lkw-Verkehr, Tankstellen, eine Handvoll Unterkünfte und eine Ausflugsmöglichkeit auf der Piste C21 durch Steppenlandschaft nach dem 48 km südlich entfernten Warmbad, mehr darf man nicht erwarten.

Nach Südafrika

Eine ereignislose Fahrt über 110 km an der Bahnlinie entlang, zu Beginn noch mit **Köcherbäumen** als Blickfang, führt über braune Ebenen nach **Ariamsvlei,** eine kleine Ortschaft an einem Verschiebebahnhof. Hier, 16 km vor dem tatsächlichen Grenzverlauf, findet die Ausreise aus Namibia statt. Am südafrikanischen **Border Post Nakop** spenden Durchfahrtshallen Schatten. **Upington,** die nächste Stadt ist 130 km entfernt.

Große Pläne für Warmbad: „Kongresszentrum“

Denkmal für den Missionar Cook

Warmbad

Die Mission hatte der Abgesandte der Londoner Missionsgesellschaft Edward Cook 1805 an einer **Thermalquelle** errichtet. Die Schutztruppe baute ab 1907 ein **Fort,** das über die Jahre verfiel. Seine restaurierte Pforte bildet heute den Eingang zur **Polizeistation**. Auf der anderen Seite des Dorfes steht bei der Kirche der **Cook-Gedenkstein,** Erinnerung an den Missionar. Hilfsinstitutionen versuchen immer wieder und recht und schlecht gegen die völlige Auflösung des Ortes anzukämpfen; leere Fensterhöhlen zwischen Brandruinen und Autowracks starren einen dennoch an. Die **Bondelswarts** hatten Mitte der Nuller-Jahre mit Unterstützung ein **Museum** im Old Prison Building ins Leben gerufen, das geschlossen ist; die mit viel Aufwand und Geld in den 1990ern errichtete **Badehalle** an der Thermalquelle verfällt und das nach Chieftainess Anna Katharina Christiaan benannte **Business Centre** hat nie seine Pforten geöffnet.

Service Karasburg/Warmbad

Unterkunft

Sunset Chalets*, C11, Karasburg (am nördlichen Stadtrand), Tel. 081-1487802, www.facebook.com/accommodationkarasburgnamibia. Fünf Chalets zur Selbstversorgung – einfach und sauber.

Karas Inn / Hoon's Selfcatering*, 19th Ave 8, Karasburg, Tel. 081-1220135, https://karasinn270200.wixsite.com/karasinn. Vier einfach möblierte Zimmer, zwei ohne Kochmöglichkeit und drei Apartments mit Kleinküche – für Selbstversorger.

Autoren
Daniela Schetar und Friedrich Köthe

Namibia ist seit über 30 Jahren Traumziel und zweite Heimat des Reisejournalisten-Paares, das im Verlag Reise Know-How auch zahlreiche andere Reiseführer, u.a. zu Sizilien, Slowenien oder Oberbayern veröffentlicht hat. Zu Beginn der 1990er Jahre haben sich die beiden nach einem Studium der Ethnologie und Soziologie in das Land an der Südwestküste Afrikas verliebt. Die grenzenlose Weite, der Wildreichtum, die eigenwilligen Relikte der Kolonialzeit, besonders aber Aufbruchstimmung und Optimismus der jungen, multikulturellen Gesellschaft begeistern sie bis heute. Die Erfahrungen und Eindrücke ihrer zahlreichen Reisen und Aufenthalte hielten und halten sie in diesem nun wieder umfassend überarbeiteten und aktualisierten Reisehandbuch fest.

© Bildnachweis:

Karten: Reise Know-How Verlag Helmut Hermann und Carsten Blind GbR, Markgröningen

Umschlag: Cover/Rücken: Shutterstock.com (1225165294 / Efimova Anna) · Rückseite: Giraffe (Friedrich Köthe), Messum-Krater (Freddy Reck, reckfilm.de) Vordere Umschlagklappe: Fotos in Kreis 14x (Friedrich Köthe)

Friedrich Köthe: S. 2 (3x), 3 (3x) 7, 20, 21, 23, 24, 25, 27 (3x), 30 (2x), 32, 33, 35, 36, 42, 45, 46, 47 (2x), 49 (2x), 51 (2x), 52, 54, 56, 59, 61, 62 unten, 63, 69 rechts, 71, 72 (2x),73, 74, 75 (2x), 78, 79, 80, 81, 83, 84, 85, 86 (2x),87, 89, 90, 91, 92, 93, 95 links, 97, 98, 101 links, 104 (2x), 105 oben, 106 unten, 107 Mitte, 108, 109 (3x), 110 rechts, 111 (2x),112, 113, 114, 116, 118, 119, 120, 121, 123, 124, 125, 127, 127, 128, 134, 135, 137, 139, 143 (2x),, 148, 150, 151, 153, 154, 155, 156, 157, 161, 162, 163 (2x), 164 (2x),165, 166, 167, 168 rechts, 169, 171, 174/175, 175, 177, 179 (2x), 180, 181, 182, 183 (2x), 185, 186, 187 (3x), 188, 189, 190, 191, 193 (2x), 195, 195, 196, 198, 200, 205, 206, 208 (2x), 213 (2x), 214 (2x), 217, 219 (2x), 221, 223, 224, 225, 228, 229, 231, 232, 234, 235 oben, 236, 238, 240, 242, 243, 244, 245, 246, 247, 248 links, 249 (Kreis) 251, 252 oben, 253, 255 (2x), 256, 257 (2x), 258 (2x), 260, 261, 262 (2x), 263, 264, 265 (3x), 266, 267 (2x), 268, 269, 270, 271 (2x), 272, 273, 274, 276 (2x), 277, 278 (2x), 279, 280, 281 (2x), 282 (2x), 283, 284 (2x), 285 (2x), 289, 292, 294 (2x), 296, 297, 298, 299, 300 unten, 303, 304, 307, 308 (2x), 311, 312, 313, 315, 317, 318, 320 (2x), 321, 322 (2x), 323, 324 (2x), 325 unten, 326, 328, 330 (3x), 334, 335, 336, 337, 340, 342, 344 (2x), 345, 346/347, 348 links, 349 oben, 350, 351, 355, 356 (2x), 358, 360, 361, 362, 363, 364, 377, 378, 379, 381, 382, 384, 385, 386, 388, 389 (2x), 390 (3x), 392 (2x), 394, 395 (2x), 397, 400, 401, 402, 405, 406, 407, 408, 409, 410 ,411, 413, 415, 416, 417, 418 (2x), 419, 420, 421, 423, 424, 425 (2x), 426, 427, 428 (2x), 429, 430, 431 (2x), 434, 436, 437, 438, 439, 440, 442, 443, 444, 445, 447 (2x), 448, 451 unten, 452, 453, 454 oben, 454/4555, 455 oben, 456, 457 oben, 459, 460, 461, 462, 463, 465 (2x), 466 (2x), 467, 468, 469, 470 (2x), 471, 472 (2x), 473 rechts oben und unten, 474 (2x), 476 (2x), 477, 478, 480 (2x), 481, 482, 484, 485, 486 (2x), 488, 489, 490, 491, 492, 492 (2x), 494, 495 (2x), 496, 497 (2x), 498, 499, 500, 501 (2x)

123rf.de Bildnr./Urheber): Vordere Klappenkarte / Einklinker „Provinzen" (34186161 / lesniewski), S. 5 (14043992 / alexis84)

Blind, Carsten: S. 55 unten, 57, links

Hermann, Helmut: S. 16, 18, 26, 31, 40, 53, 57 unten, 58 unten, 62 oben, 94, 95 rechts, 96, 100 (2x), 101 rechts und unten, 105 unten, 106 Mitte, 107 oben, 133, 136, 140, 144, 172, 173, 235 unten, 287, 291, 327, 347 oben, 348 rechts, 349 unten, 352, 354, 457 unten

iStockphoto.de (Bildnr./Urheber): S. 41 (1453835536 / ragoon), 55 oben (1327094620 / Anastasiia Shavshyna), 68 (481714518 / bennymarty), 66 (1429148750 / PK Visual Journeys), 69 links (485273190 / Arthur925), 70 (1179122469 / Dietmar Rauscher), 102 (1364968162 / antoineede), 106 oben (1398043036 / THIERRY EIDENWEIL), 107 (30578232 / pum-eva), 110 links (40412944 / GroblerduPreez), 272 (6148950 / Funkyjunky_), 473 oben links (32391638 / Sophele)

Losskarn, Dieter: S. 67, 105 Mitte, 107 unten

Reck, Freddy (reckfilm.de): S. 15, 23, 56, 203, 229, 248 rechts, 249 oben, 250, 259, 271, 300, 304, 301, 302, 325, 372, 458, 516

Peter Smolka

Zum zweiten Mal mit dem Rad um die Welt:

Rad ab 2

Vier Jahre, 68 Länder und 88.000 Kilometer

Job gekündigt, Auto verkauft, Wohnung leergeräumt und alles, was man für viereinhalb Jahre braucht, in ein paar Packtaschen verstaut – im Frühjahr 2013 lässt der Erlanger Abenteurer Peter Smolka das bequeme Leben hinter sich, um den Globus zu umradeln. Er startet nach Osten. Eine Reise ins Ungewisse.

Bis nach Russland begleiten ihn drei Freunde aus Erlangen, jenseits von Moskau ist Smolka dann allein unterwegs. Auf langen Umwegen über Pakistan und Südindien geht es weiter nach China, wo er an der Grenze vier Wochen lang festsitzt. Ein Jahr nach dem Aufbruch steht der Erlanger in Shanghai am Pazifik. Von dort bringt ihn ein Containerschiff nach Kanada.

Als langsam Reisender ist Peter Smolka immer ganz nah an den Menschen und an der Natur. Er nimmt Indien intensiv mit der Nase auf, Südostasien mit dem Gaumen, genießt die Freiheit in der Weite Kanadas. Auf seinem Weg nach Südamerika kann ihn auch ein Überfall in Nicaragua nicht aufhalten. Als ihm nach 60.000 Kilometern in Argentinien allerdings das treue Fahrrad gestohlen wird, steht er kurz vor dem Abbruch der Reise.

Von Brasilien wählt Peter Smolka den Seeweg nach Kapstadt, um dann ganz Afrika vom Kap der Guten Hoffnung bis nach Kairo zu durchqueren. Über den Bosporus kehrt er nach Europa zurück. Nach viereinhalb Jahren und 88.000 geradelten Kilometern durch 68 Länder kommt er wieder in Erlangen an.

Taschenbuch ISBN 978-3-89662-526-7 · € 17,90 [D]

E-Book ISBN 978-3-89662-633-2 · € 12,99 [D]

Mehr Infos auf www.rkh-reisefuehrer.de

DIE NAMIBIA - BOTSWANA EXPERTEN
PRIVATREISEN
FLUGSAFARIS
GRUPPENREISEN
SELBSTFAHRERREISEN
AFRICAN DREAMTRAVEL
AM DREHMANNSHOF 25 - 47475 KAMP LINTFORT
+49 (0)2842-2199470 | INFO@AFRICAN-DREAMTRAVEL.DE
WWW.AFRICAN-DREAMTRAVEL.DE

ACHT JAHRE UM DIE WELT
Film-Reportage von Rita und Freddy Reck
Rita und Freddy Reck, zwei Menschen, die mit ihrem treuen Begleiter Simba ihren Lebenstraum in die Tat umsetzten: In acht Jahren reisten sie in ihrem ausgebauten MAN-Truck „Moula Moula“ auf einer Gesamtstrecke von 240.000 km durch 56 Länder um die Erde – auch durch das südliche Afrika. Es entstand eine abenteuerliche Filmreportage in mehreren abgeschlossenen Reisefolgen, in der sie von ihren spannenden Erlebnissen, Strapazen und Glücksmomenten auf ihrer außergewöhnlichen Weltreise berichten.
CAPE OF GOOD HOPE
THE MOST SOUTH-WESTERN POINT OF THE AFRICAN CONTINENT
KAAP DIE GOEIE HOOP
www.Reckfilm.de

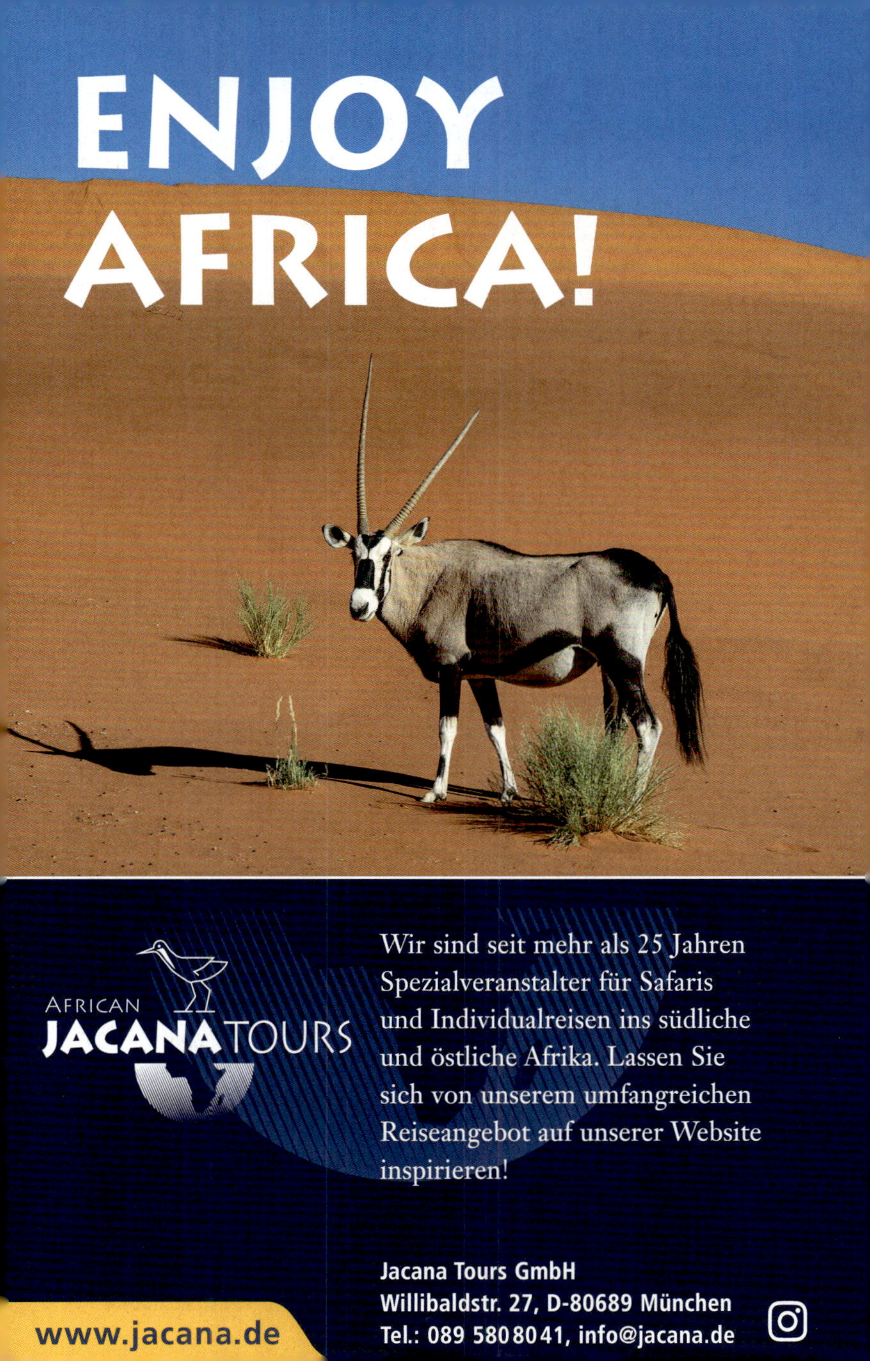

Stichwortregister A–Z

Kartenübersicht S. 14 und letzte Seite

Bitte schreiben oder mailen Sie (verlag@rkh-reisefuehrer.de), wenn sich unterwegs Dinge verändert haben oder Sie Neues wissen. Wir beantworten jede Zuschrift. Danke!

Stadtpläne und Übersichtskarten von A–Z

Blutkuppe mit Köcherbäumen